先行先试 率先突破

——全国旅游业改革创新典型做法和工作推进情况汇编

国家旅游局　编

中国旅游出版社

前　言

2015年，国家旅游局李金早局长在南昌召开的全国旅游工作会议上提出了旅游“515战略”，明确在全国要创建若干个旅游业改革创新先行区。之后不久，国家旅游局正式批复确定青岛、武汉、湖州、栾川、武隆等20个市县成为首批国家级旅游业改革创新先行区。

两年多来，20个国家级旅游业改革创新先行区大胆探索、先行先试、率先突破，在旅游改革创新方面取得了诸多成果。2016年11月29日，国家旅游局在浙江省湖州市召开了全国旅游改革创新现场会，来自全国的代表们现场观摩了湖州先行区在旅游用地、旅游警察等方面的改革做法。会议还全面梳理了20个先行区及各省区市在旅游改革创新方面的好做法并进行了汇编，得到了充分认可。根据代表们现场提出的“希望编撰成书让更多地方了解学习”的建议，同时也为进一步宣传推广各先行区的好做法，根据有关会议材料，我们编撰了《先行先试 率先突破——全国旅游业改革创新典型做法和工作推进情况汇编》一书。本书分上中下三篇，包括了各先行区改革创新的主要做法、各先行区的建设实施方案、各省区市改革创新的主要做法三大块内容。希望本书有助于社会各界尤其是旅游业界人士更加深入了解当下正在全国火热进行中的各类旅游改革创新探索，亦有助于各级旅游部门从20个先行区的好做法中得到更多的有益启发。

本书在编撰过程中得到了各省区市和各先行区旅游部门的大力支持，在此谨表谢意！由于工作时间紧、头绪多、任务重，本书在资料收集和编写过程中难免会有疏漏，希望读者不吝指正。

本书编委会

2017年1月23日

目　录

上　篇　国家级旅游业改革创新先行区主要做法

中　篇　国家级旅游业改革创新先行区建设实施方案

下 篇 各省区市旅游业改革创新工作推进情况

在全国旅游改革创新工作现场会上的讲话

国家旅游局副局长　杜　江

（2016年11月29日，浙江湖州）

同志们：

为深化旅游业改革开放，全面推进首批国家级旅游业改革创新先行区工作，同时总结交流近年来的旅游改革创新工作，国家旅游局决定召开本次会议。

这次会议采用现场会的形式，为大家提供了一个学习交流的好机会。上午我们实地考察了湖州先行区在旅游综合管理体制、旅游用地、全域旅游等方面的改革成效，刚才湖州、保定、黄山、乐山、武隆五个改革创新先行区和江西、山东、宁夏、贵州四个省区分别介绍了本地区旅游改革创新的主要做法和成效，总的感觉是各省区市和20个国家级旅游业改革创新先行区的工作做得都很扎实，各地的旅游改革创新实践也是各有特点、成果很多、亮点明显，我感觉可以这样说，近年来中国旅游业的蓬勃发展和各地的旅游改革创新是密不可分的。

我们的20个国家级旅游业改革创新先行区，自去年年底确定名单以来，不等不靠，主动作为，各显神通，真正成了全国旅游业改革发展的先行先试地区。20个先行区目前都以党委政府名义印发了实施方案，方案都已经发给了大家，供大家相互参照学习。从方案上看，各个先行区都是雄心勃勃，准备甩开膀子大干一场；从今年的实践看，各先行区以“创新统筹职能、创新政策措施、创新产业引导”为指引，以旅游业体制机制为改革内容，在多个方面都实现了从点到线到面的突破。国家旅游局印发的先行区工作方案提出的5项规定任务、6项商定任务、4项自选任务，目前从各地的实践看，都已经被大大地突破了。刚才我们共同揭牌的湖州市旅游警察支队、市场监管旅游分局、旅游审判协调中心就是很好的例子。听湖州的同志讲，今年以来，为实现这三个突破，他们多次到省公安厅、省高院、省编办等汇报协调，期间过程非常艰辛，湖州先行区的红头文件能够出台，本身就是一种突破。其他先行区也都有着类似的协调过程。借此机会，我谨代表国家旅游局，向奋战在旅游改革创新一线的同志们表示衷心的感谢！

下面，我谈三个方面的意见。

一、全国的旅游改革创新探索已经形成了十大做法和十大亮点

从全国各省区市和20个先行区的改革创新情况来看，我们认为全国的旅游改革创新已经探索形成了十大做法、十大亮点的良好局面。

（一）通过推进全域旅游的改革创新，在引导各级党委政府高位推动旅游业发展上形成了亮点

全域旅游是发挥旅游业综合作用的平台，是增强旅游目的地综合竞争力的抓手。推动全域旅游，就是要从旅游部门抓旅游向党政统筹抓旅游转变，形成综合产业综合抓的大格局。全域旅游得到了各级党委政府的热烈响应。从全国看，在推进全域旅游的过程中，几乎所有的省区市都将旅游业定位为支柱产业来打造，均成立了党政领导牵头的旅游工作联席会议制度或旅游工作领导小组。从20个改革先行区看，在当地经济社会发展战略中，对旅游业定位都十分凸显，都将旅游业确定为当地经济社会发展的支柱产业或战略性支柱产业，都形成了党委政府主要领导牵头的旅游产业发展领导机制。如武汉市在新修订的《武汉市旅游条例》中以立法形式确定了旅游业战略性支柱产业的地位。

（二）通过推动“1+3”的改革创新，在建立旅游综合管理体制上形成了亮点

建立“1+3”旅游综合管理体制的目的，就是要创新区域旅游治理体系，提升区域旅游治理能力，破除制约旅游业发展的管理瓶颈和体制障碍。其中这个“1”是要起到核心的统筹协调作用，这个“3”是要充分发挥区域旅游治理的作用。截至目前，全国已有18个省区市成立了旅游发展委员会，到年底前可能会突破20个，包括改革先行区在内的全国多个市县均设立了旅游委。值得一提的是，20个先行区大胆探索，还形成了“1+3+N”的多种模式，如沂南先行区在成立旅游委、旅游警察、旅游工商分局、旅游巡回法庭的基础上，还成立了旅游物价巡查大队、旅游食品安全巡查大队、文明旅游工作办公室3个专业机构。

（三）通过开展旅游综合执法的改革创新，在旅游市场监管方面形成了亮点

旅游市场秩序失范是影响旅游业健康发展的顽疾，各省区市和20个先行区围绕旅游市场监管，探索各种形式的旅游综合执法体制机制。如黄山市成立了旅游管理综合执法局，积极探索旅游管理领域相对集中行政处罚权试点，集中行使旅游、价格、工商、食品安全、交通运输、公安、体育、文化（文物管理）8个职能部门在旅游管理领域的88项行政处罚权。鹰潭市成立了全域旅游综合监管中心，创新旅游纠纷协调处理机制。乐山市将相关部门在旅游市场中的部分处罚权划转给旅体委来行使，成立了旅游综合执法支队。湖州

市探索建立了“综合执法+旅游警察支队+旅游市场监管分局+旅游巡回法庭+N”五位一体的旅游综合管理体制。枣庄市台儿庄区在5A级旅游景区台儿庄古城，设立了派出所、消防中队、红十字会等14个机构，维护古城旅游市场秩序。此外，各个省区市都实施了旅游市场综合监管责任清单，明确所涉及的部门，细化了各部门的旅游监管职责。

（四）通过构建制度体系的改革创新，在旅游公共服务供给方面形成了亮点

旅游公共服务不足是我国旅游业的短板。各地以构建推进公共服务的制度体系为抓手，明确政府履行旅游公共服务的职责，同时根据旅游公共服务的具体类别推动建立具体的制度保障，从而为加强旅游公共服务供给形成了可持续的生命力。以厕所革命为例，截至目前，全国已完成新改建旅游厕所39393座，累计完成厕所革命三年行动计划的69.11%。完成这个大工作量，各地因地制宜地在构建推进厕所建设管理的制度体系上下了大功夫，如各地纷纷成立厕所革命工作领导小组，将厕所革命纳入综合考核指标。在厕所的建设管理上，保定市野三坡景区“乡村旅游厕所开放联盟+企业认养”的创新机制就赢得了各界点赞。苏州市研发的“游急便”系统，共搜集全市2000多个厕所的数据资料和地理位置信息，其中761个旅游厕所的数据精确到面积、设施设备和管理细节，极大地方便了广大游客。

（五）通过对接“多规合一”的改革创新，在保障旅游发展空间上形成了亮点

浙江、江西、内蒙古等省区及沂南、敦煌等先行区积极推动以旅游业为引领的“多规合一”，突出旅游业对经济社会发展的引领作用，推动国土、发改、住建、交通等部门规划与旅游产业规划有效衔接。海南抓住“多规合一”试点的契机，把省级各类旅游发展规划和19个市县的旅游发展总体规划融入了全省总规。鄂尔多斯、青岛等先行区都将旅游部门增列为规划委员会成员单位，在编制重大规划、实施重大项目时，必须征求旅游部门意见。鹰潭抓住列入江西“多规合一”试点机遇，在加强土地、交通规划等与城乡总体规划衔接的基础上，重点考虑旅游业发展需要，有效推动旅游规划融入“多规合一”体系。安吉按照全县作为“泛自然博物园”来规划建设的要求，旅游部门主动牵头落实“县域大景区”的建设工作任务。

（六）通过集成政策的改革创新，在构建旅游产业发展政策体系方面形成了亮点

旅游业发展涉及多方面政策，各地全面梳理各类涉旅政策，从中探索形成推动旅游业发展的政策。如湖州市通过落实当地农民安置、“坡地村镇”建设用地试点等，积极争取旅游用地指标，盘活农民旧房、闲置厂房等用于农家乐经营。今天我们考察的湖

州影视城就是利用废弃矿地来发展旅游，水口乡的开元芳草地也是利用了坡地村镇的政策，这都给了我们很大的启发。武隆县对村庄内零星、分散的集体建设用地进行布局调整，集中用于发展乡村旅游。韩城市对旅游建设公益性用地采取划拨方式保障供应。对大家都比较关心的农村居民利用自有住宅从事旅游经营问题，浙江省出台了民宿（农家乐）治安消防管理相关规定，降低了政策门槛；同时对环境敏感区外不涉及土建的农家客栈（民宿），不再办理环评审批手续。此外，北京市继设立全国首支旅游产业基金、全国首个旅游资源交易平台和全国首个涉及乡村旅游的融资担保服务体系后，正在搭建全国首个“京郊旅游政策性保险服务体系”。青岛市将各区市的“旅游消费总额及增长率”“接待入境游客增长率”两项内容纳入全市科学发展综合考核，等等。这些好的做法经验，都值得大家相互学习借鉴。

（七）通过优化景区管理体制的改革创新，在提升旅游供给侧水平上形成了亮点

旅游景区是旅游供给侧的重要内容。各地积极探索景区管理权、所有权与经营权相分离的模式，推动国有及国有控股景区管理权、经营权分离，提高景区市场化程度，实现国有资源与社会资本的优化配置组合。甘肃省规划建设18个大景区管理体制改革方案已经获批，目前省里将涉及省直部门管理的林业资源分别整合下放到相关的5个大景区管委会管理；对省直部门管理未整合调整的文物等资源，明确由所在大景区管委会统筹管理；对市州管辖的资源，由大景区管委会统一管理。各地还积极探索景区与行政区域合一的管理体制，如峨眉山市由市委书记、市长分别兼任景区管委会党工委书记、主任；保定市推行“管委会+公司”“管委会+乡镇”的景区管理模式，景区内及周边村镇由景区管委会统一托管。江西省庐山针对各涉山单位各自为政、资源分割、政出多门的体制弊端，设立了庐山市，实现景区管理体制的有效整合，改变了过去“九龙治水”的局面。各地还积极推进旅游景区门票价格改革，着力理顺旅游景区门票及游览服务价格形成机制，不断推动旅游景区由门票经济向产业经济转变。

（八）通过打造各类平台的改革创新，在旅游投融资方面形成了亮点

各地有效发挥市场和政府作用，充分释放民间投资活力，建立以政府投入为引导、社会资本为主体的多元化旅游投融资体系。四川实施招商引资双千亿工程，搭建中国（四川）国际旅游投资大会等高端招商平台，成功推动成立了四川旅游产业投资基金和四川旅游线上线下投融资平台。福建、广东等创新旅游专项资金使用模式，采取竞争性扶持方式，重点扶持山区、滨海旅游、生态旅游产业园区等项目。湖北、重庆、云南、四川、江西、山东、广东等均设立了规模在20亿元以上的旅游产业投资基金。河北在已组建省旅游产业引导股权投资基金的基础上，正在组建成立总规模为200亿元的旅游产业创新投资基金。内蒙古争取地方债资金7亿元支持全区重点旅游景区建设。辽宁积极

推进营口试点海滨旅游带项目PPP模式。江西省吉安市联合江西银行首期发行旅游发展基金30亿元，向全市重点旅游项目建设提供长期低息资金支持及配套金融服务。

（九）通过实施精准扶贫的改革创新，在旅游扶贫上形成了亮点

山东省在旅游扶贫工作中实施“多个渠道进水、一个池子蓄水、一个龙头放水”的理念，针对贫困村资源禀赋和贫困人口需求，逐村制定发展对策、逐户明确扶贫方式，实现“一村一策、一户一案”。河北省涞水县从旅游扶贫资金中拿出1000万元，一次性投入野三坡景区建设，将投入资金与部分旅游资源的股权一并转化为扶贫对象股权，每年从景区门票收入中提取一定比例作为旅游扶贫资产收益，分配给扶贫对象，有效促进了周边群众脱贫步伐。陕西省宁陕县依托企业实施社区性开发，在特色小镇和景区开发建设过程中，在集镇区位好、商业价值高的新区为搬迁户新建框架式安置社区，每户一栋房屋，一层商业店铺，二楼生活用房，引导搬迁群众发展农家乐及三产服务业，全村通过景区建设搬迁实现了脱贫。

（十）通过探索开放路径的改革创新，在推进旅游对外开放上形成了亮点

近年来中央在对外开放方面做出了一系列重大改革决定，如自贸区、沿边开发开放等，各地深入研究各类对外开放大政策，并不断从中探索出旅游业发展的新领域。福建省在自贸区福州、厦门、平潭片区积极扩大导游执业、赴台旅游便利等政策。山东省济南、青岛等创新出入境旅游管理方式，在游客出入境比较集中的口岸实施“一站式”通关模式。广东省积极推进在自贸区范围探索粤港澳游艇“自由行”，携手港澳培养旅游消费新热点。北京、上海、广州等城市对51个国家和地区游客实行72小时过境免签。辽宁、黑龙江、广西、内蒙古、云南、吉林、新疆等省区制订边境旅游试验区和跨境旅游合作区建设方案，积极开展前期筹备和申报工作。云南省与越南、老挝等周边国家签订各种旅游合作协议20多份，形成了21条边境旅游线路。吉林省大力推动龙井跨境旅游集散中心、图们—朝鲜稳城岛文化旅游合作区等重点项目建设。新疆维吾尔自治区开通了中哈吉、中塔两条跨境自驾游线路和中俄哈蒙跨境旅游线路。防城港市与越南广宁省、芒街市建立联络交流机制，共同维持和发展中越边境旅游市场等。

上面总结了全国旅游改革创新的十大做法和十大亮点，其实在实践中全国还有很多好的做法和案例。目前政法司正在组织编制全国旅游改革创新经典案例，希望各地认真甄选，共同做好这项工作。从实践看，当前我国旅游业发展存在的问题，其实就是全国旅游改革创新面临的亟待解决的问题，如旅游市场秩序问题没有得到根本解决，旅游不文明现象时有发生，旅游公共服务建设滞后，旅游部门和旅游社会管理信息化水平不高，旅游统计滞后、旅游人才支撑不足等问题也较为突出。从小的方面特别是从20个国家级旅游业改革创新先行区来看，也存在着一些先行区改革的目标和重点不够突出；一

些先行区对政策寄望过高，自身改革动力不足；一些先行区完成规定任务的多，商定任务和自选任务不敢动真碰硬，一些先行区到目前为止尚未完成旅游管理体制的改革，等等。这些问题都需要我们在明年工作中高度重视并加以认真解决。

二、明年推动全国旅游改革创新的几个突破口

党的十八大开启了全面深化改革新的历史进程，十八届三中、四中、五中全会做出了一系列重大改革决策。因此，抓住全面深化改革的契机，推进旅游业的改革，这不仅是落实中央改革决策的必然要求，也是推动旅游业发展的必然要求。我们要紧紧抓住这一有利形势，善谋善断、善做善成，努力为深化旅游业改革创造条件。在这个大背景下，我们认为明年全国旅游业的改革创新可以从以下几个方面重点突破：

一是努力实现全域旅游下的产业定位新突破。党中央、国务院已经明确旅游业是国民经济的战略性支柱产业。但在各地的发展中，对旅游业的认识并不完全一致，有的地方虽然在文件中明确了旅游业的产业地位，但在实际工作中对旅游并没有做到高看一眼，在资金、资源、规划、公共服务等方面也没有完全配套。特别是当前全国旅游业发展正向全域旅游方向转变，旅游业对经济社会发展的作用更为凸显，因此更需要明确在全域旅游格局下的旅游产业定位，从而更好地推动旅游业健康持续发展。

二是努力实现旅游管理体制从量到质的新突破。建立旅游综合管理体制既是旅游法的要求，也是各地在实践中探索出的比较好的方式。目前省级层面已经有半数以上实现了旅游管理体制改革，地市一级的旅游管理体制改革估计在明年会有更大数量上的突破。但在这个过程中，我们不能仅仅满足于名称的变化，而更多地要在增强旅游体制统筹协调产业发展的能力上下功夫，要在推进实现旅游体制的责权统一上下功夫。我们也鼓励有条件的地方抓紧设立旅游警察、旅游巡回法庭、工商旅游分局的“1+3”旅游管理体制并发挥更大作用。

三是努力实现旅游公共服务与旅游目的地发展相适应的供给模式的新突破。各地要推动明确政府履行旅游公共服务的职责，提供无法完全依赖市场又事关多数人利益的产品和服务；其次要根据旅游公共服务的具体类别推动建立具体的制度保障。以厕所为例，按照城建部门的做法，包括公共厕所在内的城市基础设施的测算依据是当地居民人口数量；如果基于大众旅游时代的特征，势必要将测算基数扩大到旅游者的数量。我们也鼓励和支持地方引入更多社会资本来参与旅游公共服务建设，并且旅游公共服务的规划建设既要考虑本地居民人口规模，还要统筹考虑接待的游客数量，使旅游公共服务真正实现“主客共享”。

四是努力实现推动旅游综合执法行之有效的新突破。一方面要继续建立健全各级综合监管和执法机制，完善旅游“1+3+X”执法保障机制。另一方面，各地要在现有基础上，加快建立游客投诉统一受理平台，通过定期评估、强化协调的方式，实现旅游投诉

的部门联动。推动旅游部门和相关部门在各自职责范围内，创新旅游市场监管方式，探索形成有效的日常执法机制。引导广大游客、旅游监督员、行业协会和专业服务机构参与旅游市场监督。通过综合运用法律手段、创新有效的机制等方式，探索破解不合理低价游的新路径。同时，也要充分发挥“黑名单”、红黑榜的作用，不断完善A级景区、星级饭店等退出机制。

五是努力实现景区特别是5A级景区管理体制的新突破。要重点推动景区特别是5A级景区管理体制在改革发展中率先突破。各地要继续推动国有旅游景区的市场化改革，着力破除制约国有旅游景区发展的体制障碍和机制约束。要积极探索国家公园试点推进下的景区管理体制改革新方向，在旅游景区资源整合和统一管理方面不断探索新路径。有条件的地方可以考虑建立大旅游资源管理体制，有效整合各部门的分散管理权。改革创新门票预约制度，推动出台各类对景区实行最大承载量控制的制度。当然，景区管理体制改革并没有统一的模式，各地可以结合实际，因地制宜探索出适合本地区的管理体制改革方案。

六是努力实现构建完善的旅游产业发展政策体系的新突破。随着全域旅游发展，需要从政府层面着手来推动旅游发展政策环境的优化，其中重点是探索旅游目的地建设的发展政策体系。包括探索创新旅游用地供给机制，重点研究旅游项目的用地保障政策，确立旅游公共服务设施的用地保障制度；探索现有社会资源的二次开发路径，推动有效利用现有社会资源完善旅游功能，形成新的旅游产品体系；探索旅游业与科技的融合方式，通过现代科技手段助推旅游业转型升级，开拓“旅游+互联网”新模式，进一步激发旅游领域“大众创业、万众创新”的活力等。通过各个层面的政策探索，逐渐构建较为完善的旅游产业发展的政策体系。

当然，我这里只是点了几个重点方向，我们鼓励各地在创新统筹职能、创新政策措施、创新产业引导等方面探索出更多的有效举措。

三、对国家级旅游业改革创新先行区下一步工作的几点要求

旅游业改革创新先行区是国家旅游局“515战略”确定的重要任务，当时提出了在三年时间里，在全国打造50个先行区的目标。这项工作一经提出，就得到了全国各地的广泛响应，在首批20个的基础上，今年又有多个地区向国家旅游局提出了申请。之所以今年一直没有启动第二批先行区的相关工作，就是我们也想观察一下这项工作的效果以及各个先行区的工作进度，以更好地完善工作机制，真正达到设立这项工作制度的目的。从今年的实施看，总的效果是不错的，因此我们也打算在明年春节前后正式启动第二批国家级旅游业改革创新先行区的相关工作。

下面就明年的改革先行区工作，我想提几点要求：

一是先行区工作必须紧紧依靠党委政府。全域旅游就是要推动党委政府统筹抓旅

游，我们选取先行区的一个主要依据就是看当地党委政府支持力度大不大。从各地的经验看，能够真正推动发展的旅游改革创新绝大多数都是由地方党委政府主导的。凡是把党委政府主导作用发挥出来的，工作就比较主动，成效也比较明显；凡是不会或者不知道如何发挥党委政府主导作用的，工作就比较被动。目前各个先行区的实施方案都是党委政府审议通过的，应该说开了个好头。明年关键就是看落实、看落地，看大家能否拿着这个红头文件实实在在地推出几个大的改革举措来。

二是先行区工作必须加强组织领导。先行区工作的最终目的是打造旅游目的地，涉及的都是动真碰硬的改革任务，因此必须要加强组织领导，在党委政府的统筹领导下共同推动这项工作。原则上各个先行区都应成立由党委政府主要领导牵头的工作领导小组，同时由涉及各项改革任务的职能部门为牵头部门，由领导小组各成员单位共同研究、共同谋划、共同推进各项改革任务。各地还要积极推动将旅游改革先行区工作纳入当地的科学发展综合考核指标和全面深化改革考核指标，确保先行区建设落到实处。

三是先行区工作必须区别于常规性工作。先行区工作不同于我们平时做的常规性工作，因此不能局限于常规的工作手段。国家旅游局提出了先行区有关规定任务、商定任务和自选任务的要求，但这三块任务更多的是一种引导。我们要求各个先行区敢想敢干、大胆探索包括但不局限于上述这三块任务内容。比如，在全国范围内一时难以实现的改革，如旅游用地政策，能否在先行区范围内率先突破。明年国家旅游局准备和相关部门联合在旅游用地等方面选取典型城市进行试点，被选中的城市自然能优先获得有关优惠政策，谁先行先试，谁就能率先获得关注。各个先行区在推进工作时，要从这个角度去考虑问题。

四是先行区工作必须抓好基本制度建设。有的地方旅游部门缺乏工作抓手和战略重点，与旅游基本制度的缺失密切相关。从长期的实践来看，必须要逐步探索形成旅游发展的基本制度，这在国家或省级层面突破难度较大，但完全可以在先行区范围内先行先试、率先突破。当前重点是要积极探索建立适应人民群众休闲需求的相关制度体系，积极探索对各类社会资源进行旅游开发的相关制度体系，积极探索建立旅游重大项目的准入制度体系等。

五是先行区工作必须及时做好经验总结。及时总结可复制、可推广的经验，是开展先行区工作的基本要求之一。正如我们这次会议给大家印发各先行区的实施方案和今年以来的主要做法，就是为了相互交流学习，启发各地旅游改革创新的思路。我看先行区的做法中有很多是可以直接复制的举措，有的是可以创新或改造一下再拿来用的举措。因此，各先行区在推动工作的同时，必须要及时做好经验总结工作。国家旅游局也打算明年再多创造一点各先行区和各地相互交流学习的平台，这就需要各个先行区及时总结各种好的做法措施。

六是先行区工作必须强化责任担当意识。旅游改革创新先行区不是一项荣誉帽子，而是一顶压力帽子。不是戴上帽子这项工作就结束了，而是戴上帽子这项工作才刚刚开始。我们希望先行区旅游部门的负责同志都是想干事、能干事、干成事的人，戴这顶帽子的目的不是为了获得个政绩，而是要借助这顶帽子去做更多平时想做而不好做、做不动的事。因此，在推动先行区工作时必须要坚持问题导向，要能拿出解决的办法，不能只提要求，不谈对策，更不能把国家旅游局提出的各项改革创新任务简单照搬照抄。

我要强调的一点是，各个先行区所在的省级旅游部门必须要把先行区工作纳入本省的旅游重点工作范畴，平时多关照一点、多支持一点，及时总结他们的经验做法，及时进行宣传推广。明年的先行区工作，国家旅游局层面也考虑要逐步建立会商和简报制度，同时考虑建立流动学习机制，哪个地方搞得好，我们就组织各地去学习；哪个地方搞得好，我们就组织中央媒体去宣传。同时，我们也在考虑出台先行区的管理办法，对先行区实行动态管理机制，对已经完成阶段性任务的先行区，可以实行自然退出机制；对推动工作成效不明显、态度不积极的先行区，则实行强制退出机制。

同志们，旅游改革创新从没有先例可循，也没有标准的施工图，但却能够实实在在地推动旅游业发展。因此，这既是我们的责任和使命所在，同时也是我们的光荣所在。让我们一起努力，为实现中国旅游业的持续健康发展而共同奋斗！

国家旅游局关于公布首批国家级旅游业改革创新先行区的通知

旅发〔2015〕270号

各省、自治区、直辖市旅游委、局，新疆生产建设兵团旅游局：

为深入贯彻落实《国务院关于促进旅游业改革发展的若干意见》（国发〔2014〕31号），深化旅游业改革开放。经研究，现确定青岛等20个市（自治州）、县（市）作为首批国家级旅游业改革创新先行区。

请相关省、自治区、直辖市旅游委、局督促各先行区以《旅游业改革创新先行区工作方案》为指导，制订各自实施方案，全面启动旅游业改革创新工作。

附件：1. 首批国家级旅游业改革创新先行区名单
　　　2. 旅游业改革创新先行区工作方案

国家旅游局

2015年12月2日

抄送：青岛市、武汉市、保定市、呼伦贝尔市、鄂尔多斯市、延边朝鲜族自治州、淮安市、连云港市、湖州市、黄山市、鹰潭市、咸宁市、乐山市、资阳市、克拉玛依市人民政府；沂南县、栾川县、武隆县、韩城市、敦煌市人民政府

附件1

首批国家级旅游业改革创新先行区名单

一、副省级和地级先行区

1. 山东省青岛市
2. 湖北省武汉市
3. 河北省保定市
4. 内蒙古自治区呼伦贝尔市
5. 内蒙古自治区鄂尔多斯市
6. 吉林省延边朝鲜族自治州
7. 江苏省淮安市
8. 江苏省连云港市
9. 浙江省湖州市
10. 安徽省黄山市
11. 江西省鹰潭市
12. 湖北省咸宁市
13. 四川省乐山市
14. 四川省资阳市
15. 新疆维吾尔自治区克拉玛依市

二、县级先行区

1. 山东省沂南县
2. 河南省栾川县
3. 重庆市武隆县
4. 陕西省韩城市
5. 甘肃省敦煌市

附件2

旅游业改革创新先行区工作方案

根据《国务院关于促进旅游业改革发展的若干意见》（国发〔2014〕31号）和《国务院办公厅关于进一步促进旅游投资和消费的若干意见》（国办发〔2015〕62号）关于旅游业改革创新的要求，按照“515战略”部署，国家旅游局决定在部分地区开展旅游业改革创新先行区工作，现制订本方案。

一、总体要求

旅游业改革创新先行区是指以“创新统筹职能、创新政策措施、创新产业引导”为指引，以市县政府为改革主体，以旅游业体制机制为改革内容，以实现旅游目的地整体发展为主要目标的旅游改革先行先试地区。先行区的旅游管理体制要实现质的飞跃，旅游业发展速度和质量要高于全国平均水平，发展成果要体现对经济和社会的综合贡献。

在地方主动申报、国家综合统筹的前提下，通过三年时间，打造50个先行区，确保每个省（区、市）至少有1个先行区。

二、基本原则

1. 坚持问题导向。要破解旅游业发展中的障碍和突出矛盾。要从各地旅游业发展实际出发，注意研究解决具体问题。

2. 坚持改革创新。要实施创新驱动发展战略，以“创新”推动旅游业发展方式的转型升级。

3. 总结推广经验。要形成一批旅游业改革创新成果，为全国提供可复制、可推广的经验。

三、主要任务

（一）规定任务

1.改革创新旅游业产业定位。地方党委、政府要充分认识到旅游业在国民经济和现代服务业发展中的重要带动作用。在当地经济社会发展战略中，对旅游业定位突出，明确旅游业为当地经济社会发展的主导产业或支柱产业。

2. 改革创新旅游综合管理体制。要形成党委、政府主要领导牵头，各部门职责清晰、配合有效的旅游综合协调机制。要强化产业统筹发展和综合性监管等方面的管理体制。

3. 改革创新旅游业发展引导机制。创新地方政府资金、资源、规划、公共服务等引导旅游业发展的新模式、新机制，实现财政资金支持旅游业发展额度的稳步增长。

4. 改革创新旅游公共服务体制。要创新旅游公共产品和服务的供给模式，创新旅游公共服务方式，建立与旅游目的地发展相适应的旅游公共服务体系建设机制。要统筹考虑旅游公共服务设施适用的人口规模。要积极探索社会力量参与旅游厕所、咨询中心等建设，形成一套较为完善的建设、运营和维护机制。

5. 改革创新旅游市场监管机制。建立游客投诉统一受理平台，通过定期评估、强化协调的方式，创新内部工作机制，实现旅游投诉处理的部门联动。推动旅游主管部门和相关部门在各自职责范围内，创新旅游市场监管方式，探索形成有效的日常执法机制。引导广大游客、旅游监督员、行业协会和专业服务机构参与旅游市场监督。通过综合运用法律手段、创新有效的机制等方式，探索破解零负团费新路径。

（二）商定任务

根据先行区报送的实施方案和改革重点方向，国家旅游局、省级旅游主管部门和先行区人民政府共同商定每个先行区开展1~2项专项改革任务。

1. 改革创新景区管理体制。进一步理顺景区管理体制，强化管理制度创新，优化游览环境。

2. 改革创新门票预约制度。建立景区门票预约制度，对景区实行最大承载量控制。

3. 改革创新旅游投融资体制。支持企业通过政府和社会资本合作（PPP）模式投资、建设、运营旅游项目。积极发展旅游投资项目资产证券化产品，推进旅游项目产权与经营权交易平台建设。积极引导经营权抵（质）押等多种方式融资筹资。

4. 改革创新区域协调发展体制。完善国际、国内区域旅游合作机制，建立互联互通的旅游交通、信息和服务网络，加强区域性客源互送，构建务实高效、互惠互利的区域旅游合作体。

5. 改革创新考核评价体系。完善旅游统计指标体系和调查方法，建立科学的旅游发展考核评价体系。

6. 改革创新中介组织发展机制。加快推进旅游领域政企分开、政事分开，切实发挥各类旅游行业协会作用，鼓励中介组织发展。

（三）自选任务

1. 探索创新旅游发展市场机制。通过简政放权、国企改革，进一步增强市场主体的发展活力。打破地方保护主义，通过旅游要素的市场化改革，推动旅游要素的自由流动，提升当地旅游业市场化程度，营造公平、公正、高效的市场经营环境。

2. 探索拓展服务旅游业发展的新领域。积极发展服务于旅游业的支撑产业。探索私募基金、风险投资基金、公开募股、旅游产权交易所等旅游投融资新方式，推动各方面资金进入旅游投资领域，促进旅游业突破发展。

3. 探索旅游规划有效实施的机制。在国家“多规合一”试点总体框架下，试点地区要主动对接“多规合一”工作，探索推动旅游规划实施的有效路径；非试点地区，探索旅游规划与其他规划衔接的有效办法。

4. 探索旅游目的地建设政策体系。

（1）探索创新旅游用地供给机制。重点研究旅游项目的用地保障和政策，确立旅游公共服务设施的用地保障制度。鼓励支持集体土地参与旅游开发。在土地供应上优先保障旅游业发展。

（2）探索现有社会资源的二次开发路径。创新相关制度，推动有效利用现有社会资源，完善旅游功能，挖掘文化内涵，形成新的旅游产品体系。

（3）探索旅游业与科技融合方式。通过现代化科技手段助推旅游业转型升级，开拓“旅游+互联网”新模式，在信息通信技术和互联网平台利用方面，取得新突破；进一步激发旅游领域“大众创业、万众创新”的活力。

除上述创新举措外，先行区还可以在创新统筹职能、创新政策措施、创新产业引导等方面推出其他有效举措。

四、政策支持

1. 支持先行区进行旅游用地改革。率先指导先行区开展旅游用地改革，落实国土资源部、住房和城乡建设部、国家旅游局三部门出台的《关于支持旅游业发展用地政策的意见》。指导先行区开展旅游项目用地的分类管理，有效落实旅游重点项目新增建设用地，落实公共服务设施用地，用好未利用地、废弃地、边远海岛等地的用地政策，保障乡村旅游、自驾车房车营地、邮轮游艇、文化、研学旅游等旅游新业态的用地。

2. 支持先行区实行落地签、过境免签政策。进一步放宽旅游市场限制，简化出入境手续，支持设有口岸的先行区城市实行落地签、过境免签等政策，便利游客来往，延长逗留时间。

3. 在先行区优先复制自由贸易试验区旅游开放政策，优先推广旅游综合改革试点城市的经验。

4. 支持先行区发展旅游基础设施及旅游项目建设。2016~2018年，支持符合条件的先行区申报“国家旅游发展基金项目”，主要用于旅游厕所、旅游公共服务设施、旅游区道路等基础设施建设及现有社会资源二次开发的旅游项目。

5. 支持先行区通过设立旅游产业基金等形式扶持旅游创业。支持各先行区搭建旅游投融资平台，扶持新兴旅游业态发展，推动旅游领域大众创业、万众创新。鼓励先行区通过PPP模式投资、建设、运营旅游项目。

6. 对先行区改革事项提供智力支持。依托中国旅游改革发展咨询委员会、中国旅游研究院专家智囊，采取讲座、培训、专门咨询等方式，对先行区改革发展提供智力支持。

7. 根据先行区的需求进行重点支持。根据先行区开展旅游体制改革过程中提报的重大情况和重要问题，协调相关部门给予政策支持。

五、工作要求

1. 加强领导，建立机制。各先行区人民政府要将旅游改革创新工作纳入重要日程，建立健全工作领导和统筹协调机制，加快推进工作。

2. 制订方案，强化落实。各先行区要根据本方案，围绕着李克强总理“着力创新旅游管理体制，着力依法规范旅游市场，着力推进现代旅游业发展，着力培育旅游经济增长点”的要求，制订各改革创新先行区的实施方案，报国家旅游局。实施方案要路线清晰、措施具体、任务明确、分工细致。

3. 强化指导，扎实推进。国家旅游局牵头负责对各先行区开展改革任务的指导、协调、督促、评估等工作，相关省、自治区、直辖市旅游委、局负责对辖区内各先行区实施方案的全面落实进行指导、协调、督促和评估。

4. 及时总结，全面推广。各先行区要及时总结经验和问题，每年7月和11月分别向国家旅游局提交工作进展情况和年度评估报告。同时，要积极做好旅游改革创新经验的宣传和舆论引导工作，宣传旅游体制改革的重大突破以及各旅游行业改革的新举措、新进展、新成效。

上　篇

国家级旅游业改革创新先行区主要做法

紧抓体制机制改革　增强旅游发展动力

——青岛旅游业改革创新先行区主要做法

2015年获批首批国家级旅游业改革创新先行区以来，青岛市委市政府高度重视，紧紧围绕“改革创新”这个核心，坚持体制机制先行，重点突破并进，努力破解瓶颈制约，增强旅游发展动力。将旅游业改革创新先行区工作纳入市政府工作报告和《市委全面深化改革领导小组2016年工作要点》，开展广泛调研和座谈研究，形成《青岛市国家级旅游业改革创新先行区实施方案》并在全市旅游业改革创新工作动员大会上下发，定期研究和调度工作，取得了较好的成效。

一、探索创新综合管理体制

青岛市旅游产业发展工作领导小组升格为市长任组长的市旅游工作领导小组，加强纵横协调联动、产业统筹规划。将“强化产业促进、资源统筹、发展协调、服务监管等职能，构建综合产业综合抓的体制机制”纳入市委《关于政府职能转变和机构改革的意见》。积极推动成立旅游委，2016年4月，山东省编办已正式批复青岛市旅游局更名为青岛市旅游发展委员会。目前，正结合我市旅游工作实际，按照“综合产业综合抓”的发展规律要求，进一步探讨建立更加符合旅游业发展的体制机制。

二、创新产业发展引导机制

一是青岛市委、市政府召开高规格全市加快旅游业发展大会，确立了“全方位、全要素、全时空”打造国际化旅游目的地城市目标，出台了《关于加快旅游业率先科学发展若干政策的意见》，着重从破解瓶颈制约、促进高端发展、坚持创新驱动、注重服务保障四方面加大政策资金扶持力度。陆续制定了《海洋旅游发展纲要》《关于加快促进乡村旅游发展的意见》《关于加大改革创新力度促进海洋休闲旅游发展的实施意见》等系列文件和系列实施细则。二是设立了青岛市旅游产业发展引导基金，重点扶持青岛旅游集团等重点旅游企业发展。三是改革创新考核评价体系，将各区市“旅游消费总额及增长率”“接待入境游客增长率”两项内容（分别占70%、30%。旅游消费总额及增长率按4：6比例计分）纳入全市科学发展综合考核。四是推进“多规合一”，由市旅游管理部门担任市“多规合一”办公室副主任单位，在全市邮轮游艇帆船码头、海岛保护、海洋功能区划等近30项规划、意见与行动计划的研究论证工作和青岛市城市风貌保护、2050远景规划、“十三五”综合交通规划等工作中充分发声，切实做到旅游规划纳入全市空间规划的“一张蓝图”。五是开展旅游发展用地问题摸底调研，梳理我市旅游用地方面存在的主要问题，汇总“十三五”期间旅游服务设施用地需求，在规划编制时，充分考虑和兼顾旅游业发展需要，确保规划的科学性和可实施性。

三、创新市场监管机制

一是建立游客投诉统一受理平台，以政务服务热线12345为载体，对全市涉旅部门非紧急对外公开服务电话进行了整合，实现热线资源整合优化，提高了旅游投诉处理效能；二是贯彻落实《国务院办公厅关于加强旅游市场综合监管的通知》，下发了《加强旅游市场综合监管的通知》，按照“属地管理、部门联动、行业自律、各司其职、齐抓共管”的原则，明确职责，促进了旅游业综合监管。黄岛区将旅游执法职能纳入综合执法，由区综合行政执法局进行统一查处，提高了执法效能。三是探索建立先行赔付制度，目前各区市已建立先行赔付制度。四是建设诚信体系和监督机制，市政府办公厅发布《消费市场秩序专项整治违法行为举报奖励办法》，加强了对企业守法经营的约束力度。五是积极倡导文明旅游，2016年以来，创新开展“文明旅游、从我做起”8大系列活动，营造了全社会文明旅游新风尚。

四、创新区域协调发展机制

一是围绕“一带一路”国家战略，与19个国家、69个城市和机构建立合作关系。扩大自贸区国家旅游合作交流，建设务实高效、互惠互利的区域旅游合作机制。以青岛获批72小时过境免签城市为契机，跟进相关旅游政策落地。二是顺应“一带一路”国家战略规划要求，推动青岛邮轮母港建成并投入使用，为青岛搭建起了邮轮旅游国际发声平台。2016年成功举办世界旅游城市联合会邮轮分会成立大会暨第四届中国（青岛）国际邮轮峰会，成立了国内首个世界级邮轮行业组织——世界旅游城市联合会邮轮分会，我市当选为邮轮分会理事长单位，分会秘书处常设青岛。5月13日，国家旅游局正式批准在青岛市设立“中国邮轮旅游发展实验区”，有效提升了青岛邮轮母港在“一带一路”沿线的知名度，为把青岛打造成东北来国际邮轮中心奠定了坚实基础。三是创新旅游营销模式，加大新媒体宣传营销合作，由青岛发起的由北京、天津、杭州等50余个城市组成的中国旅游城市新媒体营销联盟，2016年，举办了联盟海外营销培训会，拓展联合营销领域，开始在海外开展联合营销，10月在河南开封召开了第三次年会。四是青岛与大连达成区域旅游合作意向，决定建立“青岛—大连旅游区域合作共同体”。五是发起成立了山东半岛城市旅游区域合作联盟，建立起以青岛、烟台、潍坊、威海、日照、东营、滨州为主体的山东半岛城市旅游合作体，并创新成立了莱西等8县市组成的山东半岛县域旅游合作联盟。8月，联盟还在莱西市举办“休闲旅游论坛”等活动，为区域旅游合作创新发展开拓了思路、积累了经验。六是在2016青岛旅游惠民月中，发起“青岛城乡互动游”板块，各区市依托资源优势，突出当地特色，向市民游客推出30多条一日游、二日游的观光、采摘、温泉、登山等经典旅游线路，互发“城乡互动游惠民车”。全面展现全域旅游发展新变化，激发广大市民参与旅游热情，共享旅游发展成果，活跃淡季旅游市场。

五、创新旅游目的地建设机制

一是建立了政府主导、企业运营、部门联运、资源整合的旅游公共服务体系建设机制，2016年共5处旅游集散中心启动、运营并与多家旅行社合作建立了“青岛一日游”超市运作模式。截至10月底，旅游集散中心共接待游客34.8万人次，发送各类旅游车次1.41万次，实现收入356.6万元。取得了良好的经济和社会效益。二是青岛市政府提出“厕所革命青岛要走在全国前列”的要求，努力实现三年行动任务两年结束，山东全省旅游厕所建设管理现场会在我市召开并推广“青岛经验”，2015年以来新建、改建旅游厕所643座，年底前完成703座任务。三是积极推进“旅游+”，推进邮轮、滨海度假、研学、健康、生态、乡村等多种业态项目建设，深化产业融合发展。组织港中旅海泉湾等16家单位申报了省级和国家级中医药健康旅游示范基地。推进青岛旅游集团奥帆中心“阅海览城”等3个项目申报国家通用航空旅游试点项目。推进旅游与体育融合，青岛市体育局和青岛市旅游局达成并签署《促进体育与旅游融合发展战略合作协议》，举办了2016青岛·崂山100公里国际山地越野挑战赛。赛事被中央、山东省媒体直播或进行跟踪报道，获得了国内外游客一致好评。在2016年“旅游惠民月”活动中，充分发挥旅游的产业融合功能，协调文化、体育、交通等行业，整合资源，通过“旅游+”的方式，组织策划文化、体育、健康等版块活动，拓展惠民广度的延伸，受到广泛好评。

明确旅游改革方向　打造旅游发展体系

——武汉旅游业改革创新先行区主要做法

自2016年5月10日全国旅游业改革创新先行区工作会议以来，武汉市充分学习借鉴兄弟城市的先进经验和做法，进一步明晰改革创新思路，完善改革创新方案，储备和推进一批改革创新项目，健全旅游联合执法机制，强化旅游行业监管，武汉旅游业呈现良好的发展态势。预计全年武汉市接待游客总人数2.28亿人次，实现旅游总收入2417.15亿元，同比分别增长10.2%和10.6%。

（一）明确旅游业改革创新方向

2016年7月，武汉市人民政府制定印发《武汉市建设国家级旅游业改革创新先行区实施方案》和《武汉市建设国家级旅游业改革创新先行区任务责任分解表》。实施方案以“着力把旅游业培育成武汉市国民经济的战略性支柱产业和人民群众更加满意的现代服务业，把武汉建成国家旅游中心城市、长江黄金旅游带集散中心、全国知名的都市休闲旅游目的地”为目标，以“创新统筹职能、创新政策措施、创新产业引导”为宗旨，以2016年至2018年3年为期，以“体制改革、机制创新、产业融通、资源整合”为切入点，明确了改革旅游行政管理体制、推进旅游景区管理改革等10大类29项工作任务，旅游部门为总牵头单位，各项工作责任分解至武汉市发改委、武汉市交委、武汉市编办、武汉市财政局等35个单位和部门，统筹协调推进旅游业改革创新任务。

（二）推进重大旅游项目建设

一是积极推进武汉木兰三台寺旅游区、武汉房车母港和集散中心、姚家山红色旅游区、汉南区欧洲小镇等一批重点在建项目，累计完成固定资产投资102亿元，同比增长12%。二是加快完善旅游基础设施。建成汽车露营地8个，新建旅游厕所100余座，新建天河机场T3航站楼旅游咨询中心，改造升级武汉火车站旅游咨询中心，新建二级旅游集散中心1个。三是策划储备了一批项目。建立“十三五”旅游发展重大项目库，入库旅游项目50个，项目涵盖主题公园、旅游综合体、旅游演艺节目、旅游特色街区、旅游公共服务设施等多种类型，总投资额达2409亿元。8月，签约引进投资额达85亿元的武汉赛车运动文化旅游小镇项目，预计2018年建成后，年销售规模达130亿元，年税收9亿元，解决社会就业岗位4500个。

（三）狠抓两江四岸旅游功能提升

长江、汉江两江汇流，三镇鼎立，是武汉城市格局之魂。近年来，武汉市委、市政府启动建设两江四岸旅游功能区，并立足打造立世精品，投资3亿元，实施两江四岸旅游功能与景观亮化提升工程，计划用三年时间，整治长江、汉江两江四岸环境，利用激光秀、光影秀等技术，让两江四岸亮起来、美起来，规划新建一批园林景观，策划推出“水陆一体化”的联游产品，打造全国首个以长江游览为主题的国家5A级旅游景区——江汉朝宗旅游景区。当前，一是编制了起步区（月湖、龟北等片区）实施性规划、核心区江滩整治规划等7个专项规划。二是创新投融资方式，采用政府和社会资本合作（PPP）模式，筹资109.2亿元，建设两江四岸区域内9个基础设施项目和7个特色项目。目前，“两江四岸”PPP项目工程已预录入国家发改委、国家财政部项目库。三是按照“基础、主题、节日”三种灯光秀模式，初步实现两江四岸区域内所有亮化设施统一智能化监控。四是围绕打造具有江城地域文化特色和在国内外具有影响的长江第一实景演艺秀项目，建成专用游船码头，用于演出使用的“知音”号游轮已下线试水，演艺节目拟于年底公演。

（四）强化旅游行业监管

一是于2016年7月1日施行了新修订的《武汉市旅游条例》。首次以立法形式确定了旅游业在全市“战略性支柱产业”的地位，创新地将机构保障、用地政策、游客文明行为、星级导游员管理等纳入地方法规。二是规范旅行社质保金。建立了旅行社质保金动态监控（对账）机制和质保金账户异常情况报告（预警）机制，对全市旅行社质保金缴存情况开展了专项清查与规范。清理整顿42家旅行社旅游服务质量保证金和责任险，依法办理降低质保金交存50%事项21件，新设旅行社全部足额交存旅游质保金。三是加强景区服务质量监管。坚持全覆盖，举办了20期A级旅游景区管理人员、旅游讲解员等专题培训班，轮训人数达6000余人次。邀请人大代表、政协委员、新闻媒体与社会义务监督员开展景区服务质量明察暗访100多家次，收集整理12个突出问题，逐项向景区下整改督办单。开展A级旅游景区复核，复核率达100%，取消1家旅游景区2A级景区资质。四是健全旅游联合执法机制。巩固深化市场监管“六步法”，联合工商、公安、物价、城管等多部门，重点查处了景区周边乞讨、算命、逃票等乱象，取得初步成效。五是坚持“共治共安”，以黄陂区为试点，创新成立了6个旅游巡回审判法庭，采取“四快四就三定一重一保”的工作模式，对辖区内的旅游纠纷案件，运用小额诉讼程序或简化程序，快立、快审、快结、快执，做到就地立案、就地审理、就地调解、就地执行，把矛盾和纠纷化解在萌芽状态，维护旅游市场秩序和旅游治安环境。

建设国家级旅游业改革创新先行区以来，武汉市旅游业改革创新的意识不断加强，步伐不断加快，旅游项目建设、旅游行业监管、旅游金融服务等方面进行了有益的探索。同时，武汉市旅游业改革创新的力度与国家旅游局的期望和武汉旅游业发展的现实需要相比还存在一定差距，如旅游行政管理体制改革方案已上报武汉市委、市政府，需加快推进；旅游基础设施和公共设施的一体化、便利化水平还不够高，武汉的特色和优势还没有得到充分发挥，丰富的文化资源没有很好地对接旅游市场，滨水滨江旅游资源开发利用水平还比较低等等，这些问题都亟待我们予以重视，不断地改革、创新、突破。此外，湖北省旅游委目前正积极推进建设“武汉国际旅游交易中心”，鉴于湖北省金融局“一地只能注册建设1家旅游交易平台”的意见，武汉市“建立旅游资源交易平台”的改革创新任务将暂不推进。

下一步，武汉市将继续深化改革创新，以全域旅游为抓手，强化组织领导，研究支持旅游业发展的体制机制和土地利用、投资融资、财政扶持等相关政策，建立规范成熟的旅游业发展政策体系，抓紧抓实旅游行政管理体制改革，探索旅游功能区管理模式，推进旅游景区管理改革，健全旅游金融服务体系，切实为全国旅游业改革创新发展探索好的经验与做法。

秉承五大发展理念 打造“全域、全业、全时、全员”旅游

——保定旅游业改革创新先行区主要做法

2016年，保定市作为河北省唯一的国家级改革创新先行区城市，把旅游业作为战略支柱性产业发展，以供给侧结构性改革为主线，秉承五大发展理念，以打造“全域、全业、全时、全员”旅游为方向，积极适应大旅游、大产业、大市场的发展格局，重点在跨区域整合旅游资源、体制机制改革等方面做了探索和尝试。具体汇报如下：

一、推进供给侧改革，跨区域整合旅游资源

借助首届河北省旅游产业发展大会的倒逼效应，保定市打破行政区划分割，将承办地涞水、易县、涞源三个山区贫困县作为全域旅游示范区整体规划建设，大投入，大整合，倾力打造京西百渡休闲度假区。

总投入304.3亿元（其中政府投入41.6亿元、金融平台融资52.5亿元、社会资本208.7亿元、群众自筹1.38亿元），大力实施了“5310”工程。“5”即着力打造五大景区：野三坡、白石山、清西陵、狼牙山、易水湖，以景区为核心，叫响京西百渡休闲度假区，特别是“京畿福地，乐享河北”的品牌。“3”即建好三张网：一是建好旅游交通网，按照“快旅漫游”的理念，以张涿、张石、荣乌高速和108、112国道、241省道为骨干，连通野三坡、白石山、清西陵、易水湖、狼牙山五大景区，形成387公里闭合的能够循环的风景车道、自行车绿道和人行步道；二是建好游客服务网，做好停车场、旅游厕所、综合服务点、休闲场所等功能性配套和经营性配套，融入旅游14要素，重点完善景区、新业态项目、高速公路服务区、重点美丽乡村等11个游客服务中心建设，实现旅游咨询、游客集散、商品展示、智慧旅游等多项旅游服务功能；三是建好旅游互联网，建设好保定旅游信息数据中心、旅游公共服务平台等一批智慧旅游服务体系，把智慧管理、智慧服务、智慧营销融入旅游“互联网+”。“10”即建设10个新业态小镇，突出京西百渡“一渡一故事、一步一景观”，融合乡村休闲、户外运动、文化体验等多种功

能于一体。目前，野三坡旅游小镇、百里峡艺术小镇、月亮湾康养小镇、四季圣诞小镇、易水湖文化康养小镇、太行水镇、狼牙山四季花海小镇、乌龙沟冰雪小镇、莲花峰度假小镇、白石山温泉小镇10个新业态小镇已震撼推出。

京西百渡休闲度假区的打造，使“涞易涞”三县游客容纳量和承载量大幅增长：涞水从日平均4.5万人次将提高到8.6万人次；易县从日平均4.3万人次将提高到9.1万人次；涞源从日平均2.5万人次将提高到6.8万人次。2016年十一长假期间，涞水县接待游客55万人次，日均7.9万人次；易县共接待游客54.22万人次，日均7.7万人次；涞源共接待游客25.15万人次，日均3.6万人次。其中，涞水游客接待量近饱和状态，同比增长96%，旅游收入5.53亿元，同比增长102%；易县增幅最高，同比增长168%，旅游收入4.7亿元，同比增长171%；涞源县同比增长65%，旅游收入2.52亿元，同比增长68%。京西百渡休闲度假区市场火爆、秩序井然，实现了经济效益和社会效益的双丰收，在国家旅游局发布的国庆假期旅游“红黑榜”上，“京西百渡”获得“综合秩序最佳景区”“旅游服务最佳景区”两个全国最佳。

二、改革管理体制，破解管理和发展难题

保定市旅游局业已升格为旅游发展委员会，由事业编制改为行政编制，纳入市政府组成部门序列，强化对旅游开发保护、规划建设、市场监管等工作的统筹和协调。保定市公安局、市场监督管理局、交通运输局、文广新局、法院、林业局等6个部门依法参与旅游综合管理工作，主管副职拟担任旅游发展委员会兼职副主任委员在旅发委的统筹下，发改、财政、交通、住建、文化、商务等相关部门依法参与旅游管理工作；保定市旅游警察支队业已成立；保定辖属的涞水、涞源、易县、安新等重点旅游县相应建立旅游发展委员会（局），涞水县已建立起“1+3”模式。

推行“管委会+公司”“管委会+乡镇”的景区管理模式，景区内及周边村镇由景区管委会统一托管，对景区及所托管村镇实行一体化规划、建设和管理、运营，形成景村共建、与脱贫攻坚相结合的管理体制。目前，涞水野三坡、涞源白石山、易县清西陵已经完成改革，进入正常运行；安新白洋淀已经完成管委会改革，围绕破除积弊、破解瓶颈，组建专业化公司，推行淀上交通公交化，旅游线路向淀中村延伸，实现观光游向休闲度假游的转型；冉庄地道战景区积极构建“景区+村庄+公司”模式，目前已完成组织机构和领导班子调整，正在大力开展拆违治乱、环境整治、秩序整顿。

三、改革旅游投融资体制，增添旅游市场新动能

积极构建多元化旅游投融资体系，保定市政府成立国控集团、金保股权基金投资公司，涞水县成立了野三坡投资公司，易县成立了新农村投资公司。围绕京西百渡休闲

度假区建设，2016年融资达52.5亿元。其他旅游重点县也建立了投融资平台。积极引进旅游发展战略投资者，荣盛、云南城投、三利、中信等知名企业在保定开展旅游投资合作，2016年引进社会资本208.7亿元。

在此基础上，又进行了资产经营体制改革，在保定市开展了旅游资产清查清理整合回购行动，三年以上无实质性投入，造成优质资源闲置或环境破坏、低效开发的，由资源所在地政府依法进行资产清算和整合回购，盘活存量旅游资产。涞水县对鱼谷洞、龙门天关、百里峡神奕探野探险公司资产清算和整体回购。涞源县对空中草原、斜山溶洞进行了清算回购。

四、建立机制，完善旅游工作专项考核体系

保定市政府从2011年起就将旅游纳入政府工作考核序列，重点考核政府主导、规划统领、基础设施、秩序环境、景区建设、服务质量、宣传营销、新业态、智慧旅游等多个具体指标。督导各县区政府将旅游工作摆上主要领导的议事日程，出台鼓励政策，强化组织机构，重视顶层设计，创新融合发展，提升建设和管理水平，提高旅游行业素质和市场影响力。几年来不断充实考核项目和指标，调整考核方式，形成了较完善的考核体系，有效地起到了导向和激励作用，在保定市确立了抓旅游就是抓发展的理念，形成了政府、社会、个人关注旅游的浓厚氛围，保证了旅游创新改革顺利推进和各项工作的圆满完成。

五、深化厕所革命，引导民间资源进入公共服务体系

积极响应国家旅游局“将厕所革命推向城乡、普及景区内外”的号召，在加快建设一批符合标准要求的新厕所同时，加强乡村旅游厕所管理，积极探索建立厕所开放联盟。2016年三月，在保定市旅游部门的倡导下，涞水野三坡率先成立了乡村旅游厕所开放联盟，制定了管理章程、服务公约，统一了标识，景区沿线、景区周边的大部分旅游经营单位厕所加入了开放的行列，野三坡旅游投资公司认养了所有开放联盟的厕所，对每个厕所每年给予1000~3000元的资金或实物补贴，这样就形成了业主有奉献、社会有补偿、政府有鼓励的良性互动模式和人性关怀氛围，对公共设施服务体系形成了有力的补充。该模式受到了国家和省旅游部门的肯定，2016年4月，国家旅游局“中国厕所革命推进日——厕所革命走进乡村”主题活动在涞水县野三坡举行。

六、实践“旅游+”理念，探索旅游扶贫新模式

确定保定市西部山区9个县为旅游扶贫重点县。依托贫困县的19个3A级以上景区，

推进旅游+互联网，推进旅游+美丽乡村建设，结合“第六产业”示范园区建设，推广“景区+农户”“公司+农户”等方式，建立“资源变股权、资金变股金、农民变股民”的旅游精准扶贫机制，实行“景区带乡、新业态项目带村、能人带户、金牌农家乐带人”，推进乡村旅游转型升级，实现稳定脱贫致富。

2016年，9个贫困县19个3A级以上景区，带动周边157个贫困村发展旅游产业，接待136万人次，综合收入1亿元以上，辐射带动贫困人口9.9万，占全市贫困人口的22%。其中京西百渡休闲度假区，206公里的风景道串联起三县五大景区，辐射43个乡镇，打造旅游专业村64个，3.6万贫困人口实现脱贫。8月18日在第二届全国乡村旅游与旅游扶贫工作大会上，保定市野三坡景区被确定为全国“景区带村”旅游扶贫示范项目，太行水镇——保定市恋乡旅游开发有限责任公司被确定为全国“公司+农户”旅游扶贫示范项目。

以改革创新为抓手　全力实施旅游业优先发展战略

——呼伦贝尔旅游业改革创新先行区主要做法

（一）以改革创新为抓手，努力破解旅游发展“小马拉大车”瓶颈

呼伦贝尔市面积25.3万平方公里，有8万平方公里的大草场，12万平方公里的原始森林，2万平方公里的湿地，单靠旅游局层面推动旅游产业发展非常艰难，必须引起党委、政府的高度重视。借助国家级旅游业改革创新先行区契机，经过积极努力争取，旅游业优先发展战略被写入全市党代会工作报告。呼伦贝尔市第四次党代会工作报告中明确指出：呼伦贝尔要以建设国际化高端旅游目的地为目标，全力实施旅游业优先发展战略。把旅游业作为战略性支柱产业和结构调整的主攻方向，进一步提升旅游业地位。

同时积极协调增加机构编制。一年内积极争取了15个编制，6名参公事业编制，9名事业编制。成立了一个机构——旅游产业研究中心。带领市政府主要领导前往云南学习旅游警察支队组建经验，力争市委书记、市长同意成立市旅游委，旅游警察支队，目前已上报自治区编办。

（二）以改革创新为抓手，努力破解旅游产业发展不均衡瓶颈

旅游淡旺季不均衡，一直困扰着呼伦贝尔旅游发展。为此，呼伦贝尔改革创新旅游业发展引导机制，加大冬季冰雪旅游产品开发力度，制定了各部门共同协调配合的《呼伦贝尔冬季旅游发展方案》，呼伦贝尔市委书记亲自抓冬季旅游，亲自推冬季旅游，亲自宣传冬季旅游，要把呼伦贝尔打造成为人人向往的冬季冰雪旅游胜地，先后召开多次会议，听取冬季旅游汇报，并亲自参加呼伦贝尔冬季冰雪旅游推介会，各相关旗市区、各相关部门共同参加，起到了良好的推动作用。

（三）以改革创新为抓手，努力破解旅游市场多头管理瓶颈

为创新旅游市场监管的体制机制，破解旅游市场多头管理的瓶颈，呼伦贝尔市委、

市政府制定出台了《关于加强旅游市场综合监管工作的意见》（呼党办发〔2016〕18号），明确提出了11项重点工作任务，并列出了各旗市区人民政府及旅游、发改、交通、公安等16个相关部门在旅游市场综合监管工作中的责任清单，明确了各相关部门在旅游市场监管中的职责。

（四）以改革创新为抓手，努力破解旅游投融资瓶颈

为探索拓展服务旅游业发展的新领域，加强对旅游业发展的综合支撑，努力破解旅游投融资瓶颈，呼伦贝尔市政府第十二次常务会议、四届市委第六次常委会议通过了成立呼伦贝尔文化旅游投资公司的重大战略决策部署，呼伦贝尔文化旅游投资公司按照正处级国有企业管理，同时政府注入现金和资产1亿元启动，为下一步搭建旅游投融资平台，成立旅游产业发展基金奠定了良好的基础。

（五）以改革创新为抓手，努力破解区域旅游合作瓶颈

为改革创新区域协调发展体制，加强与区域内外联动，加大与区域内外资源的整合力度，形成开放发展的新格局，努力破解区域合作瓶颈。通过多方努力，国家发改委、外交部、商务部等8部委批复了《呼伦贝尔中俄蒙合作先导区建设规划》（以下简称《规划》），内蒙古自治区政府专门在呼伦贝尔市召开了《规划》的贯彻落实推进会，《规划》的实施使呼伦贝尔对外开放格局由以满洲里为节点转变为呼伦贝尔全域的对外开放，形成了集贸易、人文、旅游、产业合作的对外开放格局。同时制定了《呼伦贝尔边境旅游试验区》方案，精心策划组织开展了中俄蒙“万里茶道”系列品牌活动。国内与齐齐哈尔、黑河、大庆、大兴安岭地区联合建立了“4+1”旅游合作联盟。这些活动对于破解区域旅游合作瓶颈起到了很好的推动作用。

诚然，相对于旅游发达地区，呼伦贝尔旅游发展的步子还是慢一些、魄力小一些，但我们会加大改革创新工作力度，珍惜上级部门的信任，结合自身地域辽阔，民族风情浓郁，自然景观优美等优势，抓住重点，突出特色，探索创新更多好做法、好经验，为全国的旅游业改革创新发展做出新贡献。

推动旅游业改革创新　创建国家全域旅游示范区
——鄂尔多斯旅游业改革创新先行区主要做法

2015年年底，鄂尔多斯市被国家旅游局列为国家级旅游业改革创新先行区创建地区，2016年10月底，又被列为第二批国家全域旅游示范区创建单位。当前，鄂尔多斯市全力以赴推动旅游业改革创新，积极创建国家级全域旅游示范区，确保各项创建工作扎实开展、有序推进、成效明显。

一、改革创新统筹发展机制

鄂尔多斯市委市政府高度重视旅游业发展，将旅游业作为全市经济社会转型发展的突破口来抓。市委常委会、市政府常务会召开专题会议研究全市旅游业改革创新、全域旅游发展相关工作。市委市政府印发了创建国家级旅游业改革创新先行区实施方案，确定了五大方面三十项具体任务统筹推进旅游业改革创新。市委市政府主要领导亲自安排部署和调度解决旅游业改革创新工作中的重大问题。同时，市人大、市政协就旅游业发展多次进行专题检查调研，宣传、文化、体育、食药、安监、公安等部门密切配合，旅游业发展正在从旅游部门单打独斗向党政统筹推进、部门联动共建转变，形成了“综合产业综合抓”的良好局面。

二、改革创新引导推动机制

（一）加强规划引领

《鄂尔多斯市国民经济和社会发展第十三个五年规划纲要》明确将旅游业作为支柱产业来培育发展。已编制完成了《鄂尔多斯市旅游业“十三五”规划纲要》，进一步突出旅游业作为综合性产业对经济社会发展的引领带动作用。目前，正在编制《鄂尔多斯市全域旅游发展总体规划》和三个配套专项规划，并制定了全域旅游发展三年行动计划和年度工作方案，以改革创新为动力统筹推进全域旅游发展。同时，鄂尔多斯市政府将市旅游局增列为市规划委员会成员单位，在编制重大规划、实施重大项目时，征求旅游部门意见，充分考虑城市综合旅游功能的完善。

（二）完善政策支持

2015年以来，鄂尔多斯市委市政府连续两年出台支持促进文化旅游业发展的政策措施，并设立了文化旅游发展专项基金（资金），加大对重点创建、基础设施建设、旅游公共服务体系建设、乡村旅游发展、宣传营销推广等工作的支持，2015年以来市本级兑现专项基金（资金）已达1.5亿元，政策“红利”充分释放。

（三）实施项目支撑

像抓工业项目一样抓旅游项目建设，将旅游项目纳入鄂尔多斯市重点项目一并调度，编印了鄂尔多斯市招商引资项目册、鄂尔多斯市旅游产业目录库，建立了旅游产业项目库，通过“请进来”“走出去”加大旅游招商引资力度，促使旅游市场主体发展活力不断增强，推动响沙湾莲花度假酒店、万家惠欢乐世界、丰贡明蒙互市商贸街等一批重大项目建成使用。

（四）改革投融资方式

鼓励和支持旅游企业上市融资、发行债券，支持重点旅游企业通过政府和社会资本合作模式投资、建设、运营旅游项目。2016年6月13日，鄂尔多斯市内蒙古东联旅游集团在“新三板”成功挂牌上市，成为全国首家挂牌“新三板”的旅游管理咨询企业。为统筹整合涉旅资产，形成旅游产业规模化发展，目前正在积极组建鄂尔多斯市旅游产业投资集团。

三、改革创新综合管理机制

（一）设立鄂尔多斯市旅游发展委员会

正在筹建鄂尔多斯市旅游发展委员会，进一步强化旅游部门综合协调、产业促进、资源整合和服务监管等方面的职能，已将方案上报自治区编办等待批复。市编委会为市旅游局新增15个编制，将进一步充实力量、优化结构。

（二）建立旅游警察、旅游巡回法庭和旅游工商分局

伊金霍洛旗在内蒙古自治区第一个设立旅游警察、旅游巡回法庭和旅游工商分局，强化旅游综合执法力度，有效化解突出矛盾。与此同时，市级层面正在加快改革步伐，建立鄂尔多斯市旅游综合执法新机制。

（三）建立旅游综合监管机制

建立旅游、质检、安监、工商、交通等多部门联合执法检查机制，建立旅游舆情综合监控机制，加强市场综合治理，有效受理游客投诉，稳妥处置突发事件，旅游市场监管由旅游部门单兵作战正在向多部门共同作战模式转变。同时，批准成立了鄂尔多斯市旅游综合执法局，将进一步强化旅游综合监管力度。

四、改革创新旅游发展方式

加强旅游与其他产业的融合发展，突出旅游业作为综合性产业对一、二、三产业的带动作用，培育旅游新业态产品。“旅游+文化体育”，设计推出舞台剧《森吉德玛》《库布其》以及国际马拉松、冰上龙舟等群众喜闻乐见的文化体育项目；“旅游+健康养生”，依托宜人气候条件、特色蒙中医药资源，争创国家中医药健康旅游示范区；“旅游+农村牧区建设”，提档升级乡村旅游发展，大力打造乡村旅游示范村、特色农牧家乐，举办首届鄂尔多斯美丽乡村旅游节，掀起了鄂尔多斯市乡村旅游发展新热潮；“旅游+品牌产品”，鄂尔多斯现代羊绒产业园被评为国家4A级旅游景区，成为鄂尔多斯市旅游借助品牌力量扩大影响的新亮点。

五、改革创新宣传营销模式

鄂尔多斯市将强化宣传营销作为破解发展瓶颈的重要措施，组织实施专业化、精准化、系统化营销开拓市场和提高竞争力。一是整体推进，鄂尔多斯市委市政府把文化旅游产业作为集聚人流、物流、资金流、信息流和融资、融商、融智的一项系统工程加以推进，举办了第三届鄂尔多斯国际那达慕暨首届鄂尔多斯国际创意文化大会，从2016年3月份到2016年底，280多项活动精彩上演。二是科学施策，年初聘请专业团队，制订了城市形象宣传推广和旅游营销方案，加大旅游市场开发力度；同时加大线上宣传推广，与携程、途牛线上旅行商合作，在其官网开设旗舰店，加大在百度、新浪、搜狐等30多家知名网站的推广力度，“鄂尔多斯旅游”成为搜索热点。三是精准营销，2016年组织重点景区和旅行社在北京、上海、广州、成都和西安等18个重点客源城市召开了旅游推介会，精心组织接待来自广州、西安等城市的54架旅游包机和9趟旅游专列，起到了良好的宣传营销效果。

开拓创新　走在前列
努力探索旅游发展新经验
——延边旅游业改革创新先行区主要做法

国家旅游局提出加快推进首批国家级旅游业改革创新先行区建设是适应经济发展新常态，迎合大众化旅游时代的重大举措。延边州依托良好的生态环境、独特的民俗文化和沿边近海的区位特色，充分利用高铁开通、航线增加、通关便利等优势，以“创新统筹职能、创新政策措施、创新产业引导”为指引，积极推进延边旅游业供给侧结构改革创新，扭住关键，精准发力，以“四个结合”为抓手，全力加快旅游业改革创新先行区建设与加快沿边地区开发开放相结合；与吉林省服务业发展攻坚相结合；与国家生态文明先行示范区建设相结合；与延边州“五个延边”建设的总要求相结合。通过创新改革和先行先试，全面释放旅游业在现代服务发展中的龙头和引领潜力，到2020年，全州旅游总收入年均增长达到22%，相当于全州GDP的35%以上。把延边打造成全国著名的边境旅游目的地和具有国际影响的优质生态健康休闲旅游区。2016年主要工作措施及成效：

一、探索跨境旅游新模式，推进核心先行项目开发

落实国发〔2015〕72号文件精神，积极探索“跨境旅游合作区”和“边境旅游试验区”新模式。大力推进“图们江三角洲国际旅游合作区”项目。珲春市被国务院批准设立国际合作示范区以来，珲春市为贯彻落实国家战略，提出了“图们江三角洲国际旅游合作区”构想，以旅游实现国家战略、促进延边州与东北亚各国的经济合作。该构想提出后，引起了国家旅游局等部委和省政府的高度重视。构想中的“图们江三角洲国际旅游合作区”项目规划面积概算90平方公里。其中，中方30平方公里；俄方30平方公里；朝方30平方公里。功能定位为以图们江为轴心，以中国珲春、俄罗斯滨海边疆区和朝鲜罗先为腹地，面向东北亚，驱动金三角，逐步把图们江下游地区打造成东北亚国际旅游核心区。延边州委托北京巅峰智业旅游文化创意股份有限公司编制图们江三角洲国际旅

游合作区项目规划，由吉林省旅游局牵头组织中、朝、俄三国专家，于2016年6月18日召开图们江三角洲国际旅游合作区规划论证会议。目前图们江三角洲国际旅游合作区项目已报送国家发改委。延边州已上报珲春市成为国家边境旅游试验区和跨境旅游合作区“两区共建”创建单位。

二、探索互联互通新机制，加快多目的地国际合作

一是创新东北亚区域国际旅游合作机制。组织召开2016“大图们倡议”东北亚旅游论坛，进一步健全中俄朝图们江区域旅游厅（局）长会议沟通机制。深化产品建设、服务标准、市场监管、安全保障等方面的合作，共同打造东北亚国际旅游目的地。二是活用跨境旅游合作新政策。把握图们江地区开发合作纳入国家“一带一路六区”区域旅游一体化契机，利用好中韩签署自贸协定、俄罗斯《符拉迪沃斯托克自由港法》生效、朝鲜建立茂峰国际旅游特区等机遇，支持珲春市、和龙市、图们市、龙井市等边境县市加快旅游开发开放。推进龙井跨境旅游集散中心、和龙国家级边境经济合作区、图们—朝鲜稳城岛文化旅游合作区等跨境旅游重点项目建设，积极推进设立“边境购物区”和“无障碍”国际旅游区。积极推进开发图们江沿江边境旅游项目，培育图们江流域精品旅游带。三是创新跨境旅游合作区国际旅游通行机制。通过签订合作协议等形式，允许游客或车辆凭双方认可的证件灵活进入合作区游览。积极争取“72小时免签”、无假日通关等政策在延边落地；争取使用边境旅游证照手续从延吉空港口岸赴俄海参崴旅游；积极推动开通中俄小型车自驾旅游线路。加快推进东北亚陆海联运环海邮轮游、图们江出海邮轮游项目，扩大中俄朝环形跨境游规模。通过巩固对俄、对朝边境旅游线路，带动生态、民俗、冰雪游，开发复合型旅游产品。积极探索边境旅游政策和机制创新，在旅游签证、购物免退税、简化审批程序等互通合作方面创新改革。

三、探索“智慧旅游”新领域，加快开发“互联网+”

夯实“智慧旅游”工程，丰富“延边旅游年卡”功能，在现有“一卡游延边”（包括全州19个重点旅游景区）的基础上，融入多元旅游要素，扩大年卡外延，实现多领域、跨地区“旅游一卡通”互联互游。创新旅游门票预约制度，建立景区管理、游客统计、实时监控系统平台，建立健全“延边这儿App”、旅游集群网站等智慧服务体系。推进全域大数据开放共享，激发旅游领域智能化发展的活力。与上海景域集团签订《战略合作协议》，借助“外脑”为延边州全域旅游品牌进行策划及形象设计，进行全域旅游品牌形象发布的话题传播策划，在延边设立“驴妈妈旅游网分站”。并利用景域集团的自身影响力和在“互联网+”方面的优势，建立全域旅游智慧化网络，整合延边州产品资源，扩大旅游宣传。2016年8月29日中国延吉·图们江国际投资贸易洽谈会期间发

布“鲜到延边”品牌形象话题，召开了“2016中韩旅游城市推介会议”。

四、探索产业融合新形式，完善升级促进机制

创新旅游融资机制，推进延边州旅游投资公司设立，鼓励延吉、敦化、珲春市等重点县市设立旅游融资平台。加快发展旅游担保机构、小额贷款公司，扩大旅游投资领域。创新旅游公共服务体制。加快多产业融合发展，加大海外航空通道开发力度，加密韩国航线，稳固俄罗斯海参崴、朝鲜平壤航线，扩大日本大阪航线，2016年11月初开通了延吉—台湾航线；拓展国内航线，增加华中、西南航线、航点，丰富航线网络。已经搭建起与东北亚韩、俄、朝、日等国家间航空旅游通道。围绕高铁线路策划包装产品，推进连接景区道路升级改造，完善旅游标识。完善自驾车营地、停车场、旅游厕所、集散中心等旅游公共服务设施。推进“全域旅游”发展。加快长吉图旅游一体化，积极融入“大长白山旅游格局”，加快融入“东北东部旅游经济带”，推进与长三角、珠三角、京津冀旅游合作对接，形成资源共享、市场共享、利益共享的先行发展格局。

明确定位　加快旅游业跨越式科学发展

——淮安旅游业改革创新先行区主要做法

2015年，在国家旅游局的关心支持下，淮安有幸成为20家国家首批旅游业改革创新先行区之一，这是国家旅游局对淮安的信任与厚爱，是我们前所未有的重大发展机遇，更是我们加快改革创新、加速弯道超越的动力源泉。2016年以来，淮安把体制机制改革作为改革创新的主攻点，重点实施了七个探索，明确了八项任务。现总结如下：

一、改革旅游管理体制

以体制机制创新先行先试为重点，研究拟定《关于促进淮安旅游业改革创新发展的实施意见》，提出构建党委政府主导、市旅委综合管理的发展体制。淮安市党代会报告、政府工作报告中，明确将旅游业作为淮安的支柱性产业。在县区层面，金湖县成立旅游管理办公室，成立了旅游警察、旅游工商和旅游巡回法庭；洪泽区结合纳湖入城，筹划成立市级层面的洪泽湖旅游区管委会；盱眙县成立天泉湖镇，与铁山寺国家4A级景区、天泉湖省级旅游度假区镇、区合一。在景区方面，里运河文化旅游度假区、白马湖生态旅游度假区、古淮河西游记文化旅游区分别按照正处级事业单位建制。考核机制方面，乡村旅游区创建纳入全市农业工作考核体系，淮安市上下齐抓旅游的制度合力进一步凝聚。

二、改革产业发展体制

以发展“全域旅游”为引领和目标，推动各县区加快创建全域旅游示范区，编制了淮安市全域旅游发展环线总体布局图，金湖县被列入第一批全域旅游示范区创建名单，清江浦区（原清河区）、淮安区、洪泽区（原洪泽县）、盱眙县被列入第二批创建名单。健全旅游项目“五项机制”，即：专家评审建库制、择优项目考评制、动态管理淘汰制、后备项目递补制、建成项目奖励制，最大限度整合调动资源，并探索向所有的旅游项目推广普及。

以2019年高铁开通为时间节点，编制三年“六大行动”，在各地整理上报79个项目中，选取30个左右项目作为重点项目重点推进，选择6大项目作为核心项目全力推进。

三、推进景区管理体制改革

以景区“三权分离”为重点，探索国有景区经营权有偿转让，加快推进盱眙县、金湖县景区所有权和经营权分离，盱眙县入围全省首批乡村旅游创新发展示范区。推动景区统筹营销，正在筹划设立旅游运营集团，统筹营运里运河、白马湖、西游记三大景区，支持盱眙铁山寺漂流进行承租发包经营。

四、探索旅游发展市场机制

以培育旅游强企、整合市场营销为目标，积极招引全国知名旅游企业来淮开展旅游合作，与同程网、春秋航空联手，建立线上线下多元营销平台，打造线上旗舰店+线下直营体验店的互动模式，拓展全域旅游目的地营销手段。推进集团化改造，招揽上海艳阳天度假集团、南京金陵饭店及知名台资企业，对温泉康养、观光农业等项目实行集团化经营。

五、探索投融资体制

以项目、资源、经营权融集发展资金，成立淮州集团、西游集团、白马湖旅游公司三大国有资产公司。西游记、里运河、白马湖等七个项目先后入围2015年度、2016年度全国优选旅游项目，争取到更大平台投融资支持。正在推进旅游发展基金筹建工作，推进旅游项目建设。

六、探索公共服务体制

将公共服务专项行动列为重点工作，持续实施旅游厕所革命、旅游集散体系建设、旅游停车场建设、标志标识完善、景区通达、智慧旅游工程。积极融入“互联网+”，参照国家、省旅游指挥平台架构，正在将全市4A级以上景区的监控系统、停车场系统、门禁系统数据统一接入市级平台，目前监控已基本全部接入。

七、探索旅游规划调控实施机制

成立淮安市旅游资源规划开发评定委员会，组织行业专家，开展资源保护、规划、开发等评定工作。打造一支专门负责旅游规划的队伍，市县旅游部门有专人负责，聘请业内专家形成旅游发展智库。建立一个旅游规划数据库，包括镇以上的旅游专项规划、县以上的全域发展规划等。形成一套备案挂钩制度，明确创建3A级以上景区、市级以上旅游度假区、四星级乡村旅游区等旅游品牌以及申报市级以上旅游发展引导资金、基金的，规划须报市旅资委许可备案。

聚焦热点难点　推进旅游业改革创新
——连云港旅游业改革创新先行区主要做法

连云港市作为首批“国家级旅游业改革创新先行区”，担负了先行先试的重要使命。自申创以来，在国家、省旅游局的关心指导下，在市委、市政府的高度重视、大力支持下，连云港市凝心聚力，努力创新，扎实推进旅游业改革创新先行区工作，取得良好成效。现将连云港市特色有效做法总结如下：

一、明确旅游产业定位，突破管理体制机制瓶颈

2015年以来，连云港市委、市政府明确提出把旅游业培育成为战略性支柱产业，成立了市委、市政府主要领导分别任主任和组长，各相关职能部门主要负责人为成员的连云港市旅游工作领导小组。2016年8月，市委、市政府印发了《连云港市国家级旅游业改革创新先行区工作实施方案》，确立了改革总目标和24项重点任务。加快景区管理体制改革，一是孔望山、桃花涧景区开发建设和管理运行改革。海州区人民政府与市城投集团签订协议，城投集团以整体租赁的形式获得了孔望山、桃花涧两个景区30年的独家经营权，但景区的所有权仍归海州区政府，从而实现了管理经营权与所有权的分离。城投集团加大了对景区开发、建设、管理的投入，三年来累计投入7000多万元，景区基础服务设施和管理水平显著提升，游客满意度明显提高。二是专业管理机构进驻景区。公安、城管、物价、市场监管部门在花果山景区分别设立了分支机构，与景区管理部门联合开展景区日常管理及执法，专业景区管理队伍的建立有效加强了景区的管理及执法力度，提升了行业管理的专业性，切实保障游客合法权益。

二、发挥政府主导作用，优化旅游公共服务体系建设

坚持政府在旅游公共服务上的主导地位，优化健全旅游公共服务体系。一是坚持规划引领。编制了《连云港市“十三五”旅游发展规划》，把旅游公共服务作为一项主要内容；二是提升信息咨询服务。在景区、酒店、车站、商业街区等游客密集场所，设立

了21家旅游咨询服务中心（点），市旅游主管部门实行统一管理；三是促进旅游消费。实施旅游年票制度，市民及游客凭旅游年票每年可不限次数游览全市17家主要景区，年票年均发行量达25万张；四是发展公共交通。市区开通了6条旅游专线公交车，涵盖了市区各主要景区。通过政府采购外包的模式，在市区设置了186个公共自行车站点，投放了3500辆公共自行车，极大地改善了公共交通服务，深受市民游客的好评。

三、突出地方品牌特色，着力推进旅游供给侧改革

连云港市围绕“山、海、泉、晶”旅游核心资源，重点打造花果山西游文化旅游品牌，高端海洋休闲度假品牌，东海养生休闲旅游品牌，海上云台山生态旅游品牌和锦屏山文化体验旅游品牌五大特色旅游品牌。2016年，连云港市在建旅游重点项目43个，总投资202亿元，计划完成年度投资92亿元，中国东海水晶城项目、海洋文化体验园项目入选2016年全省重点旅游项目。花果山景区被国家旅游局正式批准为5A级景区，康缘现代健康产业园创建国家级中医药健康旅游示范基地、西双湖景区创建国家4A级旅游景区。

四、促进产业集聚融合，充分发挥旅游产业综合作用

一是推动产业集聚发展。坚持注重特色、差异发展、强化功能、突出重点的原则，着力建设花果山、连岛（海上云台山）、东海汤城晶都、海州古城等旅游产业集聚区。二是促进产业融合发展。第一，旅游+农业。以休闲观光农业为基础发展乡村旅游，推进旅游精准扶贫，建成全国工农业旅游示范点11家，全国休闲农业与乡村旅游示范点1家，省星级乡村旅游区45家。第二，旅游+城镇。推动旅游业与城镇化建设融合发展，积极发展特色旅游小镇，建成国家级特色景观名镇1家、省级特色景观旅游名镇（村）2家。第三，旅游+文化。注重传统文化的传承和发扬。围绕西游文化，组织举办“西游记文化节”、西游舞台剧、文艺演出等文化活动，丰富文化旅游产品。

五、聚焦热点难点，建立旅游市场综合监管体系

在行业监管方面，通过行业文明创建、诚信创建等方式选树正面典型，培育行业标兵。实行线下查处、网上曝光、违规约谈、短信提醒等方式，公布旅游“黑名单”，建立品牌退出机制，全面推进旅游信息公开。在综合监管方面，建立市政府牵头，各县区、景区和市级职能部门共同参与的旅游综合监管机制。2016年，市政府制定印发了《全市优化旅游市场环境建立旅游投诉处置机制方案》，建立旅游投诉联合处置机制，成立联合执法办公室。在社会监管方面，发挥人大代表、政协委员、新闻媒体、旅游志

愿者服务队伍和旅游质量监督员等监督作用，通过组织明察暗访、专项督察、热点聚焦、常规反馈等方式，多渠道、全方位加强对旅游市场和环境的监督。在专业监管方面，公安、国土、工商、城管、物价等部门在云台山景区设立了分支机构，花果山景区专门成立了景区监察大队，有效提高了旅游行业监管的专业性。

六、不断创新方式方法，建立旅游宣传新格局

一是创新方式，传统媒体和新媒体相结合。在运用报纸、电视等传统媒体进行宣传的同时，充分发挥网络、微博、微信、旅游APP等新媒体的宣传作用，加强与新浪网、腾讯网、凤凰网等大型网络媒体的合作，多角度开展宣传；二是创新内容，开展丰富多彩活动。举办了“画说美猴王”工艺美术作品设计大赛，开通“畅游江苏——连云港号”丝路旅游专线列车，联合江苏旅游新干线城市开展旅游推广活动，开展“连云港花果山万人体验游让世界爱上孙悟空”活动，吸引了来自河南等地的4000余人和3000余人的超级旅游大团，以及来自北京的“东方快车、最美金门”豪华火车软卧专列，有效提升连云港旅游形象。

连云港市在旅游业改革创新方面虽然进行了一些尝试、取得了一定成绩，但我们也认识到还存在一些问题和不足，比如改革创新的步伐还不够大，对旅游改革深层次问题研究还不够深等。下一步，我们将按照国家旅游局的改革要求，落实改革创新举措，探索旅游业发展新模式，发挥旅游业改革创新先行区的示范作用，为旅游产业发展贡献力量。

从全域谋发展
推进国际生态休闲度假城市建设
——湖州旅游业改革创新先行区主要做法

自2015年12月湖州市成为首批国家级旅游业改革创新先行区以来，湖州市委、市政府高度重视这项工作，写入了2016年度政府工作报告，将休闲旅游业列入湖州市“十三五”时期国民经济的重点主导产业来抓。近期，在国家旅游局、浙江省旅游局的高度重视和大力支持下，湖州市认真研究并出台了《湖州市国家级旅游业改革创新先行区建设实施方案》，扎实开展改革创新先行区建设工作，取得了初步的成效。主要做好了“三篇文章”：

一、立足实际，做好“谋”字文章，明确改革创新目标

1.进一步摸准现实情况。根据全国旅游业改革创新先行区工作会议精神，聚焦大众旅游时代、聚焦供给侧改革、聚焦湖州自身实际，依托我市大旅委体制良好基础，重点补齐产业融合、本级旅游、市场监管、规划统筹、营销整合、公共服务六大短板，找准改革切入点，把握创新突破口，解决发展最难点。

2.进一步确定总体目标。依托市、县区、乡镇各级党委、政府的力量，加大对旅游产业的培育和扶持力度。通过改革，实现体制机制、产业结构、要素保障、消费引导、服务管理等大创新，把旅游业培育成全市国民经济的重点主导产业、现代服务业的龙头产业、总收入超千亿的大产业。

3.进一步精准改革重点。围绕总体目标，着力在十个方面先试先行，深入推进国家级旅游业改革创新先行区建设。同时，结合工作推进的实际情况，将旅游综合管理体制、旅游市场监管机制、旅游统计体系、旅游用地供给机制等作为首要推进的任务。

二、突出重点，做好“特”字文章，把住改革创新之魂

1.**紧扣体制改革这一核心**。将体制改革作为旅游业改革创新先行区建设工作的核心任务。一是建立大旅委体系，推进综合管理。组建成立湖州市旅游委员会，建立农办、规划、交通等部门领导兼任旅委副主任的工作机制，下辖3个县全部成立旅游委员会，2个区正在积极推进成立旅游发展委员会的有关工作，有望在2017年实现旅委在全市各县区的全覆盖。二是建立大执法体系，推进综合执法。建立完善市县区旅游行政执法机构，进一步强化旅游行政执法支队统筹功能，建立“综合执法+旅游警察+旅游市场监管分局+旅游流动合议庭+N”五位一体的旅游综合执法体系。三是建立大协会体系，推进行业自律。理顺政府与行业协会间的关系，加快旅游行业协会体制机制改革，强化行业协会市场化运作的主体地位。

2.**紧扣要素改革这一关键**。重点破解旅游业发展中面临的土地、资金、审批等难题。一是开展旅游产业用地制度改革。制定《湖州市创建省级旅游产业用地改革试点工作方案》，编制《湖州市旅游用地专项规划》，力争在点状供地、坡地村镇、设施用地、产业融地、平台用地、盘活存量、合股用地、流转用地八大方面实现突破。二是开展旅游行政许可制度改革。以乡村民宿为重点，建立部门联合审批机制，出台了《湖州市乡村民宿管理办法（试行）》，由市、县区旅游委（局）牵头，成立由旅游、农办、公安（消防）等部门组成的联合审批小组。三是开展投资融资制度改革。探索建立政府产业基金，重点投向休闲旅游、健康养生等产业。积极谋划湖州旅游产业发展基金，引导社会资金流向旅游产业。鼓励和引导一批民营企业金融机构和民间资本进入我市重点旅游项目和公共服务设施建设。进一步加大财政资金对旅游业发展的扶持力度，市财政确保旅游业发展专项资金每年递增10%，重点支持重大项目平台建设、重大课题研究和新兴业态培育。

3.**紧扣统计改革这一难题**。一是完善旅游统计指标体系。在2013年全市开展旅游统计改革的基础上，推进五大传统旅游指标向五大现代旅游指标的转变。二是建设乡村旅游统计体系。以国家乡村旅游扶贫工程观测中心落户湖州为契机，出台了《国家乡村旅游扶贫工程观测中心建设工作方案》，做好了对全国31个省市、158个乡村旅游扶贫工程观测点观测指标的数据统计。三是完善旅游统计分析体系。构建湖州旅游统计大数据体系，以大数据为基础，开展旅游市场统计分析和旅游经济运行监测工作，形成了《湖州旅游经济（旅游企业）运行（营）季度分析报告》和《湖州旅游经济运行分析年度工作报告》体系，进一步完善全国乡村旅游和旅游扶贫季度统计分析制度和体系。

三、激活机制，做好“实”字文章，确保改革创新见效

1.**做到组织机构到位**。成立湖州市国家级旅游业改革创新先行区工作领导小组，负

责指导协调旅游业改革创新工作，由市委书记、市长任双组长，分管副市长任副组长，各县区政府、市级部门主要负责人为成员。

2.**做到推进合力到位**。一是部门合力到位。38家领导小组成员单位共同研究、共同谋划，共同推进。同时建立了季度例会制度，定期召开专题会议研究解决先行区建设中的重大问题。二是县区合力到位。以“十三五”规划编制，引领区域协调发展，特别是做好南太湖一体化文章。组建成立湖州市南太湖一体化规划建设领导小组办公室，编制《湖州市南太湖一体化发展规划》和《湖州市滨湖旅游产业发展规划》，起草《湖州市南太湖滨湖区域一体化发展规划实施条例》，实现湖州65公里岸线、351平方公里的跨区域协调发展。三是改革合力到位。以国家级旅游业改革创新先行区建设为统领，联动国家全域旅游示范区创建、国家乡村旅游扶贫工程观测中心两大市域改革任务以及县区改革试点工作，实现联动推进、全面革命。

3.**做到督查机制到位**。制定《国家级旅游业改革创新先行区推进工作重点任务分解表》，并将国家级旅游业改革创新先行区建设工作纳入市委《2016年度县区全面深化改革考核指标》，实行月度督查和年终考核制度，确保先行区建设落到实处。

统筹推进　重点突破　加快旅游业改革创新
——黄山旅游业改革创新先行区主要做法

2015年12月，黄山市获批首批国家级旅游业改革创新先行区，这是国家旅游局对黄山市旅游工作的极大支持与信任，同时也赋予了黄山市旅游业改革创新的重大使命与责任。一年来，在国家旅游局和省旅游局的关心、支持和指导下，黄山市扎实推进先行区建设，市第六次党代会明确“旅游+”作为今后五年发展两条主线之一，出台了先行区建设实施方案，明确了四个方面16项改革任务，并列入全面深化改革重点，纳入政府年度目标考核，各项改革工作正在稳步、有序推进。

一、按照“统筹推进，重点突破”的原则

黄山市在全面落实规定任务的基础上，针对旅游市场多头执法、重复执法、监管缺位等问题，积极探索旅游管理领域相对集中行政处罚权试点，力争在改革创新旅游综合执法体制上实现突破，推动全域旅游健康有序发展。目前，试点工作已进入启动实施阶段：一是明确职责。旅游管理领域相对集中行政处罚权试点，触及相关部门的权力和利益再调整，无现成经验可借鉴，协调难度较大。为确保试点成功，我们选择在重点旅游景区较为集中的区域先行先试。根据省法制办批复，明确在屯溪区、黄山区、黟县、黄山风景区，集中行使旅游、价格、工商、食品安全、交通运输、公安、体育、文化（文物管理）8个主要职能部门88项行政处罚权。其中，旅游部门涉及旅行社违规经营等35项，工商部门涉及发布虚假旅游广告等11项，物价部门涉及变相涨价或违规收费等25项，食药监管部门涉及经营变质过期食品等4项，交通部门涉及无证营运等8项，公安部门涉及客运车辆超载等2项，体育部门涉及擅自经营高危体育项目等2项，文物主管部门涉及刻画、涂污或损失文物等1项。已相对集中的旅游管理领域行政处罚权，原归属的相关职能部门不再行使。

二、建立机构

旅游业带动性强、覆盖面广，涉及旅游管理领域的执法部门多达20多个。为使试点具有可操作性，2016年10月20日，黄山市编办批复设立旅游管理综合执法机构，在黄山市旅委挂牌成立黄山市旅游管理综合执法局，下设屯溪分局和黄山风景区分局，在黄山区旅委、黟县旅委增挂旅游管理综合执法局，明确各级旅游管理综合执法局为政府组成部门或工作部门，负责各自区域内行使旅游管理领域相对集中行政处罚权；在市旅游质监所增挂市旅游管理综合执法支队，下设直属执法大队；黄山风景区公安局治安大队增挂旅游警务支队，各派出所增设旅游警务工作站功能。行政执法人员为国家公务员或全额拨款事业单位正式在编人员，其工作经费列入本级财政预算，实行"罚缴分离""收支两条线"。

三、完善机制

试点不是简单地挂个牌子，而是通过创新体制机制，补齐旅游执法短板，建立旅游市场综合监管的长效机制。为此，我们出台了《黄山市旅游管理相对集中行政处罚权试点工作暂行办法》，制定了旅游综合执法协调配合、信息通报、资源共享、行政监督等制度，试点区域范围内旅游监管实行一支队伍执法、一个部门处罚；建立统一的旅游投诉受理和处置平台，实行一个平台受理、一个平台交办、一个平台回复，努力提升游客满意度。同时，为协调解决综合执法争议，建立以市长为召集人的联席会议制度和部门协调联动机制，推动形成规范协调、精简高效、保障有力的旅游管理行政执法运行机制。旅游领域行政执法由多部门间外部循环变为旅游综合执法机构内部循环，旅游市场监管、执法、查处实现"三统一"，旅游市场综合监管能力将得以全面提升。

四、保障到位

我们从人员、培训、宣传等方面入手，全力保障试点工作有序开展。在人员配备方面，采取招考和调剂一批、政府购买服务招聘一批等方式，配齐配强旅游综合执法人员和辅助人员，并统一执法服装标识；聘请常年法律顾问，对执法行为和法律文书全程把关。在业务培训方面，组织法律专家对旅游部门进行全员系统培训，严格实行资格管理制度，确保执法人员持证上岗。在舆论宣传方面，开展旅游综合执法工作宣传月活动，充分利用媒体、网络等平台，全方位、多角度宣传旅游相对集中涉及的法律、法规、规章，以及旅游综合执法实施主体、地域范围、处罚内容、执法程序等内容，进一步提升黄山市旅游综合执法改革工作的宣传面、知晓度，为试点工作顺利推进营造良好氛围。

下一步，我们将认真按照国家旅游局、安徽省旅游局部署要求，充分学习借鉴兄弟市的好经验、好做法，扎实稳妥推进试点工作，加快旅游业改革创新先行区建设，努力把黄山市建成世界一流旅游目的地。

转型升级 力促全域旅游大发展
——鹰潭旅游业改革创新先行区主要做法

旅游业是鹰潭市重要战略性支柱产业，是鹰潭发展的“三篇文章”之一，在鹰潭产业体系中占有举足轻重的地位。2015年鹰潭市列入首批国家级旅游改革创新先行区以来，以供给侧改革为抓手，以市场需求为导向，以资本为引领，以“旅游+”为手段，以全域旅游为蓝图，探索了一条以“五化”（精细化、集团化、市场化、集群化、智慧化）为核心内容的旅游业改革创新发展模式。

一、创新精细化的管理模式，破解旅游业发展的体制机制障碍

以体制机制为“催化剂”，采取一系列革弊创新举措，构建全域旅游综合治理体系。一是建立党政统筹抓旅游的领导体制。成立鹰潭市旅游产业发展领导小组，建立党政主导、部门联动的大旅游领导机制。率先组建市旅发委，实现旅游管理职能由单一部门推动向部门综合联动转变、行业指导向产业发展统筹转变。二是健全旅游市场监管机制。成立全域旅游综合监管中心，制定旅游市场综合监管责任清单。创新旅游纠纷协调处理机制，按照“一个受理平台、一个牵头领导、一套快速处理机制”的原则，成立龙虎山旅游纠纷处理领导小组。此外，还成立了旅游巡回法庭，负责调解和审理当地旅游纠纷案件。三是创新服务标准建设体制。制定实施了《龙虎山景区开展旅游经营服务行业质量标准工作的实施方案》，对景区范围内的所有餐饮业、住宿业、超市商场食杂店、旅游商品纪念品销售业、农家乐、旅游景点及旅游项目全部实行定标管理，实施等级划分，定期向游客公示。引入第三方暗访调查机制，邀请专业机构、旅游监督员对服务质量进行跟踪调查。

二、创新集团化的经营模式，增强旅游企业市场竞争力

按照“小政府、大企业”的架构，推行旅游管理权、经营权、所有权分离，发挥龙虎山旅游集团市场主体作用，实现政企分开、政事分开。龙虎山旅游集团在江西率先

推行集团化管理的模式，根据不同的业务板块，分别组建了城市投资公司、品牌运营公司、智慧旅游公司、营销策划公司等若干子公司，按照“自负盈亏、目标考核”的管理模式，确立了每个公司的市场主体地位，每个子公司不仅可以对外承揽业务，而且所得利润可以全部留作企业资本金；同时，还鼓励和支持社会资本通过参股、控股、资产收购等多种形式参与子公司的股权合作，有效地增强了子公司的市场竞争力。目前，这些子公司不光为龙虎山服务，已经开始进行管理服务输出。

三、创新市场化的融资模式，破解旅游投融资难题

探索证券融资。在融资过程中，龙虎山旅游集团先后整合了鹰潭市酒店集团、北极阁等优质旅游资产，成为全新的企业融资平台，借助这一平台优势，实现银行融资向市场融资转变，通过PPP、BT、发行企业债及基金合作等融资方式，吸引各方资金进入，2016年面向证券市场成功发行了11.5亿企业债。

探索股权融资。通过混合所有制改革优化股权结构，对外引进战略投资人，2016年6月与国内著名能源企业新奥集团签订合作协议，龙虎山以观光车、竹筏、游船优质资产入股，新奥集团以现金出资，双方组建了新的合资公司——龙虎山新绎旅游发展有限公司，共同投资开发马祖岩、天元度假区等旅游项目，借助新奥集团一流的管理模式和平台优势，得天独厚的资源优势正在转变为发展优势。

四、创新集群化的发展模式，凝聚旅游产业发展合力

打造产品丰富的旅游景区。以龙虎山为龙头，实施产品差异化战略，结构多元化、需求复合化的精品旅游景区正在呈现。其中包括国内第一台行进式大型实景演出项目《寻梦龙虎山》、全国第一个拥有“全球奇幻体验4D漂流”的圣井山漂流、以地质奇观为背景的主题公园——龙虎山花语世界、以“五彩乡村”为特色的乡村旅游示范点、以吃住游为一体的旅游综合体逍遥城、以道文化展示为主的鹰潭新地标北极阁、龙虎山道学院、龙虎山智慧旅游体验中心等一批精品旅游项目。项目集聚、产品丰富、产业升级的良好局面基本形成，旅游市场规模稳步扩大。

打造要素完备的产业园区。“像抓工业化城镇化一样抓旅游”，龙虎山打破行政界限，探索率先设立旅游产业园区，在核心保护区外围划定12平方公里的范围，重点发展文化娱乐业、商贸服务业、旅游装备制造业和总部经济。目前，龙虎山旅游产业园区总体规划已完成编制。

五、创新智慧化的管理模式，助推旅游产业转型升级

助推管理服务升级。通过完成了手机网站建设、游客客源地分析系统（手机归属地系统）建设，龙虎山成为江西首家具备完整O2O旅游微信服务能力的景区，龙虎山微信公众平台位居全国5A级旅游景区微信公众号排行前列。包括景区服务、在线支付、智能导游、语音讲解、导航导览、景区介绍、旅游攻略、电子商务等功能在内的微信服务项目全面上线，游客只需扫描景区二维码关注景区公众服务号，就可以利用微信享受便捷的“一触”智能服务。

助推宣传营销升级。以网络营销布局推进智慧旅游营销，“知名博主龙虎山养生之旅”采风活动、“全国知名网络媒体走进龙虎山”、龙虎山“百万奖金寻找解密人”、微信——“微转福”“微博——让红包飞到龙虎山”、龙虎山马拉松邀请赛、道教养生、龙虎山最玄秘与美丽、“逛天师圣诞庙会、听69名国学大师，龙虎山开坛论道”……近几年，龙虎山的网络营销好戏连台，网络营销活动、事件和专题受到国内外媒体热捧和广大游客的好评。

多点发力 多维推进 多元发展
——咸宁旅游业改革创新先行区主要做法

近年来，在上级党委、政府的坚强领导和国家旅游局、湖北省旅游发展委员会的指导下，咸宁市大力实施“全域旅游”战略，全面深化旅游改革创新，持续推进旅游经济强市建设，呈现出“多点发力、多维推进、多元发展”的火热态势。“十二五”期间，咸宁累计旅游总收入700亿元，年均增长28.7%；接待国内外游客1.36亿人次，是“十一五”期间的4.3倍。

一、党政重视，统筹推进旅游改革创新

近几年来，咸宁市委、市政府高度重视旅游业改革创新工作，多次召开推进国家级旅游业改革创新先行区建设专题会议，先后成立了咸宁市旅游产业跨越发展委员会、建设国家级旅游业改革创新先行区领导小组，分别由市委书记李建明同志担任主任，市委副书记、市长丁小强同志担任组长，并将建设国家级旅游业改革创新先行区作为市委副书记、市长丁小强同志的领衔项目。《咸宁市建设首批国家级旅游业改革创新先行区实施方案》已经市委、市政府审议通过，并及时上报国家旅游局备案。2016年9月30日，市政府召开常务会议，专题研究旅游业改革创新先行区建设工作的组织保障、旅游基础能力建设、旅游市场监管等问题。明确由市政府副市长胡甲文牵头，就设立旅游警察、生态警察等工作进行统筹安排。

二、规划引领，布局全域旅游新蓝图

秉持“城市即旅游、旅游即城市”的理念，围绕“香城泉都·九养咸宁”，注重“多规合一”，创新编制《咸宁市“十三五”旅游发展规划》《“九养咸宁”旅游休闲业态规划》《咸宁月光旅游经济发展规划》，以全域旅游规划引领城市布局、功能定位、要素配置，使咸宁市旅游“十三五”发展系列规划成为旅游“全域推进、全域发力、全域发展”的宏伟蓝图。

三、管理创新，加快体制机制新转变

在新一轮政府职能转变和机构改革中，咸宁市委、市政府将市旅游委设立、机构设置作为机构改革重中之重，2015年5月正式组建市旅游委员会，已增加了7个事业编制，目前，正在制订市旅游委内设机构设置和职能扩大方案，强化旅游综合管理、统筹协调职能。

四、产业融合，推动旅游跨界新发展

一是促进旅游与工农业融合发展。着力推进旅游与竹、茶、油茶三大百亿产业融合发展，培育黄鹤楼生态美酒庄园、赤壁羊楼洞茶生态文化产业园、湖北福人九井峰茶产业园、崇阳万亩雷竹采摘区、通山县石之缘文化博览园等工农业旅游景区，嘉鱼县官桥八组、通城县黄袍山国家油茶产业观光园成功创建国家3A级旅游景区。二是推进旅游与文化融合发展。深度挖掘温泉文化、桂月文化、嫦娥文化、三国文化、竹文化、茶文化、向阳湖名人文化等地方特色文化，陆续建成了城市规划馆、市博物馆、桂花博览馆、竹子博览馆，修复了笔峰塔、潜山古寺等遗迹，启动建设茶博馆、李邕书画院、咸宁记忆馆，重修永安阁、三元书院，挖掘了提琴戏、脚盆鼓、呜嘟、拍打舞、山歌山鼓等非物质文化，《嫦娥》《印象·咸宁》《圣火赤壁》等一批旅游演艺项目成功开演，启动解读“小城故事多”工程，编写了《咸宁旅游故事》《咸宁导游词》，增添城市浪漫色彩和想象空间，提升城市旅游价值。三是促进旅游与新型城镇化融合发展。实施乡村旅游富民工程，发展了一批旅游名镇、名村，开发了度假型、休闲型的乡村旅游项目，促进乡村旅游功能升级、业态延伸、服务提升。目前，咸宁市共有全国特色景观旅游名镇1个、全国特色景观旅游名村2个、中国乡村旅游模范村2个、中国乡村旅游模范户2个、中国金牌农家乐31家、湖北省旅游名镇2个、湖北省旅游名村7个、三星级以上农庄113家。

五、智慧旅游，构建全域营销新体系

一是大力实施智慧旅游工程。构建“智慧景区、智慧饭店、智慧旅行社、智慧导游、智慧交通、智慧体验”六位一体的智慧旅游平台，努力为旅游者提供便捷智能的智慧服务。二是完善旅游目的地营销体系。探索网站、微博、微信、微电影、手机App等“五位一体”旅游营销模式。三是深化区域旅游开放合作。主动融入大武汉，推进与长江中游城市群、中三角、岳九咸、高铁沿线城市的区域合作。四是强化活动营销。进一步加大与百强旅行社、重点旅游集团合作的力度，形成季季有主题、月月有活动、周周都精彩的良好局面。

六、标准覆盖，创新目的地管理新方式

一是持续推动标准化全覆盖。建立了“结构合理、层次分明、重点突出”的旅游标准化体系，咸宁市旅游委起草的国家行业标准《温泉旅游服务质量规范》（LB／T 046—2015）于2015年11月1日起正式实施。二是创新旅游市场联合执法机制。建立了常态化旅游联合执法检查制度、投诉快速处理制度，联合公安、交通、工商、城管等相关部门，开展了旅游服务广告专项治理、温泉旅游市场专项治理、温泉旅游服务质量暗访行动、旅行社专项整治行动、安全生产大检查等一系列市场整治行动，维护广大游客的合法权益。三是稳步推进“旅游厕所革命”。市政府出台了《咸宁市“旅游厕所革命”实施方案的通知》，计划用3年时间，分三阶段持续推进“旅游厕所革命”，共新建、改扩建旅游厕所180座。2015年，完成新建、改建旅游厕所55座。

七、政策引导，完善合力兴旅新机制

咸宁市委、市政府连续8年召开旅游产业发展大会，连续八年举办国际温泉文化旅游节，相继出台了《关于突破性发展旅游产业的意见》《关于加快旅游产业跨越发展，建设旅游经济强市的决定》《咸宁市旅游发展专项资金使用管理办法》《加快建设旅游经济强市奖励办法》《咸宁市“旅游厕所革命”实施方案》《咸宁市建设首批国家级旅游业改革创新先行区实施方案》等一系列旅游发展政策，旅游大气场、大战略、大思路、大格局、大地位正在形成。

今后一个时期，咸宁市将在创新管理体制、深化供给侧改革、促进旅游投融资、完善旅游公共服务、加快区域合作开放、创新发展保障政策6个方面先行先试，把旅游产业发展成为国民经济的战略性重要支柱产业和绿色崛起的引领产业。

打造一流旅游环境　建设国际旅游目的地
——乐山旅游业改革创新先行区主要做法

乐山是四川省旅游资源大市，也是多项旅游改革试点市，被列入首批国家级旅游业改革创新先行区、全国旅游综合行政执法体制改革试点市、四川省旅游综合改革试点市。乐山紧紧抓住改革先行先试机遇，把旅游改革创新作为转型发展的重要突破口，围绕“职能转变、业态转型、依法治旅”，以建设四川旅游首选地为目标，创新旅游管理体制，加快国际旅游目的地建设。2016年7月乐山市制定下发了《中共乐山市委乐山市人民政府关于首批国家级旅游业改革创新先行区和四川省旅游综合改革试点市建设实施方案》，统筹推进改革创新先行区建设、完善全域旅游规划引领机制、强化旅游与相关产业融合发展机制、创新旅游发展投融资机制等，探索具有乐山特色的旅游改革创新路径，打造乐山旅游“升级版”，强力推动乐山国际旅游目的地建设和全域旅游发展。2016年1~10月，乐山市接待国内外旅游者3943.2万人次，实现旅游综合收入573.22亿元，同比分别增长14.37%和25.16%。

一、改革管理机制，形成产业发展合力

乐山坚持旅游业在全市经济发展中的主导地位，注重从旅游管理机制上整合强化，推动旅游部门从行业管理向综合经济管理转变。

一是增强旅游综合协调能力。整合旅游、体育职能，将过去的“旅游局”改组为“旅游和体育发展委员会”，变单一行业主管部门为综合经济管理部门。依托旅体融合优势，发展户外旅游休闲运动，推出登山攀岩、漂流越野、龙舟游艇等旅体融合项目；高水平策划和筹办环中国自行车赛、峨眉国际武术节、全国户外挑战赛等国际国内知名体育赛事，积极推进“旅游+”产业融合发展。

二是理顺“景城一体、山城一体”管理体制。完善峨眉山、乐山大佛两大核心景区管理体制，由峨眉山市委书记、市长分别兼任峨眉山景区管委会党工委书记、主任，由市中区委书记、区长分别兼任大佛景区管委会党工委书记、主任，形成“山城一体、景城一体”建设合力。

三是完善会展业态市场运营机制。针对四川国际旅游交易博览会落户乐山，在市旅体委内新增旅游博览会办公室，加强办会统筹力度，组织协调旅博会相关工作。采取市场化、公司化运作方式承办四川旅博会，遴选北京兴旅公司等优质专业会展团队参与，搭建全球买家、卖家的旅游产品、客源交易大平台，逐步培育会展新业态。目前，已连续成功举办三届四川国际旅游交易博览会。

二、激活运作机制，突破行业发展制约

围绕制约旅游发展的薄弱环节和关键领域，创新运作方式，推动一批重大休闲旅游项目落地，丰富旅游业态，壮大产业规模。

一是完善投融资机制。强化政府投资决策和引导，推动投融资机制市场化、主体多元化发展。乐山和峨眉山市两级财政每年安排文旅产业发展专项资金4500余万元，通过奖励、贴息、减免配套费用等方式，加快文旅产业项目投资建设。包装策划申报国家级旅游发展基金项目31个，黑竹沟景区环线游览观光车、索道项目、远成.乐山文旅城、沙湾美女峰石林景区旅游综合项目等5个项目已纳入国家优选旅游项目。

二是健全土地保障机制。发挥市土地管理委员会作用，统筹项目供地，提高土地利用效率，把基础设施、旅游项目用地放在首位，优先供地。同时，放活农村集体建设用地，推动农村土地流转，支持发展乡村旅游。在峨眉山市就有200户乡村旅游点（农家乐）采用土地合作模式，每户入股年收益达2万元左右。

三是完善旅游营销机制。将市旅游宣传促进中心人员编制由8个增至19个，强化全市旅游宣传营销组织协调作用，促进市内旅游资源整体宣传、整合营销。牵头构建区域旅游合作联盟，加强大峨眉区域、高铁沿线城市合作。制订乐山入境游组织激励方案、韩国泰国市场拓展方案等，构建较完善的旅游整体宣传和分销框架、激励政策。每年选定2~3个境外市场重点营销，加强与世界旅游组织、PATA、友好城市及携程等电子商务运营商合作，推动乐山旅游国际化进程。

三、完善保障机制，打造一流旅游环境

建立协同机制，整合部门执法力量，创新司法助旅模式，着力破解执法权力分散、执法不到位问题。

一是设立旅游法庭。在峨眉山核心景区率先设立旅游审判庭，实行“110”旅游审判模式，在全省景区首例启用车载式旅游巡回法庭，裁判文书无线传输，实现远程立案、现场审判、制作文书、远程签章、立刻送达，有效破解游客旅途时间紧、涉旅纠纷不能快速审结的难题。

二是组建旅游警察。整合治安、交警、经侦、刑侦等支队涉及旅游方面的处罚权，

组建“乐山市公安局旅游警察支队”，负责对旅游景区和涉旅重点地区、路段进行治安整治。

三是开展旅游综合执法改革。将相关部门在旅游市场中的部分处罚权划转市旅体委行使，成立旅游综合执法支队，充实执法人员，形成权责统一、权威高效的旅游综合执法体制。

我们将以这次会议为契机，全面贯彻落实会议精神，认真学习兄弟城市改革创新经验，进一步完善乐山市旅游业改革创新工作方案，扎实推进，务求实效，为全国旅游业改革创新先行区建设做出有益探索。

以全城旅游带动经济发展　走出旅游业发展新路

——资阳旅游业改革创新先行区主要做法

作为旅游发展滞后地区的代表，资阳市入选全国首批旅游业改革创新先行区。如何探索先行先试的着力点、抢抓国家级先行区建设机遇，以全域旅游发展理念带动地方经济发展，走出一条后发地区旅游业加快发展的成功路子成为资阳旅游产业发展的重大现实问题和挑战。为此，资阳旅游围绕产业改革创新工作做了以下实践：

一、建立强有力组织保障体系

成立资阳市建设国家级旅游业改革创新先行区工作领导小组，资阳市委书记、市长任组长，市级相关领导任副组长，市级相关部门和各县（区）委主要负责人任成员，统筹推进先行区建设。建立重点旅游项目市级领导挂联推进机制，加大旅游项目投资促进和建设力度。将先行区建设工作纳入资阳市年度综合目标绩效考核体系，定期督促检查，强化问责问效，全力推进先行区建设各项工作。

二、努力探索旅游管理体制改革

按照创新大旅游管理体制总体要求，着眼增强旅游部门综合协调等职能，资阳市组建旅发委方案已上报省委编办；市旅游局已向市编办报送了增加旅游信息中心的请示。积极探索旅游景区管理体制改革，乐至县成立了副县级的陈毅故里管理局，安岳县旅游局局长兼任县文物局长，合署办公，成立了正科级的安岳石刻景区运营中心；雁江区成立了跨行政村的保护生态旅游度假区管委会，有效破除了景区管理体制障碍。

三、力推旅游区域合作创新

建立完善与成渝地区间的跨区域旅游合作协调机制，推进与成渝经济区周边城市及沿海发达城市、境外国家（地区）的旅游合作。重点推进成资旅游一体化合作，成立成都市资阳市区域一体化旅游合作领导小组，并筹备成立龙泉驿区—雁江区、双流区—乐至县、武侯区—安岳县（3+3）旅游一体化合作联盟。设立旅游合作专项资金，由两地6个区（县）旅游局轮流担任联盟理事单位，常态化推进市场整治和宣传营销、招引成都企业开发建设自驾游营地、乡村旅游等。

四、抓观念转变，开创旅游工作新局面

资阳市按照“小资源、大作为、无中生有发展旅游”的工作思路，力求从三个方面实现突破：一是植入资源，在旅游品牌打造方面实现突破。加大招商力度，引进音乐主题、迪士尼狂欢等国际国内旅游品牌，开发各类主题公园，打造具有区域影响力的旅游品牌。启动陈毅故里、安岳石刻创建国家5A级旅游景区前期工作；强力推进花溪谷生态休闲度假旅游区、董家坝国际音乐岛、迪士尼浓缩版迪趣狂欢乐园、乐至五彩林乡等旅游项目建设。二是着力抓好乡村旅游，在旅游产业链延伸方面实现突破。从市政府层面进行强力推进，重点是围绕幸福美丽新村、脱贫攻坚等工作、项目和文化，由专业团队高起点策划、规划，打造具有浓郁“资阳味”的旅游品牌，以乡村旅游为主调引领农业产业化发展。重点推进柠檬文化、果语花香、五彩林乡等乡村旅游公园建设，纳入全省最美乡村旅游带，从省级层面进行宣传推广，以丘区特色吸引成渝游客。三是实施安岳石刻申遗，加大宣传力度，在提升旅游知名度方面实现突破。将安岳石刻纳入大足石刻世界文化遗产扩容申报世界文化遗产。目前，资阳市已与大足石刻管委会等取得联系，合力推进安岳石刻申遗。在加大安岳石刻申遗力度的同时，加强宣传，组织参加国、省的旅游会展，举办资阳市百威啤酒节等旅游活动，加强与网络等新闻媒体合作，进一步抓好资阳市旅游资源、线路、产品等的宣传。

五、旅游功能区规划建设取得实效

协调相关部门在全市“十三五”规划和城市发展规划中，体现全域旅游的发展思路，定位了全市建设沱江（资阳城区）—花溪谷—高寺生态文化休闲旅游功能区、安岳石刻佛教文化旅游功能区、乐至红色文化休闲旅游功能区的旅游产业布局。

六、完善旅游产业发展政策，提供改革创新配套保障

有效落实旅游重点项目新增用地，及时安排和增加年度用地计划指标。实行旅游开发建设用地差别化政策，支持通过城乡建设用地增减挂钩项目用于建设旅游设施，鼓励通过农村集体经营性用地使用权入股、联营和农村土地使用权流转等形式，共同发展乡村旅游。

启动六大重点　稳步推进旅游改革创新
——克拉玛依旅游业改革创新先行区主要做法

2015年12月，克拉玛依市获批首批“国家级旅游业改革创新先行区”。市委、市政府对此高度重视，全市旅游业改革创新先行区工作启动大会于5月召开，印发了《克拉玛依市关于推进旅游业改革创新先行区工作的实施意见》《关于推进克拉玛依市旅游业改革创新先行区工作的行动计划（2016~2018年）》，确定18项主要任务32项重点工作，向26家主要成员单位下发任务书，先行区工作全面部署启动并有序稳步推进。总结如下：

一、着手旅游金融示范区打造

新疆首票跨境电商货物通关仪式在克拉玛依市锦泰国际物流园举行，为克拉玛依市乃至全疆拓展出口新通道和产业升级搭建了平台。邀请北京邮电大学来我市考察论证，为打造旅游金融示范区把脉，重点针对旅游产业基金设立、跨境电商、免税商品线上线下交易、智慧旅游等制订具体、可操的实施方案。

二、旅游景区项目建设有序跟进

世界魔鬼城景区顺利通过了国家旅游局组织的景区资源价值和景观质量评审，正式列入全国创建5A级旅游景区预备名单。启动林海公园创4A、西域玉都创3A级旅游景区工作。乌尔禾摄影书画小镇建设进展顺利。百里油区观景平台开门迎客；克一号井临时商服建成投用，西戈壁（火星谷）景区开工建设。

三、自驾游新业态建设成效突出

推出“自驾游新疆，从克拉玛依出发”系列自驾游产品，全力打造自驾游品牌。新疆自驾车旅游联盟官方微店正式上线，官方天猫旗舰店正式运营，新疆318臻达自驾车营地产业发展有限公司成立，完成森林公园自驾车营地规划设计，营地一期主题游乐园投入使用。召开以“全域自驾，联通丝路”为主题的2016年丝绸之路自驾车旅游发展峰会。新疆自驾车旅游线上线下服务平台进一步打通。

四、智慧服务水平逐步提升

启动“智慧酒店”建设，发布“克拉玛依市智能酒店（v1.0）建设标准”，以克拉玛依乐尚精品酒店为试点，为用户群体打造微信、电视、云平台为基础的酒店综合服务平台，将在全市重点酒店中分期分步推广应用。

五、与锦江国际集团开启战略合作

深化“沪克旅游援助工程”，加强与上海市大型旅游企业的联系对接，锦江国际集团考察团赴我市考察调研，与克拉玛依市在酒店经营管理、旅行社合作、线路及产品推广等领域达成了合作意向。锦江之星已落地克拉玛依，与锦江旅游共同打造新疆北线冬季旅游线路产品，提升克拉玛依市旅游国际化水平。

六、2016新疆国际旅游商品交易会成功举办

2016新疆国际旅游商品交易会吸引了来自14个国家、内地8个省市、疆内14个地州市的上千家企业、单位参加。总观展人数达19.35万人次，比上届增长6%；总销售额1.24亿元，增长15%；参展单位、企业1086家，增长50%。市内外媒体发稿上千条，百度搜索相关搜索达10万多条。交易会进一步扩大了克拉玛依市对外开放，提升了城市知名度和影响力。

七、紫砂产业培育成效显著

建成紫砂生产基地和紫砂体验馆，开发紫砂杯、壶及系列工艺品，面向中亚市场推动紫砂产品、砂陶产品和瓷器产品开发，打造紫砂陶瓷产业。职业技术学院开设“陶瓷艺术设计”课程，开展多期“紫砂知识与紫砂文化培育”“紫砂文化公益进课堂”培训。

八、城市及旅游营销强势开展

依托2016新疆国际旅游商品交易会、2016中国全地形车锦标赛（CATV）、2016中

国量产车性能大赛（CCPC）、2016克拉玛依国际马拉松赛、“玫瑰婚典”新婚蜜月真人秀活动，对克拉玛依市特色旅游资源和旅游线路进行宣传推广。

九、开展城市慢道系统规划建设

《克拉玛依市慢行交通系统专项规划（2015~2030）》由市建设局委托新疆原创城市设计研究（院）有限公司组织编制，已经市规划委员会专家组会议审查通过。

推进旅游改革创新 激发全城旅游发展新动能

——沂南旅游业改革创新先行区主要做法

沂南县总面积1706平方公里，14个乡镇、1个街道和1个省级经济开发区，296个行政村，91万，是智圣诸葛亮的故里、沂蒙红嫂的故乡，全县现有A级景区16处。自2014年列入全省旅游综合改革试点县特别是被国家旅游局列入国家级旅游业改革先行区以来，沂南县紧抓机遇，全力推进旅游业改革创新。经过深入调研，并多方听取国家旅游局、省旅发委领导及业界专家意见建议后，紧密结合沂南实际出台了切实可行的《关于全力推进旅游业改革创新的实施方案》（沂发〔2016〕8号）文件，确立了建设“全国知名全域休闲旅游目的地”的工作目标；按国家旅游局规定的五大改革任务，在管理体制、多规合一、旅游投融资等方面先行先试，突破创新。全力完善旅游综合管理、旅游公共服务2个体制；构建产业引导、旅游投融资、市场监管3项机制；努力实现多规合一、产业融合、旅游目的地品牌建设和全域旅游发展4大突破。

一、创新综合管理，凝聚全域旅游新合力

积极围绕管理供给侧改革，打破束缚旅游业发展的体制障碍，形成顺畅高效、上下协同的高效管理体制。领导重视，部门联动。为全面深化旅游业改革，沂南县以“宜业宜居宜游沂南”建设为主线，认真贯彻创新、协调、绿色、开放、共享五大发展理念，成立由县委书记、县长双组长的旅游业改革工作领导小组，统筹协调各项改革任务的推进落实，定期召开会议统筹协调旅游发展问题。全县“十三五”发展规划进一步确立旅游业为全县四大主导产业。健全了由县长任总召集人、34个县直部门组成的旅游工作联席会议制度，整合住建、水利、文化、农业、林业、交通等有关部门的资源、资金、政策集中向旅游业倾斜，建立起政府主导、部门联动的旅游发展协调机制。管理创新，体制升级。根据国家局创新旅游综合管理体制的要求，沂南县按照综合产业综合抓思路，在国家局倡导的“1+3+N”综合管理基础上，本着以人为本、主客共享、标本兼治的原则，结合沂南旅游当前发展实际和今后发展需要，借鉴全国各地旅游综合管理经验，创新建立“1+6+N”旅游综合管理模式，成立“沂南县旅游发展委员会”，在工商局、公

安局、法院设立“旅游工商分局”“旅游警察大队”“旅游巡回法庭”的基础上，在物价局、食药监局、精神文明办公室分别设立了“旅游物价巡查大队”“旅游食品安全巡查大队”“文明旅游工作办公室”。县编办明确了各自的职责，由旅发委统筹负责旅游综合协调、产业融合、旅游综合执法、旅游目的地和旅游公共服务体系建设等工作，增加内设旅游执法大队，增加行政编制4人，充实执法力量，与6大机构综合执法，形成旅发委协调统筹下的“1+6+N”的旅游综合管理体制。同时在4A级旅游景区设立综合执法办公室，形成长效常态的综合管理工作机制。全域导向，差异考核。将旅游工作以高分值比重纳入全县科学发展观年度考核，对各乡镇进行差异化专项考核，本着抓全域、重基础、促项目、优环境的原则，结合不同乡镇发展基础制定了刚性与自主性结合的旅游工作考核细则。

二、创新多规合一，谋划全域旅游新战略

积极探索以旅游规划引领的“多规合一”工作，以旅游突破带动全县经济社会转型升级。2014年县人大常委会全票通过了《沂南县旅游产业发展五年行动计划》，“一核四带四大综合体”全域旅游发展构架正式成为各类规划的战略指引。2016年，县政府成立了以县长任组长，发改、规划、国土、旅游等26个部门组成的规划委员会，在“十三五”规划确定的旅游主导产业定位基础上，由发改委牵头统筹，围绕“宜业宜居宜游沂南”发展目标，进一步修订完善城市建设、土地利用、生态环境保护、水电交通等各类规划，实现产业空间布局的相互延伸，规划内容、技术规范和实施措施的相互衔接。县规划委员会定期召开会议，实施对规划的运行管理和统筹推进，强化规划编制实施过程中的管控，增强控制性详细规划的刚性。严格划定县乡道路两侧建设红线，杜绝私搭乱建，对不符合全域旅游发展规划或产业政策以及低水平、重复建设的项目实施一票否决。文化、农业、林业、水利等专项规划紧密结合旅游需求，融入旅游元素，预留休闲空间，增强宜游功能。形成了城旅融合、产业协同、城乡统筹、功能协调一致的区域空间结构和“一体化”发展格局。目前全县的产业发展规划、城市建设规划、环境保护规划、交通规划已与旅游规划完全融合，修编中的新型城镇化规划、土地利用规划正与旅游规划对接融合。

三、创新旅游融资，注入全域旅游新动力

沂南县在社会资源及旅游要素的配置中，坚持政府和市场有机结合，积极搭建融资平台，破解市场化运作资金瓶颈制约问题。县政府整合国有资产，成立沂蒙红嫂旅游开发有限公司和山东智圣旅游投资有限公司，成立发展基金，先后为智圣汤泉、竹泉村、马泉休闲园等景区以及沂蒙生态大道等旅游公共设施项目申请了2.25亿元的贷款，推动

了沂南旅游的迅速崛起。出台《关于金融支持文化旅游产业发展的意见》，深化金融服务旅游的功能。结合新时期扶贫攻坚，充分发挥小额信贷的杠杆作用，对开办餐饮、住宿、休闲采摘等项目和积极发展新业态的旅游经营者，开通“绿色通道”，给予信贷支持。目前沂南县正以现有旅游产业发展基金为平台，积极探索与国家旅游发展基金、省旅游发展基金的对接，为旅游项目和旅游基础设施建设注入更大动力。在良好投融资环境的保障下，社会各类资本参与旅游业发展的热情高涨，本地人在外创业资本纷纷回乡投资，采矿业、房地产等传统产业资本投向旅游，沂南县在政治上给予开发商参政议政、建言献策的权力，智圣汤泉、沂蒙红色影视基地、龙腾竹泉等多位主要旅游企业负责人当选人大代表、政协委员。

四、创新公共服务，构建全域旅游新环境

打造“全域景观”的生态环境。树立“城市即旅游，旅游即城市”和“乡村即风景、人人即风景”的人本发展理念，“美丽城市”建设与“美丽乡村”建设齐头并进，加大环境综合整治，2016年7月份以来，全县已投资1亿元用于路域美化绿化。构建“快旅慢游”的交通网络。对接高铁建设，加快推进沂南至临沂快速路，西外环北通、沂蒙生态大道西通、泉乡大道东通、彩蒙山环线、高湖环线等主要旅游道路，将全县主要景区及旅游扶贫村串点成线，积极打造滨河骑行慢行、步行绿道、山地徒步道等公共休闲场地，健全旅游公共交通，放大新能源汽车优势，实行城乡及全县旅游景点全覆盖。健全“精旅精游”的公共服务。2015年以来，全县设立了166块规范的旅游导向标识，主要A级景区设置了中、英、日、韩等多种文字标准的标识牌，布局合理、导向清晰的指引标识体系基本形成；国家标准的游客集散中心即将启用；随着“厕所革命”深入推进，应改必改、应建必建的工作任务有望2016年实现。完善“智旅智游”的信息服务。深入实施“旅游+互联网”智慧旅游引领工程，结合智慧城市建设构建了PC网站、移动网站、公众微信平台、官方微博、网络旗舰店等多元化网络信息服务体系，基本实现4A级旅游景区、三星级以上酒店游客集中区域无线网覆盖。

五、创新产品供给，增强全域旅游新驱动

牢牢把握旅游市场新常态和旅游发展新要求，适应现代旅游由观光型向体验式休闲、度假复合型转变的市场趋势，以打造国内知名全域休闲旅游目的地为目标，积极推进产品创新。沂南县政府设立每年1亿元的旅游发展专项基金和每年1000万元的旅游市场营销基金，用于旅游规划编制、人才培训、基础设施配套、产品开发、品牌营销，鼓励创业创新，优化旅游产品供给。整合红色旅游、乡村旅游资源，建设沂蒙红色旅游小镇，推进“沂蒙七彩乡村”旅游精准扶贫片区开发。融入“商学养闲情奇”新旅游要

素，积极培育红色研学、禅修养生、体育赛事、中医药理疗、养生养老等新旅游业态。2016年以来，依托沂蒙红色影视基地打造红色研学游，做活暑期亲子游及红色夏令营市场；依托马泉休闲园大观音寺及配套度假设施，建成了高端禅修养生项目；依托红石寨发展“体育+旅游”，2016年已成功举办万人健步走、微型马拉松、不间断骑行赛等近10场体育赛事；依托智圣汤泉发展了医养结合的菩提慧宾高端医疗养生项目；朱家林村“旅游+文创+生态建筑”创意生活社区项目已建成乡村美学馆、精品民宿等，被确定为“中国乡村旅游创客示范基地”；布拉格香草园、林海花田农旅融合发展，成乡村休闲游新亮点；坚持工旅融合思路对老酒厂保留开发工业旅游；投资60亿元的松山温泉项目已经签约开工。

沂南旅游综合改革创新，进一步凝聚起各部门合力推进大旅游发展的共识。联合执法机制的建立，为建立有序良好的旅游市场秩序提供有力保障，旅游综合管理体制更加顺畅高效。旅游公共服务设施建设的全面提升及旅游标准化工作的扎实开展，让全县旅游管理服务走向规范化、精细化，游客满意度明显提升。2016年上半年，全县接待游客520万人次，实现旅游综合收入28亿元，同比增长28%，旅游投诉较去年减少35%。

在今后工作中，沂南县将进一步结合改革创新要求，有步骤地全力推进“4321”旅游业改革创新战略，确保改革规定动作不走样，商定及自选任务中重点在多规合一、旅游投融资机制等方面实现更大突破，全力打造功能完善的“宜业宜居宜游”全域休闲旅游目的地，进一步打响“向沂南·心怡然——智圣故里、红嫂家乡”旅游品牌，形成县域旅游“新沂南模式”。

以点带面　推动旅游业改革创新
——栾川旅游业改革创新先行区主要做法

旅游业改革创新先行区是国家旅游局“515战略”确定的重要任务之一，旨在通过“创新统筹职能、创新政策措施、创新产业引导”，推动旅游目的地的整体发展。栾川作为首批国家旅游业改革创新先行区，既感成绩来之不易，面对后续改革发展又倍感压力。2015年以来，栾川县高度重视，围绕国家旅游局规定的改革创新先行区各项任务，狠抓制度建设，强化统筹整合，突出问题导向，创新产业引导，各项工作扎实推进，有力促进了全县旅游业的整体发展。2016年前11个月，栾川县接待游客1173.9万人次，实现旅游总收入59.4亿元，同比分别增长9.6%和17.9%。

一、找准旅游业改革创新的切入点：确立产业主导地位

结合栾川实际，栾川县确立了“旅游富县”战略，将旅游业作为县域经济发展的四大战略之一，强化旅游业在县域经济的主导地位。制定出台了《栾川县深化旅游业改革创新加快全景栾川建设的意见》（中共栾川县委文件〔2015〕6号文件），分解落实41项重点旅游任务，分解落实至23个乡镇部门，突出改革创新在旅游业发展中的核心驱动作用。强化对旅游工作的领导，成立栾川县旅游工作领导小组，建立旅游发展联席会议制度，定期研究推动旅游政策落实，统筹协调全县旅游产业规划、改革创新、项目推动等重大问题和重大事项。强化旅游目标考核，把旅游产业发展指标作为县域经济社会发展考评体系重要内容，分解至各部门乡镇，月通报，季观摩，年度考核，旅游产业发展考核分值占到县政府目标量化考评分值的5%。严格目标管理和考核奖惩，上下一心，形成旅游发展合力。

二、找准旅游业改革创新的重点：强化统筹整合职能

旅游改革要取得实效，必须在党委政府的统一领导下，将各方面要素、资源、资金统筹整合起来，突破和协调利益格局，为旅游业持续健康发展提供强大的后劲。

（一）强化政府统筹

栾川县财政专门设立旅游发展引导资金，每年安排不低于3000万元，采取以奖代补的形式扶持乡村旅游发展。同时综合运用乡镇财政和发改、住建、旅游、扶贫、农业、林业、环保、科技等相关部门资金，大力实施旅游富民工程。近3年来，整合发改、住建、旅游、扶贫、农业、林业、环保、科技等相关部门资金3亿元用于旅游业发展。

（二）创新投融资机制

大力推进实施重渡沟景区扩容提升项目，采取政府投入并景区融资的模式，2016年实施第一年，完成投资5亿元。计划投资40亿元，用5~10年时间，将重渡沟打造成具有较高知名度的国际旅游度假区，该项目建成后，重渡沟区域面积将由目前的36平方公里拓展到160平方公里，带动范围将从目前的重渡沟村、北乡村、仓房村、街上村4个村，拓展至周边4个乡镇（管委会）9个村，惠及8万群众。由县财政出资，注册成立栾川县惠民扶贫开发投资有限公司，并通过国家开发银行，融资4.8亿元，面向全县确定的40个村，每村扶持1000万元，发展乡村旅游，推进精准扶贫。融资2.5亿元，对陶湾镇南沟5个村，旅游环线道路贯通拓宽、垃圾污水处理等基础设施建设，自行车绿道、登山步道、自驾游营地建设，扶持村民农家宾馆升级改造等。

（三）创新公共服务体系

按照“旅游交通标识进县乡村道路，旅游咨询点覆盖旅游环线，旅游厕所建设到重点村重点社区”工作目标，在景区、乡村旅游点、旅游村沿线安装道路交通引导标识等各类标识400块，完善重渡沟村、协心村、大南沟村、养子沟村、拨云岭村等旅游专业村旅游标识系统。在潭头镇、合峪镇、栾川乡等地依托加油站、森林防火检查站、县城交警岗亭、书报亭等建成了8个旅游信息咨询中心和50多个咨询点，打造集配套餐饮、停车、购物、信息咨询、公厕等多种服务功能于一体的自驾游服务区。积极响应国家旅游局号召，开展厕所革命，将旅游厕所建设范围从县城、景区向乡村延伸，2015年共新建和改扩建旅游公厕62座，占全洛阳市数量将近一半，其中景区30座、县城17座，乡村15座。

（四）推进智慧旅游

成立智慧旅游呼叫中心，发布4001619666栾川智慧旅游咨询服务热线，24小时为游客提供旅游咨询和住宿调度服务。与国家旅游商品研发中心栾川研发基地合作，共同推动栾川旅游资讯网、栾川旅游官方微信、微博“一网双微”建设。整合全县乡村旅游住宿、餐饮、购物、景区门票等旅游资源，搭建“下乡吧”，面向游客推广使用，实现旅游产品在线销售。以老君山、重渡沟为试点，大力开展智慧景区建设，完善景区综合指挥调动中心、呼叫救护中心、景区Wi-Fi、监控和广播系统等智慧工程。通过智慧化建设，带动了旅游产业发展水平，如在重渡沟景区，通过网络预订农家宾馆的游客占总景区游客量的85%以上。

三、找准旅游业改革创新的难点：解决瓶颈问题

根据栾川旅游产业发展实际情况，坚持问题导向，既管当前，又管长远，解决好制约和阻碍旅游业发展的瓶颈问题。这是旅游业改革创新的出发点，更是工作的难点。

（一）针对旅游资源社会化趋势，强化规划引领，突出规划的系统性、衔接性、指导性，着力克服无序开发、破坏旅游资源的问题

一是高标准编制系列规划。邀请国内顶级旅游规划设计团队，高水平、系统化编制《栾川十三五旅游发展规划》《全景栾川旅游目的地规划》和《栾川县乡村旅游发展专项规划》，构建全域旅游发展格局，推动旅游产业全面转型升级。二是推动实现多规合一。修订县域村镇发展规划，将伏牛山滑雪场、龙峪湾、金牛湖、老君山、鸡冠洞等景区纳入全域规划和县城规划，加强景区所在村和周边村镇管控，推动国民经济发展规划、土地利用规划、旅游规划、生态规划、城乡规划等多规合一。在新编制的龙峪湾规划中已初步实现了景区规划与土地利用规划、城乡规划等的有效衔接。三是编制村镇旅游发展规划。依托主要景区规划，由所在乡镇牵头，编制重点旅游村和重点区域修建性规划，界定建筑色彩、风貌、层高等，强化对居民建房的规划管控，遏制景区周边私搭乱建、环境杂乱等问题。聘请国内顶尖旅游专家，组成栾川旅游产业发展智库，为旅游产业发展提供智力支撑。四是开展旅游规划公益扶贫行动。积极响应国家、省、市旅游局旅游规划公益扶贫行动，完成对重渡沟村、大南沟村、养子沟村、观星村、西沟村、协心村、拨云岭村7个村的乡村旅游规划编制。

（二）针对旅游方式散客化趋势，创新市场监管，坚持用行政+司法+协会的手段相结合，着力解决扰乱旅游市场秩序、损害游客权益的问题

一是成立旅游管理警察大队。2016年1月，栾川县率先成立了全国首支县级旅游管理警察大队，专门负责旅游市场秩序检查、旅游违法案件处理等工作。目前初步形成以公安机关旅游管理警察大队为主导，辖区派出所兼职旅游管理警察为基础，景区旅游管理警察中队、旅游管理辅警及景区保卫力量为一体的旅游管理警察队伍体系。

二是成立旅游联合执法大队。成立了由政府分管领导牵头，县工商、质监、物价等18个涉旅部门组成的栾川县旅游联合执法监督委员会，明确了各职能部门的职责权限，加强综合执法，严厉打击处置扰乱旅游市场秩序的行为，净化旅游环境。

三是发挥旅游行业协会作用。在重渡沟村、养子沟村、庄子村成立农家宾馆协会，发挥政府与农户之间桥梁作用，推动行业自律。例如在农家宾馆星级评定工作中，行业协会参与进来，出台栾川县农家宾馆星级定价实施办法，实行星级定价，每家每户悬挂星级牌与价格公示牌，既提升了农家宾馆的档次和服务水平，又有效遏制了旅游旺季农家宾馆乱涨价现象。

准确定位　全方位创新

——武隆旅游业改革创新先行区主要做法

2015年年底，国家旅游局把武隆县列为国家级旅游业改革创新先行区创建单位后，武隆县委、县政府高度重视，把创建工作作为全县的一件大事来抓，提出了“山水结合、文旅融合、全域旅游、全民兴旅、国际品牌”五大旅游创新发展战略，破旧立新，强力推进旅游业改革。

一、加强领导，强化组织保障

一是武隆县委、县政府成立了高规格的国家级旅游业改革创新先行区工作领导小组，县委书记亲自任组长，县政府县长、县人大主任、县政协主席任副组长，相关县领导为成员，负责研究国家级旅游业改革创新先行区建设的重大问题。二是县政府常务会议、县委常委会对《武隆县创建国家级旅游业改革创新先行区工作实施方案》进行了专题研究，下发了文件、分解了工作任务、落实了责任，并将工作任务纳入各级各部门的综合目标考核。三是落实了专项创建经费，抽调了专门人员，组建了创建班子，全力保障创建工作，提出用2年时间成功创建为国家级旅游业改革创新先行区。

二、改革创新旅游业产业定位，构建现代立体旅游产业新体系

按照国家旅游局改革创新的要求，武隆县委、县政府将全县旅游产业按照“一心一带四区一网”的空间布局定位为战略性主导产业和富民的支柱产业，构建具有武隆特色、达到国际先进水平的现代立体旅游产业体系。把武隆打造为“国际山地旅游度假目的地”“全国最美乡村旅游目的地”“国家全域旅游示范区”“国家旅游扶贫示范区”和“重庆旅游经济中心”，到“十三五”末最终建设成为“国际知名旅游胜地”和“中国武隆国家公园”。

三、改革创新旅游管理体制，增强旅游管理综合统筹新能力

在改革创新中，武隆县委、县政府把体制机制创新作为改革创新的重点，大胆探索新模式。县委、县政府成立了以县委书记任主任，县政府县长等相关领导任副主任，县级相关部门为成员的“武隆县旅游管理委员会”，统筹管理、协调、决策全县旅游产业发展重大问题。强化县旅游局的综合协调职能，整合全县涉旅执法、监管、咨询、投诉等方面职能职责，提高旅游部门的综合统筹能力。建立旅游警察、旅游工商分局、旅游巡回法庭等为一体的旅游联合执法体系实行“统一领导、统一管理、统一调配”，成立“武隆县游客服务中心”，建立游客咨询投诉处理统一平台，实现“一个平台受理、一个平台交办、一个平台回复、一支队伍执法”。

四、改革创新旅游业发展引导机制，构筑资金人才新平台

一是创新旅游发展资金机制。设立旅游产业发展资金，武隆县政府每年安排8000万元的旅游产业发展资金，用于抓好旅游规划、旅游宣传营销、乡村旅游、旅游人才培训等工作，并每年按一定比例增加投入，建立旅游发展基金，发挥基金撬动作用，大力开展招商引资，鼓励引进社会资本，吸纳社会资金投入旅游产业。二是创新旅游人才培育机制。优先引进旅游行业紧缺人才，对引进的研究生或副高职称以上的高层次旅游人才，在县城提供人才公寓，在武隆服务满10年且贡献突出的，可终身享受住房待遇。对正高职称、博士后以上人才，按协议一次性补助安家费10万元；对紧缺副高职称、博士、高级技师等人才，按协议一次性补助安家费5万元，以此吸引旅游人才服务武隆旅游业。

五、改革创新旅游公共服务体制，提档武隆全域旅游新品质

一是创新全域旅游模式。编制了《武隆县全域旅游规划》将武隆全域分为三个旅游战场，即：提档仙女山第一战场，开辟白马山第二战场，夯实乡村旅游第三战场，以旅游业改革创新为推手，大力推进全域旅游。“十三五”期间投资500亿元投入到三个战场，提档升级仙女山、天生三桥、龙水峡地缝等景区或度假区，再造一个白马山国家级旅游度假区和一个国家5A级景区，打造100个乡村旅游示范点。二是创新旅游宣传营销模式。武隆县政府每年投入1亿元开展武隆旅游整体宣传营销，对武隆整体形象进行分季节、分区域宣传营销；全县各部门组建旅游营销集团赴全国各地宣传推介武隆旅游形成“全民兴旅、全民营销”的良性机制；通过与国外旅游城市缔结友好城市，召开境外旅游推介会，与国际知名网站合作等形式，全面开拓国际旅游市场。

六、改革创新旅游市场监管机制，营造武隆旅游新秩序

加大旅游市场监管机制创新，建立完善暗访机制、巡查机制，对A级景区、旅游度假区、乡村旅游点进行暗访、巡查，快速处理游客投诉，营造良好的旅游秩序。建立旅游行业失信惩戒制度、旅游信用信息公示制度。完善旅游企业和从业人员诚信档案、"黑名单"制度，抓好旅行社、A级景区、星级饭店和星级农家乐服务质量等级评定，建立科学的淘汰和退出机制。

七、探索拓展服务旅游发展的新领域

一是创新"旅游+"模式，加强商旅、文旅、农旅、体旅、康旅、科旅、工旅等深度融合发展。出台旅游商品、精品民宿等方面优惠政策，鼓励城市资本下乡发展乡村旅游。二是创新招商引资和投融资机制，鼓励引入多元资本参与旅游开发，引进一批全国乃至世界品牌的商业、娱乐项目，全面丰富旅游业态。引进一批影视文化创意产业，加快打造集文化创意、休闲娱乐、创业孵化于一体的仙女山文化创意产业城。三是创新旅游商品研发力度，推出一批特色鲜明的旅游商品。以"生态度假2000（酒）店计划""生态美食3000店计划""生态美食创新计划""旅游购物创新工程"为抓手，大力发展各类以生态旅游购物、生态美食餐饮为核心的游憩商贸服务模式，构筑优美舒适的旅游休闲和度假服务环境，满足各层次游客"吃、住、行、游、购、娱"需求，促进武隆旅游业突破发展。

八、探索旅游业与科技融合新方式

积极开拓"旅游+互联网"新模式，推进智慧旅游管理、服务和营销体系建设。制定全县智慧旅游总体规划，建立全县大数据平台，整合全县已有的互联网资源和监控指挥平台，成立武隆应急指挥中心，实现全域智慧旅游。开创一批旅游业与科技融合的项目，融入旅游元素，打造世界一流的星际数字乐园，建立中国版迪士尼、乐天世界。创新旅游O2O模式，推进旅游产品实现线上线下交易。充分利用旅游网站、微信平台、App轻应用、云名片等方式为游客提供智慧化的旅游服务、旅游管理、旅游营销和旅游体验。

虽然武隆县国家级旅游业改革创新先行区创建工作得到有序推进，但也存在一些问题，下一步，我们将按照国家旅游局和本次全国旅游改革创新工作现场会的精神，凝心聚力、创新驱动、坚定目标、强化措施，确保武隆县国家级旅游业改革创新先行区早日创建成功。

深化旅游体制改革　打造知名文化旅游目的地

——韩城旅游业改革创新先行区主要做法

陕西省韩城市是世界文化名人司马迁的故乡，是全国历史文化名城、中国优秀旅游城市，文化积淀深厚，自然风光独特，旅游发展优势得天独厚。近年来，韩城市依托富集的文化旅游资源，确立了打造国内知名文化旅游目的地的战略目标，全市旅游产业发展向好，成效明显。2015年12月，韩城市被国家旅游局确定为全国20个、陕西省唯一的先行区以来，认真落实五大发展理念，紧抓旅游业发展的黄金机遇，积极探索，创新突破，全面深化旅游业体制机制创新，聚力推动全域旅游加速发展。在具体的工作实践中，我们的工作措施主要有以下九方面：

1.**提升旅游业发展定位**。在全市“十三五”发展规划和十八次党代会报告中，明确将旅游业列为优先发展的支柱产业，以全域旅游为统领，以先行区为动力，全面建成千万游客世界级旅游目的地。

2.**创新综合管理体制**。整合市景区管委会、“史记韩城・风追司马”文化景区管委会等机构，将文物、交通、住建等10个部门列为成员单位，率先在全省成立旅游发展委员会，统筹推进旅游产业发展，工作合力进一步增强。2016年4月新组建了旅游警察分局、旅游法庭、市场监管分局，旅游综合管理“1+3”模式全面建立，综合产业综合抓，促进旅游突破发展的新格局已经形成。

3.**创新旅游工作机制**。由市委、市政府主要领导担任组长，建立了文化旅游发展联席会议制度，先后召开了20多次联席会议，定期听取旅游发展工作汇报，及时研究解决旅游产业发展的重大问题，有力地保障全市旅游突破发展实现新常态。

4.**创新旅游投融资机制**。充分发挥财政资金的引导作用，设立1亿元旅游产业发展基金，用于支持文化旅游重大项目建设、旅游创新和旅游创业工作。坚持市场化运作、公司化运营，成立韩城市旅游投资开发公司，和乌镇、北奥、万达等大品牌、大企业广泛合作，推广运用PPP模式，引导金融机构加大融资，引领民营资本投入旅游，形成了政府主导、市场运作、多元投入的投融资机制，加快实施一批旅游重大建设项目。

5.**组建集团公司，打造景区发展新平台**。积极组建韩城文化旅游集团公司，突出大景区理念，坚持市场运作，搭建发展新平台，着力在景区建设融资和景区市场运营方面，探索新机制，创出新路径，实现大发展。

6.**积极落实优先保障旅游用地政策**。对重点旅游项目用地开辟绿色通道，缩短预审时间；对旅游建设公益性用地采取划拨方式保障供应；完成全市土地利用调整规划并上报陕西省人民政府，正在争取旅游业用地保障的长效支持政策。

7.**改革旅游中介组织发展机制**。简化登记手续，取消前置审查程序，缩短筹备登记时间，5月份韩城旅游酒店行业协会登记成立，2016年7月份韩城旅游行业协会组建成立。

8.**积极扩大旅游开放力度**。积极争取上级部门支持，设立渭南海关韩城办事处、口岸办、保税仓库的前期对接、实地考察已经完成，2016年6月份召开韩城市设立海关办事处可行性分析意见讨论会，可行性分析报告已报送西安海关。

9.**创新开展旅游宣传**。实行市级领导包抓、财政保障经费、部门镇办包联的办法，在全国主要城市设立32个“韩城旅游招商服务处”，20多个服务处已挂牌成立、开展工作，实现了韩城旅游国内市场的全覆盖。

韩城旅游的态势催人奋进，韩城旅游的未来令人向往。下一步，韩城市将继续按照国家局任务要求，紧扣韩城旅游业发展实际，集中突破八项改革，落地五项重点工作，力争三年任务两年完成，实现“陕西树标杆，全国走前列”的工作目标，努力建成千万游客世界级旅游目的地。

推进转型升级　树立丝路沿线县城旅游业改革发展新标杆

——敦煌旅游业改革创新先行区主要做法

敦煌市地处甘肃省河西走廊最西端，甘肃、青海、新疆三省区交界处，总面积3.12万平方公里，其中绿洲面积1400平方公里，总人口20万。敦煌是首批国家历史文化名城和中国优秀旅游城市，境内莫高窟、鸣沙山·月牙泉、雅丹世界地质公园、玉门关、阳关等文化旅游资源蜚声海内外。2016年，全市接待人数、旅游收入预计实现800万人次、78亿元大关，旅游总收入占GDP 60%以上，旅游业增加值占全市GDP比重15%以上。

一、改革拓展旅游发展新空间

敦煌市把发展的目标定位在建设国际文化旅游名城上，在甘肃省委、省政府的大力支持下，编制了《敦煌国际文化旅游名城建设发展规划纲要》，提出了“一会四区”五大战略平台和国际化、分众化、高科技化、学术化、品牌化、田园化、融合化、可持续化八条发展路径，为敦煌国际文化旅游名城建设描绘了宏伟蓝图。敦煌市制定了《关于促进旅游业改革发展的实施意见》，当前正在编制《敦煌全域旅游示范区发展规划》，在规划的统一引领下，通过区域资源整合、产业深度融合、全社会共同参与等措施，形成政府、行业、企业、社会共同参与的发展格局，推动旅游产业向深度和广度空间拓展。

二、创新培育旅游市场新主体

敦煌市把文化旅游业确定为带动经济社会发展的首位产业，市财政每年预算安排5000万元文化旅游产业引导基金，用于对旅游宣传营销、航班航线补贴、基础设施建设和文化旅游项目的支持，并根据财力逐年增加。继莫高窟入列世界文化遗产之后，敦煌市先后成功将鸣沙山·月牙泉创建为国家5A级旅游景区，玉门关、悬泉置成功申报为世界文化遗产，敦煌跻身世界地质公园行列，下一步将加快推进雅丹创建5A级旅游景区步伐，并将鸣沙山月牙泉、雅丹国家地质公园打包申报世界自然遗产。同时，围绕服务文博会，严格按照国际化标准，着力提升城市通达功能、市政功能和涉外功能，开展公园广场提升、背街巷道改造、市政设施配套等城市建设工程，提升改造宾馆饭店和景区景点，新建改建旅游厕所，完善公共场所外语标识，搭建智能化信息咨询服务平台等，为文博会高效、科学、有序运转提供有力支撑。会展中心、大剧院、敦煌国际酒店等重点场馆建设如期完工，并获得省市领导高度评价，在我国建筑史上开创了前所未有的建设速度，被誉为"敦煌速度"！

三、融合构建旅游发展新体系

在旅游与文化融合上，敦煌市充分发挥文化的旅游功能，丰富旅游的文化内涵，推动文化和旅游产业深度融合渗透发展。在办好"朝圣敦煌"全国书法和美术展、中国公路音乐节、中国民族声乐敦煌奖等大型文化旅游节会的同时，引进建设了《敦煌盛典》实景演艺、《又见敦煌》情境融入式演艺等文化项目。在旅游与农业融合上，敦煌市结合国家级现代农业示范区和美丽乡村建设，统筹利用惠农资金加强农村道路、上下水、天然气、电力、通信等配套基础设施建设，鼓励和引导农民建设一批有山水依托、乡土记忆、地域特色的乡村风情园、博览园、生态园、农家乐，不断提高乡村旅游过夜游客比例，增加农民收入。同时，我们还深入推进旅游与工业、城市、科技、体育、生态、中医养生和保险业等领域融合发展，拓展旅游产业外延，丰富旅游产品供给。

四、开放打造旅游发展新品牌

不断加强与现有国际友好城市互联互访，先后与2个国外城市、4个国内城市缔结为友好城市，接待印度、瑞典等国家高级别外宾使团68批700余人次，全面扩大国际国内交流合作的深度与广度。先后开通了北京、上海、成都、杭州、广州等大中城市的航线航班19条，通航城市20个，开通了敦煌至北京、天水、银川、西安、兰州、嘉峪关、酒泉等地的9趟品牌列车、旅游专列，投资131亿元完成柳敦公路、景观大道等9项交通建设项目，初步建立了方便快捷、畅通无阻的立体化交通系统网络。积极举办朝圣敦煌系列作品展、中国汽车拉力赛、敦煌国际友好马拉松赛、全国沙滩排球巡回赛、中国女子围棋甲级联赛等"国字号"精品节会赛事，带动更多敦煌文化旅游产品走出国门。2016年9月，首届丝绸之路（敦煌）国际文化博览会在甘肃敦煌举办，吸引了来自85个国家、5个国际组织的95个代表团、1700多位中外嘉宾广泛参与。为沿线国家和地区大力弘扬丝路精神、拓展21世纪“新丝绸之路”，合力打造命运共同体、利益共同体、责任共同体、发展共同体，构建了坚实的合作框架，奠定了重要的民意基础，必将极大地带动敦煌市旅游产业发展和对外开放水平，为实现“打造国际一流旅游目的地”的旅游品牌战略提供了强大动力和支撑。

中　篇

国家级旅游业改革创新先行区建设实施方案

青岛市人民政府

青政字〔2016〕22号

青岛市人民政府
关于印发青岛市国家级旅游业
改革创新休闲区实施方案的通知

各区、市人民政府，市政府各部门，市直各单位：

现将《青岛市国家级旅游业改革创新先行区实施方案》印发给你们，请认真组织实施。

青岛市人民政府

2016年3月31日

青岛市国家级旅游业改革创新先行区实施方案

2015年12月，国家旅游局正式批复青岛市为国家级旅游业改革创新先行区。为做好相关工作，根据国家旅游局《旅游业改革创新先行区工作方案》部署要求，特制订本方案。

一、总体要求

（一）指导思想

坚持高点定位，以“创新统筹职能、创新政策措施、创新产业引导”为方向，按照创新、协调、绿色、开放、共享的发展理念，高起点谋划，“全方位、全要素、全时空”打造国际化旅游目的地城市。坚持以问题为导向，破解旅游业发展中的障碍和突出矛盾，建立综合统筹、政策驱动、转型升级、环境优化等系列配套措施。坚持实施蓝色引领战略，构筑产品多元、特色鲜明、功能完善的海洋旅游产品体系，打造知名的海洋休闲和滨海旅游度假城市。坚持以市和区（市）两级政府为主体，分层推进、上下联动、形成合力。

（二）工作目标

全面贯彻落实《国务院关于促进旅游业改革发展的若干意见》（国发〔2014〕31号）、《国务院办公厅关于进一步促进旅游投资和消费的若干意见》（国办发〔2015〕62号）、《国务院办公厅关于加强旅游市场综合监管的通知》（国办发〔2016〕5号）等的要求，以旅游体制机制改革为重点，坚持世界眼光、国际标准，充分发挥本土优势，力争用3年左右时间，完善全市旅游管理体制机制，旅游业发展速度和质量位居全国旅游城市前列，对经济和社会的综合贡献率进一步提高。到2018年，全市旅游总消费额达到1830亿元，旅游业增加值占国内生产总值的比重达到5%以上。

二、主要任务

（一）创新产业定位

1.**提升总体发展质量**。推动旅游业空间布局由沿海一线向全域延伸、多点支撑转变；产业发展由单一业态向多业态深度融合转变；结构类型由传统观光向休闲度假转变，全力推动旅游业发展提质增效。到2018年，旅游业综合财税贡献率达到7%以上。（责任单位：市旅游局、市财政局、市国税局、市地税局、市统计局）

2.**发挥促就业、惠民生作用**。发挥旅游业的综合带动作用，不断开拓就业空间，到2018年，旅游业直接和间接就业人数达到120万；促进旅游业惠民富民，倡导文明旅游，提升市民幸福指数，助力宜居幸福的现代化国际城市建设。（责任单位：市旅游局、市人力资源社会保障局、市文明办）

3.**完善考核评价体系**。进一步强化对旅游业的科学发展考核，建立科学有效的旅游业发展考核机制，逐步形成与国家级旅游业改革创新先行区相适应的考核评价体系。（责任单位：市考核办、市旅游局）

（二）创新发展引导机制

1.**加大政府直接投入力度**。根据我市实际，安排与旅游业发展相适应的财政资金。研究制定财政支持旅游业发展的相关政策，加强旅游基础设施建设、旅游公共服务和城市旅游形象宣传推广的财政投入。整合外宣、文化、体育以及大型节庆会展活动等对外宣传资源，集中力量打造城市旅游主题品牌形象。（责任单位：市财政局、市旅游局、市政府新闻办、市城乡建委、市文广新局、市城市管理局、市贸促会）

2.**发挥领军企业的示范带动作用**。扶持青岛旅游集团等重点旅游企业发展，引导有实力的旅游企业，通过联合、兼并、重组等方式向集团化、规模化发展。力争用3年左右时间，实现青岛市重点旅游企业跻身全国百强旅游集团行列。（责任单位：市旅游局、市政府国资委、市财政局、市机关事务局、青岛旅游集团，相关区、市政府）

3.**建立多元化投融资平台**。设立市旅游产业发展引导基金，制定《青岛市旅游产业引导基金实施细则》并向社会发布。重点扶持发展潜力大和成长性强的旅游企业，加大对“蓝高新”、智慧旅游、文化创意等项目的支持力度。不断拓宽旅游企业融资渠道，鼓励、引导有条件的旅游企业采取多种形式上市融资。（责任单位：市旅游局、市金融工作办、市财政局、青岛旅游集团，相关区、市政府）

4.**深化旅游业供给侧改革**。加快发展邮轮、滨海度假、养老养生、海洋休闲、海岛旅游、海洋体育、海上婚庆等休闲度假旅游业态，推进重点旅游项目建设。鼓励和引导旅游企业改变经营模式，提高服务质量，提升产品附加值，避免同质化经营。推动乡村旅游提档升级，打造差异化乡村旅游产品，加快发展乡村休闲度假、民居民宿、乡村节会、乡村文化等特色产品。提升大众化旅游产品供给质量，深入开展旅游惠民活动，实施旅游扶贫攻坚，共享旅游发展成果。（责任单位：市发展改革委、市规划局、市国土资源房管局、市旅游局、市交通运输委、市农委、市海洋与渔业局、市体育局，相关区、市政府）

5.**加快推进休假制度落实**。率先落实机关事业单位和企业职工带薪休假制度，鼓励职工分段灵活安排、错峰休假。探索建立中小学生春秋假期制度，促进研学旅游。鼓励弹性作息，结合青岛国际啤酒节等地方特色活动，依法优化调整夏季作息安排，为周五下午与周末结合外出休闲度假创造有利条件。（责任单位：市人力资源社会保障局、市教育局）

（三）创新公共服务体制

1.构建与国际化旅游目的地城市相配套的公共服务体系。大力推进旅游集散中心、旅游咨询中心、自驾车营地、旅游引导标识、自行车租赁、旅游厕所和无线网络等旅游公共服务项目建设。推进海上旅游集散中心等基础设施建设，构建海上旅游交通循环体系。（责任单位：市旅游局、市交通运输委、市城乡建设委、市城市管理局、市经济信息化委、市海洋与渔业局，各区、市政府）

2.建立以政府为主导的旅游公共服务提供机制。全面落实《旅游法》关于将旅游公共服务列入政府法定职能的相关规定，按照“宜居”与“宜游”相统一的原则，积极将相关旅游公共服务设施建设项目列入市级重点项目。（责任单位：市发展改革委、市旅游局）

3.加大社会资本和资源整合力度。鼓励和引导社会资本和社会力量参与旅游公共服务体系建设，探索政府引导性投资带动旅游公共服务体系建设的投入机制，积极推广政府和社会资本合作（PPP）模式。整合公共交通、景区等资源，开发“一票通”旅游产品，拓宽旅游产品购买途径。（责任单位：市财政局、市旅游局、市交通运输委、市金融工作办）

4.推进公共服务规划和标准配套落实。编制市旅游公共服务发展规划，明确旅游公共服务发展的目标体系和保障措施，推动重点旅游公共服务项目纳入全市国民经济和社会发展规划；制定旅游集散中心建设与服务规范，明确旅游集散中心建设选址、功能配套、人员配备、服务规范等要求；深化落实旅游信息咨询中心建设与服务规范，探索制定旅游无线网络、旅游观光巴士等服务规范。（责任单位：市旅游局、市发展改革委、市规划局、市经济信息化委、市交通运输委）

5.建设青岛旅游业数据服务保障平台。进一步完善旅游业统计和经济核算工作，积极建设青岛旅游数据中心。充分发挥旅游统计工作平台、旅游数据分析平台、涉旅决策支持平台、相关产业引导平台和国际交流合作平台的作用，为旅游业持续健康发展提供科学的信息和技术保障。（责任单位：市旅游局、市财政局、市经济信息化委、市统计局）

（四）创新市场监管机制

1.建立游客投诉统一受理平台。以政务服务热线12345为载体，整合全市涉旅部门非紧急对外公开服务电话，实现热线资源整合优化，涉旅信息实时共享，统一受理全市旅游方面的咨询、求助、举报、投诉和建议，实现“一个号码对外、一个平台接入、一个单子转办、一个体系督查”，提高旅游投诉处理效能。（责任单位：市政务服务热线办、市旅游局）

2.**强化综合执法和属地监管**。按照全省综合行政执法改革要求，理顺旅游管理体制机制，建立旅游综合监管主体责任清单和问责机制，进一步明确市和区（市）两级监管工作职责，加强区、市旅游执法机构建设，配备与旅游市场规模相适应的人员编制和装备设施，切实落实投诉处理、市场检查、行政处罚等属地监管责任，实现旅游市场网格化、无缝隙管理。（责任单位：市编委办、市旅游局，各区、市政府）

3.**创新旅游市场秩序监管机制**。将旅游执法依法纳入综合行政执法体系，建立旅游行政执法与公安执法的联勤联动机制，加强旅游执法保障。深化旅游纠纷“双向联动调解机制”和仲裁机制，探索建立“旅游巡回法庭”，为游客提供快速司法处理通道。建立有奖举报制度及游客消费纠纷先行赔付制度，提升旅游纠纷应急处理能力。（责任单位：市编委办、市公安局、市旅游局、市工商局、市财政局、青岛仲裁办，各区、市政府）

4.**建设诚信体系和监督机制**。将旅游纳入全市社会信用体系建设，打响“诚信青岛游”品牌。制定旅游从业人员诚信服务准则，建立旅游消费者意见反馈和投诉记录与公开制度，以及游客不文明行为信息记录制度。建设青岛旅游行业管理与诚信建设查询系统，加强服务机构、从业人员信用信息的记录、公开和共享。深化旅游市场信用分类管理，发挥旅游行业协会的自律作用，建立旅行社、旅游购物店信用等级制度，定期向社会公示失信“黑名单”。指导行业协会公布诚信旅游参考价，为游客自主选择提供引导。（责任单位：市旅游局、市发展改革委、市电政信息办）

（五）创新区域协调发展体制

1.**抓好“一带一路”国际旅游合作交流**。以推进实施“一带一路”战略行动计划为重点，提升国际旅游合作水平。加快邮轮产业发展，加强与沿线港口城市旅游合作，制定并落实与邮轮产业发展相适应的扶持政策，吸引大型邮轮公司建立青岛邮轮基地。争取在青岛设立世界旅游城市联合会邮轮分会的联络机制，争创国家邮轮旅游发展试验区，打造东北亚国际邮轮中心。推进离境退税政策的实施，积极争取境外游客144小时过境免签、邮轮旅游落地签及邮轮无目的地旅游政策。（责任单位：市旅游局、市财政局、市公安局、市国税局、青岛海关、青岛港集团，市北区政府）

2.**扩大自贸区国家旅游合作交流**。抢抓中韩自贸协定机遇，定期举办韩国“青岛周”旅游专题宣传推广活动，深化青岛与釜山旅游友好城市共建内容。充分发挥旅游综合性、开放性优势，加强与日本、东南亚、澳大利亚、新西兰等国家和地区旅游双向合作。（责任单位：市旅游局、市商务局、市政府外办）

3.**加强国内区域旅游合作交流**。加强与东三省、京津冀、环渤海及长江经济带等国内重点客源市场的区域合作，建设务实高效、互惠互利的区域旅游合作机制。将中国旅游城市新媒体营销联盟打造成国内领先、国际知名的旅游合作机构。推动成立山东半岛城市旅游区域合作联盟，构建以青岛为主体的“资源共享、客源互送、信息共用、执法联动、合作共赢”的新格局。（责任单位：市旅游局）

4.**促进城乡旅游互动协调发展**。抓好省级旅游综合改革试点工作，深入挖掘青岛北部旅游资源。搭建项目推介平台，实施大招商、大开发，推动青岛北部旅游快速崛起。充分发挥大沽河生态旅游的轴带辐射作用，鼓励发展休闲农业和乡村旅游，培育发展生态、绿色、高端乡村生态旅游项目，推动传统农家乐、渔家乐提档升级，实施旅游精准扶贫。大力推进乡村旅游基础设施和公共服务配套设施建设，深入开展城乡环境综合整治，为城乡旅游协调发展创造条件。（责任单位：市旅游局、市农委、市城乡建设委，相关区、市政府）

（六）创新旅游目的地建设机制

1.**推进落实旅游发展用地政策**。全面落实国土资源部、住房城乡建设部、国家旅游局《关于支持旅游业发展用地政策的意见》（国土资规〔2015〕10号），制定实施办法，建立旅游用地分类管理制度，积极保障旅游业发展用地供应。对投资大、发展前景好的旅游重点项目和旅游公共服务设施项目，优先落实用地、用海、用岛计划指标。支持使用未利用地、废弃地、边远海岛等土地建设旅游项目。在符合土地利用总体规划、县域乡村建设规划、镇和村庄规划、风景名胜区规划等相关规划的前提下，农村集体经济组织可以依法使用建设用地自办或以土地使用权入股、联营等方式与其他单位和个人共同举办住宿、餐饮、停车场等旅游接待服务企业。农村集体经济组织以外的单位和个人，可依法通过承包经营流转的方式，使用农民集体所有的农用地、未利用地，从事与旅游相关的种植业、林业、畜牧业和渔业生产。（责任单位：市国土资源房管局、市城乡建设委、市旅游局、市农委、市金融工作办，各区、市政府）

2.**拓展现有社会资源二次开发路径**。实施“旅游+”战略，加强旅游与农业、工业、体育、文化、养老、健康等产业的融合，特别要抓好海洋休闲旅游、乡村旅游、文化旅游、老年旅游、中医药健康旅游等新兴融合业态的发展。积极开展旅游三创行动，加强创业辅导，鼓励旅游企业家、投资人和专家学者担任旅游创客导师，打造大众创业万众创新旅游支撑平台。积极拓展旅游+互联网空间，推进智慧旅游城市建设，充分利用大数据、云计算、物联网等科技手段，建设完善综合全面的旅游大数据分析系统、科学准确的决策管理和指挥调度系统。（责任单位：市旅游局、市经济信息化委、市体育局、市文广新局、市民政局、市卫生计生委、市海洋与渔业局、市交通运输委、市人力资源社会保障局，各区、市政府）

3.**推进青岛旅游智库建设**。全方位汇聚旅游院校、科研院所、中介组织、行业精英等方面的智力资源，建立青岛旅游专家咨询决策机制，打造青岛旅游智库，为科学决策、改革发展提供理论支撑和智力支持。加强与中国旅游研究院等机构的战略合作，探索组建中国旅游研究院青岛分院，打造旅游理论研究和政策咨询的高地。（责任单位：市旅游局）

4.完善法规标准体系。加快旅游立法进程，启动《青岛市旅游条例》修订工作，重点完善海上旅游、一日游管理等内容，配套完善相应规章体系。加强行业标准建设，研究制定住宿业标准、文化主题酒店标准及星级导游员管理办法等标准体系，进一步提高产业发展的规范化水平。（责任单位：市旅游局、市政府法制办、市商务局、市质监局）

三、工作保障

（一）加强组织领导

将青岛市旅游产业发展工作领导小组更名为青岛市旅游工作领导小组，负责研究部署旅游业发展、市场秩序等方面的宏观性、长远性、重大性问题，统筹推进旅游业改革创新工作，及国家级旅游业改革创新先行区的整体建设。领导小组组长由市政府主要领导担任，副组长由市政府分管领导担任，各区（市）政府、市政府有关部门主要领导为成员。领导小组办公室设在旅游局，承担领导小组的日常工作，市旅游局主要领导兼任办公室主任，市旅游局、市公安局、市城市管理局、市交通运输委、市工商局、市物价局分管领导兼任办公室副主任。探索设立旅游委，进一步强化旅游行业行政主管部门在旅游产业促进、资源统筹、发展协调、服务监管的职能作用，推动旅游业由部门单一发展向部门综合推进联动发展转变。（责任单位：市旅游局、市编委办）

（二）落实“多规合一”

将旅游规划纳入土地利用总体规划、城乡规划、环境保护规划、海洋功能区划等整体规划体系；旅游部门在编制旅游规划时，应与相关主管部门对接，落实土地利用总体规划、城乡规划、环境保护规划、海洋功能区划等要求，切实做到旅游规划纳入全市空间规划的“一张蓝图”。同时，规划编制时应充分考虑相关旅游项目、设施的空间布局和建设用地要求，兼顾旅游业发展需要，确保规划的科学性和可实施性。（责任单位：市规划局、市发展改革委、市城乡建设委、市国土资源房管局、市环保局、市海洋与渔业局、市旅游局，各区、市政府）

（三）营造舆论氛围

加强对旅游业改革创新工作的宣传引导，及时宣传先行区创建工作中涌现出的好经验、好做法，对改革创新亮点工作和典型案例进行专题报道、深度解读，大力营造全市加快推进旅游改革创新工作良好的舆论氛围和社会环境。（责任单位：市旅游局、市政府新闻办）

武汉市人民政府办公厅文件

武政办〔2016〕87号

市人民政府办公厅关于印发武汉市建设国家级旅游业改革创新先行区实施方案的通知

各区人民政府，市人民政府各部门：

《武汉市建设国家级旅游业改革创新先行区实施方案》已经市人民政府同意，现印发给你们，请认真组织实施。

武汉市人民政府办公厅

2016年7月11日

武汉市建设国家级旅游业改革创新先行区实施方案

按照国家旅游局制发的《旅游业改革创新先行区工作方案》的要求，为扎实有效推进武汉市建设国家级旅游业改革创新先行区工作，特制订本方案。

一、指导思想

以国家实施"一带一路"和"长江中游城市群"发展战略为契机，以"创新统筹职能、创新政策措施、创新产业引导"为原则，以"体制改革、机制创新、产业融通、资源整合"为手段，深化改革，转变方式，发挥旅游业在新常态下稳增长、促改革、调结构、惠民生中的示范效应，着力把旅游业培育成全市国民经济的战略性支柱产业和人民群众更加满意的现代服务业，把武汉初步建成国家旅游中心城市、长江黄金旅游带集散中心、全国知名的都市休闲旅游目的地。

二、工作目标

坚持"先易后难、突出重点、逐项突破"原则，用3年（2016~2018年）时间，深入推进国家级旅游业改革创新先行区建设。

2016年，基本完成旅游行政管理体制改革和区域协调体制改革创新；建立景区门票预约制度；不断推进旅游业与科技融合，进一步提升全市旅游智能化水平和旅游标准化水平。完成《武汉市旅游条例》修订工作，旅游法治环境进一步优化。扩大对外交流合作，旅游国际化水平进一步提升。结合国家新一轮土地利用总体规划调整，以黄陂区为试点，制定旅游产业用地政策。

2017年，初步建立健全旅游投融资体制、旅游金融服务体系，试运行旅游资源交易平台，推进景区管理改革，建立黄陂木兰文化生态旅游区等功能区管理机构。力争打造黄陂木兰湖、蔡甸后官湖湿地公园、江夏梁子湖等3个景区成为国家级旅游度假区，新洲道观河景区成为省级旅游度假区。

2018年，探索建立两江四岸、黄陂木兰文化生态旅游功能区管理模式。全面完成建设旅游业改革创新先行区的主要任务。认真总结旅游业改革创新先行区建设的成效和经验，形成特色鲜明、示范性和引领性强的旅游发展“武汉模式”。

三、主要任务

（一）改革旅游行政管理体制

破除旅游体制障碍，创新大旅游行政管理体制，强化旅游部门综合协调、规划指导、市场监管、公共服务和城市形象推广等职能。建立市旅游发展委员会兼职委员制度。建立促进旅游业发展的部门联席会议制度，构建新常态下旅游部门统筹资源、协调各方、促进发展的体制机制。

（二）探索旅游功能区管理模式

以两江四岸旅游区域和黄陂木兰文化生态旅游区为试点，探索建立“明确区域边界、统一区域规划、统一协调机构、统一运营管理”的旅游功能区管理模式。

（三）推进旅游景区管理改革

选择1~2个国有景区，整合关联旅游资源，开展国有旅游资源混合所有制改革、职工股权激励试点。选择1~2个国有景区，开展景区所有权、管理权、经营权分离试点工作。改革创新景区门票预约制度，对景区实行最大承载量控制。

（四）提升旅游标准化水平

组建全市旅游标准化技术委员会，对照国际先进城市标准，进一步完善全市旅游标准体系，提升标准水平。建立国家级旅游标准化推广基地。打造省级旅游标准化信息服务平台。创新旅游公共服务体制。完善市内重点交通节点、加油站点和道路服务区的旅游服务功能。健全旅游交通引导标志系统。探索“政府引导、企业主体、社会参与、市场运行”的“旅游厕所革命”建管模式。制定旅游景区开放标准，建立景区备案机制，健全A级景区淘汰退出机制。制定旅游饭店、“农家乐”服务标准，创新社会监督形式，推进旅游饭店规范经营，加强对“农家乐”的服务质量监管，提高乡村休闲游品质。新建一批汽车露营地。以东西湖区为试点，打造“武汉现代都市农业旅游创新示范区”。按照国家级旅游度假区标准，打造黄陂木兰湖、蔡甸后官湖湿地公园、江夏梁子湖旅游度假区；按照省级旅游度假区标准，打造新洲道观河旅游度假区。

（五）建立旅游资源交易平台

对接武汉市民之家公共资源交易平台，建设“武汉旅游资源交易平台”，开展旅游实物资产交易、旅游产品发布、旅游项目信息发布等服务。

（六）完善旅游产业用地政策

针对武汉旅游业态用地特点，以黄陂区为试点，完善旅游业发展用地政策，支持旅游项目开发、旅游服务设施建设。

（七）健全旅游金融服务体系

支持具备条件的民间资本发起旅游基金，参股金融机构。鼓励保险机构创新保险产品，健全覆盖全行业的旅游统保制度，将旅游保险产品延伸到旅游产品开发、旅游商品研发、旅游企业经营活动、旅游重点项目建设、旅游支付卡、旅游基础设施建设之中。构建多元化投资主体参与、多类型经营形式并存的融资担保体系。

（八）提升旅游智能化水平

以服务游客为出发点，以资源共享为核心，整合智慧旅游服务平台、行业管理平台、旅游监控平台、咨询和投诉平台、移动端智能导览服务平台、旅游电子商务应用平台，建设武汉旅游云。支持企业开展智慧旅游示范建设。开通面向外地散客的智能畅游卡，推行集旅游功能的武汉市民“一卡通”。打造“智慧景区、智慧饭店、智慧旅行社、智慧导游、智慧交通、虚拟体验”六位一体的便捷服务、高效管理、舒适畅游的旅游智能化体系。按照做大做强“云端武汉”平台的总体要求，深度整合旅游信息化资源，并统一到“云端武汉”平台。

（九）提升旅游国际化水平

制订武汉国际旅游形象宣传计划，建立多语种的武汉旅游宣传推广网站，依托驻外使领馆、商会、同乡会馆、知名企业境外分支机构设立武汉旅游海外推广中心和旅游形象店，强化“大江大湖大武汉”国际旅游形象宣传。对于取得境外投资资质的项目，给予武汉市“走出去”优惠政策支持。充分发挥武汉天河国际机场功能，开拓国际旅游线路。对接“一带一路”和长江经济带国家发展战略，加强与沿线节点城市的旅游合作，加强客源互送，构建务实高效、互惠互利的区域旅游合作体，联合打造国际旅游精品。

（十）优化旅游法治环境

贯彻落实《中华人民共和国旅游法》《湖北省旅游条例》《武汉市旅游条例》，制定文明旅游奖励、不文明旅游惩戒制度，建立违法旅游企业及从业人员“黑名单”、不良信息公告制度，维护旅游者和旅游经营者的合法权益，强化旅游安全应急管理，规范旅游市场秩序，大力提升游客满意度。

四、保障措施

（一）加强组织领导

成立由市人民政府分管领导同志担任组长的市国家级旅游业改革创新先行区工作领导小组，负责统筹推进改革创新先行区试点各项工作。领导小组下设办公室，在市旅游局办公。

（二）加强政策扶持

抓紧研究新形势下支持旅游业发展的体制机制和土地利用、投资融资、财政扶持等相关政策，探索建立规范成熟的旅游业发展政策体系。

（三）加强投入保障

充分发挥财政资金的引领和放大作用，优化调整旅游发展专项资金的投资方向和结构。设立旅游产业发展引导基金，重点支持重大旅游项目建设，旅游资源开发、旅游服务设施建设以及武汉特色旅游商品的研发与推广等，为旅游业改革创新先行区提供有力支撑。

（四）加强宣传推广

建立旅游业改革创新先行区宣传平台，发挥各类主流媒体的导向作用，宣传旅游改革试点的好经验、好做法，营造推进旅游业改革创新先行区工作的舆论氛围与社会环境。

中国共产党保定市委员会

〔2016〕—26

中共保定市委

保定市人民政府

国家旅游局：

保定市委市政府已研究通过《保定市旅游业改革创新先行区实施方案》，现呈报国家旅游局。

中共保定市委　　保定市人民政府

2016年7月12日

保定市旅游业改革创新先行区实施方案

2015年12月，国家旅游局正式批复保定市为首批国家级旅游业改革创新先行区。为做好相关工作，根据国家旅游局《旅游业改革创新先行区工作方案》部署要求，特制订本方案。

一、指导思想

全面贯彻党的十八大精神，落实《国务院关于促进旅游业改革发展的若干意见》，树立“创新、协调、绿色、开放、共享”的发展理念，立足京津冀“中部核心功能区”定位，围绕建设“创新驱动发展示范区和京津保区域中心城市”的目标，着力推动京津保地区率先联动发展，着力推动旅游产业化，着力推动乡村旅游与扶贫攻坚、现代农业、美丽乡村、山区开发协调发展，着力推动旅游公共服务体系建设，着力推动旅游体制机制改革，努力实现由旅游资源大市向旅游强市跨越，打造全域旅游、全业旅游、全时旅游、全员旅游的升级版。

二、基本原则

一是坚持协同发展。坚持京津保率先协同发展，主动服务北京非首都功能疏解和京津产业转移，构建运转高效的区域旅游协作机制，在与京津共赢发展中增强实力、缩小差距，共同构建现代化新型都市圈。

二是坚持创新发展。从创新发展方式、体制机制和旅游服务三大方面着手，加快推进旅游由观光为主向观光、休闲、度假并重转变，由景区建设为主向全域旅游转变，由单一部门行业管理为主向多部门协调共建转变，逐步完善旅游公共服务体系，实现速度、结构、质量、效益相统一。

三是坚持融合发展。做新阶段“旅游+”与“互联网+”的领跑者，加强旅游与新型城镇化、农业现代化、信息化等共同推进，加快旅游与交通、餐饮、住宿等联动优化，加强旅游与文化、商贸、体育、养老、装备制造等多产业融合，推动大旅游发展。

四是坚持精品化发展。集中力量打造发展龙头，建设一批旅游精品景区和精品线路，培育优势旅游目的地、优势旅游产品和优势旅游企业，通过精品带动产业整合与聚集发展，提高全市旅游业核心竞争力。

五是坚持绿色发展。加强生态建设和环境保护，促进人与自然和谐共生，推动低碳循环发展，强化绿色科技支撑，推进生态节能环保，倡导低碳旅游、文明旅游，让青山常在、绿水长流、蓝天永驻，实现“生态立市”可持续发展。

三、发展目标

旅游经济总量、游客满意度和旅游综合实力大幅提升，产品结构和空间布局更加优化，精品项目与旅游品牌建设成效显著，乡村旅游品质与旅游扶贫效果得到提高，旅游公共服务体系更加完善，机制体制改革取得新成果，到2020年，基本建成首都圈休闲度假基地和中国国际特色旅游目的地，将旅游业打造成为保定市的战略性支柱产业、立市产业和优势产业，实现保定市旅游业综合实力全省第一。

——旅游经济指标大幅增长：到2020年，全市接待国内外游客达到1.5亿人次，旅游总收入突破2000亿元，年均增长15%和25%以上。旅游业对全市GDP的综合贡献达到15%以上。

——产品种类和数量显著增多：到2020年，建成国家5A级景区6家左右，国家4A级景区达到30家，国家全域旅游示范县6个，中国国际旅游目的地、国家级生态旅游示范区各5家，旅游度假区10家以上。

——乡村旅游效益更加明显：到2020年，全市乡村旅游年接待游客达到9000万人次左右；乡村旅游年总收入达到100亿元；通过发展乡村旅游带动100万以上贫困人口脱贫。

——旅游投资与消费进一步扩大：到2020年，全市旅游项目投资累计完成500亿元，亿元以上项目达到60%；城乡居民年人均出游5次左右，旅游消费占居民消费比重达到10%以上；旅游从业人数实现倍增，旅游投资和消费的规模进一步扩大，结构进一步优化。

四、重点工作

（一）深化旅游改革创新，破除体制机制障碍

1.完善市旅游发展委员会。适应旅游综合产业特征，探索“风景、文物、旅游一体”的管理体制，成立由市政府领导任主任的保定市旅游发展委员会。按照“产业促进、资源统筹、发展协调、服务监管”等新职能，完成内设机构的调整和改革，从市政府直属机构升格为市政府组成部门；实行专兼职委员制，将文化、林业、交通等相关部门负责人纳入领导班子，实现管理架构上的重新定位和提升；由原来单一部门的行业管理转为多部门协调的综合管理，构建齐抓共管、共同推动旅游产业发展的综合管理

体制。

2.**改革创新景区管理体制**。推进国有旅游景区所有权、管理权、经营权分离改革，开展“景区管委会+乡村”管理体制改革试点工作，合理划定辖区范围，对周边乡、镇、村、街道、办事处进行托管，履行一级党委政府职能，实现统一规划、统一开发、统一管理和运营；推广“景区管委会+公司”运营机制，按照政企分开、事企剥离、企业化运营的模式，组建成立旅游管理和旅游投资开发公司，以股份制、混合所有制等多种方式的改革为重点，鼓励景区以优势资源和资产引进有实力的战略合作者参与景区开发建设和经营管理。

3.**改革创新旅游投融资**。加快旅游投融资平台建设，建立旅游产业引导股权投资基金，引导和撬动更多社会优势资源和要素投入旅游开发；组建旅游投融资公司，引进和培育发展一批民营、外资和混合所有制的投融资主体。推广运用PPP投融资模式，根据形势发展的需要，安排各级财政预算用于PPP模式推广的专项资金。开展与金融机构的深层实质合作，引入和开发适合我省旅游项目的金融租赁、企业债券等新型金融工具，支持旅游企业采取项目特许权、运营权、景区门票质押担保等方式扩大融资规模。引导信贷资金采取银团贷款、集合信托等方式支持重大旅游项目建设。鼓励风险投资基金、私募股权基金积极参与旅游项目开发建设。

4.**建立旅游综合执法机制**。建立旅游综合执法联动机制，由旅游部门牵头，公安、税务、工商等多部门参与，着力解决权责交叉、多头执法等问题，建立权责统一、权威高效、运转有序的旅游执法体制。借鉴三亚、云南等成熟旅游地经验，设立旅游警察、旅游工商、旅游巡回法庭等专职治理机构，维护旅游市场秩序和旅游治安环境。

5.**建设国家级旅游扶贫试验区**。抓好阜平县国家旅游扶贫试验区建设，以此为基础，扩大试验区范围，推动以古北岳为核心的阜平、唐县、曲阳三大集中连片贫困县共同设立旅游扶贫试验片区。统筹推进天生桥、神仙山、大茂山、虎山等景区与周边乡村开展景村共建旅游扶贫示范点，积极引导乡村旅游与休闲农业发展，促进当地农民脱贫致富，打造国家旅游扶贫示范精品。

6.**建设京南国际旅游自由购物区试点**。针对国人海外抢购热潮，京津冀旅游协同发展研究课题组提出构建“国际旅游自由购物区”的设想，保定要充分利用区位优势、交通优势和初步形成的京南购物基地的产业优势，争取建设试点。国际旅游自由购物区是以免税店和高品质出口商品为核心吸引物，并通过多业态的引入形成集旅游度假、休闲娱乐、康体保健、餐饮购物于一体的新型国家级开发区。一方面通过免税、补贴等形式吸引中国出境游客主要购买的商品品牌入驻，消除同一商品的国内外价差，使中国游客可以不出国门享受到购物的乐趣；另一方面，汇集我国自主品牌的出口型商品，并通过离境退税政策，使国际游客购买到质优价廉的中国商品。同时，国际旅游自由购物区要以当地商贸文化为主题，以休闲娱乐、康体保健为辅助，以高档酒店、特色餐饮为配套，打造全方位的舒适购物环境，形成旅游购物全产业链闭环，拉动当地经济发展。

（二）顶层设计，科学统筹发展

7.**强化对旅游资源的管控**。强化政府的科学统筹，提高资源利用效率。旅游景区坚持先规划、后建设，不规划、不建设，体现规划的刚性。各县（市、区）、开发区的旅游总体规划、4A级以上景区（含创建）的控制性规划要报市政府审批，从规划上加强对旅游资源的源头管控。对列入规划的旅游资源要实现县级或市级管控，杜绝无序开发和低水平建设。

8.**大力发展全域旅游**。适应大众化、产业化、国际化、社会化的旅游发展新常态，推进全域、全业、全时、全员旅游，建设宜居、宜业、宜游城市。在城镇和景区方面，用“景城一体化”的思路，大力推动旅游综合体建设；在全业态方面，用“旅游+”的思维，大力推动旅游+一产、二产、三产，多业兼容发展；在乡村旅游方面，加强绿道建设和“山水林田湖”的生态修复，全域旅游公共服务体系纳入规划建设。到2017年，易县、安新、涞水、阜平、博野5个县争创“国家全域旅游示范区”取得成功。

9.**积极发展休闲度假旅游**。重点围绕野三坡、白石山、天生桥、狼牙山、古北岳等山地生态资源，白洋淀、温泉城、拒马河、易水湖等湿地生态资源，三星级以上星级宾馆、金牌农家院、乡村旅游示范村等休闲资源，大力开发山地、温泉、滑雪、养生、航空、娱乐、采摘和农事体验等休闲度假旅游产品，满足多层次多样化休闲度假需求。到2017年形成一批差异化的休闲度假精品和国民度假旅游目的地，涞水野三坡、安新白洋淀、易县易水湖争创“国家旅游度假区”。

（三）区域协同，旅游大格局发展

10.**抓好京津保协作重点项目**。突出重点，先行先试，抓好保定市与房山区交流合作，推进房山世界地质公园一体化进程。抓好保定与昌平旅游线路合作，推出清西陵与十三陵，紫荆关、倒马关与居庸关两条旅游线路，为北京过境72小时游客免签开创新的旅游目的地。借助首都二机场、保津高铁和白固轻轨的建设机遇，推进白沟、白洋淀与京津旅游市场联合营销。协同房山、涿州、涞水、涞源、易县、高碑店、定兴、白沟新城、容城、雄县、安新等县（市、区）、开发区，对拒马河流域生态资源进行统筹规划，打造数百里的拒马河文化休闲健身旅游走廊，建设多个自驾车房车营地、旅游综合体和环首都国家公园，建设京津保生态屏障，力争纳入国家战略。

11.**推进重点旅游板块建设**。大力推动建设“一核三区一带”的旅游集群格局。以直隶总督署、低碳公园、满城汉墓、秀兰山庄、冉庄地道战为龙头的古城文化休闲旅游聚集区建设；以野三坡、白石山、清西陵、易水湖、狼牙山为龙头的“涞易涞”山地避暑休闲旅游聚集区建设；以温泉城、白沟和道国际箱包城、白洋淀、容城休闲区为龙头的白洋淀白沟湿地温泉购物休闲旅游聚集区建设；以天生桥、云花溪谷、城南庄、神仙山、北岳庙、虎山、佛光寺、大茂山为龙头的古北岳历史文化休闲旅游聚集区建设；以高碑店奥润顺达国际门窗城、徐水巨力刘伶醉、清苑古城香业、安国中药都为龙头的文化和特种旅游观光休闲游憩带建设。

12.**拓展城乡互动旅游**。保定市区、涞水、易县、涞源、安新、白沟新城等旅游城镇要发展休闲街区、城市绿道、骑行公园、慢行系统，周边乡村要重点发展农业体验、民俗文化、餐饮购物等特色休闲项目，拓展城乡休闲旅游空间，协调推进城乡休闲旅游发展，建设环城休闲旅游产业带。到2017年建设一批集观光、休闲、度假、养生、购物等功能于一体的全国特色旅游城镇和特色景观旅游名镇。〔责任单位：市旅游局、市林业局，有关县（市、区）、开发区〕

（四）多产兼容，全业“旅游+”发展

13.**大力发展工农业旅游**。着力推进市区低碳公园、高碑店奥润顺达、徐水巨力刘伶醉、古城香业、望都蒙牛等工业旅游景点、博物馆和主题公园建设，抓好保定农业生态园、易县林业采摘园、雄县化强农业生态园、博野沙窝千年古梨园、定兴昌利农业旅游示范园等园区建设。到2017年形成一批高端、特色的国家级工农业旅游示范点。

14.**加快特色旅游商品和购物场所建设**。重点做好白沟箱包、高阳纺织、曲阳石雕、安国中药等国家级旅游购物基地建设，着力推动白沟成为京津冀精品旅游线路的重要节点和国家级旅游购物自贸区。扶持旅游商品的创意开发，培育一批旅游商品研发、生产、销售龙头企业，加大对老字号商品、民俗旅游商品、保定特色旅游商品的宣传推广力度，办好一年一度的“保定旅游商品博览会”和“保定旅游商品大赛”，叫响保定“直隶八珍”品牌。

15.**做好中老年旅游产品开发**。以医疗健身、养生养老为主，加大中老年旅游产品开发力度，加大对乡村旅游、养老旅游项目的支持。到2017年，安国中医药养生项目、白洋淀温泉健身养生项目、涞源生态养老等项目要全面启动，安国市要争创“国家中医药健康旅游试点城市”，秀兰山庄、天鹅湖等生态休闲养老项目要形成旅游接待能力，易县、涞水、涞源、唐县、满城等乡村养老项目要形成规模，在京津产生市场影响力。

16.**推进文化与旅游的融合**。各地依托自然和文化遗产、红色旅游景区、森林公园、地质公园、品牌企业、博物馆、大型农场庄园开展研学旅行活动，建设清西陵、白石山、白洋淀、天生桥、狼牙山等一批研学旅行基地。重点推进清西陵清文化展示、满城汉文化体验、古北岳恒山旅游综合体开发、直隶总督署、古莲花池、北岳庙、唐尧文化园、佛光寺、腰山王氏庄园等特色突出、吸引力强的文旅融合项目建设。突出保定市抗战历史文化优势，力推狼牙山、城南庄、白柯馆、白洋淀、冉庄地道战等国家级红色经典旅游景区的上档升级，叫响“敌后抗战看华北，华北抗战看保定”的红色品牌。

（五）完善要素设施，景城一体化发展

17.**大力优化交通环境**。全力畅通重点景区与主干道的连接，2017年前，所有4A级以上旅游景区要全部解决最后一公里交通问题，3A级以上旅游景区和重点乡村旅游项目也要在可进入性上全面达标。通往景区旅游交通标志牌纳入道路交通标志范围，统一制作，规范设置。完善中心城市至野三坡、白洋淀、白石山、狼牙山、清西陵、汉墓、白沟箱包城、天生桥等景区的车辆运营模式，实现所有4A级以上景区通旅游专线的目标。

18.**抓好绿道体系建设**。在西部山区、拒马河两岸、唐河两岸、白洋淀周边等重点区域，注重生态环境的保护和修复，以景区和旅游综合体为点，建设好风景车道、自行车绿道和人行步道，串联驿站、旅游咨询点、停车场等服务设施和特色景点，做到1小时行程内有旅游厕所，2小时行程内有服务区，3小时行程内有旅游综合体。

到2017年，争取推出沿拒马河、唐河，环白洋淀、易水湖、龙门湖生态绿道线路，建设完成3~5个自驾车和房车营地示范项目。

19.**全力推进“厕所革命”**。所有重点旅游景区、重要旅游街区、旅游线路节点的旅游厕所要达到“数量充足、干净无味、实用免费、管理有效”的总目标，力争做到以商养厕，“建、管、养”一体化。大力发展乡村旅游厕所开放联盟，鼓励旅游业主向社会开放厕所，指导建立管理组织，制定统一标准、标识，鼓励企业认养开放联盟厕所，为开放户提供各类形式的补偿，建立政府有鼓励、企业有帮扶、业主有奉献的社会资源共享机制。

20.**抓好旅游综合体建设**。完善旅游服务功能和经营性配套，满足游客的多层次需求，市区和重点旅游县（市、区）、开发区都要建成1~2个大型游客集散咨询服务中心。涞水、涞源、易县、安新、白沟新城等重点旅游城镇要学习借鉴湖北恩施女儿城和山东台儿庄，保定市区要学习借鉴成都宽窄巷子、深圳华侨城等旅游综合体的发展思路，大手笔规划，高标准投入，大力度建设，形成规模和品牌效应，建设历史文化街区、商业休闲街区、城市广场等大型旅游综合体。积极引进高端旅游集团，突出抓好东、西大街明清商业街区，大汲店古村落，龙泉关等重点项目建设，发挥示范引领作用。

（六）培育龙头，高端品牌发展

21.**打造震撼性核心产品**。野三坡、白洋淀、白石山、清西陵、狼牙山、满城汉墓、天生桥等景区，易水湖、温泉城、白沟箱包城等新业态项目，要深度整合旅游资源，积极引进战略投资，瞄准景观质量的唯一性和独特性，与时俱进高端品牌打造，注重文化符号，注重规模质量，注重独有特色，注重核心产品的震撼力。2017年，保定旅游产品要在全国叫响品牌。

22.**抓好景区提档升级和精品景区创建**。继续完善景区停车场、步游路、游客中心、

标识标牌、垃圾箱、购物场所、供水供电、污水处理厂、垃圾处理厂、信息网络通信等配套设施建设，硬件建设始终走在全省旅游景区的前列。野三坡要成为中国旅游景区标杆，向世界级品牌迈进。白洋淀继续下大力整改提升，实现脱胎换骨的变化，成为5A级精品景区。2017年，清西陵和白石山要完成5A创建；满城汉墓、狼牙山、天生桥要完成5A景区景观质量评定；易水湖、云花溪谷、唐县古北岳森林公园、白沟和道国际箱包城、奥润顺达国际门窗城、巨力集团刘伶醉景区、佛光寺、秀兰山庄8家景区要完成4A级景区创建。

23.**提升景区管理服务水平**。白洋淀、清西陵、狼牙山、满城汉墓、天生桥和8个拟创建4A级景区要适应高端品牌发展的需要，鼓励发展专业旅游经营机构，引入专业的景区运营管理团队，提升旅游企业管理能力、运营能力和营销能力。景区管委会主要负责人要有眼界、懂经营、会管理、善创新。景区管理人员和讲解员要科学设置岗位，明确岗位职责，明晰管理制度，通过走出去、请进来，促进景区精细化、人性化、标准化管理。

（七）与时俱进，“互联网+”发展

24.**推进智慧景区建设**。所有4A级以上景区都要利用新媒体、新技术，打造智能化程度高、游客便捷性好的智慧景区，搭建游客监管、景区营销、智能化办公及行业管理平台。到2017年，所有4A级以上景区和智慧乡村旅游试点全部实现免费Wi-Fi，智能导游、电子讲解、在线预订、信息推送、门禁系统、智慧监控等功能全覆盖，在全市打造20家智慧景区和智慧旅游乡村。

25.**搭建智慧旅游城市平台**。与腾讯微旅、软通动力、河北康旅等单位合作，进入智慧旅游的高速公路。建立保定旅游网络中心，建设智慧管理、智慧营销、智慧服务等三大板块，重点做好旅游协同办公、移动执法、应急指挥、监察管理、电子交易结算、投融资洽谈、营销宣传、集群服务、终端应用、多媒体信息发布、旅游服务、交通服务等12个子系统，建立集电子监控、网上预订、网上支付、手机检票、信息查询等为一体的信息服务系统，以智慧化促进旅游产业整体发展。

（八）品牌营销，强市名市发展

26.**做大营销平台**。把旅游宣传营销纳入全市对外宣传推广计划，建立由宣传、外事、文化、旅游、商务、广播、电视、报刊等部门共同组成的宣传平台和联合促销机制，加强旅游品牌推介。以大型旅行社联盟为核心，拓展跨区域合作，国内市场以京、津、冀、晋、内蒙古、辽、鲁、豫为重点，国际市场以港、澳、台、日、韩、俄为重点，在以上客源市场设立分支机构，有针对性地制定营销策略，提高市场营销精准度。以河北康旅集团、河北报业旅游联盟、保定金牌旅游联盟等企业为营销平台，发挥省内外强大的影响力，实施一站式综合推广营销。建立个性化的营销体系，提升保定旅游的知名度和美誉度。

27.**实施引爆营销**。灵活运用传统媒体和网络媒体等新媒体，实现京、津、保三地旅游联合，省、市、县三级打捆引爆营销，政府主导、企业联手、全媒体跟进“三位一体”引爆营销。将动态报道和深度报道相结合、整体营销和引爆营销相结合、精准营销和口碑营销相结合，政府营销和旅游联盟营销相结合，大型活动和重要事件营销相结合，重点开展“京畿胜境 醉美保定”旅游形象宣传和“跟着老电影去旅行”“两白一山一城”、北太行三条精品旅游线路推介，2017年叫响“保定旅游进入品牌时代”。

28.**策划大型活动**。将节庆活动作为旅游营销的重要内容，突出鲜明主题、地方特色，在创意策划、文化内涵、主题形象、宣传效果上做到创新和突破。重点办好“野三坡开山节”“白洋淀荷花节”“狼牙山山花节”“顺平桃花节”“博野梨花节”“白沟箱包服装节”等十几个旅游节庆活动，重点培育“中国·保定旅游美食节”“保定旅游商品博览会”“中国·保定空竹节”等品牌活动。

（九）精准扶贫，旅游产业化发展

29.**大力发展乡村旅游与休闲农业**。把乡村旅游与新型城镇化建设、农村面貌改造提升、“美丽乡村”建设、旅游精准扶贫等工作相结合，重点抓好全市10个乡村旅游休闲农业示范县、50个乡村旅游休闲农业示范村（点）、200个“金牌农家乐”示范点的乡村旅游工程。安新、满城区、莲池区、竞秀区、涞水、涞源、易县、阜平、唐县、博野等10个乡村旅游条件较成熟的县（市、区），加快王家寨、赵庄子、南水峪等50个重点乡村旅游示范村发展，全面提升乡村旅游的质量和服务水平，实现“一乡一品牌、一村一特色”。鼓励引导返乡农民工、大学毕业生、专业技术人员通过开展乡村旅游自主创业，实现社会效益和经济效益双赢，易县要争创首批“全国乡村旅游创客示范基地”。

30.**抓好阜平旅游扶贫试验区建设**。将旅游与扶贫攻坚相结合，大力发展第六产业，用项目和产业实现精准扶贫，探索和形成以财政直补、股份参与等方式支持旅游开发，实现山区贫困农民的可持续增收，以旅游带动阜平全面脱贫致富，形成有特色、可借鉴、可复制的旅游扶贫新模式。（责任单位：市旅游局、市扶贫办、市林业局、市农业局以及9个重点扶贫县）

31.**抓好旅游精准扶贫**。西部8个山区县要将旅游作为兴县富民和精准扶贫的支柱产业或主导产业实现率先突破，依托龙头景区，“旅游+”种植、养殖、采摘，推进公司化运营，突出生态特色，开发形式多样、特色鲜明的乡村旅游产品，推动休闲农业园区和特色产业基地建设，以“金牌农家乐”的规模化、品牌化发展实现点对点精准扶贫，以旅游产业化带动农民脱贫致富。

（十）依法行政，旅游法治化发展

32.**依法治旅，依法兴旅**。出台《保定市旅游发展促进条例》，发挥各县（市、区）、开发区旅游执法主体作用，强化依法治旅、依法兴旅。在旅游资源保护、开发上提高综合运用各类鼓励政策的能力，确保经济、环境、社会效益的高度统一；在行业管理上，突出旅行社、导游员（讲解员）的等级化管理，突出A级景区、星级宾馆的动态管理和退出机制，加强旅游执法队伍建设，大力整治旅游市场秩序，严厉打击黑车、黑船、黑社等诱导、欺骗、强迫游客消费行为；引导游客文明消费，进一步落实游客不文明行为记录制度，建立游客旅游不文明行为档案并曝光；健全旅游投诉处理和服务质量监督机制，实现旅游市场有序运行。

33.**强化旅游安全**。落实旅游安全属地管理，强化政府监管责任和企业主体责任，加强安全培训，制定安全预案，做到游前有提示、游中有警示、意外有救援、全程有保险。完善景区最大承载量管理，建立健全客流应对处置机制和安全预警信息发布制度。强化对重点领域和环节的监管，做好对大型旅游节庆活动的安全管理，加强山体滑坡、旅游索道、旅游用车、餐饮食品、酒店消防等方面的联合检查，确保游客安全。

五、保障措施

（一）加强组织领导

建立健全旅游发展委员会职能，探索部门由全面配合到直接参与管理的新模式，提高旅游产业综合管理水平。各县（市、区）、开发区一把手要加强对旅游产业的统筹，把旅游确定为各县（市、区）、开发区强市兴县富民的主导产业或支柱产业优先发展，以全域、全业、全年、全员发展旅游的理念，推进大旅游建设，在体制、机制、政策、编制、资金上予以倾斜，强力推进。

（二）加大财政金融支持

积极争取国家、省各类专项资金，支持旅游产业发展。加大财政金融投入力度，市旅游专项资金要在2015年2000万元预算的基础上，根据实际需要逐年增加。允许旅行社参加政府采购和服务外包。支持旅游企业在主板、中小板、创业板、新三板及区域股权交易市场上市融资，对成熟期项目，鼓励推行资本运作，上市扩张，实现规模化、市场化、品牌化、国际化运营。

（三）保护生态环境

树立发展和生态保护相统一的理念、绿水青山就是金山银山的理念、山水林田湖是一个生命共同体的理念。重点旅游区域要守住生态环境保护的底线，西部太行山区、拒马河流域、唐河流域、白洋淀湿地等重要区域，对矿山、工业等项目要严格控制，严禁污染环境和破坏环境的项目开发。重点景区的旅游规划要把生态环境的保护列为规划的重中之重，充分考虑资源、环境、生态的承载容量，适度开发，景区内做减法，景区外做加法，生态环境保护与旅游开发同步进行。

（四）加大土地政策倾斜

改革完善旅游用地管理制度，推动土地差别化管理与引导旅游供给结构调整相结合。编制和调整土地利用总体规划、城乡规划时，要充分考虑相关旅游项目、设施的空间布局和建设用地要求。各级年度土地供应要适当增加旅游业发展用地，公益性旅游配套设施可按划拨方式供地。林地、湿地和山地兴办旅游项目可通过承包、租赁等形式取得使用权或经营权。鼓励农村集体经营性建设用地以入股、联营方式与其他企业、个人共同开办旅游企业，修建旅游设施，需改变土地用途的，依法办理用地审批手续。

（五）加强旅游人才队伍建设

在新一轮政府机构改革中，要落实《旅游法》的主体责任，顺应“旅游+”黄金时代的到来，加强旅游部门，增加编制，明确职能职责，增加和设立专项资金，加强队伍建设，加大旅游引才引智力度，培育旅游职业经理人市场，培养引进旅游高层次管理人才、专业技术人才及紧缺型人才。充分发挥旅游教育培训基地的作用，积极做好对景区、旅行社、星级饭店等从业人员的培训，做好一年一度的星级饭店服务技能大赛和导游员（讲解员）技能大赛，提高旅游从业人员整体素质。

（六）加大考核督导力度

建立科学的考核督查体系，实行季督查、年考核，把旅游重点工作列入县（市、区）、开发区年度重点工作考核范畴，市政府督查室、市旅游局要加强对旅游工作的督导，定期通报重点工作进度，推进工作落实。

呼伦贝尔市人民政府

呼政字〔2016〕162号

呼伦贝尔市人民政府
关于报送《呼伦贝尔市国家级旅游业改革创新先行区实施方案》的函

自治区旅游局：

按照《国家旅游局关于公布首批国家级旅游业改革创新先行区的通知》（旅发〔2015〕270号）要求，我市编制了《呼伦贝尔市国家级旅游业改革创新先行区实施方案》，现随文呈报，请审阅。

呼伦贝尔市人民政府

2016年6月30日

呼伦贝尔市国家级旅游业改革创新先行区实施方案

按照《国家旅游局关于公布首批国家级旅游业改革创新先行区的通知》（旅发〔2015〕270号，以下简称《通知》）的要求，为全面推动呼伦贝尔市旅游业改革创新发展，制订本实施方案。

一、总体要求

（一）指导思想

以党的十八大和十八届三中、四中、五中全会精神为指导，深入贯彻落实习近平总书记系列重要讲话和考察内蒙古时重要讲话精神，全面贯彻落实自治区“8337”发展战略，以深化改革为引领，以体制机制创新为主线，破解制约旅游业发展的深层次矛盾，构建与旅游业综合性产业特征相适应的体制机制，加快推进旅游业的转型升级、提质增效和供给侧结构性改革，把旅游业确定为战略性支柱产业和结构调整的主攻方向，培育成经济新常态下的优势产业、稳疆固边的动力产业、促进生态文明建设的先导产业、惠民富民的民生产业。

（二）主要目标

以改革为手段，围绕体制机制创新，构建全域旅游的发展格局，促进旅游业的持续健康发展。到2020年，全市接待国内外游客达到2400万人次，旅游业总收入超过1000亿元；旅游业增加值占全市GDP的比重达到8%，占服务业增加值的比重达到30%。率先在自治区建成旅游综合服务体系完善、旅游市场秩序规范、旅游服务便利、旅游发展环境优良的国际性、原生态、多民俗旅游胜地。

（三）基本原则

——坚持党政主导。突出各级党委、政府在旅游改革创新发展中的主导地位，构建党委政府主要领导下的组织机构和保障体系，打破各种观念和体制的束缚，培育、优化旅游业科学发展的体制机制，为旅游业改革创新发展搭建有效的制度平台。

——坚持市场主体。充分发挥市场在资源配置中的决定性作用，优化多元市场主体参与旅游投资经营的政策环境，激发旅游市场主体的创业创新活力，推动旅游企业集团化、品牌化、专业化发展，提高各类旅游企业的竞争力。

——坚持问题导向。围绕制约全市旅游业发展的核心问题和关键瓶颈，积极发挥地域优势，利用民族地区、边境地区等多重国家战略叠加的独特性，以重点环节和关键领域的突破为抓手，集中解决束缚全市旅游快速发展的关键问题。

——坚持统筹协调。强化顶层设计，采用系统化思维，突出旅游业在全市社会经济发展中的关联带动作用，将旅游业地位纳入到全市全面建设小康社会的战略体系中。进一步强化旅游业协调管理效率，理顺涉旅部门职责，形成旅游业发展的合力。

——坚持分类指导。不断、深化和细化改革创新的具体任务和措施，形成面向不同主体的任务分解方案和部门分工体系，遵循纵向协调、横向统筹的思路，按照既定时间表和路线图，有序推进和落实全市旅游业改革创新发展的各项任务和措施。

二、主要任务

按《通知》要求，共明确五项规定改革任务，一项商定改革任务，两项自选改革任务。

（一）改革创新旅游产业发展定位

强化与提升旅游业作为呼伦贝尔战略性支柱产业和产业结构调整先导产业的定位，在政策、资金、项目、人才等方面向旅游业倾斜，推动呼伦贝尔市的全域旅游发展。

1.每年选择一个旗市区召开高规格的全市旅游产业发展大会，通过整合项目、资金等资源，大力支持和帮助大会举办地旅游业的加快发展。支持和选择满洲里市、额尔古纳市、根河等旅游基础较好、旅游业所占比重高的旗市区创建国家全域旅游示范区。（牵头单位：市旅游局；配合单位：各旗市区政府）

2.将旅游业发展指标纳入市委组织部门对市直部门、旗市区党政主要领导的业绩考核，加大重点单位旅游业考核指标权重。（牵头单位：市委组织部；配合单位：市旅游局）

3.市委理论学习中心组每年安排一次旅游专题讲座；加强对各旗市区和涉旅相关部门主要领导旅游业务知识培训。（牵头单位：市委组织部；配合单位：市旅游局）

4.推动地方性法规建设，重点就旅游业与城乡建设管理、环境保护、历史文化保护等方面的协调事项进行规定，对不与上位法冲突的旅游发展问题做出规定。（牵头单位：市政府法制办；配合单位：市旅游局、市住建委、市环保局、市文新广局）

（二）改革创新旅游综合管理体制

适应旅游业综合性产业的特征，建立“综合产业综合抓”的旅游综合管理体制，形成旅游业发展的合力。

5.成立由市委书记或市长任组长，各涉旅部门负责人作为成员、旅游部门负责人担任办公室主任的旅游产业领导小组。领导小组每年召开两次会议，研究和部署旅游部门提议的全年旅游产业发展的重要工作。（牵头单位：市旅游局）

6.设立呼伦贝尔市旅游发展委员会，并纳入市政府组成部门，负责全市旅游发展的组织协调和管理。强化旅游部门在全市旅游规划、政策制定、旅游项目开发、旅游基础设施建设、旅游市场监管等方面的统筹协调职能。将涉旅部门副职作为旅游发展委员会兼职委员，市委组织部对兼职委员工作业绩实现所在单位和旅游部门的“双考核”制度。（牵头单位：市编办、市委组织部）

7.建立旅游改革创新沟通机制。旅游部门每个季度牵头召开一次会议，定期沟通信息，协调各相关部门涉旅资金使用、旅游市场综合监管、旅游形象宣传推广等事务。各相关部门在工作层面明确涉旅工作的工作人员，推动执行议定的旅游改革创新的举措。（牵头单位：市旅游局）

8.积极推动建立呼伦贝尔市与森工集团、农垦集团、满洲里市的旅游业发展协调机制。由呼伦贝尔市政府与自治区旅游局联合向自治区政府申请实行呼伦贝尔旅游改革发展联席会议制度。由自治区政府分管领导和副秘书长做协调人，协调涉及呼伦贝尔市域范围内的旅游发展重大事项。（牵头单位：市旅游局，配合单位：森工集团、农垦集团、满洲里市政府）

（三）改革创新旅游业发展引导机制

加强对旅游产业发展指导和引导的力度，加强各部门的协调，推动实现呼伦贝尔旅游业持续健康发展。

9.加大对旅游业发展的资金支持力度。从2016年起，增加市旅游发展专项资金基数达到1亿元，“十三五”期间，按照年均不低于10%的速度，增加专项基金额度。各旗市区人民政府也要根据自身经济发展状况，设立旅游发展专项资金。发改、住建、国土、交通、农牧业、水利、林业、环保、人社、体育、扶贫、口岸、科技、文化、民委等部门的开发建设资金要向旅游领域倾斜，保证每年有相关资金用于与旅游相关领域的发展，并与旅游部门共同商定涉旅资金的使用。（牵头单位：市财政局，配合单位：各相关部门）

10.建立健全市、旗（市、区）两级旅游专项资金使用绩效评价机制，根据年度绩效评估结果适当调整财政支持旅游业的资金结构和政策，切实提高财政资金使用效率。（牵头单位：市财政局）

11.制定切合实际的旅游奖励和补贴政策。加强对旅游企业的奖励力度，实现优惠政策常态化。大力发展旅游包机，积极发展旅游专列，充分调动旅行社积极性开展旅游包机业务和增加旅游专列。联合相关旅游企业，通过旅游消费券等方式多对冬季到呼伦贝尔的游客予以奖励。探索与外地组团社建立夏季和冬季与组团游客数量挂钩的激励政策。（牵头单位：市旅游局）

12.加强对旅游项目建设的统筹。加强《呼伦贝尔市旅游发展总体规划》对市域范围内旅游资源开发的约束与执行力度，坚决禁止无序开发和低水平开发。市级旅游部门每年发布市级支持项目目录，发改、国土、建设、金融、财税依此目录作为行使职能和配置资源的依据。凡涉及旅游项目目录内的旅游项目开发需履行相关建设手续时，由旅游部门依据旅游规划在发改部门立项前签署项目审核意见，在征得旅游部门同意后，相关部门方可办理开发手续。（牵头单位：市发改委、旅游局）

13.加强对旅游景区景点开放的统筹。按照《旅游法》第四十二条景区开放条件的要求，旅游部门负责对市域范围内所有收费的景区景点进行开放条件核准。对不符合开放条件的景区景点，旅游部门要会同相关部门对其关闭，并责令停业整顿直至符合开放条件。（牵头单位：市旅游局）

14.加强旅游标准化的引导。将旅游标准化作为提升呼伦贝尔市旅游服务水平的重要措施。建立旅游标准化体系，积极申请国家及自治区旅游标准化试点。根据草原旅游发展的需要，制定和实施地方旅游标准。依据标准对不同旅游产品进行分等定级。（牵头单位：市旅游局、市场监督管理局）

15.加强对重点旅游产品建设的引导。鼓励和支持旅游产品和旅游项目创新。创新那达慕大会的举办机制，举办冬夏两季那达慕大会。实施呼伦贝尔旅游文化提升工程，挖掘产业要素各个环节的文化内涵，开展“非遗”进景区、进饭店、进蒙古包等工作。建立利益和谐的草原旅游发展机制，开展“千家万户牧户游”活动。积极发展体育旅游，争取大型体育赛事活动落户呼伦贝尔，并围绕体育赛事，开展形式多样的民间体育旅游活动。深入挖掘地方民族文化，丰富民族文化演艺产品，在主要旅游集散城市形成一旗一市一区一特色。加快自驾车营地建设，大力开发休闲度假旅游产品，积极发展老年旅游、研学旅游及中医药健康旅游等新型旅游产品。培育一批旅游商品研发、生产、销售龙头企业，加大对民族旅游商品的宣传力度。积极支持有条件的地方创建国家级旅游度假区、国家级生态旅游区、特色旅游景观名镇名村等国家级旅游品牌。积极争取将根河市、陈巴尔虎旗纳入国家公园试点。（牵头单位：市旅游局；配合单位：市文新广局、体育局；民政局、卫计委，根河市、陈旗政府）

（四）改革创新旅游公共服务体制

以人为本，创新旅游公共服务产品和服务供给模式，全面提升旅游公共服务满意度水平。

16.建立统筹考虑游客旅游需求和市民生产生活需求的旅游公共服务设施建设机制。在城市规划和建设中，充分考虑游客需求和旅游公共服务设施增长的需要。交通部门要加大旅游热点区域旅游基础设施的建设力度，提高重点旅游景区的道路通达性，开通旅游客运公交专线。（牵头单位：市住建委、规划局、交通运输局）

17.合理布局建设旅游集散中心和旅游服务中心，在海拉尔区建设市级旅游集散中心，支持各旗市区建设区域性旅游集散中心，为散客提供“一站式”综合服务。各旗市区政府在机场、车站、码头、景区等游客集中的地方设立旅游咨询服务中心，免费为游客提供与旅游相关的各类信息，并受理游客投诉。（牵头单位：市旅游局；配合单位：民航机场公司、海拉尔车务段、各旗市区政府）

18.加快呼伦贝尔市旅游景观大道沿线标识牌建设，将重要旅游景区、旅游重点项目及通往乡村旅游点的道路标识系统纳入各级公路网建设规划中。高速公路、高等级公路上设置规范的旅游景点指示牌，拓展高速公路服务区旅游服务功能。（牵头单位：市交通运输局、旅游局）

19.推进呼伦贝尔市旅游服务驿站建设，形成数量充足、布局合理、功能完善的旅游服务驿站体系。加快A级旅游厕所建设。2017年年末做到全市A级旅游景区水冲式旅游厕所全覆盖，协调交通场站、高速公路加油站、城市商业区、旅游景区周边等游客聚集区和消费场所的厕所进行提档升级，达到数量充足、干净无味、实用免费、管理有效的要求。（牵头单位：市旅游局、交通运输局、住建委）

20.完善自驾车服务和保障体系。建立包括GPS导航系统和公路实景导航系统在内的公共导视系统；加强房车营地、自驾车露营基地的建设和运营，提升加油站、服务站、停车场、食宿、紧急救援、车辆维修、交通指示牌等配套服务品质。（牵头单位：市交通运输局、旅游局）

21.推动智慧旅游建设。加快推进机场、车站、宾馆饭店、景区景点、旅游购物店、主要乡村旅游点等旅游区域的无线网络、3G／4G等网络覆盖，实现4A级景区智能导游、电子讲解、在线预订、信息推送等功能全覆盖。推动旅游电子商务平台建设，大力发展在线旅游，积极推广“线上下单、线下旅游”的线上线下结合模式。在旅游营业场所推行银行信用卡支付结算服务，方便游客消费。推进交通、民航、出入境、公安、旅游等涉旅数据信息共享。（牵头单位：市旅游局；配合单位：市交通运输局、公安局、商务局、民航机场公司）

22.加强旅游安全管理。深入开展旅游交通、消防、食品卫生和设施设备安全隐患治理工作。完善旅游安全服务规范，旅行社、景区要对参与高风险旅游项目的旅游者进行风险提示，旅游从业人员上岗前要进行安全风险防范及应急救助技能培训。（牵头单位：市旅游局、安监局、食药局、市场监督管理局、交通运输局、消防支队）

23.建立健全旅游景区突发事件、高峰期大客流应对处置机制和旅游安全预警信息发布制度。市政府建立旅游事故救援中心，配设专职旅游救援人员，将旅游救援与旅游保险有机结合。加强旅游气象监测网络建设，探索设立针对旅游企业及游客的信息预警平台，提升旅游景区气象灾害防御能力。（牵头单位：市旅游局；配合单位：市气象局、安监局、食药监局、交通运输局、市场监督管理局）

24.创新旅游形象推广机制。由旅游部门牵头，将相关宣传部门和相关旅游企业联合起来，建立旅游形象推广委员会，制订旅游市场营销策划方案，统筹政府和旅游企业的宣传资源和宣传资金，针对客源市场开发的要求，统一开展旅游市场宣传推广，打响呼伦贝尔旅游品牌。（牵头单位：市旅游局）

（五）创新旅游市场监管的体制机制

加强旅游市场监管的统筹，强化各涉旅部门旅游市场监管的职责，营造良好的旅游市场环境。

25.加大对旅游违法违规行为的打击力度。由旅游部门牵头设立统一的旅游投诉管理平台，加强旅游市场监督管理局力量配备，提高旅游市场监督管理局在旅游联合执法中的统筹地位，对涉旅范围内旅游服务质量进行规范管理和监督查处。设立旅游警察，及时处理与旅游相关的违法案件，加大对非法经营旅游业务行为的打击力度。在旅游旺季和游客密集地区建立巡回法庭制度，以简易司法程序及时处理相关纠纷。（牵头单位：市旅游局；配合单位：市公安局、市场监管局、交通运输局、安监局、食药局、编办、中级人民法院）

26.加大旅游行业信用监管力度。加强旅游诚信体系建设，建立旅游经营单位和从业人员诚信等级评定、信用监督、失信惩戒制度，将严重违反制度规定的企业列入“黑名单”。充分发挥旅游服务质量社会监督员和旅游志愿者作用，强化社会监督。（牵头单位：市旅游局、市场监督管理局）

27.推动创新相关监管政策。积极跟踪国家导游改革进展，争取开展导游改革自由执业试点，通过推动建立自负盈亏的导游服务公司或者企业化运作的导游服务平台等方式，为游客提供更加便利的导游服务。探索更加有效的临时导游监管机制，推动自治区旅游部门下放临时导游证办理权限，为旺季增加临时导游人员提供便利。推动上级旅游部门协调旅游大巴异地运营政策，缓解呼伦贝尔旺季旅游大巴不足的困局。（牵头单位：市旅游局；配合单位：市交通运输局、人社局）

（六）改革创新区域协调发展体制

加强与区域内外联动，加大与区域内外资源的整合力度，形成开放发展的新格局。

28.全力推动国际旅游合作。深入贯彻实施国家“一带一路、向北开放”战略部署，以海拉尔、满洲里为轴心，以额尔古纳市和新左旗、新右旗为两翼，努力构建口岸边境“一带两翼”旅游发展的外向型、开放式格局。积极争取在呼伦贝尔设立边境旅游试验区，积极争取更加开放的口岸通关、签证政策和边境旅游政策。建立、完善积极有效的中、俄、蒙旅游合作机制，推进定期会晤机制，协调解决边境旅游发展中出现的问题，确保旅游合作的顺利开展。抓紧制订满洲里跨境旅游合作区方案，深化与俄方合作，推动中俄跨境旅游合作区协议的签署。研究推进奥洛奇—室韦中俄跨境旅游合作区、额布都格—白音胡硕中蒙跨境旅游合作区建设。鼓励支持开展国际、边境旅游业务的旅游企业间的业务拓展、交流合作。加快海拉尔、满洲里国际机场候机厅、联检楼等相关场所与设施的改扩建。提升对俄、蒙口岸信息化建设水平。加强与韩国、日本及乌兰乌德、乌兰巴托、新西伯利亚、克拉斯诺亚尔斯克等国家与地区的国际航线、旅游包机业务。（牵头单位：市旅游局、外事办、公安局，配合单位：市商务局、发改委）

29.深化国内区域旅游合作。加快融入东北旅游圈及东北亚旅游经济一体化合作联盟的进程。利用“4+2”城际旅游联盟合作机制，继续加强与东北三省的旅游合作，加强与重要客源地城市的合作，一方面加强政府间合作，在统筹旅游规划、联合开展宣传促销、结合旅游资源差异共同开发旅游线路产品、旅游市场监管、导游员和旅游车辆资源共享、加强旅游人才交流培养、建立绿色无障碍通道等方面开展合作；一方面加强企业间合作，组织双方旅游企业开展对接，在旅游项目投资建设、互发旅游团组、推广开发旅游纪念品、建立品质保障联盟等方面开展互惠互利的合作。推动建立大图们江旅游联盟。（牵头单位：市旅游局）

30.加强自治区内部旅游合作。加强与兴安盟、锡林郭勒、通辽、赤峰的旅游合作，推动打响“草原丝绸之路品牌”。推进“海（海拉尔）满（满洲里）阿（阿尔山）”黄金旅游线路建设，推动两地开通国际国内旅游航线，启动支线连飞和区域通用航空旅游。推动两伊铁路客运通车，开通海拉尔至阿尔山每日一列的卧铺旅游专列；加快推动乌兰浩特—阿尔山—海拉尔公路升级改造建设。（牵头单位：市旅游局、交通运输局、民航机场公司、海拉尔车务段）

（七）探索拓展服务旅游业发展的新领域

加强对旅游业发展的综合支撑，构建新型的旅游业投融资模式，为呼伦贝尔旅游业提供强大动力。

31.建立政府与社会资本共同参与的旅游产业基金，重点支持旅游重大产业支撑项目和旅游基础设施建设。建立政府对银行中小企业信贷的风险补偿机制，积极开展旅游企业集聚区担保融资、中小型企业联保等旅游产业投融资模式；支持金融机构、投资机构、担保机构、产权交易机构及中介机构组建投融资服务联盟，为旅游产业提供投融资服务，突破旅游相关企业初创期的融资瓶颈。（牵头单位：市金融办）

32.选择条件较成熟的旅游区，采取经营权转让、特许经营、合资合作、租赁等方式进行市场融资，探索以旅游项目收益权或收费权作为质押向银行贷款。探索草原承包经营权、林权和农牧民房屋产权“三权”抵押融资和旅游门票收费权质押融资，试行旅游企业联保贷款机制，拓宽旅游中小企业、“农家乐”个体经营户融资渠道。鼓励有条件

的旗市区成立区域旅游投融资平台。（牵头单位：市金融办）

33.支持旅游企业以收购、兼并和股份合作等多种形式扩充企业规模，提升企业的综合实力。重点扶持培育呼伦贝尔旅游集团、呼伦贝尔旅业集团、天顺集团等一批规模较大的本土民营企业，打造旅游知名企业。支持呼伦贝尔农垦旅游集团公司和大兴安岭森工集团下辖国有景区一起培育成呼伦贝尔市旅游龙头企业。争取在“十三五”期间推动一家旅游企业上市。（牵头单位：市旅游局；配合单位：大兴安岭森工集团、呼伦贝尔农垦集团）

（八）探索旅游规划有效实施的机制

发挥顶层设计功能，多措并举，提高旅游规划编制的水平和执行力度。

34.全市各级旅游主管部门进入同级规划委员会成员单位，增强旅游部门对各种上位规划编制的话语权，增强旅游规划的刚性和可实施性。加强旅游与土地利用、城乡建设、交通等规划的衔接，城乡总体规划要对重点区域旅游发展、重大旅游项目建设、精品线路培育、智慧旅游建设等做出统筹考虑和安排。跨行政区域旅游景区由市人民政府明确管理主体，统一规划建设。（牵头单位：市旅游局；配合单位：市规划局、住建委、国土资源局、交通运输局）

35.在旅游重点旗市区推行以旅游业为主导的“多规合一”规划模式。选择有条件的镇、村、苏木，以旅游部门主导，联合建设和国土等单位，制定综合规划。在旅游资源聚集、管理体制复杂的区域，设立生态旅游功能区，编制置顶性的“多规合一”导则，依据导则，各相关部门分别编制各自的专项规划。（牵头单位：市规划局；配合单位：市旅游局、住建委、国土资源局）

36.建立严格规范的规划制定和评审程序，强化规划的权威性。将重要的旅游规划经人大审议后执行。加大规划执行的监督力度。把旅游发展规划作为其他规划的方向性指引和约束指标。（牵头单位：市旅游局）

三、实施步骤

呼伦贝尔市旅游业改革创新工作分三个阶段实施：

第一阶段：形成方案，启动实施（2016年1月至2016年6月）

组织制订《呼伦贝尔市委、市政府关于国家级旅游改革创新先行区实施方案》和具体改革任务分解方案，经市委、市政府审议后，于2月20日前报自治区旅游局，并上报国家旅游局备案。由市委、市政府召开旅游改革创新工作部署会议，成立“呼伦贝尔市旅游改革创新工作领导小组”，全面启动落实改革创新方案的各项任务。

第二阶段：加强领导，全面推进（2016年7月至2018年10月）

围绕改革创新的目标、任务和措施，根据实施方案，确定每一年度改革的重点任务，扎实推进各项工作的全面落实。由呼伦贝尔市旅游改革创新工作领导小组负责对各项工作进行督导、检查和推进，初步构建起促进全市“大旅游”、全域旅游发展的体制机制，初步建成国内一流的旅游目的地。

第三阶段：巩固强化，总结提高（2018年11月至2018年12月）

继续巩固全市旅游改革创新发展取得的成绩，强化各项任务和措施的进一步落实。认真总结旅游改革创新工作成效和经验，剖析问题，查找不足，整改提高，同时做好验收的相关工作，全面完成国家级旅游改革创新先行区的工作任务。

四、保障措施

国家级旅游改革创新先行区是探索旅游发展经验的重要国家旅游战略，在全社会具有重大影响。全市上下必须高度重视，全力以赴，为各项改革任务和措施的落实提供有力保障。

（一）进一步解放思想，加强领导

以高度的使命感和责任感认识国家级旅游改革创新先行区的重大意义。推动建立由自治区级领导牵头，由林业、农业、国土、旅游、边检等厅局部门，呼伦贝尔市主要领导参加的旅游定期联席会议制度，协调解决呼伦贝尔市旅游改革创新中的重大问题。成立以市政府主要领导为组长的旅游业改革创新工作领导小组，全面领导全市旅游业改革创新工作。办公室设在市旅游委，并由市旅游委负责日常工作。各旗市区政府建立相应的领导机构和工作机构，加强对本区域旅游改革创新工作的领导，推动当地旅游业发展。

（二）强化目标责任意识，狠抓落实

将旅游业改革创新目标任务和措施分解到市直相关部门、各旗市区，并建立定期或不定期的督促检查机制，强化问责问效。对推进改革过程中出现的问题进行分析研究，对改革创新的效果进行跟踪评估。将旅游改革创新措施落实工作纳入到对市直相关部门、各旗市区工作目标考核体系中，将考核情况与干部考核任用和评先评优挂钩。建立改革创新推进实绩考核奖励制度，对改革创新工作先进单位和个人予以表彰奖励，对工作推进不力的要通报批评、限期整改。

（三）加大政策扶持力度，完善保障

建立税收减免、先收后补的措施，对全市旅游企业、特别是微小型旅游企业，以及旅游电商等企业进行扶持。从旅游专项资金中拿出一定份额作为引导资金，扶持具有创新能力的旅游小、微型企业创业发展。对相关规划得到市旅游委审批的项目，优先获

得年度新增用地指标使用权，并以土地出让最低价支持项目落地。加大旅游扶贫用地保障，对使用荒山、荒地、荒滩及石漠化土地建设的旅游项目，优先安排新增建设用地指标。允许农村牧区集体经济组织利用非耕非牧用地自办或以土地使用权入股、联营等方式与其他单位或个人共同举办住宿、餐饮、停车场等旅游接待服务企业和开发经营文化旅游项目。鼓励以长期租赁、先租后让、租让结合方式供应旅游项目建设用地。探索农牧民利用集体土地参与旅游开发、分享收益的模式。允许各类文化、体育、会展场馆通过联合开发、承包租赁等方式进行综合开发利用。已经明确的文化旅游项目用地的土地出让金参照工业用地执行。

（四）完善人才工作机制，搭建平台

由市委人才工作领导小组牵头组建由国内外知名专家组成的呼伦贝尔市旅游改革创新发展专家咨询委员会，就全市改革创新中的重大问题进行研究咨询。每年向中组部申请选调博士服务团成员、引进优秀干部到呼伦贝尔旅游部门和旅游重点旗市区挂职。与中国旅游研究院等机构合作，定期举办呼伦贝尔市旅游大讲堂，对全市范围内农业、林业、牧业、旅游等相关部门的领导、企业负责人、旅游经营者进行培训。与区内外涉旅高校合作，定向培养全市旅游发展需要的紧缺型人才；采取“基地实践”等举措，选择大专院校毕业生旅游旺季到企业进行实习；采取公考、公开选拔等方式，引进呼伦贝尔缺乏的旅游高端复合型人才。

（五）加强职能部门间沟通、营造氛围

加强与国家旅游局、自治区政府层面的沟通，积极总结旅游改革创新发展的经验，进一步争取上级部门对呼伦贝尔市旅游改革创新工作的指导。加强与自治区农牧业、林业、旅游等部门的协作，争取旅游改革创新发展的环境营造。充分利用现代传播技术，全方位开展旅游业改革创新的宣传工作，与广电部门合作，在全市范围内现场直播旅游大讲堂。宣传推广全市在开展旅游改革创新工作中涌现出的先进典型、鲜活经验、取得的新成效，及时报道各级、各部门、各单位在开展旅游改革创新中的好做法、好经验，对旅游改革创新工作中做出突出贡献的组织和个人进行奖励和表彰，营造旅游改革创新发展的良好氛围。

鄂尔多斯市人民政府

鄂府函〔2016〕134号

鄂尔多斯市人民政府关于创建国家级旅游业改革创新先行区实施方案的函

内蒙古自治区旅游局：

《国家旅游局关于公布首批国家级旅游业改革创新先行区的通知》（旅发〔2015〕270号）确定我市为全国首批创建国家级旅游业改革创新先行区。为切实做好国家级旅游业改革创新先行区创建工作，我市根据国家、自治区旅游局的部署和要求，结合实际，在广泛调研、组织相关专家指导论证的基础上，研究制订了《鄂尔多斯市创建国家级旅游业改革创新先行区实施方案》，现随文上报，请审阅。

附件：鄂尔多斯市创建国家级旅游业改革创新先行区实施方案

鄂尔多斯市人民政府

2016年6月23日

鄂尔多斯市创建国家级旅游业改革创新先行区实施方案

按照《国家旅游局关于公布首批国家级旅游业改革创新先行区的通知》（旅发〔2015〕270号）要求，为深入推动鄂尔多斯旅游业改革创新，制订本实施方案。

一、总体思路

（一）指导思想

全面贯彻党的十八大、十八届五中全会精神，深入落实国家旅游局“515”战略和自治区“8337”发展思路，围绕市委、市人民政府提出的“打造鄂尔多斯旅游品牌，建设我国休闲度假旅游目的地”奋斗目标，以旅游业供给侧结构性改革为引领，以创新发展为主线，着力破解制约发展瓶颈，补齐发展短板，建立与旅游业综合性产业特征相适应的体制机制，着力推进旅游业的转型升级、提质增效，把旅游业培育成鄂尔多斯市创新发展的动力产业，协调发展的统筹产业，绿色发展的促进产业，开放发展的窗口产业，共享发展的民生产业。

（二）主要目标

实施“大产业、大融合、大营销、大产品、大服务”五大发展措施，着力构筑大文化、大旅游发展战略，保持旅游业发展速度高于全市经济和自治区旅游业发展速度。到2018年，全市接待游客突破1500万人次，年均增长20%以上；旅游总收入突破490亿元，年均增长24%以上，将鄂尔多斯建设成为北疆特色鲜明、业态丰富、服务优良、环境和谐、充满活力的国内一流旅游目的地。

在发展方向上——重点突破、示范引领，拓展旅游发展空间，培育旅游增长极，构建产业新体系，挖掘消费新热点，加快全域旅游发展。

在形象塑造上——强化宣传、广泛传播，使“天朗气清，自在养生”“天骄圣地，鄂尔多斯”旅游总体形象更加深入人心。

在市场营销上——目标精准、措施得力，丰富营销方式，创新营销体制，整合营销力量，实现区内、区外游客总量同步增长。

在产品打造上——提质增效、培育品牌、实现旅游产品由观光为主向观光休闲度假复合型转变。大力培育全域自驾游，统筹发展乡村游，全面开发主题游，积极开发冬季游，形成丰富的旅游产品体系，满足游客多样化需求。

在产业链条上——补齐短板、统筹推进，加大相关产业融合力度，全力促进“吃住行游购娱”六大基本要素的协调配套与均衡发展，加快培育围绕“商养学闲情奇”六大发展要素，打造旅游新业态项目，组建提供旅游一体化服务的大型旅游集团，尽快打通旅游全产业链。

在服务提升上——依法治旅、做优做强，不断提高旅游服务水平和质量，把旅游业发展成为人民群众更加满意的现代服务业。

（三）基本原则

——坚持政府主导。突出各级政府在旅游业改革创新中的主导地位，发挥政府在旅游业发展中规划引领、制度构建、环境营造、主体培育、形象宣传、政策引导等方面的重要作用，为旅游业转型发展构建良好的制度平台。

——坚持市场主体。积极响应国家“大众创业，万众创新”号召，充分发挥市场在资源配置中的决定性作用，把激发旅游市场主体活力作为推动旅游业发展的重要内容。推动旅游企业集团化、品牌化、专业化发展，不断提高旅游企业的竞争力。

——坚持统筹协调。进一步理顺涉旅部门职责，加强沟通协调，通力配合，齐抓共管，形成统筹发展大旅游业的合力。

——坚持重点突破。认真分析当前旅游业发展中存在的主要矛盾，在旅游业发展的重点环节和重点旗区进行改革，争取各方面支持，采取有效措施，下大力气予以解决。

二、主要任务

（一）实施大产业战略，夯实“大旅游”发展基础

1.强化旅游产业定位。将旅游业培育成为全市地区经济战略性的支柱产业，突出旅游业在全市经济发展中的引领和带动作用，在政策支持、资金安排、项目建设、人才培养等方面向旅游业倾斜，在制定和出台重大战略举措时，将旅游业发展纳入其中。（牵头单位：市委推进现代服务业委员会办公室、市旅游局；责任单位：市发展和改革委员会、市财政局、市人力资源和社会保障局，各旗区人民政府、康巴什新区管理委员会）

2.强化规划引领。以改革的思维，高起点、高标准、大手笔、大境界、大气魄统筹修编《鄂尔多斯市旅游业发展总体规划》，并以此作为经济社会发展各领域规划编制的重要依据。各旗区、各部门要把旅游业发展纳入总体规划和专项规划中，土地利用、城市建设、交通道路、环境保护、城乡公共服务体系等要围绕旅游业发展进行规划，要兼顾市民和游客的双重需求，在旅游业发展的重点区域，逐步推行以旅游业为主导的“多

规合一”模式。（牵头单位：市发展和改革委员会、市旅游局，各旗区人民政府、康巴什新区管理委员会；责任单位：市国土资源局、市城乡和建设委员会、市规划局、市环保局、市交通运输局）

3.**保持政策和资金支持的连续性**。根据发展需求，出台支持旅游业发展的政策文件。市级设立文化旅游发展基金，用于支持旅游市场营销、旅游产业引导、旅游基础设施等项目的建设。（牵头单位：市委推进现代服务业委员会办公室、市旅游局；责任单位：市委宣传部，市财政局，各旗区人民政府、康巴什新区管理委员会）

4.**强化旅游用地保障**。新增用地指标向旅游项目倾斜，根据国家有关规定，对符合相关规划的旅游项目，按照项目建设时序，及时安排新增建设用地计划指标，依法办理土地转用、征收或收回手续，积极组织实施土地供应。（牵头单位：市国土资源局；责任单位：市规划局、市旅游局，各旗区人民政府、康巴什新区管理委员会）

5.**探索旅游投融资新方式**。建立和完善融资体系，鼓励和支持各类旅游企业上市融资、发行债券，或通过资产重组、股权转让等方式融资。在“十三五”期间，争取实现2~3家或更多旅游企业挂牌上市。推进多种方式的旅游项目产权与经营权交易，积极引导各方面资金进入旅游投资领域。支持重点旅游企业通过政府和社会资本合作（PPP）模式投资、建设、运营旅游项目。（牵头单位：市金融工作办公室、市旅游局；责任单位：市财政局、市国有资产监督管理委员会，各旗区人民政府、康巴什新区管理委员会）

6.**壮大旅游市场主体**。培养2~3家年旅游营业收入超过5亿元的龙头企业。培育一批年旅游营业收入超过5000万元的大中企业，从政策、资金等方面加大扶持力度，支持中小旅游企业发展。（牵头单位：市旅游局；责任单位：市委推进现代服务业委员会办公室，市财政局、市中小企业局，各旗区人民政府、康巴什新区管理委员会）

（二）改革创新体制机制，形成“大旅游”管理格局

7.**设立鄂尔多斯市旅游发展委员会**。按照国家旅游局改革创新要求，借鉴旅游发达省市成功做法，将市旅游局更名为市旅游发展委员会，将发改、财政、建设、文化、体育、交通、民航、铁路、商务、工商、质检、食药等部门纳为成员单位，负责全市旅游业发展的组织协调工作，强化统筹发展和监督管理方面的职能。（牵头单位：市委组织部；责任单位：市机构编制委员会办公室、市人力资源和社会保障局）

8.**建立旅游工作联席会议制度**。通过建立联合工作机制，安排部署重大事项和重点工程，协调解决旅游业发展中的重要问题，每季度召开一次旅游工作联席会议，每年召开高规格全市旅游产业大会。（牵头单位：市委推进现代服务业委员会办公室；责任单位：市文化旅游产业发展委员会成员单位）

9.**组建鄂尔多斯市旅游投资集团**。以旅游投资集团为平台，整合国有旅游资源、资产，通过市场化运作，盘活旅游发展项目，促进旅游投资、建设、经营主体由政府主导向市场主导转变，增强旅游市场主体竞争力。（牵头单位：市旅游局；责任单位：市委

推进现代服务业委员会办公室，市国有资产监督管理委员会、鄂尔多斯机场管理集团有限公司）

10.**支持旅游景区以合作或委托管理方式运营**。依托鄂尔多斯市旅游景区硬件建设优势，引进知名旅游管理企业、管理团队，通过合作或委托管理，提升景区服务质量，拓展营销渠道，提高管理水平，借助外力快速提升景区人气和品牌价值。（牵头单位：市旅游局；责任单位：各旗区人民政府、康巴什新区管理委员会）

11.**设立统一的旅游监督管理平台**。加强旅游与公安、工商、交通、物价、城管等部门联合执法，加大查处力度，提升餐饮、住宿等方面的服务质量水平，严厉打击“零负团费”、非法合同、违规经营等违法行为。规范旅游购物管理，建立旅游企业诚信管理档案和游客文明旅游档案。（牵头单位：市旅游局；责任单位：市发展和改革委员会、市公安局、市工商行政管理局、市交通运输局、市城市管理行政执法局）

12.**探索建立旅游警察、旅游巡回法庭和旅游工商分局**。加强旅游综合执法力度，提高执法效率和震慑力，有效化解突出矛盾纠纷，切实保障游客和旅游经营者的合法权益。（牵头单位：市中级人民法院，市公安局、市工商行政管理局；责任单位：市机构编制委员会办公室，市人力资源和社会保障局、市旅游局，各旗区人民政府、康巴什新区管理委员会）

（三）培育旅游新产品，优化“大旅游”空间布局

13.**推动景点旅游向全域旅游转变**。以康巴什新区创建国家全域旅游示范区为契机，以全域自驾游为抓手，不断完善城市的旅游服务功能，实行公共服务一体化和旅游监管全覆盖，促进旅游产品营销与目的地推广有效结合，实现由单一的景区门票经济增长向城市旅游产业经济跨越。积极争取将东胜区和伊金霍洛旗列为国家全域旅游示范区创建地区。（牵头单位：市旅游局；责任单位：东胜区人民政府、伊金霍洛旗人民政府、康巴什新区管理委员会）

14.**构建“一区四带”空间布局**。深度整合全市旅游资源，明确区域旅游功能定位，优化旅游产业空间布局，推进中心城区旅游一体化发展，加快构建“一区四带”的发展格局（一区即以中心城区及周边重点景区为核心的旅游度假区；四带即沿黄风光旅游带、库布其沙漠旅游带、草原旅游带和沙漠峡谷旅游带）。（牵头单位：市旅游局；责任单位：各旗区人民政府、康巴什新区管理委员会）

15.**提档升级四大类旅游产品**。突出成吉思汗陵世界唯一性的优势、突出蒙古族传统文化保留最完整地区的优势、突出距离京津冀最近沙漠的优势、突出21℃夏天的优势，推进“天骄圣地、民族风情、大漠风光、休闲避暑”旅游产品升级，加快向观光休闲度假复合型转变。（牵头单位：市旅游局；责任单位：市文化新闻出版广电局、市体育局，各旗区人民政府、康巴什新区管理委员会）

16.**创新实施“旅游+”工程**。在“吃、住、行、游、购、娱”各环节充分挖掘和展

现鄂尔多斯的文化内涵，实现旅游与文化的融合；结合农村牧区“十个全覆盖”工程，推进旅游业与新农村建设的融合，加快乡村旅游发展，加大旅游扶贫力度；建设一批研学旅行基地，加强旅游与教育、体育、工业和健康养生等产业的融合；建设蒙医药文化馆，发展蒙医药养生、温泉疗养等保健旅游产品，促进蒙医药产业、蒙医药文化和休闲旅游业的融合；结合新型城镇化发展，建设一批特色鲜明、功能完善的旅游小城镇。（牵头单位：市旅游局；责任单位：市委农村牧区工作部、市经济和信息化委员会、市文化新闻出版广电局、市农牧业局、市体育局、市卫生和计划生育委员会、市城乡建设委员会、市教育局，各旗区人民政府、康巴什新区管理委员会）

17.**加快培育旅游新业态产品**。大力开发徒步旅行、沙漠探险、房车旅行、温泉疗养、低空飞行、体育赛事、赛车体验等休闲旅游产品。加强旅游商品研发，推进特色鲜明、具有自主知识产权的传统手工艺品、民族特色食品、绿色有机产品等旅游商品开发，打造特色旅游商品品牌。（牵头单位：市旅游局；责任单位：市农牧业局、市体育局、市文化新闻出版广电局，各旗区人民政府、康巴什新区管理委员会）

18.**设计推出精品旅游线路**。整合优势资源和产品，突出地域和文化特色，围绕“天骄圣地鄂尔多斯”“天朗气清自在养生”旅游形象，设计推出一批符合市场需求的精品旅游线路。（牵头单位：市旅游局；责任单位：各旗区人民政府、康巴什新区管理委员会）

（四）创新旅游宣传营销机制，开拓“大旅游”客源市场

19.**打造鄂尔多斯旅游品牌**。树立品牌意识，完善旅游品牌培育、发展和保护机制，努力培育自驾游、包机旅游、包列旅游、休闲度假、文化体验、乡村旅游等一批“鄂尔多斯旅游”品牌。（牵头单位：市旅游局；责任单位：市委宣传部，市文化新闻出版广电局，各旗区人民政府、康巴什新区管理委员会）

20.**加大旅游宣传促销力度**。完善旅游营销奖励办法，实施整体化、系统化和精准化宣传战略，加大线上线下、重点客源地、重要媒体等方面的宣传推广力度，依托我市旅游资源与京津冀、长三角、珠三角以及西部地区差异化优势，大力开拓中远程客源市场。（牵头单位：市委宣传部，市旅游局；责任单位：市财政局，各旗区人民政府、康巴什新区管理委员会）

21.**创新旅游宣传营销方式**。制定出台有效政策措施，推进旅游营销与鄂尔多斯羊绒系列产品专卖店合作，借助品牌店平台宣传城市旅游产品。积极承办国际性、全国性的会议展览或大型赛事等活动，提升鄂尔多斯知名度和影响力。探索组建鄂尔多斯旅游精英销售团队，实行绩效化管理，形成全覆盖营销网络。（牵头单位：市旅游局；责任单位：市委宣传部，市财政局，各旗区人民政府、康巴什新区管理委员会）

22.**创新区域旅游合作机制**。加强与周边地区的知名景区合作，推动形成“响沙湾—成吉思汗陵—黄河峡谷—河套人文化遗址—大沙头—布龙湖—周边省市重点景区”为主

的内外相连的精品线路，探索推出“一卡通”区域旅游服务。（牵头单位：市旅游局；责任单位：各旗区人民政府、康巴什新区管理委员会）

23.**加强旅游招商引资**。依托高品质旅游资源和景区硬件建设优势，在景区投资与管理、产品开发、市场营销推广等方面进行招商引资，重点引进途牛网、携程网、广之旅、中青旅等国内知名线上线下旅游企业。（牵头单位：市旅游局；责任单位：市商务局，各旗区人民政府、康巴什新区管理委员会）

（五）完善旅游基础和公共服务设施，提升“大旅游”服务品质

24.**推进旅游标准化建设**。按照全国旅游标准化工作要求，抓好东胜区创建全国旅游标准化示范区工作，同时在全市推行旅游标准化，全面提升旅游管理和服务水平。（牵头单位：市旅游局；责任单位：市质量技术监督局，东胜区人民政府）

25.**新建鄂尔多斯游客集散中心和智慧旅游公共服务平台**。按照企业化管理运营模式，在康巴什新区建设集旅游咨询服务、模拟体验、旅行社服务、车辆租赁、航空铁路汽车售票服务等功能于一体的游客集散中心。“十三五”期间，在机场、火车站、汽车站以及城市重要节点实现旅游咨询服务中心全覆盖。加强与经信、商务、交通、公安、气象等部门的数据共享，建立具备智慧管理、智慧营销和智慧服务等功能的智慧旅游服务平台。（牵头单位：市旅游局；责任单位：市经济和信息化委员会、市商务局、市交通运输局、市公安局、市气象局，各旗区人民政府、康巴什新区管理委员会）

26.**打造优质旅游环境**。多渠道引导社会力量和民间资本参与旅游厕所建设，重点加强旅游交通干道、游客集散地、乡村旅游点等处的旅游厕所建设，全面消除旅游旱厕。加强景区环保工作，优化景区周边环境，重点整治景区周边旅游市场秩序。（牵头单位：市旅游局；责任单位：市交通运输局、市城乡建设委员会、市规划局、市城市管理行政执法局，各旗区人民政府、康巴什新区管理委员会）

27.**围绕旅游优化市内交通环境**。推进重点景区道路改造升级，全部打通A级旅游景区的“断头路”，规范“网约车”运营管理，开通重点景区旅游公交专线。市区凡允许公交车通行的道路，原则上允许旅游客车通行、临时停靠。（牵头单位：市交通运输局；责任单位：市公安局、市规划局、市旅游局，各旗区人民政府、康巴什新区管理委员会）

28.**实现旅游标识标牌和公共信息图形符号全覆盖**。在主要交通干道、旅游景区、旅游公共场所等处，设置符合国家标准的旅游标识标牌和公共信息图形符号。（牵头单位：市旅游局；责任单位：市质量技术监督局、市城市管理行政执法局、市交通运输局、市规划局，各旗区人民政府、康巴什新区管理委员会）

29.**破除旅游大交通瓶颈**。2017年开通呼准鄂动车，2019年连通鄂尔多斯至北京的高铁，争取“包头—鄂尔多斯—西安”客运专线列入国家铁路中长期建设规划。依托鄂尔多斯国际机场航空口岸开放契机，大力发展包机业务。加快建设鄂托克前旗至银川市高

速公路项目，解决鄂尔多斯旅游西入口交通不畅问题。（牵头单位：市旅游局；责任单位：市地方铁路办公室、市城市管理行政执法局、市交通运输局、市商务局、鄂尔多斯机场管理集团有限公司）

30.**畅通旅游购物渠道**。借助鄂尔多斯设立综合保税区、创建跨境电子商务示范区等有利条件，推进设立旅游小商品交易保税区，加快引进免税店。（牵头单位：市旅游局，鄂尔多斯空港物流园区；责任单位：市商务局、鄂尔多斯海关、伊金霍洛旗人民政府）

三、实施步骤

创建国家级旅游业改革创新先行区工作分以下三个阶段实施：

（一）2015年12月至2016年6月为启动实施阶段

制订实施方案，审议通过后报自治区旅游局，并上报国家旅游局备案。召开工作部署会议，分解落实改革任务。

（二）2016年7月至2018年7月为全面推选阶段

围绕改革重点，强化措施，扎实推进各项改革任务，初步建立支撑旅游改革创新的政策体系和体制机制框架，基本形成健全的旅游协调发展机制、完善的现代产业体系和跨部门、跨行业统筹推进的工作格局。

（三）2018年8月至2018年12月为总结提高阶段

认真总结旅游改革创新工作成效和经验，查找不足，整改提高，重点做好验收准备工作，全面完成国家级旅游业改革创新先行区创建任务。

四、组织保障

创建国家级旅游业改革创新先行区，是市委、市人民政府做出的重要战略部署，是一项长期而又艰巨的任务。全市上下需高度重视、通力配合，为旅游业改革创新提供强有力保障。

（一）加强组织领导

成立以市委书记、市长为组长的工作领导小组。建立主要领导牵头，各部门职责清晰、配合有效的旅游综合协调机制，协调解决改革创新工作中出现的困难和问题。各旗区政府建立相应领导机构和工作机制，加强对本区域旅游改革创新工作的领导。

（二）强化考核问责

将旅游业改革创新的目标任务落实到各旗区、各部门，纳入全市年度实绩考核，加强督促检查和跟踪考评，确保此项工作稳步推进。

（三）建立旅游智库

加大对旅游改革创新的人才支持力度，引进一批懂旅游、会管理、敢创业的紧缺型人才。成立旅游改革专家咨询委员会，就改革创新中的重大问题征求专家意见，定期举办全市范围的旅游大讲堂。

（四）注重氛围营造

加强旅游业改革创新的宣传工作，报道全市在开展旅游改革创新工作中涌现出的先进典型、鲜活经验、取得的成效，营造浓厚的创建氛围。

연 변 조 선 족 자 치 주 인 민 정 부

延边朝鲜族自治州人民政府

延州政函〔2016〕148号

延边州人民政府关于报送延边州推进首批国家级旅游业改革创新先行区工作实施方案的函

省旅游局：

根据国家旅游局创建首批国家级旅游业改革创新先行区工作的有关要求，我州制订了《延边州推进首批国家级旅游业改革创新先行区工作实施方案》，请帮助转报国家旅游局。

此函。

延边州人民政府

2016年10月27日

延边州推进首批国家级旅游业改革创新先行区工作实施方案

为加快推进首批国家级旅游业改革创新先行区（国家旅游局旅发〔2015〕270号）建设工作，结合延边州实际，制订本实施方案。

一、指导思想

认真贯彻党的十八届四中、五中全会和习近平总书记来延边系列讲话精神，准确把握“四个全面”战略布局，适应发展新常态，深入贯彻落实《国务院关于促进旅游业改革发展的若干意见》（国发〔2014〕31号）、《国务院关于支持沿边重点地区开发开放若干政策措施的意见》（国发〔2015〕72号）和《国务院办公厅关于进一步促进旅游投资和消费的若干意见》（国办发〔2015〕62号），按照国家旅游局提出的“515战略”关于旅游业改革创新的部署以及我州“五个延边”建设的总要求，以“创新统筹职能、创新政策措施、创新产业引导”为指引，以旅游业体制机制改革为主要内容，全面启动改革创新先行区建设工作，形成有利于旅游业转型升级的体制机制和政策支撑体系。

二、总体目标

积极推进延边旅游业供给侧结构改革创新，充分激发旅游业在经济“调结构、惠民生、促就业”中的活力，力争用三年左右的时间，在创新旅游发展机制、深化多目的地旅游国际合作、旅游与多产业大融合、“互联网+旅游”发展新模式等方面取得新突破，构建适应新常态的多元化旅游发展平台，实现延边旅游管理体制质的飞跃，旅游业发展速度和质量高于全国平均水平。通过创新改革和先行先试，把延边打造成全国著名的边境旅游目的地和具有国际影响的优质生态健康休闲旅游区。

三、主要任务

2016年是“十三五”规划开局之年，是延边加快旅游业发展的突破之年，更是改革创新先行区建设的启幕之年。要扭住关键，精准发力，抓好四项重点综合改革创新任务，实现四个方面突破。

（一）以旅游管理体制改革为重点，实现旅游发展机制新突破

1.改革旅游发展促进机制，进一步提升旅游产业地位，建立健全旅游业发展联席会议制度，形成党委、政府主要领导牵头，各部门职责清晰、配合有效的旅游综合协调机制，大胆先行先试，深入改革创新，着力破解难题，明确把旅游业作为推动延边州经济发展的战略性支柱产业、提升人民群众幸福指数的惠民产业、经济生态协调发展的先导产业优先发展。

2.改革旅游行政管理体制，重点实行“1+3”综合改革。强化旅游管理综合协调机制。经广泛调研论证，借鉴国内旅游发达地区先行经验，成立延边州旅游发展委员会，强化产业统筹发展和综合性监管等方面的管理体制，将文化、体育、工商、国土林业、交通、公安、食药监、口岸、外事等部门涉旅业务的管理职能统一整合归口至旅游发展委员会来协调，达到提高管理层次，拓展管理范围，理顺管理关系的目的，实现管理体制从单一部门推动向多部门综合联动、跨行业管理的协调转变。

3.改革旅游行业监管机制。带动三项改革：一是成立旅游管理警察支队。在重点旅游县市设立旅游警察队伍，依据《旅游法》，处理各类侵害旅游权益的案件，为游客提供信息咨询和应急救助等服务。二是成立旅游工商执法支队。以查处违法经营、无照经营和超范围经营等不法行为为重点，严厉打击扰乱市场的违法行为，确保游客放心消费，安全旅游。三是组建旅游审判庭并开展旅游巡回审判。高效、快捷地化解涉旅纠纷，最大限度降低涉旅案件当事人的诉讼成本，提供司法保障和法律服务。

（二）以探索跨境旅游新模式为重点，实现多目的地旅游国际合作新突破

贯彻落实《国务院关于支持沿边重点地区开发开放若干政策措施的意见》，按照提高层级、打造平台、完善机制的原则，加快研究设立“延边跨境旅游合作区”。

4.创新东北亚区域国际旅游合作机制。进一步健全“大图们倡议”东北亚旅游论坛、中俄朝图们江区域旅游厅（局）长会议等合作沟通机制，形成图们江区域旅游国际合作长效沟通机制，交换各方通信信息、资源信息、市场信息和动态信息。采取更加灵活的管理方式和更加特殊的政策，深化旅游资源整体开发、旅游产品建设、旅游服务标准推广，旅游市场监管，旅游保险，旅游安全保障等方面的合作，共同培育跨境多目的地旅游线路，打造东北亚国际旅游目的地。

5.加快跨境旅游合作区互通项目建设。深化与“一带一路”沿线国家的旅游合作，支持和鼓励珲春市、和龙市、图们市、龙井市等边境县市创建“跨境旅游合作区、边境旅游试验区”。把握图们江地区开发合作纳入国家“一带一路六区”区域旅游一体化契机，利用好中韩签署自贸协定、俄罗斯倡导欧亚联盟与“一带一路”战略对接、《符拉迪沃斯托克自由港法》生效、朝鲜建立茂峰国际旅游特区等机遇，搞好跨境旅游项目谋划，深化国际旅游项目合作。启动珲春图们江三角洲国际旅游合作区规划编制和实施，积极探索“一区三国”的管理模式。加快推进龙井跨境旅游集散中心、和龙国家级边境经济合作区和崇善边境旅游小镇、图们—朝鲜稳城岛文化旅游合作区等跨境旅游重点项目建设，争取设立“边境购物区”和“无障碍”国际旅游区。积极推进开发图们江沿江旅游项目，培育图们江流域精品旅游观光带。

6.创新跨境旅游合作区国际旅游通行机制。通过与对方国家签订合作协议等形式，允许游客或车辆凭双方认可的证件灵活进入合作区游览。积极争取“72小时免签”、无假日通关等政策在延边落地；争取使用边境旅游证照手续从延吉空港口岸赴俄海参崴旅游；积极推动开通中俄小型车自驾旅游线路。加快推进东北亚陆海联运环海邮轮游、图们江出海游项目，扩大中俄朝环形跨境游规模。通过巩固已有的对俄、对朝边境旅游线路，完善中朝俄环线游、七宝山铁路游、赴朝自驾游，促使大量的游客向边境口岸聚集，以跨境旅游带动生态游、民俗游、冰雪游，开发更多复合型旅游产品。加快中国少数民族边境旅游示范区建设，积极探索边境旅游政策和体制机制创新，在旅游签证、购物免退税、简化审批程序等方面进行创新改革。

7.探索“全域旅游”，加快国内区域旅游合作。推进长吉图旅游一体化，加强规划建设、线路组合、道路交通、项目开发、市场营销等领域的实质性对接；积极融入“大长白山旅游格局”；加快融入“东北东部旅游经济带”；推进与长三角、珠三角、京津冀旅游合作对接，形成资源共享、市场共享、利益共享的发展格局。

（三）以畅通旅游发展瓶颈为重点，实现产业融合发展新突破

8.创新旅游发展投融资体制。探索成立旅游投资公司，促进和引领全州旅游资源整合和旅游景区开发、旅游重大项目策划包装，引领建设重大产业支撑项目。有条件的县（市）成立区域旅游融资平台。鼓励和支持旅游企业创造条件上市融资、发行企业债券，或通过资产重组、股权转让等方式融资。推进金融改革和产品创新，加快发展担保机构、小额贷款公司，扩大对旅游企业的信用担保。推动各方面资金进入旅游投资领域，促进旅游业突破发展。

9.创新旅游公共服务体制。支持通过特许经营、购买服务、股权合作等方式，加快企业与政府资本合作（PPP模式），增强旅游公共产品和服务供给能力。加快与大交通融合发展。加大海外航线开发力度，对外加密韩国航线，稳固海参崴、平壤航线，扩大日本航线，开通台湾航线；拓展国内航线，增加华中、西南航线、航点，丰富航线网络

的通达性。围绕高铁线路策划和宣传推介延边旅游产品，建设融入多要素的高铁旅游综合服务中心。加快改造和提升机场、高铁站、高速公路出入口与城市之间道路环境。推进连接景区道路升级改造，完善交通及旅游标识，提高景区的可进入性。科学安排旅游交通沿线节点，完善自驾车营地、景区停车场、旅游厕所等旅游公共服务设施。

10.创新旅游发展用地供应机制。贯彻落实三部委《关于支持旅游业发展用地政策的意见》，及时安排新增建设用重点项目用地指标，实行用地分类管理制度，多方式供应旅游建设用地，鼓励以长期租赁、先租后让、租让结合方式供应旅游项目建设用地，推进旅游项目和基础设施建设。加大旅游厕所用地保障力度，全力推进“旅游厕所革命”，完善自驾车营地、景区停车场。明确新业态用地政策，引导乡村旅游规范发展，促进自驾车、房车营地旅游有序发展，支持邮轮、游艇旅游优化发展，加快文化、研学旅游发展。

（四）以“智慧旅游”开发为重点，实现“互联网+旅游”发展新突破

11.推进“互联网+旅游”产业模式。优先扶持旅游信息化建设，加快智慧城市和智慧旅游示范项目建设。丰富“延边旅游年卡”功能，融入多元旅游要素，扩大年卡外延，实现多领域、跨地区“旅游一卡通”互联互游。扶持智慧旅游企业融合壮大，发展以网上咨询、预订和支付为重点的电子商务，实现数字化管理和网络化经营。

12.创新旅游门票预约制度。利用“智慧旅游”平台，建立景区管理、游客统计、实时监控系统平台，实现对景区的实时检测、分析统计和安全管理。建立景区门票预约制度，对景区实行最大承载量控制，完善黄金周分流、旅游预警系统、网络投诉系统。

13.创新旅游市场服务体系。完善旅游信息大数据服务平台，建立健全“延边这儿App”、旅游集群网站等智慧服务体系，为游客提供实景交通导航、景区手机导游解说、餐饮住宿交通预订、特色旅游商品订购等全要素、全方位智能化旅游服务。推进大数据开放共享，进一步激发旅游领域“大众创新、万众创业”的活力，鼓励旅游关联产业融入智慧平台，用现代化科技手段助推旅游业转型升级。

四、保障措施

14.加强组织领导。州政府成立改革创新先行区建设工作领导小组，由州政府分管领导任组长，成员单位为旅游、发改、财政、文化、体育，工商、国土、林业、交通、公安、食药监、口岸、安监等部门及各县（市）政府，具体负责指导、协调旅游改革创新先行区建设工作，研究改革试点中的重点难点问题。组建旅游业发展专家顾问团队，建立州县（市）联席会议制度，形成上下联动、部门协作、齐抓共管、共同推进的工作格局。

15.加大财政支持。州财政加大对旅游改革创新先行区建设工作的支持力度，州本级

旅游专项资金逐年提高，县（市）设立不少于500万元的专项资金，引导和支持旅游业发展。发改、住建、交通等部门对旅游基础设施和旅游重大项目的规划和建设时，实施旅游部门前置审核制度。优先申报2016~2018年“国家旅游发展基金项目”，加快推进旅游厕所、旅游公共服务设施、景区道路等基础设施建设，鼓励和支持现有社会资源二次开发的旅游项目。

16.落实配套政策。推进旅游用地改革，优先落实《关于支持旅游业发展用地政策的意见》（国土资规〔2015〕10号）。推进落地签、过境免签政策，进一步放宽旅游市场限制，简化跨境出入境手续，便利游客往来，延长逗留时间。通过复制自由贸易试验区旅游开放政策，优先施行“进出口退税”政策。扶持旅游创业，搭建旅游投融资平台，扶持新兴旅游业态发展，鼓励通过PPP模式投资、建设、运营旅游项目。依托中国旅游改革发展咨询委员会、中国旅游研究院专家智囊，为先行区改革发展提供智力支持。国家和省对先行区改革发展过程中提报的重大问题，协调有关部门给予政策支持。

17.加强人才保障。积极实施人才兴旅工程，加大旅游人才的培养和输送的支持力度。依托高等学校和职业技术学校开展旅游人才教育培训，倡导社会力量创办旅游人力资源培训基地，加强旅游人才国际化交流。建立旅游专家库和旅游研究合作机构，推进旅游产学研相结合。推进导游员准入与管理体制改革、完善导游员薪酬保险制度、健全旅行社和导游员退出机制，将导游员纳入职称评定序列。发挥区域特色，争取国家支持在延边设立小语种导游员培训基地。

18.强化指导落实。围绕“着力创新旅游管理体制，着力依法规范旅游市场，着力推进现代旅游业发展，着力培育旅游经济增长点”的要求，区分各县市特点、比较优势和薄弱环节，分类改革，差异化发展。指导各县市制订科学具体的实施方案，将旅游改革创新工作纳入重要日程，建立工作领导和统筹协调机制，加快推进，力求突破。

19.营造良好环境。加大国家、省州配套政策的宣传力度，加强旅游业生态文明建设，动员全社会参与旅游业建设和发展。整合利用各种宣传手段，发挥各类主流媒体的导向作用，及时推介改革创新先行区建设中的好经验、好做法，营造推进先行区建设的浓厚氛围。健全交流通报机制，形成工作合力。

五、政策依据

（1）《国务院关于促进旅游业改革发展的若干意见》（国发〔2014〕31号）；

（2）《国务院办公厅关于进一步促进旅游投资和消费的若干意见》（国办发〔2015〕62号）；

（3）《国务院关于支持沿边重点地区开发开放若干政策措施的意见》（国发〔2015〕72号）；

（4）《国家旅游局关于公布首批国家级旅游业改革创新先行区的通知》（旅发〔2015〕270号）；

（5）《关于支持旅游业发展用地政策的意见》（国土资规〔2015〕10号）；

（6）《中共吉林省委关于深入贯彻落实习近平总书记重要讲话精神 加快老工业基地全面振兴的决定》（吉发〔2015〕14号）；

（7）《中共吉林省委、吉林省人民政府关于加快建设旅游支柱产业的意见》（吉发〔2014〕13号）；

（8）《中共延边州委、延边州人民政府关于进一步推动旅游产业发展的决定》（延州发〔2014〕11号）。

淮安市人民政府文件

淮政发〔2016〕166号

市政府关于印发
淮安市国家级旅游业改革创新先行区工作
实施方案的通知

各县区人民政府，市各委办局，市直属单位：

现将《淮安市国家级旅游业改革创新先行区工作实施方案》印发给你们，请结合实际认真组织实施。

淮安市人民政府

2016年11月25日

淮安市国家级旅游业改革创新先行区工作实施方案

为深入贯彻落实《国务院关于促进旅游业改革发展的若干意见》（国发〔2014〕31号）和国家旅游局出台的《旅游业改革创新先行区工作方案》（旅发〔2015〕270号），深化旅游业改革开放，加快推进旅游业转型升级、提质增效和供给侧结构性改革，深入打造“游在淮安”品牌，建设长三角地区乃至全国知名旅游目的地城市，结合淮安市旅游业发展现状，制订本方案。

一、指导思想

全面贯彻落实党的十八大和十八届三中、四中、五中、六中全会精神，以邓小平理论、“三个代表”重要思想、科学发展观为指导，深入贯彻习近平总书记系列重要讲话精神，以“创新、协调、绿色、开放、共享”为发展理念，坚持深化改革、融合发展、以人为本，加快转变旅游发展方式，探索建立更具活力的旅游管理体制、经营运行机制和转型升级新模式，把旅游业培育成为国民经济的战略性支柱产业和人民群众更加满意的现代服务业，加快实现淮安由旅游资源大市向旅游经济名市的跨越。

二、总体要求

以“创新统筹职能、创新政策措施、创新产业引导”为指引，以市县（区）政府为改革主体，以旅游业体制机制为改革内容，以加快旅游目的地整体发展为主要目标，实现旅游管理体制质的飞跃，使旅游业发展速度和质量高于全国平均水平。

三、基本原则

1. 坚持问题导向。要破解旅游业发展中的障碍和突出矛盾，要从市县（区）旅游业发展的实际出发，注意研究解决具体问题。

2. 坚持改革创新。要实施创新驱动发展战略，以“创新”推动旅游业发展方式的转型升级。

3. 坚持总结推广。要形成以机制体制改革、全域旅游发展等一批旅游业改革创新成果，提供可复制可推广的经验。

四、主要任务

（一）明确旅游业支柱性产业定位

1.**加强对旅游业的考核引导**。强化市委、市政府对国家级旅游业改革创新先行区建设工作的领导，建立市各相关部门一把手参加的联席会议制度。加大对旅游业发展的检查考核力度，并作为“4+3”服务业体系的重要组成部分纳入淮安市“十三五”规划。

2.**推动旅游业供给侧改革**。明确旅游业在国民经济社会发展中的支柱性产业地位，推动金湖、盱眙、洪泽、淮安、清江浦等县区创建国家全域旅游示范区，着力构建“一核两圈五片区”的全域旅游发展格局。“一核”即城区历史文化休闲核，“两圈”即环洪泽湖旅游圈、环白马湖旅游圈，“五片区”即运河文化体验旅游区、西游主题乐园旅游区、盱眙森林静养旅游区、金湖水乡逸养旅游区、淮涟田园颐养旅游区。实施旅游品牌战略，创建一批高等级旅游景区、旅游度假区、乡村旅游区、水利风景区、生态旅游示范区、工业旅游区、自驾游基地、星级旅游饭店、星级旅行社，创成1个全国休闲农业和乡村旅游示范县（区）、1个省乡村旅游创新发展示范区、1个红色旅游国际合作示范区等有一定影响力的品牌。

（二）改革创新旅游综合管理体制

3.**加快形成旅游综合协调机制**。统一研究部署旅游发展中的重大问题、重要事项和重点工作，形成“统一领导、各负其责、齐抓共建、高效运转”的旅游工作机制。积极推动组建市旅游发展委员会，负责全市旅游发展的组织协调和管理，明确“产业政策、发展战略、统筹规划、综合协调、标准规范、市场培育、公共服务、行业监管”8大职能，推动旅游管理体制由传统的行业指导向产业统筹转变。

4.**建立项目规划统筹管理机制**。以推进旅游全域化发展为指向，建立淮安旅游发展智库。加强旅游规划“多规合一”统筹管理，凡重大旅游项目实施和创建3A级以上旅游景区、三星级以上乡村旅游区、其他市级以上旅游品牌的，发展规划需符合所在地发展总体规划，并向市旅游主管部门报备。以旅游供给侧结构性改革为引领，建立健全旅游项目管理机制，重点推进古淮河西游记文旅区、白马湖旅游度假区、运河旅游度假区、天泉湖旅游度假区等项目建设。

5.**优化乡村旅游发展环境**。严格落实国家各部委关于旅游企业发展的优惠政策，简化乡村旅游产品工商登记等程序，指导面积较小、年代久远的乡村旅游民宿等产品配备必要的消防设施，制定相应的防范措施，符合条件的发放消防证件。出台乡村旅游产品发展相关政策，将有一定会议接待能力的乡村旅游区纳入政府采购范围。实施美丽乡村打造工程，培育盱城龙虾、淮扬美食、高沟今世缘、蒋坝河工风情、码头历史文化等特色旅游小镇。

6.**强化旅游发展引导机制**。各级财政要大力支持旅游发展，实现财政投入的稳步增长。鼓励支持集体土地参与旅游开发，在土地供应上适当增加并优先保障旅游业发展。出台航空旅游融合发展和游客招徕政策，对有一定市场影响力的旅游品牌创建形成引导机制。放宽旅游市场限制，简化出入境手续，积极争取落地签、过境免签等政策落地，争创台湾自由行城市。学习复制广州等旅游综合改革试点市经验，争创自由贸易试验区或部分实施自由贸易试验区开放政策。

（三）改革创新旅游公共服务体制

7.**创新公共服务产品供给体系**。创新旅游公共服务方式，以政府补贴、政策引导吸引社会资本参与公共旅游产品建设。强化旅游停车场建设，国家3A级以上景区（含3A）全部完成生态化停车场改建。深化景区内部交通建设，开通重点景区公交专线和洪泽湖、淮河、运河等水上游线。深入开展旅游厕所革命，根据景区实际和游客需求合理建设旅游厕所，全市4A级以上（含4A）旅游景区、市级以上（含市级）旅游度假区、四星级以上（含四星级）乡村旅游区旅游厕所全部达到A级以上标准，引导鼓励社会厕所免费对外开放。提升景区自助服务水平，重点景区实现自助语音导览、免费Wi-Fi全覆盖和产品网络预订。

8.**加快打造三级旅游集散体系**。建设高铁站、环洪泽湖旅游圈等两个一级旅游集散中心，盱眙、涟水、金湖、里运河、白马湖5个二级旅游集散中心，三级旅游集散中心（淮乡驿站）基本满足游客需求。加快环洪泽湖旅游大道（330省道）、环白马湖大道建设，打通两湖间的快速通道。推进绿色公路、自驾风景廊道、骑行绿道、游步道等旅游道路建设，形成串联重要交通节点、重要景区景点、重大旅游项目的全域旅游环线。

9.**加快形成旅游服务标准体系**。推动旅游标准化进程，统一淮安旅游标志标识，建立A级景区承载量、舒适度等服务信息发布机制，积极创建旅游标准化城市。重点规范乡村旅游、乡村民宿、工业旅游等新兴业态管理，提升其在管理、品牌、诚信、服务等方面的水平。提升旅游从业人员素质，优化整体服务水平。通过电子平台、游览工具、住宿设施等，形成集散中心、酒店、交通工具等不同区域的旅游导览体系。

（四）改革创新旅游市场监管机制

10.**统一旅游投诉受理机制**。建立游客投诉受理平台，将旅游咨询投诉热线接入市政府12345平台，创新处理工作机制，实现旅游投诉处理的部门联动。整合全市在线涉旅服务资源，推进重点景区和交通客运站点等重点涉旅区域旅游咨询投诉全覆盖，建立网络舆情监测和快速反应机制。

11.**强化旅游执法监管机制**。创新旅游市场监管方式，探索形成有效的日常执法机制，各县区要强化旅游综合执法，在人流量大的热门景区，设立旅游综合执法大厅，由相关部门派驻工作人员。积极推进在有条件的景区设立管委会，推动天泉湖、老子山、白马湖等景区、镇区合一管理。有条件、有必要的县（区）可先行先试设立旅游专项管理机构。

12. **改革旅游市场监督机制**。建立常态化市场监督机制，引导广大游客、旅游监督员、行业协会和专业服务机构参与旅游市场监督。利用国家级和省级旅游志愿者平台，引导广大市民加入旅游志愿者队伍。在各类媒体、旅游场所开展旅游宣传，通过事前公益宣传、行前组团社培训、行中地接社提醒等环节，提升旅游者签约组团、办证通关、交通运输、旅途行程等关键环节的权益意识，主动参与旅游市场监督。

（五）改革创新旅游投融资体制

13.**丰富旅游投资融资渠道**。大力开展PPP模式创新，吸引社会资本投资、建设、运营旅游项目。探索设立市旅游产业发展基金，优先为旅游中小企业开展贷款服务，撬动旅游项目建设。鼓励和支持淮扬菜集团、淮州集团、西游集团等大型旅游企业，通过上市、发行债券、资产重组、股权转让、私募基金、风险投资基金、产权交易、经营权抵（质）押等方式进行投融资。

（六）探索创新旅游发展市场机制

14.**增强市场主体发展活力**。理顺景区管理体制，强化管理制度创新，加强景区统筹管理力度，鼓励有条件的景区通过委托营运等方式实行“三权分离”（所有权、管理权、经营权）。按照《公司法》及有关规定，组建淮安市旅游控股集团，以市场化方式，参与市区范围内旅游资源和产品的开发建设、生产经营和管理服务，保证授权国有资产的正常营运和保值增值。打破地方保护主义，通过旅游要素的市场化改革，推动旅游要素的自由流动，提升旅游市场化程度，营造公平公正高效的市场经营环境。

15.**统一筹划旅游营销推介**。围绕旅游目的地形成，统筹全市旅游市场营销。围绕航空旅游、高铁旅游深度融合，策划开展沿线城市联合营销。在港、澳、台、日、韩等地举办旅游推介会，加大入境游组织力度。鼓励旅游景区、旅行社、旅游饭店、旅游客运企业、旅游餐馆等联动营销，积极争取承办各类会展赛事，努力发展会展旅游和体育旅游。重推淮安旅游主题游、节庆游、精品线，在江苏旅游新三角、南京都市圈、长三角城市群、运河沿线城市联盟、淮河生态经济带等区域形成来淮旅游的客源地。

（七）探索旅游目的地建设政策体系

16.**探索社会资源二次开发**。创新相关制度，有效利用现有社会资源，完善旅游功能，形成新的旅游产品体系。实施旅游+农业、文化、康养、商贸、工业等发展战略，积极推动金湖水上森林度假区等创建省自驾游基地，涟水天宫云锦等工业企业积极创建省工业旅游区。借助文化名城优势，培育旅游创客，加快发展红色旅游、文创旅游、研学旅游、康养旅游、商务购物游等旅游业态，打造全要素旅游产业链。强化旅游品牌意识，鼓励引导经营主体积极开展商标注册和品牌保护工作，加大旅游商品纪念品开发力度，打造一批全国驰名、全省著名和全市知名的旅游品牌。

17.**探索旅游业与科技融合方式**。通过现代化科技手段助推旅游业转型升级，开拓“旅游+互联网”新模式，在信息通信技术和互联网平台利用方面，取得新突破，进一步激发旅游领域“大众创业、万众创新”的活力。与同程网、春秋国旅等深度合作，建立线上线下多维立体营销平台。

18.**优化数据支撑发展能力**。建立健全淮安市旅游数据平台，形成涵盖全市4A级以上（含4A）旅游景区、市级以上（含市级）旅游度假区、四星级以上（含四星）乡村旅游区的数据采集体系，建设旅游数据分析系统，为淮安旅游业科学发展提供大数据支撑。

五、实施步骤

（一）全面启动阶段（2016年）

制订并下发《淮安市国家级旅游业改革创新先行区工作实施方案》。开展旅游业改革创新先行区相关课题研究，编制并启动实施《淮安市旅游业发展“三年行动”方案》，在重点景区打造、特色旅游小镇培育、全域旅游创建、改革创新深化、智慧旅游建设、旅游人才培养等方面先行先试。

（二）重点推进阶段（2017年）

根据实施方案，围绕重点目标，强化措施落实，深入推进各项改革工作，初步建立支撑旅游业改革创新先行区工作的政策体系和体制机制框架，基本形成健全的旅游协调发展机制、完善的现代产业体系和跨部门、跨行业、跨区域的“齐抓共建”工作格局。形成较为完善的旅游发展引导机制，指导推动全域旅游示范区创建，旅游转型升级取得突破性进展，旅游业改革创新成效明显。

（三）总结提升阶段（2018年）

全面落实各项改革措施，完成旅游业改革创新先行区的目标任务，建成基本完善、常态运行、行之有效的旅游管理体制、市场运营机制、旅游投融资机制、市场监管机制和公共服务体制，基本建成旅游经济名市，形成淮安特色、全域示范的旅游发展成果和改革经验，为全国旅游业改革与发展提供借鉴和参考。

六、保障措施

（一）强化组织领导

成立淮安市国家级旅游业改革创新先行区工作领导小组，指导和协调旅游业改革创新先行区创建工作，研究解决改革中的重大问题。领导小组下设办公室，具体负责各项工作的组织实施与督查评估。各县（区）成立相应的领导和工作机构，确保目标任务和各项措施的落实。

（二）落实工作责任

加大对旅游业改革创新先行区工作的督促检查，将主要任务分解到各县区、各部门，对实施方案与目标任务年度执行情况进行综合评估，考评结果纳入年终考核目标。

（三）加大政策扶持

落实国家有关优惠政策，制定《关于推进旅游业供给侧结构性改革促进旅游投资与消费的意见》，明确扶持配套政策与引导资金，引导旅游企业加快发展。

（四）重视人才保障

举办旅游人才专场招聘会、供需恳谈会，借才引智加快淮安旅游发展。实施旅游人才培养计划，推动旅游人才队伍建设。抓好旅游管理人员和从业人员的培训，打造金牌导游队伍，创新导游员等级与薪资挂钩机制。

中共连云港市委文件

连发〔2016〕29号

中共连云港市委　连云港市人民政府
关于印发《连云港市国家级旅游业改革创新先行区工作实施方案》的通知

各县区委、人民政府，市委各部委，市各委办局，市各直属单位：

《连云港市国家级旅游业改革创新先行区工作实施方案》已经市委、市政府研究同意，现印发给你们，请结合实际认真组织实施。

中共连云港市委

连云港市人民政府

2016年8月10日

连云港市国家级旅游业改革创新先行区工作实施方案

为深入贯彻落实《国务院关于促进旅游业改革发展的若干意见》（国发〔2014〕31号）精神，加快我市旅游产业发展，充分发挥旅游业在稳增长、调结构、促改革、惠民生等方面的重要作用，根据国家旅游局《旅游业改革创新先行区工作方案》的总体要求和主要任务，结合连云港市旅游发展现状，制订本方案。

一、指导思想

全面贯彻党的十八大和十八届三中、四中、五中全会精神，以邓小平理论、“三个代表”重要思想、科学发展观为指导，深入贯彻习近平总书记系列重要讲话精神，坚持深化改革、融合发展、以人为本，创新统筹职能、创新政策措施、创新产业引导，加快转变旅游发展方式，探索建立更具活力的旅游管理体制、经营运行机制和转型升级新模式，把旅游业培育成为国民经济战略性支柱产业和人民群众更加满意的现代服务业，加快实现由旅游资源大市向旅游经济强市的跨越。

二、总体目标

努力破除制约旅游业发展的体制机制障碍，构建充满活力、富有效率、更加开放、适应旅游业综合性产业特征的体制机制，大力推进资源整合、城市推广、项目建设、市场营销、服务提升和产业融合，实现旅游业由门票经济向产业经济转变，由以观光旅游为主向观光、休闲、度假并重转变，由数量型增长方式向数量与质量并重型转变，建成旅游促进经济社会全面发展的典范城市和宜居宜游的海滨休闲旅游目的地。

三、基本原则

坚持政府引导与市场推进相结合，更加注重利用市场机制促进旅游发展；坚持规模增长与结构优化相结合，更加注重提升旅游经济质量；坚持主业提升与融合发展相结合，更加注重培育旅游新业态；坚持入境旅游与国内旅游相结合，更加注重旅游拉动消费；坚持产业发展与旅游惠民相结合，更加注重提高旅游综合效益。

四、主要任务

（一）改革旅游管理体制，建立高效运转模式

1.改革旅游行政管理体制。建立统一高效、权责明确、整体联动的旅游工作领导协调机制，在市旅游局的基础上组建市旅游委员会，作为市政府组成部门，负责全市旅游发展的组织协调和管理。在原市旅游局职责基础上，强化和增加统筹产业发展、整合旅游资源、推进旅游目的地体系和旅游公共服务体系建设、协调旅游消费政策等职责，即明确“战略规划、产业政策、综合协调、市场培育、公共服务、行业监管”六大职能，推动旅游管理体制由传统的行业指导向产业统筹转变。

加强市政府主要领导牵头的旅游工作领导小组对旅游业发展的组织领导，建立常规的会议、联络机制，研究协调、安排部署旅游发展中的重要问题、重大事项和重点工程，建立“统一领导、各负其责、齐抓共建、高效协调”的旅游工作机制。

2.改革旅游经营和投融资机制。按照市委、市政府《关于市属国有企业改革重组的意见》（连发〔2015〕29号）要求，组建市级旅游控股集团，整合优质旅游资源进行资本运作，打造专业化、规模化的旅游投资运行载体。旅游控股集团隶属市政府，是由市政府按照《公司法》及有关规定组建，并授权经营国有旅游资产的国有控股公司，是从事旅游项目的投资、建设、运营及管理的国有资产授权投资主体。旅游控股集团主要负责市区范围内旅游资源和产品的开发建设、生产经营和管理服务，保证授权国有资产的正常营运和保值增值；积极开展招商引资，吸纳和引进社会资本实施旅游项目的开发建设，其业务经营范围涵盖食、住、行、游、购、娱等旅游要素。旅游控股集团按照现代企业制度，以资本为纽带，建立公司法人治理结构。花果山景区、孔望山景区、桃花涧景区、渔湾景区等及所属企事业单位的国有净资产、国有股权（含市直相关单位所属宾馆饭店、旅行社）等国有旅游资产以无偿划转或投资入股等方式注入市旅游控股集团。公司依法自主经营，独立核算，自负盈亏。旅游控股集团董事会、监事会、经理层按《公司法》要求和现行企业干部管理规定产生。公司根据运营需要建立相应的内设机构。

3.改革旅游发展引导机制。设立市旅游产业发展基金，优先为旅游中小企业开展贷款担保业务提供有效服务。建立和完善融资体系，鼓励和支持旅游企业创造条件上市融资、发行企业债券，或通过资产重组、股权转让、私募基金、风险投资基金、公开募股、旅游产权交易所、经营权抵（质）押等方式进行投融资。

4.改革旅游公共服务机制。建立以市场和游客为导向，以城市为中心，城市建设和

旅游需求相结合的旅游公共设施与服务供给机制。以政府直接补贴、政策倾斜引导等方式，吸引社会力量和民间资本参与以城市游憩设施、旅游公厕和环卫设施等为主要内容的公共旅游产品，以智慧旅游为方向的旅游信息系统和游客咨询中心，以旅游道路、公共交通、车辆租赁、自驾车服务、自行车服务等为核心的旅游交通体系建设，创新旅游公共设施和服务盈利模式，解决好旅游公共服务运营难题。

5.**改革完善旅游综合监管机制**。建立健全旅游执法机构，强化旅游质监执法队伍建设，承担全面受理旅游投诉、开展旅游服务质量现场检查和旅游行政执法工作。加强对全市旅游规划、建设的监督检查。抽调公安、工商、城管、交通、海事、物价、食品卫生、旅游等部门业务骨干，组成旅游联合执法办公室，加强对旅游市场秩序的监管和旅游投诉的查处，严厉打击各种违法违规行为。

6.**改革旅游行业管理体制**。加快旅游行业协会改革，强化旅游协会的行业指导、自律、维权等功能。加快旅游行业利益分配机制改革，建立健全旅游企业和从业人员资格准入与淘汰机制、导游薪酬及社保机制和旅游佣金收受机制。实施以景区门票价格为核心的旅游价格体制改革，完善旅游价格形成、运行、管理和监督机制，全面推行电子门票管理系统和景区门票预约制度，对景区实行最大承载量控制。

（二）创新旅游经营机制，强化市场配置功能

1.**加快旅游企业市场化改革**。大力推进以旅行社、旅游运输企业和旅游产品企业为重点的旅游企业改革，全面建立现代企业制度。引导行政、事业单位性质的景区向企业化过渡，实行“政企分开、产权清晰、投资多元、自负盈亏”的经营机制，以所有权、管理权和经营权分离为突破口，推进景区企业化经营、市场化运作，打造符合现代企业制度的经营实体和市场主体，鼓励社会资本参与旅游产业发展。积极培育壮大市场主体，鼓励发展专业旅游经营机构，推动优势旅游企业实施跨地区、跨行业、跨所有制兼并重组，打造跨界融合的产业集团和产业联盟。建立促进旅游企业提高竞争力的激励机制，支持旅游企业做大做强。引进和培育一批大型旅游企业集团，打造一批旅游企业品牌。鼓励旅游景区、旅行社、旅游饭店、旅游客运企业、旅游餐馆、旅游索道公司等组建经营联合体，支持跨领域的大型旅游企业加快发展，培育壮大乡村旅游中介服务组织。支持市内旅游企业到重要客源地设立分支机构。

2.**创新旅游宣传营销机制**。完善政府主导、企业主体、市场运作的旅游宣传营销机制，突出连云港山海文化、西游文化的特色，塑造连云港旅游形象。探索建立“政企联手、部门联合、区域联盟、上下联动”的旅游推广机制，注重城市旅游形象的整体营销、景区产品的营销和旅行社线路营销的有机结合，探索旅游营销服务外包。深化对日韩、中国港澳台、欧美等国家和地区的境外旅游推广和营销，加强对陆桥沿线、长三角、珠三角、环渤海等地区城市推广力度，不断扩大连云港市旅游客源地。积极争取承办国际性、全国性和区域性会议、展览、赛事等大型活动，努力发展会展旅游和体育旅

游。推进旅游营销国际化，加强与国际航空公司、客源国旅行社的合作。

3.**促进旅游服务标准化**。完善民宿等家庭旅馆管理，统一标准和服务，提升接待水平和规模，增强竞争力。重点推进旅游饭店、旅游景区、旅游交通、旅行社、沙滩浴场、休闲农业以及旅游金融服务、信息咨询服务等相关行业标准和质量管理。通过全面开展标准化和旅游行业服务质量评价工作，推动旅游业向集约型、品牌化、效益型方向发展，提升旅游企业在管理、信誉、品牌、服务、理念等方面的"软实力"，为游客提供优质服务，打造理念先进、设施一流、服务优质的旅游品牌。

（三）坚持旅游带动战略，促进产业融合发展

1.**促进旅游产业集群集聚发展**。积极构建"一心"（西游之都旅游中心）、"两轴"（山海连云城市风情轴、沿海休闲度假发展轴）、"五区"（中部风韵海州旅游区、东部海洋生态旅游区、西部晶都汤城旅游区、北部田园风光旅游区、南部山水人文旅游区）的旅游空间发展格局。坚持注重特色、差异发展、强化功能、突出重点的原则，以做大做强旅游产品为目标，推动资源、资金、人才、技术向优势景区、优势地区集中，把旅游资源核心区打造成特色鲜明、功能完善、优势互补的旅游产业集聚区。着力建设花果山、连岛（海上云台山）、东海汤城晶都、海州古城等旅游产业集聚区。

2.**突出旅游提质发展现代服务业**。围绕旅游产业转型升级，大力发展现代物流、信息咨询、研发设计、商贸餐饮、金融保险、教育培训、体育会展和连锁、专卖、特许、电子商务等现代服务业。重点发展海洋服务业，加大海洋交通运输、海洋旅游和海洋渔业等主导产业和重点项目的建设力度，探索形成旅游与海洋产业融合发展模式，推进海洋文化创新。探索发展旅游金融业。加强旅游商品研发，推进特色鲜明、具有自主知识产权的民间传统手工艺品、特色食品、中草药保健品、白酒和水晶工艺等旅游商品开发，打造具有连云港特色的旅游商品品牌。实施"十百千"旅游商品开发行动计划，建设10个旅游商品生产基地和产业园区，培育100家旅游商品龙头企业，1000名"连云港名匠"和"连云港名创"。

3.**促进旅游惠农发展现代农业**。大力发展休闲农业（渔业），重点打造以现代农业为基础的观光产品，包括灌南现代农业示范园、赣榆海州湾现代渔业园区等；以农业、渔业生产方式为基础的农事体验产品，包括种植、采摘、认养、出海打鱼、渔家生活、海产品加工等；以渔业文化为基础的体验休闲产品，包括渔文化展馆、开渔节等节庆、渔俗主题活动，以及民间曲艺、本地土特产及美食等。加强果蔬、茶叶、水产养殖、食用菌、花卉苗木、中草药种植等特色产业发展，规划建设一批特色旅游小镇、生态休闲农庄、农业观光园和"名特优新"土特产品生产加工基地。加快发展乡村旅游，使农业产业与生态旅游充分融合，探索旅游扶贫新模式，促进旅游富农、旅游助农。

4.**推进旅游与文化融合**。坚持以文化元素充实旅游内容，提升旅游特色，以影视、展览等文化项目彰显旅游文化主题，同时通过旅游促进文化的研究、展示和传承，促进

动漫、创意、演艺等文化产业发展。深入挖掘景区特色文化内涵，丰富景区文化展现和体验方式。加大对本土历史文化、民俗风情等方面的研究，加强海州五大宫调、淮海戏、苏北大鼓、水晶雕刻等非物质文化遗产的传承与创新，大力发展水晶文化旅游，增强旅游的文化底蕴。强化对外交流与合作，继续办好"连云港之夏""西游记文化节""东海水晶节"等旅游节庆活动，扩大连云港旅游的知名度和影响力。

（四）转变旅游发展方式，加快旅游转型升级

1.**完善旅游产品体系**。加快旅游产品结构调整与转型，努力形成与国际旅游市场相适应的多元产品体系，正确引导和合理布局各类旅游产品开发及旅游项目建设，防止低水平重复开发和同质竞争。构建以观光旅游为基础，休闲度假旅游为主体，新型业态为特色的旅游产品体系，全力打造观光旅游、度假旅游、休闲旅游、文化旅游、红色旅游、体育旅游、工农业旅游、研学旅游等旅游业态。重点培育五大特色文化旅游：一是西游记文化旅游，以《西游记》为蓝本，以花果山、二郎神文化遗迹公园等为依托，打造中国西游记文化旅游体验区。二是祈福文化旅游，充分利用连云港作为佛教海上登陆地的历史渊源和海清寺、海宁禅寺、普照寺、石佛寺、孔望山摩崖石刻、法起寺、龙洞庵等旅游资源，打造"佛从海上来，法在此中生"的中国海天佛城。三是古城老街文化旅游，以海州古城、板浦古镇、连云古镇、民主路老街、海鲜美食街等历史文化资源为主线，打造特色购物和美食访古之旅。四是民俗文化旅游，以乡土文化丰富乡村旅游，积极保护和开发非物质文化遗产，强化地方文化、民俗传统、非物质文化遗产等特色元素在旅游各环节的融入与体现。五是徐福文化旅游，充分利用连云港作为徐福故里的文化资源，打造中日韩文化友好交流之旅。

2.**突出旅游品牌打造**。在旅游品牌打造上，突出五个重点。一是加快打造花果山西游文化旅游品牌。花果山景区以创建国家5A级旅游景区、国家森林公园为契机，大力整合渔湾、东磊、孔雀沟、丹霞等景区，实施山南、山北整体开发，完善旅游配套设施，推进西游主题演艺和游乐项目的开发，增强体验性、互动性产品，完善休闲度假功能，成为国内外著名的旅游胜地和全市旅游业跨越发展的强劲引擎。二是加快打造高端海洋休闲度假品牌。以连云新城为依托，以连岛旅游度假区、海州湾国家海洋公园、山海景观轴等为重点，保护性利用秦山岛、竹岛、开山岛、前三岛，整合陆域和近岸海域、海岛、渔村，打造沿海观光带，加快建设主题度假酒店、游艇俱乐部、海上体育运动中心等海洋旅游项目，培育国际邮轮挂靠港。连岛以创建国际海岛旅游目的地为目标，推进度假设施和功能建设，着力打造国内著名、国际知名的中国东方国际旅游岛，带动全市休闲度假旅游的快速发展。三是注重打造东海养生休闲旅游品牌。整合和完善东海西双湖景区、东海水晶城、水晶文化创意产业园和水晶博物馆的旅游功能，推进5A级景区创建，大力发展水晶创意文化产业，形成独具特色的水晶工艺和购物目的地。温泉旅游度假区以创建国家级旅游度假区为目标，提升开发建设层次，完善旅游配套功能，建设独具风情、主题突出、特色鲜明的温泉休闲旅游小镇。同时，辐射带动李埝生态旅游度假区的

发展。四是加快打造海上云台山生态旅游品牌。大力推进海上云台山、连云古镇创建国家5A级旅游景区和生态旅游示范区，整合区内宿城船山、保驾山、枫树湾等旅游资源，统筹规划和建设，繁荣古镇市场，完善商业业态，培育生态观光和休闲购物旅游产品，实现连云古镇、港口、海上云台山旅游片区的联动开发与运营，成为全市旅游发展新增长极和区域旅游新亮点。五是加快打造锦屏山文化体验旅游品牌。实施锦屏山片区旅游综合开发，编制锦屏山旅游策划和开发规划，依托孔望山、石棚山、桃花涧、海州古城、板浦古镇、蔷薇湖等，构筑“古城山水”旅游格局，打造文化旅游、休闲旅游品牌。

3.**大力发展旅游新业态**。精心打造海滨休闲旅游、海洋生态旅游、邮轮旅游、会展旅游、康体疗养旅游、购物游、房车、露营地旅游和其他特色旅游产品，逐步提高“滨海度假、邮轮游艇、免税购物、温泉疗养”等核心旅游吸引物在游客中的认知度。在特殊海洋生态景观、历史文化遗迹、独特地质地貌景观及周边海域建立海洋保护区，依托海州湾国家级海洋公园、海州湾国家级海洋特别保护区、前三岛省级海珍品自然保护区、海州湾国家级海洋牧场等海洋保护区，适度开发潜水、垂钓、海底观光、海上休闲运动等旅游产品。积极引进境外大型邮轮公司在连云港注册设立经营性机构，吸引国内大公司在连云港设立邮轮公司。通过开发入境和出境邮轮旅游产品，推进邮轮挂靠港建设，为邮轮游艇提供更加便利快捷的通关手续；逐步建设完善游艇基础设施，在主要海域预留旅游航运通道和游艇码头发展空间；完善游艇管理办法，适当扩大开放水域，培育发展游艇俱乐部。积极发展与旅游相适应的多层次商业零售业态，建立大型品牌直销购物中心，打造连云港“国际购物中心”品牌。积极设立“免税店”，制定境外旅客购物离境退税管理办法。发挥落地签证政策优势，大力发展入境旅游。

4.**推动旅游可持续发展**。推进旅游发展由资源消耗型向绿色低碳、节能环保的可持续发展方式转变。整合全市旅游资源，加强对旅游资源的保护与开发，保持景区的公共资源属性。改善海洋生态环境和海水质量，近岸海域水质达标率达到70%。建立连云港市生态补偿机制。发展绿色低碳循环经济，鼓励引导星级饭店、A级景区、生态旅游示范区等旅游企业开展绿色经营，推广应用清洁生产、节能减排技术和产品。推进国家级、省级生态旅游示范区创建工作。

（五）完善旅游服务体系，优化旅游发展环境

1.**实施智慧旅游建设工程**。积极发展智慧旅游，建设全市旅游大数据和应急指挥中心，建成客流统计分析系统及智能监控系统，实现对游客流量的自动监测和实时数据统计分析，为旅游宣传推广、旺季游客分流和政府决策提供有力支持。搭建旅游资讯公众服务信息化平台和旅游咨询服务平台，整合全市旅游网站、微博、微信、微视频和客户端App等资源，实现智慧景区、智慧酒店、网络预订、电子导游、客流预警、安全监管等网络化运行，推进涉旅重点区域、重点景区、重点路段旅游咨询服务全覆盖，为游客出行提供便利。加强网络宣传和旅游活动的组织策划，建立涉旅网络舆情监测和引导机

制，整合旅游企业在线服务资源，不断强化网络在旅游产业发展中的宣传功能、引导功能和服务功能。

2.**实施公共服务提升工程**。注重城市旅游功能的合理配置，推进城市建设与旅游设施建设的一体化发展。加快推进旅游线路、旅游目的地和旅游景区游客服务中心、游客休息站等公共服务设施体系建设。完善旅游道路、旅游交通标识、景区停车场、旅游公厕等基础设施建设。加快区域性国际旅游港建设，努力增开日韩海上旅游航线，增加连云港入境旅游线路。加快旅游咨询服务体系建设，在主城区设咨询总站、各县区设分站、旅游企业设咨询点，统一规划设计，统一服务方式，统一运营模式，形成综合的旅游信息网络，提高公共服务效率，实现对游客的信息化高质量服务。推进旅游集散体系建设，集游客服务中心、票务预订中心、游客客运中心、旅游纪念品展销中心和旅游品牌推广中心等功能于一体。探索通过财政补贴、PPP模式、特许经营等方式支持并引导社会力量参与旅游公共服务设施的建设、经营和管理。

3.**实施畅游港城便捷工程**。构建以高等级公路、铁路、航空为主体的快速通道，加快综合交通枢纽工程建设，围绕旅游完善以公路、铁路、航空和绿道为支撑的交通通达系统，打通断头路，形成旅游环线和多通道，构建"快旅慢游、便捷安全、无缝换乘"的旅游立体交通体系。进一步健全完善全市旅游交通规划，分期分批拓宽出新或新建城区通往市区各主要景区的道路，完善城市道路旅游标识标牌系统。通过港城BRT、海滨大道、环云台山大道、临海高等级公路等建设，实现景区路网与交通骨干网对接，形成完善的旅游公路网络体系，构建"全域旅游1小时通达圈"。加强旅游公交的配置和管理，保持各旅游专线直达公交车的常态运行，根据季节和游客需求建立交通调节机制，旺季增开、淡季减运。加强对重点旅游景区周边和沿途环境卫生的整治以及车辆停放的管理，营造文明、有序、整洁的旅游环境。开通海上交通环线，实现海上观光游览的公交化运营，将连云港海洋旅游由海岸线状分布扩充为近海海域的面状布局。

4.**实施文明旅游联创工程**。加强文明旅游舆论宣传，新闻媒体设置专题专栏传播文明旅游理念和知识，曝光不文明旅游行为。推动建立旅游行业文明信用体系，并逐步纳入社会征信系统。在各类媒体媒介、旅游重点场所开展文明旅游公益宣传。组织旅行社领队和导游培训，抓好签约组团、办证通关、交通运输、旅途行程等关键环节的文明旅游引导和宣传。把文明旅游和旅游安全教育纳入中小学地方课程。积极开办市民学校，加强文明礼仪、守法诚信、公共秩序、社会服务、安全逃生等教育培训，不断提高市民文明素质和社会文明程度。深入开展"文明连云港"志愿服务行动等活动。

五、实施步骤

（一）启动实施阶段

2016年，制订并下发《连云港市国家级旅游业改革创新先行区工作实施方案》，召开全市旅游业改革创新先行区工作动员大会，进行全面部署。开展旅游业改革创新先行区相关课题研究，实施一批旅游综合配套重大项目，在旅游管理体制调整和旅游经营机制改革、旅游联合执法、旅游公交运行、导游薪酬及保障机制等方面率先突破实施。

（二）全面推进阶段

2017年，围绕改革任务，明确目标，强化措施，落实责任，全面深入推进各项改革工作，初步建立支撑旅游业改革创新先行区工作的政策体系和体制机制框架，基本形成健全的旅游协调发展机制、完善的现代产业体系和跨部门、跨行业、跨区域的“齐抓共建”工作格局，建成一批重大旅游项目，旅游转型升级取得突破性进展，旅游业改革创新明显见效。

（三）巩固提升阶段

2018年，完成旅游业改革创新先行区的目标任务，建立完善高效的旅游管理体制、市场经营机制、旅游投融资机制、市场监管机制和公共服务体制，基本建成旅游经济强市，形成特色鲜明、示范性强的旅游发展成果和改革经验，为全国旅游业改革与发展提供借鉴和参考。

六、保障措施

（一）加强组织领导

成立市委、市政府主要领导任组长的连云港市国家级旅游业改革创新先行区工作领导小组，指导和协调旅游业改革创新先行区工作，研究解决改革中的重大问题。领导小组下设办公室，具体负责各项工作的组织实施与督查考核。组建专家顾问团队，建立市联席会议制度。各县区和市直有关部门成立相应的领导和工作机构，确保目标任务和各项措施的落实。

（二）严格责任考核

加大对旅游业改革创新先行区工作的督促检查，将旅游业改革创新的主要任务分解到各县区、各部门，对实施方案与目标任务年度执行情况进行综合考核，强化问责问效，及时发现和协调解决改革中存在的突出问题。

（三）完善政策支持

努力争取上级对连云港市旅游业改革创新先行区的政策支持，重点争取产业发展政策和商品免税、境外游客离境退税等特殊政策，进一步完善有利于旅游业发展的政策环境。积极争取中央和省在旅游项目用地指标、财税减免、生态补偿、旅游新业态、国际口岸开通和航线补助、旅游行政审批权下放等方面的政策支持。制定完善或优先落实支持旅游改革和发展的政策，重点在财政金融、土地利用、税收优惠、环境保护、生态建设和机构人员等方面给予扶持。

（四）强化人才保障

制定旅游人才培养规划，依托并扶持现有高校、各类职业技术学校建立旅游人才培训基地，优化旅游及相关专业设置，推动旅游人才队伍建设。抓好旅游管理人员和从业人员的培训。加强导游队伍建设，推进导游考试、培训、管理体制机制改革，探索导游职称制度、导游职级、服务职能与报酬相匹配的激励机制，健全导游、领队进入和退出机制。建设旅游人才供需平台，举办旅游人才专场招聘会、供需恳谈会，积极引进旅游及相关产业高层次经营管理人才和行业领军人才。建立旅游专家库和旅游研究机构，加强旅游工作理论研究，推进旅游产学研相结合。

中共湖州市委办公室文件

湖委办〔2016〕65号

中共湖州市委办公室　湖州市人民政府办公室关于印发《湖州市国家级旅游业改革创新先行区建设实施方案》《湖州市国家全域旅游示范区创建实施方案》的通知

各县（区）委、县（区）人民政府，市直属各单位：

《湖州市国家级旅游业改革创新先行区建设实施方案》《湖州市国家全域旅游示范区创建实施方案》已经市委、市政府同意，现印发给你们，请结合实际认真贯彻执行。

中共湖州市委办公室

湖州市人民政府办公室

2016年11月26日

湖州市国家级旅游业改革创新先行区建设实施方案

为加快湖州市国际生态休闲度假城市建设，全面推进国家级旅游业改革创新先行区建设，根据《国家旅游局关于公布首批国家级旅游业改革创新先行区的通知》（旅发〔2015〕270号）精神，制订本实施方案。

一、总体目标

围绕国家旅游局关于国家级旅游业改革创新先行区建设的总体要求，坚持问题导向，把握改革创新重点，力求在旅游业产业定位、旅游综合管理体制、旅游业发展引导机制、旅游公共服务体制、旅游市场监管机制、景区管理体制、门票预约制度、区域协调发展体制、考核评价体系、旅游目的地建设政策体系十大领域先行先试、走在前列，真正为全国旅游业发展提供可借鉴、可复制的经验。

二、重点任务

（一）改革创新旅游业产业定位

各级党委、政府要高度重视旅游业在国民经济和现代服务业中的重要带动作用，加大对旅游产业的培育和扶持力度，加快将旅游业培育成为全市国民经济的重点主导产业、现代服务业的龙头产业和总收入超千亿的大产业。力争到2020年，旅游业增加值突破300亿元，旅游业增加值占GDP比重达到10%，旅游业增加值占服务业增加值比重达到20%。

责任单位：市旅游委、市发改委、市统计局；重点试点县区：安吉县。

（二）改革创新旅游综合管理体制

1.建立大旅游委管理体系。强化统筹，建立健全统一高效、权责明确、整体联动的旅游委协调机制，构建起“统筹规划、统筹产业、统筹管理、统筹考核、统筹营销”的大旅游委框架体系，使之成为政府重要综合统筹协调管理部门。

2.建立联席会议机制。完善旅游发展领导小组及联席会议职能，逐步提升在旅游行业管理、综合协调、产业促进等方面的主导地位，强化协调旅游、财政、建设、国土资源、农业、林业、水利、文化、民宗、体育、环保等部门的职能，实现从单一的行业管理模式向综合性产业培育和管理职能一体化模式转变。

3.提升旅游委统筹职能。实行相关部门负责人兼任旅游委副主任的方式，逐步提升旅游委的统筹协调职能，确保在产业促进、行业监管、旅游规划、项目预审和综合协调等职能中发挥核心作用。

4.提升旅游委覆盖范围。已成立旅游委的县要加大改革深化力度，确保旅游委真正发挥综合协调作用。有条件的区要加快组建旅游委员会，有条件的乡镇可以建立有关旅游发展的议事协调机构，加强对旅游业的统筹协调。

责任单位：市旅游委、市委组织部、市编委办；重点试点县区：安吉县。

（三）改革创新旅游业发展引导机制

结合大众旅游时代和市场消费升级的需求，创新地方政府资金、资源、规划、公共服务等引导旅游业发展的新模式、新机制，推进旅游供给侧结构改革。

1.完善政策体系。全面落实职工带薪休假和疗休养制度，逐步完善产业引导政策，创新土地、财政、金融、人才、技术等政策措施，构建市、县区、乡镇、村四级旅游政策体系。注重挖掘旅游消费新热点，加大对乡村旅游、滨湖度假两大主体业态和生态旅游、工业旅游、文化旅游等特色业态及健康养生、情感旅游、研学旅游等新兴业态的扶持力度。

2.强化资金引导。加大对旅游发展的财政支持，创新财政扶持旅游产业发展方式，逐步从单一的专项资金补助向以产业基金引导为主、专项补助为辅的模式转变，强化对旅游重大项目、重点工程、重大平台、重点产业、重大政策、重点要素等旅游“六重”的引导和支持。

3.有效整合资源。有效整合全市旅游资源，优化提升“三带十区”空间布局新体系，确保统一规划、统一营销，真正实现旅游发展“一盘棋”。

4.有效盘活资源。依托市旅游集团等一批大型旅游集团，盘活存量，激活市场，强化对古村落、旧厂房、生态环境等潜在旅游资源的开发和利用，变存量为增量，打造新的经济增长点。

责任单位：市旅游委、市经信委、市财政局、市规划局、市农业局、市林业局、市环保局、市国资委、市旅游集团等；重点试点县区：德清县。

（四）改革创新旅游公共服务体制

1.创新旅游公共服务方式。建设以旅游公共信息咨询服务、旅游安全保障服务、旅游交通便捷服务、旅游便民惠民服务、旅游行政服务五大类旅游公共服务为主体的体系完善、规范标准、覆盖广泛的旅游公共服务体系，建设完善旅游公共服务中心和旅游管理中心。

2.**完善公共服务设施建设、运营和维护机制**。加快湖州旅游公共服务（集散）中心建设，加大各县区重点旅游乡镇旅游公共服务（集散）中心的建设力度，抓紧建设省级以上旅游度假区、乡村旅游集聚示范区、重点景区、特色小镇和旅游综合体的游客中心，构筑市、县区、乡镇、旅游区“四位一体”旅游公共服务体系。

3.**提升公共服务水平**。重点抓好厕所革命、环境卫生、公共交通、公共信息、气象服务等旅游公共设施和服务体系建设。全面提升全市住宿、餐饮、娱乐、购物、导游、旅游客运和智慧旅游等接待服务水平，重点建设休闲绿道、示范厕所，探索运营机制，形成便捷、舒适、安全、高效的城市旅游公共服务。

责任单位：市旅游委、市发改委、市建设局、市交通运输局、市商务局、市综合执法局、市国资委、市气象局等；重点试点县区：德清县。

（五）改革创新旅游市场监管机制

1.**健全执法机构**。全面提升旅游综合执法功能和水平，完善市旅游行政执法支队，加强县区旅游行政执法力量建设，逐步构建市、县区、乡镇三级综合行政执法和综合监管体系。积极探索“1+3+N”“五位一体”旅游综合执法体系，即“综合行政执法+旅游警察+市场监管旅游分局+旅游流动合议庭+N”。健全市、县区旅游行政执法联动机制，实现旅游执法专业化、旅游政策信息化、旅游普法常态化，切实强化旅游市场监督管理，保障旅游市场可持续健康发展。

2.**完善执法制度**。依据《中华人民共和国旅游法》，进一步完善并全面落实《湖州市旅游度假区提升与管理办法》《关于加快提升旅游景区建设与管理的实施意见》《湖州市旅游饭店提升与管理办法》《湖州市旅行社培大育强实施意见》《湖州市旅游商品示范企业建设与管理办法》《湖州旅游休闲娱乐企业提升与管理实施意见》等，强化对旅游度假区、旅游饭店、旅行社、旅游商品企业、旅游客运企业、乡村旅游企业和特色旅游小镇（风情小镇）等行业监管力度，探索推出督办制度、旅游市场秩序综合评价制度、服务等级退出制度和旅游目的地警示制度，健全访查、约谈、“黑名单”和满意度调查等制度，改善旅游消费环境。漂流、民宿、购物旅游、房车营地等涉旅新兴业态均由旅游执法队伍统筹管理。

3.**加大执法力度**。对管理不善、市场秩序混乱的旅游企业进行规范整治，对整治后仍达不到标准要求的作降级或摘牌处理，探索旅游经营主体晋级和淘汰机制。联合市场监管部门开展景区食品安全专项检查，将食品安全量化等级（或食品安全管理状况）作为涉旅食品生产经营单位的各类评定条件之一。

责任单位：市旅游委、市公安局、市市场监管局、市中级人民法院；重点试点县区：长兴县、安吉县。

（六）改革创新景区管理体制

1.**探索景区一体化管理模式**。有效破解多元主体共存下旅游度假区和旅游景区现行管理体制中存在的问题，重点解决管理权限不明、条块分割等问题，探索旅游度假区和旅游景区一体化管理的有效模式。

2.**探索景区两权分离改革路径**。实行经营权和管理权有效分离，建立管委会、景区运作管理公司和旅游项目投资主体“三位一体”管理和运作模式。结合旅游度假区和景区自身发展情况及所有者的核心诉求，引入优秀管理和营销团队，探索景区全面委托管理类、营销托管类、资本管理类等市场化运作方式。

3.**探索景区备案考核制度**。强化对景区的有效管理，引入景区管理标准化流程和备案制度，由旅游主管部门对景区接待服务环境、景区安全情况、景区工作人员情况等进行全面评价。景区备案后，每年由旅游主管部门进行一次考核，主要考核依法经营、资源保护与开发、配套设施、安全生产等情况。

责任单位：市旅游委；重点试点县区：长兴县。

（七）改革创新门票预约制度

以旅游大数据中心为基础，推进智慧旅游体系建设，引导旅游景区运用智慧旅游手段，建立门票预约和流量控制制度、景区拥挤程度预测机制和旅游舒适度评价机制，建立游客实时评价的旅游景区动态评价机制。

1.**构筑多功能智慧服务和管理平台**。建立全国性景区门票预约网络平台，逐步实现景区窗口、移动电商、微信售票、电商网站、自动售票机等多途径购票。通过平台及时发布客流量、停车位容量、宾馆容量等旅游信息，并对热点线路和景区进行旅游预警，为游客预约门票提供便捷服务。

2.**科学评价景区承载力**。综合道路、宾馆、停车场、环境承载力等要素，科学评估景区游客容量，完善景区最大承载量核定和预警机制。

3.**建立有效的门票预约监管机制**。完善预付费机制，确保游客公平有效预约，平衡游客与景区间的利益关系。

责任单位：市旅游委、市公安局；重点试点县区：南浔区。

（八）改革创新区域协调发展体制

1.**建立国际国内旅游合作机制**。建立以“一带一路”为重点，联动长三角、环太湖、杭州都市圈互联互通的旅游交通、信息和服务网络，加强区域性产业互动和客源互送，构建务实高效、互惠互利的区域旅游合作体。

2.**推动区域旅游一体化发展**。推进旅游大功能区建设和整合，实现产业一体化和管理一体化。特别要统筹做好南太湖一体化发展文章，实现湖州太湖旅游度假区、长兴太湖图影旅游度假区、长兴太湖新城、湖州菰城景区、吴兴高新区、南浔古镇旅游度假区“六位一体”协调发展。

3.**强化区域联合营销**。加强与国内国际特别是长三角、环太湖、杭州都市圈和高铁沿线城市间的互动，联手规划打造一批精品旅游路线。

4.**推进乡村旅游集聚示范区建设**。以十大乡村旅游集聚示范区建设为主体，统筹城乡村镇旅游发展，实现乡村旅游带动多元经济发展。加快国家级乡村旅游集聚示范区建设。

责任单位：市旅游委、市农办、市发改委、市农业局、市商务局；重点试点县区：长兴县、太湖度假区。

（九）改革创新旅游统计和考核评价体系

1.**完善旅游统计指标体系**。创新旅游统计机制，进一步完善接待国内游客人次、入境游客人次、门票收入、旅游经济总收入、过夜游客人次五大传统旅游指标体系，以及旅游业增加值占GDP比重、旅游业增加值占服务业增加值比重、旅游税收占地方财政收入比重、旅游业从业人员占全社会从业人员比重、旅游收入占农民年纯收入比重五大现代旅游指标体系。深化旅游产业贡献度统计、旅游统计新体系研究，升级调试旅游统计平台，完善旅游市场分析数据档案和客源市场数据库，形成相关调查表式。

2.**完善旅游统计调查分析方法**。科学开展旅游市场统计分析和旅游经济运行监测工作，健全旅游经济运行和运营季度分析报告制度、市场运行监测点制度、统计数据直报制度，探索建立旅游经济运行动态监测机制。

3.**完善旅游发展考核评价体系**。将旅游业重点工作及旅游业增加值占GDP比重、旅游业增加值占服务业增加值比重、旅游税收占地方财政收入比重、旅游业从业人员占全社会从业人员比重、旅游收入占农民年纯收入比重等指标纳入各级政府和相关部门的年度目标考核体系，全面完善考核评价体系。

4.**建设乡村旅游统计和考核评价体系**。依托国家乡村旅游扶贫工程观测中心，动态跟踪了解全市乃至全国乡村旅游发展情况，把握乡村旅游发展现状、结构和趋势，为乡村旅游惠民富民提供重要的经济数据和理论支撑。将各县区乡村旅游经济指标和集聚示范区建设情况纳入对县区的综合考核。

责任单位：市旅游委、市农办、市统计局；重点试点县区：长兴县。

（十）改革创新旅游目的地建设政策体系

1.**探索创新旅游用地供给机制**。建立以旅游部门牵头的旅游用地联席会议制度，开展省级旅游产业用地专项改革试点工作。根据《湖州旅游用地专项规划》，制定旅游产业用地管理政策措施，明确旅游产业用地重点区域、一般区域和控制区域，推动土地差别化管理与引导旅游供给结构调整相结合。研究制定差别化旅游用地政策，鼓励支持集体建设用地参与旅游开发，优先保障旅游重点项目用地供给。对政府投资符合规划的旅游集散中心、旅游咨询中心、公共停车场、旅游厕所等与旅游配套的公益性城镇基础设施，可以采用划拨方式供地。支持重点乡村旅游项目建设用地，适当增加乡村旅游项目出让土地比重。市、县区每年要安排一定比例的用地指标、农用地转用指标保障旅游项目建设，对龙头性、带动性作用明显的重点旅游项目，以“一事一议”方式给予用地支持。

2.探索现有社会资源的二次开发路径。创新制度机制，推动有效利用现有社会资源，完善旅游功能，挖掘文化内涵，逐步探索旅游业发展的新热点，形成新的旅游产品体系。在重点发展乡村旅游、滨湖度假两大主体业态的基础上，重点扶持生态旅游、购物旅游、体育旅游、红色旅游、工业旅游、文化旅游、水上旅游、商务旅游、城市旅游等特色业态，培育健康养生、温泉滑雪、邮轮游艇、低空旅游、房车营地、研学旅游、情感旅游、探索旅游、演艺旅游、在线旅游等新兴业态。

3.探索旅游业与科技融合方式。通过现代化科技手段助推旅游业转型升级，用好“互联网+旅游”，实现智慧旅游多维运营，完善手机App、微网站、百度直达号等功能，提供景区查询、交通路况、住宿餐饮、娱乐休闲等查询和提醒服务，充分发挥互联网在旅游业创新发展中的引导作用。

4.完善旅游配套设施建设政策体系。加快建设规范的旅游集散中心，客运站、高铁站等配套建设旅游咨询服务中心，形成一套目的地公共服务政策支持体系。鼓励并引导旅游度假区、旅游景区、乡村旅游集聚示范区、旅游综合体、旅游小镇等重点旅游区规划建设一批汽车旅馆和自驾车、房车营地，加强区域内通景道路、游步道、停车场、旅游厕所等基础设施建设。

责任单位：市旅游委、市委宣传部、市农办、市发改委、市教育局、市科技局、市民宗局、市国土资源局、市建设局、市规划局、市交通运输局、市商务局、市文广新局、市体育局、市卫生计生局、市环保局等；重点试点县区：吴兴区、南浔区。

三、保障措施

（一）加强组织领导

成立由市委、市政府主要领导任组长的湖州市国家级旅游业改革创新先行区建设领导小组，负责指导、协调旅游业改革创新工作，研究解决旅游业改革创新中的重大问题。

（二）强化责任落实

各县区和责任单位要根据本实施方案，围绕“着力创新旅游管理体制，着力依法规范旅游市场，着力推进现代旅游业发展，着力培育旅游经济增长点”的要求，制订总体和年度推进工作方案，做到路线清晰、措施具体、任务明确、分工细致、倒排时间，并认真组织落实。

（三）加强统筹协调

强化市旅游发展领导小组及联席会议职能，完善季度例会制度，定期召开专题会议，研究解决旅游产业发展中的重大问题。市旅游委负责对各县区和责任单位推进落实情况进行指导、协调、督促、评估和考核。

（四）做好总结推广

各县区要及时总结经验并查找问题，于每年6月和11月分别提交工作进展情况和年度评估报告。积极做好旅游改革创新经验的宣传推广和舆论引导工作，展示旅游体制改革的重大突破以及各旅游行业改革的新举措、新进展、新成效。

黄山市人民政府

黄政秘〔2016〕15号

黄山市人民政府关于印发黄山市建设旅游业改革创新先行区实施方案的通知

各区、县人民政府，黄山风景区管委会，黄山经济开发区管委会，黄山现代服务业产业园管委会筹备组，市政府各部门、各直属机构：

现将《黄山市建设旅游业改革创新先行区实施方案》印发给你们，请认真实施。

2016年3月28日

黄山市建设旅游业改革创新先行区实施方案

为全面推进国家级旅游业改革创新先行区建设，根据《国家旅游局关于公布首批国家级旅游业改革创新先行区的通知》（旅发〔2015〕270号）要求，结合黄山市实际，制订本实施方案。

一、总体要求

牢固树立“五大理念”，认真落实国家级旅游业改革创新先行区建设各项任务，以推进“旅游+”为主线，以“创新统筹职能、创新政策措施、创新产业引导”为指引，以市、区县政府为改革主体，以旅游业体制机制为改革内容，加快推进黄山市旅游业改革创新先行区建设。通过3年建设，实现黄山市旅游发展动力、创新能力、竞争活力和产业带动力明显增强，旅游新产品、新技术、新业态、新模式竞相涌现，旅游产业规模进一步扩大、旅游综合消费较快增长，旅游市场环境持续优化、游客满意度巩固提升，全市形成多点支撑、多业融合的全域旅游发展格局。

二、主要任务

（一）全面落实5项规定任务

1.改革创新旅游业产业定位

黄山市国民经济和社会发展第十三个五年规划明确将实施“旅游+”作为今后五年发展的主线，建设旅游业改革创新先行区作为今后五年发展的重要抓手，旅游业作为全市最大的支柱产业、特色产业和富民产业的地位更加突出、作用更加彰显。（市旅委、各区县政府、黄山风景区管委会等负责，排名第一者为牵头责任单位，下同）

2.改革创新旅游综合管理体制

（1）充分发挥市旅游发展指导委员会作用，完善联席会议、专题会议、现场督办等工作机制，统筹解决旅游产业发展重大问题。（市旅委、市旅指委成员单位等负责）

（2）进一步完善旅游管理部门职能职责、配强力量，强化旅游管理部门在组织引导产业发展、研议改革方案、推进部门合作、制订规划计划、审查重大项目等方面的综

合协调职能。（市编办、市旅委、各区县政府、黄山风景区管委会等负责）

（3）完善旅游统计指标体系和调查方法，建立科学的旅游发展考核评价体系，在旅游绩效考核中增设对各区县旅游满意度、过夜游客数量、人均旅游消费等指标。（市旅委、市统计局、市信息办、各区县政府、黄山风景区管委会等负责）

3.改革创新旅游业发展引导机制

（1）市、区县要整合各类涉旅资金，设立旅游产业发展专项资金，并根据财力逐年增加。制定专项资金管理办法，规范资金管理，提高资金使用效率。（市财政局、市旅委、各区县政府、黄山风景区管委会等负责）

（2）加大航线补贴力度，完善航线补贴政策，支持黄山屯溪国际机场新开增开航线航班。（市旅委、市财政局、市发展改革委、黄山屯溪国际机场、黄山旅游股份有限公司等负责）

（3）各级服务业发展、美丽乡村建设、文化遗产保护、扶贫开发、生态文明建设及其他与旅游业相关的专项资金，要优先用于符合条件的旅游企业和项目。（市发展改革委、市财政局、市美好办、市文化委、市农委、市旅委、各区县政府等负责）

4.改革创新旅游公共服务体制

（1）创新旅游公共产品和服务的供给模式，在城乡建设规划中，统筹考虑城乡基础设施与旅游公共服务设施一体化发展，建立与旅游目的地发展相适应的旅游公共服务体系建设机制。（市城乡规划局、市旅委、各区县政府等负责）

（2）积极探索社会力量参与旅游厕所建设，形成一套较为完善的建设、运营和维护机制。（市城管执法局、市旅委、各区县政府、黄山风景区管委会等负责）

（3）加强旅游自驾车营地和旅游房车营地建设，鼓励汽车租赁公司开展异地还车业务。（市发展改革委、市旅委、各区县政府等负责）

（4）健全旅游交通服务体系，完善高铁黄山北站到中心城区、重点景区的快速通道，加速完成黄山风景区东向快速通道建设，实施交通干线与3A级以上景区“最后一公里”通达工程，通往4A级以上景区公路达到二级以上标准，构建“城景快捷通达、景景环线串联、交通标识完备”的旅游交通网络。全面提升旅游交通标识标牌建设。（市交通运输局、市旅委、各区县政府、黄山风景区管委会等负责）

5.改革创新旅游市场监管机制

（1）建立游客投诉统一受理平台，通过定期评估、强化协调的方式，创新内部工作机制，实现投诉处理的部门联动。（市旅委、各区县政府、黄山风景区管委会等负责）

（2）推动旅游主管部门和相关部门在各自职责范围内，创新旅游市场监管方式，探索形成有效的日常执法机制。引导广大游客、旅游监督员、行业协会和专业服务机构参与旅游市场监督。通过综合运用法律手段、创新有效的机制等方式，探索破解零负团费新路径。（市旅委、市旅游市场联合执法成员单位等负责）

（3）加强旅游诚信体系建设，完善旅游企业和从业人员诚信档案、“黑名单”制度，抓好旅行社、A级景区、星级饭店和星级农家乐服务质量等级评定，建立科学的淘汰和退出机制。（市旅委、各区县政府、黄山风景区管委会等负责）

（二）重点完成两项商定任务

1.改革创新旅游综合执法体制

制订改革创新旅游综合执法体制专项方案，积极探索在市中心城区重点区域、高铁黄山北站地区和黟县、黄山区和黄山风景区全域，开展旅游管理领域相对集中行政处罚权试点工作，在全省率先实现旅游管理领域跨部门综合执法。（市法制办、市编办、市旅委、有关区县政府、黄山风景区管委会等负责）

2.改革创新景区管理体制

（1）改革创新黄山风景区管理机制。按照省委、省政府统一部署，尽早启动大黄山国家公园体系建设。大力推进黄山东部开发，做好黄山风景区东海景区、谭家桥国际小镇等规划编制工作，加快重大项目建设，实施山上山下综合开发、联动发展。（黄山风景区管委会、黄山区政府、市发展改革委、市城乡规划局、市交通运输局、市国土资源局、市旅委等负责）

（2）健全古徽州文化旅游区管理机构，积极创建“中国徽文化国际旅游目的地”。（市编办、市旅委、徽州区政府、歙县政府等负责）

（三）积极推进两项自选任务

1.探索拓展服务旅游发展的新领域。积极发展服务于旅游业的支撑产业。鼓励引入多元资本参与旅游开发，利用安徽省股权托管交易中心文旅板（黄山专板）、安元现代服务业投资基金等平台，加快旅游产业与资本市场的深度对接，推动各方面资金进入旅游投资领域，促进旅游业突破发展。（市金融办、市发展改革委、市旅委、各区县政府、黄山风景区管委会等负责）

2.探索旅游业与科技融合方式。开拓“旅游+互联网”新模式，推进智慧旅游管理、服务和营销体系建设。扎实抓好智慧旅游试点，支持“讯飞爱途”打造成全国知名的旅游电商平台。推进3A级以上景区、三星级以上饭店、三星级以上农家乐、旅游集散中心等主要旅游场所实现免费无线网络覆盖。（市旅委、市信息办、各区县政府、黄山风景区管委会等负责）

（四）对上争取7项支持

1.争取旅游用地改革政策。根据国土资源部、住房和城乡建设部、国家旅游局联合出台的《关于支持旅游业发展用地政策的意见》，对接争取黄山市旅游用地改革政策。（市国土资源局、市住房城乡建设委、市旅委、市城乡规划局、市房产局、各区县政

府、黄山风景区管委会等负责）

2.**实现落地签、争取过境免签政策**。进一步放宽旅游市场限制，简化出入境手续，实现黄山市落地签，争取过境签等政策，便利境外游客来往。（市口岸办、市公安局等负责）

3.**争取自由贸易试验区旅游开放政策，借鉴旅游综合改革试点城市经验**。（市旅委、市商务局等负责）

4.**争取旅游基础设施及旅游项目建设支持**。积极申报2016~2018年“国家旅游发展基金项目”，主要用于旅游厕所、旅游公共服务设施、旅游区道路等基础设施建设，及现有社会资源二次开发的旅游项目。（市旅委、市发展改革委、市财政局、各区县政府等负责）

5.**争取设立旅游产业基金、旅游投融资平台支持**。利用产业基金和融资平台，扶持新兴旅游业态发展，推动旅游领域大众创业、万众创新。积极通过PPP模式投资、建设、运营旅游项目。（市金融办、市财政局、市发展改革委、各区县政府、黄山风景区管委会等负责）

6.**争取旅游改革创新工作智力支持**。对接中国旅游改革发展咨询委员会、中国旅游研究院等机构，采取讲座、培训、专门咨询等方式，为黄山市先行区建设提供智力支持。对接国家旅游局人事司，力争黄山市创新实施“励导计划”纳入国家旅游局重点支持项目。（市旅委、各区县政府、黄山风景区管委会等负责）

7.**根据先行区建设需求争取重点支持**。向国家旅游局汇报黄山市旅游体制改革过程中的重大情况和重要问题，争取相关政策支持。（市旅委、各区县政府、黄山风景区管委会等负责）

三、工作要求

（一）加强领导

成立市旅游业改革创新先行区工作领导组，负责研究先行区建设重大问题，协调推动实施方案拟定和落实。领导组办公室设在市旅委，负责领导组日常工作。牵头单位负责相关工作的召集和督办，各责任部门要高度重视、主动作为，抓好实施方案各项任务落实。黄山市改革创新旅游综合执法体制专项方案于4月中旬完成。

（二）强化督查

为确保先行区建设任务推进顺利、落实到位，建立成员单位联席会、重点课题集中攻关、定期或不定期督查任务进展情况等日常运行管理制度。推进先行区建设目标管理，将先行区建设纳入市政府年度目标考核，明确要求，定期督查，务实有序推进先行区建设。

（三）及时总结

各牵头、责任单位要及时总结经验和问题，每年6月15日、11月15日前向领导组办公室报送半年和年度工作进展情况。同时，要切实做好舆论引导工作，积极宣传我市旅游业改革创新工作的新举措、新进展、新成效。

鹰潭市人民政府

鹰府文〔2016〕55号　　　　　　　　　　　　签发人：曹淑敏

鹰潭市人民政府关于呈报鹰潭市推进国家级旅游业改革创新先行区建设实施方案的报告

国家旅游局：

根据《国家旅游局关于公布首批国家级旅游业改革创新先行区的通知》（旅发〔2015〕270号）和《国家旅游局办公室关于抓紧报送全国旅游业改革创新先行区建设实施方案的通知》（旅办发〔2016〕282号）要求，我市制订了《鹰潭市推进国家级旅游业改革创新先行区建设实施方案》，现呈报贵局。

附件：1.关于《鹰潭市推进国家级旅游业改革创新先行区建设实施方案》的起草说明

2.《鹰潭市推进国家级旅游业改革创新先行区建设实施方案》

3.鹰潭市推进“国家级旅游业改革创新先行区”建设工作任务分解及进展情况督查表

鹰潭市人民政府

2016年10月29日

鹰潭市推进国家级旅游业改革创新先行区建设实施方案

为贯彻落实国家级旅游业改革创新先行区的各项任务和江西省旅游产业发展大会精神，加快鹰潭市旅游业改革创新，实现旅游业超常规发展目标，依据《国务院关于促进旅游业改革发展的若干意见》（国发〔2014〕31号）、《国务院办公厅关于进一步促进旅游投资和消费的若干意见》（国办发〔2015〕62号）、《江西省人民政府关于加快旅游业改革促进旅游投资和消费的实施意见》（赣府发〔2015〕55号）以及《关于推进旅游强省建设的意见》（赣发〔2013〕11号）精神，结合鹰潭实际，特制订本实施方案。

一、总体要求

（一）指导思想

牢固树立“五大发展理念”，认真落实国家级旅游业改革创新先行区建设各项任务，以“创新统筹职能、创新政策措施、创新产业引导”为指引，建立综合统筹、政策驱动、转型升级、环境优化等系列配套措施，全区域、全流程、全链条、全产业、全社会打造全国著名休闲旅游目的地城市，走出一条凸显鹰潭特色，符合鹰潭实际的新路子，为全省乃至全国中小城市旅游产业发展探索新模式。

（二）基本原则。

——全区域覆盖。全市一盘棋，以市和县（区）两级政府为主体，分层推进、上下联动、形成合力。

——全流程创新。统筹进行旅游综合管理体制、引导机制、公共服务体系、市场监管机制以及信息技术的运用等有效衔接。

——全链条贯通。完善“吃、住、行、游、购、娱”旅游要素建设，整合资源，实现包括资金链、产业链、政策链在内的全链条贯通。

——全产业融合。“跳出旅游抓旅游”，做好“旅游+”“+旅游”的文章，形成涉旅部门各方主动、多方联动、部门协同，实现全产业融合。

——全社会共享。发挥旅游拉动、促进作用，促进旅游业惠民富民，提升居民幸福指数，实现“人人参与旅游发展、全民共享旅游成果”。

（三）发展目标

1.**着力打造全国著名休闲旅游目的地城市**。以龙虎山、白鹤湖、月湖城三大名片为主体，辐射带动全域旅游。以“休闲度假游、工业商贸游、道家逍遥游”为主题，推动旅游业空间布局由龙虎山景区旅游向全域延伸、多点支撑转变，产业发展由单一业态向多业深度融合转变，结构类型由传统观光向休闲度假转变。全力唱响“龙虎天下绝”旅游品牌，提升中华道都知名度，带动眼镜、黄蜡石、白鹤湖、森林康养、精品乡村旅游点的品牌塑造，形成以龙虎山景区为龙头，以贵溪市、余江县为两翼，城景互动、城乡互补的大旅游框架，着力把鹰潭市打造成“全国著名休闲旅游目的地城市”。

2.**全力推动旅游产业经济总量再上新台阶**。紧紧围绕供给侧改革，旅游搭台，经贸唱戏，完善旅游产业体系，推进三次产业融合，推进城（市）景（区）一体化进程，发挥鹰潭旅游业综合性战略支柱产业的旅游拉动、促进作用。以旅游开发建设促进工业化、城镇化、信息化、农业现代化，构造全域旅游产业，积极发展山水休闲、生态度假、健康养生、工业商贸旅游、乡村旅游、文化研修等新型旅游业态。到2020年，旅游经济总量、旅游市场规模、旅游消费水平和可持续发展能力全面提升，全市旅游总收入力争突破500亿元。

二、主要任务

（一）改革创新旅游综合管理体制

1.**建立适应市场需求的旅游管理体制**。增强市旅发委综合协调、产业引导、公共服务职能，推进发改、财政、交通、国土、规划、建设、文化等部门任市旅发委兼职委员，推进各县（市、区）设立职能完备、编制齐全的旅游发展委员会。巩固完善龙虎山景区产权所有体制，即景区所有权归国家所有，管理权归管委会所有（其中景区宗教场所内部由宗教团体管理），经营权归龙虎山旅游文化发展集团有限公司所有。在此基础上，对旅游总体规划、专项规划、详细规划和单体设计进行统一实施、统一监督、统一评估，有序引导企业依法自主经营和行业自律，杜绝违法违规建设，杜绝无序开发。

2.**实现全域旅游发展模式**。按照“大龙虎山”发展理念，落实《鹰潭龙虎山片区旅游概念性规划》，突破景区发展的区域限制，景区内规划、国土、投资、建设等行政审批事项一个口子归管。重点是开工建设上清—饶桥旅游公路，连通耳口乡、冷水镇，拓展旅游开发范围。积极参与白鹤湖、阳际峰、高公寨以及区域外旅游资源开发经营，做强做大龙虎山旅游集团，推动龙虎山旅游向全域旅游发展。完善利益引导机制，整合全域旅游资源，推动景区之间同类资源兼并重组、同类行政权限归口整合。加快公共服务市场化进程，通过委托管理等多种形式，与专业的第三方市场主体合作，提高旅游服务水平。

3.**完善鹰潭旅游统计工作**。完善旅游统计工作，解决数据持续性、纵横向可比性问题，逐步量化旅游经济的综合效益，建立全面反映旅游综合贡献的统计体系。依托智慧鹰潭云计算中心和龙虎山智慧旅游服务平台，建设智慧鹰潭旅游大数据处理中心，打造旅游统计工作平台、旅游数据分析平台、涉旅决策支持平台，为旅游决策提供准确信息和科学保障。

（二）改革创新旅游业发展引导机制

4.**打造“多规合一”江西样板**。抓住列入江西省“多规合一”试点建设的机遇，在加强土地规划、交通规划、产业规划等与城乡总体规划的衔接基础上，兼顾旅游业发展需要，积极推动旅游产业规划融入“多规合一”体系，突出旅游项目以及和旅游相关的公共服务设施的空间布局和建设用地要求，确保在“多规合一”体系中体现旅游需求、展现旅游特色、追求旅游效益。全面融入全域旅游元素，根据城市的自然和历史人文特征，打造“休闲度假游、工业商贸游、道家逍遥游”等不同主题风格的旅游景区、休闲街区、信江河公园体系，实现“多规合一”在空间上的全域融合。建成“多规合一”信息管理平台，实现“一张蓝图”管控全市空间。

5.**加快旅游产业集群建设**。探索设立省级旅游产业园区，赋予其省级重点工业园区、生态工业园区同等的优惠政策。推进旅游集聚区项目建设，以丹山碧水、崖墓探奇、道教祖庭、寻梦演艺、智慧平台、花语世界、森林养生、峡谷漂流等一批优质旅游项目为基础，加快推进龙虎山梦幻乐园、逍遥城、道教文化养生中心等一批重点项目的建设运营，完善休闲娱乐、养生度假、文化体验等功能。

6.**建立财政支持旅游发展稳步增长机制**。加大财政旅游专项投入，用好市旅游产业发展资金并根据实际需要逐年增加，各县（市、区）按旅游发展规划安排财政预算资金。积极争取专项债资金，积极承接国家开发银行等政策性融资贷款，带动社会资金支持旅游发展。

7.**大力整合涉旅资金**。大力整合交通、文物、农业、林业、水利、环保、扶贫开发、生态文明建设及其他与旅游业相关的资金，支持符合条件的旅游企业和项目。转变项目资金补助和使用方式，大力推行旅游项目资金以奖代补、先建后补和民办公助的补助方式，逐步扩大补助项目范围、提高补助资金比重。通过信贷、财税等方面的支持，培育一批信誉良好、具有核心竞争力的旅游品牌企业，鼓励旅游企业通过兼并重组做大做强，支持旅游项目建设和旅游基础设施提质升级。

8.**建立安全畅通、优质高效的旅游交通服务体系**。积极推动鹰潭机场、贵溪—资溪高速公路、鹰潭港、信江河三级航道整治等项目落地，对接长江经济带、长江中游城市群、沪昆高铁经济带，打通全域旅游的“大动脉”。加快鹰潭北站公路客运枢纽站和公交枢纽站、鹰西短途客运站、鹰南公交枢纽站等项目建设，升级改造省道，完成县乡道升级改造、通自然村公路硬化、公路危桥改造加固，推动城市公共服务向农村延伸，形成从交通枢纽到集散中心，再到景区的三级旅游集散体系。完善交通枢纽与景区间的公共交通，启动现代有轨电车旅游观光线工程建设，推出旅游专线小（微）公交，提升旅游包车服务水平，建立标识完善、服务配套的自驾游交通服务体系、快旅慢游体系。

（三）改革创新旅游公共服务体制

9.**加快智慧景区建设**。继续发挥龙虎山智慧景区中国智慧旅游创新项目奖的品牌优势，深度推进旅游业与信息科技融合。以鹰潭市列入信息惠民国家试点城市为契机，完善信息网络基础设施，实现无线宽频网络全覆盖。建立旅游个性化服务推荐系统，通过检索功能、在线咨询、电子邮件、手机短信、客服电话、服务软件等方式，根据不同游客的个性化需求，提供服务齐全的个性化解决方案，并及时推出相应的服务措施，满足游客的需求。加强与科研机构、旅游科技公司合作，进行线上线下旅游市场打造，搭建共享平台，大力发展电子旅游商品销售。加强与专业批发市场、城市大型商业综合体和跨境电商的合作，联合推出旅游购物项目。

10.**强力推进旅游“厕所革命”**。坚持科学规划、合理布局，将旅游厕所纳入政府基础设施建设，科学规划，力求数量与质量、实用与美观的协调，旅游厕所设计要体现人性化。旅游厕所的建设严格按照国家旅游局2015年修订的《旅游厕所建设指南》进行修建，注重设施完备，功能实用、通风良好、清洁卫生，提倡简约、卫生、实用、环保，旅游厕所外观与景观环境相协调，探索使用新技术建设旅游厕所。积极探索“以商建厕，以商管厕、以商养厕”的模式，将旅游厕所建设、维护管理与商业店铺结合，用经营场所的场租收益、广告收入等补贴厕所管理维护费用，实现建管结合的良性循环，推动旅游厕所建设管理全面升级。

11.**建立旅游门票预约制度**。允许游客线上订票，线下通过自助售票终端和窗口取票方式，提高游客快速进入景区的能力。完善龙虎山景区游客两日游管理系统，实现网络订票游客无须取票直接刷二代身份证进入景区。支持多种售票设备如人工售票、自助售票终端，支持多点售票，销售不同景区、景点、展馆的电子门票。支持团队折扣、导游购票登记、多人票、预售票、多种付款方式、多币别、退票、验票、折扣票等功能。同时，提高预测游客数量的准确度，对景区实行最大承载量控制。

12.**创新旅游中介组织发展机制**。鼓励旅游中介组织发展，成立覆盖各县、市、区的旅游协会、导游协会、旅行社协会、酒店协会等行业组织，强化协会的行业指导、自律、维权等功能，规范行业管理。吸引旅游科研机构、高等院校专业人士加入，增强协会职能的专业化程度。针对协会资金匮乏问题，探索委托协会开展数据采集、市场调查等有偿购买服务。

13.**建立旅游志愿者参与旅游公共服务长效机制**。开展包括旅游法律法规、旅游服务质量标准等内容的培训工作，确保志愿者掌握旅游质量监督的基本知识和技能。成立专家志愿者团队，负责传播鹰潭道文化、心学文化等，为专家团队考察、国外专家交流等活动进行讲解，为导游、讲解员和志愿者进行专业知识的培训。成立社会志愿者团队，主要提供线路引导、展览讲解、人员联络组织、新闻宣传等服务，协助开展旅游满意度调查，了解游客需求和对鹰潭旅游建设和服务的意见、建议等。

（四）改革创新旅游市场监管机制

14.**成立全域旅游综合监管中心**。依法落实旅游市场监管责任，制定旅游市场综合监管责任清单，建立健全旅游综合协调、旅游案件联合查办、旅游投诉统一受理的综合监管机制。提高旅游投诉处理效能，探索建立投诉举报受理快速赔付制度。

15.**建立旅游执法快速处理机制**。探索设立旅游警察、旅游法庭、旅游市场和质量监管分局等或派出机构，强化旅游市场监管。建立旅游行政执法与公安执法的联勤联动机制，加强旅游执法保障。完善涉旅案件诉调对接制度、实行小额诉讼一审终审制度、简化执行制度，为游客提供快速司法处理通道，用最优质的服务保障最大多数游客的旅游体验。

16.**建立诚信体系和监督机制**。将旅游纳入全市社会信用体系建设，打响“诚信鹰潭游”品牌。制定旅游从业人员诚信服务准则，委托独立的第三方进行游客满意度调查，逐步规范旅游从业人员行为。实施旅游全行业服务标准化活动，提升导游、住宿、餐饮、旅游商品等服务水平。深化旅游市场信用分类管理，发挥旅游行业协会的自律作用，建立旅行社、旅游购物店信用等级制度，定期向社会公示失信“黑名单”。指导行业协会公布诚信旅游参考价，为游客自主选择提供引导。建立旅游消费者意见反馈、投诉记录与公开制度、游客不文明行为信息记录制度。

（五）改革创新旅游投融资体制

17.**科学搭建旅游投融资平台**。用好、用活旅游资产、资源和资金。盘活优质旅游资产，通过“产业+金融”的合作模式，搭建多元化旅游投融资平台；整合全市优质旅游资源，谋划、推出一批重大旅游投资项目，采取PPP模式，吸引社会资本投资、建设、运营旅游项目，努力打造全域旅游新亮点；发挥财政资金的杠杆作用，由各级受益财政共同出资作为引导基金，寻求战略合作伙伴，设立鹰潭市旅游产业发展基金，为全市旅游项目建设增添新动力。

鼓励民间资本发挥自身优势，因地制宜地发展生态旅游、森林旅游、商务旅游、体育旅游、工业旅游、医疗健康旅游、游艇旅游等旅游产品，合理开发精品民宿、休闲农庄等乡村旅游产品。旅游咨询中心、集散中心、观光巴士、旅游安全等公共服务设施的建设和运营，在不影响公共服务公益性和功能的条件下，可结合地方实际，招标选择民间资本进行合作。民间资本投资运营的旅游基础设施，可以享受同等的收费减免政策。

对于法律法规未明确禁止准入的旅游景区，允许民间资本采取适当方式参与经营管理。对于民间资本独立或参与建设形成的旅游景区，切实保障其经营管理权益。加大对乡村旅游的信贷支持力度，推出乡村旅游农户贷等特色小微信贷产品，开发多种形式的质押产品，并根据信用等级确定授信额度和利率优惠。

18.**建立旅游产权交易平台**。按照循序渐进的原则，初期主要以景区经营权、开发权等实物产权交易为主，逐步过渡到旅游产业的物权、股权、债权、知识产权等各个方面的交易，未来形成全要素（资源、环境、资本、土地、技术、文化、管理、劳动力、品牌）的产权交易市场架构。

19.**组建专业的资产运营公司**。坚持专业化、市场化、多元化的运营机制，积极支持资产运营公司发挥资金、人才和资源优势，推动鹰潭旅游品牌塑造与全国旅游市场无缝对接，持续盘活存量资产，进行资本运作，实现资产保值增值，打造具有鹰潭特色和影响力的地方性旅游资产管理机构。

（六）探索创新旅游发展市场机制

20.**探索旅游发展混合所有制经营模式**。选择新奥集团与江西龙虎山旅游文化发展（集团）有限公司成立合资公司，充分发挥新奥集团强大的平台管理及资源整合能力，推动天元度假区、马祖岩景区和龙虎山旅游产业园等旅游项目的整体开发，推动龙虎山景区转型提质，把龙虎山旅游推向全国、推向世界。

21.**推动江西龙虎山旅游文化发展（集团）有限公司市场化改革**。按照政企分开的原则，促使集团公司真正成为依法自主经营、自负盈亏、自担风险、自我约束、自我发展的独立市场主体。按照集团化管理的模式，组建景点管理公司、资产运营公司、智慧旅游公司、营销策划公司等若干子公司，确立每个公司的市场主体地位，增强市场竞争力。鼓励和引导社会资本通过参股、控股、资产收购等多种形式，参与子公司的股权合作。

（七）探索旅游目的地建设政策体系

22.**推进落实旅游发展用地政策**。探索建立旅游用地分类管理，旅游项目中属于永久性建设用地的，根据建设期限、用途等实行点状报批；属于自然景观用地及农牧渔业种植、养殖用地的不征收、不转用，按现用途管理；属于景区区间道路用地不超7米的，可以只办理征用手续，不办理转用手续。

探索多种方式供应建设用地，旅游相关建设用地根据其用途依法办理出让和划拨、租赁手续。对于景区内的影视城、仿古城等人造景观、自驾车房车营地项目等用地按旅游用地确定，以招拍挂方式出让；对于景区内的建设亭、台、栈道、厕所、步道、索道缆车等用地可以按“其他建设用地”办理，参照公园用途按划拨方式办理土地供应手续；对于文化遗产、大型公共设施、科研、工矿企业、大型农场开展文化、研学旅游活动，在符合规划的前提下，上述机构的土地权利人利用现有房产兴办住宿、餐饮等旅游接待设施的，可以保持原土地用途、权利类型不变，经批准可以协议办理用地手续。同时鼓励以长期租赁、先租后让相结合的方式供应旅游项目建设用地，根据土地权属情况，租赁者可以乡（镇）为单位，也可以承包土地农户为单位。

保障用地计划。对于投资大、发展前景好的旅游重点项目，公共服务设施项目用地，优先落实用地计划；对于使用荒山、荒地、荒滩等未利用地建设旅游项目的，优先安排用地计划，出让价可按不低于土地取得成本价的原则确定。

探索集体土地用于旅游发展用地。在符合土地利用总体规划、县域乡村建设规划、镇和村庄规划、风景名胜区规划等相关规划的前提下，探索鼓励农村集体经济组织依法使用建设用地及农民生产生活就业情况用地自办或以土地使用权入股、出租、联营等方式与其他单位和个人共同举办住宿、餐饮、停车场等旅游接待服务企业；农村集体经济组织以外的单位和个人，探索鼓励通过承包经营流转的方式，使用农民集体所有的农用地、未利用地，从事与旅游相关的种植业、林业、畜牧业和渔业生产。

以鹰潭市余江县作为全国农村宅基地改革试点县，探索集体土地入市，宅基地有偿使用，结余出的宅基地作为旅游用地供给，补充旅游用地的不足。

23.全力打造“中华道都旅游品牌”。通过切实保护龙虎山的绝美山水，打造江西生态文明先行示范区“鹰潭样板”；充分利用龙虎山的绝好资源，全力打造全国著名休闲旅游目的地城市；大力传承龙虎山的绝佳文化，促进鹰潭文化产业和旅游产业深度融合；全面宣传龙虎山的绝优品牌，打造鹰潭旅游产业发展的强大引擎，深挖“龙虎天下绝”品牌内涵。

挖掘、完成和完善传承延续63代的正一天师道的独特的“天人合一”的道教思想体系、教义教规、典章制度等，拓展提升上清宫传度、授箓、祭祀等道教核心文化资源，展示非物质道教文化遗产资源，将全球独一无二的道教文化资源让世界分享，赢得海内外道教信众到龙虎山祖庭祭祖寻根、朝拜共识，重现与孔府齐名的“北孔南张”美誉。

以弘扬道教优秀文化为切入点，深度挖掘道教祖庭文化资源、道教建筑文化资源、道教洞天福地资源、道教神仙文化资源、道教科仪文化资源、道教音乐文化资源、道教养生文化资源、道教劝善文化资源、道教生态文化资源等。深入挖掘道教养生文化完备体系中强身健体、祛病延年的道教太极拳、道教饮食、道教辟谷、道教静坐等独特方法和理论。依托正一观周边养生修炼理想佳境的优势，修建一批养生修炼场所，打造一批道文化产业基地，形成一批道文化产品。

24.建设一批主题各异多彩乡村观光休闲带。加快贵塘公路旅游绿道提升改造，在沿线良好的乡村旅游发展基础上，提升沿线乡村田园面貌，精品开发新的乡村旅游项目，突出自身主题特色，避免主题产品雷同，注重景观农业、创意农业、绿色美食、乡村民宿等精品旅游项目开发，依托乡村旅游带动精准扶贫工作。积极推进信江沿江绿道、骑行公园、特色码头、锦江古镇和生态景观，结合城乡休闲和生态保护建设，建设全时空、全流域、全景观的信江休闲体验旅游带。

25.**推进“人才兴旅”战略**。积极对接国家旅游智库，与国内外旅游院校、科研院所、行业精英开展合作，设立旅游专家库，建立旅游专家决策咨询机制，持续提供改革措施决策建议。积极引进一批旅游策划、开发和管理人才，并为引进的旅游人才、旅游投资经营者创造良好的工作和生活条件。完善旅游人才培训激励机制，各县（市、区）每年选送优秀人员到国外、国内一流旅游院校深造。定点培养相关专业人才。每年接纳高校专家挂职锻炼。以短期挂职、定期培训、项目合作等多种方式实现智库专家服务地方经济的目标。在江西师范高等专科学校、鹰潭市职业技术学校、鹰潭卫生学校等高中等职业教育学校开设旅游相关专业，培养旅游经营管理、大健康旅游、道教养生等服务一线技能型人才。

三、工作要求

（一）建立健全旅游业改革创新发展高规格领导机构

将旅游业改革创新工作纳入市委、市政府重要议事日程，加大全市旅游产业发展领导协调力度，在鹰潭市旅游产业发展领导小组下增设创建办公室，由分管副市长兼任办公室主任，创建办负责协调解决创建过程中遇到的问题，按时间节点推进创建工作。强化工作督查，建立市委督查室、市政府督查室、创建办联合督查机制。

（二）建立健全旅游业改革创新发展集聚式推进机制

各涉旅部门要加强沟通协调，强化资源整合、产业融合，形成工作合力，全力推进旅游业改革创新工作，努力在旅游综合协调体制改革和旅游供给侧改革上实现新突破。

（三）建立健全旅游业改革创新发展常态化督导机制

各责任部门要把推进旅游业改革创新作为重要工作内容，2016年11月底前按照任务分工制订本部门细化实施方案，落实工作责任。建立定期报送制度，按照督查表的任务分工于每月25日前向创建办报送工作进展。

咸宁市人民政府办公室文件

咸政办发〔2016〕72号

市人民政府办公室关于印发咸宁市建设首批国家级旅游业改革创新先行区实施方案的通知

各县、市、区人民政府，市政府各部门，咸宁高新区管委会：

《咸宁市建设首批国家级旅游业改革创新先行区实施方案》已经市人民政府同意，现印发给你们，请结合实际，认真组织实施。

咸宁市人民政府办公室

2016年10月28日

咸宁市建设首批国家级旅游业改革创新先行区实施方案

根据国家旅游局《关于公布首批国家级旅游业改革创新先行区的通知》（旅发〔2015〕270号）要求，为全面推进国家级旅游业改革创新先行区建设，结合我市实际，制订本实施方案。

一、指导思想

牢固树立“五大发展理念”，按照“着力创新旅游管理体制，着力依法规范旅游市场，着力推进现代旅游业发展，着力培育旅游经济增长点”的总要求，实施“大健康、大文化、大旅游”战略，坚持先行先试，建立顺应现代旅游发展规律的旅游管理体系，增强旅游产业的发展动力和创新能力，形成多点支撑、多极带动、多业融合、多元发展的全域旅游发展格局。

二、总体国标

深入贯彻落实《国务院关于促进旅游业改革发展的若干意见》（国发〔2014〕31号）、《湖北省人民政府关于促进旅游业改革发展的实施意见》（鄂政发〔2015〕17号）等文件精神，以旅游体制机制改革为重点，把旅游产业发展成为我市的战略性重要支柱产业和绿色崛起引领产业，旅游业发展速度和质量高于全国平均水平。力争到2020年，全市旅游接待突破8000万人次，旅游总收入突破600亿元，旅游业增加值占全市GDP比重达到15%以上。

三、主要任务

（一）改革全域旅游管理体制

1.**优化旅游机构职能配置**。市旅游委配套设置政策法规（旅游改革创新先行区领导小组办公室）、产业发展、旅游公共服务、人力资源等内设机构，将市旅游执法监察支队列为副县级参照公务员管理单位。强化市、县旅游主管部门综合管理、统筹协调的职能，完善市旅游委论证、审核、备案旅游项目的职能。推进县（市、区）旅游管理体制机制改革，支持县（市、区）组建旅游发展委员会，明确为政府工作部门。支持县（市、区）组建旅游执法大队。

2.**完善合力兴旅机制**。成立咸宁市大旅游产业发展领导小组，充分发挥综合协调作用，落实联席会议制度，定期研究旅游产业发展政策，协调解决旅游改革创新的重大问题，部署旅游重大工作。

3.**探索旅游资源一体化管理**。破除旅游资源多头管理、责权不明、活力不足的问题，积极推行所有权、管理权、经营权“三权分离”的发展模式，重点探索“两山两河”“七馆十园”等城区旅游资源一体化管理，加快推进市、区旅游一体化建设。

4.**新旅游市场监管机制**。建立“权责明确、执法有力、行为规范、保障有效”的综合监管机制，制定综合监管责任清单，改革景区门票预约制度，规范旅游案件查办工作流程，建立统一、权威、高效的旅游投诉受理机构，积极探索设立“旅游警察”“旅游工商”“旅游巡回法庭”，实现旅游市场监管零容忍、全覆盖。

5.**加快旅游简政放权**。简化旅游审批、备案、评定等程序，深化导游管理体制改革，在试行导游自由执业、取消导游年审制度等方面先行先试，推动旅游要素的自由流动。

6.**启动景区门票价格管理改革**。规范政府定价行为，加强景区价格监管，由价格主管部门会同旅游主管部门共同承担制定或调整景区票价及景区内交通运输价格、审批旅游收费项目的职责，建立景区门票价格与质量等级挂钩的惩戒联动机制，推动旅游明码标价全覆盖，重点规范温泉门票价格，坚决制止价格串通、价格欺诈、低价倾销等价格违法行为。

（二）深化旅游供给侧改革

7.**促进旅游与一、二、三产业融合发展**。广泛利用农业、水利、工业、乡村等旅游资源，重点培育一批工农业休闲旅游景区，推进产业园区向休闲景区、产业基地向休闲度假区、工农产品向旅游商品转变，大力发展农业休闲、水利观光、工业旅游。促进旅游与竹、茶、油茶“三大百亿产业”深度融合。

8.**加强旅游与文化深度融合**。深度挖掘温泉文化、桂月文化、嫦娥文化、三国文化、瑶族文化、红色文化、竹文化、茶文化、闯王文化、向阳湖名人文化、中医药文化等地方特色文化，优化提升一批旅游演艺节目，实施“小城故事多”文化解读工程，提升城市旅游价值。

9.**加快旅游与新型城镇化融合**。大力发展以农业体验、采摘、垂钓、游园、休闲等为主题的乡村旅游，开发一批体验型、度假型、休闲型的乡村旅游度假产品。深入推进省级、市级旅游名镇、名村、名街创建工作，出台市级旅游名镇、名村、名街评定办法。开展乡村旅游创客行动，培育一批旅游“双创”基地。加快幕阜山绿色产业带、成嘉生态文化城镇带旅游项目建设。创新推动“产、城、人、文”融合发展的特色小镇建设。整合好农业、水利、交通、供电、扶贫等惠农资金，加强乡村旅游基础设施建设。

10.**探索“温泉+N”发展模式**。围绕“香城泉都，养生天堂”，着力开发温泉+养生、温泉+理疗、温泉+医疗、温泉+运动、温泉+演艺等旅游产品，形成多元化温泉旅游产品，强化温泉资源管理，提升温泉旅游服务品质，推动温泉旅游集群化、特色化、差异化发展。

11.**加快发展中医药健康旅游**。依托生态环境、中医药、温泉养生等优势资源，建设一批中医药健康旅游示范区（基地、项目），培育一批中医药健康旅游产品，大力发展中医特色医疗、中医药养生、中成药生产、中药材科考、中医药文化体验、中医药智慧服务等中医药健康旅游，努力打造集“医、药、养、游、闲”于一体的国家中医药健康旅游目的地。

12.**大力发展研学旅游**。主动对接大武汉、中三角的研学旅游市场，建设一批研学旅游基地，开发一批研学旅游产品，策划一批研学旅游活动，打造特色研学旅游品牌，支持旅游企业为研学旅游提供最优惠的政策、最优质的服务，让研学旅游成为旅游创新发展的增长点。

13.**推进旅游与互联网深度融合**。积极推动在线旅游平台发展壮大，加快旅游与互联网、云计算、大数据等融合发展，积极培育在线旅游企业、旅游电商、在线旅游租车等新型业态，扩大以互联网为载体、线上线下互动的旅游新型消费。

（三）探索旅游投融资多元化

14.**完善旅游投融资机制**。支持旅游企业对接多层次资本市场，利用各种融资工具做大做强。拓宽旅游投资融资渠道，积极发展旅游投资项目资产证券化产品，推进旅游项目产权与经营权交易平台建设，加快资本市场与旅游资源优化配置，引导各类资本进入旅游投资领域，推动旅游领域大众创业、万众创新，实现旅游投资持续增长。

15.**创新旅游金融服务模式**。鼓励金融机构加大对旅游企业的信贷支持，开发适合旅游企业和旅游消费需求的旅游金融产品。鼓励开展旅游景区经营权质押和门票收入权质押业务，积极开展旅游企业建设用地使用权抵押、林权抵押等抵质押贷款业务。鼓励通过小额担保贷款、精准扶贫小额贷款等形式助推乡村旅游发展。支持旅游企业与金融机构合作，增强银行卡的旅游服务功能，探索互联网金融创新，打造在线旅游企业第三方支付平台，拓宽移动支付在旅游业的普及应用，提高旅游行业金融服务便利性。

（四）完善旅游公共服务体系

16.**加快旅游基础设施建设**。加快旅游集散中心、旅游厕所、游步道、停车场、自驾车房车露营地、旅游标识系统、信息咨询、应急救援、供水供电、通信等旅游配套设施建设。

17.**加强旅游交通网络建设**。编制旅游交通专项规划，力争全市3A级以上景区通达二级及以上公路、其他景区通达等级以上公路。推动旅游交通投资多元化，新培育3~5家旅游交通市场主体，大力发展旅游直通车、旅游观光巴士、城市候机楼。

18.**大力发展智慧旅游**。构建“智慧景区、智慧饭店、智慧旅行社、智慧导游、智慧交通、智慧体验”六位一体的智慧旅游平台，实现3A级以上景区、旅游集散中心、重点镇村、星级饭店等免费Wi-Fi（无线局域网）全覆盖，强化智能导游、电子讲解、游客分流、安全监控、在线预订、信息推送等旅游服务功能，让游客体验全方位、零距离智慧化服务。

（五）扩大旅游区域合作

19.**推动区域旅游一体化**。主动融入大武汉，加快与“中三角”、武汉城市圈、“岳九成”“通平修”次区域及高铁沿线城市的区域旅游合作，完善区域旅游合作机制，建立互联互通的旅游交通、信息和服务网络。

20.**创新旅游全域营销**。持续实施“南下北上、东扩西进、中部支撑、国内拓展、国际突破”的市场营销战略，强化城市营销、智慧营销、活动营销、线路营销、情感营销，探索网站、微博、微信、微电影、手机App等“五位一体”旅游营销模式，建立微营销体系，创新全域营销推广路径。

（六）创新旅游发展保障机制

21.**用活旅游扶持政策**。主动对接国家级旅游业改革创新先行区的扶持政策，积极争取旅游自由贸易区建设，优先复制自由贸易试验区旅游开放政策，加快实施旅游落地签、72小时过境停留免签、旅游商品保税交易区、旅游商品免税店等国家扶持政策。

22.**建立产业引导机制**。支持旅游企业通过政府和社会资本合作（PPP）模式投资、建设、运营旅游项目。创新旅游产业发展引导机制，修订《旅游发展专项资金使用管理办法》《建设旅游经济强市奖励办法》，出台《旅游项目资金竞争性分配办法》《旅游项目贷款贴息财政补贴办法》，设立由政府机构、金融机构、企业等共同发起的旅游产业基金，使基金规模达到10亿元，优化调整旅游专项资金和产业基金的支持方向，重点支持旅游项目建设、幕阜山片区旅游开发、新业态培育、旅游商品研发、旅游电商、旅游基础设施建设等，实现财政引导资金持续增长，带动更多社会资本投资旅游产业。各县（市、区）要设立一定规模的旅游产业基金，纳入年度财政预算。

23.**率先开展旅游用地改革**。制订《成宁市旅游产业用地改革总体方案》，按程序上报上级国土资源、旅游主管部门批复。有效落实旅游重点项目新增建设用地，全面落实旅游新业态用地政策，依法开展旅游项目用地分类管理，探索多方式供应旅游建设用地。积极探索农地和林地流转、农宅租用、农村集体土地用于旅游开发的政策措施，支持乡村旅游景区、三星级以上农家乐用地比照享受农业用地政策。支持农村集体经济组织依法采取入股、土地合作、联营等方式参与旅游开发。

24.**优化旅游发展环境**。积极落实星级饭店与一般工业企业用水、用电、用热同价政策。对旅游企业收费项目全面清理，行政事业性收费一律按最低标准收取。鼓励旅行社参与机关、事业单位、国有企业和社会团体的服务外包，支持旅行社为机关、企事业单位提供差旅、考察、会议、展览等公务服务。

25.**加强新型旅游智库建设**。依托国家、省级旅游专家智库及省内高校旅游教育资源，组建新型旅游智库，推动旅游产学研合作，创新政府购买智库服务、智库经费保障等机制，加强旅游重大课题研究，加快旅游理论成果转化运用。

26.**创新旅游考评机制**。建立旅游业改革创新先行区建设年度目标考核制度，将旅游改革创新工作分解到各县（市、区）和市直相关部门，与年度目标考核同部署、同检查、同考核。市政府督查室定期督查通报，对在先行区建设中做出突出贡献的单位和个人予以表彰和奖励。

四、实施步骤

（一）启动实施阶段（2016年5月至2016年9月）

科学制订《咸宁市建设国家级旅游业改革创新先行区实施方案》及任务分解方案，报国家旅游局批复，全面启动国家级旅游业改革创新先行区建设。

（二）全面推进阶段（2016年10月至2018年6月）

推进国家级旅游业改革创新先行区建设各项工作，初步建立支撑旅游业改革创新的体制机制和政策体系，在重点领域重点突破，先行区建设取得显著成果。

（三）巩固提升阶段（2018年7月至2018年2月）

全面完成先行区建设的主要任务，建立完善的旅游管理体制、区域合作机制、旅游投融资机制、发展保障机制，率先出政策、率先出成果，为全国旅游改革创新提供“咸宁经验”。

五、工作要求

（一）强化组织领导

成立咸宁市建设国家级旅游业改革创新先行区工作领导小组，领导小组下设办公室，办公室设在市旅游委，配备和抽调政治素质高、业务能力好、协调能力强的人员，组建办公室工作专班，集中力量、集中办公。

（二）加强经费保障

设立国家级旅游业改革创新先行区建设专项资金，为咸宁市旅游改革创新工作提供经费保障，推动先行区建设顺利开展。

（三）营造良好氛围

发挥市级各类主流媒体的导向作用，积极宣传咸宁市旅游改革创新的好经验、好做法，营造建设国家级旅游业改革创新先行区的浓厚氛围。

中共乐山市委文件

乐委发〔2016〕12号

中共乐山市委　乐山市人民政府 关于印发《首批国家级旅游业改革创新先行区和四川省旅游综合改革试点市建设实施方案》的通知

各区、市、县、自治县党委和人民政府，乐山高新区、峨眉山景区、乐山大佛景区管委会，市级各部门：

《首批国家级旅游业改革创新先行区和四川省旅游综合改革试点市建设实施方案》已经市委、市政府同意，现印发给你们，请认真贯彻执行。

中共乐山市委　乐山市人民政府

2016年7月13日

首批国家级旅游业改革创新先行区和四川省旅游综合改革试点市建设实施方案

乐山市被确定为首批国家级旅游业改革创新先行区，被省政府确定为全省唯一的旅游综合改革试点市。为有序、有力、有效推动“改革创新”和“改革试点”并积累经验，根据《国务院关于促进旅游业改革发展的若干意见》（国发〔2014〕31号）、《国家旅游局关于公布首批国家级旅游业改革创新先行区的通知》（旅发〔2015〕270号，以下简称《通知》）要求，结合乐山市实际情况，制订本方案。

一、总体思路

（一）指导思想

全面贯彻落实党的十八大和十八届三中、四中、五中全会和省委十届七次全会精神，牢固树立创新、协调、绿色、开放、共享的发展理念，实施创新驱动发展战略，坚持全域旅游发展路径，以破除制约旅游业发展的体制机制为重点，创新统筹职能、创新政策措施、创新产业引导，激活发展活力，提高旅游业市场化、产业化、现代化、国际化水平，推进乐山国际旅游目的地建设。

（二）总体目标

按照“完成规定任务，抓好商定任务，探索自选任务”的要求，争取通过三年的努力，基本形成党政综合决策，部门职责清晰，市场主体积极参与，协力推动形成旅游综合性监管和综合性产业发展的新体制；完善综合性旅游管理机构和旅游警察、旅游法庭、旅游工商等“1+3”模式；建立涉旅规划、资源、资金、公共服务有效整合促进旅游业发展的新机制；探索全域旅游发展新模式。旅游产业实力显著增强，旅游产业贡献更加突出，旅游业成为全市国民经济的战略性支柱产业和人民群众更加满意的现代服务业。到2018年，全市旅游业增加值占地区生产总值的比重达到15%，占服务业增加值的比重达到45%。

（三）基本原则

——坚持党政主导。突出各级党委、政府在旅游改革创新中的主导地位，强化顶层设计，采用整体理念、系统化思维，将旅游业纳入全市全面建成小康社会的战略体系中统筹谋划，理顺涉旅部门职责，形成建设国际旅游目的地和发展全域旅游的整体合力。

——坚持问题导向。针对旅游业发展的短板和制约因素，用改革的办法、创新的方式、市场的手段，建立引导旅游业发展的创新机制，引领旅游发展新方向、旅游投资新领域、旅游消费新需求。

——坚持改革创新。坚持把改革创新作为旅游业发展的根本动力，实施创新驱动发展战略，加快推进旅游业供给侧结构性改革，培育新业态、新产品、新模式，推动转型升级、提质增效，实现旅游业向观光休闲度假复合型方向发展。

——坚持开放带动。充分发挥市场配置资源的决定性作用，优化旅游投资经营政策环境，激活旅游市场主体创业创新活力，推动旅游企业集团化、品牌化、专业化发展，不断探索旅游产业开发开放新模式。深化旅游业对外开放和区域合作交流，搭建国际化旅游开放合作平台。

二、主要任务

按照《通知》要求，共明确五项规定任务、两项商定任务、两项自选任务。

（一）改革创新旅游产业定位（规定任务）

1.明确旅游业为战略性支柱产业的地位。紧紧围绕建设国际旅游目的地发展目标，明确旅游业在全市国民经济和社会发展中的战略性支柱产业和推进社会经济转型发展的主导性产业地位，以创建国家全域旅游示范区为抓手，在政策支持、资金安排、项目建设、人才培养等方面向旅游业倾斜，促进基础设施、城市建设、产业布局与旅游发展相衔接，实现旅游产业由景区主体型向区域综合型转变。

牵头单位：市委办公室、市政府办公室

配合单位：市旅游体育委、市发改委

时间进度：2016年6月底前，在全市重要文件或规划中进一步明确旅游产业定位。

2.改革创新国际旅游目的地考核制度。积极探索从旅游业增加值占GDP和服务业比重的增量、入境游客增长、游客停留时间、旅游促进就业和农民增收等方面强化对县（市、区）的考核力度。将发展旅游作为各级政府和相关部门的重要发展目标和重要考核内容，加大重点单位旅游业考核指标权重，有效推进国际旅游目的地建设和全域旅游发展。

牵头单位：市目标办、市旅游体育委、市统计局

配合单位：市级相关部门，各县（市、区）政府

时间进度：2016年年底前开始试行。

（二）改革创新旅游综合管理体制（规定任务）

1.强化完善旅游管理机构职能职责。充分发挥市级旅游主管部门对旅游业发展的统筹规划、协调、管理和服务等综合功能，推进“大旅游、大市场、大产业”综合发展。组建市旅游数据中心，负责旅游统计、经济核算和市场分析工作，变行业统计为大旅游产业统计，为旅游发展提供更为有效的决策参考。进一步完善县（市、区）旅游管理机构职能、职责，配齐配强力量，从组织机构上确保国际旅游目的地建设和全域旅游发展战略市、县联动，全力推进。

牵头单位：市委编办

配合单位：市旅游体育委，各县（市、区）政府

时间进度：2016年年底前落实到位。

2.建立部门共管的旅游发展议事协调机构。在充分发挥市旅游产业发展领导小组领导决策作用的基础上，进一步强化市旅游产业发展领导小组办公室（以下简称市旅产办）职能职责，制定和落实相关工作规程，相关单位分管领导兼任副主任。市旅产办牵头召集定期会议，按职责落实议定事项。市旅产办各副主任履职情况纳入年终统一考评，各成员单位明确专门人员，负责国际旅游目的地建设、全域旅游发展、旅游市场整治、旅游改革创新、旅游形象推广等相关工作。

牵头单位：市旅游体育委

配合单位：市发改委、市文广新局、市住建局、市交委、市农业局（市委农工委）、市水务局、市林业局、市扶贫移民局、市民宗局、市经信委、市商务局、市教育局、市投促外侨局、市政府金融办、市财政局、市国土资源局、市环保局、市公安局、市交委、市卫计局、市工商局、市质监局、市人社局、市食品药品监管局、市城管局、市地税局、市安监局、峨眉山景区管委会、乐山大佛景区管委会

时间进度：2016年8月底前出台具体措施，2017年6月前完成职责强化工作。

（三）改革创新旅游发展引导机制（规定任务）

1.加大财政支持旅游业发展力度。市、县级财政设立旅游发展专项资金，并按旅游综合效益逐年递增。专项资金重点用于规划编制、项目开发、品牌创建、精准营销、旅游扶贫、人才培训等。住建、交通、农业、水利、林业、环保、文化、民宗、扶贫等部门的开发建设资金要向旅游领域倾斜，保证每年有相关资金用于旅游相关领域，并与旅游部门共同协商涉旅资金的使用。

牵头单位：市财政局

配合单位：市旅游体育委、市住建局、市交委、市农业局（市委农工委）、市水务局、市林业局、市环保局、市文广新局、市民宗局、市扶贫移民局，各县（市、区）政府

时间进度：2016年8月底前出台具体措施，2016年年底前完善相关工作机制。

2.**建立全域旅游引导激励机制**。鼓励旅游产品和旅游项目创新，对旅游与文化、康疗养生、商贸、体育、会展、地产、大农业、工业、教育等相关产业融合性的新业态项目予以表扬激励，加快构建多层次、特色化、中高端全域旅游产品体系。鼓励现有旅游产品上档升级，积极支持有条件的地方按照旅游标准化要求创建旅游度假区、国家A级旅游景区、生态旅游示范区、乡村旅游示范区等，提升服务质量和品牌价值。鼓励有实效的旅游宣传营销，充分调动旅行社积极性开展旅游包机业务和增加旅游专列；联合相关旅游企业，通过旅游消费券等方式，对淡季来乐游客或游览县（市、区）新线路的游客予以门票、住宿、餐饮等组合优惠；按照业绩鼓励经营特种线路和全域旅游的旅行社；实施与入境游、过夜游客数量挂钩的旅行社营销激励措施，提高乐山入境游接待比例，延长游客来乐停留时间。

牵头单位：市旅游体育委、市财政局

配合单位：各县（市、区）政府，峨眉山景区管委会、乐山大佛景区管委会

时间进度：2016年8月底前出台具体措施，2017年6月前完善相关工作机制。

3.**切实落实职工带薪休假制度**。强化全社会依法休假理念，将机关、企事业单位落实带薪年休假制度作为劳动监察和职工权益保障的重要内容。鼓励错峰休假，鼓励弹性作息，鼓励职工结合个人需要和工作实际分段灵活安排带薪年休假，为职工休闲度假创造有利条件，激发旅游消费需求。

牵头单位：市人社局

配合单位：市级各部门，各县（市、区）政府

时间进度：2016年12月底前督促落实。

（四）改革创新旅游公共服务体制（规定任务）

1.**创新旅游公共产品和服务供给模式**。坚持市场化改革方向，转变政府职能，实现旅游公共产品和服务的市场化多元化供给，引导社会资本参与旅游厕所、游客咨询中心、散客集散中心、停车场、景区道路等公共设施建设，形成完善的建设、运营、维护和管理机制。统筹推进“厕所革命”，探索“以商养厕”新模式。对宣传营销、会展策划、市场评估等专业性强的公共服务，实行服务外包，通过政府招标采购或有价补偿等方式，形成市场化供应机制。

牵头单位：市住建局、市旅游体育委

配合单位：市发改委、市交委、市文广新局、市财政局

时间进度：2016年8月底前出台具体措施，并逐年推进落实。

2.**建设旅游目的地公共服务体系**。以常住人口和旅游常态人口来配置公共服务资源，将旅游需求纳入城市规划和城市管理体系。建立旅游与城市公共服务设施共建共享机制，加快旅游集散、咨询、导视、信息、金融、公共交通、安全等公共服务设施及城

市休闲街区、城市绿道、骑行公园、慢行系统、休闲体育场馆、旅游特色街区、城市夜色景观建设，完善旅游服务功能，拓展城市休闲空间，建立起与国际旅游目的地发展相适应的旅游公共服务体系建设机制。

牵头单位：市住建局

配合单位：市旅游体育委、市文广新局、市交委、市城管局、市商务局

时间进度：2016年12月底前出台具体措施，并逐年推进落实。

3.**健全旅游交通体系**。编制旅游交通规划和城乡客运规划，统筹规划旅游交通线路，科学设置旅游交通标识、旅游停车场、加油站点、自驾车营地、车辆维修等配套设施。规划并逐步开行城市与景区间旅游交通直达班线车，实施旅游地接交通环线，形成功能完善、服务配套的旅游交通公共服务体系。

牵头单位：市交委、市旅游体育委

配合单位：市经信委、市住建局

时间进度：2016年年底前出台具体措施、制定规划，逐年推进落实。

（五）改革创新旅游市场监管机制（规定任务）

1.**成立市级旅游综合执法机构**。整合组建“市旅游综合执法支队”，并划转工商、人社、住建、发改（物价）、环保、民宗、文化、食药、交通等部门相关事权及人员编制，明确职能、增加力量，以市旅游体育委的名义，开展旅游综合行政执法。以“市旅游综合执法支队”派驻执法与属地监管相结合的方式确定乐山大佛景区、峨眉山景区旅游执法主体资格。

牵头单位：市委编办

配合单位：市旅游体育委、市工商局、市人社局、市住建局、市发改委、市环保局、市民宗局、市文广新局、市食品药品监管局、市交委、峨眉山景区管委会、乐山大佛景区管委会

时间进度：2016年12月底前出台具体措施。

2.**组建旅游警察队伍**。在市公安局内，整合治安、交警、经侦、刑侦等支队涉及旅游方面的处罚权，新组建“乐山市公安局旅游警察支队”，为市公安局所属执法支队，负责对旅游景区和涉旅重点地区、路段进行治安整治，配合开展涉旅案件的执法工作，指导相关县级公安机关打击破坏旅游市场秩序的违法犯罪行为，监督检查景区景点安保工作。支队分片区设三个大队。

牵头单位：市委编办、市公安局

配合单位：市旅游体育委、峨眉山景区管委会、乐山大佛景区管委会

时间进度：2016年12月底前出台具体措施。

3.**完善旅游法庭**。在市中区、峨眉山市设立旅游巡回法庭。建立繁简分流机制，用快立快审速裁的方式，完善旅游纠纷就地立案、就地审理、当庭裁决和立即执行的快速

处理机制，快速化解旅游矛盾纠纷。

牵头单位：市法院

配合单位：市旅游体育委，市中区政府、峨眉山市政府

时间进度：2018年12月底前完成。

4.**构建旅游工商监管模式**。把工商的专属职能因地制宜地融入旅游市场监管中，服务于全域旅游发展。在峨眉山景区、乐山大佛景区探索设立旅游工商管理机构，加大旅游市场经营秩序和涉旅企业和购物场所监管力度，提升旅游消费维权便利化水平。

牵头单位：市工商局、市委编办

配合单位：市旅游体育委，峨眉山景区管委会、乐山大佛景区管委会、市中区政府、峨眉山市政府

时间进度：2016年12月底前出台具体措施。

5.**完善部门联合执法机制**。在市旅游综合执法支队执法权限、地域范围以外，由市政府牵头，定期组织开展联合执法，整治旅游市场。市旅产办定期召开协调会议，解决旅游综合执法中的难点、热点问题。工商、质监、地税、食药、发改（物价）、城管、卫计、交通运输、安全管理等部门，与市旅游综合执法支队、市旅游警察支队、市森林公安局开展联合执法。进一步健全办案联动机制，完善行政执法与刑事司法衔接机制，加大对大要案、跨区域案件查处力度。

牵头单位：市旅游体育委

配合单位：市工商局、市城管局、市交委、市质监局、市地税局、市食品药品监管局、市发改委、市卫计局、市安监局

时间进度：2016年8月底前出台具体措施。

6.**完善旅游投诉快速处理机制**。由市旅游体育委牵头受理旅游投诉，直接处理或移交有关部门处理，跟踪督办落实情况。建立旅游投诉、维权处理和解机制、调解机制、执法机制，形成高效快捷维权体系。通过建立由游客、旅游监督员、行业协会、专业服务机构参与的市场监督体系，引导涉旅企事业单位设立旅游投诉处理专员等措施，畅通旅游投诉受理处理渠道。创新内部工作机制，建立投诉受理流程台账，形成覆盖市、县（市、区）、企业三级的投诉受理体系，通过定期评估、强化协调的方式，实现旅游投诉处理的部门联动。

牵头单位：市旅游体育委

配合单位：市工商局，各县（市、区）政府

时间进度：2016年8月底前出台具体措施。

7.**建立旅游经营者信用约束机制**。以"放心舒心消费城市"创建为抓手，建设"诚信乐山旅游信用公示与服务平台"，完善旅游消费诚信公示、信息查询、信誉保障服务，通过不定期更新涉旅部门企业信息、执法信息，实现企业信息、执法信息的开放共享、互联互通。建立违法企业"黑名单"制度，完善相关企业和从业人员的诚信记录，

从源头上防止涉旅违法案件发生。发挥行业协会自律作用，引导会员企业诚信经营，积极探索破解零负团费新路径。

牵头单位：市工商局、市旅游体育委

配合单位：市级相关部门，峨眉山景区管委会、乐山大佛景区管委会

时间进度：2016年8月底前出台具体措施，2016年年底前完成平台搭建。

（六）改革创新旅游投融资机制（商定任务）

1.**搭建旅游文化投资平台**。依托峨眉山乐山大佛旅游集团总公司、峨眉山旅游股份有限公司等优势旅游龙头企业，引进中外企业投资，探索搭建旅游投融资平台，促进和引领全市旅游资源整合、旅游景区开发、旅游重大项目的策划包装和建设，对市内旅游项目、旅游产业进行先导性投资，适时通过股权转让等方式有序退出，引导其他社会资本进入。

牵头单位：市国资委

配合单位：市旅游体育委、市文广新局，市级相关部门，各县（市、区）政府，峨眉山景区管委会、乐山大佛景区管委会，峨眉山乐山大佛景区旅游集团总公司、峨眉山旅游股份有限公司、市国有资产经营有限公司

时间进度：2016年12月底前制订实施方案。

2.**设立旅游文化产业发展基金**。探索竞争性领域财政支持方式，设立旅游文化产业发展基金，加强与基金公司合作，不断扩大基金规模，灵活运用财政贴息和股权投资等方式，引导社会资本加速向旅游产业集中，支持有市场竞争力的旅游企业做大做强。支持有条件的县（市、区）设立旅游发展基金。制定基金设计运作和退出机制，确保资金向旅游发展重点领域和区域聚集。积极申报“国家旅游发展基金项目”。

牵头单位：市财政局

配合单位：市发改委、市旅游体育委、市文广新局、市经信委、市政府金融办

时间进度：2016年8月底前出台具体措施，2017年年底前完成基金设立工作。

3.**推广PPP模式建设旅游项目**。筛选包装旅游厕所、旅游公共服务设施、旅游区道路等基础设施及现有社会资源二次开发旅游项目，形成旅游PPP项目库，做好项目的实施方案编制、财政承受能力评估、物有所值评价等前期工作，待项目论证通过后进入旅游PPP项目库，引入具有资金实力和专业经验的社会资本投资、建设、运营旅游项目。

牵头单位：市财政局、市发改委

配合单位：市旅游体育委、市交委

时间进度：2016年8月底前出台具体措施。

4.**探索社会化多元投入机制**。支持金融机构、投资机构、担保机构、产权交易机构及中介机构组建投融资服务联盟，为旅游业提供融资服务。积极推进旅游投资项目资产证券化产品开发，鼓励和支持旅游企业创造条件上市融资、发行企业债券，或通过资产

重组、股权转让、私募资金、风险投资基金、公开募股、产权交易等方式融资。推进旅游项目产权与经营权交易平台建设。

牵头单位：市政府金融办

配合单位：市旅游体育委、市国资委、市投促外侨局，各县（市、区）政府，峨眉山景区管委会、乐山大佛景区管委会，峨眉山乐山大佛旅游集团总公司

时间进度：2016年8月底前出台具体措施。

（七）改革创新区域协调发展机制（商定任务）

1.**搭建旅博会国际旅游区域合作平台**。将四川省国际旅游交易博览会办成“国际化、专业化、市场化”品牌展会和可持续的展会，打造成为国际性旅游区域合作共赢新平台。采取扩大政府购买服务、引进和培育会展龙头企业、推动“旅游会展+互联网”、提升旅游会展服务品质、拓展旅游会展产业链赢利模式等举措，加快旅博会的市场化步伐。开发旅博新区，完善旅游、商务、餐饮等配套功能，建设特色商业会展街区。建立旅博会签约项目跟踪服务机制，加快推进港中旅集团与峨眉山景区、乐山大佛景区投资合作，加快推进旅游招商引资签约项目落地。争取世界性旅游组织和企业来乐设立办事处，合办旅游院校，组建境外全资的旅游公司。争取乐山纳入成都“72小时过境免签”政策范围。

牵头单位：市旅游体育委，峨眉山市政府

配合单位：市投促外侨局、市商务局、峨眉山景区管委会、乐山大佛景区管委会

时间进度：2016年8月底前出台具体措施。

2.**完善大峨眉旅游区域合作机制**。加强大峨眉区域合作，建立互联互通的旅游交通、信息和服务网络，加强区域性客源互送，构建务实高效、互惠互利的大峨眉区域旅游合作联盟。编制大峨眉区域规划，科学推进区域开发。划定大峨眉区域建设缓冲区，加大对世界文化与自然遗产的保护力度。成立区域整合营销机构，建立区域联合营销联席会议制度，探索建立旅行商代理机制，积极开展与国际航空公司、客源地旅行商等国际国内专业营销机构的合作营销、代理营销。搭建大峨眉旅游官方网站平台，统一对大峨眉旅游的宣传营销。

牵头单位：市旅游体育委

配合单位：各县（市、区）政府，峨眉山景区管委会、乐山大佛景区管委会

时间进度：2016年8月底前出台具体措施，每年有阶段性成果。

3.**建立“景城一体”工作协调机制**。在乐山中心城区、峨眉山市确立景城一体发展战略，分别成立由住建、旅游、国土、发改、交通、商务等市级部门和市中区政府、乐山大佛景区管委会组成的中心城区“景城一体”联席会议机制，以及由峨眉山景区管委会与峨眉山市政府组成的“山城一体”联席会议机制，共商景城一体化发展中的推进事宜，积极创建中国国际佛教文化旅游目的地，打造山水禅意之城。景城所属范围内规划

建设互相征询意见，实现风格协调、交通顺畅、功能互补，在风景名胜区外围重要地段，分别设立乐山大佛、峨眉山国际旅游度假功能区，明确区域旅游功能定位，划定区域范围，作为景城缓冲区和共同开发带，各相关单位共同编制详规，统筹旅游配套要素布局和建筑、景观设计。

牵头单位：市住建局，峨眉山市政府

配合单位：市旅游体育委、市发改委、市国土资源局、市交委、市商务局，市中区政府、乐山大佛景区管委会、峨眉山景区管委会

时间进度：2016年8月底前出台具体措施，2017年年底前完成相关规划并实施。

（八）探索旅游规划有效实施机制（自选任务）

1.**促进旅游规划与相关规划衔接的制度化**。各级旅游主管部门进入同级规划委员会、土地管理委员会成员单位，增强旅游部门对各种上位规划编制的话语权，增强旅游规划的刚性和可实施性。加强旅游与土地利用、城乡建设、交通等规划的衔接，城乡总体规划要对重点区域旅游发展、重大旅游项目建设、精品线路培育、智慧旅游建设等做出统筹考虑和安排。跨行政区域旅游景区由市政府明确管理主体，统一规划建设。制定旅游主体功能区规划时应明确限制和禁止开发的区域。

牵头单位：市住建局、市国土资源局

配合单位：市旅游体育委、市交委，各县（市、区）政府、峨眉山景区管委会、乐山大佛景区管委会

时间进度：2016年8月底前出台具体措施。

2.**推进旅游重点区域“多规合一”机制**。选择有条件的乡、镇、村，以旅游部门主导，联合建设和国土等单位，制定综合规划，开展“多规合一”试点。在旅游资源聚集、管理体制复杂的区域，设立生态旅游功能区，把旅游发展规划作为其他规划的方向性指引和约束指标，编制“多规合一”导则，依据导则，各相关部门分别编制各自的专项规划。

牵头单位：市住建局、市旅游体育委

配合单位：市国土资源局、市交委，各县（市、区）政府、峨眉山景区管委会、乐山大佛景区管委会

时间进度：2016年8月底前出台具体措施。

3.**建立旅游规划落地机制**。建立严格规范的规划制定和评审程序，强化规划的权威性。将重大的旅游规划经人大审议后执行。加大社会各界对规划执行的监督力度，让规划真正落地生根，变规划图为施工图、实景图。

牵头单位：市旅游体育委

配合单位：市发改委、市住建局、市国土资源局、市交委、市商务局

时间进度：2016年8月底前出台具体措施。

（九）健全旅游目的地建设政策体系（自选任务）

1.**优先保障旅游业发展用地**。落实《关于支持旅游业发展用地政策的意见》（国土资规〔2015〕10号），优先落实旅游重点项目用地指标，优先在城乡规划中落实用地布局。根据旅游项目实施进度，逐年增加用地指标支持重点旅游项目发展。对旅游景区以外的公益性基础设施建设用地，符合《划拨用地目录》的，可按划拨方式提供。支持利用荒山、荒坡、荒滩、垃圾场、废弃矿山土地开发旅游项目。

实行旅游项目用地分类管理。旅游项目中，属于永久性设施建设用地的，依法按建设用地管理；属于自然景观用地及农牧渔业种植、养殖用地的，不征收（收回）、不转用，按现用途管理，由景区管理机构和经营主体与土地权利人依法协调种植、养殖、管护与旅游经营关系。

探索乡村旅游发展用地机制。鼓励农村集体经济组织依法以集体经营性建设用地使用权入股、联营等形式与其他单位、个人共同开办旅游企业；探索农民宅基地自愿有偿退出办法；城乡居民可以利用自有住宅或者其他条件依法从事旅游经营；农村集体经济组织以外的单位和个人，可依法通过承包经营流转的方式，使用农民集体所有的农用地、未利用地，从事与旅游相关的种植业、林业、畜牧业和渔业生产。乡村旅游景区内用地依据土地利用总体规划和城镇、村庄规划分别按建设用地、农（林）用地实施有偿使用，乡村旅游基础设施建设用地作为公共设施和公益事业用地。

牵头单位：市国土资源局

配合单位：市旅游体育委、市住建局、市农业局（市委农工委）、市林业局、市水务局，各县（市、区）政府

时间进度：2016年12月底前出台具体措施。

2.**鼓励社会资源二次开发**。制定加快产业融合推进全域旅游发展的政策意见，按照“一产围绕旅游调结构，二产围绕旅游出产品，三产围绕旅游搞服务”的思路，把“全域共建、全域共融、全域共享”和“全区域、全要素、全产业链”的全域旅游观贯穿到经济社会发展的各个方面，推动各行业有效利用现有社会资源，完善旅游功能，挖掘文化内涵，开发水上旅游、低空旅游、山地旅游、乡村旅游、工业遗址、民俗体验、科考探险、康疗养生、修禅礼佛等新业态新产品。加大以旅游产品、旅游装备制造、旅游休闲科技创新发展为重点的旅游供给侧结构性改革力度。大力拓展旅游产业发展空间，形成以“峨眉山—乐山大佛”为品牌龙头，涵盖各县（市、区）的全域旅游体系。积极打造“双创”服务平台，支持开展与文化旅游相关的创新创业成果展览、创业大赛、创业培训、创业论坛等活动，激发文旅融合发展活力。

牵头单位：市旅游体育委

配合单位：市发改委、市文广新局、市人社局、市科技局、市商务局、市农业局（市委农工委）、市林业局、市水务局、市卫计局、市民宗局、市经信委、市教育局，

各县（市、区）政府

时间进度：2016年8月底前出台《乐山市人民政府关于加强旅游与相关产业融合发展推进全域旅游的意见》。

3.**建立旅游扶贫开发机制**。制定旅游扶贫支持政策，鼓励小凉山彝族地区有效利用彝家新寨发展旅游民宿，利用农副特产开发旅游产品，利用民族风情开展文化表演，包装推出特色民族旅游线路等。鼓励贫困地区结合自身优势，发展旅游产业，带动贫困群众脱贫致富。将峨边黑竹沟景区作为彝族地区旅游扶贫攻坚改革创新试点单位，全面理顺景区管理体制，加快建设景区内部交通环线，引进有实力的旅游企业共同开发景区，并依托核心景区"串珠"发展乡村彝寨旅游产业，实现旅游兴镇、旅游兴村，打造"黑竹沟百里生态旅游文化走廊"。

牵头单位：市旅游体育委、市扶贫移民局，峨边彝族自治县政府

配合单位：市发改委、市农业局（市委农工委）、市林业局、市水务局，各县（市、区）政府

时间进度：2016年8月底前出台具体措施。

4.**鼓励旅游业与科技融合发展**。制定智慧旅游发展支持政策，开拓"旅游+互联网"新模式，积极推广信息通信技术在旅游管理、旅游服务和旅游营销等方面的应用。鼓励建设一批智慧旅游企业、景区、城镇和乡村；开发旅游电子商务系统，发展电子预订、电子支付、电子管理、网络宣传与营销业务。制定支持旅游电子商务企业的发展政策，积极推动在线旅游平台企业发展壮大，整合上下游及平行企业的资源、要素和技术，形成旅游业新生态圈，激活旅游领域大众创业、万众创新的活力。

牵头单位：市经信委、市旅游体育委

配合单位：市科技局、峨眉山景区管委会、乐山大佛景区管委会，各县（市、区）政府

时间进度：2016年8月底前出台具体措施。

5.**强化旅游人才智力支撑**。把旅游专业人才队伍建设纳入全市人才队伍建设规划，积极支持探索筹建中国人才研究会旅游人才专业委员会，在旅游人才储备、教育培训、发展战略等方面开展理论性研究。建立旅游从业人员的轮训制度，与旅游组织、高校合作举办国际旅游目的地建设高级研修班，加大选派旅游行业干部外派挂职和双向交流力度。建立乐山国际旅游智库，聘请国内外旅游专家、旅游企业家为发展顾问，支持本地旅游科研单位和旅游规划单位发展，推动市内高等院校在教材内容、课程安排、专业设置、招生计划中向旅游倾斜。引进国际旅游职业资格认证，在全行业推广应用。

牵头单位：市委组织部

配合单位：市人社局、市旅游体育委、市教育局、市科技局

时间进度：2016年8月底前出台具体措施。

三、保障措施

建设国家级旅游改革创新先行区对促进乐山经济社会发展具有重要意义，全市上下务必高度重视，全力以赴，为各项改革任务的全面完成提供有力保障。

（一）加强组织领导

市旅游产业发展领导小组具体负责指导、协调本方案实施工作，研究解决旅游改革创新工作中的重大问题。市旅产办负责总体方案和年度计划的制订，及各项改革任务的指导、协调、督促、评估等工作；组建专家顾问团队；建立省、市旅游改革创新联席会议制度。相关县（市、区）和市级相关部门成立相应的领导和工作机构，确保目标任务和各项措施的落实。

（二）强化方案落实

第一牵头单位负总责，配合单位按照自身职责积极参与，制订科学具体的专项工作实施方案和年度工作计划。2016年8月底前完成专项实施方案和当年工作计划，此后每年2月底前完成年度工作计划，报市旅游产业发展领导小组审核备案。专项实施方案要路径清晰、措施具体、任务明确、分工细致。

（三）严格责任制度

建立健全首批国家级旅游业改革创新先行区和四川省旅游综合改革试点市绩效考核管理办法和评价体系，将旅游改革创新年度实施方案与目标任务执行情况纳入目标考核，进行综合评估，加强督促检查，强化问责问效，并与干部考核任用和评先评优挂钩，确保改革任务加快推进。

（四）加强宣传推广

相关县（市、区）和市级相关部门要及时总结经验和问题，每年6月和10月向市旅游产业发展领导小组提交工作进展情况和年度评估报告。市旅产办汇总全市旅游改革创新成果，于每年7月和11月报国家旅游局和省政府，力争2018年年底前通过国家旅游局对乐山市旅游改革创新工作的检查验收。各级宣传部门要积极做好旅游改革创新经验的宣传和舆论引导工作，宣传旅游体制改革的重大突破以及各涉旅行业改革的新举措、新进展、新经验、新成效。

中共资阳市委办公室文件

资委办发〔2016〕40号

★

中共资阳市委办公室　资阳市人民政府办公室
关于印发《资阳市建设国家级旅游业改革创新先行区实施方案》的通知

各县（区）委、人民政府，开发区管委会，市级各部门（单位）：

经市委、市政府研究同意，现将《资阳市建设国家级旅游业改革创新先行区实施方案》印发给你们，请认真贯彻落实。

中共资阳市委办公室

资阳市人民政府办公室

2016年6月20日

资阳市建设国家级旅游业改革创新先行区实施方案

为全面推进国家级旅游业改革创新先行区建设，根据国家旅游局“515战略”部署和《关于公布首批国家级旅游业改革创新先行区的通知》（旅发〔2015〕270号）要求，结合资阳市实际，制订本实施方案。

一、总体要求

（一）指导思想

坚持“创新、协调、绿色、开放、共享”发展理念，抢抓“一带一路”、成渝经济区、成都经济区、成都天府国际机场、临空经济区资阳片区规划建设机遇，突出“创新统筹职能、创新政策措施、创新产业引导”主线，以市县（区）政府为改革主体，以创新旅游发展体制机制为重点，以探索旅游支持政策为保障，以深化旅游供给侧结构性改革为动力，以推进旅游产品转型升级为抓手，构建布局合理、多点支撑、业态多元、产业融合的现代旅游产业体系，打造“蜀人原乡、红色帅乡、石刻之乡”品牌，建设成渝休闲度假旅游目的地。

（二）基本原则

1.**坚持问题导向原则**。着力破解资源相对匮乏、基础设施薄弱、体制机制不完善、发展质量和水平不高等制约旅游业发展的瓶颈问题，促进旅游业转型升级。

2.**坚持改革创新原则**。实施创新驱动发展战略，深化改革、大胆创新，在旅游产品开发、体制构建、机制运转、政策支持等方面实现突破，探索旅游业科学发展、可持续发展新路径。

3.**坚持融合发展原则**。推动旅游业发展与新型工业化、信息化、城镇化和农业现代化相融合，实现经济效益、社会效益和生态效益有机统一。

4.**坚持开放合作原则**。实施充分开放合作，积极引进国内外知名旅游企业集团，打造旅游品牌；完善与成渝经济区旅游合作机制，推进国际旅游合作。

（三）总体目标

力争用三年时间通过旅游业改革创新使市场在资源配置中的决定性作用更加突出，旅游产业带动经济社会发展作用更加显著；旅游供给水平明显提高，特色旅游产品丰富，旅游整体形象更加鲜明；旅游融合成效明显，旅游发展与新型城镇化、幸福美丽新村建设充分结合，旅游环境更加优化，游客获得感得到更加满足。把旅游业培育为全市经济社会发展的支柱产业、人民群众的幸福产业，走出一条滞后地区加快旅游业发展的新路子。到2018年，实现旅游总收入220亿元，年均增长16.3%，旅游业增加值占地区生产总值比重提升至8%以上。

二、重点任务

（一）深化供给侧改革，壮大产业发展实力

1.优化旅游空间布局，实现区域一体化发展。树立全域旅游、绿色发展理念，科学整合区域资源，试点“多规合一”，优化“一心、三区、三带”空间布局。

建设资阳旅游集散中心。依托成都天府国际机场、成渝高铁、成都至资阳18号地铁和成渝、渝蓉等高速路网，发挥交通集散服务功能，推进产业融合，完善旅游功能，大力发展城市旅游、都市近郊旅游，把资阳中心城区建设成为区域性旅游集中心。

建设三大旅游功能区。建设沱江（资阳城区）—花溪谷—高寺生态文化休闲旅游功能区，促进旅游与农业、林业、水利的融合发展，开发湿地公园、森林公园、乡村旅游公园以及水上游乐产品，用好“长寿之乡”品牌，开发休闲养生度假产品，建成城市近郊休闲旅游目的地；建设安岳石刻佛教文化旅游功能区，整合安岳石刻、韩国“普州太后”许黄玉故里和柠檬等资源，以圆觉洞创建省级旅游集聚区为重点，开发佛教、石刻、寻根等文化创意旅游产品，打造入境旅游新亮点；建设乐至红色文化休闲旅游功能区，推进陈毅故里红色文化省级旅游集聚区、五彩林乡生态功能区建设，促进红色文化、生态文化融合发展。

建设三条特色旅游示范带。融入成都旅游经济圈和环成都乡村旅游带，沿成渝、遂资眉高速和G321、资三快速通道，重点发展观光、运动、康体、养老等旅游产品，着力建设成资休闲度假旅游示范带；融入环重庆乡村旅游带和渝西旅游走廊，沿渝蓉、资潼高速和G319、G318，重点发展红色、佛教、石刻、生态等旅游产品，着力建设渝资特色文化旅游示范带；依托毗河引水工程，利用沿线水域和特色村落，建设山水文化景观景点，形成“一主多支多项目成珠，一环串联”的空间结构，打造“川中丘区乡村画廊”，着力建设毗河乡村旅游示范带。

责任单位：各县（区）人民政府、市交通运输局，市委农工委、市住房城乡建设局、市水务局、市农业局、市林业局、市文化广电新闻出版局、市旅游局、市规划局

等。（逗号前为牵头单位，下同）

时间进度：2016年12月底前出台具体措施。

2.**大力开发旅游产品，打造特色旅游品牌**。立足成渝两大客源市场，实施“4个一批”旅游重点工程，建设以重点旅游景区、乡村旅游公园、城市休闲公园和旅游特色小镇等为支撑的旅游产品体系。

打造一批重点旅游景区。完善陈毅故里旅游功能，整合闲宁村休闲度假区和薛苞古镇等旅游资源，推进陈毅故里创建国家5A级旅游景区。深入挖掘佛教文化和石刻文化，以圆觉洞旅游综合体建设为核心，加快推进毗卢洞、华严洞、卧佛院和旅游集散中心、石刻博物馆等建设，依托大足石刻申报世界文化遗产，推进安岳石刻整体争创国家5A级旅游景区。加快推进卧佛院—跑马滩、宝森农林生态园、保和生态旅游度假区、五彩林乡创建国家4A级旅游景区，推动魅力柠海、千佛寨、乐至报国寺等景区提档升级，培育花溪谷、幸福谷、蟠龙湖等一批国家A级旅游景区。

打造一批乡村旅游公园。依托安岳柠檬种植规模、产量和市场占有率占全国80%以上的独特优势，深入挖掘柠檬文化，开发以柠檬养生、特色体验等为主的旅游产品，打造“柠檬文化”乡村旅游公园；依托雁江晏家坝万亩休闲观光农业资源，开发采摘体验、养老健康、水上娱乐、拓展训练、花卉果蔬等旅游产品，打造“果语花香”乡村旅游公园；依托雁江20万亩蜜柑产业优势和“半月山”大佛，挖掘“橘”文化和“佛”文化，打造“佛山橘海”乡村旅游公园；依托乐至“五彩林乡”川中丘陵区现代林业科技示范园，加快推进天府花谷、丘区果乡、孔雀湖湿地、生态林苑等项目建设，打造“五彩林乡”乡村旅游公园。

打造一批城市休闲公园。在城市规划管控、功能布局、风貌塑造中融入旅游元素，新、改、扩建一批以文化、生态、湿地、体育、音乐等为主题的城市休闲公园，加快推进白沙坝郊野公园、凤岭公园、沱江滨江湿地公园、字库山森林公园和安岳滴水湖湿地公园、乐至南塔山公园等城市公园建设，建成运动、观光、休闲、度假的旅游目的地。

打造一批旅游特色小镇。深度挖掘地域历史文化、民俗文化和古镇文化，融入“吃、住、行、游、购、娱”旅游要素，推进旅游咨询、旅游购物、旅游娱乐、旅游车站等配套建设，将雁江丹山镇、安岳石羊镇和文化镇、乐至劳动镇等建成各具地域文化特色的旅游小镇。

责任单位：各县（区）人民政府、市住房城乡建设局、市商务局，市委农工委、市水务局、市农业局、市林业局、市文化广电新闻出版局、市旅游局、市规划局等。

时间进度：2016年12月底前出台具体措施。

3.**推动产业融合发展，大力拓展旅游业态**。实施“旅游+”战略，推进各领域优势产业、特色休闲资源向旅游产业转化。

促进旅游与文化融合。深入挖掘“资阳人”文化、长寿文化、川剧文化等资源，建设“资阳人”博物馆、车文化主题公园、百威啤酒工业旅游区等，将文化元素转化为独具地域特色的旅游产品，打造文化旅游精品。

促进旅游与农业融合。结合幸福美丽新村建设和旅游精准扶贫工程，推动农旅、林旅、水旅融合，以花溪谷、燕桥村等为重点，规划建设一批以赏花、踏青、采摘体验、休闲观光为主的乡村旅游休闲度假区、生态旅游示范区，创建一批全国休闲农业与乡村旅游示范县（点）、生态农庄、花果人家、精品村寨等乡村旅游品牌。

促进旅游与商业融合。开发具有“资味”的旅游商品，提质打造临江寺豆瓣、柠檬系列、石刻工艺品、安岳竹编、天池藕粉等旅游商品，形成具有特色的旅游商品体系。大力培育旅游商品品牌和特色商业街区，依托中韩创新创业园（资阳基地）和国家A级旅游景区，规划建设一批特色街区，大力发展特色餐饮、主题酒店，做响资阳百威啤酒节、柠檬花（果）节、烧烤节等旅游节庆品牌。

促进旅游与城市融合。遵循“城市即旅游，旅游即城市”的理念，完善城市旅游功能，深入推进城市绿化、亮化、美化工程，加快推进沱西滨江景观带、九曲河景观带、娇子大道风貌改造等城市景观建设，提升城区建筑风貌、文化风貌、夜景风貌，建成景城一体的绿色生态旅游城市。

责任单位：各县（区）人民政府、市委农工委、市住房城乡建设局、市文化广电新闻出版局、市商务局、市教育体育局、市经济和信息化委、市民政局、市水务局、市农业局、市林业局、市旅游局等。

时间进度：2016年12月底前出台具体措施。

4.**实施充分开放合作，提升项目供给水平**。坚持充分开放和创新驱动，加大旅游项目策划和招商力度，以创意智慧破解发展瓶颈，招引一批具有区域影响力的特色旅游项目，无中生有一批创意性旅游项目。加快推进白沙坝郊野公园、蒙生国际酒店、博尔酒店、巨洋威尼斯等一批重点旅游项目建设。实施旅游创客行动，建设旅游创客示范基地，促进旅游创业和就业。完善项目建设机制，建立旅游项目库和重点旅游项目清单制度，实行市级领导挂联推进和旅游项目准入退出机制。

责任单位：各县（区）人民政府、市发展改革委、市投资促进局，市住房城乡建设局、市国土资源局、市旅游局、市规划局等。

时间进度：2016年2月底前出台具体措施。

（二）完善体制机制，增强旅游发展动力

5.**创新大旅游管理机制**。一是调整充实市委、市政府主要领导任组长的市旅游产业发展领导小组，建立旅游联席会议制度，定期研究重点工作，推动工作落实。二是积极推动组建市旅游发展委员会（以下简称旅发委），强化旅游发展综合统筹职能，优化旅游部门内设机构，充实旅游事业机构和人员力量，探索政府购买服务新模式。各县（区）要建立健全相应工作机构，统筹推进旅游业改革创新发展。

责任单位：各县（区）人民政府、市委编办、市旅游局，市委农工委、市发展改革

委、市住房城乡建设局、市国土资源局、市商务局、市规划局等。

时间进度：2016年12月底前出台具体措施。

6.**建立高效的旅游景区管理体制**。坚持“政府引导、产权明晰、市场配置、授权经营、保护开发”的原则，以安岳石刻、陈毅故里、保和生态旅游度假区等建设为突破口，重点探索推进国有旅游景区所有权、管理权、经营权分离改革。加快A级旅游景区、旅游度假区、旅游重点镇等管理体制机制创新，探索景区管委会与乡镇、村一体化统筹协调、运行高效的新型管理模式。

责任单位：各县（区）人民政府，市委编办、市旅游局等。

时间进度：2016年11月底前出台具体措施。

7.**创新大旅游监管机制**。一是完善旅游执法体系。探索组建旅游综合执法机构，推动旅游、公安、交通、卫计、城市行政执法、食药监管、工商、物价、海事等部门协调联动。二是完善旅游投诉快速处理机制。由旅游部门牵头受理旅游投诉，直接处理或移交有关部门处理，旅游部门跟踪督办落实情况，实现旅游投诉处理的部门联动。用好12301旅游投诉统一受理平台，完善与110、120、12315、12331、12345等服务热线的协同联动机制。三是加强安全应急管理。完善旅游突发事件及高峰期大客流应对处置、旅游安全预警信息发布、突发事件应急联动响应和危机公关应对等机制。

责任单位：各县（区）人民政府、市公安局、市食品药品监管局、市旅游局、市工商局，市交通运输局、市卫生计生委、市城市行政执法局、市物价局、市海事局等。

时间进度：2016年12月底前出台具体措施。

8.**创新旅游规划衔接机制**。将市旅游局作为市规划委员会成员单位。在制定国民经济社会发展规划、城乡规划、土地利用规划等规划时，要充分考虑旅游产业的需求，促进“多规合一”。涉旅项目履行相关手续时，发改部门在立项前要征求旅游部门的意见，增强旅游规划的可实施性。

责任单位：各县（区）人民政府、市发展改革委、市旅游局、市规划局，市委农工委、市国土资源局、市住房城乡建设局、市交通运输局等。

时间进度：2016年12月底前出台具体措施。

9.**创新旅游区域合作机制**。建立完善与成都、重庆等跨区域旅游合作协调机制，推进与成渝经济区周边城市及沿海发达城市、境外国家（地区）的旅游合作。围绕打造以成都为中心的世界旅游目的地和大足安岳唐宋石刻国际精品旅游区，推出一批精品旅游线路。

责任单位：各县（区）人民政府、市旅游局，市区域合作办等。

时间进度：2016年12月底前出台具体措施。

（三）优化发展环境，促进旅游市场繁荣

10.**完善旅游设施建设**。加快推进渝蓉、资潼和资三、资安快速通道、陈毅故里旅游

快速通道、贾石路等交通项目建设，完善成都天府国际机场、高铁站、高速公路连接线与旅游景区和景区之间的路网建设，实现景区与城市、机场、高速公路、铁路等无缝对接。将旅游通道、旅游标识标牌建设纳入城市和交通规划并组织实施，加快旅游游客中心、咨询中心、停车场、旅游厕所、自驾车营地和电动车充电设施等建设，扶持旅游车公司、跨区域连锁经营的汽车租赁公司和乡村旅游巴士发展，推进城市公交服务网络与城郊主要旅游景区和乡村旅游点的有效连接。经信、电力、通信、天然气、自来水等部门，要加大旅游发展的要素保障力度。

责任单位：各县（区）人民政府、市交通运输局、市旅游局，市经济和信息化委、市住房城乡建设局、市规划局、国网资阳供电公司、资阳海天水务公司、资阳港华燃气公司等。

时间进度：2016年12月底前出台具体措施，制定相关规划，逐年推动落实。

11.推进智慧旅游建设。运用“互联网+”等新理念、新技术，以智慧城市建设为契机，全面推进智慧旅游建设，打造集旅游应急安全、综合管理、公共服务等为一体的智慧旅游网络服务体系。推进旅游企业信息化建设，以智慧景区、智慧乡村、智慧旅游企业建设为重点，支持旅游企业电子商务平台建设，发展线上线下一体化的智慧旅游。

责任单位：各县（区）人民政府、市旅游局，市经济和信息化委、市公安局、市商务局、市气象局等。

时间进度：2016年11月底前完成智慧旅游规划编制，出台具体措施。

12.加强旅游信用体系建设。加强旅游经营诚信建设，引导旅游企业诚信经营，建立严重违法企业“黑名单”制度。推进旅游行业协会改革发展，发挥好行业协会自律作用。发挥社会公众及新闻媒体的监督作用，深入推进文明旅游建设。

责任单位：市旅游局，市工商局、市文明办。

时间进度：2016年11月底前出台具体措施。

（四）加大政策扶持，强化旅游发展保障

13.加大财政投入力度。建立旅游发展专项资金，每年市财政安排1000万元、各县（区）财政安排不低于800万元旅游发展资金，随财力增长逐步增加。制定旅游业发展扶持政策，重点支持重大旅游项目、旅游公共服务、旅游教育培训、旅游规划及重大课题研究、旅游扶贫、旅游企业发展等。积极争取上级资金对我市旅游发展的支持。交通、农业、林业、水利、扶贫开发、文物保护等项目建设要与旅游项目结合，各行业项目资金要向重点旅游项目倾斜。

责任单位：各县（区）人民政府、市财政局、市旅游局，市委农工委、市发展改革委、市交通运输局、市水务局、市农业局、市林业局、市文化广电新闻出版局、市旅游局、市扶贫移民局等。

时间进度：2016年12月底前出台具体措施。

14.**创新大旅游投融资平台**。成立资阳市旅游发展投资公司，按照市场化运作方式，推动旅游业开发建设、营运管理。设立旅游产业发展子基金，由市县两级政府和社会资本共同出资，引导社会资本投入旅游发展。支持采用PPP模式推进旅游基础设施建设，引导社会资本参与旅游项目投资、建设和运营。探索多元化融资方式，鼓励金融机构采用项目特许经营权、知识产权、股权、经营收入权等作融资抵押，促进旅游行业信贷投放；鼓励符合条件的旅游企业通过资本市场进行股债融资、在银行间市场发行债券；促进旅游企业资产证券化，引导基金、保险等各类资金投向资阳市旅游业。

责任单位：各县（区）人民政府、市发展改革委、市财政局、市政府金融办，市旅游局、人行资阳市中心支行、资阳银监分局等。

时间进度：2016年12月底前出台具体措施

15.**保障旅游项目落地建设**。落实《关于支持旅游业发展用地政策的意见》（国土资规〔2015〕10号），落实旅游项目年度用地计划，保障旅游项目用地。

责任单位：各县（区）人民政府、市国土资源局，市住房城乡建设局、市水务局、市农业局、市林业局、市旅游局、市规划局等。

时间进度：2016年12月底前出台具体措施。

16.**强化旅游人才支撑**。制定高端旅游人才引进和培养机制，引进和培养旅游经营管理、项目策划高端人才。大力发展旅游职业教育，培养旅游管理和服务人才队伍。选派旅游行业干部上挂锻炼，争取国、省旅游部门干部下派挂职指导。建立旅游智库，聘请国内外旅游专家作为顾问。

责任单位：各县（区）人民政府、市委组织部，市人力资源社会保障局、市教育体育局、市旅游局。

时间进度：2016年11月底前出台具体措施。

三、实施步骤

资阳市建设国家级旅游业改革创新先行区工作分三个阶段实施。

（一）动员部署（2016年1月至2016年10月）

组织制订《资阳市建设国家级旅游业改革创新先行区实施方案》，经市委、市政府审议后报省旅发委、国家旅游局，适时召开全市建设国家级旅游业改革创新先行区动员大会。

（二）系统推进阶段（2016年10月至2018年8月）

围绕重点改革任务，制定分年目标任务和工作措施，强化责任落实，扎实推进重点项目和重点工作，在创新统筹职能、创新政策措施、创新产业引导等重点改革领域实现突破，形成比较健全的旅游协调发展机制，旅游改革创新先行区建设取得明显成效。

（三）巩固完善阶段（2018年9日至2018年12月）

认真总结旅游业改革创新先行区工作成效和经验，剖析问题，查找不足，整改提高，同时做好验收的相关工作，全面完成国家级旅游业改革创新先行区建设各项任务。

四、保障措施

（一）加强组织领导

成立以市委、市政府主要领导为组长，市级相关领导为副组长，市级相关部门和各县（区）委、政府主要负责人为成员的市建设国家级旅游业改革创新先行区工作领导小组，统筹全市旅游业改革创新先行区建设工作。领导小组办公室设在市旅游局，负责日常工作。市级相关部门和各县（区）要把建设国家级旅游业改革创新先行区摆上重要日程，牢固树立“一盘棋”思想，根据任务分工，各司其职，相互协作，高标准、高质量、高要求推进各项工作。

（二）加强宣传推广

市委宣传部组织资阳日报社、资阳广播电视台和市内主要网络媒体开设宣传专栏，大力宣传建设国家级旅游业改革创新先行区的重要意义、主要内容、有益经验和先进典型，宣传市重点旅游产品、旅游产业，并积极协调中省主流媒体、网络，增强对外宣传效果。宣传、住建、投资促进、旅游等部门，要结合城市形象宣传、项目推介、宣传营销等，加大资阳市旅游宣传力度，提升资阳旅游品牌影响力。要结合文明城市创建，加大文明旅游宣传力度，提升群众文明素质，营造“处处都是旅游资源，人人都是旅游环境”的良好氛围。

（三）加强督查考核

将建设国家级旅游业改革创新先行区工作纳入市委、市政府对各县（区）和市级部门年度目标绩效考核体系，加强督促检查，强化问责问效，确保各项工作有效推进。市委督查室、市政府督查室要定期通报全市旅游业改革创新工作进展情况。各县（区）和市级相关部门每月25日前，向市旅游业改革创新办公室报送当月工作推进情况。每季度召开一次工作推进会，全力推进旅游业改革创新先行区建设各项工作。

克拉玛依市人民政府文件

新克政发〔2016〕38号

克拉玛依市关于推进旅游业改革创新先行区工作的实施意见

各区人民政府，市政府各委、办、局，各有关单位：

为贯彻落实《国务院关于促进旅游业改革发展的若干意见》（国发〔2014〕31号）、《国务院办公厅关于进一步促进旅游投资和消费的若干意见》（国办发〔2015〕62号）、《国家旅游局改革创新先行区工作方案》（旅发〔2015〕270号）要求，全面推进我市旅游业改革创新先行区工作，促进旅游业转型升级、跨越发展，结合我市实际，制定本意见。

一、指导思想

坚持改革创新、开放合作、提质升级，以“创新统筹职能、创新政策引导、创新产业活力”为指引，着力破除旅游业发展中的障碍和突出矛盾，向创新驱动要动力，向深化改革要红利，向社会要素要活力，加速旅游产业提质增速、转型升级，努力将旅游业打造成为推进克拉玛依市资源型城市转型的重要主导产业，使克拉玛依成为丝绸之路经济带上重要的国际休闲旅游城市。

二、主要目标

通过为期三年（2016~2018年）的全国旅游业改革创新先行区创建工作，全面落实“五项规定任务”“六项商定任务”“四项自选任务”，为国家推进旅游业改革创新和资源型城市转型提供新模式、新经验和新样板；全市旅游业发展速度保持在18%以上，旅游总收入占全市GDP和地方经济的比重不断提高，旅游在城市发展中的功能与作用进一步凸显。

三、基本原则

（一）开放合作

全面开放旅游市场，实现资源与资本的有效对接，推动资源共享、市场共建、信息互通、合作共赢。

（二）市场导向

充分发挥市场在旅游资源优化配置中的决定性作用，建立统一公平公开的旅游市场竞争环境与机制。

（三）统筹发展

统筹旅游业与其他产业的融合互动，打造城市全域旅游，形成旅游空间全区域、旅游产业全领域、旅游受众全民化的发展格局。

（四）分类指导

在旅游体制机制创新、旅游金融体制改革、产品业态发展、旅游质量提升等领域，先行先试、创新变革、分类推进、引领示范，探索以旅游业发展带动经济社会转型升级的新路子。

（五）以人为本

以游客为本，改善旅游产品供给，完善旅游服务功能，提升旅游服务品质；以民生为本，通过旅游创造就业增加收入，让群众共享旅游产业发展成果。

四、主要任务

（一）深化旅游金融体制改革创新，释放旅游市场新活力

1.**打造旅游金融创新示范区**。积极引导跨境电商企业和金融机构打造国际旅游商品、免税商品线上线下金融交易支付平台；发行新疆旅游银联卡（联名卡），提供入疆、入境旅游卡集合等功能，有效降低新疆旅游出行成本。

2.**设立旅游产业发展基金**。设立由金融机构、旅游企业、政府机构三方共同发起的旅游产业发展基金，形成基金池，支持旅游产业基础设施、景区升级及配套设施建设、旅游产品服务提升改造、文化旅游创意产业和相关延伸产业。

3.**推动PPP旅游投融资新模式**。把涉及旅游产业的基础设施建设和公共服务项目纳入PPP项目库，鼓励引导社会资本参与旅游领域PPP项目。

4.**加大重点旅游企业融资信贷支持**。积极推动建立政府、银行机构、旅游企业的三方合作机制，对重点旅游企业提供授信或信贷支持，为中小微旅游企业融资提供便利。

5.**鼓励旅游企业上市融资**。鼓励采取融资、兼并、重组等方式，吸引和鼓励社会资本、民间资本投入旅游开发，培育龙头旅游企业；引导有实力的旅游及相关企业上市融资，培育新增2~3家具有一定规模的龙头旅游企业，争取实现1~2家旅游企业在全国股转系统挂牌上市。

（二）深化旅游国际化改革创新，再造旅游发展新优势

6.**打造丝路交通及自驾游网络体系**。构建旅游与交通互为支撑的发展模式，打造联通克拉玛依市与内地、疆内各地的铁路、公路、航空、信息等为一体的区域综合交通运输体系。成立新疆自驾露营地公司，与疆内各地州市统一规划线路产品，在新疆重要节点布局建设自驾车露营地，延伸拓展至丝绸之路沿线重点旅游城市，向东与内地自驾游市场、向西与中亚五国自驾游市场有效串接；依托新疆自驾车旅游联盟，搭建自驾游线上线下“一体化”服务平台，打造北疆自驾游大本营。联合独库公路沿线各地，共同整合开发优势旅游资源，统筹建设天山风光文化长廊，打造天山北坡旅游集散地。

7.**打造丝绸之路旅游商品研发交易集散地**。借助国家对先行区旅游开放政策的支持，探索在克拉玛依市开展免税商品交易，搭建国际旅游免税商品服务和线上线下交易平台；打造新疆礼物整合、研发、包装平台，实现“新疆礼物”企业化运营，建立线上线下运营模式；把新疆国际旅游商品博览会办成丝绸之路上最具影响力的旅游商品盛会。

8.**提升城市旅游国际化水平**。积极参与上海市国际性旅游交流活动，吸引上海国际化的旅游企业、资本、游客入疆入克，深度开展国际旅游交流合作；依托我市与中亚国家建立的友好城市，打通旅游合作通道，加强与中亚国家在客源互送、特色餐饮、商品研发交易等领域的协作。

（三）深化“旅游+”融合发展改革创新，激活旅游服务供给新要素

9.**推进“旅游+城市”全域融合发展**。实施旅游供给侧结构性改革，发展传统和新兴的旅游产业要素，打造功能完善的城市旅游产品体系。推行国家休闲城市标准，打造城市休闲聚集区；扶持发展文化主题酒店、精品客栈，推动宾馆饭店实行连锁化经营和品牌化升级；培育特色餐饮品牌，建立功能集聚、彰显地域特色的餐饮主题街区；整合农业生态旅游资源，推动农业生态旅游特色化、大众化、品牌化发展。制定并推广覆盖旅游交通、游览、住宿、餐饮、购物等旅游全域的标准体系，打造高品质的现代旅游城市。

10.**推进“旅游+科技”融合发展**。推动新疆旅游云落户克拉玛依市，探索实施旅游大数据工程。以旅游“互联网+”积极推进智慧旅游建设，采取政府引导、运营商搭建平台、第三方公司提供服务的模式，定制城市旅游移动终端App，制定并实施智慧景区、智慧酒店标准，搭建覆盖旅游全产业链的线上线下服务平台。

11.**推进“旅游+文化体育”融合发展**。持续推进魔鬼城创建国家5A级旅游景区，打造戈壁公园、摄影公园和乌尔禾摄影书画小镇；依托大型影视片的拍摄，打造新疆文化旅游影视基地；培育一批文化旅游经营实体，形成文化休闲旅游集聚区；引入国际国内热点体育运动项目，打造专业赛事和户外运动品牌。

12.**推进“旅游+工业”融合发展**。引进社会资本，推动集石油地质、石油博览、体验互动等为一体的世界石油博览园建设；塑造城市文化，打造以石油文化为主题的城市景观带、建筑风貌以及休闲小品，发展石油工业旅游、红色旅游、科普旅游，打造石油工业旅游观光体验区。

（四）深化旅游提质增效改革创新，为旅游业持续健康发展提供支撑

13.**创新旅游市场营销机制**。借助旅游援疆的优势，与上海等地的国内百强旅游集团和自驾游协会等重点行业组织开展营销战略合作，在品牌推广、游客输送、活动策划、网络营销、旅游包机、旅游专列、广告投放、高端旅游产品开发等方面实现合作双赢；实施智慧旅游营销，推进以官网、微博、微信、移动设备App客户端为载体的旅游电子商务建设，强化旅游品牌效应。

14.**创新旅游人才开发模式**。积极引导高等院校开设玉石雕刻、紫砂制作、智慧旅游、自驾旅游等面向市场的新业态课程，建设辐射北疆区域的旅游培训基地，为全面提质旅游产业提供人才支撑；积极协调，打通旅游专业系统学习、旅游专项培训与各类资质取证之间的通道，形成市场化、专业化的旅游培训机制。

15.**创新中介组织发展机制**。鼓励引导旅游协会及相关行业协会拓展市场服务，加强行业自律，发挥集聚作用和影响力，引导行业要素规范发展。

（五）深化旅游管理体制改革创新，激发旅游发展新动力

16.**建立旅游产业统筹一体化管理体制**。成立市旅游发展委员会，建立市委、市政府主导，各部门职责清晰、配合有效的旅游综合协调机制。坚持“景城一体”、全域旅游的发展理念，探索“多规合一”模式，实现旅游规划与城市主要规划的有效融合。

17.**构筑旅游市场综合监管机制**。建立部门联动、有效实施的旅游执法机制；推行旅游行业诚信体系建设，制定失信惩戒措施，建立游客、社会、协会和专业服务机构广泛参与的旅游市场监管和诚信旅游管理体系，营造诚实守信的旅游市场环境；建立旅游投诉协调机制，实现旅游投诉统一受理、一体处理、高效运转。

18.**理顺景区管理体制和经营机制**。实施景区所有权、管理权和经营权“三权分离”，理顺管理机构和职能，建立面向市场的经营管理机制，吸引有实力的战略合作方参与景区开发建设和经营管理。运用智慧旅游手段，建立门票预约制度、景区拥挤程度预警机制和游客实时动态评价机制。

五、实施步骤

按照国家旅游局、自治区旅游局的要求，克拉玛依市推进旅游业改革创新先行区工作从2016年年初启动，至2018年年底完成，具体分三个阶段组织实施。

（一）启动准备阶段（2016年1月至2016年4月）

主要任务：制定《克拉玛依市关于推进旅游业改革创新先行区工作的实施意见》《克拉玛依市推进旅游业改革创新先行区工作行动计划（2016—2018年）》，明确落实各项创建任务的责任单位、完成时限等；召开全市推进旅游业改革创新先行区工作启动大会，分解下达任务，对旅游业改革创新工作进行安排部署。

（二）全面实施阶段（2016年5月至2018年6月）

主要任务：强化措施，落实责任，加强评估，严格考核，全面推进旅游业改革创新工作，有效落实改革创新各项目标任务，改革创新先行区工作取得显著成效。

（三）总结评估阶段（2018年7月至2018年12月）

主要任务：认真总结旅游业改革创新工作经验和成效，剖析问题，查找不足，整改提高，完成国家旅游业改革创新先行区各项任务，通过自治区旅游局、国家旅游局的评估验收。

六、保障措施

（一）构筑组织保障体系

市旅游发展委员会统一领导推进旅游业改革创新先行区工作。成立以市委书记、市长为组长的克拉玛依市推进旅游业改革创新先行区工作领导小组，统筹协调、研究解决旅游业改革创新工作中的重大问题。各区成立相应的领导机构和工作机构，建立健全工作协调机制，推动当地旅游业发展。

（二）构筑责任考核体系

实施工程项目化管理，把推进旅游业改革创新工作纳入市政府绩效考核体系，实行刚性问责问效。对先行效果进行跟踪评估，对成熟的经验适时进行推广，对推进改革创新工作先进单位和个人予以表彰，对工作推进不力的进行通报批评、限期整改。

（三）构筑资金保障体系

逐步加大旅游基础设施投入，支持重点旅游项目和涉旅基础设施建设，为旅游发展创造良好环境，为推进改革创新提供有力支撑。

（四）构筑旅游用地保障体系

落实国土资源部、住房和城乡建设部、国家旅游局三部门出台的《关于支持旅游业发展用地政策的意见》，确立旅游公共服务设施用地保障制度，在土地供应上优先保障旅游业发展；开展旅游项目用地分类管理，有效落实旅游重点项目新增建设用地，落实公共服务设施用地，用好未利用地、废弃地等的用地政策，保障乡村旅游、自驾车房车营地、文化、研学旅游等旅游新业态的用地。

（五）构筑宣传推广体系

以鼓励“闯”、立足“干”、追求“新”、力争“快”为主旋律，积极开展旅游业改革创新先行区宣传工作，广泛宣传推广改革创新工作取得的新成效和凸显的先进典型、成功经验，推动旅游业改革创新工作深入开展、取得实效。

克拉玛依市人民政府

2016年[illegible]月[illegible]5日

克拉玛依市人民政府办公室文件

克政办发〔2016〕36号

关于印发推进克拉玛依市旅游业改革创新先行区工作行动计划（2016—2018年）的通知

各区人民政府，市政府各委、办、局，各有关单位：

《关于推进克拉玛依市旅游业改革创新先行区工作的行动计划（2016—2018年）》已经市十三届人民政府第46次常务会审议通过，现印发给你们，请认真遵照执行。

2016年5月4日

关于推进克拉玛依市旅游业改革创新先行区工作的行动计划（2016—2018年）

为有效贯彻落实《克拉玛依市关于推进旅游业改革创新先行区工作的实施意见》，全面推进克拉玛依市旅游业改革创新先行区工作，特制订本行动计划。

一、打造旅游金融创新示范区

1.**发行新疆旅游银联卡（联名卡）**。（责任单位：市旅游局、市财政局、市经济委；配合单位：昆仑银行、各区政府；完成时限：2017年12月）

2.**引进跨境电商企业在克拉玛依市落地，打造国际免税商品交易平台**。（责任单位：市经济委、市旅游局、市财政局；配合单位：克拉玛依区政府；完成时限：2017年12月）

3.**设立旅游产业发展基金**。（责任单位：市财政局、市发改委、市旅游局；配合单位：昆仑银行；完成时限：2017年6月）

4.**建立旅游产业PPP项目库**。（责任单位：市财政局、市旅游局；配合单位：市发改委、市规划局；完成时限：2018年6月）

5.**培育2~3家龙头旅游企业，争取实现1~2家旅游企业在“新三板”挂牌上市**。（责任单位：市旅游局、市财政局、市经济委；配合单位：各区政府；完成时限：2018年12月）

二、深化旅游国际化改革创新

6.**成立新疆自驾露营地公司，开展丝绸之路自驾营地网络体系建设**。（责任单位：克拉玛依区政府；配合单位：市经济委、市旅游局；完成时限：2018年6月）

7.**打造“新疆礼物”城市体验综合体（克拉玛依旗舰店）**。（责任单位：克拉玛依区政府；配合单位：市旅游局、市经济委；完成时限：2016年12月）

8.**引入企业，将新疆国际旅游商品博览会办成丝绸之路上最具影响力的旅游商品盛会**。（责任单位：市旅游局；配合单位：市城投公司、克拉玛依区政府；完成时限：

2018年6月）

9.**与锦江酒店板块开展合作，引入酒店管理品牌**。（责任单位：市旅游局；配合单位：各区政府、市经济委；完成时限：2018年6月）

10.**与锦江旅游板块合作，与本市旅行社合作从事地接服务**。（责任单位：市旅游局；配合单位：各区政府；完成时限：2018年6月）

三、深化“旅游+”融合发展改革创新

11.**定制城市旅游移动终端App**（责任单位：市信管局、市旅游局；配合单位：市财政局、各区政府、移动公司；完成时限：2017年12月）

12.**制定并实施智慧景区、智慧酒店（V1.0）标准，建立景区拥挤程度预警机制**。（责任单位：市旅游局、市信管局；配合单位：市财政局、各区政府、移动公司；完成时限：2017年12月）

13.**推动新疆旅游云落户克拉玛依市**。（责任单位：市信管局；配合单位：市旅游局；完成时限：2017年12月）

14.**持续推进魔鬼城创建国家5A级旅游景区工作**。（责任单位：乌尔禾区政府、市旅游局、市城投公司；完成时限：2017年12月）

15.**打造乌尔禾摄影书画特色小镇**。（责任单位：乌尔禾区政府；配合单位：市旅游局；完成时限：2018年6月）

16.**引入企业，打造西戈壁（火星谷）汽车主题公园，推动与汽车相关的产业延伸**。（责任单位：克拉玛依区政府；配合单位：市旅游局；完成时限：2018年6月）

17.**打造新疆文化旅游影视基地**。（责任单位：乌尔禾区政府；配合单位：市文体局、市旅游局；完成时限：2017年12月）

18.**培育引导一批紫砂、陶瓷生产企业，打造紫砂、陶瓷生产基地**。（责任单位：克拉玛依区政府；配合单位：市旅游局；完成时限：2017年12月）

19.**扶持发展文化主题酒店、精品客栈及城市民宿**。（责任单位：各区政府；配合单位：市旅游局、市公安局、市公安消防局、市规划局；完成时限：2018年6月）

20.**培育特色餐饮品牌**。（责任单位：各区政府；配合单位：市经济委；完成时限：2017年12月）

21. **建设田园生态旅游区，撬动新的旅游业态投入，推动农业开发区生态旅游特色化、大众化、品牌化发展**。（责任单位：农业综合开发区管委会；配合单位：市发改委、市财政局、市经济委、市旅游局；完成时限：2017年12月）

四、深化旅游提质增效改革创新

22.建设城区车行、人行道路旅游标识系统。（责任单位：各区政府；配合单位：市公安局、市交通局、市旅游局；完成时限：2018年6月）

23.规划建设城市慢道系统，推动联结主要景区的慢线建设。（责任单位：市规划局；配合单位：市交通局、各区政府、农业综合开发区管委会、市旅游局；完成时限：2018年6月）

24.建设辐射北疆区域的旅游培训基地，开设玉石雕刻、紫砂制作、智慧旅游、自驾旅游等面向市场的新业态课程。（责任单位：克拉玛依职业技术学院；配合单位：市人社局、市旅游局；完成时限：2017年12月）

25.打通旅游专业系统学习、旅游专项培训与各类资质取证之间的通道。（责任单位：市人社局；配合单位：市旅游局、克拉玛依职业技术学院；完成时限：2018年6月）

26.加强旅游协会及相关行业协会自律，引导行业要素规范发展。（责任单位：市民政局；配合单位：市旅游局、各区政府；完成时限：2017年6月）

五、深化旅游管理体制改革创新

27.成立市旅游发展委员会。（责任单位：市旅游局；配合单位：市编委办、市政府办；完成时限：2016年6月）

28.探索旅游规划与城市主要规划“多规合一”模式。（责任单位：市规划局；配合单位：市旅游局、各区政府；完成时限：2016年12月）

29.建立部门联动有效实施的旅游执法、旅游市场监管和诚信机制。（责任单位：市旅游局；配合单位：市工商局、市公安局、市质监局、市卫计委、市食药监管局、市行政执法局、市信管局、各区政府；完成时限：2016年2月）

30.建立面向市场的经营管理机制，实施景区所有权、管理权和经营权“三权分离”。（责任单位：各区政府、市城投公司；配合单位：市旅游局；完成时限：2017年6月）

31.安排与旅游业发展相适应的财政资金，研究制定财政支持旅游业发展的相关政策，逐步加大旅游基础设施投入，支持重点旅游项目和涉旅基础设施建设。（责任单位：市财政局；配合单位：市发改委；完成时限：2018年6月）

32.落实国土资源部、住房和城乡建设部、国家旅游局三部门出台的《关于支持旅游业发展用地政策的意见》，保障旅游特别是旅游新业态的用地。（责任单位：市国土资源局；配合单位：市发改委、市规划局；完成时限：2018年6月）

中共沂南县委文件

沂发〔2016〕8号

中共沂南县委
沂南县人民政府
沂南旅游业改革创新先行区实施方案

各乡镇党委、人民政府，界湖街道党工委、办事处，沂南经济开发区党工委、管委会，县委各部门，各群团部门，县政府各部门、各局级事业单位：

为深入贯彻落实党的十八大和十八届三中、四中、五中全会和《国务院关于促进旅游业改革发展的若干意见》（国发〔2014〕31号）、国务院办公厅《关于加强旅游市场综合监管的通知》（国办发〔2016〕5号）、省政府《关于贯彻落实国发（〔2014〕

3号）文件促进旅游业改革发展的实施意见》（鲁政发〔2014〕21号）、国家旅游局《关于公布首批国家级旅游业改革创新先行区的通知》（旅发〔2015〕270号）等一系列文件精神，抢抓列入国家旅游业改革创新先行区的重大机遇，立足实际，全力推进旅游业改革创新，加快旅游供给侧结构性调整，培植壮大旅游产业，把我县建设成为国内知名的全域旅游目的地，特制订以下实施方案：

沂南旅游业改革创新先行区实施方案

一、指导思想

（一）总体定位

围绕落实“创新、协调、绿色、开放、共享”五大发展理念，先行先试，改革创新，坚持“多规合一、整合统筹、创新共享、全域发展”。把旅游业培育成推动县域经济社会转型发展的先导产业，打造功能完善“宜业、宜居、宜游”的国内知名全域旅游目的地。

（二）基本原则

——统筹发展原则。按照五位一体总体布局，通过多规合一统筹资源配置，促进产业融合发展。

——重点突破原则。围绕服务全局和发展全域旅游两大中心任务，改革旅游综合管理和市场监管方式，形成灵活的、与全域旅游发展相适应的体制机制。

——供给导向原则。围绕旅游业供给侧结构性改革的要求，发展新业态，开发新产品，加大旅游业产品供给、服务供给、管理供给，满足和带动新的不断发展需求。

——绿色共享原则。大力实施生态文明战略，增强生态涵养保护功能，发挥旅游在拉动农民就业、带动农民脱贫致富的乘数效应，完善绿色产业体系，促进绿色就业和旅游发展，充分切实保障和改善民生，让全县人民和各地游客共享旅游业改革发展成果。

（三）任务目标

在明确旅游业主导产业定位基础上，通过“创新统筹职能、创新政策措施、创新产业引导”，确立1个目标（全国知名全域旅游目的地）；完善2个体制（旅游综合管理、旅游公共服务）；构建3项机制（产业引导、投融资、市场监管）；实现4大突破（多规合一、产业融合、旅游目的地品牌建设和全域旅游发展）。

到2016年年底，旅游改革创新工作分解任务得到有效落实，基本完成旅游综合管理体制、市场监管机制改革和旅游公共服务体系建设，建立起支撑旅游业改革创新的政策体系和体制框架，“多规合一”地规划协调推进机制全面形成，全域旅游发展格局更加完善，旅游扶贫攻坚取得突破性进展，创建全国旅游标准化示范县。

到2017年年底，全面完成旅游业改革创新先行区各项任务，形成对全省、全国旅游业改革发展具有借鉴意义的“沂南旅游改革创新经验”。

到2018年年底，旅游业改革创新成果全面巩固，构建起旅游业年消费总额超100亿元的“旅游产业集群”，年接待游客总量达到100万人次，其中过夜游客达到350万人次，旅游业直接从业人员超过2万人，旅游消费总额年增长30%以上，争创国家级全域旅游示范县。

二、工作措施

（一）创新旅游综合管理体制

1.**推进旅游管理体制改革**。县委、县政府把旅游工作列入重要议事日程，紧紧围绕宜游城市建设目标，在旅游局现有职能基础上，增强旅游部门综合协调、产业融合、旅游综合执法、旅游目的地和旅游公共服务体系建设等职能，成立旅游发展委员会（简称“旅发委”），实施相关部门共同推进大旅游发展的工作协调机制。强化发改、财政、住建、国土、水利、文化、农业、林业、交通、公路、环保、民政、扶贫、商务、城市管理等有关部门服务于旅游发展的职责，在引导资金、政策、资源、设施建设等方面，整合捆绑集中向旅游业倾斜。重点乡镇（街道、开发区）成立分管领导为主任的旅游工作办公室，配备1~3名专职工作人员。（牵头单位：县委组织部；责任单位：县编办，县直有关部门，各乡镇、街道、开发区）

2.**建立“多规合一”规划推进机制**。依据“十三五”经济和社会发展规划，以“宜业、宜居、宜游”为主线，修订《沂南县旅游发展五年行动计划》和城乡建设、土地利用、环境保护、水电交通等规划，制定《沂南县旅游新业态发展规划》，从空间布局、规划内容、技术规范和实施措施等方面达到“目标”“指标”和“坐标”三者的协调一致，完善规范“多规合一”全域规划体系，实现规划之间的无缝衔接。文化、农业、林业、水利、体育、商贸、物流、民生等项目规划要紧密结合旅游需求，融入旅游元素，强化景观效果，预留休闲空间，增加宜游功能。县规划委员会实施对规划的运行管理和统筹推进，强化规划编制实施过程中的管控，切实发挥控制性详细规划的刚性作用。对不符合全域旅游发展规划或产业政策以及低水平、重复建设的项目实施一票否决。（牵头单位：县旅游局；责任单位：县直有关部门，各乡镇、街道、开发区）

（二）创新旅游公共服务体制

3.**构建功能完善的宜游服务体系**。制定沂南县旅游公共服务设施建设规划，系统推进游客集散中心、综合服务中心、咨询服务台体系建设。完善旅游公共服务标识系统和旅游导向系统，探索以PPP模式建设融咨询服务、旅游形象展示、智慧旅游体验、购物娱乐等多功能于一体的综合性游客服务中心；积极推进全域旅游厕所革命，落实配套资金，支持旅游景区、乡村旅游业户、商场、加油站、城乡干道旅游厕所改造提升，在重要旅游集散点推行市场化运作的日常管理模式，推进社会单位厕所向公众全面开放；做好与临沂高铁站的交通对接，加快沂南至临沂快速通道、西外环北通、沂河滨河路、沂蒙泉乡大道东通、彩蒙山环线、北大山环线、高湖环线等主要道路建设；打造滨河骑行慢道、步行绿道、山地徒步道等公共休闲场所；放大新能源汽车优势，合理布局电动汽车分时租赁点，实现城乡及全县旅游景点全覆盖。（牵头单位：县旅游局；责任单位：县交运局、县经信局、县卫计局、县城管执法局、县商务局、县住建局）

4.**推动“智游沂南”建设**。将智慧旅游纳入智慧城市建设的重要内容，加强智慧服务平台支撑，推进通信、公路、公安、农业、文化等涉旅数据信息共享。建设旅游公共信息化服务网络平台，构建PC旅游网站、移动手机网站、公众微信平台、官方微博、客户端等相结合的多元化智慧沂南旅游网络信息服务系统。两年内，分批次实现旅游景区、旅游饭店、重点旅游公共服务场所无线网络全覆盖，增强游客互动体验功能。（牵头单位：县旅游局；责任单位：县智慧城市建设办公室、县经信局、县商务局、县公安局、县公路局、县联通公司、县电信公司、县移动公司）

5.**全力改善旅游服务环境**。坚持主客共享，在全县所有服务业行业和窗口单位推行旅游标准化管理、亲情化服务，打造“沂南服务”品牌，营造“人人都是旅游形象、处处都是旅游环境”全域旅游和谐环境。实施文明旅游宣传进社区、进企业，树立一批沂南旅游“最美游客”“最美导游”“文明服务经营业户”等典型。按照“民间化、市场化、自律化”的总方向，完善旅游行业协会功能，推动行业自律，提升旅游管理者、旅游经营者、旅游者文明素质，让旅游者愉悦羡慕、居住者幸福自豪。（牵头单位：县委宣传部；责任单位：县旅游局、县委农工办、县住建局、县环保局、县物价局、县工商局、县广电局）

（三）创新旅游业发展引导机制

6.**设立旅游发展引导基金**。县财政设立每年1亿元的旅游发展引导基金和每年1000万元的旅游市场营销基金。旅游发展引导基金用于旅游项目建设和提升，重点扶持发展符合全域布局和市场需求的旅游新业态；旅游市场营销基金专项用于宣传营销及县域旅游品牌推广。开通“沂南一日游、二日游”“沂南乡村旅游专列”，对旅游大团队以及开发乡村旅游扶贫片区旅游产品的组织者实施奖补政策。（牵头单位：县财政局；责任单位：县旅游局）

7.**建立导向型考核体系**。调整完善全县经济社会发展考核体系，加大旅游产业所占分值。制定旅游产业发展考核细则，对乡镇（街道、开发区）实行差异化考核。（牵头单位：县委督考办；责任单位：县直有关部门，各乡镇、街道、开发区）

8.**加大土地利用引导和项目帮扶力度**。落实国土资源部、住建部、国家旅游局《关于支持旅游业发展用地政策的意见》，积极争取国家和省旅游项目用地指标。对符合产业政策、具有良好市场前景的旅游项目优先土地审批，鼓励以长期租赁、先租后让、租让结合方式供应旅游项目建设用地。依托荒山、荒地、荒滩、废弃矿山等未利用土地开发旅游项目的，优先安排用地指标，区分不同地类办理相关手续，需要缴纳出让金的按规定底线执行。实行项目所在地主要负责人帮扶责任制，项目审批、建设、运行等方面无缝隙全程服务。（牵头单位：县国土局；责任单位：县住建局、县旅游局、各有关乡镇）

（四）创新旅游市场监管机制

9.**形成协调联动、综合执法的旅游市场监管机制**。旅游市场管理纳入社会治理体系，明确旅游部门在旅游市场监管中统筹协调的职能，统一受理旅游投诉。成立旅游执法大队，配备专业人员、执法车辆，落实工作经费。公安、城管、工商、交警、交运、物价、卫计、食药监等部门协调联动、综合执法，实现对旅游市场的全过程、全要素、全时空监管，依法打击扰乱市场秩序的违规行为，促进行业间的公平竞争。（牵头单位：县委组织部；责任单位：县编办、县人社局、县旅游局、县公安局、县城管执法局、县工商局、县交警大队、县交运局、县物价局、县食药品监管局、县文管执法局）

（五）创新旅游投融资机制

10.**建立多元化投融资体系**。整合具有旅游功能的公共资源，搭建旅游产业投融资平台，吸引社会资本参与，积极争取与国家和省旅游基金合作。涉及旅游企业的土地、房产、山林、水体等资产简化登记确权手续，快速发证。积极尝试债券融资、股权融资、众筹和PPP模式等新的融资形式，提高旅游企业投融资水平。鼓励农村集体和农民土地、住宅、林木等资产以入股、租赁等多种方式参与乡村旅游开发。发挥小额信贷的杠杆作用，撬动信贷资金投入旅游产业。（牵头单位：县旅游局；责任单位：县扶贫办、县金融办、县农业局、县水利局、县林业局、县政务服务中心）

（六）创新旅游供给侧结构性改革

11.**推进产业融合**。开展县域旅游资源普查分类评价，建立旅游资源数据库，按照全域旅游发展模式，挖掘经济、社会、文化和生态文明建设各方面的资源向旅游要素转化。“农业+旅游”：重点依托“两河两路”（沂河、汶河，沂蒙生态大道、红色旅游专线），打造渔业、花卉、有机蔬菜、林果采摘等生态养生休闲农业园区，提升马泉休闲园、林海花田等农旅融合项目。“工业+旅游”：引导“沂南智造”“沂南创造”工业品牌与旅游结合，完善电动车产业园旅游业态，加快知豆电动车分时租赁城市共享项目发展。依托硅砂、采金等废弃厂区打造“白沙洲”“黄金小镇”等工业主题景区；

“文化+旅游”：深入推进文化旅游融合发展，激活博物馆、科技馆、主题展览馆、园艺馆等文化场所的旅游功能，培育主题演艺、情景再现等经典文旅融合产品，创意打造袁家大院、朱家林生态艺术社区、润松园等文旅融合项目；“体育+旅游”：开发建设体育运动基地，依托红石寨等景区及各类体育运动协会组织，积极举办重大体育赛事活动，发展壮大体育旅游产业；“商业+旅游”：推动商业设施建设和业态与旅游购物相结合，培育阳都国际、汉街等商贸旅游综合体；“生活+旅游”：支持“大众创业、万众创新”，积极推进居民生活方式、生产方式、民俗元素向旅游转化。以诸葛亮城、智圣温泉城、天河养老康复社区、张庄温泉等项目为核心，打造休闲养老生活服务业园区；“教育+旅游”：深入挖掘红色文化、历史文化的研学教育功能，依托现有沂蒙红色影视基地、智圣汤泉、诸葛亮文化旅游区等景点开发红色研学游、智慧研学游产品。“互联网+旅游”：建设智圣国际、阳都国际、知微智慧鞋业、181创客等产业园，拓展产业发展空间。融入“文商学养闲情奇”新旅游要素，大力发展温泉、滑雪、中医药养生、房车露营、特色垂钓、体育赛事、会展、红色研学等新型旅游业态。（牵头单位：县旅游局；责任单位：县经信局、县文广新局、县农业局、县商务局、县民政局、县住建局、县体育局、县林业局、县蔬菜局、县渔业办、县中小企业局）

12.**提升乡村旅游品质**。突出具有浓郁乡土民俗的文化元素和细节展示，充分考虑游客情感和体验需求，以竹泉村、红石寨特色精品民宿提升为样板，推行“沂蒙民宿标准”体系，实施“十村百户千人万员示范计划”，提升“好客红嫂人家”品质水平，集中连片打造乡土气息浓厚的意境化乡村。建设具有创新价值的旅游农庄、家庭农场和农业产业休闲园区。依托红嫂家乡旅游区暨沂蒙红色影视基地，推进沂蒙红色旅游小镇建设，实施沂蒙七彩乡村旅游扶贫片区开发。（牵头单位：县旅游局；责任单位：县工商局、县质监局、县食药监局、县农业局、县基地办、县扶贫办，各乡镇、街道、开发区，各旅游景区）

13.**创新研发特色旅游商品**。深入挖掘汉文化、诸葛亮文化、沂蒙红色及民俗文化，整合工业制造、农副特产、乡村手工艺以及非遗文化等项目，开发文化旅游商品，培育诸葛亮、沂蒙红嫂等系列特色旅游商品品牌。鼓励农民参与旅游商品制作及销售。积极融入“互联网+”，打开旅游商品线上销售渠道，培育沂南旅游电商示范村。（牵头单位：县旅游局；责任单位：县总工会、县妇联、团县委、县商务局、县文广新局）

（七）创新品牌营销拓展新空间

14.**打亮旅游品牌形象**。挖掘整合诸葛亮、北寨汉墓、沂蒙红色文化、沂蒙乡村民俗、温泉养生和自然生态等地域文化，规划打造特色凸显、内容丰富的“向沂南·心怡然——智圣故里、红嫂家乡”旅游目的地品牌形象体系。建立传统和新兴媒体、文化旅游体育赛事、节庆论坛研讨、干部教育培训等全方位、立体化、综合性的品牌推广渠道。探索诸葛亮文化旅游节市场化运作模式，县内广播、电视、报纸、网络等主要媒体开设旅游频道、旅游栏目，提升智圣汤泉、沂蒙红色影视基地电视频道节目质量。（牵头单位：县委宣传部；责任单位：县旅游局、县广电台、县新闻中心、县城管执法局、县财政局、县经信局）

15.**开拓营销新空间**。实施“万人营销沂南行动”，组织热爱家乡、热爱旅游的县内外作家、企业家、旅游达人、摄影爱好者、户外俱乐部、在校大学生、在职和离退休干部等各界人士全民宣传营销沂南。整合竞争力强的全域旅游目的地组合产品，开展线上线下营销，阶梯式拓宽客源市场空间。推进商旅融合，利用各类年会、招商会、订货会、展销会等商务活动开展市场营销推介。针对重点客源市场，开通旅游营销大篷车，深入社区，精耕细作，开展精准式营销。（牵头单位：县旅游局；责任单位：县广电台、县新闻中心、县老干局、县教体局、县招商局、县商务局、县城管执法局、县财政局）

三、组织保障

16.**加强组织领导**。成立由县委书记、县长任组长的沂南县旅游业改革创新工作领导小组，建立联席会议制度，领导小组下设办公室，统筹协调各项工作的推进落实。

17.**强化人才和智力支持**。制定旅游人才规划并组织实施，依托国家对先行区的智力支持政策，邀请国内外专家智囊成立沂南旅游发展顾问团，为全县旅游发展提供智力支持。抓住培养、吸引、使用三个环节，创新人才工作机制，优化人才成长环境，利用高等学校和职业技术学校培训旅游人才。

18.**健全落实机制**。建立旅游业改革创新工作督查考核推进机制。县旅游业改革创新工作领导小组随时听取和研究工作推进情况，县委督考办跟进督查，及时破解工作推进中的困难和问题。旅游业改革创新工作列入各部门、乡镇年度综合考核内容，坚持月调度，季考核，年底兑现奖惩。对贡献突出的集体和个人，县委、县政府给予综合表彰奖励。

栾川县人民政府文件

栾政〔2016〕23号

栾川县人民政府
关于印发栾川县推进国家级旅游业改革创新先行区实施方案的通知

各乡（镇）人民政府，县人民政府各有关部门，各有关单位：

《栾川县推进国家级旅游业改革创新先行区实施方案》已经县政府研究同意，现印发给你们，请认真遵照执行。

2016年[illegible]月[illegible]日

栾川县推进国家级旅游业改革创新先行区实施方案

为深入贯彻落实国家、省、市关于旅游业发展的意见，持续推进国家级旅游业改革创新先行区建设，进一步做大做强做优栾川旅游服务业，实现全县旅游产业的集聚整合、转型提升发展，经县政府研究，特制订本方案。

一、总体目标

以国家旅游局《旅游业改革创新先行区工作方案》（旅发〔2015〕270号）为指导，围绕改革创新主题，以旅游业转型升级、提质增效为主线，在旅游富县战略的带动下，通过2~3年时间，高标准完成国家级改革创新先行区5项规定任务、2项商定任务和自选任务，在创新体制机制、旅游产品、公共服务、市场监管等方面积极探索、先行先试，以改革创新引领旅游业发展，努力把旅游产业培育成为县域经济发展的支柱性产业和群众更加满意的现代服务业，为栾川建设国内最佳旅游目的地奠定坚实基础。

二、基本原则

（一）坚持问题导向

从栾川县旅游业发展的实际出发，着力解决旅游业发展中的障碍和突出矛盾，解决具体问题。

（二）坚持改革创新

实施创新驱动发展战略，理顺管理体制，推动旅游业发展方式的转型升级。

（三）鼓励先行先试

敢于打破栾川县旅游业现有的体制机制束缚，先行先试，解放生产力，优化旅游发展环境。

三、主要任务

（一）创新体制机制，增强旅游产业内生动力

1.**创新管理体制**。成立栾川县旅游发展委员会，强化其在全县旅游产业促进、资源统筹、发展协调、服务监管等方面的职能；建立高规格旅游发展联席会议制度，形成县委、县政府主要领导牵头，部门职责清晰、配合有效的综合协调机制。组建旅游综合执法大队，抽调旅游、工商、公安、物价、卫生等部门执法人员进驻，合署办公，联合执法，健全旅游投诉处理和市场综合监管机制；充分发挥旅游警察管理大队职能，设立旅游工商分局、旅游巡回法庭等，完善工作机制，构建旅游治理“1+3”模式。

2.**坚持规划引领**。以高端化、国际化、特色化为目标，高水平、系统化编制《全景栾川全域旅游发展规划》和《乡村旅游提升规划》等专项规划，明确下步发展战略目标、空间布局、功能分区以及重点建设项目，突出主题性、差异化发展，构建全域旅游发展格局，推动旅游产业全面转型升级。强化旅游规划引领，推动旅游规划与城乡规划、国民经济发展规划、土地利用规划等多规融合，为旅游资源有序开发奠定基础。依托主要景区规划，由所在乡镇牵头，编制重点旅游村和重点区域修建性规划，界定建筑色彩、风貌、层高等，强化对居民建房的规划管控，遏制景区周边私搭乱建、环境杂乱等问题。聘请国内顶尖旅游专家，组成栾川旅游产业发展智库，为旅游产业发展提供智力支撑。

3.**搭建产业平台**。组建河南栾川伏牛山文化旅游投资公司，整合国有资产，搭建全县旅游产业投融资和招商平台。成立栾川旅游产业基金，完善支持旅游业发展长效融资机制。支持老君山、重渡沟等有条件的旅游企业上市融资。招大引强，积极与国内知名旅游集团对接，借助大资本+管理运营团队，整合栾川优势旅游资源，实现旅游产业转型升级、做大做强。

4.**完善配套政策**。加强财政资金引导，县财政每年安排不低于3000万元的旅游发展引导资金，各乡镇安排一定的旅游发展专项资金扶持旅游业发展。统筹利用发改、人社、住建、农业、林业、交通、扶贫、环保和科技等行业专项资金支持旅游产业发展。依据国土资源部、住房和城乡建设部、国家旅游局《关于支持旅游业发展用地政策的意见》，出台符合栾川县实际的旅游用地配套措施，保障旅游业发展用地需求。

（二）创新旅游产品，增强旅游目的地核心竞争力

5.**打造精品景区**。加快老君山云景索道、游客换乘中心、大型停车场等项目建设，利用3年时间，将老君山打造成为全省一流、全国知名的集山岳观光、道家朝圣复合型景区，初步形成中原北有云台山，南有老君山的“两山”格局。积极推动老君山—鸡冠洞一体化发展，设施共建，客源共享，强化对县城的辐射带动作用。实施重渡沟扩容提

升项目，加快推进重渡沟—秋扒鸭石村—狮子庙瓮峪村旅游大环线建设，按照“国内领先、国际一流”的标准，利用5年时间，建设面积136平方公里，涵盖4乡镇11个村，惠及2.8万群众的“国际乡村旅游度假区”，进一步强化重渡沟对赤土店、秋扒、狮子庙等北川乡镇的带动作用。持续推进养子沟景区基础设施综合提升、天河大峡谷二期开发、龙峪湾深度开发、抱犊寨深度开发、九龙山温泉开发等重点项目，进一步提升全域景区品质。启动老君山—鸡冠洞旅游度假区申报世界自然遗产项目。引导支持重渡沟景区争创国家5A级景区，天河大峡谷争创国家4A级景区。到2018年，全县打造3个年接待人次超百万人次、门票收入超亿元的龙头景区。

6.推动乡村旅游转型升级。突出森林养生、山水观光、特色餐饮、高山避暑、休闲采摘、民俗体验等不同主题，实现“一村一品”。创新组织方式，搭建乡村旅游专业团队与乡镇、村、农家乐的交流合作平台，成立合作社，实现公司化运营。挖掘民俗文化，注重创意设计，找准市场定位，推动重渡沟、养子沟等乡村旅游由传统的食宿、观光向精品民宿和主题客栈转变，带动全县“农家乐”转型升级。出台扶持政策，引导栾川籍返乡农民工、大学毕业生回乡开办客栈、开发旅游纪念品，参与乡村旅游创业；吸引省内外书画名家、艺术家通过来栾兴办画院、博物馆、文化艺术村等形式创作创业；吸引工商资本和社会力量参与乡村旅游开发，解决乡村旅游发展面临的资金和人才短缺问题，快速提升乡村旅游品质和层次。重点抓好龙峪湾文化艺术村、颐庄度假精品酒店、合峪天寿山庄、本然居、石庙大禹文化产业园等一批乡村旅游精品项目，适时引进悦榕庄、花间堂、裸心谷等高端休闲度假产品，提升乡村旅游档次，打造乡村旅游升级版，到2018年，实现精品民宿和主题客栈床位超万张。

7.培育休闲度假产业。打造石庙七姑沟至陶湾南沟环线，依托龙潭、观星、杨树坪、协心、西沟、红庙等6个旅游重点村，保护好山、水、林、村资源，打造集休闲农业、乡村旅游、田园社区等产业为一体、三生关联、三产融合的“美丽中国、美丽生活”样板。大力开发以伏牛山滑雪乐园为主的滑雪度假，以龙峪湾森林公园为主的森林养生度假，以九龙山温泉为主的温泉度假，以金牛湖度假区为主的滨湖度假，以天河大峡谷为主的高山避暑度假，形成种类多样、体验丰富的休闲度假产品体系。加快伏牛山居温泉度假村项目进度，确保2016年年底前运营。积极谋划建设一批高水平度假产品，努力打造北方地区国民度假制高地。在全县范围内布局建设2~3处自驾游房车营地。加快建设伊河水系绿道和县城至周边景区、乡镇的骑行绿道，形成全县绿道网络。推进沿伏牛山北麓龙峪湾—老君山—滑雪场国家登山步道建设。高水平举办帐篷露营、公路自行车、徒步大会、马拉松等山地运动赛事，推动体育与旅游融合发展。发展健康养老产业，充分发挥栾川的生态和气候优势，依托栾川中医院、天晴医院等医疗机构，大力发展医养结合、康复养老、休闲养老、旅居养老、候鸟式养老等健康养老新业态，积极推进太阳城养生养老综合体、城寺沟老年颐养中心、养子沟龙骏家园等养生养老项目建设，形成独具特色、优势明显的健康产业体系。

（三）完善旅游公共服务体系，打造旅游服务栾川样板

8.**完善旅游配套服务**。在高速下站口规划建设综合性旅游集散中心，开通集散中心至景区之间的旅游专线车，逐步实现全景栾川一票通，一站式分流输送游客。积极推进洛栾高速重渡沟站下站口，陶湾、石庙、庙子镇等镇级旅游咨询中心建设，逐步实现A级景区、城镇、重点乡村旅游咨询全覆盖。做好县城、主要景区、重点村停车场扩容和智能化提升，提高旅游便捷度。持续实施旅游“厕所革命”，到2018年，在主要城镇、乡村景区和旅游通道沿线新建、改建100座以上A级旅游公厕。切实推动社会经营场所、机关企事业单位对游客免费开放内部厕所。

9.**完善旅游交通**。提升县城及国道、省道至A级景区连接道路等级，全面推广黑色柔性路面。积极推动从高速下站口、车站到主要景区的公路交通无缝对接，适时开通县城至洛阳、景区之间旅游专线。建设重渡沟高速引线、陶湾张盘至石庙石张线、重渡沟至秋扒石狮子庙瓮峪环线等旅游专线公路，提升景区的便捷性、舒适性。积极谋划滑雪场至龙峪湾旅游轻轨项目，带动沿线旅游发展。

10.**加快智慧旅游建设**。积极构建“一中心四平台”智慧旅游体系，即栾川智慧旅游大数据中心十全媒体营销服务平台、行业综合监管平台、大数据分析平台和旅游电子商务平台。完善“下乡吧”“智慧栾川”等乡村旅游电子商务平台，使平台具备营销、导流、预定、导览、评价等服务功能。建设庄子、养子沟等乡村旅游服务站，实现全县4A级以上景区、旅游重点村免费Wi-Fi（无线局域网）、智能导游、在线预订、信息推送等功能全覆盖，在全国率先打造智慧旅游乡村。建设国内第一条免费Wi-Fi覆盖的旅游主通道——鸾州大道（栾川高速站—老君山—鸡冠洞段）。移动、联通、电信三大运营商向来栾游客推送入境关怀短信，为游客提供便捷、优质的互联网服务。

（四）强化旅游市场综合监管，构建优质旅游环境

11.**加强行业治理**。加强市场执法，建立健全旅游产品和旅游服务质量标准，规范旅游经营服务行为，提升旅游行业单位管理服务水平。大力整治旅游市场秩序，严厉打击虚假广告、价格欺诈、欺客宰客、超低价格恶性竞争等旅游市场顽疾，进一步落实游客不文明行为记录制度。健全旅游投诉受理和服务质量监督机制，完善旅游市场主体退出机制。加强景区交通秩序治理，规范旅游客运电瓶车、出租车、大巴车运营行为，严查黑车、三轮车违法载客、超速超载行为。强化景点景区、重点旅游村的环保监察、建设执法，整治景区内外私搭乱建、露天烧烤、违法排污等违法行为，营造优质旅游环境。强化安全监管，重点加强对滑雪、漂流、滑道、水上娱乐等风险类体验项目的安全监管，大力推行景区、农家乐全责任险制度。加强农家宾馆管理，实行星级评定、按星级定价；落实乡镇对农家宾馆的属地管理职责，强化公安、工商、消防、卫生、药监等部门监管职责，解决农家宾馆监管缺失、证照不全等问题，建立长效监管机制，提高游客

满意度，努力构建和谐、安全、有序的旅游环境。

12.**优化乡村旅游消费环境**。鼓励乡村旅游专业村成立农家乐合作社，引导农民合理分工，搞好餐饮住宿、商贸物流、农副产品加工、民宿表演，提升组织化、网络化经营水平，形成分工协作的接待经营体系。以养子沟、重渡沟、大南沟为试点，探索解决农家乐冬季取暖问题，延长全年接待时间，逐渐在全县推广。统筹利用惠农资金，加强旅游重点村和重点区域公厕、咨询中心、引导标识、停车场、信息网络、休闲步道等旅游配套服务设施建设，解决基础设施滞后、公共服务不足、环境卫生落后等问题。

13.**倡导行业精神文明**。持续开展“旅游大提升，满意在栾川”专项活动，全面提升旅游服务质量和水平，让游客在栾川游览舒心、吃住放心、明白消费。开展文明员工评选，推动旅游行业开展向马海明同志学习活动，评选“海明式”员工，学先进、学典型，凝聚共识，形成合力。推动重渡沟、伏牛山滑雪度假乐园等景区开展国家文明景区创建活动，深入开展道德讲堂进景区活动。扎实抓好旅游重点村、重点景区的基层党建工作，开展“党员亮身份”和党员诚信经营示范户评选活动，发挥党员、基层党组织在旅游行业中的模范带头和战斗堡垒作用，带动全县旅游行业形成“重信践诺”的良好氛围。

四、推进措施

（一）组织保障

成立由县主要领导任组长的国家级旅游业改革创新先行区领导小组，强化组织领导和统筹协调职能。依据不同工作任务，下设由各分管县领导牵头，有关部门、乡镇负责直接落实的项目指挥部，作为具体推进机构，做到全心投入、全程参与、全力支持。

（二）落实机制

领导小组建立联席会议制度，每季度组织观摩督导活动，及时协调解决工作推进中的困难和问题。各乡镇、各单位要按照实施方案工作内容，对承担的创建任务进行分解，进一步明确工作职责。县委督查室、县政府督查室定期开展督查，实行月督查、季通报、半年初评和年终总评，定期通报各单位工作进展情况。县电视台、今日栾川报社、中国栾川网等新闻媒体要强化媒体宣传和监督，适时进行报道。

（三）考核机制

把此项工作纳入全县年度责任目标考核体系，对各乡镇、各有关单位、旅游景区进行考核，对成绩突出的单位予以表彰奖励；对完不成任务、排名落后的单位主要负责人和直接负责人给予通报批评、诫勉谈话等处理。

武隆县人民政府办公室文件

武隆府办发〔2016〕134号

武隆县人民政府办公室
关于印发武隆县创建国家级旅游业改革创新先行区工作实施方案的通知

各乡镇人民政府，县政府有关部门，有关单位：

《武隆县创建国家级旅游业改革创新先行区工作实施方案》已经县政府同意，现印发给你们，请认真贯彻执行。

武隆县人民政府办公室

2016年11月10日

武隆县创建国家级旅游业改革创新先行区工作实施方案

为全面推进国家级旅游业改革创新先行区建设，根据《国家旅游局关于公布首批国家级旅游业改革创新先行区的通知》（旅发〔2015〕270号）要求，结合武隆县实际，制订本工作实施方案。

一、总体要求

（一）指导思想

以旅游业体制机制为改革内容，坚持高点定位，以推进“旅游+”为主线，以“创新统筹职能、创新政策措施、创新产业引导”为方向，按照创新、协调、绿色、开放、共享的发展理念，高起点谋划，“全方位、全要素、全时空”打造国际化旅游目的地。坚持以问题为导向，破解旅游业发展中的障碍和突出矛盾，建立综合统筹、政策驱动、转型升级、环境优化等系列配套措施，加快推进全县旅游业改革创新先行区建设。

（二）工作国标

全面贯彻落实国家旅游局、市旅游局工作要求，以旅游体制机制改革为重点，坚持世界眼光、国际标准，充分发挥本土优势，力争用3年左右时间，完善全县旅游管理体制机制，实施创新驱动发展战略，以创新推动旅游业发展方式的转型升级，充分发挥旅游管理委员会平台作用，完成旅游执法体制改革，建立覆盖全域的旅游大数据平台，创建成为国家级旅游业改革创新先行区。到2020年，全县旅游年接待人次突破4000万，旅游产业总收入达120亿元，旅游业发展速度和质量位居全国旅游城市前列，对经济和社会的综合贡献率进一步提高，基本建成国际知名旅游胜地。

二、主要任务

按照国家旅游局《旅游业改革创新先行区工作方案》，武隆县将在旅游业产业定位、旅游综合管理体制、旅游业发展引导机制、旅游公共服务体制、旅游市场监管机制、旅游综合执法体制、景区（度假区）管理体制等方面进行改革创新，以及探索拓展服务旅游发展的新领域、探索旅游业与科技融合方式等方面扎实推进旅游业改革创新先行区创建工作。

（一）改革创新旅游业产业定位

为推进国家级旅游业改革创新先行区和全域旅游示范区建设，武隆县按照“一心一带四区一网”的空间布局，强力实施“山水结合、文旅融合、全域旅游、全民兴旅、国际品牌”五大旅游发展战略，将武隆旅游业产业定位为战略性主导产业和富民支柱产业，构建具有武隆特色、达到国际先进水平的现代立体旅游产业体系。把武隆打造为“国际山地旅游度假目的地”“全国最美乡村旅游目的地”“国家全域旅游示范区”“国家旅游扶贫示范区”和“重庆旅游经济中心”，最终建设成为“国际知名旅游胜地”和“中国武隆国家公园”。

（二）改革创新旅游综合管理体制

1.成立由县委书记任主任，县政府县长等有关县领导为副主任，相关部门为成员的武隆县旅游管理委员会，统筹管理、协调、决策全县旅游产业发展重大问题，定期召开会议，主要负责审议旅游业改革创新、旅游管理体制、旅游发展项目、旅游宣传营销等问题；制定旅游发展有关政策、措施；对重大的旅游改革创新、项目、宣传、营销、节庆活动做出决策。

2.对涉旅部门的职能职责进行优化合并，力争将“武隆县旅游局”改革为“武隆县旅游发展委员会”，整合全县涉旅执法、监管、咨询、投诉等方面职能职责，强化旅游管理部门在组织引导产业发展、研议改革方案、推进部门合作、制订规划计划、审查重大项目等方面的综合协调职能。同时，成立武隆县游客服务中心，探索建立旅游警察、旅游工商分局、旅游巡回法庭等为一体的旅游联合执法体系和游客咨询投诉处理统一平台，实行“统一领导、统一管理、统一调配”，实现“一个平台受理、一个平台交办、一个平台回复、一支队伍执法”。

3.改革创新旅游统计指标体系和调查方法，建立适应国有旅游企业、民营旅游企业的综合考评、奖惩制度。打造武隆旅游大数据平台，对全县所有旅游景区、旅游度假区、乡村旅游点实现数据全覆盖。引入第三方机构和游客问卷的方式对景区、旅游度假区、乡村旅游点旅游满意度、过夜游客数量、人均旅游消费等指标进行调查统计，并纳入景区、旅游度假区、乡村旅游点综合目标考核。

（三）改革创新旅游业发展引导机制

1.**创新旅游用地机制**。积极探索创新旅游用地机制，破解旅游用地瓶颈问题，对配套基础设施、公共设施用地安排计划指标。在确保建设用地不增加、耕地数量不减少且质量有提高的前提下，对村庄内零星、分散的集体建设用地进行布局调整，集中用于发展休闲农业和乡村旅游；支持农村集体组织协商回购农村闲置房屋，发展休闲养老、观光旅游；鼓励农村居民利用自有住宅及其他条件发展餐饮、住宿、购物、娱乐等乡村旅游。

2.**创新旅游发展资金机制**。设立旅游产业发展资金，县政府每年安排8000万元的旅游产业发展资金，用于抓好旅游规划、旅游宣传营销、乡村旅游、旅游人才培训等工作，并按一定比例逐年增加投入。建立旅游发展基金，发挥基金撬动作用，大力开展招商引资，鼓励引进社会资本，吸纳社会资金投入旅游产业；整合各级专项资金，优先用于旅游基础设施提升、生态文明建设、乡村旅游发展、旅游扶贫开发和遗产保护等工作，优先投入符合条件的旅游企业和项目。

3.**创新旅游人才培育机制**。健全完善旅游人才引进培养办法，加快培育和聚集符合创新需求的高层次、复合型人才。对引进的研究生或副高职称以上的高层次旅游人才，在县城提供人才公寓，在我县服务满10年且贡献突出的，可终身享受住房待遇。对正高职称、博士后以上人才，按协议一次性补助安家费10万元；对紧缺副高职称、博士、高级技师等人才，按协议一次性补助安家费5万元。优先引进旅游行业紧缺人才，针对旅游行业急需的旅游规划、涉外营销、宣传企划等方面的人才，县人事部门可放宽引进条件，企业增加相适应的薪酬。鼓励旅游从业人员提升技能，对在职旅游企业从业人员取得中级、高级职称的，给予奖励；对旅游从业人员参加国家级、市级劳动技能大赛获等级奖的，分别给予同等奖励。

（四）改革创新旅游公共服务体制。

1.为加快旅游产业发展，将全县旅游分为三个战场，即：提档仙女山第一战场，开辟白马山第二战场，夯实乡村旅游第三战场，以旅游业改革创新为推手，大力推进全域旅游。加快旅游基础设施建设，投资500亿元，推进旅游、公共交通、市政基础设施、公共配套等设施建设。

2.引进一批文化、娱乐、休闲，养身等旅游项目，丰富旅游业态，推进旅游产品供给侧改革。建设全县旅游信息咨询服务体系，在县城新建游客综合服务中心，在各景区、旅游度假区、乡村旅游点设立游客综合服务分中心，实现信息联动、统一指挥，提升全县旅游公共服务能力。深入开展厕所革命，积极探索社会力量参与旅游厕所建设。

3.县政府每年投入1亿元资金开展武隆旅游整体宣传营销，对武隆整体形象进行分季节、分区域宣传营销，拍摄武隆四季旅游宣传片；全县各部门组建旅游营销集团赴全国各地宣传推介武隆旅游，形成“全民兴旅、全民营销”的良性机制；通过与国外旅游城市缔结友好城市，召开境外旅游推介会，与国际知名网站合作等形式，全面开拓国际旅游市场。

（五）改革创新旅游市场监管机制

1.建立完善暗访机制、巡查机制和对重要景区、景点通过网络适时监控的方式，不定期地委托第三方机构对景区、旅游度假区、乡村旅游点进行暗访、巡查、快速处理游客投诉，营造良好的旅游秩序。

2.推动旅游主管部门和相关部门在各自职责范围内，创新旅游市场监管方式，引导广大游监督、旅游监督员、行业协会和专业服务机构参与旅游市场监督。同时，主动引导旅游者通过司法、人民调解等途径解决纠纷，提升旅游者依法维权、理性消费能力。

3.加强旅游诚信体系建设。建立旅游行业失信惩戒制度、旅游信用信息公示制度。完善旅游企业和从业人员诚信档案、“黑名单”制度，抓好旅行社、A级景区、星级饭店和星级农家乐服务质量等级评定，建立科学的淘汰和退出机制。

（六）改革创新景区（度假区）管理体制

深化体制机制改革，建立健全与全域旅游建设相配套的一系列管理体制和运作机制，探索创新，重点突破，改革创新旅游景区（度假区）管理机制。设立仙女山国家级旅游度假区管理委员会，完善其职能职责和内设机构，赋予旅游管理职能，大力实施仙女山国家级旅游度假区提档升级；进一步完善县喀斯特旅游（集团）公司体制机制，积极探索投融资机制等方面的创新，推动公司上市，着力巩固旅游第一战场；设立白马山旅游度假区管理委员会，强化旅游管理职能职责，大力实施白马山片区开发提升工程，着力开辟旅游第二战场；大力实施乡村旅游示范建设工程，创新乡村旅游发展模式，探索引进“政府+公司+农户”“个体农庄”“乡村旅游协会+农户”等乡村旅游经营管理模式，着力打造全域旅游第三战场。

（七）探索拓展服务旅游发展的新领域

1.创新“旅游+”模式，对接“商、养、学、闲、情、奇”旅游新要素，加强商旅、文旅、农旅、体旅、康旅、科旅、工旅等深度融合发展。出台旅游商品、精品民宿等方面优惠政策，鼓励城市资本下乡发展乡村旅游。

2.利用县级投融资平台，加快旅游产业与资本市场的深度对接，推动各方面资金进入旅游投资领域，创新招商引资和投融资机制，鼓励引入多元资本参与旅游开发，引进一批全国乃至世界品牌的商业、娱乐项目，全面丰富旅游业态。引进一批影视文化创意产业，加快打造集文化创意、休闲娱乐、创业孵化于一体的仙女山文化创意产业城。

3.加快旅游商品研发创新力度，推出一批特色鲜明的旅游商品。以“生态度假2000（酒）店计划”“生态美食3000店计划”“生态美食创新计划”“旅游购物创新工程”为抓手，大力发展各类以生态旅游购物、生态美食餐饮为核心的游憩商贸服务模式，加强旅游服务国际化，建设一批国际化餐厅等涉外服务餐饮设施，构筑优美舒适的旅游休闲和度假服务环境，满足各层次游客“吃、住、行、游、购、娱”需求，促进全县旅游业突破发展。

（八）探索旅游业与科技融合方式

开拓“旅游+互联网”新模式，推进智慧旅游管理、服务和营销体系建设。制定全县智慧旅游总体规划，建立全县大数据平台，整合全县已有的互联网资源和监控指挥平台，成立县应急指挥中心，实现全域智慧旅游。开创一批旅游业与科技融合的项目，融入旅游元素，打造世界一流的星际数字乐园，建立中国版迪士尼、乐天世界。创新旅游O2O模式，推进旅游产品实现线上线下交易。充分利用旅游网站、微信平台、App轻应用、云名片等方式为游客提供智慧化的旅游服务、旅游管理、旅游营销和旅游体验。

三、工作要求

（一）加强领导

成立以县委书记任组长，县政府县长、县人大常委会主任、县政协主席任副组长，相关县领导为成员的武隆县国家级旅游业改革创新先行区工作领导小组，负责研究国家级旅游业改革创新先行区建设重大问题，协调推动实施方案的拟定和落实。领导小组下设办公室于县委办公室，由县委办主任兼任主任，县政府办主任兼任副主任，负责创建工作总体协调。组建县旅游工作创建办公室，设在县旅游局，牵头负责相关工作的召集和督办。

（二）强化督查

为确保国家级旅游业改革创新先行区建设任务推进顺利、落实到位，建立成员单位联席会、重点课题集中攻关、定期或不定期督查任务进展情况等日常运行管理制度。推进先行区建设目标管理，将国家级旅游业改革创新先行区建设纳入县委、县政府年度目标考核，明确要求，定期督查，务实有序推进国家级旅游业改革创新先行区建设。

（三）及时总结

各牵头、责任单位及时总结经验和问题，采取有效措施积极推动旅游业改革创新工作。切实做好舆论引导工作，积极宣传武隆县旅游业改革创新工作的新举措、新进展、新成效，为创建工作营造良好氛围。

韩城市人民政府

韩政函〔2016〕26号

韩城市人民政府
关于报送《韩城市首批国家级旅游业改革创新先行区实施方案》的函

省旅游局：

根据《国家旅游局关于公布首批国家级旅游业改革创新先行区的通知》（旅发〔2015〕270号）和《陕西省旅游局关于认真抓好首批国家级旅游业改革创新先行区相关工作的通知》要求，为了有序有力推进先行区工作扎实开展，结合韩城旅游业发展实际，制订了《韩城市首批国家级旅游业改革创新先行区实施方案》，并经市政府常务会议讨论通过，现报送你处。

韩城市人民政府

2016年3月8日

韩城市首批国家级旅游业改革创新先行区实施方案

根据《国家旅游局关于公布首批国家级旅游业改革创新先行区的通知》（旅发〔2015〕270号），韩城市被确定为陕西省唯一的首批国家级旅游业改革创新先行区。为了紧抓这一旅游业创新发展的重大机遇，进一步深化旅游业改革开放，推动旅游业体制创新，优化供给侧改革，实现2016年文化旅游业华丽转身，加快建成国家级文化旅游目的地，争创全国旅游业改革创新示范市。现制订《韩城市首批国家级旅游业改革创新先行区实施方案》。

一、指导思想

牢固树立“创新、协调、绿色、开放、共享”五大发展理念，坚持以全域旅游引领全市经济转型提质、持久发展，以旅游业发展的内在规律和旅游市场、广大游客的需求为导向，以市政府为改革主体，以“创新统筹职能、创新政策措施、创新产业引导”为统揽，以旅游业体制机制改革创新为动力，创新发展路径，加快发展步伐，提升发展水平，聚力建设国家级文化旅游目的地，实现旅游业发展速度和质量领先陕西、高于全国，为“跻身全国百强。建成区域中心”做出更加积极、更加显著的综合贡献。

二、基本原则

（一）坚持问题导向

积极适应旅游业从“景点旅游模式”向“全域旅游模式”转变的新形势，从韩城旅游业发展实际出发，研究解决具体问题，着力破解旅游业发展中的障碍和突出矛盾，优化发展环境，集聚发展能量，激发发展活力，切实保障全市旅游业又好又快的可持续发展。

（二）坚持改革创新

以改革的理念引领发展，用创新的举措驱动发展，全力推动旅游业体制机制改革取得质的突破，实现发展方式转型升级，促推旅游产业华丽转身，促进市域经济社会科学发展。

（三）积极探索经验

紧扣规定任务和专项重点，用足国家支持政策，积极探索，先行先试，综合施策，创造一批超前引领、示范性强的韩城旅游业改革创新成果，努力成为陕西旅游业改革创新发展的标杆，成为全国的典型，向全国提供可借鉴、可复制、可推广的实践经验。

三、主要任务

牢固树立、贯彻落实“创新、协调、绿色、开放、共享”五大发展理念，围绕国家旅游局对先行区的任务要求，结合旅游业发展的新时期、新要求、新特点，紧扣韩城实际，着力破解旅游业发展中的障碍和突出矛盾，转变旅游发展思路，创新旅游发展战略，变革旅游发展模式，集聚能量，激发活力，推动全市旅游业又好又快的可持续发展。主要抓好三个层面的任务：

（一）全面完成五项规定任务

1.**改革创新旅游业产业定位**。在全市经济社会发展战略和“十三五”发展规划中，以全域旅游为统领抓手，坚持“产业围绕旅游转、产品围绕旅游造、结构围绕旅游调、功能围绕旅游配、民生围绕旅游兴”的发展理念，把全域旅游作为促进经济发展新常态下稳增长、调结构、增就业、惠民生的新引擎，作为新型城镇化和社会主义新农村建设的新载体，作为促进社会变革的新动力，作为旅游自身提质增效、可持续发展的新抓手。

（1）坚持把旅游业作为资源型城市转型的重要引擎，打造为城市经济发展的重要支柱产业，到“十三五”末，旅游人数突破千万人次，旅游业综合收入占全市GDP比重达到30%以上。

（2）坚持把旅游业作为引领服务业、新兴产业蓬勃发展的龙头，“十三五”末服务业总产值达到1000亿元，增加值占全市GDP比重达到55%以上。

（3）坚持把旅游业作为惠民富民、提高人民群众生活幸福指数的重要依托产业，以乡村旅游作为现代农业、扶贫开发、城乡一体化、新农村建设融合发展的突破口、主抓手。

2.**改革创新旅游综合管理体制**。立足旅游业统筹发展、创新发展、提速发展，健全旅游综合协调机制、产业统筹发展和综合性监管体制。

（1）充分发挥市旅游产业发展联席会议作用，坚持每月由主要领导召开联席会议，切实加大全市旅游业“综合产业综合抓”的统筹领导力度。

（2）健全旅游委及其成员单位工作落实机制，至少每两周召开一次成员单位工作会议，强化市旅游发展委员会的指导、协调、统筹作用，保障旅游业发展的部署、规划、举措协调一致、落实精准、推进有力。

（3）在旅游委成员单位和相关部门、8个镇办专设旅游产业发展办公室，配备旅游专兼职副局长（主任）、副镇长（主任），形成配合有效、共促旅游的旅游业发展联动机制。

（4）创新旅游业考核评价和统计体系。将旅游产业发展任务列入部门、镇办年度目标考核体系，明确任务指标，单独进行考核。探索建立适应全域旅游特点的旅游统计体系，利用大数据、大分析研判发展，推进提升。

3.**改革创新旅游业发展引导机制**。创新地方政府资金、资源、规划、公共服务等引导旅游业发展的新模式、新机制，实现财政资金支持旅游业发展额度的稳步增长。

（1）坚持将旅游规划理念融入经济社会发展全局，全市各项产业规划要按照旅游城市标准编制，和旅游规划紧密衔接，积极推进“多规合一”工作，完善旅游业规划落地执行、有效实施的机制。

（2）市财政每年列资不低于1亿元的旅游发展资金并逐年增长，投入旅游规划编制、重点旅游项目、旅游服务基础设施建设、旅游形象推广等；专设乡村旅游示范镇（村）、高A级景区、高星级酒店、星级农家乐等创建奖补资金，引领旅游业多元发力、集群发展；统筹使用惠农资金，加强乡村旅游基础设施建设，完善服务体系。

4.**改革创新旅游公共服务体制**。按照年度1000万人次的旅游市场目标，多元投入，市场运营，在旅游公共产品和服务体系建设机制、供给模式、服务方式上实现突破。

（1）坚持市场导向，在政府主导投入的前提下，出台扶持激励政策，通过PPP模式、招商引资、群众自建等方式，引入各类资本，投入旅游厕所、旅游交通、旅游业态等旅游公共产品和服务体系建设。

（2）坚持市场化、商业化的思路，放开搞活旅游服务产品、旅游业态的管理运营，实现旅游综合功能新提升，取得旅游经济效益高增长。

5.**改革创新旅游市场监管机制**。坚持依法管理、创新形式、标本兼治，形成权责明确、执法有力、行为规范、保障有效的旅游综合监管机制。

（1）建立旅游综合监管主体责任清单，推动旅游主管部门和相关部门切实履职，创新旅游市场监管方式，建立游客投诉统一受理平台，实现市场秩序监管、旅游投诉处理的部门联动。

（2）组建韩城市“旅游警察分局”“旅游市场监管分局”“旅游巡回法庭”等，加大旅游违规违法行为的查处、打击力度，提升国内外游客的安全感。

（3）加快组建旅游行业协会及分会等行业社团组织，大力完善行业自律规则和机制，引导会员企业诚信经营，积极营造诚实守信的消费环境。

（二）重点突破三项专项改革

全面推进国家旅游局提出的商定任务、自选任务，突出3项专项改革，实现重点突破。

1.**改革创新景区管理体制**。进一步理顺景区管理体制，推进经营市场化进程，优化游览环境，发挥景区在旅游产业发展中的引领作用。

（1）按照“所有权、管理权、经营权”三权分离的思路，在强化景区规范管理的前提下，将应该交由市场运营的职能剥离出来，成立景区运营公司，理顺景区日常管理、市场运营的体制机制。

（2）通过委托经营、合作经营、参股入股等形式，积极引入高端管理公司对旅游景区进行专业化、市场化运营，逐步打破单一门票经济的景区经营模式。

（3）持续加大高A级景区创建力度，建立健全景区标准化管理体系，强力推进景区精细化管理，优化景区游览环境，凸显个性文化元素，提升综合服务功能，聚力打造一批高质景区。

2.**改革创新旅游投融资体制**。围绕旅游业供给侧改革，推进投融资模式改革创新，丰富融资平台，灵活融资方式，促进投资主体的多元化，有力保障旅游业投融资规模满足产业发展需求。

（1）设立1亿元旅游产业发展基金，引领各类资本投入旅游领域。加大对小型微型旅游企业和乡村旅游的信贷支持。

（2）把握政策动向，确保每年有2~3个旅游重大项目进入国家PPP项目库，加快项目实施落地，有效支撑全市旅游突破发展。

（3）做大做强市旅游投资公司等融资平台，以银行贷款、发行中期票据、债券等方式扩大旅游融资。培育支持符合条件的旅游企业上市，加强债券市场对旅游企业的支持力度，发展旅游项目资产证券化产品。

（4）主动出击、叩门招商，强力推进“百支队伍千名干部走万家企业”招商活动，紧盯世界500强、国内500强、行业100强、央企省企招商引资，驱动旅游项目落地生根，加速推进。

3.**探索旅游业与科技融合方式**。开拓“旅游+互联网”新模式，广泛利用信息通信技术和互联网平台，大力发展智慧旅游，助推旅游业转型升级。

（1）采取PPP项目模式，启动黄河流域大数据中心。智慧城市建设，优先启动智慧旅游子项目，打造旅游大数据中心，实现A级景区、重点乡村旅游、游客集散中心等实现免费Wi-Fi（无线区域网）、数据监测、智能导游、电子讲解、在线预订、信息推送等智慧旅游功能全覆盖。

（2）支持旅游景区、企业进行互联网金融探索，打造在线旅游企业第三方支付平台，拓宽移动支付在旅游业的普及应用，放宽在线旅游租车平台等新业态的准入许可和经营许可制度。

（三）充分利用支持政策，落地五项重点工作

国家对先行区将给予旅游用地改革，实行落地签、过境免签政策，优先复制自由贸易试验区旅游开放政策，发展旅游基础设施及旅游项目建设等七个方面的政策支持。我市要充分利用国家的支持政策，加快五项重点工作的落地。

1.落实国土资源部、住房和城乡建设部、国家旅游局《关于支持旅游业发展用地政策的意见》，争取国家、省上对韩城旅游业发展用地的优先保障政策，根据全市旅游业年度用地需求，不受城市发展用地年度总指标限制，单列旅游业发展用地指标，以最优惠价格供应旅游建设用地。

2.成立韩城口岸办、出入境检验检疫局，设立韩城海关或渭南海关韩城办事处，建设韩城旅游自贸区、保税区或者旅游购物免税店。

3.推进韩城列入西安咸阳国际机场口岸72小时过境免签范围，对国务院批准的51个国家友人免办签证，为境外游客来韩城旅游提供便利。

4.加强旅游厕所、旅游公共服务设施、旅游区道路和社会资源二次开发等旅游项目的编制，积极申报“国家旅游发展基金项目”，争取国家和省上更多的专项资金支持。

5.争取中省在韩城建立旅游人才教育培训基地，支持韩城自主建设或与陕西知名高校合作开办韩城旅游职业学院，加强旅游人才队伍建设，提高从业者综合素质。

中共敦煌市委

敦发〔2016〕84号　　　　　　　　签发人：詹顺舟　贾泰斌

中共敦煌市委　敦煌市人民政府
关于上报敦煌国家级旅游业改革创新先行区实施方案的报告

省旅游委：

现将《敦煌国家级旅游业改革创新先行区实方案》随文上报，请审阅。

中共敦煌市委　敦煌市人民政府

2016年10月31日

敦煌国家级旅游业改革创新先行区实施方案

2015年12月，国家旅游局正式批复敦煌市为国家级旅游业改革创新先行区。为全面做好敦煌国家级旅游业改革创新先行区各项工作，根据《国务院关于促进旅游业改革发展的若干意见》（国发〔2014〕31号）和《国家旅游局关于公布首批国家级旅游业改革创新先行区名单的通知》部署要求，特制订本方案。

一、总体要求

（一）指导思想

坚持“五大发展理念”，积极抢抓“一带一路”、华夏文明传承创新区建设以及丝绸之路（敦煌）国际文化博览会永久落户敦煌的战略机遇，认真落实国家级旅游业改革创新先行区建设各项任务，以“创新统筹职能、创新政策措施、创新产业引导”为方向，高起点谋划、全领域推进，加快转变旅游发展方式，努力提升旅游服务水平，扎实推进国际文化旅游名城建设，打造国际一流旅游目的地。

（二）主要目标

以建设敦煌国际文化旅游名城为目标，进一步突出敦煌市旅游产业的首要地位，改革旅游管理体制，创新旅游引导机制，完善旅游公共服务配套机制，强化旅游市场监督管理，争取相关政策支持。通过3年建设，实现敦煌市旅游发展动力、创新能力、竞争活力和产业带动力明显增强，旅游新产品、新技术、新业态、新模式竞相涌现，旅游产业规模进一步扩大、旅游综合消费较快增长，旅游市场环境持续优化，游客满意度不断提升，全市形成多点支撑、多业融合的全域旅游发展格局。

（三）基本原则

1.坚持改革创新的原则。抓住体制机制创新等关键问题和环节，实施攻坚，力求突破。坚持旅游发展理念创新，发展方式转变，在产业融合、发展空间拓展、产业环境优化、政策支撑、新业态培育等重点领域进行改革创新，开创一条文化自然遗产资源富集、经济基础较薄弱城市的旅游业可持续发展新路子。

2.**坚持市场导向原则**。坚持以市场为导向，充分发挥市场配置资源的决定性作用，注重政府在宏观调控、市场监管、政策引导方面的积极作用，集约利用资源，形成政府、企业、社会共同参与的发展格局，推动旅游业可持续发展。

3.**坚持融合发展原则**。积极推动旅游与文化、生态、科技、金融等要素和产业的深度融合发展，充分发挥旅游对文化传承创新发展、宣传展示和对外交流的功能和优势，把文化要素作为旅游业发展的核心资源。深度挖掘文化内涵，拓展旅游开发新领域，发展旅游产品新业态，培育旅游消费新热点，推动产业转型升级。

4.**坚持开放合作原则**。强化丝绸之路经济带合作，大力发展国内旅游，积极发展入境旅游，有序发展出境旅游，以合作促发展，全面开放和培育旅游大市场，加快推进面向丝绸之路区域一体化的战略合作，建设国际著名旅游目的地，努力实现资源共享、市场互动、优势互补。

二、主要任务

（一）突出旅游产业主导地位

始终坚持把旅游业作为全市首位产业，深入推进旅游与文化、农业、工业、城市、科技、体育、养生等的高度融合，把实施“旅游+”“文化+”作为发展主线，使旅游业作为全市主导产业、支柱产业和富民产业的地位更加突出、作用更加彰显。力争到2017年，全市接待人数、旅游收入突破900万人次、90亿大关，旅游总收入占GDP60%以上，旅游业增加值占全市GDP比重15%以上。

（二）改革创新旅游管理体制

1.**组建敦煌大景区管委会**。按照省政府关于敦煌大景区管理体制改革方案的批复，力争2017年上半年完成大景区机构的报批、组建等工作，投入正常运行，全面履行统一规划、依法保护，统筹资源、高效决策，统一标准、综合执法的职能，从而理顺阳关、玉门关、悬泉置等景点景区的管理。

2.**组建敦煌市旅游发展委员会**。按照省政府“以旅游产业为支柱性产业的县市，要尽快将旅游局更名为旅游委，进一步加强统筹管理、协调指导职能”的要求，争取将敦煌市旅游局更名并升格为副县级的敦煌市旅游发展委员会，完善职能和机构设置，充实人员和力量，更好地发挥统筹协调、组织实施、监督检查等综合管理职能。

3.**规范旅游行业协会**。按照相关法律政策规定，完成各行业协会组建或改选，规范敦煌市旅游协会、出租车协会、宾馆饭店协会、景区景点协会、旅行社协会、导游协会等行业协会，充分发挥各协会行业自律职能，强化各协会在规范服务质量与标准，维护旅游市场形象，协调处理旅游投诉与纠纷等方面的作用。

4.**组建敦煌文化旅游集团公司**。组建成立敦煌文化旅游集团公司，开展市场化运营，积极搭建融资平台，深度开发敦煌旅游资源，将市属旅游景区景点的经营娱乐性项目（资产）委托文化旅游集团公司开发运营，形成“所有权、管理权、经营权”相互分离的运营模式，进一步增加景区景点游乐项目，不断增强旅游产业发展活力。

（三）改革创新促进旅游业发展引导机制

1.**设立旅游发展引导资金**。进一步加大政府投入，加强政府对旅游企业和旅游项目的引导支持力度，市财政每年安排5000万元作为旅游发展专项资金，重点用于旅游市场宣传推介、航班航线培育、旅游商品研发、旅游基础设施建设补贴等方面。

2.**完善旅游业发展奖励扶持办法**。充分调动各景区景点、宾馆饭店、旅行社等旅游企业、旅游从业人员的积极性，从营销宣传、晋级晋星、组客联团、旅游演艺、人才培养等方面，对发展敦煌旅游产业做出突出贡献的旅游企业和个人进行表彰奖励。制定冬春旅游优惠政策，进一步激发冬春旅游市场活力。

3.**积极探索旅游投融资新方式**。建立和完善投融资体系，鼓励和引导有条件的企业采取多种形式融资。支持重点旅游企业通过政府和社会资本合作（PPP）模式投资建设运营旅游项目，尽快完成敦煌航空公司的组建审批，飞机订购租赁、飞行员的聘任等工作，争取2017年年底投入运行。

4.**推进落实旅游发展用地政策**。全面落实国土资源部、住房城乡建设部、国家旅游局《关于支持旅游企业发展用地政策的意见》（国土资〔2015〕10号），改革完善旅游用地管理制度，推进土地差别化管理与引导旅游供给结构调整相结合，编制和调整土地利用总体规划及供地指标时，优先考虑旅游发展用地。在符合用地规划和用途的条件下，允许和鼓励农村集体组织依法以集体经营性建设用地使用权入股、联营等形式与其他单位、个人共同开办旅游企业。

5.**强化规划引领**。突出改革创新，按照“多规合一”的总体要求，尽快编制审定《敦煌市全域旅游总体规划》《敦煌市大景区建设总体规划》，突出旅游业作为首位产业对经济社会发展的引领作用，国土、发改、住建、交通、环保等部门的规划要与旅游产业有效衔接，兼顾市民和游客。

（四）改革创新旅游市场监管机制

1.**健全完善旅游监管机构**。按照《敦煌市进一步健全完善旅游市场综合监管机制方案》，升格旅游执法大队，成立敦煌市旅游综合调度指挥中心、敦煌市人民调解委员会，增设旅游警察中队，工商旅游分局、旅游巡回法庭，受理游客的咨询服务、质量监督、协调调度、旅游投诉、纠纷调处等。

2.**健全完善旅游监管机制**。实行行业审查机制，对全市从事旅游经营、服务的单位和个人，严格审查并备案，不具备条件的不允许进入；实行举报奖励机制，鼓励社会公众及游客参与旅游市场的监督，对举报属实者进行奖励；实行监督检查机制，坚持日巡、月查、暗访等方式相结合，进行检查监督；实行联合执法机制，整合旅游、工商、公安、交通、质监、物价、食药监等部门力量，协同整治规范旅游市场；实行信用评价机制，建立旅游“红黑榜”，定期进行通报曝光。

3.**突出旅游监管重点**。重点加强景区景点、宾馆饭店、旅行社、客运企业、餐饮商户及导游等从业人员的监督检查，严肃查处价格欺诈、以次充好、降低服务质量等行为。

4.**建立旅游投诉先行赔偿机制**。制定旅游投诉先行赔偿办法，市财政出资100万元，设立旅游事先赔偿基金，对游客投诉案件和旅游突发事件进行先行赔付，切实保障游客合法权益，不断提升游客满意度和“敦煌国际文化旅游名城”品牌形象。

（五）改革创新旅游发展公共服务体系

1.**完善旅游公共服务设施**。尽快完成敦煌旅游集散中心、雅丹游客服务中心、玉门关游客服务中心的建设及布展工作。加快规划建设旅游自驾车营地和房车营地，建成3~5个高水平，上档次的汽车营地、基地，满足游客大众化需求。深入推进厕所革命，合理布局旅游厕所，使全市旅游景区、旅游线路、交通集散点、休闲步行区等的旅游厕所全部达到A级标准。

2.**提高旅游交通通达性**。健全旅游交通服务网络，推进敦煌机场4D级扩建工程，每年新增航线2~3条，力争2017年正式开放敦煌国际航空口岸，开通中国香港、韩国等旅游包机；积极协调开通北京、银川、乌鲁木齐、天水等地到敦煌旅游列车和旅游专列，及早谋划开通西安—敦煌—拉萨、北京—敦煌—拉萨、兰州—西宁—敦煌等列车；积极推进完成瓜敦、柳敦、敦当高速建设进程，完成景观大道的规划建设及旅游风情线的打造，提升改造通往景区及乡村道路。

3.**提升城市公共服务水平**。加强城市停车场、公共交通、步行道、自行车“绿道”等城市交通系统、城市电网智能化建设。实施景城一体化建设工程，凝练敦煌文化元素，打造城市形象、视觉识别系统，实现城市主题化、景观化。进一步满足游客休闲度假需求，建成一批高档酒店群、文化娱乐设施、中心购物商城和特色功能街区。加强形象识别，在城市交通网络、道路节点、旅游景区沿线等重要区域建设具有敦煌文化符号、鲜明视觉效果和有效引导作用的多语种旅游标识系统和城市解说系统。

4.**推进智慧化建设**。全力抓好全省智慧旅游城市和智慧旅游景区建设试点工作，充分依托智慧旅游大数据中心建设，提升改造月牙泉景区智慧旅游系统，启动阳关、雅丹、玉门关等景区智慧景区建设，实现市内景区“智慧”全覆盖，打造敦煌智慧旅游景区云网。提升智慧旅游景区自动导览、手机客户端等系统服务功能，完成玉门关、雅丹、阳关等景区语音导览系统建设，为游客提供良好的交互式体验；积极整合智慧医疗、智慧交通等平台，全力打造全链条服务、全方位监管的智慧旅游服务平台。加大在线宣传营销力度，充分利用官网、微信、微博等网络平台进行旅游产品线上宣传营销，积极开发敦煌电子商务平台，为游客提供查询、预订、支付等全程一体化服务。进一步改革创新景区门票预约制度，建立全市及区域性旅游公共信息发布机制，为游客提供信息咨询服务，促进智能导游、移动支付、电子门票等服务的推广应用。

（六）创新拓展旅游业发展新领域

加快推进“旅游+”建设步伐，实现融合发展，大力拓展旅游业发展新领域、新空间，形成独具地方特色的旅游“套餐”，积极培育旅游新业态、新品牌。

1.推进“旅游+文化”。大力发展文化演艺业，推进敦煌曲子戏、秦腔等地方特色演出进宾馆、进景区。加大《又见敦煌》《敦煌盛典》宣传支持力度，实现全年常态化演出。以市场化方式，引进《丝路花雨》《大梦敦煌》长驻敦煌演出，以满足不同游客和市民的精神需求。

2.推进“旅游+农（林）业”。大力发展乡村旅游，依托敦煌大漠风光、田园景观、民俗文化等地方特色，打造现代农业观光旅游、采摘体验、休闲度假特色乡村旅游项目，完善家庭公寓、农家客栈接待服务水平，建成阳关镇、月牙泉镇、莫高镇、七里镇等特色旅游观光镇，打造月牙泉小镇、凤凰小镇、丝路小镇等主题突出，特色鲜明的乡村旅游小镇。

3.推进“旅游+体育”。大力发展户外运动，充分发挥敦煌独特的地域优势；利用沙漠、戈壁等地形地势，继续办好“敦煌马拉松”“戈壁挑战赛”、全国沙滩排球赛、中国汽车越野拉力赛。制定《户外运动管理办法》，编制徒步游、探险游、自驾游线路和指导手册，开发沙漠自驾探险、徒步探险等旅游活动。

4.推进“旅游+会展”。大力发展商务会展经济，依托首届丝绸之路敦煌国际文化博览会成功举办良好机遇，充分利用和发挥新建的高标准上档次的会展中心、大剧院、国际酒店等场馆，支持敦煌国际文化发展有限责任公司，增加相关设施设备，大力发展会展经济、会展旅游等，将文博会场馆纳入旅游线路，引导游客参观文博会场馆，了解文博会相关知识，力争将文博园打造为国家3A级景区。

5.推进“旅游+养生”。大力发展休闲养生游，以“养心”“养神”“养生”为主题，倡导休闲养生游“慢生活”，打造知名休闲旅游度假胜地。创新发展居住养生、文化养生、医疗养生、游乐养生、美食养生、运动养生、生态养生等八大休闲养生模式，进一步完善休闲养生项目的基础设施和服务设施。

三、争取配套政策支持

（一）争取签证政策

进一步放宽旅游市场限制，简化出入境签证手续，争取公务免签、落地签证、过境签等政策，便利境外游客来往。在敦煌国际航空口岸正式开放的基础上，积极申请对主要客源国、丝绸之路沿线国际城市间实施旅游团队“落地签证”、跨区签证或“72小时过境免签”，建立和完善便利通关的政策和措施。

（二）争取出境退税政策

逐步完善国际航空口岸的配套措施，设立出入境免税店，并争取境外旅客购物离境退税政策的落实，提升对入境游客的吸引力。

（三）争取对旅游项目政策支持

积极申报2016~2018年“国家旅游发展基金项目”，主要用于旅游厕所、旅游公共服务设施、旅游区道路、通用航空等基础设施建设。

四、推进阶段

（一）制订方案阶段

2016年4月1日至6月30日。制订《敦煌国家级旅游业改革创新先行区实施方案》，报市委、市政府审议。

（二）上报审批阶段

2016年7月1日至9月30日。市委、市政府审定《敦煌国家级旅游业改革创新先行区实施方案》后，逐级上报到国家旅游局。

（三）开展创建阶段

2016年10月1日至2017年10月31日。围绕改革重点，细化方案，明确目标，强化措施，落实责任，扎实推进各项工作，努力在重点改革领域实现突破，旅游综合改革工作取得显著成果。

（四）组织验收阶段

2017年11月1日至2017年12月31日。认真总结旅游业改革创新先行区工作成效和经验，剖析问题，查找不足，整改提高，同时做好验收的相关工作，全面完成旅游业改革创新先行区创建工作任务。

五、工作要求

（一）统一思想

旅游业改革创新先行区建设是一项系统性工程，涉及部门多、任务重，全市上下要充分认识旅游产业地位的重要性和旅游改革创新发展工作的紧迫性，各级部门要积极落实旅游改革创新工作部署，明确将文化旅游产业打造成为敦煌市主导产业，将敦煌市打造成国际一流旅游目的地，早日建成国际文化旅游名城。

（二）加强领导

成立市旅游业改革创新先行区工作领导小组，由党政主要领导任组长，负责研究先行区建设重大问题，协调推动实施方案拟订和落实。领导小组办公室设在市旅游委，负责领导组日常工作。各责任部门要高度重视、主动作为，抓好实施方案各项任务落实。

（三）强化监督

为确保先行区建设任务推进顺利、落实到位，建立领导小组工作例会、重点课题集中攻关、定期或不定期督查任务进展情况等日常运行管理制度。推进先行区建设目标管理，将先行区建设纳入市政府年度目标考核，分解任务，定期督查，务实有序推进先行区建设。

（四）及时总结

各责任单位要及时总结经验和问题，每年6月底、12月底前向领导小组办公室报送半年和年度工作进展情况。同时，要切实做好舆论引导工作，积极宣传我市旅游业改革创新工作的新举措、新进展、新成效。

下　篇

各省区市旅游业改革创新工作推进情况

持续深化旅游领域改革
促进旅游业持续健康发展

——北京市旅游业改革创新工作推进情况

在“515战略”引领下，北京市旅游委在市委、市政府的坚强领导下，以推进旅游供给侧结构性改革为主线，坚持“问题导向、大胆尝试、重点突破、统筹推进”的原则，持续深化旅游领域改革，有力促进了全市旅游业的持续健康发展。

一、积极推动全域旅游创建工作

全域旅游是旅游业发展的大趋势，我委按照国家局的部署，积极推行和落实具体要求。北京市延庆区、昌平区和平谷区是首批全域旅游示范区创建单位，集中围绕这三个区域，主要做了三项工作：

（一）研究政策

完成了《北京市创建全域旅游试点示范区研究》，对全市特别是三个创建区面临的问题和建议对策进行了深入探讨。

（二）深化方案

指导上述三个区制订完成了各自的创建方案，内容涉及：政策支撑、旅游交通、公共服务、智慧旅游、旅游环境、旅游要素、宣传推广、共建共享八方面内容。其中，昌平区以区委、区政府的名义制定了《关于大力发展全域旅游的实施意见》和《分工方案》，工作细分给每个部门，责任具体到每个领导。

（三）资金支持

旅游专项资金支持全域旅游示范区创建。拟采取一般性转移支付的方式，预计使用8500万元用于全域旅游创建。并且，对资金使用明确了方向：昌平区要以整顿十三陵景区旅游环境秩序为切入点，推进旅游环境综合整治和联合执法，维护旅游消费者权益，确保旅游市场监管到位；平谷区要围绕世界休闲大会，组织开展旅游环境整治和旅游设施建设；延庆区要以保障2022冬奥会和2019世园会为核心，做好相关旅游设施完善工作，同时加强非法“一日游”的旅游秩序整治工作。

二、稳步推进旅游业扩大开放试点工作

（一）突破禁限类政策

按照《国务院关于北京市服务业扩大开放综合试点总体方案的批复》精神和《北京市服务业扩大开放综合试点任务分工》，认真落实“放管服”要求，在国家旅游局的支持和指导下，市旅游委制定了全国首个《中外合资旅行社开展出境旅游业务试点工作管理办法》；2016年4月，国家旅游局正式批复同意中青旅国际有限公司（京港合资）可以经营出境游业务。目前，北京安行凯达国际旅行社有限公司也提出了出境游申请，正在相关变更程序。

（二）创新鼓励类政策

离境退税政策既是国际惯例，也是发达旅游国家和城市吸引境外旅客的重要手段。北京市“过境免签+离境退税”相继实施，标志着北京旅游服务环境进一步与国际接轨，显著提升了北京作为国际旅游目的地的竞争力与吸引力。从2015年7月1日起累计，我市离境退税单据共开出4220笔，商品销售额已达1.12亿元，完成退税895万元。（其中最大单笔退税商品销售额高达290万元）。北京市注册备案退税商店503家。涵盖了华联新光、拉法耶特、君太等大型百货商场；同仁堂、瑞蚨祥等传统老字号企业；部分“北京礼物”旅游纪念品特许经营商店；故宫、十三陵、八达岭等旅游景区商店；京伦饭店、新世界饭店等星级饭店内的商店；八达岭“奥莱”等旅游购物街区；红桥、秀水等特色购物市场内近40家商户也通过引导转型成为一般纳税人，开始面向入境旅客提供退税服务。在离境退税政策引导下，越来越多的国内老字号等民族品牌企业开始积极开发适合入境游客的产品。

北京市积极创新工作模式，开出了首张离境退税电子发票，同时与天津市率先实现了离境退税互联互通，开创了异地退税的先河，也促进了京津旅游市场一体化发展。截至2016年9月底，北京市已完成来自7个兄弟省市的260笔退税业务，涉及退税物品销售额420万元。

三、继续完善旅游公共服务设施建设

坚决落实《全国旅游厕所建设三年行动计划》，以厕所革命为抓手，北京市持续推进旅游服务设施与国际先进标准接轨。2015年，完成122座国家A级旅游厕所改造，推动

市政市容和交通系统完成224座旅游厕所改造。

2016年，制定了《北京市旅游厕所、无障碍设施、标识标牌推进流程管理办法》，明确复核验收流程，各实施环节更系统化、公开化、透明化。同时，为提高各项目单位的工作积极性，加快资金支出进度，由往年集中在年底验收改为分批验收，并且随验收随拨付。2016年共建设407个项目，其中包括312座旅游厕所，71家旅游业态旅游标识，24家旅游业态无障碍设施。预计全年支持金额约3000万元。

2016年还组织编写了《北京市旅游咨询服务管理规范（试行）》，对旅游咨询服务实施规范化管理。加强对咨询站布局的优化，清理“僵尸”咨询站，在重点地区北京西客站和王府井，增设咨询站点。

四、大力构建京郊旅游休闲体系

北京市发挥旅游业“民生产业”“绿色产业”的作用，积极推动和扶植京郊旅游发展，积极促进农民就业增收，努力为市民打造休闲度假空间。从2016开始，利用3~5年时间，构建“五十百千万亿”郊区旅游体系。即：

实施传统村落改造一本开发建议书、一本地图折页、一个移动式咨询站、一个生态厕所、一个免费Wi-Fi站“五个一”工程；整体提升国际驿站、休闲农庄、采摘篱园、民族风苑、乡村酒店、养生山吧、生态渔村、山水人家、葡萄酒庄、汽车营地“十种新业态”；创建100个特色旅游休闲村、镇；推进3000公里休闲步道建设；组织1万名京郊民俗户培训；利用京郊旅游融资担保服务体系提供30亿元的资金支持，打造特色旅游镇村和乡村旅游品牌，拓展北京旅游发展空间。

目前，“五个一工程”已完成项目设计方案和公开招投标，新评定了100家乡村旅游特色业态，建设完成了148公里市级步道。持续实施了京郊旅游“百千万”人才培训工程，完成京郊旅游管理干部和从业人员培训1000余人次。京郊旅游融资担保服务体系累计批准项目230个，涉及金额4.6亿元。

五、创新旅游执法和监管机制

着眼提升北京城市形象和首都旅游的美誉度满意度，市旅游委深入贯彻落实《国务院办公厅关于加强旅游市场综合监管的通知》要求，积极推动旅游执法和监管机制创新，大力加强全市旅游市场综合监管。

（一）加强顶层设计

牵头制定并推动市政府下发了《关于加强旅游市场综合监管的通知》和《旅游市场秩序治理专项督查工作方案》，推动市政府建立了政府牵头、部门协作负责的联合执法机制和案件转办机制，并首次把旅游市场治理工作纳入《2016年市政府督查工作要点》。

（二）整合管理资源

按照市政府要求，全市16个区成立旅游市场综合监管应急指挥部，统筹本区域旅游市场监管、综合整治等工作。目前，朝阳、西城、海淀、昌平、延庆等5个区应急指挥机构均已正式启动，整合发改、公安、交通、工商、质监等部门现有资源，集中统一受理旅游投诉与举报。

（三）创新监管手段

一是创新联合监管机制，市旅游委与市网信办合作开展了“清网行动”，在持续推出“黑白名单”的基础上，建立了网络虚假旅游信息快速核查、商业推广项目前置审核以及正规旅游信息宣传引导“三项机制”。截至目前，共下线商业推广、信誉认证的非法旅游网站430个，屏蔽快照572个，累计登记非法旅游网站201个（黑名单），标记公示非法旅游网站宣传招徕电话431个。此外，针对公交假站牌和街头小名片上的虚假诈骗电话，市旅游委与市交通委、市城管执法局建立了核查转办查处机制，从源头上遏制了“非法一日游”招徕行为。二是建立定期旅游投诉信息公示制度。每季度对各类旅游企业旅游投诉信息在官网进行公示，利用《旅游公共信息诚信系统》向社会公众及时进行曝光。此外，针对旅游购物商店采取不正当竞争、设立账外回扣等行为，市旅游委与市工商局实现部门间的数据交换和共享。三是积极推动旅游监管信息化。开发旅游监管平台建设，并于2016年4月份在全市推广应用，初步实现了旅游标准的合同化、合同管理的电子化和管理过程的动态化监管。

从“一日游”投诉案件统计数据看：2016年共接到“一日游”投诉共计1606件，较去年3046件相比，投诉量下降47%。2016年国庆假期“一日游”投诉26起，同比下降42%。

六、设立全国首个涉及乡村旅游的政策性保险服务体系

继设立全国首支旅游产业基金、全国首个旅游资源交易平台和全国首个涉及乡村旅游的融资担保服务体系后，市旅游委正在搭建全国首个“京郊旅游政策性保险服务体系”。项目方案已经北京市政府同意，正在有序推进。

基本方案：以政府财政补贴保费为手段提升参保率和覆盖面，通过较小的保费支出获得大额的保险保障，发挥商业保险风险转移和社会管理的作用，提高政府基本公共服务能力。

（一）统一体系布局

市旅游委制定平台建设发展规划，并组织协调相关资源和团队实施；按照公开、公

平、公正的原则，招标不少于3家保险公司形成共保体共同承保。

（二）统一产品及补贴

保险产品的承保条件、责任范围、赔付标准，以及保额、期限及保费的关系统一，并根据发展需要不断迭代升级；组织各保险服务机构根据民俗户、特色业态、小微企业的风险特点设计组合式保险产品以充分满足实际需求。

主要险种：公众责任险、食品安全责任险。

保费及保额：民俗户400元保费，全年累计赔偿额度至少为50万元；新业态和小微企业1000元保费，游客全年累计赔偿额度至少为100万元。

补贴模式：政府补80%，个人20%。

（三）统一服务流程

该体系统一保前、保中、保后实务操作流程，并公开承诺服务时效标准，统一理赔工作与时效标准，不断创新理赔服务方式，实现小额快速理赔、大额理赔专项服务等。

该体系是乡村旅游行业与保险行业深度合作的首创，并且，通过引入融资担保等普惠金融业态，缓解京郊旅游产业资金需求，助力产业发展，同时，京郊旅游保险服务平台的运营模式，可复制到其他区域或行业，有着良好的示范效应。按照试点三年估算，政府累计保费补贴约500万元，累计为1.8亿人次京郊游客提供公共场所的安全保障；累计转移88亿元的风险保险保障，有效减轻政府负担。

适应经济发展新常态　抓好旅游综合改革
——天津市旅游业改革创新工作推进情况

天津市旅游系统深入贯彻党的十八大和十八届三中、四中、五中全会精神，在旅游业“515战略”引领下，主动适应经济发展新常态，突出抓好旅游综合改革，不断深化依法治旅，全市旅游产业规模、质量和效益稳步提升。

一、全域旅游创建工作情况

按照《全域旅游示范区创建导则》和《国家全域旅游示范区创建标准（征求意见稿）》，我们积极推动蓟县、和平区、生态城全域旅游示范区创建工作。截至目前，和平区和蓟州区已经成立了创建共组领导小组，制定了创建工作方案，细化了创建工作任务并纳入到今明两年重点工作任务中。按照工作计划，两个区的前期创建工作将在2017年年底前完成，并申请国家旅游局进行验收评定。

二、旅游综合管理体制改革情况

我们充分发挥市旅游委的统筹协调作用，强化各成员单位在协调衔接跨行业规划、推动旅游业与相关产业融合发展、加强旅游市场监管执法、完善重大旅游突发事件应对机制、旅游宣传推广等方面的职责。市旅游委每年召开一次会议，研究推动旅游业发展中的重点、难点问题。2016年3月，市主管领导召集旅游委成员单位、各区县政府负责同志，召开了全市旅游委工作会议，研究推动落实《天津市政府办公厅关于促进我市旅游业改革发展的实施意见》（津政办发〔2015〕100号）；下半年，将再次召开全市旅游委工作会，检查前期会议部署的各项工作进展情况，重点推动建立了四个机制——区县旅游综合协调机制、城市旅游形象宣传推广机制、旅游安全应急处置机制和旅游市场综合监管机制。

2016年，我们还建立旅游委成员单位联络员工作机制，定期组织市旅游委成员单位联络员到区县调研，协调解决好旅游基层单位在旅游发展中的实际困难和问题。先后组织了赴蓟县、西青区、南开区的调研帮扶活动，现场协调解决了涉旅问题，并就产业融合发展进行了深入研究交流，综合产业综合抓管的工作格局已经初步形成。

三、旅游基础设施公共服务体系建设情况

为了方便游客，我们创新工作手段，协调有关单位部门积极配合，逐步加大旅游基础设施的投入。一是采取与天津机场、空铁联运服务中心、邮政报刊亭、公众停车服务亭、旅游景区游客服务中心等单位合作的多种模式，在全市主要交通枢纽、重点旅游景区和城市繁华地段及京津冀周边城市设立了100多个天津旅游咨询中心服务点，承担着全市旅游咨询服务、旅游导向、宣传促销、旅游展示、市场监测等多方面功能；二是积极推动天津市交通集团拓展天津市旅游集散中心服务功能，设立了双层旅游观光巴士游览线、“铛铛车”城市观光游览线；三是推动滨海新区、北辰区、武清区、西青区中北镇、张家窝镇等地建立了公共自行车租赁系统，解决旅游出行“最后一公里”问题，初步实现了旅游交通的无缝衔接。

四、厕所革命工作完成情况

我们结合国家旅游局推动的“厕所革命”工程开展旅游厕所建设管理行动，在2015年完成新建25座、改扩建50座旅游厕所的基础上，2016年，我们专门安排了500万元的旅游厕所专项资金，计划新建旅游厕所30座，改扩建40座，截至目前，今年计划中的70座厕所已完工51座，在建19座，实现了开工率100%。同时结合国家旅游局推出的旅游厕所管理系统，积极推进各区、各景区旅游厕所建设工程。

五、旅游市场综合监管情况

天津市建立旅游投诉统一受理平台，在继续使用12301的同时旅游投诉电话也并入市政府8890统一受理平台，及时妥善处理各类旅游投诉，加大对案件的协调处理力度，有效地维护了社会稳定，提升了游客的满意度。建立市区两级投诉信息月报制度，重点提示防范易发生的问题。建立约谈企业负责人制度，对发生投诉较多的旅行社限期改进，督导落实，化解矛盾纠纷。

2016年，我们出台了《天津市人民政府办公厅关于加强我市旅游市场综合监管的通知》（津政办发〔2016〕77号），规范旅游市场秩序，加大旅游行业监管力度。旅游执法常规项目与专项检查相结合，加大市场检查频次和范围。针对我市低价旅游广告招徕游客、使用旅游合同不规范等突出问题，采取随团暗查、媒体曝光等方式，重点在经营资质、旅游合同、旅游价格、购物自费项目等方面进行专项执法检查，规范旅行社的经营行为。充分发挥媒体的舆论引导作用，利用电视、广播、报刊、网络等媒体开展旅游

维权、安全出游等旅游知识的宣传稿件204篇次。在《天津日报》和《今日晚报》开辟旅游管理专版专栏，截至目前发布旅游提示和通报共56篇。

完善京津冀区域质监执法合作机制。在旅游联合执法和游客投诉受理两个方面开展深度交流合作，进一步完善和规范质监执法程序，提高应急反应能力和群体性旅游投诉处置能力，达到相互促进的良好效果。妥善化解了天津机场、天津邮轮母港多次出现的游客滞留等群体性事件。2015年以来，京津两地充分发挥合作机制作用，较好地解决了在天津市出现的北京易游天下和中国山水旅行社出境游保证金退还的问题，224名游客与中国山水旅行社达成协议，退还40%出境游保证金，共400余万元。

六、文明旅游工作情况

建立不文明游客备案制度，会同新闻媒体建立定期公示制度。向全市各区旅游行政管理部门下发了《游客不文明行为记录管理暂行办法》。与天津市文明办共同举办天津市“文明旅游筑梦中国”和“文明旅游在路上”主题活动。倡导旅行社将《中国公民出国（境）旅游文明行为指南》《中国公民国内旅游文明行为公约》内容纳入旅游合同，并在签订旅游合同时着重向游客进行说明，宣传倡导文明旅游理念，引导游客在旅游过程中注重言谈举止、注重自身文明形象。

七、跨境旅游合作情况

在跨境旅游合作方面，我局积极参加东亚区域旅游合作会员城市间之间的合作交流、宣传促销和客源互动，取得明显的实际成效，2015年来津旅游的日本游客占外国游客总数的38.3%，比2014年同期增长10.8%；韩国游客占17.4%，比2014年同期增长12.7%。对我市旅游业的发展产生了积极影响。

我们设立海外促销专员制度，加大旅游市场宣传促销力度。促销专员向境外区域客源市场进行天津旅游宣传促销和中国旅游产业博览会招商招展工作。主要包括对专属负责区域进行市场分析，提出市场开拓工作计划和资金使用计划；每年赴专属负责区域参加国际性展会，举办旅游推介活动；走访当地旅游管理部门，建立官方会晤合作关系，邀请其组织参加中国旅游产业博览会；走访当地组团社，加大境外旅津市场宣传促销力度。

强化全面统筹协调职能
深入推进旅游改革创新
——河北省旅游业改革创新工作推进情况

近年来，在国家旅游局的大力指导支持下，在河北省委、省政府的正确领导下，我们以五大发展理念为引领，结合供给侧结构性改革，贯彻落实国家旅游局“515战略”，大力推进旅游产业化发展，特别是2016年成立旅游发展委员会以来，着力强化全面统筹协调职能，深入推进旅游产业改革创新工作，河北旅游业保持了强劲的发展势头。2015年全省接待游客达到3.72亿人次，旅游收入实现3433.9亿元，分别是“十一五”末的2.5倍和3.8倍，旅游业增加值占全省GDP的比重达到6.2%。今年前三季度，全省接待海内外游客3.69亿人次，实现旅游业总收入3408.06亿元，同比分别增长26.65%和35.61%，为促进全省经济社会持续健康发展做出了积极贡献。

一、坚持高位推动，确立“建设旅游强省”发展战略

省委、省政府高度重视旅游业发展，明确提出大力推进旅游产业化，加快建设“旅游强省”发展战略，推动旅游产业与网络信息、装备制造、卫生健康、节能环保、新能源、新材料、现代商贸物流等产业，一道形成河北经济社会发展的战略性支柱产业。一是加强和完善了省旅游工作领导小组，由省委副书记任组长，省委常委、宣传部部长和省政府主管副省长任副组长，43个厅局为成员单位，凝聚了推动旅游业发展的强大合力。二是高标准编制完成全省旅游业“十三五”发展规划，并纳入省“十三五”重点专项规划。同时组织实施“一二十百千”旅游发展工程，突出打造一个环首都休闲度假旅游圈，沿燕山—太行山、沿渤海两个休闲度假旅游带，10个以上国家全域旅游示范区，100个精品旅游景区，1000个旅游重点项目。三是构建形成“1+2+8”政策文件体系。立足实施《河北省旅游业“十三五”发展规划》，落实省委省政府《关于全省旅游业发展体制机制改革的若干意见》，加快制定《关于推进旅游强省建设的若干意见》，配套实施旅游新业态新产品建设、乡村旅游提升与旅游精准扶贫、旅游基础设施全面提升、旅游品牌建设、旅游云数据平台建设、全域旅游示范区创建、旅游服务质量全面提升、旅游人才队伍建设8个专项行动计划。

二、凝聚发展合力，成功举办首届省旅游产业发展大会

2016年9月23日至25日，省委、省政府在河北京西百渡休闲度假区，成功举办了首届全省旅游业发展大会。一是会议规格高、规模大，赵克志书记、张庆伟省长出席会议并做了重要讲话，邀请了30多个国家和地区的世界和地区旅游组织负责人、相关国家旅游机构及国外地方政府代表、主要客源国重点旅行商、各国侨领及各界人士，以及国家有关部委和全国31个省（区、市）及港、澳、台旅游部门负责人等，参会嘉宾和客商总人数达到2100人规模。二是主题鲜明，精彩震撼。首届旅发大会以“转变旅游发展方式、实现旅游跨越发展”为主题，在不到一年的时间里，整合涞水、易县、涞源三县资源，用少量财政资金撬动社会资本投入近300亿元，建设了87个新业态旅游项目，打造了206公里风景大道、总面积6000多平方公里的京西百渡休闲度假区，形成了区域性全域旅游新亮点，展示了最精彩的河北，给游客留下了最精彩的震撼，达到了“无处不精美、无处不精致、无处不精彩”的效果。三是树立了标杆、走出了路子。这次旅发大会的举办，使涞源、涞水、易县三地面貌焕然一新，生态环境明显改善，产业结构加速转型，知名度、美誉度显著提高，并将带动这一区域9.4万人实现就业、3.6万贫困人口稳定脱贫，打造了一个可复制、可推广的旅游业发展新样板，走出了一条区域联动、业态引领、市场运作、群众参与、机制创新的旅游业发展新路子。

三、深化改革创新，激发跨越发展活力和动力

省委省政府出台了《关于全省旅游业发展体制机制改革的若干意见》，明确全省旅游业行政管理体制、旅游综合执法体制机制、景区管理体制机制、旅游资产收益扶贫体制、旅游资产经营体制、旅游投融资体制和旅游产业发展评价体系等七个方面提出改革任务。一是创新旅游管理体制，重点强化对旅游业改革发展的统筹促进、资源整合、发展协调和服务监管等职能。目前省级以及石家庄、承德、张家口、秦皇岛、廊坊、保定、沧州、衡水、邢台、邯郸、定州等11个市级旅游发展委员会已组建成立。二是理顺景区管理机制，推动在全省4A级以上景区建立“管委会+村镇+公司”管理运营模式，形成景村共建、与脱贫攻坚相结合的管理体制。目前，野三坡、唐山湾国际旅游岛、清西陵等一批景区改革已见成效。三是建立旅游综合监管机制，形成旅游综合管理机构和旅游警察、工商旅游分局、旅游巡回法庭等“1+X”旅游市场监管模式。目前，承德、秦皇岛等试点地区旅游市场监管机制改革已取得重要进展。特别是秦皇岛市深刻汲取山海关景区被摘牌的沉痛教训，快速启动“1+3”旅游监管体制改革，建立了旅游工作联席会议制度，在全省率先成立了旅游警察、旅游巡回法庭、旅游工商分局等机构，协调联动、综合执法，有效维护了旅游市场秩序。四是推进旅游资产经营体制改革，提高旅游资源的资产化收益。目前，我们正在组织专家团队开展旅游资源资产现场清查清理工

作，在摸底分类的基础上制定具体实施方案，开展旅游资源资产清查行动。五是深化旅游投融资体制改革，建立以政府投入为引导、社会资本为主体的多元化旅游投融资体系。目前，我们在已组建成立省旅游产业引导股权投资基金的基础上，正在抓紧谋划组建成立总规模为200亿元的旅游产业创新投资基金。

四、丰富旅游产品，推进旅游供给侧结构性改革

坚持把项目建设作为实现全省旅游业转型升级的重要载体，加快旅游业与相关产业融合发展，重点发展新产品、新业态、新项目，实现旅游产品供给从单一向多元转变，旅游产业发展从单要素向多要素转变。一是积极创建全域旅游示范区。目前，承德、秦皇岛两市以及11个列入创建国家全域旅游示范区的县（市、区）已全部完成《创建工作方案》。二是紧盯重点项目。目前全省旅游在建或拟建重点项目1300余个，总投资规模超万亿元。前三季度全省旅游项目实际投资完成420亿元，全年有望完成500亿元以上。三是注重产业融合。发挥“旅游+”功能，加快推动旅游业与农业、工业、文化、体育、航空、养生养老、研学、购物等全面融合发展，构建形成多元化、多业态发展格局。推出康养旅游新名片，石家庄市以岭健康城作为首届中国（河北）康养旅游大会的举办地，已走在了国内康养旅游的前列，其举办的中华健康节已成为国内颇具规模及影响力的健康产业领域盛会，以岭健康城被国家旅游示范工作评定委员会评定为首批40家国家旅游示范基地之一，被中华国际医疗旅游协会授予“国际医疗健康旅游质量标准认证产业示范基地”。

五、补齐供给短板，打造方便快捷的旅游服务网络

针对当前我省旅游基础设施建设不足、旅游公共服务体系存在明显供给短板的问题，全面整合各种渠道资金，加快推进旅游“三网”建设，着力强化旅游公共服务功能配套。一是打造“快旅慢游”旅游交通网。会同省交通运输厅研究制定旅游交通发展专项规划和年度建设计划，力争到2020年全省4A级以上景区实现二级及以上公路通达；推动北京轨道交通向廊坊、承德、张家口延伸，支持建设秦皇岛国际邮轮码头。二是构建“便捷乐享”旅游服务网。利用交通枢纽、商业集中区及旅游村镇、风景绿道等建设旅游集散中心、游客中心，鼓励引导社会资本建设50家以上高标准的自驾车房车营地。按照“全域旅游”发展要求，把厕所革命从城市扩展到广大农村，从景区扩展到旅游通道沿线、交通集散点、乡村旅游点、旅游餐馆、旅游娱乐场所、休闲步行区，年初确定的新建、改扩建981座旅游厕所，截至9月30日，已完工589座，占总任务的60%。2016年4月1日，国家旅游局联合全国爱卫办在河北保定涞水县野三坡镇举办“中国厕所革命推进日”活动，野三坡景区“乡村旅游厕所开放联盟＋企业认养”的厕所革命创新机制在

活动中精彩亮相，赢得各界点赞。保定市被国家旅游局评为“厕所革命”创新城市。三是发展“智慧智能”旅游互联网。建设河北旅游云大数据平台，建立健全省、市和重点旅游县三级旅游大数据体系，向社会全面开放旅游公共信息数据。支持省内重点旅游城镇建设智慧旅游服务功能区，支持建设一批智慧旅游乡村、智慧旅游景区和智慧旅游企业。秦皇岛市投入4000多万元，在全省率先构建具有秦皇岛特色的“智慧旅游”体系，有效促进旅游六要素集约化发展。

六、坚持旅游富民，大力发展乡村旅游和旅游扶贫

大力实施乡村旅游富民工程，坚持把旅游业与扶贫开发、美丽乡村建设、现代农业发展、山区综合开发结合起来，实现“五位一体”综合推进。省委专门研究出台了《关于推动旅游扶贫工作的实施意见》，探索出多种旅游富民新途径。主要有：景区带村模式，即贫困地区居民依托山清水秀的特色旅游资源，直接开办农家乐和经营乡村旅馆，成为第三产业的经营业主，极大地增加非农劳动收入从而脱贫致富。特色小镇开发模式，在推进美丽乡村建设过程中，我们注重搞好旅游规划设计，增加旅游功能要素，完善旅游配套设施，努力把具备条件的村庄打造成旅游专业村。馆陶县寿东村原来是一个没有任何旅游资源的平原贫困村，通过引入粮食画设计制作，打造了独具魅力的粮画小镇，被评为全国十大最美乡村，成为旅游新热点。2015年接待游客70万人次，旅游收入1400万元，辐射带动6个村庄，167个贫困户、414个贫困人口稳定脱贫。资产收益模式，大力推行股份合作制，引导贫困户以土地、林地、山场等出租或资产折价入股方式，参与乡村旅游经营，获得租金或股权分红。涞水县从旅游扶贫资金中拿出1000万元，一次性投入野三坡景区建设，将投入资金与部分旅游资源的股权一并转化为扶贫对象股权，每年从景区门票收入中提取一定比例作为旅游扶贫资产收益，分配给扶贫对象，促进了周边群众脱贫步伐的加快。能人带动模式，即通过旅游致富能人示范作用，用身边人、身边事激发百姓的潜能力。保定涞水县南峪村确立了“村两委主体、股份制机制、合作社经营、全村人参与、所有人受益”的扶贫开发模式，建立高端民俗合作社，引入农宅开发运营企业，改造闲置农宅。103个贫困人口将每年按股获得利润分红，还可以在通过培训后优先当选农民管家，按月获得工资收入。村集体也可以从利润中获取10%，用于支持村庄公益事业。合作社+农户模式，即农民通过入股成立企业和公司，通过资金、人力、土地参与乡村旅游经营获取入股分红。承德县苇子峪村采用“村委+合作社+农户”的形式推动乡村旅游发展，贫困人口在旅游行业就业的人均收入达到6000元，全村388个贫困人口，预计今年将有115个贫困人口通过旅游脱贫。旅游扶贫创客基地模式，即结合“双创”工程，营造旅游创业环境，建设“创客基地”，吸引更多的乡村旅游建设、经营高端人才来我省创业。河北百悦旅投集团投资2.6亿元，在易县安格庄打造恋乡太行水镇，包括特色小吃一条街、传统十二作坊等，带动当地农民3000多人就业。

树立产业发展新理念　大力推进全域旅游
——山西省旅游业改革创新工作推进情况

一、全域旅游创建工作全面推进

在国家旅游局推出全域旅游理念与模式，确定首批示范区创建名单后，山西省各级党委、政府、旅游部门掀起了学习、研究、运用全域旅游的热潮，有关市县热情高涨，迅速推进创建工作。

（一）省旅游局积极引导

山西省旅游局对全域旅游工作高度重视，在规划编制、宣传培训等方面为各市县（市、区）提供了持续的指导。在2016年2月份的全省旅游工作会议中，我局安排部署的首要工作就是树立产业发展新理念，大力推进全域旅游。4月14日于太谷县组织召开了全省全域旅游工作推进大会。

（二）地方党委、政府全面动员

山西省的晋中市、右玉县、壶关县、平顺县、阳城县五家创建单位都召开了全域旅游推进大会，市委、市政府，县委、县政府全面动员，全面部署，全域旅游理念深入人心，工作开展迅速。

（三）各地活动多样，成果丰硕

开展创建活动以来，五家创建单位按照全域化理念开展的旅游绿道、自驾车营地等旅游基础设施建设推进迅速，徒步大会、农业嘉年华、峡谷大冲关、自驾车文化节等活动如火如荼，乡村客栈服务水平明显提升，旅游扶贫效果明显。

（四）全省反响巨大，推广迅速

在产业结构大调整的背景下，山西各地对全域旅游予以高度关注，很多县（市、区）已经开始自觉运用全域旅游理念，开展全域旅游工作，踊跃申报第二批全域旅游示范区创建单位。8月份，根据《国家旅游局关于新增百家全域旅游示范区创建单位的通知》要求，我局又申报了1个地级市、14个县作为我省新增全域旅游示范区创建单位。同时，我省还向国家旅游局提出探索开展省级全域旅游示范区创建的申请，目前等待批复。

二、旅游综合协调管理体制改革有所突破

为了贯彻落实《国务院关于促进旅游业改革发展的若干意见》和国家旅游局“515”战略，山西省政府于2015年6月份出台了《山西省人民政府关于促进旅游业改革发展的意见》，为山西省旅游业的改革发展起到积极的推动作用。

（一）行政体制改革方面

为增强省旅游局综合协调功能，充分发掘山西丰富的文化旅游资源，省旅游局在收集整理已成立旅游发展委员会的省区市材料的基础上，结合我省旅游业发展实际情况，初步形成《关于山西省省级旅游行政管理体制改革的建议》，并于3月19日上报省政府。目前省编办和中编办已经完成相关审批程序，新的旅发委领导班子已经到位，待省委、省政府文件下发后即正式挂牌。忻州、晋中、临汾、阳泉市委市政府高度重视旅游行政体制机制改革工作，旅游委组建工作已进入实质推进阶段。太原、大同、朔州、吕梁、长治、晋城、运城进入局改委调研阶段。五台山成立了管委会和文化旅游集团公司，宁武和代县已经成立了旅游发展委员会。

（二）旅游景区景点体制机制改革方面

按照山西省委、省政府的部署，省旅游局在征求各市政府和省直相关部门意见和建议的基础上，制定了《推进全省A级景区体制机制改革工作方案》。今年2月5日，省楼阳生副书记、王一新副省长召开省直部门座谈会，就全省A级景区体制机制改革进行了专题研究。9月30日省委、省政府正式印发《关于推进旅游景区（景点）体制机制改革创新的意见》，就推进旅游景区（景点）体制机制改革创新提出13条意见。10月31日，省旅游局召开了省旅游景区（景点）体制机制改革推进暨全省A级旅游景区质量提升培训活动。各地市目前通过各种途径和方式正在全力推动体制机制改革创新工作向实质性目标进展。

三、全力完善旅游基础设施公共服务体系建设

通过近两年统筹资金资源配置，全省旅游基础配套设施建设取得重大进步，旅游公共服务建设不断完善，旅游业发展外部条件明显改善。

（一）建设完善城市旅游咨询中心和集散中心

为提升旅游服务业水平，增强旅游公共服务功能，为游客提供旅游咨询、旅游信

息、预订等服务，省旅游局下发了《关于设立旅游咨询服务点的通知》，制定了《山西省旅游咨询服务点纸质资料运行管理办法》，组织了238个旅游咨询服务网点工作人员476人进行了上岗前培训，依托符合条件的单位设立旅游咨询服务网点，在全省3A级以上景区、机场、车站、高速公路服务区、星级酒店、旅行社等游客聚集区，设立旅游咨询服务点350个。省旅游局先后直接投资153余万元。

（二）加强连通景区道路和支线机场建设

目前，山西省的旅游道路建设取得了多项突破性进展，省内旅游景区可进入性大大加强。全省高速公路里程已突破5000公里，旅游中心城市到重点景区基本上实现了一小时通达。全省运行的民航机场有6个，正在建设1个，基本实现了县县通公路、片片有机场。为了充分发挥交通设施的基础性作用，着力解决景区通行“最后一公里”的问题，由省发改委牵头、省交通厅、省财政厅、省金融办和省旅游局共同承担，省旅游局负责提出全省旅游公路建设需求，目前全省农村旅游公路建设规划（2016~2020年）正由省交通厅负责编制。

四、协力推进厕所革命建设

在山西省上下共同努力下，2015年我省已经完成新建、改建旅游厕所731座。为进一步加快省旅游厕所优化提升工作进度，2016年3月8日，我们在晋中市平遥县召开了全省旅游厕所革命暨旅游项目建设现场推进会，传达了全国旅游厕所工作现场会精神。王一新副省长出席会议并做重要讲话，省旅游局对全省2015年旅游厕所建设工作做了总结，并部署了2016年旅游厕所暨旅游项目建设工作，会议明确了2016全省计划建设378座旅游厕所的目标任务，10月26日已经完成453座。目前已下达1000万元资金用于旅游厕所建设专项补助。按照省领导集中力量先解决三大遗产景区厕所问题的指示精神，省旅游局与省发改委、省财政厅积极沟通研究，最终确定对属于景区范围内的1270座旅游厕所总投资11564万元，其中省级共补助4875万元，目前已经全部下拨到位，五台山景区的1200座农家水冲厕所改造奖励已下拨五台山财政局，待施工验收后逐一补助到位。各地市与各县市区旅游部门签订了《旅游厕所建设目标任务责任状》，省旅游局还于8、9月份开展了对11个地市厕所建设检查暗访工作，多措并举、创新发展、努力改善旅游消费环境。

五、大力推进乡村旅游和旅游扶贫

近几年我省乡村旅游发展不仅表现为规模、效益、品牌和市场影响力的逐步扩大，同时还成为贫困乡村脱贫致富的重要途径。今年3月8日，制定下发了《山西省旅游局关于大力发展乡村旅游的意见》，5月23日出台了《乡村旅游景区标准（试行）》和《乡村旅游客栈标准（试行）》，引导规范乡村旅游提升服务质量和建设标准。

（一）建立有序推进的工作协调机制

为扎实推进乡村旅游扶贫工作，省旅游局于1月20日在晋中市太谷县召开了旅游扶贫工作现场推进会，2月23日下发了《关于开展乡村旅游和旅游扶贫调查的通知》，建立了由省扶贫办和省旅游局共同牵头负责主抓乡村旅游扶贫工作的协调机制，两部门实施资源同享、工作同步、任务同担和帮扶同心的“四同”工作方法，共同组织乡村旅游扶贫的调研、培训、实施和监管工作。

（二）建立多措并举的落地帮扶机制

实施乡村旅游扶贫公益规划。2015年8月至今，省旅游局开始组织全省具有规划资质的旅游规划单位，对乡村旅游扶贫试点村进行旅游扶贫公益规划，为试点村乡村旅游的科学发展奠定了良好的基础。目前已经完成35个贫困村的乡村旅游规划。下发乡村旅游扶贫专项资金。2015年我局拨乡村旅游扶贫专项资金共700万元，用于旅游基础设施建设。组织安排乡村旅游扶贫培训。扶贫先扶智。省旅游局在全省范围成立3个培训基地15个实习基础用于乡村旅游培训，两年来已组织各类乡村旅游和旅游扶贫培训六次，培训人员达1500余人次。引导社会力量助力乡村旅游扶贫。乡村旅游扶贫工程实施以来，山西省旅游局和扶贫办协力进行乡村旅游扶贫项目规划，利用各种交易会和推介会，积极致力于乡村旅游扶贫项目推介和招商引资。

六、主动开展旅游市场秩序综合整治，提升文明旅游素质

根据国务院办公厅下发《关于加强旅游市场综合监管的通知》文件精神，我省召开山西省旅游改革发展领导小组电视电话会议进行安排部署，省政府办公厅于5月25日出台了《关于加强旅游市场综合监管的实施意见》。坚持综合整治，联合执法，联合省公安厅、工商局、物价局、宗教局等部门以及媒体记者组成检查组对全省重点时段的旅游市场秩序进行了专项检查。4月21日至5月4日，省旅游局、省旅游质监所组成两个交叉检查组，对12家景区（点）的硬件设施设备、服务质量和105家旅行社及分公司、营业部是否存在超范围经营、无证经营、不合理低价、强迫或变相强迫消费、诱导消费等违法内容进行了暗访检查。8月10日至8月20日，省旅游局组织人员开展暑期旅游市场整顿，分三组对全省11个地市旅游市场秩序进行了拉网式全覆盖检查，有效规范了市场秩序良性循环。

深入推进全域旅游发展　开展跨境旅游合作区和边境旅游试验区建设

——内蒙古自治区旅游业改革创新工作推进情况

2015年以来，在旅游业“515战略”引领下，内蒙古自治区进一步解放思想，创新发展理念，深入贯彻落实自治区旅游局“10+3”工程和“643X”品牌体系，瞄准旅游基地建设和旅游产业跨越式发展目标，创新方式，全力推进旅游业转型升级、快速增长。

一、深入推进全域旅游发展

（一）提出全域旅游发展战略部署

2016年9月，自治区政府召开了高规格的全区全域旅游现场推进会，总结了内蒙古全域旅游发展成果，全面部署了全域旅游发展工作。全区各盟市、旗县全面展开全域旅游创建工作。目前，全区共有14个盟市、旗县进入全国全域旅游创建单位名单，创建工作稳步推进。

（二）完善全域旅游发展规划政策体系

一是将全域旅游理念融入全区各盟市、旗县区的经济社会发展全局，加强旅游规划与经济社会各项规划之间的衔接、协调和融合，推进“多规合一”，以全域旅游理念统筹地方旅游业发展。研究制定全区全域四季旅游总体规划。以十三五时期旅游业发展规划为基础，组织编制《内蒙古自治区旅游业发展总体规划（2017—2025）》，深入谋划全区新时期旅游业发展总体目标和发展战略，充分发挥全区各地区自然资源和文化资源优势，全面展示春夏秋冬不同季节亮丽风光，促进全区旅游产业整体提档升级。二是在全域旅游产品上下功夫。推进城镇全域化改造。推进建设景区、线路、城镇、乡村（牧区）等旅游产品，加强交通、厕所、营地、集散、咨询、标识标牌等公共服务供给，加强全域旅游目的地营销和智慧旅游建设。把城镇当作一个景区来打造，制定《城镇旅游全域化建设标准》，指导建好游客集散中心、旅游咨询服务中心、旅游综合体、旅游街区、城市公园、休闲广场、公共绿地、城市绿道等城市公共休闲设施；推进图书馆、博物馆、科技馆、纪念馆等向社会免费开放。让游客在城市住下来。综合打造承接国家、对接毗邻省区、连接区内盟市的三级品牌旅游线路体系。特别加大了自驾营地建设，突出自然地貌和主题文化特色，建设草原营地、森林营地、沙漠营地、山峦营地、丘陵营地、马头琴营地、安代舞营地、版画营地、狩猎营地、马文化营地、狼文化营地、蒙医康体营地等等，防止千篇一律。目前，全区建成自驾车营地16个，总面积达到9389亩，在建营地25个，总面积达11619亩，总投资达11亿元。

二、积极推动旅游综合管理体制改革

内蒙古积极借鉴旅游先进省市区经验，加快推进旅游产业机制体制改革发展。着力推进自治区、盟市和旅游重点旗县设立旅游产业发展委员会，切实提高综合协调能力。一是鼓励各地创建旅游投资公司。各盟市陆续成立20家旅游投融资公司，企业平台打造初显成效，呼伦贝尔、乌兰察布、阿拉善在国有旅游投融资公司组建运行方面走在了全区前列。二是争取旅发委、旅游委的成立。鄂尔多斯市已经成立文化旅游产业发展委员会，包头市成立了旅游交通委员会，根河等8个旗县区成立旅游发展委员会，自治区、呼伦贝尔市、乌兰察布市、满洲里市正在进行旅游委成立工作。三是推进“1+3”旅游综合执法体制建设。乌兰察布市察右中旗成立了旅游综合执法局，在全区进行了旅游综合执法的成功示范；5个旗县已经成立了旅游警察，在黄金周高峰期发挥了强大的执法功能；达茂旗在全区率先成立“1+3”旅游综合执法机构暨全域旅游服务中心。

三、大力加强旅游基础设施公共服务体系建设

一是提升旅游交通支撑。自治区旅游局和自治区交通厅已编制了《内蒙古自治区“十三五”旅游交通发展规划》，积极统筹，开展“旅游交通畅通”工程，消灭盲区，覆盖营地，打通断头路，连接各等级公路，培育打造旅游专线、旅游风景道、绿道体系。二是启动交通线路和旅游专线上的标识标牌整治，力求数量充足、标准规范、指示明确、特色突出。三是继续抓厕所革命，列为自治区政府主抓的旅游三项重点工作之一（另两项是品牌景区创建和全域旅游），继续抓住不放，一抓到底，一鼓作气改变我区厕所不能满足需求和如厕不文明行为。自治区政府用1亿元地方债启动了“送厕所、行方便、讲文明”活动，补助103个旗县市区建设1000座水冲移动厕所。

四、扎实推进旅游厕所革命

2015年我们争取国家旅游发展基金，安排自治区旅游发展基金共2400万元，引导各

类投资2.5亿元，新建、改建旅游厕所772座，完成国家旅游局年初下达计划任务344座的224%，完成数量进入全国前列。2016年计划建设旅游厕所1000座以上，目前已经建成900多座。为保证工作的顺利开展，自治区旅游局召开了“推进全区品牌景区创建、厕所建设和全域旅游电视电话工作会议”，下发了《关于印发2016年内蒙古自治区旅游厕所建设行动方案的通知》和《关于开展2016年全区旅游厕所建设督查工作的通知》，全面部署2016年厕所革命工作，并对2016年新建、改建旅游厕所进行实地督查。为保障旅游厕所建设资金，自治区旅游局向自治区政府报送了《关于利用政府地方债资金支持旅游三项重点工作的请示》，争取自治区政府1亿元地方债资金购置1000座水冲移动厕所给各旗县市区，开展“送厕所、行方便、讲文明”活动。争取自治区发改委旅游厕所建设基金600万元，安排自治区旅游发展资金1000万元，计划总计下达6600万元支持2016年旅游厕所建设工作。同时，自治区旅游局联合交通厅制定了《内蒙古自治区“十三五”旅游公路建设规划》，在“十三五”期间，两家共同在旅游公路沿线上建设292座旅游厕所。

五、务实推进旅游富民（扶贫）工程

我们十分注重发展乡村（牧区）旅游，抓好文明旅游村、特色家庭旅游线、高星级牧户游等创建工作，让乡村（牧区）旅游成为我区全域旅游的重要一极。一是优化乡村旅游发展环境。研究制定促进乡村旅游发展的指导意见，加大对乡村旅游的政策支持，修订完善文明旅游村与特色家庭旅游线路标准，促进乡村旅游规范发展、提档升级。二是找准乡村旅游突破点。实施“乡村旅游富民（扶贫）典型示范”和“周末内蒙古”工程，重点在毗邻8省区边界、城市周边、景区周边、少数民族聚居村落、精品线路沿线打造一批高端农牧场、特色旅游小镇、乡村旅游集聚区和特色家庭接待户，加强营销，吸引周边省区市和内蒙古人游内蒙古。三是推进乡村旅游扶贫精准化。制订实施方案，加大资金扶持力度，建立“内蒙古自治区旅游扶贫数据库”，建立完善旅游扶贫观测点制度，开展旅游对口帮扶“结对子”工程，组织乡村旅游人员进行培训，提升素质、优化服务，确保每年有20%左右的贫困人口通过旅游脱贫。

2015年年底，全区农业与乡村旅游示范点585家，乡村旅游接待户超过4200家，接待游客2860万人次，营业收入18亿元。全区有576个村（嘎查）开展农村牧区旅游，其中57个国贫、区贫旗县有294个村（嘎查），占旅游村的51%。全区乡村旅游农牧民直接从业13万人，带动间接从业50多万人，其中贫困人口近5万人。当年有3.2万人通过旅游脱贫，占到脱贫总人数的17.8%。

六、加大旅游投融资力度

（一）多举措拓宽旅游投融资渠道

一是努力争取地方债支持旅游产业融资。8月10日我们向自治区政府报送了《关于利用政府地方债资金支持品牌旅游景区创建的请示》，争取地方债资金7亿元支持全区品牌、重点旅游景区融资创建，支持旅游厕所革命深入开展，带动品牌、重点旅游景区投资62.42亿元。通过地方债资金大力推进了我区品牌旅游景区创建工作。二是放大自治区旅游发展资金，引导旅游企业贷款。6月底，我局联合自治区财政厅下达2016年自治区旅游发展资金9466万元，带动旅游企业投资达74.24亿元，其中我们重点支持旅游贷款贴息项目6000万元，拉动旅游企业贷款32.42亿元，通过贷款贴息的性质引导旅游企业运用金融手段拓宽融资渠道，增强企业贷款信心。9月27日，我们下发了《关于报送重大旅游招商引资项目的通知》，累计连续三年滚动更新全区旅游招商引资项目库，并制作内蒙古招商引资项目册，和内蒙古旅游招商引资推介材料，在我局参与的各类投资会议上进行宣传推广，如在近期召开的“2016投资内蒙古旅游文化产业（北京）洽谈会”和“2016首届蒙商大会暨内蒙古民间投资合作洽谈会”上都做了内蒙古旅游招商引资专题推介。同时，向中国旅游投资官方网站重点推出了我区15个重点旅游招商引资项目，招商总金额近50亿元。2016年前三季度全区完成旅游项目投资260.86亿元，同比增长21.7%，共有在建项目285个，其中新建项目54个，续建项目231个。新组建旅游投融资公司20个，各类旅游企业达到2000多家，其中年营业额超过5000万元的企业有36家。

（二）支持旅游企业做大做强

旅游企业是旅游业发展的基础支撑，是实现旅游强区、壮大旅游产业的根本，为了尽快解决旅游企业资金积累较慢、利润微薄、发展不可持续等问题，我们正在不断加大旅游企业的培育力度。一是推进企业集团化发展，目前已经成立旅游集团公司20家，其中满洲里口岸集团、鄂尔多斯东联集团已经挂牌新三板上市，多家旅游企业正在筹备上市，旅游投融资局面正在发生积极变化。二是基于旅游业的资源国有化和准公益性，鼓励各级政府成立国有旅游投融资公司，搭建整合旅游资源、开发旅游项目、运作旅游基金和推进旅游PPP模式合作的平台，培育具有较强支撑力的地方旅游企业体系。三是筹备成立了内蒙古旅游产业集团公司。

（三）推进“旅游+”工程

大力发挥旅游业的综合拉动作用，推进旅游+金融、投资、消费、养老、健康、研学、生态等，拓展旅游产业运行空间和发展领域，一是与自治区发改委联合申报了2016年两批国家旅游专项建设基金，争取专项基金2.3亿元，通过与国家开发银行和农业发展银行合作，以直接注入项目资本金或股权投资等方式，帮助重点企业融资。二是积极推进与金融企业的沟通与合作力度，与工商、农业、招商、建设、交通、兴业、民生、浦发、中信、光大、包商等11家银行进行了业务对接，对设立“乡村旅游发展基金”，“旅游景区创建基金”等金融方式进行了探索，引导旅游企业贷款，目前全区已有96家旅游企业进行了贷款融资，贷款总金额近100亿元。

七、加强旅游市场综合监管

为贯彻落实国务院办公厅《关于加强旅游市场综合监管的通知》（国办发〔2016〕5号）文件要求，2016年8月份，出台了《内蒙古自治区人民政府办公厅关于加强旅游市场综合监管的意见》，加强全区旅游市场综合监管的力度。

（一）与多部门联合下发旅游市场综合治理相关文件，并开展了综合执法检查。与自治区商务厅、工商行政管理局、质量技术监督局联合下发了《关于印发〈内蒙古自治区旅游纪念品市场专项督查工作方案〉的通知》（内商秩字〔2016〕295号）；与自治区食品药品监督管理局联合下发了《关于开展旅游食品安全专项整治工作的通知》（内旅发〔2016〕34号）；与自治区交通运输厅联合下发了《关于贯彻落实国家旅游局、交通运输部〈关于进一步规范导游专座等有关事宜的通知〉的实施意见》（内旅办发〔2016〕116号）；与自治区文化厅联合下发《关于开展旅游市场文化经营活动专项检查的通知》（内文办字〔2016〕219号）；与内蒙古自治区商务厅、内蒙古自治区文化厅、内蒙古自治区工商行政管理局、内蒙古自治区质量技术监督局联合下发《关于对2016年旅游市场秩序进行联合督查的通知》（内旅办发〔2016〕182号）。2016年前三个季度，自治区旅游局和盟市旅游局分别联合工商、公安、安监、食药监、消防等相关部门进行安全检查787人次，同比增长17.8%，覆盖全区所有涉旅企业。

（二）按照《旅游市场秩序重点整治活动工作方案》和《内蒙古自治区打击不合理低价旅游和强制购物的实施意见》要求，继续组织开展了以打击不合理低价和强制购物为主的专项治理行动。在五一节旅游旺季到来前，通过实地检查、组织暗访等方式，进行了第一轮旅游市场秩序综合执法检查行动；在十一黄金周前联合相关部门进行了第二轮旅游市场联合督查行动，另外通过旅游投诉举报、媒体曝光等途径，查处了一批典型违法违规案件，遏制不合理低价、强制购物等违法违规行为的漫延势头，维护了游客的合法权益，进一步规范了我区旅游市场秩序。

（三）在旅游安全工作方面，印发了《关于做好2016年元旦春节期间旅游安全工作的通知》、《关于做好“五一”假期期间重点景区旅游市场秩序维护工作的通知》《关于做好端午节及旅游旺季安全工作的通知》《关于做好“十一黄金周”期间旅游安全工作的通知》等文件，对骑马乘驼旅游项目、重点旅游景区旅游安全工作进行了安排部署；对《内蒙古旅游安全管理办法》进行了修订，对发生重大旅游安全责任事故的旅游景区、旅行社和星级饭店给予降级、摘牌等处罚；完成2016年度旅行社责任险催缴工作，投保率95%以上，并与保险经纪公司对接推动旅游景区责任险相关工作，力争年内在全区建立旅游景区安全保险体系；按照国家旅游局、自治区安委会和食药局工作要求，组织开展了旅游安全月和食品安全主题活动。

（四）指导全区旅游警察设立工作。前三季度，伊金霍洛旗、阿拉善左旗、克什克腾旗、磴口县、达茂旗在全区率先设立了旅游警察队伍，通过“清明”“五一”“端午”“十一”四个长假游客高峰期的检验，旅游警察运行的各项制度已日趋完善，为其他重点景区设置旅游警察队伍提供了借鉴经验。下一步，我处将组织相关盟市旗县，赴旅游警察制度设立较为成熟的地区进行学习调研，力争今年继续督促指导呼伦贝尔市、满洲里市、额济纳旗、阿尔山市等重点地区设立旅游警察制度。

（五）应用12301全国旅游投诉处理系统，抓好旅游投诉受理工作。截至9月底，全区共受理有效旅游投诉300起，已办结240起，结案率80%。重点办理了上海游客郑超投诉赤峰凯莱旅行社、呼市游客李丽芳投诉宝之旅旅行社、达茂旗希拉穆仁景区骑马亡人事故、响沙湾景区游客与导游发生纠纷等重大投诉案件。

八、夯实文明旅游成果

配合自治区文明办建立了文明旅游部门联席会议制度，调动各部门积极性，形成文明旅游齐抓共管、综合治理的格局；制定了《2016年文明旅游工作方案》，提出文明旅游行动目标、工作任务和措施，与自治区文明办共同印发执行；按照国家旅游局要求，组织开展“为中国加分，为内蒙古喝彩”文明旅游公益活动，已完成启动仪式和第一、二、三季度的主题活动，推荐了文明旅游公益大使；开展了文明旅游进社区主题活动，深入宣传“文明旅游，理性消费”理念。对《旅行社出境旅游服务规范》《导游领队文明旅游引导规范》《旅行社行前说明服务规范》进行了广泛宣传，联合自治区文明办、质量技术监督局共同制定《内蒙古文明旅游示范地区认定》地方标准；推进文明旅游工作制度化，认真落实《游客旅游不文明行为记录管理暂行办法》和《旅游企业不良信息记录管理暂行办法》，制定了《内蒙古自治区贯彻落实〈游客旅游不文明行为记录管理暂行办法〉实施细则》。

九、积极推进旅游业改革创新先行区建设

2015年12月，自治区呼伦贝尔市、鄂尔多斯市进入首批国家旅游业改革创新先行区创建名单，两地区以“创新统筹职能、创新政策措施、创新产业引导”为指引，以本市政府为改革主体，不断创新旅游业体制机制，鄂尔多斯市在全区率先成立旅游文化委员会，呼伦贝尔市旅发委也在积极筹建中。两地区旅游发展总量、旅游发展速度和质量在

全区位于前列，正在超越国内其他城市。自治区旅游局积极推动呼伦贝尔市和鄂尔多斯市完善创建国家级旅游业改革创新先行区实施方案，并多次组织有关方面的专家进行讨论并对方案进行修改。呼伦贝尔市和鄂尔多斯市人民政府对改革创新先行区创建工作高度重视，多次召开专题会议研究，最终方案经呼伦贝尔市、鄂尔多斯市人民政府常会会议研究通过并上报我局，自治区旅游局经过认真研究和修改后上报国家旅游局，目前两市正在按照实施方案，主要从改革任务、工作措施、实施步骤、组织保障等四个方面积极推进各项创建工作。2016年，自治区旅游局积极推进赤峰市创建旅游业改革创新先行区，创建文件已经上报国家旅游局，目前正在指导赤峰市制定创建方案。

十、积极开展跨境旅游合作区和边境旅游试验区建设

自治区人民政府十分重视《国务院关于支持沿边重点地区开发开放若干政策措施的意见》（国发〔2015〕72号）的落实工作，云光中副主席在今年年初的全区旅游工作会议进行了全面部署，6月，云光中副主席又主持召开了边境旅游试验区等示范区的工作推进会。按照自治区人民政府的要求，我局对全区边境旅游试验区进行了摸底调查，6月向国家旅游局进行工作汇报，并得到了充分肯定，之后又向旅游系统印发了文件进行了具体部署。7月，国家旅游局杜江副局长带队到我区满洲里市、二连浩特市进行了调研，杜江副局长认为我区创建工作启动早、效果好，并对做好试验区相关工作提出了意见和建议。

自治区沿边地区政府高度重视试验区创建工作，呼伦贝尔市、兴安盟、包头市、巴彦淖尔市、阿拉善盟行署政府及满洲里市、二连浩特市政府已将额尔古纳、呼伦贝尔、阿尔山、满都拉、甘其毛都、策克、满洲里、二连浩特等口岸的试验区建设实施方案上报自治区旅游局。我局按照国家边境旅游实验区标准进行初审指导，有序推进实验区建设。现阶段，按照国务院72号文件要求和国家旅游局对创建跨境旅游合作区工作的总体部署，自治区旅游局正在积极出台创建跨境旅游合作区方案。

推动旅游产业提质增效　全面提升旅游综合竞争力

——辽宁省旅游业改革创新工作推进情况

近两年来，我省旅游系统全面落实国家旅游局提出的“515发展战略”，向改革创新要动力，以改革创新增活力，靠改革创新赢红利，加快促进旅游产业发展方式的根本性转变，持续推动旅游产业提质增效，全面提升旅游产业的内生发展动力和综合竞争力。

一、按照“三位一体”的总布局，扎实稳妥地推进旅游体制机制改革创新

推进旅游体制机制改革创新是增强旅游产业发展内生动力的根本要求，也是旅游管理部门推动产业发展的重要工作和举措。辽宁省按照创新旅游管理体制、推动国有旅游资源市场化改革、鼓励旅游行业协会和中介组织发展的“三位一体”总布局，全面推进旅游体制机制改革创新。

（一）以强化旅游管理部门职能转换和涉旅部门协同合作为重点，全面推进旅游行政管理体制改革

围绕省政府提出旅游“三个转变”的要求和实施“大旅游”“大产业”的发展理念，以强化旅游管理职能转换为重点，全面推动旅游行政管理体制改革。促进传统行业局管理向产业委管理的职能转换，突出产业促进、资源整合、统筹发展、公共服务和市场监督等综合协调的职能定位。4月底，经中编办批复同意，辽宁省旅游局正式升格为辽宁省旅游发展委员会，成为省政府组成部门。截至目前，我省除大连正在履行程序之外，其余13个市已经全部完成“局”改“委”工作，其中9个市旅游委成为市政府工作组成部门。

通过多种方式和渠道，强化部门之间、省市之间的沟通和协作，开拓构建“综合产业综合抓”的工作新格局。在充分发挥省旅游产业发展领导小组的高效统筹和综合协调

的职能基础之上，连续两年召开全省旅游产业发展大会，每年至少召开两次省政协旅游专题月度协商座谈会，举办半年度全省重点旅游项目推进会，定期召开全省重点旅游企业分片区座谈会，2016年7月、9月又分别组织召开了全省文化旅游宣传工作座谈会、全省推进旅游产业供给侧结构性改革电视电话会议。通过一系列高规格会议的方式，进一步凝聚全省加快旅游产业发展的共识和力量，通过部门、省市之间的零距离碰头，实打实地解决旅游行业和企业发展遇到的难题，将旅游产业改革创新的各项举措，通过省委省政府领导的亲自部署以及部门之间的直接商榷，由书面文件转换到实际行动上，扎扎实实地落到实处。

（二）以国有旅游景区改革为重要抓手，不断深化国有旅游资源市场化改革

辽宁省委办公厅、省政府办公厅联合印发了《关于推进国有旅游景区改革的实施意见》（厅秘发〔2016〕42号），全面启动国有旅游景区市场化改革，着力破除制约国有旅游景区发展的体制性障碍和机制性约束，建立与社会主义市场经济相适应的国有旅游资源管理体制和运行机制。推进国有旅游景区资源全面向市场开放，发挥市场配置旅游资源的决定作用，激活存量，吸引增量，引入战略投资者，培育壮大旅游市场主体。目前，部分地方国有旅游景区改革先行先试已经取得阶段性突破和成效，本溪水洞事业单位转企改制成立本溪水洞旅游集团，丹东依托鸭绿江风景名胜区所属的优质资产注册成立丹东虎山景区旅游发展有限公司，沈阳整合沈阳市植物园、国家森林公园等资产组建沈阳旅游集团有限公司；朝阳选择7个不同类型重点景区，实施旅游景区管委会制度，实行绩效工资管理制度。

（三）以深化简政放权和行业协会社会化改革为契机，激发行业协会服务旅游产业发展的内在活力

立足旅游产业改革发展新要求，进一步深化旅游行业简政放权，积极推进行业协会管理社会化改革，充分发挥社会中介组织的桥梁和纽带作用，加快构建“市场主导、政府引导、社会参与”的旅游产业治理新模式。目前，辽宁旅游发展委员会已经成为全省第一批取消全部行政许可审批事项的部门，辽宁省的旅游饭店业协会、省冰雪温泉旅游协会、自驾游协会、旅游摄影协会等均已经实现与行政机关的“脱钩”，在承接政府职能、联系会员单位、促进行业发展等方面发挥着越来越重要的作用。同时，鼓励支持成立各类涉旅行业协会，并进行跨行业联盟，致力于推进旅游一体化发展，提升产业综合竞争力。辽宁省避暑纳凉联盟、沈阳经济区旅游企业联盟、辽宁省冰雪联盟等均已成立。

二、围绕促进旅游产业投融资提质升级，着力开创旅游工作实践新格局

通过改革创新和主动服务，持续扩大旅游产业的有效投融资，是将旅游打造成为支撑辽宁新一轮全面振兴发展的战略性支柱产业，全面推进旅游经济强省建设的根本途径。2015年，辽宁制定出台《关于进一步促进旅游投资和消费的实施意见》（辽政办发〔2015〕126号），部署深化旅游业投融资体制改革，加快推动旅游投资的扩大与升级。

（一）加快推进省市两级旅游产业集团组建，搭建旅游资本运作新平台

依托优质的国有旅游资源，沈阳旅游集团有限公司、葫芦岛文化旅游集团、辽宁千山旅游集团有限公司已经组建运营，大连、抚顺、丹东、阜新、锦州等市级旅游产业集团正在筹建中。辽宁旅游产业集团组建方案已报省政府审议原则通过，省旅游委会同省发展改革委正在推进集团组建。组建省市两级旅游产业集团，不仅要盘活国有旅游资源，更是要搭建起旅游发展融资平台，吸引社会资本投资，并依托旅游产业集团，通过企业上市、股权交易、发行企业债券、资产抵押等多种方式，拓宽融资渠道，实现旅游资产证券化。

（二）推进政银企有效对接，狠抓重点旅游项目的融资服务

开展“2016旅游项目建设年”活动，制订实施旅游项目投资促进行动方案，加强旅游项目招商综合服务。策划包装重点涉旅项目，建立项目跟踪服务机制，提升综合协调服务能力。重点推动辽宁农业开发银行、辽宁农村信用社等金融机构对接支持重点旅游项目建设；对接知名金融机构筹建辽宁省旅游产业投资基金。对接辽宁省产业（创业）投资引导资金，争取其向旅游产业和重点旅游项目倾斜支持。全省推进旅游产业供给侧结构性改革大会提出，构建辽宁旅游业“政银担”合作新机制，进一步破解旅游企业的融资瓶颈。

（三）支持知名企业跨界投资，优化投资结构提升投资效益

引导和支持省内外知名企业跨界投资，不断优化旅游投资结构，提升旅游投资项目品质。万达、恒大、海昌、红云等大型企业集团加快在辽旅游项目的布局和建设。辽宁科大聚龙集团参与投资建设50亿元的锦州龙海馨港海上湿地乐园项目。万达集团投资500亿元的鞍山石灰石矿旅游改造项目、恒大集团投资1000亿元的金石滩旅游文化产业集团项目等正在商洽中。辽宁丰远集团、大连香洲集团、鞍山山水庄园、阜新天纵农业等4家企业入选2015年度中国旅游投资企业百强。全省27个项目被确定为2016年全国优选旅游项目，在项目数量上又比2015年增加11个。

推进营口试点旅游项目PPP模式。红运集团与营口鲅鱼圈区政府签订投资总额为35亿元的海滨旅游带PPP合作开发项目。营口经济技术开发区与中冶建集团签署望儿山文化创业产业园旅游配套基础设施建设类PPP项目；仙人岛管委会与中国葛洲坝集团公司洽谈白沙湾旅游景区PPP开发模式；北海新区确定以PPP模式推进团山国家级海洋公园项目开发建设。

三、务实推进旅游厕所等公共基础设施建设，夯实旅游业快速发展的基础支撑

（一）大力推进厕所革命

2015年省级财政安排旅游厕所以奖代补资金3000万元，全年完成新建改扩建旅游厕所938座，位居全国第七位。2016年继续实施“厕所革命”，计划改扩建旅游厕所800座，前三季度已经完成554座。2015年，沈阳、盘锦、朝阳、丹东、大连5市被评为年度“厕所革命”先进市。

（二）抓实旅游交通建设

制定实施《全省旅游交通专项规划》，重点推进城市及国道、省道至A级景区的连接道路建设。省交通厅、省旅游委联合制定《关于推进交通运输和旅游业融合发展的实施方案》，本着务实切实方针，明确推进重点交通运输和服务建设项目。

（三）统筹各类专项资金支持旅游基础设施建设

主动对接申请国家专项建设资金、“十三五”旅游基础设施和公共服务设施建设专项扶持资金、全国优选项目支持资金、国家旅游发展基金地方补助资金，以及省服务业发展专项资金、美丽乡村建设资金，统筹利用，重点支持旅游基础设施建设。

四、推进国家和省级旅游改革创新试验区建设，先行先试助推旅游跨越发展

（一）稳步实效推进全域旅游示范区建设

盘锦、本溪桓仁、朝阳喀左、葫芦岛绥中等11个市县成为首批国家全域旅游示范区创建单位。按照全域旅游示范区建设要求，充分结合地方发展实际，稳步推进全域旅游示范区建设见成效。其中，朝阳喀左围绕全域旅游发展，在综合管理、景区改革、全域旅游规划、基础设施建设等方面形成系统性推进模式，2016年6月成立了县旅游警察大

队、县市场监督管理局旅游监管分局和县人民法院旅游巡回法庭。沈阳市在推进沈北新区国家全域旅游示范区建设的基础上，将试点范围扩大到浑南、沈河、苏家屯、铁西等4个区县。

（二）全力争创国家旅游业改革创新先行区

支持沈阳创建国家级旅游业改革创新先行区，制定《沈阳市国家级旅游业改革创新先行区实施方案》。在旅游业改革创新上，沈阳市注重制度体系建设，重点突破旅游用地、景区改革、投融资、市场规范管理等瓶颈，制定出台《沈阳市政府关于落实差别化用地政策的实施意见》《沈阳市旅游用地管理工作实施意见》《旅游用地分类体系》《旅游项目用地业态认定和监管程序》等。全省高度重视边境旅游试验区和跨境旅游合作区申建工作，由主管副省长亲自挂帅，推动两区创建工作。《丹东边境旅游试验区建设实施方案》和《丹东跨境旅游合作区建设实施方案》经丹东市政府常务会议审议通过后，报省政府常务会议审议。

（三）试点推进省级旅游业改革创新

确定抚顺市为全省发展旅游产业试点市、丹东宽甸县为辽宁生态旅游实验区、抚顺新宾县为全省文化旅游实验区。抚顺市编制《抚顺市发展旅游产业试点实施规划》，成立书记、市长挂帅的发展旅游产业试点工作领导小组；丹东宽甸制定《关于加快推进辽宁生态旅游实验区建设工作的实施方案》。

五、构建旅游市场综合治理体系，多举措推进文明旅游，持续优化旅游环境

（一）全面推进依法治旅

深入贯彻落实《旅游法》，制定出台《辽宁旅游条例》，并于2015年8月1日起正式施行。加大文明旅游宣传力度，大力营造文明旅游的良好环境，明确要求全省各级宣传部门和文明办做好文明旅游的宣传倡导工作，营造让游客“放心来、舒心游、满意过、赞誉高”的辽宁文明旅游消费新环境。

（二）完善旅游市场综合监管制度化建设

省政府印发《关于加强全省旅游市场综合监管的通知》，按照属地管理、部门联动、行业自律、各司其职、齐抓共管的原则，建立旅游市场综合监管的长效机制。《葫芦岛市旅游管理办法》《大连市旅游市场综合监管工作制度》《朝阳市旅游行业文明诚信体系建设工作实施方案》《沈阳市旅行社服务网点设立与管理指引》《辽阳市旅游发

展委员会行政自由裁量权标准》等一系列地方性政策规章制度细则相继出台。其中，葫芦岛市围绕一日游、旅游购物、游艇安全、旅游餐饮、违规经营等制定出台一系列规章管理办法，全面强化制度建设。

（三）创新旅游市场监管执法机制

葫芦岛绥中东戴河旅游警察已经上岗执法，丹东旅游警察组建事宜已纳入政府议事日程。辽阳、朝阳开展旅游市场秩序和安全异地交叉执法检查。大连在对区市县旅游工作考核体系中增加"赋予区市县旅游管理部门执法权限、建立旅游综合监管体系，实施常态化联合执法"的指标内容。

六、扎实做好旅游精准扶贫工作，大力发展乡村特色旅游经济

（一）攻坚发力旅游扶贫村建设

组织规划设计单位实地走访全省11个旅游扶贫村，摸排情况，做实旅游发展规划，定位指导旅游扶贫村依靠周边著名景区发展特色旅游，因地制宜，量力可行，如葫芦岛绥中县李家乡新堡子村对接绥中九门口长城景区，明确市场定位，突出长城主题，发展景区配套型旅游服务。给予景区评级优先支持，推进旅游景区与扶贫村结对帮扶，引导支持丹东青山沟景区、丹东天桥沟景区、丹东绥中九门口长城景区、大连香洲田园城等与近邻的浑江村、绿江村、新堡子村等旅游扶贫村结对子，景区为对口村统一改建旅游厕所、制作垃圾箱指示牌，互相设置旅游宣传墙板。

（二）加快推进乡村旅游提档升级

制定实施《2016年辽宁省乡村旅游提升与扶贫行动计划》，全面提升乡村旅游接待能力，推进农家乐集群化标准化发展，加快乡村旅游精品化发展，启动省级旅游特色小镇建设，重点推进盘锦、朝阳等地精品民宿业发展。强化乡村旅游规范化发展，沈阳出台《乡村旅游建设实施方案（2016—2018）》；朝阳建立乡村旅游优质农副土特产品名录，设立乡村旅游集中购物市场；本溪取消农家乐营业执照办理前置审批，简化农家乐住宿登记、消防安全等审批程序。

坚持"全域旅游" 引领"全域吉林"发展

——吉林省旅游业改革创新工作推进情况

一、全域旅游示范区创建工作情况

吉林省发展全域旅游认识起点较高，产业基础扎实，发展氛围浓厚。可以说，坚持"全域旅游"引领"全域吉林"发展，全面实施全域旅游战略、促进产业转型升级其时已至、其势已成。全省15个全域旅游示范区创建单位均制定了创建方案，敦化市委、市政府高度重视创建工作，组织了全市创建全域旅游动员大会，邀请专家进行培训，起到了较好效果。5月份，省旅游局组织30名创建单位的政府主要领导和旅游部门主要负责人参加国家旅游局组织的全域旅游现场会和培训。6月下旬，在民盟中央、国家旅游局的大力支持指导下，在长白山成功举办了"吉林全域旅游高峰论坛"，国内业界知名专家魏小安评价，这届论坛是国内"规模最大、规格最高、成效最好"的，众多专家学者和旅游企业代表围绕我省旅游业发展，特别是全域旅游创建工作提出了很多好思路、好办法，形成了强大的智力支撑。8月份，为全面推进我省发展全域旅游，向国家旅游局推荐了伊通县、安图县、和龙市、通化市东昌区为"国家全域旅游示范区"创建单位，现已批复，目前吉林省有19个创建国家全域旅游示范区单位。

二、旅游综合管理体制改革情况

深化旅游综合管理体制改革，创新体制机制，推动吉林省旅游发展委员会加快组建。一是结合我省实际，不断修改、完善"省旅游发展委员会机构设置方案"。二是会同省深化体制改革办公室和省机构编制委员会办公室开展联合调研，对机构设置方案进行完善。三是积极协调、沟通和及时跟进、跟踪及信息反馈，省编办已把"设立吉林省旅游发展委员会"作为其2016年省政府绩效考核重要指标。四是省编委会已于4月份将《关于吉林省旅游局调整设立为吉林省旅游发展委员会的请示》上报中编办。五是与省编办始终保持密切沟通，跟进了解中编办对请示的办理及批复情况，目前待批。六是我们将继续积极协调省编办等部门，就旅发委的职能、机构设置及人员配置方案，做进一步的细化和完善，同时指导和推进市（州）县（区）旅游综合体制改革工作。

三、旅游基础设施和公共服务体系建设情况

重点打造吉林精品旅游带。按照全域旅游发展要求，坚持专项资金“集中使用、不撒芝麻盐”，突出精品和亮点，利用两到三年时间持续打造吉林精品旅游带。今年重点打造“长春—吉林—延边—长白山区域”东部旅游带，统一标准、统一形象，配套完善沿线的重点景区游客服务中心、城市旅游咨询中心、城市旅游交通枢纽中心、旅游厕所、停车场、旅游交通标识、新业态基地等基础设施和公共服务设施，形成吉林省旅游基础设施精品样板区，以点连线，以线带面，提升对全省旅游业的辐射带动作用。努力完善旅游基础设施。支持并加快推进长春净月潭国家级风景名胜区立体停车库、敦化六鼎山文化旅游区生态停车场（二期）等大型景区停车场项目。推进辽源市游客咨询服务集散中心、集安迎宾岭游客服务中心、长春南部公交枢纽集散中心、长春农博园游客中心、白城游客咨询服务中心、红石国家森林公园游客服务中心等游客服务中心项目建设。推动重点景区和目的地建设提档升级。长影世纪城、六鼎山文化旅游区晋升5A级景区，长白山国际度假区成为全国首批东北首家国家级旅游度假区，集安高句丽景区被评为国家级生态旅游示范区，长影旧址博物馆被授予全国旅游研学基地称号，长白山被列入中国国际特色旅游目的地名录，伪满皇宫博物院被国家标准委确定为“2015年度国家级服务业标准化试点”项目。

四、旅游厕所革命进展情况

2016年我省旅游厕所建设任务700座，为确保完成任务，分别召开全省各市（州）旅游局主要领导会议和全省各市（州）政府领导会议，进一步明确责任、提出要求，加快推进旅游厕所建设。截至10月5日，已完工329座、正在建设293座。

2016年7月13~15日，国家旅游局组织新华网、旅游卫视、央视网、中国网、《中国旅游报》记者对吉林省旅游厕所建设管理工作进行实地查看和采访。7月18日，各新闻媒体集中报道了吉林省旅游厕所建设管理工作中好的做法和经验，新华网发表《吉林“厕所革命”探索：让旅游厕所成为一道亮丽的风景线》，中国网发表《吉林旅游厕所整改现成效、景区走独特厕所革命路》，央视网发表《吉林省创新推动旅游厕所革命、多措并举打造标杆》，中国旅游报发表《吉林“厕所革命”交出新答卷》，旅游卫视在《中国旅游新闻》中播出《厕所革命在推进——吉林省积极推进“厕所革命”》。

为进一步动员社会各界积极参与厕所革命、厕所文明宣传，引导游客和在居民养成良好卫生习惯，自觉抵制不良如厕行为，形成积极、健康、向上的旅游厕所文化，持续深入推进厕所革命，促进社会文明进步。9月29日在长春世界雕塑公园举行“吉林省暨长春市百城万众厕所文明宣传大行动”启动仪式，从9月29日到12月31日的“百城万众厕所文明宣传大行动”正有序进行，在社会上引起强烈反响。

五、旅游扶贫工作情况

（一）基本情况

2014年以来，国家旅游局等部委确定吉林省三地八县（白山市靖宇县，白城市大安市、通榆县、镇赉县，延边州安图县、和龙市、龙井市、汪清县）的72个自然村为旅游扶贫重点村。同年，省旅游局配合省扶贫办按照国务院扶贫办文件要求，开展贫困村建档立卡工作，通过全省摸排、认真遴选，共识别确认1499个建档立卡贫困村。2015年，国家旅游局和国务院扶贫办批复，确定我省汪清县百草沟镇新田村、和龙市西城镇金达莱村、龙井市智新镇明东村、靖宇县花园口镇仁义村、通榆县向海蒙古族乡向海村、大安市月亮泡镇汉书村6个自然村为全省旅游扶贫试点村。

（二）组织培训

2014年以来，省旅游局积极组织旅游扶贫重点村村官和乡村旅游致富带头人参加国家旅游局举办的村官培训，同时组织乡村旅游致富带头人（村官）赴省外学习培训；各市（州）旅游部门还相继举办了乡村旅游致富带头人（村官）学习培训10余期（次），收到很好效果。一是2014年12月份，省旅游局组织全省乡村旅游带头人24人赴浙江学习培训，其中乡村旅游扶贫重点村4人（延边州4人）。二是2015年4月份，省旅游局组织全省乡村旅游带头人24人赴四川学习培训，其中乡村旅游扶贫重点村4人（延边州1人、白城市2人、白山市1人）。三是2015年10月份，省旅游局组织全省乡村旅游带头人30人赴安徽学习培训，其中乡村旅游扶贫重点村6人（延边州2人、白城市2人、白山市2人）。四是2016年，省旅游局配合省扶贫办组织开展了吉林省扶贫创业致富带头人培训工程工作，全年培训300人次。

（三）资金投入

1. 2015年对6个旅游扶贫项目资金支持全部拨付到位，相关项目已启动（详见下表）。

申报单位	项目名称	建设内容	资金额度	项目单位
白山市旅游局	乡村旅游	对靖宇县龙泉镇龙东村蓝莓采摘体验园及农林特产旅游商品生产线基础设施建设给予补助	50万元	吉林省奇诺莓饮品有限公司
延边州旅游局	乡村旅游	对安图县石门镇茶条村基础设施建设给予补助	50万元	安图县旅游局
延边州旅游局	冰雪旅游	对仙峰国家森林公园星级厕所建设给予补助	60万元	长白山森工集团八家子林业有限公司
延边州旅游局		对A级景区购置观光车给予补助	5万元	安图大戏台河景区
延边州旅游局		对A级景区购置观光车给予补助	14万元	安图戏东景区

续表

申报单位	项目名称	建设内容	资金额度	项目单位
延边州旅游局		对A级景区购置观光车给予补助	6万元	龙井民俗文化旅游景区
合计	185万元			

2. 2016年对5个旅游扶贫项目资金支持全部拨付到位，相关项目已启动（详见下表）。

申报单位	项目名称	建设内容	资金额度	项目单位
靖宇县旅游局	旅游扶贫	对靖宇县花园口镇仁义村基础设施建设给予补助	170	靖宇县旅游管理服务中心
龙井市旅游局	旅游扶贫	对龙井市智新镇明东村基础设施建设给予补助	50	龙井市智新镇财政所
龙井市旅游局	旅游扶贫	对龙井市白金乡勇新村黄牛养殖项目给予补助	50	龙井市白金乡财政所
大安市旅游局	旅游扶贫	对大安市月亮泡镇先进村基础设施建设给予补助	20	大安市嫩江湾湿地保护开发管理办公室
柳河县旅游局	旅游扶贫	对柳河县孤山子镇杨大院村基础设施建设给予补助	90	柳河县孤山子镇农村经济管理服务中心
合计	380万元			

3. 2016年对龙井市政府灾后重建工作给予50万元资金支持。

（四）以发展乡村旅游为载体，大力推进乡村旅游扶贫脱贫

1.**深入实施乡村旅游扶贫脱贫工程**。2015年开展了乡村旅游经营单位创建工作，共评定验收5A级、4A级和3A级乡村旅游经营单位48家；2016年颁布实施了两个乡村旅游地方标准，即《乡村旅馆（农家乐）旅游服务质量等级评定》《乡村旅游示范单位评价》。2016年第一季度开始启动相关创建工作。此外，全年的乡村旅游经营单位质量等级评定与创建工作目前正在有序进行中，预计11月底前结束此项工作。

2.**乡村旅游扶贫典型案例（和龙市广东村发展民俗旅游，增加村民收入）**。2015年7月16日，中共中央总书记、国家主席、中央军委主席习近平到光东村进行调研视察，给光东村发展建设带来强大动力和重大机遇。随着知名度的提升，来光东村观光旅游的人数也大大增加，为此，光东村大力发展休闲农业与乡村旅游，带领村民积极与旅游公司合作，寻求致富增收渠道。与延边光东朝鲜族民俗旅游服务有限公司合作，组建村民表演队为过往游客进行民俗表演，旅游公司为表演队提供演出场所和道具。每表演一场，队员们可收入300元，如今表演队的演出次数由原来的两三天表演一场，增加到每天至少表演一场，旅游旺季每人每月的演出收入由原来的不足1000元，达到了2000多元，

收入增加了1倍以上。随着旅游人数增加，大部分的游客想要体验全天候的朝鲜族民俗生活。为此，光东村鼓励村民以房屋入股，开办农家旅馆，旅游公司为村民们介绍游客入住，住宿费用为每晚200元，目前村里共有农家旅馆75家，2015年共收入住宿费用5.5万元。

六、旅游投融资情况

截至9月30日，全省完成旅游项目投资219.65亿元（预计全年完成投资348.39亿元），在完成项目投资中政府投资占95.13亿元、国有企业投资占10.57亿元，民营企业投资占104.74亿元、股份制企业投资占1.61亿元、其他投资占7.6亿元。加快推进旅游重点项目建设。从3月中旬开始，由杨安娣局长、王库副局长、张景春副巡视员分别带队赴各市（州）、长白山管委会及梅河口、公主岭市集中开展旅游项目建设工作调研。了解各地旅游项目建设基本情况和重大项目、重点推进项目、旅游厕所、招商引资、项目策划包装、项目储备、旅游项目管理系统运行管理、编制三年滚动投资计划等情况。三个调研组深入项目现场，全面掌握各市（州）2016年旅游项目建设情况。倾听项目单位的意见建议，积极协调解决在项目实施中遇到的困难和存在问题，有效促进重大项目建设。万科松花湖旅游度假区项目、图们江三角洲国际旅游合作区项目、国信奢岭乡村都市项目、长春市巴蜀映巷文化街区项目、长春剑鹏马城项目、长春庙香山旅游度假区项目、通化龙溪谷健康小镇项目、集安鸭绿江太极湾国际旅游度假区项目、敦化长白山雁鸣湖温泉度假村等项目顺利推进。长春市巴蜀映巷文化街区、万达水上乐园、辽源凯旋王国水上乐园、长白山讷殷古城遗址复建项目、长白山欧亚·长白山购物中心建设项目、长白山滨河二期项目、长白山紫玉池北湾二期项目、吉林市七星堡葡萄酒庄、磐石莲花山滑雪场、吉林漫江生态文化旅游综合开发的2个雪场和3个度假酒店相继完工并投入运营，在当地带来良好的社会效益和经济效益。扎实开展旅游招商工作。

为进一步落实省委、省政府有关招商引资战略部署，开发我省优质旅游资源，丰富旅游产品，引领旅游新产品、新业态、新需求发展，吸引更多的社会资金投资我省旅游项目建设，对各市（州）下发《关于做好2016年旅游项目招商引资有关工作的通知》。5月份，国家旅游局联合国家开发银行等10家银行共同组织专家遴选，综合考虑项目成熟度、开工条件、市场前景、示范引领和带动作用，共同发布了全国优选旅游项目，我省共有长春庙香山度假区、通化龙溪谷健康小镇、长白山文化旅游综合馆等14个项目入选；紧紧围绕“产业升级”战略，精挑细选60个冰雪旅游项目，以“冰吉林、雪长白”为主题，包装编印了《吉林省冰雪旅游项目册》，在深圳、上海、厦门进行的“冬季，到吉林来玩雪”推介会期间，发放1500册，有效宣传推介了我省冰雪项目；在“世界500强企业（知名跨国公司）走进吉林”期间，参加“现代服务业暨旅游业项目对接交流会”，向企业介绍吉林省旅游产业投资环境，让著名企业更了解吉林省旅游的发展，获得互利多赢的投资机会；圆满完成“吉商大会、东博会”相关服务工作。顺利组织三年滚动投资计划的编制工作。国家旅游局、国家发改委对“十三五”期间的旅游项目建设，非常重视，从去年底开始，自上而下，建立三年滚动投资计划项目库，这项工作虽然是由发改部门牵头，但我们各级旅游部门积极争取并全力配合，全省已编制完成306个三年滚动投资旅游项目计划。

七、旅游市场综合监管情况

（一）加强旅游安全和市场秩序的标准化、规范化监管

省旅游局在“五一”“十一”黄金周等重要时间节点，由局领导带队分赴全省各地对旅游安全和市场秩序监管工作进行督察指导，深入旅游市场和企业进行暗查暗访，暗访发现的安全隐患和涉嫌违规经营行为，责令立即整改或限期整改，全省旅游安全和市场监管长期保持的高压态势，使我省旅游违法现象得到有效遏制。同时，省旅游局根据国家旅游局的总体要求，及时调整安全监管工作的主要内容，适应旅游业发展的新形势。国家旅游局对我省旅游安全工作给予充分肯定，2016年全国旅游安全工作会上吉林省旅游局做了经验交流发言。

（二）全面规范旅游市场秩序

省旅游局积极落实国务院办公厅《关于加强旅游市场综合监管的通知》，按照晋修副省长批示要求，省旅游局在进行了行业调研、专家座谈的基础上，代省政府起草了具体实施意见，经征求意见和修改完善后上报省政府，省政府办公厅于6月8日印发了《吉林省加强旅游市场综合监管实施方案》（吉政办发〔2016〕39号）。

按照国务院办公厅文件要求和国家旅游局总体部署，省旅游局制定下发了《关于开展2016年旅游市场秩序治理工作行动的通知》，依法落实监管责任，建立综合监管机制，全面加强监督检查，特别是“五一”“十一”前夕，省旅游局成立督导组，由局领导带队深入各地进行市场秩序督导检查，对发现的问题当面做出反馈，并督促当地旅游部门抓好整改落实。6月14日~17日，国务院旅游市场综合监管专项督查组对吉林省旅游市场秩序进行专项督查，在听取汇报和实地督查后，国务院督查组对我省旅游业发展和旅游市场综合监管工作给予了充分肯定。

（三）完善旅游安全和市场秩序综合监管机制

省旅游局主动联合安监、交通、质监、公安、工商等相关部门，在重要时间节点开展旅游安全和市场秩序综合执法检查；特别是在“十一”前，省旅游局联合安监、交通等部门开展了旅游安全和市场秩序联合检查，对旅游包车、导游员专座、“零负团费”等进行了重点督察督办；同时，长春、吉林、通化等地旅游部门联合相关部门在各自职

责范围内开展监督检查，全省旅游安全综合监管机制正在建立和完善。

（四）加强旅游安全应急管理工作

一是积极开展综合应急演练。省旅游局每年组织一次旅游安全综合演练，近年来，分别在长白山、敦化六鼎山文化旅游区、长春净月潭、吉林圣德泉等不同景区、对不同科目进行了实地演练，并督促各地加强应急处置能力。全省旅游安全应急演练正在逐步形成常态，有效提高了旅游系统应对和防范旅游突发事件的能力水平。二是推动统保示范项目有序发展。积极推进统保示范项目工作，提高全省旅责险统保示范项目统保率，使统保示范项目为旅游企业化解矛盾、规避经济损失起到了应有的作用，防范和化解了旅游企业的安全事故风险，有效地保障了旅游经营者和游客的合法权益。

八、旅游行业精神文明建设工作情况

一是开展“为中国加分”主题活动。按照国家旅游局的总体部署，我省文明旅游及旅游志愿服务工作以“为中国加分”主题活动为抓手贯穿全年。4月25日，省旅游局联合省文明办，在长春市雕塑公园开展“为中国加分”吉林省·长春市文明旅游公益行动暨文明游客征集活动启动仪式，吉林省“文明旅游示范团”首发团也在启动仪式后发车赴长白山北景区，并与长白山景区开展文明旅游互动活动；通过此次启动仪式，正式开启并持续开展了为期一年的全省“为中国加分”文明旅游主题活动。二是按照国家旅游局开展2016“四个一批”旅游志愿服务先锋行动的有关要求，省旅游局立足一线单位，着重推荐来自群众身边的典型人物和优秀项目，经择优筛选，最终向国家旅游局推荐辽源市青少年平安教育基地旅游志愿服务组织、通化集安市“志愿助发展青春正当时”旅游志愿服务先锋项目、敦化六鼎山文化旅游区旅游志愿服务基地、张广成等3人参加中国旅游志愿服务“先锋组织”“先锋项目”“示范基地”“先锋人物”征集活动，通过开展“四个一批”志愿服务先锋行动，扎实推进全省旅游志愿者队伍建设，全面提升旅游志愿服务水平。三是按照国家旅游局2016旅游行业全国文明旅游先进单位典型事迹征集宣传工作有关要求，省旅游局按照公平、公开、公正的原则，征集报送了“长春世界雕塑公园、吉林省青年商务国际旅行社、集安市旅游局、望天鹅风景区、六鼎山文化旅游区”等一批文明旅游工作基础扎实、成绩突出的单位，发挥先进典型的示范带头作用，引导旅游企业和从业人员自觉成为文明旅游的践行者和传播者。

九、旅游业改革创新先行区建设情况

国家旅游局提出加快推进首批国家级旅游业改革创新先行区建设是适应经济发展新常态，迎合大众化旅游时代的重大举措。吉林省延边州依托良好的生态环境、独特的民俗文化和沿边近海的区位特色，充分利用高铁开通、航线增加、通关便利等优势，以“创新统筹职能、创新政策措施、创新产业引导”为指引，全力加快旅游业改革创新先行区建设。通过创新改革和先行先试，全面释放旅游业在现代服务发展中的龙头和引领潜力，到2020年，全州旅游总收入年均增长达到22%，相当于全州GDP的35%以上。把延边打造成全国著名的边境旅游目的地和具有国际影响的优质生态健康休闲旅游区。主要工作措施：

（一）探索跨境旅游新模式，推进核心项目开发

落实国发〔2015〕72号文件精神，积极探索“跨境旅游合作区”和“边境旅游试验区”新模式。大力推进“图们江三角洲国际旅游合作区”项目。珲春市被国务院批准设立国际合作示范区以来，珲春市为贯彻落实国家战略，提出了“图们江三角洲国际旅游合作区”构想，以旅游实现国家战略、促进延边州与东北亚各国的经济合作。该构想提出后，引起了国家旅游局等部委和省政府的高度重视。构想中的“图们江三角洲国际旅游合作区”项目规划面积概算90平方公里。其中，中方30平方公里；俄方30平方公里；朝方30平方公里。功能定位为以图们江为轴心，以中国珲春、俄罗斯滨海边疆区和朝鲜罗先为腹地，面向东北亚，驱动金三角，逐步把图们江下游地区打造成东北亚国际旅游核心区。延边州委托北京巅峰智业旅游文化创意股份有限公司编制图们江三角洲国际旅游合作区项目规划，由省旅游局牵头组织中、朝、俄三国专家，于6月18日召开图们江三角洲国际旅游合作区规划论证会议。目前，图们江三角洲国际旅游合作区项目已上报到国家发改委。

（二）探索跨境旅游新机制，加快多目的地国际合作

一是创新东北亚区域国际旅游合作机制。进一步健全“大图们倡议”东北亚旅游论坛、中俄朝图们江区域旅游厅（局）长会议等沟通机制。深化产品建设、服务标准、市场监管、安全保障等方面的合作，共同打造东北亚国际旅游目的地。二是活用跨境旅游合作新政策。把握图们江地区开发合作纳入国家“一带一路六区”区域旅游一体化契机，利用好中韩签署自贸协定、俄罗斯《符拉迪沃斯托克自由港法》生效、朝鲜建立茂峰国际旅游特区等机遇，支持珲春市、和龙市、图们市、龙井市等边境县市加快旅游开发开放。推进龙井跨境旅游集散中心、和龙国家级边境经济合作区、图们—朝鲜稳城岛文化旅游合作区等跨境旅游重点项目建设，争取设立“边境购物区”和“无障碍”国际旅游区。积极推进开发图们江沿江旅游项目，培育图们江流域精品旅游观光带。三是创新跨境旅游合作区国际旅游通行机制。通过签订合作协议等形式，允许游客或车辆凭双方认可的证件灵活进入合作区游览。积极争取“72小时免签”、无假日通关等政策在延边落地；争取使用边境旅游证照手续从延吉空港口岸赴俄海参崴旅游；积极推动开通中俄小型车自驾旅游线路。加快推进东北亚陆海联运环海邮轮游、图们江出海游项目，扩

大中俄朝环形跨境游规模。通过巩固已有的对俄、对朝边境旅游线路，带动生态游、民俗游、冰雪游，开发复合型旅游产品。积极探索边境旅游政策和体制机制创新，在旅游签证、购物免退税、简化审批程序等方面进行创新改革。

（三）探索“智慧旅游”新模式，加快开发“互联网+”

夯实“智慧旅游”工程，丰富“延边旅游年卡”功能，融入多元旅游要素，扩大年卡外延，实现多领域、跨地区“旅游一卡通”互联互游。创新旅游门票预约制度，建立景区管理、游客统计、实时监控系统平台，建立健全“延边这儿App”、旅游集群网站等智慧服务体系。推进全域大数据开放共享，激发旅游领域智能化发展的活力。与景域集团签订战略合作协议，借助“外脑”为延边州全域旅游品牌进行策划及形象设计，进行全域旅游品牌形象发布的话题传播策划，在延边设立“驴妈妈旅游网分站”。并利用景域集团的自身影响力和在“互联网+”方面的优势，建立全域旅游智慧化网络，整合延边州旅游产品资源，扩大旅游宣传。于8月29日中国延吉·图们江国际投资贸易洽谈会期间发布品牌形象话题，召开“2016中韩旅游城市推介会议”。

（四）探索产业融合新形式，完善升级促进机制

创新旅游融资机制，探索设立延吉、敦化、珲春市等重点县市融资平台。加快发展旅游担保机构、小额贷款公司，扩大旅游投资领域。创新旅游公共服务体制。加快多产业融合发展，加大海外航空通道开发力度，加密韩国航线，稳固海参崴、平壤航线，扩大日本航线，11月初开通台湾航线；拓展国内航线，增加华中、西南航线、航点，丰富航线网络。围绕高铁线路策划产品，推进连接景区道路升级改造，完善旅游标识。完善自驾营地、停车场、旅游厕所等旅游公共服务设施。推进“全域旅游”发展。加快长吉图旅游一体化，积极融入“大长白山旅游格局”，加快融入“东北东部旅游经济带”，推进与长三角、珠三角、京津冀旅游合作对接，形成资源共享、市场共享、利益共享的发展格局。

十、跨境旅游合作区和边境旅游试验区创建情况

吉林省位于中国东北地区中部，处于日本、俄罗斯、朝鲜、韩国、蒙古于中国东北部组成的东北亚的几何中心和腹心地带，独特的地理位置为吉林发展成东北亚旅游中心和边境旅游的目的地、跨境旅游的集散地奠定了良好的先天条件。现已开通中俄旅游口岸1个，中朝旅游口岸10个。经国家旅游局等有关部委批准，目前吉林省已形成赴俄和赴朝的边境旅游线路11条。近几年，围绕东北亚旅游市场需求，我们在国家旅游局的指导下，在中省直口岸联检部门支持下，开发出了市场认知度较高的东北亚多目的地跨境旅游系列产品和新业态，如中朝跨境徒步游、骑行游、自驾游、专列游、包机游、中俄

朝三国环形跨国游、中俄韩陆海空联运旅游、东北亚陆海联运环海邮轮旅游等。同时，立足于推动国际旅游交流合作与发展，我们积极参与联合国开发计划署“大图们倡议”旅游委员会（GTI）、“东亚区域旅游论坛”（EATOF）等国际旅游合作、协作组织。有效利用东北亚地方政府首脑会议、中俄地区混合工作组会议机制推动吉林省与东北亚地区的旅游合作。连续5年成功举办东北亚旅游论坛，构建东北亚各国地区间的旅游交流平台。先后召开中俄朝图们江区域旅游厅局长圆桌会议、中俄蒙三国地区旅游合作圆桌会议。经“大图们倡议”秘书处授权，并在吉林省民政厅注册，东北亚多目的地旅游促进中心在珲春市揭牌运营，成为我国东北地区首家国际性旅游机构。另外，我们与俄罗斯滨海边疆区国际旅游厅、朝鲜国家旅游局、朝鲜有关市（道）旅游局开展经常性的双边会谈，建立健全旅游协调机制，实现了信息共享、人员交往和旅游业的共同发展，也有效解决双方旅游合作出现的问题。吉林省边境、跨境旅游已呈现规模发展态势，2015年全省与俄罗斯、朝鲜、韩国旅游互访达160万人次。这为我省加快创建跨境旅游合作区和边境旅游试验区奠定了坚实基础。

（一）跨境旅游合作区创建情况

1. 在建和拟建合作区

图们江三角洲国际旅游合作区、中朝鸭绿江（集安）跨境旅游合作区、中朝长惠跨境旅游合作区、中朝图们江（图们）跨境旅游合作区、中朝和龙-茂峰跨境旅游合作区。

2. 推进情况

图们江三角洲国际旅游合作区：2014年3月，在第一届中俄朝图们江区域旅游厅（局）长圆桌会议上提出并签署合作备忘录后，受到省委省政府的高度重视，也得到国家旅游局和国务院有关部委的大力支持，拟订了项目可研报告、建议书、实施方案。目前，省政府已将合作区项目列为吉林省重点项目上报到国家发改委。朝鲜中央政府已经批准罗先特别市实施“图们江三角洲国际旅游合作区”项目并划定区域范围，俄罗斯方面也表达了积极的合作意向。制定了图们江三角洲国际旅游合作区规划，并召开了规划评审会，俄罗斯滨海边疆区、朝鲜罗先观光局派代表到会，对规划给予肯定。我方基础设施和对朝新通道建设工作已经启动。

集安市政府与朝鲜慈江道就朝鲜区域开发合作签订了框架协议，朝方同意划定筏登岛、美他里、浦象里等总面积2.25平方公里的区域作为经济开发区，合作开发；经长白县政府协调，朝鲜两江道人民委员会来函，支持长白县申报国家级边境经济合作区；图们市与朝鲜国家经济开发委员会签署了《朝鲜稳城岛旅游开发区开发项目合作框架协议书》，新设临时口岸已上报国家口岸办待批准；和龙市人民政府与香港盛润投资股份有限公司，朝鲜白头山地区国际观光委员会与香港盛润投资股份有限公司分别就开发朝鲜茂峰国际旅游特区建设签署合作协议，和龙市新增设的中朝口岸项目已上报至国家外交部和国家口岸办。

（二）边境旅游试验区创建情况

边境旅游试验区建设是我省与俄朝地区合作的重要平台，是我省边境地区经济发展的重要支撑，是我省守土固边、兴边富民重要手段，在我省改革发展大局中具有十分重要的地位。

吉林省接到国家旅游局《关于申报设立边境旅游试验区的通知》后，全面部署，积极开展吉林省边境旅游试验区的筛选、创建及申报工作。目前，我省较为成熟的有珲春市、集安市、长白县，已报请省政府行文后上报。国务院及省政府对3市（县）相继出台支持政策，3市（县）创新边境旅游管理体制和产业发展引导机制，实施游客出入境便利化措施。珲春市已于2011年开通对朝自驾游线路，正在推进开通中俄自驾旅游线路。省旅游局与朝鲜国家旅游局已签署协议，拟开通经长白口岸、集安口岸对朝多点自驾旅游线路。还请国家局和各部委给予支持，把吉林省的3个市（县）纳入国家首批创建名单里。

省旅游局还将牵头成立由政府相关部门组成的边境旅游试验区创建工作领导小组，会同有关市、州政府对“两区”创建工作进行统筹规划，本着“一区一方案”的形式制定行之有效的创建方案。积极协调各部门，对创建进展情况实时调度，发现不足，及时改进，推进边境市（县）全域旅游发展，实现边境地区旅游目的地竞争力的提升，为我省其他市（县）创建工作树立标杆，为全国“两区”创建工作做出积极贡献。

坚持问题导向 采取务实措施

——黑龙江省旅游业改革创新工作推进情况

在国家旅游局的大力支持和指导下，2016年，黑龙江省旅游战线深入贯彻落实五大发展理念，充分发挥全省整体生态化和冬季冰雪“两大优势”，在产品供给和产品营销“两大方面”狠下功夫，在优化服务质量和强化市场监管“两大焦点”加大力度，推动黑龙江省旅游由“景点旅游”向“全域旅游”转变，加快旅游经济大省建设步伐。为此，我们始终坚持问题导向，采取务实举措，持续、扎实地推进全省旅游改革创新工作。

根据国家统计局黑龙江调查总队10月21日提供数据，前三季度，全省共接待国内外游客1.03亿人次，同比增长15.61%；实现旅游收入1203.49亿元，同比增长17.54%。其中，接待国内游客1.02亿人次，同比增长15.59%；实现国内旅游收入1182.57亿元，同比增长17.33%；接待入境游客72.51万人次，同比增长17.99%；实现旅游创汇3.4亿美元，同比增长30.12%。

一、推进旅游管理体制创新，提升旅游战略地位

经中央编办批复同意，今年3月，黑龙江省旅游局正式更名为黑龙江省旅游委员会，由省政府直属单位变为省政府组成部门。省编委从省政府研究室划转行政编制3名、新增2名，从省政府发展研究中心划转事业编制7名，一次性为省旅游委增加了12名行政（事业）编制。哈尔滨、牡丹江、佳木斯、伊春、黑河、齐齐哈尔等六市相继揭牌成立旅游发展委员会。

亚布力滑雪旅游度假区管委会重新组建，陆昊省长亲任改革推进建设小组组长，实行政府引导、企业主体、市场化运作、多元化投资、资本化运作、社会化参与，理顺了管理体制机制，明确了职能事权，整合了优势资源。在继省政府主导建立由主管副省长任总召集人，旅游、公安、交通、统计、工商、通信等10余个相关部门为成员的全省旅游统计工作联席会议制度之后，近期省委、省政府决定建立全省冰雪产业发展联席会议制度，由省委副书记担任联席会议召集人，中省直45家单位为成员单位，联席会议办公设在省旅游发展委，对发展冰雪产业进行统筹推进。旅游综合管理协调职能不断加强，

旅游业与其他产业的带动、联动效应进一步凸显，社会各界对旅游产业的认识和重视达到一个新的高度,旅游业的战略地位得到全面提升。

二、进行全域旅游创建示范，精化旅游产品供给

黑龙江省列入国家首批及第二批全域旅游示范区创建单位有伊春市、哈尔滨市阿城区、哈尔滨市宾县、大庆市杜尔伯特蒙古族自治县、黑河五大连池市、大兴安岭地区漠河县（首批）；黑河市、大兴安岭地区、绥芬河市、抚远市、牡丹江东宁市，鸡西虎林市，齐齐哈尔市碾子山区（第二批）等13家。各创建单位围绕“抓共识，形成合力；抓宣传，营造氛围；抓理念，科学谋划；抓重点，稳步推进”四个中心环节，全力推进我省旅游业发展由景点旅游模式向全域旅游模式转变。杜蒙县着力补齐基础设施短板，景观化整治两条主干线，实现道路全畅通。完善了域内通信网络建设，实现域内Wi-Fi全覆盖。加快客运中心枢纽建设，开通全县旅游观光巴士专线并在高铁站、客运站集中设立旅游咨询服务中心，为团客游、自助游提供方便快捷服务。漠河县开通直升机空中游览，完成了木栈道、景区大门等设施建设，北极村景区晋级国家5A级景区，被列入《黑龙江省“互联网+旅游”行动计划》15个试点景区之一。宾县大力推进了英杰采摘基地、香炉山二号游览线、花乐山瓷器馆，以及二龙山、英杰等景区沿线环境改造，不断丰富旅游产品供给。阿城区按照国际标准推进全区160公里旅游环线交通标识的建设工作，全区新建完成旅游交通标识87块，修改更新标识16块；借助国家旅游局提出的“厕所革命”契机，共新建、改建旅游厕所18个，增强了旅游景区的可进入性，完善了全区旅游服务功能。伊春市创新了旅游行业监督管理体制，建立了旅游综合执法机制，推进部门联合执法，伊春市金山屯区成立了旅游旅游警察，综合负责旅游市场监管，并将在全市逐步推开，建立旅游监管新体系。

三、实施美丽乡村旅游工程，扎实推进旅游扶贫

（一）加强规划引导

我省将乡村旅游与旅游扶贫全面纳入黑龙江省旅游业“十三五”规划和全省生态旅游专项规划体系，统筹考虑、顶层设计。研究制定了《黑龙江省乡村旅游专项规划》，制定了《黑龙江省乡村旅游示范基地导则》。坚持规划引导，规范乡村旅游健康发展。

（二）规范管理水平

对于乡村旅游发展较好的地方和项目，采取加强标准化建设的措施，积极引导其开展全省乡村旅游示范点创建工作。对于乡村旅游欠发达的乡村地区，特别是贫困地区，按照《黑龙江省乡村旅游示范基地导则》，引导乡村旅游由初级模式，向以田园景观、

自然生态及环境资源为依托，结合农林牧渔生产、农业经营活动、农村文化及农家生活，提供国民旅游休闲，增进国民对农业及农村体验为目的的方向发展，逐步把乡村变成新型旅游目的地。

（三）实施精准扶贫

会同省扶贫办、省民委确定了全省14个旅游扶贫试点村；省旅游委组织动员有资质的旅游规划单位，对14个旅游扶贫试点村，进行旅游扶贫公益规划设计。精准旅游扶贫对象，对国务院扶贫办确定的我省1778个建档立卡贫困村，开展旅游资源普查和扶贫基础工作摸底，确定361个建档立卡贫困村为乡村旅游扶贫对象。实施贫困村旅游基础设施“六小工程”，贫困户乡村旅游“三改一整”，组织开展旅游行业“万企万村”结对帮扶工程。

（四）加大资金投入

一是加大旅游专项资金投入。积极申请国家局旅游发展金支持，认真落实省政府促进经济稳增长65条措施，省旅游发展金主要用于新建和新评旅游景区的奖励，新评旅游景区中有8个属于国家和省扶贫重点县辖区内，其中4A级景区3个、3A级景区5个。近年来，先后给贫困地区发展旅游，投入专项资金4000多万元。二是加大扶贫资金投入。会同省扶贫办、民委制定了旅游扶贫方案，投入扶贫资金4200万元。三是整合部门资金投入。结合旅游扶贫试点村的旅游特色，大力整合部门资源，形成合力，加快旅游扶贫开发建设。海伦市共合镇共祥村利用“三圣宫”释道儒三教合一的世界独一无二的宗教文化旅游资源，投资483万元（其中中央试点旅游扶贫项目投资为300万元；发改局以工代赈项目103万元；市水务局人畜饮水项目资金80万元）。四是鼓励自筹资金投入。五是加大招商引资力度。深入挖掘我省优势突出、市场影响力大、旅游吸引力强的贫困地区旅游资源，作为全省重点旅游招商项目，积极推进招商引资，借助外力培育我省贫困地区旅游企业。

（五）坚持部门联动

在旅游扶贫实践中，省旅游委始终注重发挥旅游产业的综合带动效应，注重与相关部门协同配合，在三个方面达成共识，协调推进乡村发展。

（六）强化人才培训

组织部分乡村旅游企业多次参加海峡旅游博览会的乡村旅游圆桌会议，组织贫困村村主任、支书或驻村干部，参加国家旅游局在北戴河组织的历次培训。开展旅游规划扶贫公益行动，鼓励旅游规划单位提供公益性旅游开发咨询服务，倡导旅游规划单位与试点村结对帮扶。鼓励专业志愿者、艺术和科技工作者驻村帮扶。

四、大力开展“厕所革命”，提升景区公共服务水平

（一）高度重视，将旅游厕所建设纳入重要日程

召开了全省旅游厕所工作会议，明确旅游厕所建设已纳入政府民生领域重要考核指标，要上升至政府层面来推进工作落实。按照“数量充足、干净无味、实用免费、管理有效”的目标，积极推动旅游厕所建设。厕所建成验收后，根据其决算按一定比例给予补贴。资金安排突出“三优先”，即优先安排我省精品旅游线路上旅游厕所建设；优先安排重要旅游交通干线上加油站、服务区的旅游厕所建设；优先安排乡村旅游点的旅游厕所建设。

（二）多措并举，积极推进旅游厕所全面建设

旅游厕所革命启动以来，各市（地）精心谋划旅游厕所建设，以旅游厕所建设为突破口，全面提升旅游基础设施和公共服务水平，不断优化旅游景区品质。哈尔滨市旅游委把旅游厕所革命作为一项重要工作来抓，积极向市有关部门协调沟通。市政府拿出1.5亿资金进行全市厕所建设与改造，其中2千万元专项资金对2015和2016年旅游厕所建设进行奖励。齐齐哈尔市政府高度重视旅游厕所建设工作，通过深入现场指导、召开现场观摩会、组织银企对接等形式，积极推进旅游厕所建设。2015年，全市高标准完成旅游景区、旅游线路沿线、游客集中区域计划新建和改扩建旅游厕所82座。黑河市旅游委此厕所建设作为全局重要工作来抓，成立了由局长任组长的旅游厕所建设工作领导小组，将厕所建设纳入政府责任制考试工作，制定了一把手亲自抓，主管领导具体抓，相关单位共同抓建设思路。经各县市主管领导签字确认，层层把关，层层推进。

（三）创新思路，积极做好厕所建设管理工作

一是按照“全域旅游”发展的整体理念，将厕所革命从城市扩展到农村，让厕所革命深入到城乡的每个角落；把厕所革命从景区扩展到乡村旅游点、旅游线路沿线，实现旅游各个环节的全覆盖。今年，我省将对乡村旅游示范点厕浴改造进行资金奖励。二是通过厕所技术展，探索研究适合我省森林景区使用的节水、节能和能使污物自然化的先进技术；探索研究解决我省大兴安岭、黑河等高寒地区厕所防冻问题。三是厕所建成后重在管理，全面改变“政府建设+政府管理”模式，大力推进“以商管厕、以商养厕”，齐齐哈尔哈拉新村、泰湖湿地公园等景区，尝试通过承包经营权、授予广告营业权、企业冠名、个人认养等形式对厕所进行维护和管理。

五、建立旅游市场综合监管机制，强化旅游市场监管

一是建立机制。国务院办公厅《关于加强旅游市场综合监管的通知》（国办发

〔2016〕5号）印发后，我委按照省领导指示精神，组织精干力量研究起草《全省专项整治旅游市场秩序行动方案》，经省政府第65次常务会议讨论通过并印发（黑政办发〔2016〕68号）。按照《方案》要求，我省成立了由分管副省长牵头，省委网信办、省公安厅、工商局等19个部门为成员的全省旅游市场综合监管联席会议。按照“属地管理、部门联动、行业自律、各司其职、齐抓共管”的原则，在省市县三级建立了旅游市场综合监管机制。将各地旅游投诉服务热线整合到12345市长热线（政府服务热线），旅游投诉由各级政府12345市长热线统一受理。省高级人民法院制定了在旅游热点景区设置旅游法庭（审判庭）实施意见和方案。伊春市金山屯区正式组建了我省首支旅游警察队伍。 全省初步形成了权责明确、执法有力、行为规范、保障有效的旅游市场综合监管机制，为深入解决扰乱旅游市场秩序、侵害旅游者权益等突出问题提供了保障。

二是强化监管。探索建立了“约谈企业、网上举报、重点查办、明察暗访、媒体曝光”多手段综合治理模式。针对重点景区、重点时段、重点活动，对涉旅经营者实行网格化管理，分片包干、责任到人，通过全覆盖、无死角的拉网式排查、暗访检查和定期巡查，及时发现涉旅企业和从业人员的违法违规行为，以零容忍的态度，发现一起就坚决依法依规从快从重处罚一起，并向社会公布处罚结果，以儆效尤。全省派出检查人员765人次，检查旅游企业1217家，导游员1323人次，查处违规广告 1589 条、违规企业121家，处理各类投诉445起。我们还创新社会监督形式，建立首批34人的“黑龙江省旅游质量监督志愿者总队”，对旅行社、导游、住宿、景区、交通、购物等各个环节开展明察暗访。

三是倡导诚信。全省共复核诚信企业68家。省旅游委与在哈69家出境组团社和A级景区签订《黑龙江省诚信经营旅游业务责任状》，发起了《旅行社诚信经营倡议书》。383家旅游企业积极响应，自愿签订了《诚信经营承诺书》，向社会公开承诺：诚实守信，守法经营；真实宣传，正确引导；合理定价，明码实价；规范合同，公平交易；化解纠纷，及时公正；规范服务，塑造品牌。省旅游委分两批次通过政务网发布了383家承诺诚信经营旅游企业名单，接受广大游客监督和举报。建立信用核查公示制度，每季度对失信和违规旅游企业在《黑龙江省旅游政务网》上进行曝光。工商部门通过“全国企业信用信息公示系统”，公示经营异常名录、严重违法企业名单，使旅游失信者受到惩戒，形成“一处失信、处处受限”的信用监管效用。

六、推进行业精神文明建设，大力弘扬文明旅游

举办了“为中国加分”文明旅游公益行动启动仪式、“文明旅游百日百题”有奖竞答活动，积极参与国家旅游局“文明旅游看中国”公益微电影原创征集。在全行业开展向“最美基层优秀导游员——刘萌刚”、旅游车司机——杨京红等先进人物学习活动。利用5.19中国旅游日的契机，开展“寻找最美导游”活动，推荐9家企业参加“旅游行业

全国文明旅游先进单位选树活动”，组织开展2016年度“省级青年文明号”、“全国青年文号”的评选和推荐工作，有21家单位获“全国青年文明号”称号。

在全行业推进落实“游客不文明行为记录”工作，指导督促旅行社、A级景区、星级饭店等旅游企业建立“游客不文明行为记录”工作制度。通过宣传贯彻《旅游经营服务不良信息管理办法》，打击旅游失信行为，形成倒逼机制，从而引导旅游经营者和从业人员自觉遵守法律法规与市场规则，规范经营行为、履约行为、服务行为，号召全行业以诚取信、以信取胜。

七、加快推进两区创建，促进边境口岸向旅游目的地转变

黑龙江省与俄罗斯边境线长2981公里，与俄罗斯滨海边疆区、哈巴罗夫斯克边疆区、阿穆尔州、犹太自治州、外贝加尔边疆区五个州区相邻，有25个国家一类口岸（其中18个旅游口岸、13个常年通关口岸），10个互市贸易区，对俄合作具有独特的资源、地缘和口岸优势，其中黑河、绥芬河、东宁等边境口岸在对俄贸易、旅游合作方面的优势尤为突出。今年5月，习近平总书记在黑龙江考察调研时，特地视察了佳木斯、抚远等边境地区。他对黑龙江在对俄开放合作的战略地位给予充分肯定，希望黑龙江响应国家“一带一路”战略，参与“中蒙俄经济走廊”建设，积极扩大对外开放。

我委认真贯彻总书记的指示精神，以国家旅游局“515”战略为指针，把握中俄边境旅游市场趋势性变化，依托区位和地缘优势，坚持有针对性地做好“精化产品供给、细化产品营销、强化市场监管、优化服务质量”四篇文章，边境旅游复苏强劲。前三季度全省共接待俄罗斯游客55.1万人次、同比增长27.62%。

在国家旅游局的指导和大力支持下，我委积极引导推动具备条件的黑河、绥芬河、抚远等口岸城市主动开展建设实践；并按照国家旅游局有关要求组织指导相关口岸申报跨境旅游合作区和边境旅游实验区。按照“一区一方案”原则，目前黑河、绥芬河、东宁、抚远等口岸城市已完成两区建设方案制定工作，正处于跨境旅游合作区和边境旅游实验区申报程序阶段。黑龙江省政府于今年9月7日印发了《关于贯彻落实国务院支持沿边重点地区开发开放若干政策措施的实施意见》（黑政发〔2016〕28号），明确“研究发展跨境旅游合作区。深化与俄罗斯有关地方政府的旅游合作，积极争取在黑河、绥芬河和抚远设立跨境旅游合作区，推动我省跨境旅游业发展；探索建设边境旅游实验区。争取在黑河、绥芬河建设边境旅游实验区。”

推动旅游供给侧结构性改革 加大旅游业改革创新步伐

——江苏省旅游业改革创新工作推进情况

近年来，在国家旅游局“515战略”的引领下，江苏省旅游行业以旅游业供给侧结构性改革为重点，加大旅游业改革创新步伐并取得了一些实际成效。

一、在旅游体制机制方面

各地积极探索旅游业体制机制创新，研究新形势下如何充分发挥市场配置资源的决定性作用和更好发挥政府作用。

（一）淮安市推进旅游综合管理体制改革

一是完善旅游管理体系。加强行政资源整合，设立涟水县旅游局和金湖县旅游管理办，洪泽县结合纳湖入城筹划成立洪泽湖旅游区管委会，盱眙县成立天泉湖镇，实现与铁山寺国家4A级景区、天泉湖省级旅游度假区镇区合一。同时，里运河文化旅游度假区、白马湖生态旅游度假区、古淮河西游记文化旅游区按照正处级事业单位建制。二是强化旅游规划指导。加强对全域旅游发展的科学系统指导，形成3个一，即：打造一支专业的旅游规划队伍，建立一个旅游规划数据库，形成一套备案挂钩制度。凡创建3A级景区、四星级乡村旅游区、市级旅游度假区等以上级别旅游品牌的，相关规划需要由市旅游主管部门审核备案；创建3A级和四星级以下的，需要由县区一级旅游主管部门审核备案。三是推进景区运营机制改革。以景区“三权分离”为重点，探索国有景区经营权有偿转让，加快推进盱眙县、金湖县景区所有权和经营权分离。推动景区统筹营销，正在筹划设立旅游运营集团，统筹营运里运河、白马湖、西游记三大景区。与同程网、春秋航空携手打造线上线下多元营销平台，建立淮安旅游线上同程旗舰店+线下直营体验店的互动模式；引进上海艳阳天度假集团及知名台企，对温泉康养、观光农业等项目实行集团化经营。

（二）南京江宁区全域旅游创建彰显地域特色

一是形成全域旅游规划体系。按照“一带双核四廊六片区”空间布局，初步形成全域旅游规划体系，《江宁区“十三五”旅游产业发展总体规划》《江宁区创建“国家全域旅游示范区”规划纲要》已进入完善阶段，《江宁区全域旅游公共服务体系专项规划》《全域旅游示范街道（园区、社区、企业、院所）创建工作暂行办法》编制完成。同时，积极推进多规合一工作，加强旅游规划与土地利用、城市统筹、生态保护、美丽乡村等规划的有效对接。二是改革创新旅游管理和经营体制。加快旅游部门职能转变，使江宁旅游从单一部门管理向相关部门协同管理模式转变，并积极谋划组建旅游集团，构建政府与市场共同推进的工作机制。此外，政府与36个职能部门和所有街道、园区签订目标责任书，构建全方位、高效率的全域旅游规划执行体系。三是坚持“项目为纲”。制定旅游产业转型升级三年行动计划，按照“旅游+工业、农业、文化、生态、科技、教育、体育、医养”等“1+N”思路，每年切块不低于15%的土地指标，保障重点旅游项目用地需求，以五年投入不低于1200亿元的标准，规划开发一批文化旅游、生态观光、商务会展、休闲度假、乡村旅游等具有江宁特色的旅游项目，重点推进世茂梦工厂、华谊兄弟影视基地、牛首山二期等重大旅游项目建设。

二、在“旅游厕所革命”方面

（一）苏州市研发“游急便”系统

“游急便”系统通过微信公众号、服务号和手机App应用等，为游客和市民找厕所、用厕所、评厕所提供平台。该系统在为游客提供方便的同时，通过评级系统有效提升了苏州旅游厕所的管理和运营水平。目前系统内共搜集了全市2000多个厕所的数据资料和地理位置信息，其中对86个旅游景区、度假区、乡村旅游区内761个旅游厕所的数据精确到面积、设施设备和管理细节。截至9月底，系统共接收游客评价7000多条。

（二）南京市牛首山建设“牛首捌厕”

“牛首捌厕”由东南大学建筑设计研究院设计，充分展示了牛首山东方禅意元素和景观特色，将建筑技术和艺术风格融入厕所建设，分别以“地衣”“竹吟”“眺望”等名字对八个风格各异的旅游厕所进行命名。“牛首捌厕”既是厕所，也是一个综合服务体，在这里，游客除了可以舒适、干净的如厕之外，还能观景、休息和补给。自牛首山文化旅游区开放运营，别具一格的“牛首捌厕”很快吸引了广大游客和专业人士的关注和好评。全球性建筑网站ArchDaily、香港Gooood设计网站、国内点击率最高的建筑微信号《建筑技艺》分别给予重点介绍。2016年，“牛首捌厕”入选国际建筑设计网站“DesignCurial”评出的全球颜值最高公厕。

（三）徐州市与企业合作建设管理旅游厕所

徐州积极探索与大型企业、知名家装品牌企业合作，采取“一方建设场地、一方提供设备”的合作方式，充分发挥企业品牌优势，进一步拓宽旅游厕所建设管理的融资渠道。例如，新城区管委会与“法恩莎卫浴”“英特汉莎洁具”等知名品牌合作，在大龙湖公园新建厕所中引入企业文化，企业通过在厕所内提供专属品牌设备的方式，将其打造成该品牌实体体验区，达到广告宣传效果，从而实现与企业双赢。窑湾古镇景区在旅游厕所内增设自助售货机等方式，试点以厕养厕，初获成效。

（四）苏州市把高新技术运用到旅游厕所建设中

大阳山国家森林公园建成全球首座3D打印厕所，整个厕所通过3D打印技术，将复杂的传统建筑工序变成运用数字模型文件为基础的现代科技技术，不仅有效的提升建筑效率、缩短建筑工期、节省成本，且通过使用绿色环保材料展示大阳山“一片森林、一种生活”的品牌理念。苏州还把负压技术运用于环古城河厕所改造中，设置类似于烟道的风管，将室内臭气循环至除臭设备中，经负离子净化后，将干净无异味的新风由系统循环至室内。该技术的运用，极大改善了游客的如厕体验，也带动了旅游产业技术含量的提升。

三、在旅游交通方面

（一）“苏州好行”巴士投入运行

“苏州好行”开设7条线路，投入车辆70辆，配备驾驶员71名，导乘员62名，基本覆盖苏州市古城区的主要旅游景点、商贸区、交通枢纽和游船码头。巴士配备导乘、自助多国语言讲解系统、免费Wi-Fi、视频播放，以及相关景区和旅游产品的代售，并推出了好行定制游产品，受到游客欢迎。截至9月底，“苏州好行”旅游巴士运行秩序良好，市区旅游巴士共运送游客80余万人次，销售好行卡40.58万张，销售景点门票48414张。

（二）金湖打造全域旅游绿道

以创建首批国家全域旅游示范区的机遇，金湖县挖掘水文化优势，建设全长300公里的金湖全域旅游绿道，并在沿线对原有河湖管理所、村集体管理用房进行改造提升，建设47个集游客休憩、产品展销、智慧骑行服务等功能为一体的服务驿站，开通水上观光航线，建设绿道起点公园、陈家圩自行车越野挑战赛场，完善旅游公共服务，努力打造一条串联全县主要景区、乡村旅游区、美丽乡村、特色小镇的全域旅游景观廊道，成为一条金湖旅游富民黄金线。目前，金湖全域旅游绿道规划编制全部完成，绿道起点公园即将建成对外开放，驿站改造、道路提升、景观苗木种植等工程正在实施，将于2017

年年底建成对游客开放。

（三）苏州汽车西客站游客集散中心试运行

苏州利用客运西站打造“交通枢纽+旅游出行+购物中心”综合体，建成苏州首个一级游客集散中心，并于2016年6月25日试运行。集散中心配套2条轨道交通、1条有轨电车、20多路公交车，辐射10个4A级景区、1个5A级景区、1个国家旅游度假区和1个省级旅游度假区，是本地市民及外地游客的主要旅游集散地。集散中心内除了配套必要的交通、客运、商业设施外，还有全市最大的旅游咨询服务点、旅游形象旗舰店、旅游特产商品和旅游停车换乘系统等。中心引进苏州红枫国际旅行社，并将市区的五家汽车客运站及县市汽车站纳入为红枫国旅的分公司，各乡镇车站为红枫国旅的直营门店，统一门店装修，统一接待流程，开展旅游咨询、旅游接待、门票代售等业务。集散中心试运行四个月不到的时间，共计收客45000余人次，“苏州人游苏州”人数超过15000人。

（四）徐州建设完善旅游集散中心

徐州旅游集散中心暨徐州旅游服务中心是市委、市政府2015年重点工程，投资3000万元，利用食品城文博园彭祖楼副楼装修建设了室内面积5838平方米，停车场面积1万平方米，集旅游咨询、旅游产品销售、游客集散、游客娱乐体验、旅游商品展销、旅游餐饮等功能。该中心成功签约江苏马上游上市公司，对中心进行运营管理。2016年5月16日和徐州旅游OTA平台、徐州文旅集团同时揭牌启动正式投入经营。

四、在旅游投融资方面

近年来，江苏省旅游和财政部门持续加大对旅游业的投入，逐步构建了“财政拨款无偿投入、旅游产业发展基金有偿使用、旅游担保融资支持”的财政支持体系，形成了“三驾马车”助推江苏旅游业发展的新格局。

（一）设立旅游产业发展基金

2013年8月，为化解旅游企业特别是中小旅游企业融资瓶颈，在原来省级旅游产业专项引导资金的基础上，省财政厅和旅游局设立了全国首个旅游产业发展基金，从5000万元起步，目前已超5亿元规模，预计2020年将超18亿元。三年来，旅游产业发展基金累计支持旅游企业125户次，支持了70个旅游项目，累计投放基金贷款6.9亿元，投放率达138%，贷款回收率100%。通过基金的运作，撬动了超过60亿元社会资本，打造了宜兴篱笆园、大丰荷兰花海等一大批旅游精品项目。各市也积极探索旅游投融资模式，苏州计划在2017年设立旅游产业引导基金，由苏州市旅游局、苏州市财政局联合委托苏州高新集团托管基金，初期出资1000万元，苏州高新集团按照1：4比例配比出资4000万元，合计5000万元共同投资。

（二）设立旅游业融资担保机制

2015年，省财政厅、省旅游局与省信用再担保有限公司签订了《旅游业融资担保战略合作协议》，在省再担保公司内增设“旅游担保事业部”，正式启动江苏省旅游产业融资担保业务。自2015年起5年内，省财政每年安排不低于1000万元资金作为“省旅游担保业务风险代偿准备金”，运用代偿补偿等方式，增强担保公司抗风险能力，推动其与银行业金融机构深化合作，扩大银行对旅游业的贷款投入，化解旅游企业项目建设融资瓶颈。在省旅游业融资担保机制的运作下，2016年9月1日，“高邮经发债”第一期10亿元成功发行，票面利率3.65%，创2008年以来县级发债企业利率新低，与同期5年期项目贷款相比，每年将为企业节省财务成本1000多万元。此次发债总额为7年期16亿元企业债券，主要募投项目是扬州清水潭生态文化旅游度假区建设项目。

五、在智慧旅游方面

（一）开发江苏旅游客情监测与分析平台

联合江苏电信打造了全国首个以游客为中心的实时客流监测平台。该平台基于智能手机的大数据，分析全省13个市的旅游客流情况，并对省内76家主要旅游景区和50个旅游度假区实时对客流量、游客来源地、游客属性、客流对比，以及游客在省内各市及旅游景区停留时长进行分析比照。同时，基于游客互联网行为数据，对旅游品类关注度、景区热度、门票预订、游客网络餐饮住宿偏好等进行排名，全面掌握游客游前、游中、游后在互联网的完整行为偏好，为采集旅游数集、健全景区安全预警机制、加强游客引流疏导、精准广告投放区域及人群、制定个性化旅行线路、规划景区周边配套等工作提供决策依据。该系统被省信息化领导小组办公室评为“2016年全省信息化示范工程”。

（二）建立江苏网络舆情监测系统

2016年年初，和新华社合作建立全省旅游系统网络舆情报告机制，全天候对全省旅游系统网络舆情进行监测，推出舆情大数据及解读，对正面舆情、敏感舆情和热点事件进行分析及解读，每月制定一份《舆情月报》，并在国庆春节、五一、端午等假日和重大活动期间制定《舆情专报》。基于权威第三方采集的旅游市场舆情分析，江苏舆情报告受到省委宣传部、省新闻出版局等多个部门认可，江苏旅游舆情监测已成为上级领导和各级旅游部门掌握管控网络舆情的重要载体。

（三）支持和规范在线旅游企业发展

为助推现代信息技术在旅游企业中的广泛应用，江苏省制定了地方标准《旅游企业智慧旅游建设与应用规范》。同时，积极支持通信运营商、电子商务机构、高校科研院所、金融机构通过技术输出、资金投入、服务外包等方式参与智慧旅游发展。针对同程、途牛、马上游等一批发展势头良好的在线旅游服务商，主动了解企业发展需求和存在困难，做好相关服务和规范工作，积极扶持培育一批在线旅游企业的领头羊。

（四）开发旅游网络培训平台

对全省旅游培训资源和网络资源进行了整合，制定了旅游微课程制作试行规范，为全省旅游从业人员提供了“江苏旅游网络培训课平台”“江苏旅游培训”微信平台以及导游手机App客户端三大培训平台。为丰富和优化平台内容，更好地发挥我省旅游名校、名师和各地优质旅游教学资源作用，在全省开展了旅游培训微课程课件制作与征集活动，确定了一批制作优秀的微课程作为上线培训课件。

六、在旅游市场监管方面

（一）开展旅游诚信创建

以旅游景区、旅行社、旅游饭店、乡村旅游区（点）、旅游购物街区和旅游购物商店旅游为重点，旅游、工商等六部门联合开展诚信旅游创建工程。今年以来，按照第三方编制的创建指引和评分细则，积极开展创建工作，2016年度拟创建100家诚旅游示范单位。同时，举办了导游、领队人员诚信教育培训班，利用网络、电视、广播、报刊等媒体，发布旅游质量信息，宣传诚信旅游单位和个人典型，曝光旅游失信单位和个人，在全社会践行“游客为本，服务至诚”的行业核心价值观。

（二）倡导文明旅游

为发挥旅游在社会文明建设中的中心，我省旅游和教育部门联合以中小学生为重点，举行全省中小学生文明旅游教育“体验·分享”行动。此项活动以“我们的课堂在路上”为主题，设计了征文、书法、绘画、摄影、微视频等5种参与方式，学生可以根据自己的兴趣、特长，选择其中一种方式，围绕文明旅游主题，结合绿色、环保、礼仪等关键词进行创作，充分反映江苏各地的文明习惯、行为公约、道德素养。该活动充分利用江苏教育报刊总社410万的发行量，在《小学生数学报》《初中生世界》等报刊以及江苏旅游政务网等平台上进行全媒体宣传和展示，得到了全省中小学生的积极响应。目前共收到征文、书法绘画和摄影等参赛作品30000多篇幅，3万多个家庭积极参与。同时，江苏省鼓励规范发展旅游志愿者队伍，联合省文明办评选表彰了20名省级优秀旅游志愿者、10个省级优秀旅游志愿服务项目和10个省级优秀旅游志愿服务组织。起草编制《江苏省旅游志愿服务管理暂行办法》，支持主要景区、游客集散中心招募组建志愿者队伍，加强对志愿者的服务培训和管理规范。

（三）开展旅游价格成本调查公示

江苏省在黄金周和暑期等出游高峰期间，通过媒体对热门线路进行成本公示，为游客出游提供价格参考，指导游客理性消费。经过三年来的旅游热门线路成本价格调查公示，引导消费者正确选择旅游产品，防止游客在游玩过程中受到不必要的损失，从三年来江苏省质量监督办公室受理的旅游投诉情况来看，因消费者参加低价团遭受欺骗的投诉明显减少。

七、在旅游营销方面

（一）以旅游合作推动友好省州建设

6月26日，在美国檀香山，首届中美省州立法机关合作论坛会场，江苏省旅游局与美国夏威夷州旅游局签署旅游合作协议书，标志着江苏省和夏威夷州正式建立旅游合作关系。这也是夏威夷州旅游局与中国省级旅游部门签订的第一份合作协议。此次签订的协议包括两省州互为旅游目的地和客源地，积极推动两地居民往来，两地旅游部门将在市场开发、宣传促销等方面利用各自渠道互为对方提供支持和协助，分享旅游发展经验。江苏省与夏威夷州友好省州结好事宜已经提交夏威夷州友城委员会审议，有望在明年1月州议会审议通过。这一协议的签署，将有力推动江苏省与夏威夷州缔结友好省州关系。

（二）扬州面向全球发行旅游休闲卡

9月25日起，扬州正式面向游客发行旅游休闲卡。该卡的办理不限地域、不限国籍，游客凭有效证件都可以办理。扬州旅游休闲卡A卡和B卡售价分别为238元和298元，A卡可在瘦西湖等7家景区使用，B卡基本涵盖了扬州的主要景点，门票总面值超过1000元。扬州旅游休闲卡的办理突破了时间和空间上的限制，游客凭身份证等有效证件，随时随地可以办，线上线下同步办，也可以通过“扬州市市民卡”微信公众号线上办理虚拟卡。

八、在特色旅游方面

（一）常熟工业旅游快速发展

近年来，依托传统工业和现代制造业的优势，先后建成以隆力奇、波司登、梦兰为代表的工业旅游品牌，形成了以工业品牌带动旅游、旅游提升工业品牌影响的格局。2015年，全市工业旅游接待游客近100万人次，实现营收超过1.5亿元。一是统筹谋划，错位发展。发挥政府对工业旅游发展的主导作用，协调旅游、规划、商务等部门，加强统筹布局及政策、资金扶持，按照“一地一品”的原则，鼓励支持企业发展工业旅游精品。二是强化营销，整体推进。把工业旅游和传统经典旅游产品结合起来统一推介，主动邀请旅行社、主流媒体考察踩线，并借助沙家浜旅游节等热点节庆活动，不断扩大工业旅游知名度和影响力。三是规范服务，提升品质。以规范服务、提升品质为重点，推进梦兰集团形成一套规范的接待管理制度，指导隆力奇制定《工业旅游购物服务规范》，增强了企业标准意识、自我管理意识和服务意识。四是突出特色，擦亮品牌。重视旅游项目与文创的结合，如东方红木与台湾联合推出红木雕刻版《富春山居图》，圣百合开发常熟非物质文化遗产石梅盘香饼，綵衣堂文创推出常熟花边、苏绣等系列传统工艺品，丰富了工业旅游的文化内涵。强化互动体验，推出圣百合DIY“烘焙之旅”、东方红木雕刻之旅等产品，极大增强了工业旅游的趣味性和互动性。

（二）盱眙打响龙虾美食品牌

自2001年以来，盱眙以龙虾为核心吸引物，连续多年举办龙虾节，把龙虾打造成为盱眙旅游的招牌，成为游客必点菜肴和必购商品，实现了盱眙旅游经济强劲增长，实现了年游客量不足30万人次到300万人次的飞跃。

（三）旅游扶贫工作不断推进

认真贯彻国家旅游局旅游扶贫工作部署，实施“五个一”行动：成立一个旅游扶贫工作协调小组，切实增强对旅游扶贫工作的指导协调；开展一系列培训指导，包括乡镇党委书记培训、乡村旅游创客培训、组织专家送教上门等；推动一批度假区结对帮扶，协调组织苏州太湖国家旅游度假区等5家苏南度假区对5家苏中、苏北旅游度假区开展结对帮扶；实施一项跨省帮扶项目，组织江苏游客万人游伊犁旅游专列，向伊犁地区输送客源；选树一个旅游扶贫典型，连云港市厉庄大樱桃乡村旅游区管委会主任谢修振（国家旅游局乡村旅游扶贫在我省的六个观测点之一）获评“江苏省脱贫攻坚奖”。

建立综合管理体制　健全旅游业发展机制
——浙江省旅游业改革创新工作推进情况

一、旅游改革试点的部署与推进

旅游业是现代服务业的重要组成部分，影响面广，带动作用大，在国民经济和社会发展中具有十分重要的地位。加快旅游业发展，是我省深入实施“八八战略”、高水平全面建成小康社会和加快“两富”“两美”建设的重要抓手和有效途径，对于调结构、扩就业、增收入、优环境、惠民生具有重要作用。为解决制约旅游业发展的深层次矛盾，推动新形势下旅游产业跨越式发展，根据《国务院关于加快发展旅游业的意见》和《浙江省人民政府关于进一步加快旅游业发展的实施意见》，国家旅游局和省政府做出了推动旅游改革试点的一系列重要部署，2010—2013年，先后批准了舟山、桐乡为全国旅游综合改革试点，淳安、洞头、安吉、武义、仙居、遂昌为省级旅游综合改革试点，湖州、桐庐县富春江（芦茨）、桐乡乌镇、桐庐、江山、龙游为省级旅游专项改革试点；2015年，批准了湖州为首批国家级旅游业改革创新先行区试点，丽水、天台为省级旅游综合改革试点。根据《省委全面深化改革领导小组关于加强和规范改革试点工作的实施意见》（浙委办发〔2016〕49号）精神，2013年以前开展的各类改革试点已经完成或提前完成试点任务，退出转化为常态化工作。

试点工作开展以来，各试点市县党委政府和有关部门高度重视旅游改革试点工作，认真贯彻国家旅游局和省政府关于旅游改革工作的总体部署，以创新统筹职能、创新政策措施、创新产业引导为指引，以市县政府为改革主体，以旅游业体制机制为改革内容，以实现旅游目的地整体发展为主要目标，结合自身实际大胆探索、先行先试，旅游改革试点取得了一批具有突破性的成果，也形成了一批具有可复制可推广的经验，充分发挥了试点示范的突破带动作用，为整体推进我省旅游改革蹚出了路子、夯实了基础、指明了方向。

二、旅游改革试点的主要成效

（一）综合旅游管理体制进一步理顺

旅游业日益融合化、全域化发展的特征，迫切需要建立健全与大旅游、大市场、大产业相适应的旅游行政管理体制。在旅游改革试点中，各地结合实践探索构建综合性旅游管理体制。为强化旅游管理部门的综合协调职能，各试点市县基本实现了从旅游局到旅游委的转变，桐乡、遂昌、武义分别由市委书记、县委宣传部长、分管副县长兼任旅委党工委书记，安吉旅委专设旅游总规划师，武义旅委设置了由农办、国土、建设部门分管领导兼任的副主任；舟山、淳安、安吉、桐乡等实行了风景与旅游资源一体化管理体制，将原属城建部门的风景名胜区管理职能划归旅游委；桐乡、洞头、武义、桐庐等建立了由党政主要领导牵头的旅游工作联席会议制度或旅游工作领导小组，协调解决旅游发展中的重大问题，“一把手”抓旅游成为常态；桐乡、洞头、安吉、武义、江山等在乡镇（街道）成立了旅游委或旅游办，配备专职旅游管理员，进一步理顺了乡镇（街道）旅游发展体制；湖州、安吉、武义等建立了旅委代表政府对涉旅部门和乡镇（街道）年度综合目标考核机制，旅委作为经济考核主体的职能进一步强化。旅游改革试点市县的旅游管理体制改革起到了良好的示范带动效应。目前，全省共有32个市、县（区）设立了旅委并相应增强了综合协调职能，对推进旅游资源管理一体化、旅游产业融合化、旅游景区全域化、旅游市场规范化具有重要意义。

（二）旅游产业用地政策进一步突破

受制于用地类型的划分，旅游用地一直是制约我省旅游潜力释放的重要掣肘。旅游改革试点工作推开后，桐乡加强用地方面的改革，把旅游用地纳入省“新型业态用地改革试点”范畴，建立旅游项目用地计划单列制度，对涉及旅游项目的土地出让指标给予倾斜，每年安排新增建设用地指标不少于500亩；安吉明确优先保障“浙商回归”和省级重点项目、优先保障纯旅游用地、优先保障项目先建区块旅游用地“三个优先”原则，确保有限资源发挥最大效益；遂昌提出每年旅游项目用地计划指标不少于全县年度用地计划指标的30%，且优先安排，对于重大旅游项目，实行“一事一议”政策；湖州在土地流转方面，通过落实当地农民的安置、补助政策、“坡地村镇”建设用地试点等，积极争取旅游用地指标，盘活利用农民旧房、闲置厂房与校舍等闲置资源，用于农家乐经营和管理。湖州、丽水把推进旅游产业用地改革作为开展国家旅游业改革创新先行区试点、省级旅游综合改革试点的重要内容，在国土资源部、住建部、国家旅游局出台的《关于支持旅游业发展用地政策的意见》基础上，正在积极探索并建立符合本市旅游产业发展特点的旅游土地利用和管理制度，努力为省级层面推进旅游产业用地改革提供可复制可推广的经验。

（三）旅游与相关产业融合进一步深入

旅游改革试点推动了旅游部门从单一行业管理向促进旅游大产业发展转变，为旅游与相关产业融合发展提供了制度保障。试点市县大力推进旅游与三次产业的融合，加快培育农业观光旅游、工业体验旅游、商贸购物旅游、商务会议旅游、休闲度假旅游、文化体育旅游等新兴业态。桐乡旅委专门成立产业融合部，全力推进产业融合工作，探索形成以“一业驱动四化”的产业融合发展模式。即：以旅游业驱动新型农业化，使农业向旅游观光、休闲农业转型升级；以旅游业驱动新型工业化，发展游艇、房车、直升机等旅游装备制造业；以旅游业驱动新型城镇化，推动濮院时尚旅游购物小镇、石门乡村休闲体验小镇和崇福运河文化小镇建设，使农村就地变城镇、农民就地变工人、产业就地转型；以旅游业驱动服务业现代化，借力旅游激活毛衫、皮草、家纺等专业市场，结合旅游大力发展文化创意、总部经济等现代服务业。旅游产业融合发展，推动区域经济华丽变身，成为打造区域经济升级版的重要引擎。

（四）全域化旅游进一步推进

试点市县坚持用景区化的理念推进城乡建设，构筑区域大景区，推动“景点旅游”向“全域旅游”转变。桐庐立足打造县域大景区，首创“风景桐庐”规划，并编制完成夜间景观、水系景观控制规划、绿道系统规划等近20项“风景桐庐”建设相关子规划，深化美丽乡村全覆盖工程，突出“一村一品”“一村一韵”主题，积极建设5条乡村风情带，实施森林村庄、鲜花村庄、花园庭院、风景田园等试点工程，串点成线、连线成片，不断丰满全域景观。淳安围绕“国际旅游重要目的地”“中国休闲度假首选地”的定位，整合全县旅游资源，把全县作为一个功能完整的旅游目的地来建设，制定全县景区化规划及住宿业发展、自驾车旅游发展、千岛湖风景分区规划等专项规划，在全县布局形成“一城一湖一圈多点”的全域化大旅游格局，整合并深度挖掘旅游元素，积极打造姜家旅游副中心，推动旅游从湖区向周边辐射，景点从县城向农村延伸，变传统的湖区游为全县游。随着全域旅游的深入推进，旅游经济对区域经济发展的作用更加凸显。

（五）旅游特色品牌进一步打响

试点市县通过旅游管理体制改革，增强旅游市场开发力量，推动旅游营销一揽子运作，为打响区域旅游整体品牌形象奠定了基础。淳安、洞头、安吉、桐庐等专门建立旅游推广中心，武义成立政府主导、企业参与的旅游联合营销中心，天台依托天台山旅游集团公司整合旅游营销资源，形成了旅游一体化营销新格局。试点市县通过做精节庆营销，做强事件营销，做细网媒营销，做实实地营销，做优产品营销，加快开拓境内外旅游市场，形成了一大批旅游特色品牌形象，淳安千岛湖“湖泊休闲”、洞头“海岛休闲”、安吉“美丽乡村”“竹海风情”、武义“温泉养生”、仙居“神山秀水”、遂昌“乡村休闲”及桐庐“中国画城、潇洒桐庐”、天台山“佛宗道源”等特色品牌形象的知名度和美誉度逐步提升。

（六）旅游发展环境进一步优化

旅游管理体制改革后，旅游行业管理职能得到进一步加强。旅游管理部门既加强了对旅游经营者、参与者行为的监管引导，也加快完善了旅游公共服务体系，提高人民群众对旅游的满意度。试点市县积极推进旅游基础设施建设，构筑绿道网，发展智慧旅游，增强全域宜游功能。遂昌实施旅游产品打造、服务质量提升、综合环境优化、旅游标准化示范、旅游人才培训、导游形象提升、服务品牌塑造、旅游信息化等服务创优八大工程，着力创建“中国最佳旅游服务县”。安吉启动旅游公共免费Wi-Fi试点建设，武义启用集政务、商务、体验、App、客户端、微信于一体的智慧旅游平台，加快步入信息化旅游时代。在完善旅游公共服务的同时，各地调配力量成立旅游执法大队，强化旅游综合执法，加强旅游安全保障，规范旅游市场秩序。通过一手抓市场监管，一手抓公共服务，确保旅游市场持续健康发展。

（七）旅游发展潜力进一步释放

拟定旅游产业发展政策，推进旅游行业体制改革，是旅游委等旅游管理部门的重要职责。试点市县把旅游业作为战略性支柱产业和现代服务业放到更加突出的位置，积极创新完善旅游发展政策。桐乡提出建设“中国旅游第一大县”，2013—2017年市财政每年安排6000万元旅游业发展专项资金并逐年有所递增，对新开发景区由门票收入形成的营业税地方留成部分实行两年内全额奖励、后三年按50%奖励等政策措施。桐庐出台全域旅游发展政策，县财政每年安排专项资金2亿元用于美丽乡村及全域旅游建设。遂昌制定出台多项扶持政策，对于重大旅游项目，可实行“一事一议”政策，并鼓励机关事业在职人员兼职从事导游工作等。洞头开展海岛“直通车”试点，加快推进旅游重大项目审批和建设。在各项旅游发展政策的引导和支持下，旅游经济发展潜力进一步释放，市场活力进一步增强。

三、可复制推广的主要经验

（一）行政管理体制上，通过部门管理向综合管理转变适应旅游业综合性特征

从试点市县旅游管理体制改革的实践来看，从“局改委”到风景旅游一体化，从建立旅游工作联席会议制度到组成旅游工作领导小组，从成立乡镇（街道）旅游办到实施目标考核，都在不同程度地实现了旅游管理从单一部门管理向部门联动的转变，强化了综合协调、产业促进、资源统筹、服务监管等职能。以旅游委为主要模式的大旅游管理体制，能够推动各类旅游资源的有效整合，促进旅游与相关产业加快融合，有利于推进旅游的全域化发展，增强旅游经济对区域经济的支撑带动作用；有利于加强旅游市场监管，提高人民群众对旅游的满意度。

（二）产业发展机制上，通过平台建设和要素流动实现旅游资源的优化配置

在旅游改革试点中，各地结合实践探索不同形式的产业发展机制。桐乡、洞头等组建了旅游发展公司，打造政府融资平台，通过投资引导撬动社会资本参与旅游投资建设。江山积极探索推进旅游基础设施和公共服务的PPP投融资模式，促进旅游投资由政府投入向多元化投入转变。遂昌积极探索村企合作、引导众筹等方式，对外积极对接资本大市场，探索投融资模式的突破；积极助推两家旅游类企业成功挂牌“新三板”，成功探索了一条通过资本市场实现资源变资产，资产变资本，资本证券化的有效路径。桐庐充分利用农村闲置房等资源，积极推进“空心村二次创业”，以“整村流转、整村打造”的模式打造精品民宿村，使原本沉睡的资源焕发了新活力。

（三）发展空间布局上，通过旅游功能区、多规合一等方式推动旅游全域化

各试点市县在旅游发展空间布局方面，初步实现了旅游业态的统筹，设立以旅游产业为主要发展业态的发展区域，并在规划和实践中将旅游发展与区域发展融为一体。舟山设立普陀山—朱家尖产业功能区，按照功能集中、要素集聚、产业集群要求，推进整体开发和联动发展。安吉坚持规划统领，按照全县作为“泛自然博物园”来规划建设的要求，旅游部门主动牵头落实“县域大景区”建设工作任务。在旅游改革试点市县的示范带动下，有大量致力于全域旅游发展的地区都在大力推进“多规合一”模式，以旅游业引领区域经济社会的全面、协调发展，推动旅游全域化。

（四）公共服务体系上，通过智慧化、整合化方式推动公共服务设施与项目建设

在旅游公共服务体系建设方面，结合综合交通体系建设、智慧旅游服务与监管平台、旅游厕所革命、旅游集散中心、咨询服务中心、绿道体系建设等，既满足了游客的需求，又为当地居民提供了共享性、智慧化的公共服务。淳安作为我省首批省级智慧旅游试点县，累计投入约3200万元，构建智慧服务、智慧管理、智慧营销“三位一体”智慧旅游体系。桐庐坚持主客共享的理念推进公共服务设施与项目建设，随着全域旅游的推进，旅游基础设施从景点景区拓展到了全域，旅游设施也成为公共服务产品，为全域旅游增加的骑游绿道、山体公园、游步道、步行廊道等设施和休闲区块，让本地居民在闲暇时间有了更多的游憩空间。

（五）市场治理模式上，通过建立综合管理体制提高市场治理的有效性

面对散客化旅游时代的到来，针对旅游广泛的空间移动性和广泛的消费综合性所

带来的旅游管理挑战，各试点市县提出了有效的解决办法。桐庐推进旅游综合执法模式改革，建立以旅委、市场监管、发改（物价）、公安等部门组成的旅游综合执法办公室；成立全域旅游巡回法庭，建立纠纷调解与快审机制，完善景区消费维权联动机制与“110”快速处置机制；设立全域旅游警察大队，全县重点景区和重大平台设立8个警务室，加大对全县景区景点动态巡查，健全投诉受理机制，建立旅游接处警制度，统一游客投诉入口；建立旅游数据中心，加强对旅游大数据的收集和分析，旅游服务监控中心实现对19家旅游景区的全天候监测。

四、旅游改革下一步的努力方向

（一）进一步推进旅游管理体制改革

创新旅游行政管理体制，推进旅游业发展，首先要把旅游业纳入“一把手”工程，建立政府主导机制。建立和完善以旅游委为主要模式的旅游管理体制，实现从行业管理到综合目的地统筹发展转变，积极推进更多地区成立旅游委。局改委不是简单的名字更换，更重要的是职能的充实。旅游行政管理体制改革的核心是完善机构、充实职能和加强人员配备。应从法规规章上赋予旅游委员会对旅游产业统筹、对相关部门综合协调、牵头对旅游市场联合执法以及对公共核心资源掌控等方面的职能，更好地体现旅游“综合产业综合抓”。

（二）进一步优化旅游发展空间布局

加大供给侧结构性改革，增加有效供给，引导旅游需求，实现旅游供求的积极平衡。积极推进“旅游+”融合力度，形成综合新产能。创新旅游规划管理，加强旅游规划与经济社会发展规划、城乡规划、土地利用规划、主体功能区规划以及交通规划等的有机衔接。积极推进“多规合一”，在新型城镇化规划中充分考虑旅游需求，彰显旅游元素，营造旅游空间，增强宜游功能，实现公共服务一体化。按照旅游目的地标准，推进城镇和乡村建设，发展有历史记忆、地域特色、民族特点的旅游特色小镇、旅游风情小镇和美丽乡村，把旅游基础设施和公共服务建设从景点景区拓展到全域，推进旅游全域化发展。

（三）进一步创新旅游管理方式方法

创新旅游景区管理体制，探索推进旅游景区所有权、经营权、管理权分离。建立有利于旅游度假区发展的体制机制，参照经济开发区管理体制，增强旅游度假区管委会统筹协调能力。进一步理顺旅游管理部门、旅游度假区管委会、旅游发展公司等的关系，形成旅游行业管理、开发建设、经营管理的合力。积极推进全域旅游的综合法制治理机制，支持各地设立旅游警察、旅游巡回法庭、工商旅游分局，以及与交通等相关联的联合治理机制。鼓励应用信息化手段，提高旅游行业管理和应急处理能力。发挥旅游行业协会作用，加强旅游市场诚信建设，营造诚信的消费环境。推动导游必须由旅行社委派的封闭式管理体制向导游依法自由有序流动的开放式管理转变，实现导游执业的法制化和市场化。

（四）进一步健全旅游产业发展机制

以“三张清单一张网”为重点，进一步推进简政放权，提高旅游行政管理效能，努力使浙江成为全国综合投资环境最好的省份之一。加快推进旅游领域政企分开、政事分开，引导国有旅游发展公司独立经营管理，建立现代企业制度。推动旅游市场向社会资本全面开放，推行公私合营（PPP）等合作方式，鼓励社会资本参与旅游产业投资。破除市场分割的行政壁垒，营造旅游企业公平竞争的市场环境，推进旅游市场主体做大做强，发挥市场在资源配置中的决定性作用。积极推进旅游用地政策改革，鼓励各地在旅游产业用地规划管控、分类管理、“坡地村镇”、设施用地等方面进行探索和尝试。

加快供给侧结构性改革　推动旅游业转型升级
——安徽省旅游业改革创新工作推进情况

近两年以来，安徽省旅游行业紧紧围绕国家旅游局和省委、省政府的决策部署，开拓创新，积极作为，着重在旅游精准扶贫、旅游执法、皖南国际文化旅游示范区建设等方面改革创新了一些做法，取得了一些成效。

一、突出抓好旅游精准扶贫

2016年以来，为深入学习贯彻习总书记视察安徽重要讲话精神，我局主要负责人带队，沿着总书记足迹，先后深入金寨县大湾村、滁州小岗村等地，调研乡村旅游发展和旅游精准脱贫，在旅游精准扶贫上推出了一系列重要举措，取得了明显成效。

（一）召开了全省旅游扶贫工作会议

提出组织实施“3451”工程（到2020年，建设300个乡村旅游扶贫宜游重点村，带动40万贫困人口脱贫，突出5条路径，抓好10项重点工作），对全省旅游精准扶贫、精准脱贫工作进行了全面部署安排，提出支持贫困人口通过获取自主型经营收入、劳务型工资收入、配套型生产收入、股权型分红收入、帮扶型互助收入实现精准脱贫。

（二）出台了指导性文件，加大了支持力度

起草《关于乡村旅游扶贫工程的实施意见》并以省政府办公厅文件印发（皖政办〔2016〕11号），成为安徽扶贫攻坚“1+20”配套政策之一。同时出台了《关于进一步促进乡村旅游提升发展的意见》（皖旅〔2016〕37号）。今年省旅游发展资金按不少于40%的比例，通过以奖代补的形式下达市县，推动乡村旅游重点基础设施和公共服务设施建设，用于支持贫困村规划编制、旅游厕所、停车场、标识牌建设。

（三）启动了规划编制工作

受国家旅游局委托，牵头组织编制《鄂豫皖大别山片区旅游扶贫规划》，即将完成初稿；启动了《安徽省“十三五”乡村旅游扶贫规划》编制工作；组织专业团队为4个

国家级旅游扶贫试点村和1个对口贫困村免费编制了乡村旅游规划。

（四）确定了旅游扶贫重点村

按照精准到村、到户、到人的要求，组织16个市摸排统计并汇总了具有良好旅游资源、具备旅游开发条件的贫困村以及贫困人口数量，从全省776个宜游村中选取302个村作为省级旅游扶贫重点村，涉及全省68个县、268个乡镇、贫困人口15.8万人。同时推进观测点建设，目前已有6个贫困村纳入国家观测点，正在与国家局对接观测点建设具体标准和要求，启动剩余44个观测点筛选工作。

（五）启动了对接帮扶工作

召开了“百企百村”对接帮扶策划会，对旅游企业如何开展精准扶贫、推动村企合作进行了探讨，先期已有部分旅游企业与相关扶贫村进行了初步对接。近期将在安徽旅游网设置网页，发布对口扶贫302村基本情况和开展活动的信息。

（六）开展了旅游扶贫宣传推介活动

举办“沿着总书记足迹前进——发现别样安徽”旅游扶贫推介活动，全省50个贫困村参加现场推介；成功发布安徽十大乡村旅游线路、6条安徽古道旅行线路、6条安徽研学旅行线路。

（七）启动了旅游教育扶贫工程

借助安徽省旅游学校教育资源，组织开展大别山区100名旅游类专业免费招生、100名贫困人口免费技能培训。组织全省25个乡村旅游扶贫重点村党支部书记（村主任）参加了国家旅游局第三期乡村旅游扶贫专题培训，并做了交流发言。

（八）总结了一批乡村旅游扶贫典型

在金寨、岳西、凤阳、谯城、砀山等县区深入开展了乡村旅游扶贫调研活动，初步总结了休宁县琅斯村、岳西县黄尾镇、金寨县大湾村、金寨县小南京村、凤阳县小岗村、谯城区晨光村等一批乡村旅游精准扶贫的典型。

二、推进旅游巡回法庭建设取得突破

今年，我局与安徽省高级人民法院联合召开了“促进和保障安徽旅游业健康发展工作会议”，并出台《关于旅游纠纷诉调对接工作的意见》（皖高法〔2016〕201号）《关于进一步促进和保障安徽旅游业健康发展的意见》（皖高法〔2016〕270号），对全省旅游法庭建设和旅游案件审判进行了全面的专题研究部署，这在安徽旅游发展史上和安徽法庭建设史上都尚属首次。目前，我省设立风景区法院1个、风景区旅游法庭29个、风景区巡回法庭4个，其中，含山县褒禅山景区旅游巡回法庭等10家法庭为首批“安徽省旅游示范法庭”。2015年12月14日，全省首个旅游综合行政执法分局——金寨县旅游综合行政执法分局成立，集中行使旅游、治安、市场监管、物价、交通运输等涉及旅游市场秩序方面的行政管理权。下一步，我们将继续加大工作力度，与各级法院创新旅游法庭、巡回法庭、时令法庭“三庭”便民机制，力争今年年底前实现省内A级景区旅游法庭或旅游巡回法庭全覆盖，实现旅游纠纷就地立案、就地审理、就地调解、就地执行。

三、旅游地方标准体系和诚信体系建设成效明显

大力推进旅游标准化，今年我局出台了我省第一个行业标准化管理办法——《安徽省旅游标准化工作管理办法（试行）》（皖旅办〔2016〕53号），10月14日，安徽省质监局发布了安徽省2016年标准化十大事件，《安徽省旅游标准化工作管理办法（试行）》名列其中。我局与安徽省质监局联合制定《关于加快推进安徽省农家乐旅游标准化建设的实施意见》（皖旅〔2016〕36号）。另外，启动制修订9项26个地方旅游标准，组织编写1个国家标准和3个旅游业行业标准，复审了归口旅游专标委的71项地方标准（含7项计划），废止39项（含6项计划），初步形成了山岳型风景区、乡村旅游、全域旅游和健康旅游等安徽地方标准体系。合肥市、西递宏村第三批全国旅游标准化试点取得成效，13家企业省级服务标准化试点进展顺利。

按照国家旅游局关于推进旅游诚信体系建设系列要求，我局在合肥市三河古镇开展了旅游餐饮“诚信菜单”试点工作，并于2015年11月18日通过召开新闻发布会的形式向社会公布了“三河古镇诚信菜单”。“诚信菜单”涵盖了三河古镇6大特色菜系和景区内餐饮40多种菜品和点心，对每份菜品和茶点统一标注了价格上限和计量下限。该试点工作在三河古镇推开以来，不但规范了旅游餐饮行业管理、提升了服务质量，而且优化了旅游诚信经营的良好氛围，得到了社会各界的充分肯定和好评。因此，今年3月份我局印发《关于推广三河古镇“诚信菜单”试点经验的通知》，在全省范围内加以推行和普及。目前，我省六安、安庆、黄山、池州等地均在积极推行旅游餐饮“诚信菜单”。同时，发布了安徽省2015年度旅游诚信“红黑榜”，推出首批10个安徽金牌旅游小吃和10个游安徽不得不吃的皖菜。

四、突出抓好旅游小镇建设

将旅游小镇纳入重点旅游项目库调度管理，目前全省在建旅游小镇87个，总投资513亿元，今年上半年完成投资72.5亿元，同比增长11.5%，占全省重点旅游完成投资额

的11%。其中，重点项目包括芜湖新华联鸠兹古镇，总投资100亿元；铜陵天井小镇，总投资60亿元；宿州隋唐古运河小镇，总投资65亿元；蚌埠五河彩色田园小镇，总投资50亿元；黄山齐云山小镇，总投资50亿元；淮北运河古镇，总投资25亿元；黄山汤口温泉小镇，总投资15亿元；合肥汤池小镇，总投资10亿元；马鞍山采石古镇，总投资5亿元。黄山市在全省率先出台了《关于加快特色小镇建设的实施意见》，制定了《2016年特色小镇建设工作方案》《特色小镇规划编制指南》等具体可操作性文件。目前，我局会同省有关单位正在组织编制《安徽省旅游特色小镇专项规划》《安徽省特色旅游小镇标准》《安徽省特色旅游小镇建设工作方案》等，并拟于年内推出首批10个特色旅游小镇，发挥典型引路、示范带动作用。

五、加快皖南国际文化旅游示范区建设

2015年7月，安徽省促进旅游业改革发展领导小组在黄山召开皖南国际文化旅游示范区第一次联席会议，通过了示范区一体化行动纲领；2016年5月，在池州市召开皖南国际文化旅游示范区第二次联席会议暨全域旅游工作会议，部署推进皖南示范区建设。围绕“建设一批国际水准的旅游精品景区、打造一批国际化旅游精品线路、创造一批顺应世界潮流的旅游业态、发展一批具有国际竞争力的特色旅游商品、培育一批具有国际经营实力的领军企业”，省政府办公厅印发了《皖南国际文化旅游示范区“五个一”行动计划》（皖政办〔2016〕36号），提出到2020年，“五个一”行动计划项目投资突破6000亿元，国内外游客接待量突破4.6亿人次，入境游客突破800万人次，培育5至10个世界级文化旅游品牌，皖南示范区旅游总收入突破7000亿元。同时，建立了《皖南示范区“五个一”行动计划项目清单》（皖旅改〔2016〕3号），出台了《将皖南示范区打造成为全域旅游先行区的意见》（皖旅改〔2016〕2号），提出实施全域旅游规划编制、全域交通体系推进、全域休闲服务设施建设、全民创新创业、全域特色品牌建设、全域智慧旅游完善、全境旅游服务优化等“七大工程”，到2020年，将皖南示范区核心区各县（市、区）创建成为“国家全域旅游示范区”。

六、扎实推进旅游业供给侧改革

为进一步提高旅游产品供给质量，今年8月上旬，我局成立了由万以学局长任组长的全省A级旅游景区服务质量专项整治行动领导小组，印发了《安徽省旅游景区服务质量专项整治行动实施方案》，开展了为期50多天的专项整治行动，同时，省局还成立了6个工作组，重点围绕景区的环境卫生、公共厕所、标识系统、停车场、经营环境和治安环境6个方面，对全省560个A级景区实行全覆盖服务质量专项检查。芜湖方特主题公园获批国家5A级旅游景区，六安万佛湖景区晋级5A景区网上公示程序结束。年内拟创建

省级旅游小镇、旅游综合体项目各8个，自驾车、房车营地3个，省级旅游休闲特色街区10个，研学旅行示范基地6个，中医药健康旅游示范基地6个，工业旅游基地5个，体育旅游示范基地4个。进一步完善旅游公共服务，推进智慧旅游发展，制定出台了《安徽省智慧旅游建设顶层设计方案》《安徽省智慧旅游发展三年行动纲要（2016—2018）》和《安徽省智慧旅游建设规范》，安徽旅游产业监测指挥调度中心建设正式启动，安徽旅游App上线运行，旅游数据中心项目进入招标程序，与新华社安徽分社合作推进的“皖游通”触摸屏在部分市县开工。继续深入推进旅游厕所革命和旅游标识牌建设，截至目前新建、改扩建旅游厕所498座，在建446座，完成旅游标识牌1275块。7月份，安徽省物价局出台了《安徽省旅游景区门票及相关服务价格管理办法》（皖价服〔2016〕97号），重新明确了政府定价范围、门票价格优惠政策和政府价格主管部门监督管理职责，进一步规范旅游景区门票及景区内垄断性交通运输等相关服务价格秩序，保障旅游者和经营者的合法权益。

七、黄山市旅游相对集中行政处罚权试点工作情况

去年以来，黄山市先后被列入国家级旅游业改革创新先行区、国家全域旅游示范区创建名单，以此为契机，黄山市在旅游管理领域率先探索相对集中行政处罚权试点。近日，黄山市批复同意设立黄山市旅游管理综合执法机构，这标志着该市旅游管理领域相对集中行政处罚权试点工作取得阶段性成绩。

（一）目前试点工作推进情况

今年年初开始，黄山市立项旅游管理领域相对集中行政处罚权试点工作。市长挂帅试点工作领导组，多次主持召开专题会议，明晰改革的方法步骤，科学制定试点方案，努力建立职能配置合理、运作协调高效、执法行为规范、执法保障有力的旅游综合执法机制。9月6日，安徽省人民政府法制办批复黄山市部分区域开展旅游管理领域相对集中行政处罚权试点工作，同意在屯溪区、黄山风景区、黄山区、黟县的部分区域开展旅游管理领域相对集中行政处罚权试点工作。

一是全面梳理处罚权限清单。根据黄山市实际情况，通过与法制及各涉改部门协商、对接，按照以问题为导向原则，对涉旅监管部门比较直观、不需要专业技术鉴定的行政处罚权项目逐项评估，确定每个项目相对集中的必要性和可行性，梳理形成了含旅游、工商、物价、食药、公安、交通、体育、文化（文物）等八个部门的拟集中的行政处罚权力共88项处罚权项目及执法依据清单。

二是出台试点工作规范性文件。开展试点工作，相对集中涉旅8个部门的全部或部分行政处罚权，变多头分散单一执法为一家集中综合执法是一项重大的改革举措。为有效巩固改革成果，科学划分管理与执法部门权限，制定了《黄山市旅游管理相对集中行

政处罚权暂行办法》，明确了执法主体、执法范围、执法规范、执法保障监督等内容，现已按照规范性文件制定程序报法制办合法性审查。

三是起草执法权限移交备忘录。对接、协商各涉改部门，起草执法权限移交备忘录范本，明确移交的权力事项明细、试点区域的具体范围、双方的权利义务、移交时间等，确保综合执法工作的顺利衔接，实现无缝对接。

四是确定机构设置和人员编制。召开市编委会，研究确定市及试点区县旅游综合执法机构设置、人员编制方案；积极对接省编办落实市旅游管理综合执法局挂牌批复事项，及时挂牌成立市级及黄山区、黟县旅游管理综合执法局。

五是配备人员和装备。八个涉改部门各派一名法制指导员到综合执法局指导协助工作一年；公开招考、选调、择优录用旅游综合执法人员；根据工作需要，采取统一招录的方式聘用旅游综合执法辅助人员；设计统一执法制式服装和标志标识，配备必要的执法车辆、调查取证设备、防护用具等执法装备并规范管理。

六是开展综合执法资格认证培训。根据依法行政的总体要求，已组织第一批旅游综合执法人员（108人）资格认证培训。在旅游综合执法人员到岗到位后，将适时组织第二批旅游综合执法人员资格认证培训，确保执法人员持证上岗，执法主体合法。

（二）旅游综合执法机构设置

试点工作实施后，组建具有独立行政执法主体资格的旅游管理综合执法局，挂牌在市及区县本级旅游行政主管部门，集中行使八个职能部门在旅游管理领域的88项行政处罚权。

黄山市本级旅游管理综合执法局挂牌在市旅游委员会，下设黄山风景区旅游管理综合执法分局和屯溪区旅游管理综合执法分局。市旅游管理综合执法局增设法规处，在市旅游质监所加挂市旅游管理综合执法支队牌子。各级旅游管理综合执法局为政府的组成部门或工作部门，行政执法人员为国家公务员或全额拨款事业单位正式在编人员，其工作经费列入本级财政预算。

（三）试点工作的主要成效

一是一个部门执法，一个公章处罚。黄山市旅游管理综合执法局集中行使八个部门的行政处罚事项达88项，其中旅游部门涉及旅行社违规经营或超范围经营、无证从事导游、导游人员欺骗或胁迫游客消费等35项，工商部门涉及发布虚假旅游广告、生产或出售假冒伪劣旅游商品、强买强卖等11项，物价部门涉及变相涨价或违规收费、操纵市场价格、违法违规牟取暴利等25项，食药监管部门涉及经营变质过期食品等4项，交通部门涉及无证营运、采取欺骗手段揽客、旅途中擅自变更运输车辆等8项，公安部门涉及客运车辆超载等2项，体育部门涉及擅自经营高危体育项目等2项，文物主管部门涉及刻画、涂污或损失文物等1项。行政处罚权相对集中后，相关部门不得再行使已经统一由旅游综合执法局集中行使的行政处罚权，仍然行使的，做出的行政处罚决定无效。

二是突出重点区域，强化试点保障。为确保试点成功，根据省政府法制办批复，黄山市选择在重点旅游景区较为集中的区域先行先试。目前的试点区域为屯溪区、黄山风景区（含汤口镇）、黄山区和黟县。这些区域集中了世界遗产地黄山、黟县的西递和宏村等29家A级以上旅游景区和黄山市火车站、高铁北站等主要游客集散地。

三是加强试点工作协调，建立联动机制。试点工作实施后，市、区县两级政府将建立以市政府市长为召集人的联席会议制度和部门协调联动机制，定期协调解决执法争议，推动形成规范协调、精简高效、保障有力的旅游管理行政执法运行机制。

四是统一投诉受理，提升游客满意度。为方便游客投诉，市旅游管理综合执法局将建立统一的旅游投诉受理和处置平台，实行一个平台受理、一个平台交办、一个平台回复，努力提升游客的满意度和旅游体验度。

黄山市“旅游管理领域相对集中行政处罚权”改革后，旅游领域行政执法由多部门间外部循环变为旅游综合执法机构内部循环，旅游市场监管、执法、查处实现“三统一”，将彻底解决旅游市场监管中涉旅各部门在职责上存在的多头管理、交叉执法、执法推诿扯皮、体制机制不活的困境，全面提高旅游综合执法效率和市场综合监管水平。

紧抓改革创新　全面推进全域生态旅游省建设

——福建省旅游业改革创新工作推进情况

一、创新全域旅游创建工作

福建省作为全国较早开展全域旅游试点工作的省份之一，紧紧抓住国家大力发展全域旅游这一契机，坚持以创新、协调、绿色、开放、共享五大发展理念为引领，结合旅游供给侧改革，重点指导列入国家全域旅游示范区创建名单的16个市、县（区）开展全域旅游创建工作，并及时总结经验在全省推广。福建平潭综合实验区、武夷山、泰宁、东山、永春、屏南、永定、连城、仙游等9个市（区县）列入首批国家全域旅游示范区创建名单，厦门、永泰、尤溪、武平、德化、建宁列为第二批创建单位。在此基础上，福建还将周宁、福鼎、邵武等县市区列为省级全域旅游试点县市，形成全域旅游梯队发展、点面覆盖的发展格局，全面推进福建全域生态旅游省建设。

福建省委、省政府高度重视发展全域旅游，省政府颁布的《关于进一步深化旅游业改革发展的实施意见》和《福建省“十三五”旅游业发展专项规划》中，都将全域旅游作为重点工作任务之一，明确提出按照发展全域旅游的理念，建设福州、厦门两个国际旅游城市，到2020年，全省初步建成10个国家全域旅游示范区和一批全域旅游试点县（市）。福建省启动全域旅游建设以来，进一步解放思想，实事求是，改革创新，大胆实践，先后出台了一系列扶持发展政策，加强全域旅游理念推广和发展引导，加大了对全域旅游试点县市的资金扶持，夯实发展全域旅游的基础。

全省各地发展全域旅游热情高涨，相继推出了各项务实举措。厦门市召开2016年全域旅游推进会，全面推进“全域旅游”发展战略，打造国内知名游览会展城市，着重在每个区培育一个龙头游览区，布局建设邮轮、游艇、帆船、自驾车营地等新业态产品，打造与农业、工业、文明、体育等相交融的跨界旅游产品体系，并全面提升旅游公共服务体系。永定区紧紧围绕构建美丽、开放、幸福的国际旅游目的地目标，按照构建“一核两翼”旅游格局，实施全域旅游发展战略，做好“文化旅游+”文章，加大旅游供给侧改革，实现从“要永定保护”向“永定要保护”、从自然发展到自觉发展、从以煤富民到以旅富民、从小景点向大景区、从单一观光游向打造多元化旅游产品、从粗放型管理向精细化服务、从表层文化挖掘向文旅深度融合、从传统营销向立体营销、从单一互送客源向永台深化合作、从自永定发展向引智合作，取得显著成效。尤溪县以旅游业带动三产发展，以三产发展提升一产、二产，在更高平台上促进三次产业融合、协调发展，以打造“我家在景区”为目标，积极发展全域、全要素、全产业链的旅游业，加快打造休闲、度假、观光型的全域旅游。

各地学习借鉴一些先进地区的经验和做法，结合本地实际，着手制定全域旅游发展规划、政策意见、实施方案、行动计划和扶持政策。在全域旅游发展理念的推动下，福建旅游产业保持良好发展势头。2016年前三季度，全省旅游业总体运行状态良好，全省累计接待游客21616.86万人次，同比增长17.1%；实现旅游总收入2673.34亿元，同比增长23.0%。“全域生态旅游”正成为福建旅游产业继“旅游厕所革命”之后的新一轮创新性革命。

二、创新旅游综合管理体制改革（《福建省旅游条例》立法工作）

2016年7月29日福建省第十二届人民代表大会常务委员会第二十四次会议审议通过了新修订的《福建省旅游条例》，新条例于9月1日起施行，2002年3月通过的原《福建省旅游条例》同时废止。

旅游法治建设是国家法治体系建设的有机组成部分，依法兴旅、依法治旅是深入贯彻国家旅游局“515战略”和省委、省政府加快旅游业改革发展的决策部署，实现“把福建建设成为我国重要的自然文化旅游中心和国际知名的旅游目的地”总目标的重要法制保障。“十三五”时期，是中央支持福建加快发展的重大战略机遇期，是全面建成小康社会的决战期，是全面深化改革的攻坚期，也是我省旅游业科学发展、跨越发展的黄金发展期。2015年全省累计接待游客2.67亿人次，比增14.0%；实现旅游总收入3141.51亿元，比增16.0%，各项主要经济指标均高于全国平均水平，超额完成“十二五”规划既定目标，旅游综合带动效应凸显，为我省旅游业进一步转型升级打下良好基础。

新条例的颁布实施正当其时，必将推动我省旅游供给侧结构性改革，对丰富旅游产品供给、完善旅游配套设施、加强旅游市场监管、提高旅游服务质量起到有力促进作用，加速我省旅游产业科学发展、跨越发展的进程。

新条例坚持“创新、协调、绿色、开放、共享”的发展理念，立足我省旅游业发展实际，把促进旅游业持续、快速、健康发展作为立法的核心目标，同时把旅游资源和环境保护作为立法的重要关注点。新条例更加突出以问题为导向进行立法，增加法条的针对性和可操作性，发挥好立法的引领和推动作用。新条例共分九章六十七条，重点对旅游管理体制、综合协调机制、旅游规划、资源保护、旅游开发、旅游促进、旅游公共服务体系建设、乡村旅游与民宿、带薪休假、旅游者权益保护、旅游经营规范、旅游交流合作、旅游安全、旅游投诉受理、旅游行业监管、旅游经营者信用评价等方面做出明确规定，具备综合法、促进法和规范法的特征。

（一）明确发展总体格局，理顺管理体制

旅游业是现代服务业的重要组成部分，也是战略性产业之一，在社会经济发展全局中的地位日益凸显。当前我国正处于工业化、城镇化和农业现代化发展时期，日益增长的大众化、多样化的消费需求，为旅游业发展提供了新的动力和机遇。条例明确要求树立科学的旅游观，将有效保护旅游资源和生态环境作为发展旅游业的前提，并且提出发展旅游业应当突出地方特色，坚持政府引导、社会参与、市场运作的原则，实现生态效益、经济效益、社会效益相统一。

旅游产业构成要素复杂多样，涉及部门多，强化有关部门的旅游服务和监管职能，是优化旅游发展环境，确保旅游业健康发展的重要措施。为了强化政府领导、旅游主管部门与其他部门分工协作的旅游管理体制，条例从三个方面做出了规定：一是规定政府应当加强对旅游业发展工作的领导，将旅游业纳入国民经济和社会发展规划。省人民政府以及旅游资源丰富的设区的市和县级人民政府，应当建立健全由政府主导、有关部门参与的旅游业发展综合协调机制，并设立旅游发展专项资金，将其纳入财政预算，加大对旅游业的投入和扶持力度。二是规定旅游主管部门负责旅游业的指导、协调、管理和监督工作，其他有关部门按照各自职责，做好旅游业发展的相关工作，推动旅游业与其他产业融合发展；三是建立联合执法工作机制，协商解决联合执法中的重大、突出问题，查处违法违规行为。

（二）突出促进保障旅游业快速发展

旅游业产业链长、涉及面广、综合性强。我省旅游业要做到高标准发展，跨越式发展，需要政府引导和各部门的大力支持。条例对促进与保障我省旅游业发展的主要措施作了全面详尽的规定。

一是强化规划引导，完善旅游发展规划管理。条例明确旅游发展规划编制的主体和程序，要求编制规划应当突出地方特色并广泛听取意见。强调旅游规划与相关规划的衔接，要求政府及相关部门在编制或者调整相关规划时，考虑旅游业发展的需求，征求旅游部门的意见。

二是创新发展理念，加快转变旅游发展方式。条例植入“旅游+”“1+X”等产业融合的理念，要求政府推进旅游与相关产业融合发展，创新乡村旅游、体育旅游、水上旅游、养生旅游等旅游产品，推动休闲度假旅游与观光旅游共同发展。大力倡导区域旅游一体化，对跨行政区域且适宜整体利用的旅游资源，规定应当由共同的上一级政府编制或者相关政府协商编制统一的发展规划，协调解决旅游规划实施中的重大问题。要求省人民政府及相关部门推进跨区域旅游合作和资源整合，消除跨区域旅游服务障碍。为加大旅游业对外开放力度，条例专门设置“旅游交流与合作”一章，支持旅游市场对外开放，建立与海上丝绸之路沿线国家和地区的旅游协

作机制，提高旅游对外交流与合作水平。特别是要充分利用我省区位和渊源关系等优势，加强与台港澳地区的交流合作，促进闽台港澳旅游资源与产业要素相互融合发展。

三是加强保障措施，完善旅游发展扶持政策。条例专设“旅游促进与保障”一章，从旅游基础设施和公共服务体系的建立完善、旅游信息化建设、旅游形象推广、旅游业标准实施、旅游商品研发、用地用海用林保障、旅游交通、人才培养、金融支持以及落实职工带薪休假制度等多个方面作出规定，加大对旅游业发展的扶持力度。

四是依托资源优势，发展旅游新业态。条例鼓励单位和个人利用我省特色旅游资源，开发海洋旅游、乡村旅游等新型旅游业态的发展，推动我省旅游产品向观光、休闲、度假并重转变。条例还就支持开发建设平潭国际旅游岛作了专门的规定，要求省政府及有关部门加大支持力度，完善旅游基础设施和服务体系，推行国际旅游服务标准，力争将平潭打造成为国际知名的旅游目的地。

（三）加强资源保护，实现可持续发展

旅游资源在开发过程中，由于缺乏规范，往往受到不同程度的影响和破坏，影响其“重复使用性”，严重的甚至给旅游资源造成永久性破坏。同时，旅游资源的开发还涉及周边环境的保护。加强旅游资源及周边生态环境的保护和管理，是旅游业可持续发展的根本保证。

条例明确规定旅游资源保护利用应当遵循可持续发展的原则，科学规划、依法管理、严格保护、永续利用。明确政府应当将旅游资源列入旅游发展规划，划定保护范围，对其实行保护，逐步开发，对具有福建特色的重要旅游资源要加大保护力度。条例规定旅游开发不得破坏旅游资源，开发旅游资源、项目应当进行环境影响评估。不得建设对环境有害的项目或者损害景观整体效果的设施。同时，条例强调要加强生态保护的宣传教育力度，要求政府及其有关部门、新闻媒体开展旅游公益宣传，提高全社会健康、文明、环保、安全的旅游意识，并鼓励旅游经营者使用新能源、新材料，创建绿色环保企业，开发生态旅游产品。

（四）规范旅游经营行为，提高服务水平

旅游活动涉及“行游住食购娱”六个环节，条例在上位法及其他法律法规中已有规定的基础上，针对旅游业发展的新情况新问题，对相关环节的旅游经营行为做了进一步的规范。

在“行”的方面，鼓励符合资质条件的旅游运输企业申请跨区域旅游包车运营，规定经批准从事旅游运输的车辆可以按照旅游合同或者旅游包车合同的行程安排，在车籍所在地和旅游目的地之间通行；旅行社租用客运车辆、船舶，应当选择具有旅游客运资质的运输企业并签订合同。

在“游”的环节，条例对景区管理做出了一系列规定，主要涉及应急处置机制、门票价格、景区讲解、配套设施建设、等级宣传等方面的内容。规定景区应当建立突发事件、高峰期大客流应对处置机制；在醒目位置公示门票价格、另行收费项目的价格及团体收费价格，对依托公共资源兴建的景区门票以及景区内另行收费项目，应当实行政府指导价，拟收费或者提高价格时，要依法举行听证会；景区应当合理设置必要的旅游服务配套设施，设置导向标志、服务设施标志和地域标志，公示咨询、投诉和救助电话等。

在“住”的环节，条例将民宿纳入调整范畴，明确了民宿的法律地位，回应了民宿经营者和广大旅游者的普遍需求。条例将民宿界定为有别于宾馆饭店等传统旅馆的一种新型业态，并对民宿的开办区域、房屋性质以及与当地特色资源相结合等方面作了具体的规定，填补目前我省民宿法律地位的空白。同时要求政府制定相应的政策措施，及时协调解决民宿发展中的问题，引导、支持和推进民宿业的发展；有关部门应当简化手续，提高办事效率。

此外，为了提高旅游服务质量，加强市场诚信建设，营造诚信、文明、有序的旅游环境，条例要求政府建立健全信用管理制度，做好旅游经营者信用信息采集、披露和分类评定等工作，实施对旅游经营者和从业人员奖励、惩戒等信用管理。对严重失信的旅游经营者，条例规定除依法予以行政处罚外，不再享受政府相关优惠政策，并将其列为重点监督检查对象，进行重点专项监督检查并向相关部门以及银行、证券、保险等机构通报。

（五）坚持以人为本，保障旅游者合法权益

条例坚持以人为本，将旅游者放在第一位，紧紧围绕旅游者权益保护，确定相关制度规范，解决广大群众关心关注的旅游购物、价格欺诈等突出问题，真正做到让群众更加放心，更加满意。

条例要求旅行社安排旅游项目和购物场所，应当在旅游合同显著位置清晰标明；要求旅游经营者提供商品和服务应当明码标价，不得以购物消费代替团费，不得进行价格欺诈或强迫消费，这些都是旅游者在旅游活动中经常涉及的问题。

条例还从制度设计上为旅游者营造良好的旅游环境。比如，要求政府做好旅游安全工作，建立完善旅游安全综合监管及救援保障体系，特别是在旅游目的地发生可能危及旅游者人身安全的情况时，应当及时进行评估并发布风险提示和预警信息；要求旅游经营者加强对旅游者的安全警示教育，对可能危及安全的情况，要及时采取防护措施或者加以劝阻，要求国家5A级景区配备专业的医疗和救援队伍；要求政府明确统一的旅游投诉受理机构，并对处理投诉的程序和时限等问题做出具体的规定。

三、创新旅游基础设施（旅游集散服务中心）建设

（一）总体情况

为适应旅游业蓬勃发展、游客数量逐年递增的新形势，满足游客必要的旅游公共服务需求，2014年以来，我局牵头在省内高铁沿线中心城市以及旅游品牌县、旅游强县，布局建设一批集旅游集散、咨询、换乘、投诉处理等功能为一体的旅游集散服务中心。旅游集散服务中心建设已连续三年（2014—2016年）列为省委、省政府为民办实事项目。2014年建成14家，2015年建成13家，今年已建成4家，截至目前，全省已建成31家旅游集散服务中心，预计年内建成13家旅游集散服务中心，到年底全省将累计建成40家。

（二）做法成效

一是精心规划布点。结合全省旅游产业创新提升规划，按照全省高铁、高速、机场、车站、码头等交通枢纽与全省重点景区、旅游目的地、邮轮码头、轮渡、大公交实现无缝接驳的需求，对旅游集散服务中心进行系统规划布点，在省内高铁沿线中心城市以及旅游品牌县、旅游强县优先进行布局建设。二是实地调研督查。组织专项检查组，由局领导亲自率队，深入各设区市，实地察看旅游集散服务中心建设现场，听取当地工作汇报，协调推进项目落实。三是举办业务培训。举行全省旅游集散中心建设培训会，邀请专家到会讲解基础设施建设的各个程序、环节工作要点，提出旅游集散中心建设的具体要求，强调客运和旅游功能的配套完善。组织各设区市和平潭实验区旅游部门负责人，赴上海、杭州学习旅游集散服务中心的建设、运营先进经验。四是开发项目系统。应用网络和信息技术，开发为民办实事建设项目管理系统。各个项目建设单位可通过网上平台实时填报建设进度，实现项目建设的网上跟踪督查。五是研究制定标准。结合我省实际需要，制定《福建省旅游集散服务中心等级划分细则（试行）》。从建筑要求、设施功能、接待服务、运营管理等四个方面，对集散中心建设提出具体明确要求，指导、规范各地提升旅游集散服务中心的建设、运营、管理水平。六是拨补建设资金。通过财政资金支持引导项目建设，按建设标准进行分级补助，2014年全年共下拨旅游集散服务中心建设专项补助资金2920万元，2015年拨补1990万元，2016年拨补1400万元，三年共下达专项资金6310万元。

四、推进旅游厕所革命

自2015年国家旅游局实施“厕所革命”以来，福建省旅游局认真贯彻中央领导、省委领导关于旅游厕所建设的批示和指示精神，全面落实国家旅游局的工作部署，将推进全省旅游厕所革命作为全省旅游工作的重中之重，作为优化“清新福建”旅游公共服务

体系的一个重要环节，采取有效措施，切实抓紧、抓实、抓好，努力打赢旅游厕所革命这场“攻坚战”。

一是以重视促落实。省旅游局高度重视旅游厕所工作，两任局长多次组织召开专题会，研究贯彻全国旅游厕所工作会议具体措施，向省政府分管领导做了专题汇报，分管副省长做出重要批示。落实工作责任制，由局长亲自抓、分管领导具体管、相关处室抓落实，指定专人负责旅游厕所数据填报、信息报送和督查督办等工作。

二是以对接促联动。局领导采取走访和约谈的形式，主动对接各设区市政府分管领导，请各地列出责任清单，尽快启动实施旅游厕所建设。通过主动对接地方政府后，各地积极响应，各设区市政府领导先后做出批示指示，福州等设区市政府已将旅游厕所工作列入年底绩效考核，南平市将旅游厕所建设纳入市政府督查室重点督查内容，同时将旅游厕所建设列入全市创业竞赛考核内容，每季度进行督查。

三是以会议促完工。2015年3月，省旅游局召开了全省旅游厕所工作专题会议，就旅游厕所布局、规划、标准、建设和管理等工作进行具体部署，要求各级旅游部门把厕所革命作为重中之重工作来抓，强化“精品工程”意识，加快建设进度。2015年10月，在南平邵武市召开全省旅游厕所现场会，表彰厕所建设先进单位，进一步推进旅游厕所建设。2016年3月，在泉州惠安县召开全省旅游公共服务项目建设推进会，传达全国旅游厕所工作推进会精神，对2016年全省旅游厕所建设做出具体部署，要求各设区市旅游局在保质保量前提下，加快旅游厕所施工进度，确保如期完成建设任务。

四是以奖励促干劲。为充分调动各地开展旅游厕所工作的积极性，省旅游局专题研究并协调省财政厅出台旅游厕所奖励政策，用以扶持全省旅游厕所项目建设，每座新建厕所补5万、改扩建厕所补2万，2015年至今已补助4733万元。同时，指导各设区市旅游部门，积极争取地方政府支持，发挥财政资金的杠杆作用，支持引导厕所项目建设。福州、厦门等市政府从市级财政资金中切出一块专用于旅游厕所建设，对新建并达到1A级标准的旅游厕所每座奖励10万元，达到2A级标准的旅游厕所每座奖励20万元，达到3A级标准的旅游厕所每座奖励30万元。

五是以督查促建设。多次由省旅游局领导分片带领相关处室负责人组成专项检查组，深入各地，全面开展旅游厕所建设情况督查工作，通过实地察看旅游厕所主体建设、内部装修等，详细了解项建设进展情况，确保项目建设按时序推进。同时，通过全国旅游厕所建设管理系统，及时、全面、动态掌握全省各地旅游厕所项目建设进展情况，建立工作QQ群，及时协调和解决旅游厕所建设过程中遇到的困难和问题，积极推动全省旅游厕所建设管理工作。

六是以通报促重视。结合全国旅游厕所管理系统填报数据和实地抽查结果，定期进行一次书面通报，向各设区市、县（市、区）政府及社会通报各地旅游厕所建设改造情况、存在问题及下一步工作要求，分析汇总全省新建、改扩建旅游厕所中未动工、已动工、计划建设等级、总投资、累计投资等数据，调动各地旅游厕所项目建设比学赶超的积极性，强力督促推动各地加快旅游厕所建设进度，确保完成年度旅游厕所建设任务。

七是以整改促达标。今年5月初至6月中旬，省旅游局组织设区市旅游局通过采取全面自查和重点督查相结合的方式，认真查找各地在旅游厕所建设管理方面存在的问题，逐一列出存在问题的项目清单、登记在案，制定整改方案，落实整改责任，细化整改措施，明确完成时限，力争通过整改达到国家旅游局《旅游厕所质量等级的划分与评定》中的相关要求。年底前，省旅游局将指导各设区市旅游局制定首批验收方案，组织检查组，对各地已完工的旅游厕所逐一进行验收，不走过场，实事求是，认真填写检查情况表，向项目业主单位客观反馈验收结果，对于未达到标准的项目，提出整改意见，限期整改。

五、创新旅游扶贫

我局认真贯彻落实福建省委、省政府《关于推进精准扶贫打赢脱贫攻坚战的实施意见》的战略部署，充分发挥乡村旅游在扶贫攻坚战中的重要作用，以乡村旅游资源为支撑，围绕促进农民脱贫增收致富的核心，坚持整体推动、精准施策，加快推动乡村旅游扶贫工作。2015年，我局联合省扶贫办积极向国务院扶贫办和国家旅游局推荐上报58个全国旅游扶贫试点村，确定52个村被列入全国旅游扶贫试点村。2016年8月，国家旅游局在河北省张家口召开全国乡村旅游与旅游扶贫工作推进会。大会上，我省上报的寿宁县下党乡下党村、福鼎市磻溪镇赤溪村、政和县星溪乡念山村等15家旅游扶贫规划示范成果、景区带村、能人带户等示范项目受国家旅游局表彰。

（一）逐一核查，摸清家底

一是开展调查摸底。根据国家旅游局下发的《关于开展乡村旅游扶贫工程基础情况调查摸底工作的通知》（旅办发［2016］25号），对省扶贫办梳理的2200个建档立卡贫困村进行深入调查摸底，通过设区市、县（市、区）旅游部门层层把关审核后，完成线上填报工作。目前，我省向国家局申报的具有旅游资源的贫困村共计472个，其中建档立卡贫困户10485户，涉及贫困人口37783人，着重做好300个重点村的调查摸底。二是抓好精准识别。精确掌握扶贫村、扶贫户、扶贫人口的具体情况，梳理贫困人口的贫困成因，明确贫困村的乡村旅游开展资源与条件，以及已形成的乡村旅游开发项目与招商项目等。2015年，国家旅游局在全国选择了153个有条件发展乡村旅游的建档立卡贫困村作为首批观测点。其中，我省确定6个扶贫村作为全国乡村旅游扶贫工程观测点，分别是：福鼎市磻溪镇赤溪村、建宁县濉溪镇高峰村、邵武市大埠岗镇竹源村、漳平市象湖镇杨美村、寿宁县下党乡下党村、永泰县嵩口镇溪口村。通过各点观测，准确反映乡村旅游精准扶贫实际成效；三是加强台账管理。建立省级乡村旅游扶贫数据库，对扶贫对象动态、精准扶贫措施到户到人、脱贫成效状况实行管理，打造政策发布、市场信息汇集、脱贫动态监测、政府引导调控等功能于一体的信息管理系统。

（二）精准规划，全面覆盖

一是组织公益规划帮扶。组织动员省内外旅游规划单位免费帮扶建档立卡村制定乡村旅游规划，现有省内外20家旅游规划单位认领我省52个建档立卡旅游扶贫试点村。二是科学合理规划。各规划单位对扶贫村的旅游功能区空间布局进行了相对合理的设计，项目设置比较科学，兼具可操作性，同时设计了乡村基础设施配套体系、扶贫模式和运营管理模式，对规划区后续的科学开发与建设起到一定的指导作用。三是精准调查。精准规划必须建立在精准调查的基础上，比如南平政和念山村在规划中对区域内的贫困户进行了彻底调查和研究，针对性地提出了以发展民宿、休闲农业和旅游商品加工为主要方向的发展道路。

（三）多措并举，注重实效

一是强化政策扶持。省、市、县三级政府为贯彻落实脱贫攻坚战役，相继制订出台了加快旅游业发展的意见，将乡村旅游作为旅游发展的重点，明确了资金、政策、人才等各项保障措施。二是强化部门扶持。2016年我局联合省发改委制定《福建省乡村旅游扶贫工程2016—2020年实施方案》，征求11个相关部门意见，以形成旅游精准扶贫合力，重点帮扶52个全国旅游扶贫试点村，每个扶贫村补助60—90万元，共下达4350万旅游扶贫专项资金，并要求各地配套扶贫资金，主要用于试点村游客中心、停车场等基础设施项目建设；三是强化地方扶持。南平市出台了《南平市促进旅游产业发展扶持政策》，对评定为福建省乡村旅游休闲集镇的给予20万元一次性奖励，对评定为福建省乡村旅游特色村给予10万元的一次性奖励。新罗区出台了《新罗区旅游局脱贫攻坚战役实施方案》，2016年安排30万元旅游产业资金对6个建档扶贫村进行帮扶，同时对扶贫村乡村旅游业发展加强业务指导。

（四）创新模式，助推扶贫

根据各村实际情况，开展多样化的旅游扶贫模式，有针对性地创新扶贫载体，创新发展“生态+文化”、“景区+农家”、“农庄+游购”等模式，争取旅游扶贫效果最大化。一是“生态+文化”模式，是以美丽乡村为载体，把农村生态资源和农村特色文化融入乡村旅游，做好多元经营文章，促进乡村旅游拓展内涵、彰显特色、提升品质。邵武市大埠岗镇竹源村以“花香世界、森林人家”为目标全方位打造，进行了乡愁馆、包糍文化展示馆、樱花园、特色景观游步道，村容村貌整治等大量的景区建设，面貌发生了巨大的变化，吸引了大量游客的到来。二是“景区+农家”模式，是以景区景点为依托，鼓励周边农民包装农家庭院建筑，发展休闲观光农业，参与旅游接待服务，形成景区与农家互促共荣的乡村旅游发展格局。长汀县庵杰乡在旅游景区的强势推动下，共培育了农家乐、森林人家、游客接待专业户近30家，培育旅游商品生产企业6个，开发旅游特色产品8个，建成旅游商品门店12家。庵杰乡汀江源龙门景区不仅保护了青山绿水，优化了生态环境，更带来了经济效益，让绿水青山为群众脱贫致富的“金山银山”，使昔日穷乡僻壤之地短短几年变成了闽西旅游重镇。三是“农庄+游购”模式，整合城乡资源优势，积极培育乡村休闲大农庄，在休闲观光旅游的同时积极发展旅游购物，开发旅游特色商品，打造集休闲、观光、购物等于一体的游购式乡村旅游产品，提高乡村旅游发展效益。永定区信美村结合乡村旅游精准扶贫，合作社引导、带动村内22户建档立卡贫困户种植台湾热带水果莲雾、红肉火龙果、波罗蜜等，结合休闲、采摘开办农家乐和农庄，经营民宿等。合作社通过以点带面，示范带动，激发了其他村民通过旅游致富的热情，合作社也获得利润28万元，实现了合作社和农户双赢的预期目标。今年上半年村游客人数达到5万人次，旅游收入突破800万元。

（五）典型示范，引领扶贫

强化典型示范带动，形成上下同心、多方共赢的乡村旅游扶贫工作浓厚氛围。一是景区带动示范。赤溪村立足生态，依托太姥山、九鲤溪等旅游资源，引进福建省太姥山万博华旅游开发有限公司，投入6000多万元进行旅游景点开发建设。带动赤溪村200多户群众参与旅游经营，走出一条“生态立村、旅游富村”的旅游产业扶贫致富小康路，年接待游客达到14万人次，农民人均纯收入从2009年的3200元增加到1.2万元。二是规划成果示范。下党村按照规划单位对旅游功能区空间布局的合理策划，以旅游扶贫建设项目“6+1”为重点，创立“下乡的味道”乡村食堂。创造一个新的扶贫模式“乡村食堂+农场主+贫困户”，农场主提供食材给乡村食堂，再聘贫困户来放羊、养鸡，以增加贫困户收入。2015年，来到下党参观学习及乡村游游客达到5万多人次，游客团达到800多次。农民人均纯收入9400元，比建乡初增长了47倍。三是革命老区带动扶贫示范。永定区汤湖村系原中央苏区，福建省最早的农村团支部就诞生在这里，汤湖村通过“支部抓公司、公司带农户”方式，形成“支部发动、公司带动、村民联动”产业发展体系，以旅游为突破口，借助旅游精准扶贫，突出客家文化特色，大力发展乡村旅游，拓展农民脱贫致富渠道。2015年游客人数达到18万人次，旅游收入5400万元。

（六）突出特色，优化产品

乡村旅游产品体系是乡村旅游的核心，要注重构建以周末和小长假为主的乡村度假产品体系，进一步扩大乡村旅游的卖点，打造具有乡村特色的旅游产品。一是开发一批在地美食，重点扶持一批农民经营的乡村特色餐厅，挖掘传统美食、绿色美食文化，开发游客参与体验美食制作等项目，成为游客到乡村游的首选。比如永安市曹远镇霞鹤村以丰富的农耕文化元素，利用在地食材，为宾客提供鱼宴、笋竹宴及地方特色风味等绿色生态餐饮服务，使霞鹤村实现“农区变景区、田园变公园、劳动变运动、产品变礼品”的四个转变，真正走上“生态美、百姓富”的发展新路。二是提升一批在地特色商品，把开发乡村旅游特色商品纳入全省旅游商品的规划，组织专家系统地挖掘在地资源，培育富有地方特色的系列旅游商品。比如长汀县庵杰乡抓好旅游产品开发，力求“购”得丰富。开发旅游特色产品8个，建成旅游商品门店12家。先后开发了富有竹乡地方特色的竹制工艺、“红茶、绿笋、白莲子”三大系列“龙门三宝”旅游商品，并成立了汀江源淘宝店，销售旅游产品和土特产品。三是培育一批在地特色民宿，盘整乡村的闲置资源，鼓励农民把有条件的古民居和旧房改建成民宿；比如泰宁县水际村成立家庭旅馆协会。采取统一诚信品牌、统一对外经营、统一服务要求、统一安排客源、统一收费标准“五个统一”发展模式，入会家庭旅馆68幢，拥有床位960个，年接待餐饮、住宿游客15万余人次，营业收入900余万元，户均收入6~8万元。

六、创新旅游投融资

（一）省级旅游专项资金重大竞争性扶持项目

创新省级财政旅游专项资金使用模式，提高资金使用效率，改变原有补助资金“撒胡椒面”模式，采取竞争性扶持方式，每年重点扶持山区、滨海旅游项目各1个，省级财政补助3000万元，地市财政配套3000万元，合计6000万元，以发挥资金杠杆作用，保障项目建设进度，2014—2016年，全省共扶持湄洲岛滨海旅游提升工程、连城冠豸山生态旅游示范区、古田临水宫景区开发项目、泰宁全域化旅游建设项目等4个重大旅游项目，累计带动投资28.61亿元。

（二）举办全省旅游投融资促进培训班

于9月26—28日在福州举办全省旅游投融资促进培训班。列入我省“十三五”规划、行动计划以及竞争性扶持等综合性重大旅游项目、旅游龙头企业及相关投资公司负责人，各设区市旅游局、平潭综合实验区旅游发展局有关领导和业务骨干近100人参加培训。

一是强化新业态旅游项目创意策划规划，全面对接中央和省政府的产业扶持政策。邀请北京大地风景旅游景观规划研究院专家辅导旅游新业态项目以及传统景区转型发展的策划创意和规划思路；邀请省发改委社会处、省财政厅金融处负责人逐项讲解中央与省级预算内投资及基础设施专项建设基金、政府与社会资本公共合作（PPP）发展政策及操作实务；邀请国开行福建分行评审处介绍全域旅游项目融资新政，对接旅游基础设施、小城镇和乡村旅游等项目建设。二是支持银政企投融资全平台合作，积极拓展旅游投融资新领域新途径。邀请省证监局、中信银行总行、兴业证券总部、海峡股权交易中心等重点金融机构负责人普及基础业务，介绍旅游投融资新产品和成功经验，引导银企深化投融资对接合作，全面辅导旅游企业股权交易、基金股权投资，以及租赁、债券、上市、并购、借壳等当前主要融资方式及其操作实务，讲解多层次资本市场最新形势与挂牌上市政策，深入分析当前我省旅游企业务实开展旅游新领域投融资工作的有效途径，对未来我省旅游企业发展具有很强的针对性和指导性。三是突出转型升级和新业态项目，涉及面广，专业性和权威性强。培训前，进行广泛调查摸底，征求旅游企业需求，与相关金融机构协商授课内容，提高培训的针对性和有效性。围绕转型升级和新业态项目，突出创意策划规划、国家发展政策、主要旅游投融资产品以及企业上市融资等最新资讯。授课专家都是各领域业务处室的主要负责人，中信银行专门从北京邀请总行业务处长、兴业证券总部、海峡股权交易中心总经理等重点金融机构相关负责人到会授课，实践经验丰富，侧重旅游投融资实例分析。四是银政企积极性高，达成多起旅游投融资合作意向。相关专家与金融企业还利用培训间隙及课后积极与学员互动和交流，达成多项进一步洽商和投融资合作意向。

七、创新旅游市场综合监管

一是建立旅游市场综合监管机制。列出部门责任清单，形成综合监管旅游市场的良好机制。联合工商部门开展专项整治，净化旅游市场环境，积极开展打击“不合理低价游”和强迫购物消费行为专项行动，营造了安全稳定的旅游市场秩序。

二是强化市场动态管理。近年来取消多家不达标星级饭店和旅行社的等级，进一步促进旅游企业优化内部管理，提升服务质量，开展诚信经营。全省游客满意度连续多年高于全国平均水平，在国家旅游局和中消协通报的2015年度十大旅游反面典型案例中，我省没有出现一例。

三是率先实施“放心游福建”旅游服务承诺。上半年，发动全省A级景区、旅行社等参加优质服务承诺活动，签订优质服务承诺书。已有800多家旅游企业签订了优质服务承诺书，共同营造“自然环境清新、社会环境清新、工作作风清新”的良好氛围。联合工商局、省物价局下发《关于开展“放心游福建”旅游服务承诺工作的通知》，针对旅游投诉实施“一口受理、限时办结、先行赔付”的“放心游福建”服务承诺，全省依托12315作为旅游统一投诉受理平台，与全国旅游投诉热线以及其他旅游投诉热线联通，负责旅游咨询、投诉、举报及意见建议收集和分办转办等。投诉承办单位接到旅游投诉必须在24小时内主动联系投诉人，启动处理程序；对于事实清楚、证据充分、索赔法律依据明确的投诉（简称“快处先赔”投诉）在7个工作日内办结，并答复投诉人。对于未在7个工作日内办结的“快处先赔”投诉，承办部门通过“放心游福建”旅游理赔基金会实行先行赔付。截至10月8日，承诺实施顺利，全省旅游系统共受理投诉114件，已结案94件，结案率达82.5%。

四是制定《推进旅游市场秩序监管随机抽查实施方案》。对旅行社、导游和领队开展随机抽查，并及时公布抽查结果。将旅游行业市场秩序监管与部门诚信体系建设、旅游市场秩序综合水平指数等工作结合起来，综合运用行政处罚、信用惩戒等措施，加大对违法失信行为的惩处力度，强化随机抽查威慑力，引导相关市场主体自觉守法。

五是在门户网站上设置“诚信旅游”专栏。通过设立公示榜，弘扬先进，曝光违法违规行为，把旅行社、星级饭店、导游、领队置于社会舆论监督之下，为消费者和经营者提供直观、可信的旅游企业和从业人员的服务质量、信誉情况，有效树立了行业内好的典型，并对违法违规行为予以惩戒。

八、创新文明旅游

一是督导旅行社把握签约组团环节的双重教育、旅途行程环节的领队导游一岗双责等“关键环节”，严格落实责任分工。各组团社在组团时都将“游客文明旅游承诺书”作为旅游合同附件一并签订，约束游客文明旅游行为。严格落实旅行社行前说明会制度，将文明旅游宣传引导与旅游安全教育有机结合，宣讲文明旅游。同时，要求20名以上出境旅游团队中选取1名文明督导员，率先垂范，全程督导，对不文明行为及时规劝和制止。

二是确定“清新福建最美记忆共同缔造”作为我省文明旅游工作的主题，持续落实《清新福建文明旅游行动方案》和《福建省提升出境旅游文明素质方案》，开展文明景区（点）行动、文明行业创建行动、文明旅游主题行动、文明旅游交通保障行动、文明旅游宣传引导行动、文明旅游教育行动等“六大行动”。搭建“清新福建，星光灿烂”文明旅游典型网络推选平台，开展文明旅游景区、旅行社、酒店、游客、导游和从业人员的典型推选，共245个单位和个人参评，同时组织开展“为中国加分”文明旅游公益行动暨2016年万名文明游客征集活动等，在社会上产生积极影响，有效弘扬正能量。

三是在福建省旅游局门户网站设立“文明旅游专栏”，搭建文明旅游交流平台，展示全国文明旅游先进单位和“好导游”“好游客”等先进事迹材料，并对不文明行为及时进行曝光。制定全省统一的文明旅游宣传牌，在所有旅行社门市部悬挂，将文明旅游和旅游行业核心价值观固化、统一宣传。联合省文明办编制《福建出境文明旅游简明读本》，制作行李牌、充电宝等文明旅游宣传品，文明旅游宣传折页等，聘请十大主播作为“清新福建文明旅游形象大使”。

四是建立文明旅游“红黑榜”制度，实施《旅游不文明行为记录管理暂行办法》，对具有警示意义的不文明行为进行曝光，大力营造有德光荣、失德可耻的文明旅游氛围，放大正能量。

九、创新旅游业改革创新先行区

（一）扩大开放自贸区旅行社领域

在福建自贸区福州、厦门、平潭片区成立了3家台资合资旅行社（福建天海国际旅行社有限公司、驴妈妈（福州）国际旅行社有限公司、雄狮（福建）国际旅行社有限公司），经国家旅游局批准试点经营福建省居民赴台团队旅游业务。

（二）允许台湾导游、领队经自贸区旅游主管部门培训认证后核发证件，在福州市、厦门市和平潭实验区执业

2015年8月5日印发《台湾导游领队在福建自贸区执业实施方案》（以下简称《实施方案》），明确台湾导游领队申领核发大陆导游领队证的相关要求。台湾导游领队可向所在自贸区指定窗口提交有关材料，并参加统一组织的岗前培训及考核，通过考核的人员核发导游证、领队证。《实施方案》推出后，得到台湾导游领队的高度关注。2015年共有83名台湾导游领队提交申请。近日又有大批台湾导游、领队人员报名，截至目前，报名数共计480人，其中厦门、福州片区台湾导游报名人数150人，平潭片区台湾导游、领队报名人数330人。省旅游局联合省公安厅、台办举办自贸区赴台组团社赴台领队和管理人员培训班，并与台湾观光领队协会合作在厦门举办首期台湾领队培训班，共培训台湾导游、领队57名。厦门市成立两岸导游领队（厦门）培训基地、两岸旅游人才（厦门）培训基地，腾邦欣欣产业园与旅游高校举办人才合作培养对接会，为自贸区外资合资旅行社提供人才支撑。

（三）积极争取赴台旅游便利政策

4月1日公安部正式出台支持福建自贸区出入境相关便利政策，国家旅游局也出台3项支持福建自贸区赴台团队旅游便利化措施。这些政策措施有利于发挥平潭对台海上直航口岸优势，吸引更多的省外游客到平潭旅游，促进平潭国际岛建设；有利于促进两岸邮轮旅游合作发展，助推构建海峡两岸邮轮旅游圈；有利于深化福建与金马澎区域旅游合作。

（四）旅行社证照审批许可实现“一口受理、一站办齐”

鼓励自贸片区简化合并旅行社证照审批许可流程，在自贸片区综合服务中心试行受理中外合资、独资旅行社设立申请业务，将办理工商营业执照与申请旅行社业务经营许可两个环节合二为一，实行“一口受理、一站办齐”，简化办证流程，提高办事效率。

十、创新工业旅游发展

为了大力推进旅游供给侧结构性改革，充分发挥福建省传统工业和现代制造业的优势，扎实推进全域旅游工作，全面打响“清新福建”品牌，我局借鉴台湾的发展经验，对工业旅游进一步精准定位，引入“观光工厂”概念，在全国率先推出观光工厂旅游这一新业态，成为传统产业转型、提升、突破的新途径。

（一）铸链条，推进“旅游+工业”战略

充分发挥观光工厂在旅游业的拉动作用和融合能力，不断延伸产业链，构建“大旅游、大市场、大产业”格局。一是明确战略目标。我局制定出台的《福建省“十三五”旅游业发展专项规划》中明确提出，对接台湾观光工厂标准，推动观光工厂标准化建设，加强工业旅游创意设计和时尚品牌塑造，重点支持省内特色工业企业创建观光工厂，打造一批富有创意并具有地域特色的工业旅游项目，创建全国工业旅游示范城市，为福建省观光工厂描绘了发展蓝图。二是整合旅游资源。福建省是近代工业的发源地之一，改革开放以来又是全国最早对外开放的省份，尤其是民营经济活力迸发，为工业旅游的发展提供了广阔空间。古老工业遗产、完整的近代工业遗产、良好的现代工业基础以及厚重的工业文化底蕴，使得“小巧玲珑、精巧细致”的小型企业在福建省比比皆是，此次将原工业旅游示范点，纳入观光工厂范畴，让观光工厂成为福建旅游业的一道亮丽风景。三是谋划突破发展瓶颈。通过对省内各种工业旅游形态的深入调研，在不断跟踪工业旅游发展状况和动向的过程中，注意到更加人性化、符合游客需求的观光工厂这一新业态，将成为省内工业旅游转型发展的主要方向。我局借鉴台湾的发展经验，根据地域特征和文化背景，探索研究观光工厂旅游可持续发展专项规划，对工业旅游进一步精准定位，统筹协调产、学、研合作，开启了观光工厂破题之旅。

（二）订标准，推进观光工厂建设

我局在借鉴国内及台湾发展观光工厂的成功经验基础上，制定出台了《福建省观光工厂建设与服务规范》以下简称《规范》。一是突出观光工厂的旅游要素。《规范》明确提出，观光工厂要有相应的旅游服务部门、旅游服务人员、旅游服务设施和产品更新研发部门；要设有游客中心、参观游览（展示）区（参观点不少于3个）、参观通道；应有相对固定的开放时间，日接待游客能力应不少于300人次。二是突出观光工厂主题特色。《规范》明确提出，在入口布景和意象、厂区产品展览（或展售）区、参观通道、休憩设施、公共厕所、餐饮和购物设施等设计风格要契合观光工厂景观环境、主题特色和人文气息；导览图、产品和纪念品包装、品牌标识、吉祥物、旅游商品的形象标识系统应特色鲜明、搭配合理、具有美学概念。如：南平市武夷香江

茗苑观光工厂，茶园凝翠，极具当地特色、富有茶文化气息的建筑错落有致，辅以花廊、曲径、池沼、水榭等，反映“天人合一”的人与自然和谐，体现出绿色植物、蓝色天空、清澈水景、独特韵味的园林庭院式景观。三是突出观光工厂体验项目。《规范》明确提出，DIY体验项目要遵循观光工厂主题，融入科技、艺术和民俗风情等元素；满足不同性别、年龄、教育程度和职业等客群需求；体验项目（服装、鞋袜、食品、饮品、玩具等制作）具有趣味性、知识性、文化性和审美性。如：德化顺美陶瓷，将德化县陶艺制造企业的精品集中展示在特设的一个3000平方米的展厅，外加DIY陶吧，让游客亲自动手体验瓷都德化的陶艺魅力，亲身感受“土与火”蜕变带来的神奇。

（三）重扶持，营造创建良好氛围

发展观光工厂旅游，政府不仅要在政策方面给予倾斜，还要在财政方面出台补贴措施。一是强化政府主导。各相关部门通力协作，树立大旅游观念，营造全社会共同支持创建观光工厂旅游的良好氛围。如：晋江市及各镇（街道）均成立工业旅游领导小组，指定专人负责观光工厂旅游工作，全面了解区域内工业企业的发展情况，并在企业创建过程中全面跟踪指导。二是出台资金扶持。各地市加大了对观光工厂旅游的奖励扶持。如：南平市出台《南平市促进旅游产业发展扶持政策》，对评为福建省观光工厂的企业予以一次性奖励10万元，依托当地特色优势产业，建设一批茶叶、酒业、保健品、食品等观光工厂，形成“一听、二看、三体验、四购物”的观光工厂旅游业态，促进一产接二产连三产发展格局形成。三是行业协会引领。搭建行业协会创建工作平台，及时传递工业旅游创建的相关信息，推荐有规模、有实力、有特色的工业企业参与创建。如：晋江是中国的“品牌之都”，全市有各类工厂800多家，品牌数量居全国县级市前茅。晋江旅游协会成立了工业旅游分会，推行工业旅游发展联席会议制度，发挥行业协会在政府与企业间的桥梁纽带作用。

（四）抓配套，构建全域旅游公共服务

注重旅游公共服务基础配套设施建设，推进旅游要素和公共服务全域覆盖，形成适应大众旅游时代的公共服务体系。一是推进旅游标识标牌建设。我局联合省交通厅制定旅游标识标牌建设推进计划，完善旅游标识标牌体系，提高标识标牌布局密度，投资4500万，共1800面标识标牌。为游客提供直观、醒目、便捷、清晰的导识服务。二是推动旅游集散中心建设。各地市依托机场、高铁站、客运站、高速公路服务区等，推动全省三级旅游集散中心建设，完善旅游服务功能，构建覆盖全省的旅游集散系统，仅今年就建设28个旅游集散中心，总投资近6亿元。三是实施旅游“厕所革命”。通过采取建、改、扩、养、精、管相结合的方式，分期分步实施旅游“厕所革命”。开展科学规划和建设，积极建设生态、低碳、环保的厕所。已建成1300座，总投资3亿多元。

到2017年年底，全省旅游厕所实现“数量充足、干净无味、实用免费、管理有效”的目标。四是完善旅游公共服务体系。构建观光工厂交通网络，提升连接观光工厂+景区、观光工厂+乡村旅游的公路等级，全面实现道路景观化。加快观光工厂停车场、生态露营地、生态绿道以及各类休闲设施等生态设施建设。开通“旅游直通车”专线服务和发展旅游汽车租赁服务，实现观光工厂与景区、城镇与邻近中心城市、机场和高铁站等交通枢纽的无缝接驳。建设集旅游咨询、展示、预订、交易于一体的全域旅游智慧服务平台，优化“笨游福建”APP。

（五）强培训，提升经营业者素质

观光工厂的可持续发展急需培养和造就一支规模适当、结构优化、布局合理、素质优良的人才队伍。一是提高管理人员水平。组织开设各设区市旅游部门及各旅游院校专家学者专题培训班。通过培训解读标准，让参训人员明确观光工厂是集观光游览、教育学习、情境体验、休闲购物为一体的旅游产品，可以满足游客基本旅游需求和更高层次的精神享受。二是提升经营业者素质。为促进观光工厂品质提升，举办了福建省观光工厂建设与服务规范标准培训班，各地市旅游局和观光工厂经营者等100余人参加了培训。培训的主要特色在于理论与实务相结合。在理论环节，培训班邀请了台湾明新科技大学林致远博士、华侨大学旅游学院院长黄远水教授，分别以《观光工厂规划与故事营销》《福建省观光工厂建设与服务标准解读》为题，进行了精彩的讲座。在实务环节，组织学员们考察了晋江五店市传统工业旅游，以及晋江七匹狼和安踏体育用品两个观光工厂，实地了解典型观光工厂发展历程、现状和特色，以及发展经验和成功做法。三是搭建闽台校企合作平台。台湾与福建的地缘优势为我省观光工厂的企业主提供了交流与合作的机会。2014年以来，我局组织800多名旅游经营业者到台湾交流考察、学习培训，采取“5+2”模式，即“5天实地考察+2天案例分析和创意辅导”，收到很好成效。在闽高校与台湾高校合作搭建平台，联合为企业培养观光工厂相关文化创意、导览解说、观光休闲与活动策划等专业人员，为观光工厂的可持续发展增加了内动力。

（六）树标杆，塑造观光特色品牌

在以往发展工业旅游的基础上，从已有“工业旅游示范点”中筛选出部分具有发展潜力的企业，进行重新评定树立行业典型。一是启动创建工作。经过层层筛选和多轮考评，公布了首批33家福建省观光工厂名单，既包括古龙、片仔癀、永春老醋、福矛酒业等福建老字号，又有七匹狼、安踏、八马茶叶等代表性龙头企业，还有木偶艺术、漆线艺术、珠宝艺术、油画艺术、陶瓷艺术和雕刻艺术等特色产业的企业，涵盖食品、制茶、酒业、玉石、陶瓷、家具、雕刻、鞋服、玩具等企业，种类相当丰富。二是示范带动周边发展。围绕项目打造，指导创建单位突出生产流程、工业产品的展示，作为“观光工厂”的核心吸引物，吸引游客参与科普、手工制作以及购物等旅游活动。例如，泉州市重点引导福建七匹狼实业股份有限公司、安踏（中国）有限公司、永春老醋有限责任公司等具有实力的工业企业向观光工厂转型，为其他观光工厂的创建和发展提供示范，带动周边企业向观光工厂转型发展。三是推动联盟协作发展。运用在地资源推行联盟政策，串联周边特色产业，与当地的乡村旅游、文创旅游、邮轮旅游、低空旅游、骑行旅游和养生旅游等新业态热门旅游线路形成有机融合。比如：泉州晋江作为福建开展工旅融合试点，晋江市政府制定下发了《晋江市创建工业旅游示范市实施方案》，提出了“培育三个目标市场群体，形成五大系列产品，打造七条旅游精品线路”的具体工作目标。观光工厂旅游成为晋江市旅游新热点，旅游人数和旅游收入均呈两位数增长。

以问题为导向　推进旅游改革向纵深发展

——江西省旅游业改革创新工作推进情况

江西省牢固树立“五大发展理念”，在国家旅游局“515战略”引领下，狠抓改革创新，着力塑造品牌，促进多元发展，形成了加快旅游业发展的共识共为，不断推动旅游业大步跨越、提质增效，旅游产业呈现规模扩大、转型加快、品牌彰显、活力增强的良好态势。

一、进行旅游综合管理体制改革

一是理顺旅游行政管理体制。江西省委、省政府把机构职能转变作为旅游综合改革的突破口，将省旅游局“升格”为省旅游发展委员会，从直属机构变成组成部门，赋予其战略规划、产业政策、综合协调、市场培育、公共服务、行业监管等方面职能，并建立了由发改、财政、交通、国土、住建、文化等部门的分管领导担任兼职委员的制度。各地都建立了以主要领导挂帅的旅游工作领导机构，全省11个设区市全部设立旅发委，婺源县、青原区等30多个县级旅游管理机构也完成了旅游机构改革，加强对旅游产业重大问题的统筹协调。

二是打造旅游龙头企业。组建了江西省旅游集团，将原属省政府办公厅的江西饭店、赣江宾馆和原属省旅发委的江西宾馆、青山湖宾馆等国有资产注入旅游集团，力求发挥旅游集团统筹市场开拓、融资、标准化运营以及资源开发的作用，使其成为企业整合平台、融资平台和建设平台，为旅游强省建设提供新的动力和有效支撑。2015年11月江西省旅游集团与中国建设银行江西省分行在赣江宾馆正式签署战略合作协议，共同发起设立总规模达400亿元的江西省旅游产业基金。今年，旅游集团在全省率先进行了混合所有制改造，为我省国有企业混合所有制改革探索了实践经验。

三是解决制约体制机制的障碍。首先是成立了庐山市。设市前，管理体制存在诸多弊端。庐山山体由庐山区、星子县、九江县及多个部门分别管理，各涉山单位各自为政、资源分割、政出多门，在旅游规划、开发建设、品牌塑造、景区管理等方面难以形成大庐山旅游的整体效应，影响了资源效益的发挥和旅游经济的发展。为破解这一体制难题，我省组织力量对庐山管理体制进行反复调研、论证，确定了庐山体制改革的总体方案。国务院于2016年5月正式批复同意设立庐山市。2016年5月30日庐山市正式挂牌成立。其次省政府启动了武功山管理体制改革，探索解决武功山资源整合问题。武功山位于赣西，在萍乡市、宜春市和吉安市交界处。这些年旅游发展势头较好，但处于“一山三治”状态，存在资源分割、品牌分散、重复建设等问题。省政府决定对武功山进行资源整合，经过多次深入调研制定了改革方案，力求探索以市场方式加强武功山的资源整合，以达到统一规划、统一线路、统一营销、统一品牌的目的。

二、做好旅游业改革创新先行区工作

首先，打造全域旅游发展模式。落实《鹰潭龙虎山片区旅游概念性规划》，完善利益引导机制，整合全域旅游资源，推动景区之间同类资源兼并重组、同类行政权限归口整合。第二，抓住列入江西省“多规合一”试点建设的机遇，在加强土地规划、交通规划、产业规划等与城乡总体规划的衔接基础上，兼顾旅游业发展需要，积极推动旅游产业规划融入“多规合一”体系。第三，建立财政支持旅游发展稳步增长机制。加大财政旅游专项投入，用好市旅游产业发展资金并根据实际需要逐年增加，各县（市、区）按旅游发展规划安排财政预算资金。第四，大力整合交通、文物、农业、林业、水利、环保、扶贫开发、生态文明建设及其他与旅游业相关的资金，支持符合条件的旅游企业和项目。第五，加快智慧景区建设。完善信息网络基础设施，实现无线网络全覆盖。建立旅游个性化服务推荐系统，打造线上线下旅游市场，搭建共享平台，发展电子旅游商品。第六，建立旅游门票预约制度。游客线上订票，线下通过自助售票终端和窗口取票，提高游客快速进入景区能力。最后，设立旅游警察、旅游法庭、旅游市场和质量监管分局等或派出机构，强化旅游市场监管。

三、不断拓宽旅游投融资渠道

为进一步促进全省旅游产业发展，弥补旅游投资渠道单一的不足，我委已向省政府申请尽快设立江西省旅游产业发展基金。将不断拓宽旅游项目融资渠道，搭建多元化投融资平台，并整合优质旅游资源，谋划、推出一批重大旅游投资项目，采取PPP模式，吸引社会资本投资、建设、运营旅游项目。吉安市联合江西银行启动成立了旅游投融资平台，首期发行旅游发展基金30亿元，向全市重点旅游项目建设提供长期低息资金支持及配套金融服务，今年已向青原山景区开发项目发放资金3亿元。赣州旅投集团拟与华融信托共同发起设立规模达50亿元的旅投文化旅游产业发展基金，未来可根据特定项目和资金需求，以该基金作为母基金，分别设立子基金，放大资金规模。

四、抓好旅游厕所革命

一是部门联动。将厕所革命由旅游部门一家“独奏曲”拓展成多部门合作的“大合唱”。不仅11个设区市分配了“厕所革命”的任务，10多个省直部门也都成为一线参与者，机场、高速公路、车站码头、博物馆、旅游城市的厕所成为各部门的“责任田”。省交通部门6月19日召开专题会议，将高速公路服务区内厕所建管纳入服务区文明服务创建工作，每24公里一个厕所，不断优化硬件设施和管理服务，整体提升服务品质。省文明办将厕所建设管理纳入文明城市考核指标体系，通过整合扶持政策、营造文明氛围等为旅游厕所工作提供支持和保障，引导社会各界关注旅游厕所建设，推进全省旅游厕所革命。

二是先锋行动。为贯彻落实好国家旅游局部署和省领导重要批示精神，确保旅游厕所革命走在前列，江西推出“旅游厕所革命先锋行动”，鼓励有条件的地方尤其是4A级以上旅游景区、国家级和省级生态旅游示范区、旅游度假区实行“厕所革命”，三步并作一步走，三年任务一年完成。庐山、井冈山、三清山、龙虎山等60家旅游景区积极参与到“先锋行动”中，集体喊出“三年太久、只争朝夕”的响亮口号，自我加压、率先作为，今年将完成新建、改建550座旅游厕所，用一年时间把三年的任务一举完成。在先锋行动的示范带动下，今年全省面上可以完成新建改建1200座旅游厕所，超出预定任务800座的50%，一年时间就可以完成三年计划2500的近50%。这两个50%，是“厕所革命先锋行动”的要义，彰显了厕所革命的“江西速度”。

三是奖补促动。2015年江西省级单独就“厕所革命先锋行动”筹集3500多万元资金，并争取国家旅游局厕所革命资金2630万，共计6130万，作为厕所革命奖补激励经费，对列入“先锋行动”的单位优先安排、重点倾斜。年底根据各地完成任务的情况酌情进行奖励。多个地市出台旅游厕所补贴办法，列支专项资金用于旅游厕所建管工作，吉安市500万、萍乡市300万、新余市200万都已到位。今年全省预计“旅游厕所革命”总投入约4.8亿元，使全省旅游厕所建设热起来，形成实干兴旅的良好景象。

四是游客感动。全省各地优秀成果不断涌现，呈现出“使用上的便利化、设计上的创意化、功能上的人性化、技术上的环保化”。厕所不仅注重使用功能，同时注重与环境相适、注重以“游客为本”。在江西弋阳龟峰景区，游客感叹道：“远看是会所、近看是厕所”，在江西龙虎山游客走进“花房厕所”惊叹道“远看是花坛、近看是茅房”。这些厕所的建成，极大地方便了游客，提升了景区的基础环境和文明形象，赢得了高度赞许。

四、大力发展全域旅游

发展全域旅游，是江西省落实五大发展理念、贯彻旅游强省战略，坚持绿色崛起方针、遵循旅游业发展内在规律的客观需要，是全省旅游业适应发展新形势、转变发展方式、实现由门票经济向产业经济转变的内在要求，是优化旅游空间配置、开辟旅游业发展新空间的有效途径。自国家旅游局开展全域旅游示范区创建以来，我省认真贯彻落实国家旅游局创建全域旅游示范区各项要求，辖区内11个市、县（区）因地制宜开展创建工作，取得了显著成效。

一是改革促动，创新全域旅游体制机制。江西省坚持以深化改革创新，构建体制机制，优化发展环境为全域旅游发展的重点。全省自上而下地成立了旅游发展委员会，提升旅游行政管理体制规格，强化旅游业对公共资源的调控能力。各全域旅游示范区创建单位都成立了党政一把手亲自抓的创建工作领导小组，组织协调各部门、各行业的积极融入、参与、支持和配合，形成了全域旅游共建共享新局面。并创新了旅游市场综合监管执法高效机制，如上饶市成立了旅游管理警察支队，在婺源成立旅游市场联合执法调度中心（旅游110），运行成熟后将逐步在全省推广。

二是项目驱动，形成产业融合发展格局。全省全域旅游创建单位引导各企业以旅游产业为核心，搭建全域旅游投融资平台和全域旅游企业论坛，积极推动金融机构加大对旅游企业和旅游项目融资支持，鼓励社会资本、各相关行业围绕旅游做足文章，积极参与旅游资源开发，提升企业“+旅游”的自觉性，延展旅游产业链，建立了多产共生的大旅游产业格局。

三是全域联动，完善全域公务服务体系。首先升级基础设施体系。全省进一步完善配套基础设施，推进旅游集散中心建设，在全域旅游示范区内优先布局高等级旅游公路、高星级旅游厕所、生态停车场等要素，优化提升省内全域旅游示范区之间交通体系，形成了有效联动。全省智慧旅游体系建设正在加速推进，全域旅游大数据中心落户上饶，为全域旅游发展提供了数据支撑。其次提升综合管理能力。注重提高各部门的服务意识和管理水平，使公共服务体系能适应全域旅游要求，切实展现全省人性化行政生态、提供全域旅游高效服务，保障游客合法权益。

五、创新思路推动乡村旅游发展和旅游扶贫工作。

首先建立乡村旅游标准。逐步实现我省乡村旅游发展的差异化、特色化，以及服务的标准化、规范化。指导各地挖掘生态、民俗、历史、人文等资源特色，融入新元素，增强乡村旅游产品竞争力。其次实施政策措施激励。各地因地制宜出台了激励乡村旅游发展政策措施。萍乡市在全市旅游发展资金中，设立了乡村旅游发展引导资金，并出台奖励政策支持乡村旅游品牌创建；赣州市对新创建的省3A级以上乡村旅游点，分别给予5万~20万元的奖励，对新创建的三星级以上农家旅馆，市、县两级奖励6万~10万元，2015年全市兑现乡村旅游奖励资金958万元。第三，多方整合旅游扶贫资源。省旅发委会同省发改委、省扶贫办整合资金加大对旅游扶贫的投入，2015年投资3100万元帮扶了

21个旅游扶贫试点村，2016年又对35个旅游扶贫试点村投入3500万元进行重点帮扶；宣传、规划、交通、国土、农业、林业等相关部门发挥职能作用，整合优势资源，为各地贫困村旅游发展创造良好条件；省旅发委、南昌大学为12家旅游扶贫试点村免费编制旅游规划；中国银行江西分行、江西省农村信用社等金融机构，出台专门信贷优惠政策，支持贫困人口用于家庭旅馆、土特产超市、特色农业园等扶贫项目建设。

六、努力营造文明旅游新风尚

一是开展“传承红色基因，推进旅游文明”主题活动，深入推进文明旅游工作。为认真贯彻习近平总书记视察江西时的重要讲话精神和对文明旅游工作的重要批示精神，充分发挥红色旅游景区在革命传统教育与传播旅游文明方面的突出作用，省旅发委组织开展了“传承红色基因，推进旅游文明”主题活动。2016年省旅发委、省文明办、团省委在上饶市横峰县葛源景区举行了“传承红色基因·推进旅游文明”启动仪式。在全省掀起游览红色景点、接受红色教育、担当文明使者的热潮。红色旅游景区积极创建文明旅游景区，旅行社策划组织红色旅游夏令营线路，旅游志愿者们积极行动开展文明旅游公益行动，营造了继承传统，传播文明，乐于奉献的良好氛围。

二是成立“红心导游联盟”和“旅行社诚信先锋联盟”，营造诚信自律旅游市场环境。坚决抵制“零负团费”、抵制买团、人头费、填坑等经营方式，抵制假冒伪劣商品，进一步净化旅游市场，营造诚信文明的旅游发展环境，2015年5月12日，在江西省旅发委、江西省旅游协会倡议下，“红心导游联盟”和“旅行社诚信先锋联盟”正式成立。“红心导游联盟”通过“政府鼓励、导游自愿、基金保障、社会监督”运行模式，凝聚了越来越多优秀导游员，他们集体向社会宣誓，以游客需求作为最根本的出发点和落脚点，以最大程度的诚恳、诚信和真诚做好旅游服务工作，做市场秩序的坚定捍卫者，做文明旅游的一线传播者，一肩担起业务工作责任，一肩担起文明督导责任，用一流的服务、一流的讲解，为“江西风景独好”代言。“江西诚信旅行社先锋联盟”以“人无信不立，业无信不兴”作为旅游企业发展之道，担当江西旅游业的诚信先锋，彻底向“零负团费”“低报价，高回扣”“买团卖团”的经营方式宣战，规范竞争行为，为践行文明旅游贡献“示范效应”。“红心导游联盟”和“旅行社诚信先锋联盟”以自觉的担当，集体奏响“游客为本、服务至诚”的最强音，向全国旅游界展示江西旅游的时代风采。

以改革创新为动力　推动旅游业转型升级
——山东省旅游业改革创新工作推进情况

山东积极实施国家旅游“515战略”，坚持把旅游业作为战略性支柱产业来维护，把旅游纳入推进国家和省“两区一圈一带”战略区和经济文化强省建设重大工作部署，不断深化旅游综合改革和创新，促进全域旅游发展，推动旅游产业转型升级，旅游业综合竞争力不断提升，各项规定任务和自选任务取得了诸多新突破，涌现了一批改革创新、转型升级的好经验、好做法、好案例。

一、总体情况

两年来，山东省委、省政府进一步把旅游业提升到全省战略，统筹推进，大力支持。姜异康书记、郭树清省长多次对旅游工作作出重要批示，郭树清省长还亲自为山东旅游代言，在山东旅游政务网和好客山东网向海内外游客致欢迎辞，并要求各级各有关部门从战略和全局出发，把旅游业作为经济文化融合发展的重要突破口，认真贯彻落实《国务院关于促进旅游业改革发展的若干意见》，深化旅游改革，加快建成具有较强综合竞争力的旅游强省。季缃绮副省长更是直接指挥、大力协调，在重大资金安排、重大项目用地、重要政策扶持、大企业集团培育等方面给予全力支持，协调推进。

2015年，山东旅游投资消费双双实现高位突破，成为全省产业结构调整和经济转型的重要引擎。全年实现旅游投资超过1500亿元，居全国第一位；全年累计接待国内外游客6.6亿人次，居全国第二位；全年实现旅游消费总额7062.5亿元，居全国第四位。旅游经济相当于当年全省GDP的11.2%，服务业增加值的24.7%，旅游业的发展不仅推动了山东经济的转型升级，也使旅游成为居民生活的必需品。全省人均出游达到3次以上。2015年，全省乡村旅游接待游客3.3亿人次，收入1806.7亿元，超过旅游总收入的1/4。接待境内外游客年均增长9.4%。今年前三季度，全省接待国内游客5.3亿人次，同比增长8.6%，旅游消费总额5818.7亿元，同比增长13.7%。

全面深化旅游综合改革已摆上全省各级党委、政府工作重要位置，广泛凝聚共识，形成了强大的改革合力。今年上半年，省委改革办对各地贯彻落实国务院促进旅游业改革发展意见和山东省实施意见开展了专题督察，省人大对《旅游法》和《山东省旅游条例》实施情况开展了专项检查，全省初步建立了资源整合、政策扶持、环境保障、联合执法、宣传营销、综合考核“六大机制”，大旅游格局基本形成，产业联合创新，要素集聚发展已成山东打造十大文化旅游目的地进程中的新路径。

二、十一个方面的典型情况

一是突出凝聚改革合力。

省发展改革委牵头委托世界旅游组织编制全省旅游产业发展规划，省财政厅支持“厕所革命”和乡村旅游带头人赴境外培训，省住房建设、交通运输、国土资源等部门将相关项目和政策也优先向乡村旅游倾斜。从旅游业涉及部门多、关联性强的实际出发，山东省政府还建立了由省旅游局、省委宣传部、省发展改革委、省财政厅、省教育厅、省民委、省公安厅、省人力资源社会保障厅、省国土资源厅、省住房城乡建设厅、省交通运输厅、省水利厅、省农业厅等35个有关部门相互协调、密切配合、分工合作的管理体制，建立全省旅游工作联席会议制度，加强对旅游工作的组织领导，形成了旅游业改革创新强大合力。省旅游发展委与省发改委、商务、农业、林业、水利、海洋与渔业、省妇联等部门协作，将相关政策和资源聚合贫困村，形成扶贫合力，全省旅游扶贫村吸引社会资金达15.6亿元。

两年来，山东省连续出台《关于发展全域旅游的意见》《加快推进十大文化旅游目的地品牌建设实施方案》《贯彻国办发［2015］62号文件促进旅游产业转型升级实施方案》《山东省旅游业改革创新先行区创建工作方案》《关于加快我省饭店业发展的意见》等一批政策性纲领性的文件，突出强化旅游综合改革力度和旅游部门综合协调职权，推动旅游业实现率先发展、主动发展、突破发展。

二是全域旅游创建高端发力。

加强全域旅游发展的规划设计。今年，省政府聘请世界旅游组织为我省编制《山东省旅游产业发展总体规划》，目前，该规划进入最后完善和翻译阶段，正在编制日本、韩国和欧洲三个营销专项规划。《山东省旅游产业发展总体规划》规划是以“旅游+”为主导，带动文化、养生、养老、教育、体育、交通、商贸等产业融合发展的综合性规划，同时也是全域旅游发展规划。省旅游发展委代省委、省政府起草了《关于发展全域旅游的意见》，明确全域旅游发展的总体要求和具体措施。意见提出，到2018年，全省12个国家级全域旅游示范区创建单位全部达到国家创建标准，培育50个省级全域旅游示范区。到2025年，把全省打造成国家全域旅游示范区，使山东的旅游目的地形象、区域旅游环境、主题产品品牌、旅游综合竞争力走在全国前列，旅游对全省经济的综合贡献率达到15%以上，对财税贡献率达到10%以上。今年全省旅游工作会议上，省旅发委主任于凤贵发表了《以十大文化旅游目的地品牌建设为抓手推进全域旅游发展》的讲话，重点部署了全域旅游创建工作。省旅发委制定出台了《加快推进十大文化旅游目的地品牌建设实施方案》，东方圣地、仙境海岸、平安泰山、泉城济南、齐国故都、鲁风运河、水浒故里、黄河入海、亲情沂蒙、鸢都龙城等十大文化旅游目的地品牌已上升为全省重大战略，成为全域旅游发展的重要抓手。今年5月份和9月份，省旅发委分别组织首批国家全域旅游示范区创建单位参加国家旅游局举办的全域旅游示范区创建工作推进会，进一步明确创建思路和创建标准，组织两次由省市县旅游部门全体人员、重点县政府分管领导、重点镇政府主要负责人、重点示范村主要负责人、旅游大企业负责人，国家和省级旅游度假区、国家5A级旅游景区、5A级旅行社、五星级饭店负责人参加的全域旅游视频培训会议，邀请专家授课，反响强烈，进一步强化了全域旅游发展理念，提升了工作水平。借鉴国家全域旅游示范区创建工作模式，参照《国家全域旅游示范区创建工作导则》和《国家全域旅游示范区认定标准》，开展山东省全域旅游示范区创建活动，经验收合格的将推荐创建国家全域旅游示范区，并给予一定奖励。莱芜市制定出台了《莱芜市全域化旅游发展工作方案》和《关于加快推进全域化旅游发展若干政策的意见》，明确了旅游用地、招商引资、财政扶持、金融服务、基础设施建设等5方面18条扶持政策。临沂市坚持以“红色沂蒙、大美临沂”为主题形象品牌，将整个市域作为旅游目的地进行一体布局、系统设计。高起点规划布局，突出中心城区“一个核心”，发展环中心城区休闲、环蒙山观光养生“两个休闲圈”，开发沂河、沭河和鲁南高铁“三个风光带”，提升沂蒙红色旅游、岱崮地貌旅游、休闲农业旅游、温泉养生旅游和奇石文化体验“五大功能区”，形成龙头带动、城乡一体、差异发展、协同联动的全域旅游新格局。县区同样启动了全域旅游规划，以“集点、连线、汇面”的方式形成“一县一品、一镇一景”的县域旅游特色。景区则按照“处处是景点、何处不风景”的思路，大到景区布局，小到一草一木，都做到精心规划、精致设计。威海市出台了《关于推进全域旅游发展的意见》，探索旅游发展新方向，打造“大旅游”格局，重点围绕渔具、家纺、食品、保健品、机器人、3D打印等特色工业，以及动漫设计、休闲购物等现代服务业，打造研发设计、生产加工、产品展示、用户体验等全链条的旅游产品和科技体验、养生保健、蓝色海洋、驰名商标等多种主题的旅游线路。突出建设智慧旅游体系，实现区域旅游资源整合、旅游众创服务、场景化服务、第三方担保支付等功能，为游客提供一站式网上服务；推动旅游大数据建设，促进公安、交通等领域涉旅数据共享，推进市民网、市民卡、自助终端等在旅游接待服务场所广泛应用，加强与国家旅游局驻外旅游办事处、国际友好城市、境内外航空公司和旅游企业集团等合作，建立促销联盟，开展整体营销。台儿庄区成立了以区委、区政府主要负责人为组长、区直部门和镇街主要负责人为成员的工作领导小组，制定了《台儿庄区创建国家全域旅游示范区实施意见》，建立了“党委统揽、政府主导、部门联动、全员参与”的工作机制，明确了工作重点，计划用2年时间创建为国家全域旅游示范区，3~5年时间建成为国家级旅游度假区和国际旅游目的地。沂水县提出了“建设全景沂水，发展全域旅游”的战略，建立农业、城建、交通、文化、体育等相关部门沟通联动工作机制，县财政每年设立1000万元旅游发展专项资金，并坚持将每年县财政投入的2000万元小城镇建设专项资金和1000万元现代农业发展专项资金重点向旅游乡镇倾斜。

三是强化综合协调、综合监管与监督考核。

强化综合协调职能。山东省旅游局已更名为山东省旅游发展委员会，并由省政府直属机构调整为省政府组成部门，全省已有14市成立了旅游发展委员会。临沂市的6个旅游强县都已成立了旅游发展委员会。

强化旅游市场综合监管，建设游客友好型社会环境。从今年年初开始，山东省积极建立健全“1+3+N”综合监管机制，起草印发了《省政府办公厅关于贯彻落实国办发〔2016〕5号文件加强旅游市场综合监管的通知》（鲁政办发〔2016〕48号），加快建立权责明确、执法有力、行为规范、保障有效的旅游市场综合监管机制。明确了各级人民政府要建立健全旅游综合协调、旅游案件联合查办、旅游投诉统一受理等工作机制，将旅游市场秩序整治纳入政府质量工作考核。明确了旅游、公安、工商、交通、质监、价格等16个部门治理旅游市场秩序的监管责任，细化了监管责任清单。仅今年上半年，各市旅游局（委）就联合公安、工商等部门开展联合执法324次，旅游综合协调力度明显增强。今年6月29日，山东省高级人民法院与山东省旅游发展委员会联合下发文件推进旅游法庭建设。9月1日，山东省政府下发《关于促进旅游产业转型升级实施方案》，文件中明确提出在有条件的地区设立“旅游警察”。建立旅行社违法违规行为有奖举报制度，主要举报旅行社及旅游经营者的各种违法违规行为，依据查实结果，视情节分别对举报人给予1000~3000元不等的奖励，自实行以来，共发放奖金2万余元。烟台市旅游发展委员会和市仲裁委员会联合成立的“烟台仲裁委员会旅游纠纷仲裁中心”正式挂牌成立，将在全市旅游热点区域和主要景区点设立旅游纠纷巡回仲裁庭，蓬莱市、章丘市、莱西市、泗水县、高青县、五莲县、无棣县、山亭区等8个县（市、区）成立了由县委、县政府主要领导挂帅的旅游工作委员会，实行了“1+3”机制。山亭区、长岛县、夏津县、沂水县、枣庄台儿庄区已挂牌成立旅游警察大队。沂水县还成立了旅游工商、旅游巡回法庭，建立了全省首家“1+3”旅游市场综合监管平台。长岛县也已成立旅游速裁法庭，旅游速裁法庭由长岛县法院从审判业务一线岗位抽调人员，在长岛港、游客中心、景区、星级宾馆设立旅游巡回办案点20个，实现口头立案，节假日、双休日或下班时间照常受理、审理案件，受理案件5个小时内审结案件，免收诉讼费和申请执行费等工作。在联合执法方面，烟台蓬莱形成了一套行之有效的机制。蓬莱市连续多年将旅游市场秩序整治纳入市政府重点工作，成立旅游市场秩序整治领导小组，由市委副书记、副市长为组长，23个市直部门主要负责人为成员，每年4月、9月和重大活动期间都要召开专题会议，统筹部署，由市委办公室印发实施方案。同时，蓬莱将旅游监察大队、交通稽查大队、住建局城管大队、市场监管局、公安局度假区派出所、价格监督检查局等14个直接责任单位纳入旅游市场秩序联合执法网络，并在每年4—10月分别成立由旅游、住建、公安、交通、港航、海事、蓬莱阁街道等7个部门组成的联合执法队伍和旅游联合管理办公室，重点围绕核心景区、旅游通道、海水浴场等公共区域流动巡查，由领导小组办公室负责统一管理，单独考核。枣庄市台儿庄区在原来区旅游监管领导小组35个成员单位的基础上，将法院纳入进来，重点时段集中开展联合执法，有分有合、统一调度，有效化解了新建联合执法机构人员、编制、办公场所上的难题，较好地解决了旅游执法“难调度、调度难”的问题。同时，设立了旅游警察、巡回法庭、旅游市场监管3个专职机构，实施了古城景区派驻措施，在古城景区设立消防中队、红十字会等14个景区执法机构，这一模式被国家局给予充分肯定，5月份在全省旅游执法培训班上作辅导报告，6月份在全国旅游市场监管工作会议上代表全省做典型经验交流发言，旅游执法工作走在全国前列。沂南县创新建立“1+6+N”旅游综合管理模式，成立“沂南县旅游发展委员会”，并在工商局、公安局、法院设立“旅游工商分局”“旅游警察大队”“旅游巡回法庭”，同时又在物价局、食药监局、精神文明办公室分别设立了“旅游物价巡查大队”“旅游食品安全巡查大队”“文明旅游工作办公室”3大专业机构，着力解决旅游发展中存在的物价不规范、食品安全监管不到位、不文明旅游行为等问题。旅发委负责旅游综合协调、产业融合、旅游综合执法、旅游目的地和旅游公共服务体系建设等工作，增加内设旅游执法大队，增加编制4人，与六大机构综合执法，形成旅发委协调统筹下的“1+6+N”的旅游综合管理体制。在竹泉村、沂蒙红色影视基地等主要旅游景区设立综合执法办公室，形成长效常态的综合管理工作机制。滕州市按照市委、市政府《关于滕州市综合行政执法体制改革试点的实施意见》要求，将市旅服局旅游管理行政处罚权、旅游行政执法大队编制及人员整建制划转至市综合行政执法局，形成了市旅服局+市综合行政执法局的旅游市场综合执法监管体系。在强化综合监管的同时，山东省旅发委还特别注重加强旅游执法队伍正规化建设，提出了“有机构编制、有执法人员、有经费保障、有执法装备、有监管机制”目标，省旅发委分期分批对基层一线旅游执法人员进行培训，主要培训旅游行政处罚、旅游投诉受理及旅游质监执法实务等相关知识，提高执法能力和水平，2015~2016年共开展大规模执法培训6次，参训人员1200余人，建立了省、市、县三级旅游投诉处理机制、旅游执法联动机制和旅游安全应急机制。

强化旅游综合考核。山东省是全国首个把旅游发展纳入省委、省政府对17市科学发展综合考核的省份。省委组织部和省考核办对科学发展综合考核旅游指标运行情况进行专项抽查考核。全省建立了省、市、县一体考核体系。省旅发委成立旅游科学发展综合考核工作领导小组，考核领导小组办公室设在省旅游局，负责日常考核工作。与省统计局合作建立科学的旅游发展考核评价体系和工作机制，联合省统计局多次举办全省旅游科学发展综合考核暨统计工作培训班，发布了《一张图读懂山东旅游科学发展综合考核》，得到各市旅游局的广泛称赞，取得了很好的效果。各市在推进考核工作落实中，严格按照《2015年度17市科学发展综合考核旅游消费总额及增长率指标考核工作方案》要求，形成了“有组织、有责任、有制度、有人员、有经费、有台账”的“六有”落实机制，制定年度科学发展综合考核旅游消费总额及增长率指标考核工作方案。各市考核工作方案中明确成立了由市旅游局一把手任组长的旅游科学发展综合考核工作领导小组，17市旅游局局长均担任考核组长，旅游局分管局长、市统计局副局长任副组长，市旅游局和市统计局人事、统计和贸易外经科（处）室主要负责人和统计责任人为组员，考核实行指标监控台账制度，各市季度结束后，将本市的科学发展综合考核旅游指标监控台账和季度总结报告，经市旅游局主要领导签字并加盖单位公章后，报省旅游考核领导小组办公室封存备查。省旅游局、省统计局联合制定科学的山东省城乡居民出游情况入户调查方案，并按照全省统一的标准核实确定各市调查样本点的均衡布局。同时，省旅游局联合统计部门和第三方机构，对全省330家星级饭店、390非星级宾馆、220家旅游景区和5万名游客、5000个居民家庭户开展省级调查，各市旅游局对本市1000个居民家庭户开展市级调查，作为统一校核17市上报数据的重要基础，增加一层保障措施。各市按要求将汇总材料报送省旅游局，对重点数据加强人工审核，同时，改进考核指标数据统计手段，加强数据整理、汇总、逻辑审核的信息化措施。应用新技术，通过手机定位调查员，确保调查时间、调查地点的真实可靠。实施督导员定期抽查陪访制度，加强访问员尽职尽责、深入细致地进行现场调查。实施明证暗访，调查员以宾馆门牌号、景区标志、被访住户楼号和门牌等为背景，拍照存证，督导员抽查回访验证。烟台市按照全市科学发展综合考核办法，将全域旅游发展和创建全域旅游示范市创建工作纳入市委市政府考核重点，将旅游指标和旅游度假区纳入全市三考核两上榜科学发展综合考核，“地区旅游消费总额及增长率”纳入“转调升级”定量指标，并在文化旅游指标45总分值中占25分。今年，山东省编办以“鲁编办〔2016〕250号”文件，对“山东省旅游数据和信息中心”给予了正式批复。山东旅发委新增加的四名旅游数据建设专职专业技术人员将全部到位。同时，市旅游数据中心建设也取得了重大突破，目前济南、威海、日照、临沂四市经市编办批准成立了数据中心，烟台、济宁、泰安三市新增了负责旅游统计的行政科室，青岛、东营、潍坊、聊城已将设立旅游数据中心的请示报市编办。下一步，我们将结合三定方案推进工作，向省编办争取解决人员编制问题。

大数据体制创新实现新突破。作为国家旅游统计创新试点和大数据中心试点省份，山东采取“横到边、竖到底”的工作举措，进一步健全了部门涉旅大数据协作机制，并形成整体推动机制，与公安、工商、交通、质监等部门联动，建立了山东省旅游住宿设施和旅游区单位名录库，建成了全国首个定期汇编全省飞机、火车、客车、轮船、宾馆、景区、持证住宿、高速公路通行客车、手机用户漫游人次等涉及十三个部门的旅游客流数据体系。联合制定了《关于加强旅游业统计工作的指导意见》，提出了17项加强全省旅游统计工作领导、体系建设和基层基础的工作措施。与中国人民大学、北京联合大学和山东财经大学合作，开展了全省17市的旅游及相关产业消费结构调查，奠定了旅游业及相关产业增加值核算基础。全省已经明确加快旅游数据中心建设任务，将旅游业纳入全省国民经济核算与数据发布体系，建设数据服务决策的“五个平台”：一是旅游统计工作平台，二是旅游数据分析平台，三是旅游决策支撑服务平台，四是相关产业引导平台，建设旅游经济实验室，对大量数据、信息的分析研究，发挥数据综合服务功能。五是数据交流合作的平台，加强省际、省市县三级旅游数据的交流、共享机制。

四是推进旅游业改革创新先行区引领。

省政府制定了《贯彻国办发〔2015〕62号文件促进旅游产业转型升级实施方案》《山东省旅游业改革创新先行区创建工作方案》等，组织开展国家级、省级旅游业改革创新先行区、全域旅游示范区创建工作，以青岛市、沂南县创建首批国家旅游业改革创新先行区为引领，推动烟台市、临沂市、济南市历城区、青岛市崂山区、沂源县、枣庄市台儿庄区、滕州市、青州市、临朐县、荣成市、威海市文登区、五莲县等12个市县区创建国家全域旅游示范区。又推出省级26个综合改革旅游综合改革试点，包括试点市1个，乡村旅游改革试点市1个，全域化旅游专项改革试点市1个，旅游综合改革试点县9个，全域化旅游专项改革试点县4个，乡村旅游专项改革试点县2个，旅游资源一体化管理改革试点县2个，旅游投融资体制改革试点县1个，旅游景区改革试点5个，推出10个省级旅游业改革创新先行区。两年来，进一步健全了旅游土地储备供应制度、旅游全域化、多规合一等制度，得到国务院办公厅评估组的高度肯定，国家社科院评估组在总报告中专门总结山东有关经验，把山东省作为旅游综合改革实验重点联系省份。省政府制定了《贯彻国办发〔2015〕62号文件促进旅游产业转型升级实施方案》《山东省旅游业改革创新先行区创建工作方案》等，组织开展国家级、省级旅游业改革创新先行区、全域旅游示范区创建工作，以青岛市、沂南县创建首批国家旅游业改革创新先行区为引领，推动烟台市、临沂市、济南市历城区、青岛市崂山区、沂源县、枣庄市台儿庄区、滕州市、青州市、临朐县、荣成市、威海市文登区、五莲县等地创建国家全域旅游示范区。在首批26个省级旅游综合改革试点的基础上，又推出10个省级旅游业改革创新先行区，并在财政、基金、用地、融资等方面赋予更多的政策。

五是创新供给侧改革，打造环节升级版。

省旅发委邀请国家旅游局领导及国内外知名专家，进行大规模、常态化的组织专题培训，推进供给侧改革。与省公务员局联合举办全省旅游供给侧改革和新业态发展培训班，组织旅游部门、改革创新示范点创建单位、旅游度假区、十大文化旅游目的地品牌骨干项目、重点招商项目等负责人参加培训，效果明显。近两年山东省围绕旅游消费需求，通过改造提升产业、产品老市场、老面貌，探索形成了邮轮、游艇、房车露营、低空飞行、研学旅行、养老养生、中医药健康旅游、体育旅游、会展旅游、文化演艺、文旅融合等新业态体系和业态培育、产品研发新机制，旅游供给侧改革大大推进。邮轮旅游走在全国前列。世界旅游城市联合会邮轮分会成立大会暨第四届中国国际邮轮峰会在青岛召开，青岛当选为邮轮分会理事长单位。青岛正式成为中国“中国邮轮旅游发展实验区”，今年预计有近60个母港航次从青岛邮轮母港出发。全省已有天海新世纪号、嘉华歌诗达号、海娜号、理想之国号、新金桥5号、中华泰山号6艘邮轮，已开行韩国、日本、中国台湾等多条航线。10余家运营中的游艇俱乐部中青岛银海拥有366个专业泊位，113艘游艇帆船，青岛奥林匹克水上运动中心拥有大小泊位451个。临沂沂河北岸豪华游艇"北岸一号"已下水试航。济宁微山湖国际游艇俱乐部已开工。莱芜雪野湖、泰安东平湖、山亭东江湖、大运河等内河湖泊的游船正在加快发展。房车露营地建设势头强劲。7月5日，山东省在全国自驾车房车营地建设大会上用ppt方式进行了经验介绍，李金早局长对山东提出表扬。9月1日至9月4日在日照举行的第九届中国露营旅游论坛日照山海天露营装备大会以"贯彻实施露营地国家标准，引导露营行业可持续发展"为主题，国家体育总局、国家旅游局、中国旅游协会、中国旅游车船协会、中国旅游饭店业协会、全国休闲标准化委员会、山东省旅游发展委员会、山东省旅游协会、山东省各市旅游局、国内房车露营旅游业界代表以及行业专家200余人参加，推动日照乃至山东省打造成为全国知名露营旅游目的地和全国露营装备展销基地。全国休闲标准化技术委员会主任委员张灵光为山东蓝海1号露营公园颁发"国家标准试点验证基地"牌匾。首旅集团北京华龙休闲旅游开发有限公司王华华书记为山东蓝海1号露营公园颁发"金蜗牛露营加盟"牌匾。深圳泉天下温泉服务集团、北京宋致露营投资有限公司与省内部分景区达成了战略合作协议，投资20亿元共建8个养生温泉公园、休闲露营地等项目；日照蓝海1号露营公园二期项目、邹鲁一号、邹城绿鑫春露营地、威海那香海等一批露营地纷纷上马。全省已建、在建营地已有56处，总投资28.9亿元。预计下半年至少新开业营地15处。低空飞行正在兴起。已向国家旅游局和国家民航局申报国家通用航空旅游试点项目9个，包括飞"阅"崂山通用航空旅游试点项目、青岛平度航空区、山东莱芜雪野航空科技体育公园、齐河鸿翔机场、日照金沙滩低空观光游览航线、滨州大高通用航空城、崂山风景名胜区航空旅游项目、泰安市国家"航空飞行营地"项目、蓬莱低空观光游览航线等。临沂召开了全省首届低空旅游发展研讨会，进一步推进低空旅游业态健康发展。日照航空公司斥资7亿元从加拿大维京公司分期采购10架双水獭多用途飞机，投入到短途通勤、水上旅游、低空观光活动。泰安花样年华景区"泰山通用航空项目"由山东大友通用航空有限公司投资建设，为来泰旅游的游客提供空中看泰山、空中看徂徕山、空中看泰城等多样的空中旅游服务，一期投资1亿元。由山东坤河集团投资建设的齐河通用机场，项目总投资20亿元，主要发展景点游客观光、空中表演、空中航拍等低空旅游项目。莱芜雪野旅游区多次举办中国国际航空体育节、国际航空运动器材装备展和全国航空运动会等各类航空赛事30多项。健康养老旅游快速发展。蒙山旅游区把养生养老产业作为第一大产业来发展，致力打造国际高端养生养老基地，蒙山"长寿之乡"品牌效应逐渐形成。威海市韩国仁川医疗观光旅游服务机构威海咨询中心，根据游客的身体状况定制治疗方案，并提供机票、签证、住宿、翻译、医疗保险等医疗观光旅游"一条龙"服务。今年9月，山东省旅发委联合省卫计委、省中医药管理局联合推荐威海市、日照市为国家中医药健康旅游示范区，推荐省中医药博物馆、东阿阿胶中医药健康旅游基地、宏济堂中医药文化产业园、日照中加国际健康管理中心等16家单位为国家中医药健康旅游示范基地，推荐曲阜市中医医院、济南市中医医院、福牌阿胶、神秀谷、商河温泉基地、青岛疗养院等57家单位为国家中医药健康旅游示范项目。研学旅游成为新热点。全省推出“山东十大国学之道”研学旅行产品品牌。济宁市代国家局起草研学旅行基地标准，发布10条研学旅行精品线路，全市孔子研究院、儒源儒家文化体验基地、南池书院研学旅行基地日均年最大游客接待量超过400万人次。诸城“恐龙之旅”各景点成研学旅行热选之地，今年接待的考察学习团、学生团、修学团、亲子团数量不断增加。曲阜孔子文化学院今年策划推出“圣域同游”研学旅游新产品，将国学经典渗透在日常的课程设计与教学实践中，产品一经推出，得到了旅行社的一致好评。休闲垂钓旅游全国领先。旅游和海洋渔业部门推出“渔夫垂钓”休闲渔业旅游品牌，在联合打造的15个休闲垂钓基地统一使用。全省人工鱼礁建设海域面积1.6万公顷，礁体投放规模1100万空方，休闲渔业示范点水面60多万亩，从业人员达到10万人，年可接待游客2000万人次，休闲垂钓基础在全国领先。文化演艺和体育休闲旅游势头更盛。山东省在提升封禅大典、神游华夏、蒙山沂水等演艺项目的同时，又新推出了《梦归琴岛》《泰山千古情》《菩提东行》《金山佛谕》等一批精品文化旅游演艺项目。全省已有各类体育场馆4万多个、各类休闲建设民间组织3万余个。世界休闲体育大会、仙境海岸骑行、仙境海岸海阳国际马拉松、泰山国际登山节、东营黄河口国际马拉松比赛等议程品牌。旅游装备制造业规模更大。目前，全省房车、游艇等旅游装备制造和配套企业已超过120余家，占全国近五分之一。游艇出口居全国首位，滨州、东营是国内游艇不锈钢配套件最大的生产供应基地。山东滨奥飞机制造公司，累计已签订购机合同214架。嘉祥是全国最大的滑雪手套生产基地，拥有上千种手套产品的生产加工能力及60余项专利产品。旅游大企业集团改革创新效果显现。银座旅游集团蝉联两届全国旅游企业20强，龙冈集团董事局主席张善久、八仙过海旅游公司董事长李海峰、蓝海集团总裁张春良荣获中国旅游产业杰出贡献奖——飞马奖。青岛旅游集团成立并升格为青岛市直企业，淄博文化旅游集团已经成立，济南、烟台、聊城正在积极筹备组建本市旅游集团。省旅发委将开展全省旅游企业20强评选工作，并在政策方面给予支持和鼓励。银座旅游集团今年将以天蒙民宿酒店和潍坊星河营地项目为切入点积极尝试进军民宿和房车营地项目；潍坊滨海旅游集团将收购或并购部分公司，力争今年实现集团总资产400亿元；崂山旅游集团2016年计划完成旅游重点项目投资30亿元。鼓励本省旅游企业积极走出去拓展。威海市华夏城集团投资10亿元，在厦门打造了全天候表演360度大型室内山水实景表演《闽南传奇》项目，山东坤河和烟台八仙过海公司准备在厦门和福州分别打造极地海洋世界和欧乐堡项目，山东龙冈集团投资约10亿元收购了广西龙宫仙境、贵州黄蜡洞、杭州风水洞、灵山洞、重庆姜家溶洞等景区。

六是探索“旅游+”新路径。

旅游+金融创新的山东经验。2015年，设立了资金规模20亿元的山东省海滨旅游发展引导基金和10亿元的山东省旅游发展引导基金两只股权投资引导基金，加快改革创新支撑基础。今年4月1日，国家财政部、国家旅游局组织专门调研组到山东调研总结山东旅游发展基金的经验，并准备设立中国旅游发展基金。目前，成立的山东海滨旅游发展基金管理公司已选定投资西霞口旅游度假区、酷旅国际旅行社、马泉创意农业休闲园和艾山温泉旅游度假区、招虎山国家森林公园、济宁石门山等6个项目，基金投资达到4亿元，其中，西霞口旅游度假区项目已经启动。山东省旅游发展基金与大乳山维多利亚公司签署《战略合作框架协议》，基金拟占股30%，拟投资额度约1.5亿元。与沂蒙山景区签署《战略合作框架协议》，基金拟占股20%，拟投资额度约1亿元。正在推进设立全省乡村旅游基金。目前已形成乡村旅游基金组建方案，已上报省政府。烟台、济宁、淄博、临沂等市已经成立文化旅游发展基金，青岛市和东营市旅游基金也取得较大进展，光合文旅集团已在山东省投资6个旅游PPP项目、华谊兄弟已确定投资3个旅游项目。旅游+互联网的山东模式。2015年，山东重点实施了“旅游+互联网”工程，完善了旅游信息公共服务平台，提升了好客山东旅游网、山东旅游移动客户端的信息发布、产品营销等功能，满足游客旅游信息查询、网上预订支付、网上咨询投诉实现“一站式”服务的需求，同年4月，举办了“旅游O2O泰山会盟”活动，山东省旅游产业运行监测管理服务平台同时上线，实现对目的地数字旅游服务系统、旅游电子政务、涉旅相关部门三个渠道的数据进行汇总分析，县一级旅游目的地移动营销平台也搭建完毕。建立以互联网为主、传统媒体为辅的形象、信息、产品营销渠道，完善基金、风投、众筹、股权置换、旅游资产证券化等多种形式相结合的融资渠道，通过发挥线上企业的平台优势和线下企业的服务优势，促成旅游产业各大要素实现汇集、碰撞并合作。互联网技术正在改变山东乡村旅游的形态。在山东，70%的旅游资源集中在乡村地区，全省规模化开展乡村旅游的村庄也超过了2800个。山东省搭建全省乡村旅游的电商平台，打造了齐鲁乡村旅游网、酷旅网、56人旅游电商平台等，在全省筛选100个基础较好的乡村旅游示范村，开发建设管理系统，为100个业户配备设备，开展电子商务操作培训，把全省乡村旅游资源与O2O平台对接起来，开发各种智慧旅游产品，满足游客的个性化需求。2016年10月，山东省旅发委制定出台了《关于促进旅游产业转型升级的实施方案》，提出将开发线上线下融合的旅游产品应用程序（App），而且，还会探索建立集信息、集散、调度功能于一体的区域旅游服务平台，实现旅游与公安、交通、商务、气象等数据信息的共享，引导游客合理选择线路和出行时间。到2020年，全省4A级以上景区将实现免费WIFI、智能导游、电子讲解、在线预订等全覆盖。近日，山东省互联网信息办公室、省旅发委联合下发《关于开展“严重违规失信”专项整治的通知》，在全省范围内启动为期2个月的旅游网站严重违规失信专项整治工作。此次对象包括综合旅游网站、旅行社网站、旅游景点网站以及网站旅游频道、旅游网站App、微博、微信公众号等，旨在通过集中开展专项整治行动，坚决清理、查处和关闭一批违法违规和严重失信的旅游网站，促进各类旅游网站依法依规规范互联网业务经营，遏制虚假欺诈、侵犯隐私、违规经营等扰乱在线旅游交易的现象。

七是扎实推进旅游基础设施公共服务体系建设。

2013年开始，省政府每年安排省区域战略推进专项资金地市切块部分20%用于旅游基础设施建设。2014年、2015年两年共安排11.32亿元，主要投向旅游集散中心、咨询服务中心，目前全省建成游客集散中心45处、旅游咨询服务中心201处。全力推进旅游交通标识牌建设。2015年10月份山东省旅游发展委联合省公安厅、省交通运输厅出台《山东省旅游景区交通标识建设实施方案》，12月份又制定了《山东省旅游景区交通标志设置规范》，着重解决景区"最后一公里"旅游交通标志的缺位问题。现在，省交通规划设计院已经完成全省182块标识牌的设计初稿，并向山东高速集团、齐鲁交通发展集团征求意见，近期计划召开论证会，进行工程招标、安装工作；全省国道、省道、城市道路及最后一公里标识牌建设目前各市已经基本完成。截至目前，全省已建成旅游集散中心45处，在建旅游集散中心44处。济南、青岛、枣庄、烟台、潍坊、泰安、威海、莱芜、德州、聊城已建成市级旅游集散中心。全省已建成旅游咨询服务中心201处，在建旅游咨询服务中心37处，全省17市都已建成旅游咨询服务中心。其中，济南在全市建设了50处具有电子触摸屏查询、旅游服务热线链接、旅游产品展示、手机充电（USB）、Wi-Fi无线上网等功能的智慧旅游咨询亭；枣庄开发了旅游咨询网、旅游政务网、旅游企业电商服务平台、App等智慧旅游项目，将咨询服务和智慧旅游城市建设相结合，创新打造现代化"智慧城市"服务新窗口和新亮点。滕州市在高速公路、城区主要道路以及通往景区道路累计设立了200余块旅游交通标识牌，进一步方便了外地游客来滕旅游。城区到A级旅游景区通游道路全部达到二级路以上标准，已开通了微山湖湿地红荷旅游景区、莲青山、龙山等景区景点的公交专线，形成了畅通快捷的旅游交通网络。提高旅游信息化水平，利用滕州旅游公众微信号和微博推出了一系列旅游专题活动，在重大节假日及时发布重点旅游景区游客流量等动态旅游信息，为游客营造便捷自助游环境，提高了关注度和影响力。

八是厕所革命任务将提前完成。

厕所革命以来，郭树清省长3次就厕所革命事宜进行批示，并在今年5月16日的全省旅游产业发展大会上，就旅游厕所的设备维护、管理服务以及机关单位厕所向社会开放等提出意见。季缃绮副省长亲力亲为，多次听取关于旅游厕所建设管理情况汇报，专题研讨旅游厕所PPP模式、奖补资金安排和乡村旅游点公厕奖补资金的落实情况等，全力推动旅游厕所建设管理工作。2015年，省政府办公厅印发了《山东省旅游厕所建设管理实施方案》（以下简称《方案》），在国家旅游局确定的旅游景区、交通集散点、乡村旅游点等厕所的基础上，将范围扩大到加油站、大型商场厕所，旅游厕所建设管理的范围达到8类。在原确定的建设5000座（新建2700座、改建2300座）的基础上，数量增加到54920座（新建7800座、改建47120座）。在建设进度安排上，确定到2016年年底完成全部建设任务，比国家旅游局规定时间提前一年超额完成旅游厕所建设目标任务。召开了两次全省旅游厕所工作会议和全省旅游厕所建设管理工作现场会，交流厕所建设管理工作经验，同时加强与省直相关部门的沟通协调，省旅发委联合省财政厅、省经信委、省住建厅、省交通厅、省商务厅等下发《山东省旅游厕所建设管理推进方案》，进一步明确了日常督导、检查验收等，并提出了具体推进时间表；省经信委对加油站厕所进行了摸底，明确厕所建设目标任务，并向各市印发了《山东省加油站公共厕所建设管理方案》，要求加油站厕所要提前半年完成省政府交给的任务；省财政厅会同省旅游局研究初步完成了厕所奖励资金的安排和奖励办法的制定工作；省住建厅联合有关部门制定下发风景名胜区厕所建设管理方案，同时积极开展城市商业街厕所建设管理工作；省交通厅开展半月一调度，积极推动做好高速公路服务区和车站码头等集散点厕所建设管理工作；省商务厅把厕所建设管理工作作为绿色商场创建的必备条件，推动商场超市厕所建设管理工作。2016年4月1日，《山东省新建改建旅游厕所奖励暂行办法》正式实施，按照走在全国前列的要求，积极协调财政、经信、商务、住房建设、交通运输等部门，共同推进厕所革命，全省已建成旅游厕所2.4万座。山东按照“厕所革命工作好不好，让游客和社会第三方说了算”的理念，把旅游厕所复核工作完全委托第三方开展，并把第三方复核结果作为旅游厕所奖补资金拨付的重要依据。今年3月，省旅游发展委与有关部门联合委托旅游行业协会作为“第三方”，组织专家团队赴全省16市（不含青岛），对2015年度旅游厕所建设情况进行抽查复核。复核组从通过初检的3732座旅游厕所中抽查了1257座（抽查总比例为34%），总体合格率达到97%。其中A级旅游景区厕所全部通过复核验收，且基本达到《旅游厕所建设管理指南》标准要求。建管方式不断创新，济南创新实施城市厕所开放联盟，有效利用厕所存量资源，目前已有1200余座厕所加入，5A级景区“天下第一泉”附近打造厕所开放联盟一条街。青岛崂山区参照PPP模式与中国光大置业开展合作，由光大负责融资，政府分期回购，并委托光大独家长期经营管理，三年拟建100座生态厕所。枣庄开展厕所革命示范市创建活动，全域开展旅游厕所革命，研发公厕免费开放App。济宁编制城市旅游厕所布局专项规划，各级财政配套资金推动城乡厕所免费向社会开放，同时，充分利用报纸、电视、网络及新媒体，并创办《济宁旅游》月刊，及时、客观、全面报道旅游厕所建设管理工作，教育和引导公民养成健康文明的生活方式和旅游方式。滨州实行领导干部包保责任制，每个县级干部包保相应县区厕所建设，定期对县区内厕所建设进行督查。聊城市旅游局领导班子成员每人挂点1至2个县（市、区），主动对接各县（市、区）政府主要领导或分管领导，指导县（市、区）落实旅游厕所建设任务。菏泽市以政府明电形式印发《关于推进全市旅游厕所建设的通知》（菏政办发明电〔2015〕48号）建立推进机制。威海市积极与文化、海洋、交通等部门沟通，将1处文化娱乐场所、5处休闲海钓场所厕所改建纳入全市旅游厕所建设计划，进一步扩大旅游厕所革命范围。继续加大旅游厕所革命的资金扶持，省政府确定每年统筹6000万元奖补新改建旅游厕所，省旅游发展委与省财政厅多次沟通协调，出台了《山东省新建改建旅游厕所奖励暂行办法》（鲁财行〔2016〕8号），依据旅游厕所第三方复核情况，共同研究2015年度旅游厕所奖励方案，并经媒体公示后，于3月底前将6000万奖补资金下达各市财政。同时，乡村旅游点公厕（共1451座）的奖补资金2860万元，经省政府领导协调后，也已落实。各市也配套了相关资金支持政策：枣庄市按照1∶1配套专项资金奖补新建改建旅游厕所，同时，贷款1.6亿用于全域旅游厕所改造建设；济宁市列支1000万元用于旅游厕所奖补，同时要求全市城乡厕所免费向社会开放，管理运营成本全部由市县财政负责；莱芜市从3000万元省区域战略切块资金中，每年安排300万元用于旅游厕所建设；日照市提前对通过验收的旅游厕所发放了补贴。滕州市启动了276座旅游厕所的新建改建工程，召开了全域旅游厕所革命示范市建设推进会议，争取了3500万元旅游厕所建设贷款资金，截至目前，已全部开工建设，在枣庄市率先启动了机关企事业单位厕所向社会免费开放工作，全市加入旅游厕所开放联盟单位已有98家，并统一制作了旅游厕所开放联盟单位标识牌、导引牌和文明公约。莒县财政局、县旅游局联合印发《莒县旅游发展专项资金管理使用暂行办法》，对通过验收的1A、2A、3A旅游厕所分别给予2万元、3万元、5万元的奖补。

九是乡村旅游和旅游扶贫取得新突破。

山东省旅游精准扶贫成效突出。2013年至2015年，省财政投入4.46亿元支持乡村旅游发展，对1.5万户集中连片发展农家乐实施“改厕改厨”，连续三年每年组织千名乡村旅游带头人赴台培训交流。今年，省财政又拿出3100万元，组织2300名乡村旅游带头人到日本、韩国、意大利、西班牙等交流培训。今年有61个村被国家旅游局评为乡村旅游模范村，数量位居全国第一。山东在大规模发展乡村旅游的基础上，重点培育乡村旅游精品，全省61个村被国家旅游局命名为中国乡村旅游模范村，数量居全国第一位。同时，大力实施旅游扶贫，筛选了400个贫困村作为乡村旅游扶贫村，配合相关部门支持600个村发展乡村旅游，组织旅游规划单位免费为47个国家旅游扶贫村编制旅游规划。山东省在旅游扶贫工作上实施“多个渠道进水、一个池子蓄水、一个龙头放水”的理念，通过严格初选对象、公示公告等环节，完成了400个旅游扶贫村调查摸底，共涉及建档立卡贫困户23228户，贫困人口53607人，并针对贫困村资源禀赋和贫困人口需求，逐村制定发展对策、逐户明确扶贫方式，实现“一村一策、一户一案”。在乡村旅游规划中特别强调突出产业扶贫和市场开发环节，杜绝千村一面。委托社会第三方机构开发建立了“省旅游扶贫数据库平台”，加大对建档立卡动态管理和扶贫统计监测的工作力度。目前，已全面完成400个旅游扶贫村贫困户和贫困人口增减调整、2016—2018年度实施项目等各类数据的录入工作。设立6个国家级和10个省级乡村旅游扶贫工程观测点，对扶贫工作进行跟踪监测和成效评估，及时掌握动态，跟进指导服务。截至今年第三季度，全省400个旅游扶贫村共投入财政资金6.7亿元，吸引社会资金和金融资金16.6亿元；400个旅游扶贫村均明确了2~3个结对子帮扶主体；132个贫困村正在开发打造，向乡村旅游特色村迈进，另有120多个村正在培育和开发精品采摘园、特色种植养殖、休闲垂钓园等项目，为贫困群众脱贫增收找到了门路。今年8月，山东省在国家旅游局、国务院扶贫办表彰的全国乡村旅游创客示范基地、全国“景区带村”旅游扶贫示范项目等六项工作中，共有23家单位和个人受到表彰，总数全国第一。目前，山东省已经确定了莱芜市、东平县、山亭区、淄川区、泗水县泗张镇、博山区池上镇等一批乡村旅游发展基础较好的市、县、镇发展全域旅游，全省建成已具雏形的峨庄写生绘画、徐庄休闲度假等旅游小镇10多个，还有10多个小镇正在建设和培育之中。大力培育旅游特色村，引导乡村旅游经营业户成立乡村旅游专业合作社，已经发展到600多家，入社会员8700余户。其中，青岛崂山东麦窑村、淄川区牛记庵村、博山区乐疃村、岱岳区里峪村等发展精品民宿300多家，成为新兴乡村旅游目的地。临沂市从今年开始设立3亿元的文化旅游业发展引导基金，连续5年对30个旅游特色镇和100个特色村每年分别给予100万元和50万元的奖补，各县区按不低于50%的比例配套。依托“沂蒙山区好风光”生态优势，打造一批“望得见山、看得见水，记得住乡愁”的乡村旅游精品。目前，沂蒙风情小镇、岱崮军工小镇等30个旅游特色镇以及自然风光、民俗体验型等100个旅游特色村正加快建设。同时，做好“旅游+扶贫”文章，在31个国家级旅游扶贫村、45个省级旅游扶贫村发展农业采摘、农家乐等项目，目前全市已有1400多个贫困户、5000多人通过发展乡村旅游走上致富路。滕州市制定了《滕州市旅游扶贫工作实施方案》，争取上级旅游部门和本级配套旅游扶贫资金80万元，采取公司+贫困户、专业合作社+贫困户等模式，推动贫困村、贫困户发展乡村旅游项目，带动贫困户脱贫。目前，全省已有新泰掌平洼，沂水四门洞、桃棵子，兰陵压油沟等50多个贫困村形成规模并开门迎客，贫困人口从中得到了收益。

十是文明旅游创新颇见成效。

山东省将文明旅游纳入全省旅游“三三战略”和“三三工程”，继去年的《山东省旅游饭店、餐馆卫生规范100条》后，山东省在今年又正式发布实施《山东省文明旅游100条》和《山东省文明待客100条》，致力树立文明好客旅游目的地形象。今年，山东省旅发委、省文明办在济南举行全省文明旅游表彰大会，隆重表彰2015年度先进单位、先进个人，授予山东大厦、崂山风景区等100家企业“全省文明旅游先进单位”称号，马晓宁等100名出境游客“文明使者”称号，马爱武等200名国内游客“美德游客”称号，苏振涛等100名领队“最美领队”称号，崔丽等200名导游“最美导游”称号。济南市成立了文明旅游联盟和泉城导游义工队伍，招募1000名“旅游啄木鸟”义务监督旅游行业经营者及其从业人员的旅游经营行为和旅游服务质量。连续数年，济南市旅发委、济南边防检查站联合举办“诚信示范出境旅行社”评选活动。

十一是跨境旅游合作方向更加明确。

2016年8月15日，《山东省人民政府办公厅转发省旅游发展委贯彻国办发〔2015〕62号文件促进旅游产业转型升级实施方案的通知》中明确提出要推动济南、青岛、烟台、威海等城市落实境外游客购物离境退税政策，争取在条件成熟的航空、水运口岸设立进、出境免税店。鼓励旅行商开发旅游包机业务。充分利用国家跨境双边互动交流活动，拓展日韩、欧美、东南亚、港澳台以及俄罗斯、印度等重点客源市场。支持济南、青岛、烟台、威海等市创新出入境旅游管理方式，在游客出入境比较集中的口岸实施“一站式”通关模式，设置团队游客绿色通道。实施山东旅游专家计划，加强与重点客源地大旅行商、媒体合作。打造内容丰富、特色鲜明、具有重大影响力的旅游交流营销推介活动，作为全省对外经贸文化交流的重要内容。

强化顶层设计　优先发展旅游产业
——河南省旅游业改革创新工作推进情况

一、关于强化顶层设计，优化旅游业发展环境方面

一是完善行业发展政策。“十二五”期间，围绕落实国务院《关于促进旅游业改革发展的若干意见》《国务院办公厅关于进一步促进旅游投资和消费的若干意见》，起草并报请省政府出台了《关于加快旅游产业转型升级的意见》《关于促进旅游消费拉动经济增长的意见》《关于促进服务业发展若干政策》，对旅游业给予了土地供应、财政资金、税费减免、金融信贷等方面的扶持。其中，2015年出台的《关于促进旅游消费拉动经济增长的意见》比国务院办公厅的早出台一个月。二是打造高端合作平台。促成联合国世界旅游组织在我省设立旅游可持续发展观测站，并与省政府、国家旅游局持续举办国际旅游城市市长论坛，国家旅游局局长李金早高度评价“市长论坛是我国深化与国际旅游合作的重要平台”。牵头组建了内地游学联盟、中原经济区旅游城市联盟、大黄河旅游联盟、豫晋陕黄河金三角旅游联盟、鄂豫皖旅游联盟，并积极参与全国“9+10”区域旅游联盟、京广高铁沿线旅游联盟，有效推动了我省与周边区域旅游合作。三是发挥行业典型模范作用。2013年，号召全省旅游系统学习为旅游业奉献一生的原栾川旅工委副主任马海明，并把相关事迹上报了省委、省政府和国家旅游局。2015年，省委将其作为“三严三实”教育的典型，发文号召全省向其学习。2016年，河南导游韩滨舍己救人的事迹发生后，国务院汪洋副总理专门批示“用生命尽职履责，是旅游行业从业人员的楷模。”省旅游局报请省委宣传部和国家旅游局在全省和全国掀起学习韩滨的热潮。行业模范典型的宣传，对树立行业形象，提升行业素质起到了良好作用。

二、关于全域旅游示范区创建工作方面

“十三五”期间，将全域旅游作为我省旅游产业转型升级的重要战略和主要抓手。目前，我省已有4个省辖市、22个县（市）被国家旅游局列入全域旅游示范区名录。各创建单位党委、政府高度重视，党政主要领导亲自抓，以创新精神全力推进创建工作，

均成立以党政领导为组长的高规格全域旅游创建工作领导小组。

济源市成立了全域旅游办公室，建立健全了全域旅游督查机构和全域旅游示范区工作台账，将全域旅游工作纳入政府目标考核体系和表彰体系。在交通体系、城市水系、海绵城市等十项重大专项规划编制中，主动与《济源市全域旅游总体规划》融合对接；出台了《济源市进一步加快旅游业发展奖励扶持政策》（试行），印发了《关于在全市贫困村中开展乡村旅游扶贫富民工作的通知》《济源市旅游厕所建设管理行动方案》等文件，从扶持奖励、旅游富民、公共服务体系建设等方面强化顶层设计，确保全域旅游创建工作有序推进；将中心城区定位为国家旅游休闲示范区，按照建设“城市会客厅”的理念和5A级景区建设的标准，突出“旅游+城市”的功能。今年的济源市委一号文件《关于落实发展新理念加快农业现代化实现全面小康目标的实施意见》提出，要大力发展休闲农业和乡村旅游，主动融入“全域旅游”发展格局。

三、关于旅游综合管理体制改革方面

（一）推进行政管理体制改革

我省拟出台的旅游业“十三五”发展规划中提出：“适应旅游综合执法要求，进一步改革完善旅游行政管理体制。充分发挥省旅游工作联席会议制度在推进全省旅游产业发展中的综合协调作用，探索在省、市两级和把旅游作为主导产业的县设立旅游发展委员会，切实把优先发展旅游产业作为河南经济社会发展的重大战略。”目前，省旅游局已向省委、省政府上报了成立“河南省旅游发展委员会”的请示，省领导做了重要批示，正等待省编委会通过后上报。洛阳市、开封市等省辖市已率先成立了旅游发展委员会，其他部分省辖市正在筹备或已向当地政府申请成立旅游发展委员会。

（二）深化景区管理体制改革

充分发挥市场在配置资源中的决定性作用，以所有权、管理权、经营权“三权分离”为重点，按照政企分开、事企剥离、企业化运营模式，构建产权关系明晰、责任主体到位、市场对接充分的景区经营管理体制，依法推行国有及国有控股景区管理权、经营权分离，实现国有资源与社会资本的优化组合。推动有条件的景区资源管理部门将资源管理权限下放，实行属地管理。2014年，新乡市完成了南太行旅游资源整合，八里沟、万仙山、关山等7家景区由新乡南太行旅游公司统一规划、统一管理、统一开发、统一经营；按照“政、事、企”分开的原则，设置南太行旅游度假区管委会和南太行旅游公司，建立健全“管委会+公司”模式的景区综合管理体制。济源市整合旅游资源，依托王屋山、五龙口景区，成立市旅游集团；整合沿黄旅游资源，成立小浪底北岸新区管委会；整合中心商务区旅游资源，按照打造4A级景区的标准，成立济东新区管委会。

（三）创新综合监管体制

栾川作为我省国家级旅游业改革创新先行区，2016年1月成立旅游管理警察大队，成为全国首个设立旅游警察大队的县区，在探索县域旅游产业发展新思路和行业监管新机制方面有力地迈出了第一步。修武县“1+3”旅游综合体制改革已经完成，成立了修武县旅游发展委员会，组建了修武县旅游监察大队、旅游巡回法庭、旅游工商分局。辉县市八里沟游客服务中心设置“两所一庭”，即派出所、旅游工商管理所和旅游速裁法庭，及时协调解决旅游相关问题；抽调林业、水利、交通等相关职能部门执法人员，组建新乡南太行（辉县市）旅游综合执法大队，开展综合执法工作。

四、关于旅游基础设施公共服务体系建设方面

（一）旅游公共信息咨询服务体系初步建立

2016年5月19日省编办正式批复，同意省旅游局成立旅游数据中心，成为全国第一个成立旅游数据中心的省份，为今后利用旅游大数据进行产业管理、调度、监测和运行分析提供了机构保障。开发建设了旅游产业运行监测平台，全省80个4A级以上旅游景区实现了景区人流、酒店住宿和旅游车辆在线监测，全面提升了信息化服务和行业管理能力。18个省辖市也都开通了官方微信，建立了旅游咨询网站。郑州市、洛阳市入选国家智慧旅游试点城市。郑州市智慧旅游项目纳入全市国民经济社会发展规划，洛阳市以大数据为突破口，不断加快智慧旅游发展，开封市采用PPP模式率先在全省启动“智慧旅游”建设项目，于2014年初建成并投入运营。许昌、驻马店等市的智慧旅游建设也正有序推进。

（二）旅游交通便捷服务体系不断完善

国家八大枢纽机场之一的郑州机场二期工程已经投入运营，航线网络不断完善。已开通客运航线137条，其中国内客运航线115条，国际、地区客运航线22条；米字形高速铁路网建设取得突破，郑徐高铁于9月份正式开通，郑万、郑合高铁已经开工，郑济、郑太高铁前期工作取得重大进展，郑开、郑焦、郑机城际铁路投入运营；旅游景区的可进入性进一步增强，通往A级景区的直达交通线路已达263条，旅游交通引导标识不断完善，自驾车、房车营地建设稳步推进，旅游停车场等基础设施建设力度不断加大、进度不断加快。

（三）旅游惠民便民服务体系逐步完善

全省各地不断推出旅游公益惠民便民措施，改善休憩环境，不断提高居民休闲和生活品质。18个省辖市中13个市推出了旅游年票，绝大多数旅游景区都为老年人、学生、

残障人士等特殊人群提供了减免票政策；各地利用公共财政建设的博物馆、展览馆等全部免费对游客开放；全省已建成城市公园363座，旅游休闲或文化商业街区168条，A级旅游厕所2488座；一些地方和区域建设了公共游憩区、特色街区、游览观光步道等休闲和游览设施；方便游客的通信、邮政、金融、医疗、无障碍等设施在主要景区也得以完善。

（四）旅游安全保障服务体系逐步形成

我省各地旅游安全保障法规、标准更加完备，预案体系初步形成。旅游安全保障的体制机制不断完善，旅游安全生产及应急管理队伍建设越来越得到重视，旅游安全投入逐步加大，旅游安全设施设备逐步完备，旅游保险功能逐步发挥，安全培训教育制度基本建立。在18个省辖市和10个省直管县中，有11个省辖市和4个省直管县对辖区内的旅游客运汽车实行卫星定位联控制度；有14个省辖市和5个省直管县根据旅游安全信息对旅游者流动趋势进行预测和引导；有15个省辖市和5个省直管县已建立日常旅游安全救援演练制度；有12个省辖市成立了负责统筹协调旅游救援工作的指挥中心；所有省辖市和7个省直管县对旅游企业开展经常化的旅游安全教育培训；所有省辖市和省直管县都建立了旅游投诉快速处理工作机制和旅行社责任保险制度。

（五）政府部门的旅游行政服务功能得到加强

各地积极规范旅游市场秩序，推进行业精神文明建设，加强旅游行政服务。倡导诚信经营，推行“示范合同”，强化旅游投诉受理和旅游纠纷调解职能，各地投诉圆满解决率大幅提高。通过A级景区、星级饭店及旅游标准化示范单位等创建工作的开展，旅游环境得到进一步优化，游客权益得到进一步保护，游客满意度逐渐成为评价旅游企业和旅游目的地的重要标准。

五、关于“厕所革命”方面

根据《河南省旅游厕所建设管理行动方案》计划安排，我省2015—2017年计划新建旅游厕所2938座、改扩建旅游厕所1565座。目前，已完成的新建旅游厕所1239座、改扩建旅游厕所611座，其中，2015年已完成新建旅游厕所781座、改扩建旅游厕所438座；截至2016年9月，已完成新建旅游厕所458座、改扩建旅游厕所173座。

我局通过面对面沟通、发函沟通等方式，与省辖市、省直管县（市）政府及省发改、财政、交通、住建等部门协商，进一步统一思想，取得各方面支持。一是加大财政资金扶持力度，2015年，省财政拿出2000万元，并要求各级政府在资金方面积极支持旅游厕所建设；二是按照“谁主管、谁建设；谁建设、谁管理；谁管理、谁维护”的原则，明确旅游厕所的投入主体；三是鼓励企业、社会团体等参与到旅游厕所的建设和管理中来。四是推动省政府将旅游厕所建设管理纳入年度目标责任考核，不定期组织人大代表、政协委员、旅游监督员、专家、新闻媒体进行督查。五是各级文明办将旅游厕所建设管理纳入文明城市、文明景区、文明单位等创建测评考核指标，落实到城市文明程度年度测评中。六是在创建及复核A级旅游景区、星级旅游饭店、旅游标准化试点示范单位、国家和省级旅游度假区、国家级生态旅游示范区、全国休闲农业与乡村旅游示范点、全省乡村旅游示范县（乡镇、村）等工作中，将旅游厕所建设管理纳入其中，实行一票否决。

六、关于旅游扶贫方面

（一）各方重视，形成了合力

省政府成立了河南省乡村旅游工作协调小组，各级各部门对乡村旅游与旅游扶贫工作认识高、行动快，凝聚了合力，形成了一盘棋。一是高位推动。河南省委、省政府将乡村旅游列入“河南十项民生工程”，纳入各级政府目标考核责任制。先后出台了《关于发展全省乡村旅游的意见》《河南省乡村旅游发展规划》《全省乡村旅游扶贫工程五年行动计划》；二是部门联动。全省共有61个旅游扶贫重点村被列入2016年中央预算内投资计划，总投资6100万元。省移民办、旅游局、扶贫办、国土厅、人行郑州支行联合出台了《关于在全省移民村大力扶持乡村旅游产业发展的指导意见》，并确定扶持56个适合发展旅游的移民村，计划对每个南水北调移民村投资300万元、每个普通移民村投资200万元开发旅游项目；三是多方行动。积极调动企业、媒体及各种社会团体的力量，共同推动旅游扶贫工作。实施了“双百千万乡村旅游扶贫工程”，开展旅游扶贫公益帮扶行动。启动了旅游规划扶贫公益行动，全省20多家旅游规划资质单位免费为57个旅游扶贫重点村提供旅游规划指导、旅游项目策划。全省旅游系统共结对帮扶贫困村306个、贫困户2154个，带动脱贫人口8616人，旅游规划设计单位与扶贫村签订56个结对帮扶协议；四是将发展旅游业与扶贫工作融合发展。嵩县借势“旅游+扶贫”战略打好精准扶贫攻坚战，采取了以“大景区+周边村”模式，带动当地群众脱贫；“公司+农户”模式，实现从“输血式”扶贫到“造血式”脱贫的转变；“旅游+社会公益”模式，汇聚爱心助力精准扶贫；“旅游业+美丽乡村”模式，推进全域脱贫，得到了农民的高度认可和社会各界的广泛认同。

（二）多方投入，形成优势

一是财政先投。主要解决乡村旅游基础设施、公共服务设施等。2015年，省财政投入13亿元，支持实施140个美丽乡村发展旅游。对有旅游基础、处于培育阶段的重点贫困旅游村；省旅游局拿出1580万元投入乡村旅游基础设施建设。二是通过招商引资活动，引领企业投资扶贫村。吸引了更多的社会资金和民间资金投入到乡村旅游开发。

2013年以来，仅栾川县就先后吸引了各类资金达36.9亿元。房地产、矿业、机械等行业资本纷纷进入乡村旅游。三是乡村跟投。乡村、农民以集体经济、自有资金入股或投入农家宾馆、民宿等乡村旅游服务项目，或者农民以房屋、自留地入股公司当股东分红。栾川县14个乡镇中，11个乡镇从事乡村旅游，创建旅游专业村25个，直接和间接带动农民10.2万人就业，约占全县农民的1/3，农民人均纯收入65%来自于乡村旅游。

（三）大力宣传，形成了声势

全省着力打造了30个知名度高、基础条件好、发展潜力大、市场培育成熟的乡村旅游精品，并将其纳入全省重点旅游线路和整体旅游营销计划，利用报纸、电视、网络、杂志等主流媒体，积极宣传推介。近年来，全省发表宣传推介乡村旅游的文章530篇，播放宣传视频45次，发放宣传册23万多本。由省旅游局、河南日报报业集团、河南省新闻出版广电局等单位联合组织发起的“老家河南·发现美丽乡村”旅游推广活动，对河南美丽乡村进行了全方位宣传和推介，并对评选出的十佳美丽乡村进行了专题报道。作为旅游扶贫措施的一部分，今年卢氏县举办了2016年国际旅游小姐中国赛区总决赛，将时尚美丽与乡村美景相结合，既展示了旅游小姐的现代风采，又展示了卢氏乡村的田园风光，引起了较大反响。

（四）智力帮扶，强化人才培训

省旅游局实施了乡村旅游人才培训工程，重点培训乡村旅游村镇干部和乡村旅游经营、从业人员，组织开展外出考察、学习，借鉴先进地区发展经验，提高全省乡村旅游服务接待水平。积极引导各级政府对旅游重点扶贫村干部、旅游从业人员分批次进行培训，全年计划培训大约3万人。根据年度培训计划，应台湾观光协会邀请，6月2日至8日，省旅游局组织18个部分扶贫示点村干部一行28人赴台湾进行了为期7天的乡村旅游管理培训班。在台湾期间，按照承办单位台湾中卫发展中心的统一安排，参训人员认真学习，主动与授课专家和参访的乡村旅游企业负责人进行了沟通交流，达到了培训提高的预期目的。

七、关于旅游投融资方面

（一）加强项目资金的使用管理

2016年，为持续发挥省级财政资金的引导作用，我局进一步完善了重点项目竞争评审办法，将8200万元项目资金按照突出重点、择优扶强的原则，采取“公开答辩、现场打分”的方法落实到了具体项目，有效地带动了8.7亿社会资本投入旅游项目建设中。每年对使用国家旅游发展基金、省财政高成长服务业专项引导资金扶持的重点旅游项目进行全面检查和绩效评估，通过跟踪检查，确保项目资金的使用合理合规。2015年，在省财政厅聘请第三方对全省高成长服务业专项资金绩效评审中，扶持旅游业重点项目的资金使用绩效情况位居首位。我局在项目资金使用管理方面取得的成绩受到了省财政厅的充分肯定。2015年，在省财政厅召开的会议上，我局作为唯一厅外单位做了典型发言。

（二）强化项目支撑

加大对旅游新业态项目的培育，以大项目带动产业转型升级。截至2016年9月，全省旅游项目纳入全国旅游项目库管理的共有1138个，占全国项目总数的9.44%；2016年1—9月建设项目完成投资257.61亿元，占全国旅游项目完成总投资的3.23%。包括投资21亿元的郑州华强方特梦幻王国项目、投资31亿元的开封市朱仙镇国家生态文化旅游示范区等。在2016（郑州）国际旅游城市市长论坛旅游+金融分论坛上，我省引进了1073.2亿元的旅游项目合作大单，创历届签约项目总金额新高。

（三）拓宽融资渠道，加强银企合作

2009年以来，省工行、农行、中行、建行、中信、农村信用社等多家金融机构先后与省旅游局签订了1000亿元的授信额度。在5月举办的2016（郑州）国际旅游城市市长论坛上首次增加了“旅游+金融”分论坛，与国内外金融界及旅游界知名人士共同探讨新常态下如何加强旅游与金融的深度融合，推动旅游产业与优质资源、优势资本的优势互补、互利合作，共享旅游黄金发展机遇，共同把旅游业和金融业做大做强。本次论坛上现场有33家旅游企业与各金融机构签订了107.9亿元的授信协议，为我省重点旅游项目落地建设提供了资金保障，也为社会资本投资旅游业提供了良好的市场环境。

八、关于旅游市场综合监管方面

2016年8月，省政府办公厅印发了《关于进一步明确旅游市场综合监管职责的通知》，进一步明确了旅游部门、公安部门、工商部门、交通运输部门、文化部门等15个相关部门的旅游市场综合监管职责，推动旅游市场秩序治理由“重点治标”向“标本兼治”转变，从行业监管向综合治理转变，不断提高旅游市场综合监管水平和保障能力，营造诚信经营、公平竞争、文明有序的旅游市场环境。

创新景区、酒店管理模式。硬起手腕，实行动态退出机制，2015年以来共取消了24家星级酒店的资质，限期整改29家，对2家5A级景区、4家4A级景区给予通报批评，对7家A级景区做出了降级或取消A级处理，改变了A级景区、星级酒店只授牌不摘牌、只升不降的历史，一次性降级摘牌数量居全国第一。

加大旅游市场秩序整顿力度。建立了行业检查、专家专查、媒体联查、网络普查、旅游监督员巡查、游客满意度调查“六位一体”的旅游环境综合评价、督办、治理制

度。在全省选聘了国家级、省级旅游服务社会监督员各300名，利用社会的力量推动旅游市场秩序的好转，切实加强旅游市场管理和综合执法。

九、关于文明旅游方面

围绕文明旅游涉及的游客、旅游企业、导游领队、饭店、景区等各个环节，陆续出台了“助推文明旅游工作十项制度”。2015年，“河南省助推文明旅游工作十项制度”引起中宣部关注，要求在全国范围树立先进典型，全国和地方主要新闻媒体对“河南省助推文明旅游工作十项制度”进行了集中报道。我们通过制定印发《河南省旅游局关于游客不文明行为记录管理暂行办法》《河南省旅游企业约谈工作规定》《河南省出境旅游领队人员管理办法》《河南省旅游行业诚信建设“红黑榜”发布制度》等制度在加强要素管理，绷紧监管之弦，强化文明意识方面发挥了重要作用。规划了一批“河南省文明旅游示范基地”，选拔了一批“河南省文明旅游先进单位”，全面提升旅游企业发展质量。游客在河南一旦有不文明行为发生，将被记录在案。情况严重时，可能被通报征信机构，影响其参加其他社会活动。同时旅游企业发生违规情形，或有不规范、不诚信、不文明经营行为及苗头时，全省各级旅游行政主管部门将约见企业负责人，进行警示谈话，责令整改，并通过定期发布“红黑榜”的形式予以警示，对夯实服务基础、营造文明旅游氛围起到了示范引领作用。

坚持政策导向　推动全域旅游发展
——湖北省旅游业改革创新工作推进情况

今年以来，在国家旅游局的大力支持和关心下，我省认真贯彻落实“515战略”，积极推进旅游业改革创新，取得了明显成效，有力推动了我省旅游业的新发展。主要改革亮点包括以跨行政区域的武汉城市圈为单元创建全域旅游发展区、实施“旅翼扶贫行动计划”、省市联动建立旅游委管理体制、探索形成旅游厕所革命“八动法”、建立多部门参与的旅游市场综合监管机制等五个方面。

一、全域旅游创建方面

一是坚持规划引领。远安县在我省率先探索国民经济和社会发展规划、全域旅游规划、城乡总体规划、土地利用规划、生态环境保护规划“五归合一”，修订完善了《远安县全域旅游发展规划》。

二是出台政策文件。恩施州出台《恩施州创建国家全域旅游示范区的实施意见》，仅州本级财政为创建工作投入将达到5000万元，加上县市的财政投入，预计财政投入将超过5亿元。神农架林区先后出台《神农架林区航空旅游市场补贴实施办法》、《神农架林区冬季旅游优惠政策》等政策，在政府指导、市场准入、项目审批、财税支撑、人才引进等方面给予优惠和支持，调动多方面支持旅游、参与旅游的积极性和主动性，推动全域旅游深入发展。

三是坚持高位推进。全省33个国家级、省级全域旅游创建单位全部制定了全域旅游示范区创建实施方案，对创建任务进行了分解。如远安县编制《全域旅游工作手册》，倒排近三年旅游发展目标和任务，实行一季一督办、一月一汇报；随县制定了《随县旅游工作考核办法》，将旅游工作纳入县年度经济（工作）目标考核体系，同时将旅游考核指标在全县综合考核的分值提高到5分，切实加强对各乡镇、各部门全域旅游发展指标、重点任务、政策落实和项目推进情况的检查督导和任务落实。

四是以城市圈为单元推动全域旅游发展。由省旅游委指导，武汉市旅游局倡议发起，武汉城市圈其他城市积极响应的武汉城市圈全域旅游联盟在武汉成立。联盟的成立旨在用统一的战略、统一的标准、统一的平台，共同推动武汉城市圈旅游服务设施的完善、旅游产品品质的提升、旅游服务质量的提升和旅游科技水平的提升，共同推动武汉城市圈率先实现旅游一体化，建设主客共享、游客满意的旅游目的地。武汉城市圈旅游联盟成立以后发行了“武汉城市圈全域旅游e卡通”。该卡是发展全域旅游理念的生动案例，是武汉城市圈全域旅游揭开序幕后的第一个突破口，是全国在城市圈发行全域旅游卡的第一张卡，具有唯一性和先导性，它的发行将极大地提升武汉城市圈全域旅游的共识，加速武汉城市圈旅游一体化的进程。

通过改革创新，我省全域旅游取得了显著成效。一是旅游全域化促进了产业转型发展。宜昌市夷陵区坚持景区游、乡村游两轮驱动，推动农业生产围绕旅游调整、生态环境围绕旅游优化、城乡设施围绕旅游配套，休闲体验游、观光度假游、健康养生游等多点发力，形成了以重点景区为龙头、骨干景点为支撑、多条乡村旅游精品线路为带动，点、线、面整体推进的全域旅游格局。二是旅游全域化促进了产品提质升级。恩施州利川市将乡村民宿作为全域旅游的重要抓手和全面建成小康社会的重要手段，举全市之力突破性发展，启动了“十村百企万户”乡村民宿旅游工程建设，目前成效明显。三是旅游全域化促进了产业融合。秭归县以“旅游+”为主线，推进旅游与其他产业融合互动。推进“旅游+农业”，重点建设青滩桃叶橙、牛岭优质脐橙采摘等8个农旅融合示范基地，成功打造一批休闲农业示范点，开发观光采摘游产品，带动农产品销售、农家乐餐饮等消费增长；推进“旅游+工业”，重点培育屈姑食品工业旅游示范点，成功推出“屈姑邀您过端午”等产品；推进“旅游+体育”，开工建设三峡月亮花谷滑翔伞基地项目，成功举办端午龙舟赛、漂流大赛、自行车赛、越野赛等体育旅游活动；推进“旅游+商贸服务业”，屈姑食品、康辉集团等企业开发了一批旅游商品，并在国贸、物美等大型超市开设特色旅游商品专柜。四是旅游全域化促进了城乡面貌变化。夷陵区将旅游与城乡建设对接，把城当园建，用最好的地段、最好的资源建设公共绿地，既提升了宜居品质、又塑造了宜旅品牌；把镇当城建，打造山中城、城中山，建设了一批名乡大镇；把村当景建，突出“一村一韵、一村一景”，开展产业美、设施美、服务美、环境美、人文美“五美乡村”评选，对入围村和授牌村按10万元、20万元进行奖励，培育了一批特色美丽乡村。

二、旅游综合管理体制改革方面

近两年来，在省委、省政府的坚强领导下，在省编办的大力支持下，我省按照统筹协调、形成合力的要求，积极推进旅游管理体制改革，取得了显著成效。2015年10月，中央编办正式批复同意将湖北省旅游局更名为“湖北省旅游发展委员会”；2015年12月，省编委正式下文批复同意将湖北省旅游局更名为“湖北省旅游发展委员会”（简称省旅游委），并纳入政府组成部门。2016年1月，省人大常委会正式任命钱远坤同志为湖北省旅游发展委员会主任。2016年9月，省编委对省旅游委内设机构和领导职数进行批复，在此基础上，将对省旅游委“三定”方案进行调整并发文，不断强化省旅游委综合协调等职能。在省旅游委的积极带动下，各地市积极响应，近两年来，咸宁、仙桃、十堰、荆州、宜昌、黄冈等市州先后将旅游局更名为旅游发展委员会，加上之前早已成立旅游委的恩施、神农架，目前全省已有8个市州成立了旅游委，另外有武汉、襄阳等市州正在积极推进。

自省旅游委成立以来，省旅游委党组创造性履行综合协调职能，坚持把旅游业放在“建成支点、走在前列”的全省发展大局中来审视、来谋划、来推进，紧紧围绕全省经济社会发展的需求、重点、难点，以大旅游、大产业、大市场、大监管、大服务为导向，认真做好“结合”大文章，体现旅游担当，放大旅游效应，展现旅游行业的大局风采。

三、公共服务体系建设方面

一是推进旅游厕所革命。我们以“旅游厕所革命”为突破口，以旅游交通标识导引系统、游客集散服务中心、旅游停车场和中转站建设为重点，整体谋划，协调推进，全面提升我省旅游公共服务能力，塑造便捷舒适的旅游形象。按照“数量充足、干净无味、管理有效、群众满意”的原则，大力开展“旅游厕所革命”。召开了全省旅游厕所工作现场会，推广了黄陂旅游厕所建设管理经验，树立了标杆。省旅游局制定下发了《关于大力开展“旅游厕所革命”的意见》，要求以旅游景区厕所建设为重点，整体带动我省旅游厕所革命。专门从省级旅游专项资金中安排2240万元，对全省30多个县市区的近200座旅游景区厕所给予资金扶持。省旅游局与省住建厅、交通厅、卫计委、文明办、爱卫办联合下发了《关于大力推进旅游厕所文明建设的意见》（鄂旅游发〔2015〕16号），并协调推进了全省旅游厕所建设。我省探索的厕所革命“八动法”（即思想发动、创新驱动；主体调动，标准推动；部门联动、典型带动；奖补促动、快速行动）在全国厕所革命工作现场会上进行了交流。

二是加快推进智慧旅游建设。完成机房扩建改造，为智慧旅游省级综合平台项目建设提供基础保障。完成旅游行业管理平台一期项目建设验收，实现旅游执法、旅行社审批注册、旅游综合统计填报等网上便捷办理。完成省局官方微信功能开发，实现了包括景区推荐，乡村旅游推广在内的多模块功能。完成灵秀湖北手机掌上游二期改造，丰富景区景点的介绍，实现部分景区的自动化导游导览，语音介绍、720度全景体验功能，并实现景区门票、酒店宾馆住宿、美食特产等团购预订功能。积极做好官方微博微信的活动推广工作，组建全省旅游自媒体联盟。

四、旅游扶贫方面

我省开展了“旅翼扶贫行动计划”，实施“百千万”旅游扶贫工程，即百村旅游规划公益扶贫、百企结对帮扶、千人教育培训、万名旅游创客，建立了“五级联创”扶贫、旅游公益扶贫、动员社会扶贫三项旅游扶贫机制，探索出产业跨越、行业内生、多业联合等旅游产业扶贫模式。今年以来共结对帮扶贫困村33个，帮扶贫困户8875户，对口帮扶的贫困人口达38341人，带动扶贫综合投入资金超过60亿元。

一是实施百村旅游规划公益扶贫工程。首先，开展旅游规划扶贫公益行动。动员全省具有资质的旅游规划单位帮扶全省旅游扶贫重点村，免费开展旅游规划编制、旅游项目策划、旅游商品研发、旅游服务提升和旅游营销推广等。目前，全省10个规划设计单位完成了10个重点建档立卡贫困村的乡村旅游规划编制。我们还将继续对重点贫困村的规划编制进行扶持，鼓励各市州开展旅游规划公益行动。其次，完成全省乡村旅游规划。在对我省乡村旅游资源认真评估的基础上，编制了全省乡村旅游发展规划和扶贫专项规划。目前该规划已经正式公布实施。再次，建立乡村旅游项目库。策划、筛选了一批支撑作用大、关联带动性强、品牌价值高、扶贫效果好的重大乡村旅游项目。

二是实施百企结对帮扶工程。发动全省百家重点旅游企业，开展旅游扶贫对口帮扶，企业选取1~2个旅游扶贫重点村作为帮扶对象。首先是“景区一拖二”，重点旅游景区，每个景区对口帮扶2个以上村，带动景区周边有条件的村发展乡村旅游。其次是“农庄一联五”，全省重点星级农家乐和重点休闲农业与乡村旅游示范点，每家通过产业发展和蔬菜、水果等产品定向采购，帮扶周边5户贫困户发展相关配套产业，带动周边乡村旅游重点村的贫困户脱贫。再次是“民宿酒店一招十”，重点乡村民宿酒店每家直接招收附近10名有劳动能力的贫困人口就业，帮助周边乡村旅游重点村的贫困人口脱贫。

三是实施千人教育培训工程。旅游、扶贫和农业等部门联手，开展乡村旅游、旅游扶贫和旅游创新创业的大规模培训。第一，开展乡村旅游和旅游扶贫的培训。重点对乡村旅游致富带头人、引路人和积极分子，包括重点村村干部、乡镇长、经营大户等开展旅游经营管理、互联网和服务技能等培训，3年培训人数在1000人以上。第二，开展旅游创新创业的培训。重点对回乡创业的返乡农民工、大学毕业生、专业技术人员等开展创业知识、创业政策、旅游项目创意、旅游电子商务等方面的培训，3年培训人数在1000人以上。

四是实施万名旅游创客工程。大力推进“旅游+大众创业、万众创新”，开展旅游创新创业基地创建，培育创新创业孵化平台，引导和支持返乡农民工、大学毕业生、专业技术人员通过发展旅游实现自主创业。鼓励文化艺术界、科技界专业人员，发挥专业优势，在有条件的旅游地区进行创作创业，使乡村旅游成为大众创业、万众创新的活力之地。按照先试点、后推广的步骤，2016年选取部分重点旅游村镇或旅游区，开展创客基地创建工作。通过创客行动，力争平均每年吸纳1万名贫困人口直接就业，每年吸纳1千名大学生、艺术界人士、返乡村民等在乡村创业，间接带动10万人的旅游就业。

五、旅游投融资方面

《国务院办公厅关于进一步促进旅游投资和消费的若干意见》（国办发〔2015〕62号）下发后，我省组织召开了全省促进旅游投资暨消费推进会，发布了湖北旅游十大投资热点，对落实62号文件相关工作进行安排部署；举办了旅游投融资洽谈会，推动了一批旅游项目建设。同时，我省搭建了两个投融资平台。一个是项目平台。结合"十三五"规划编制，对全省旅游项目进行摸底、筛选、论证和策划，分门别类建立旅游投资重大项目库，发布全省十大旅游热点；另一个是融资平台，与赛伯乐投资集团成立湖北旅游产业发展基金，依托武汉光谷联合产权交易所成立湖北旅游资源交易平台，并与多家银行合作，为旅游投资提供融资便利。目前，正在积极推动建立湖北省旅游资源交易所。

六、旅游市场综合监管方面

一是加强顶层设计。省旅游委争取省政府办公厅印发了《关于加强旅游综合监管工作的通知》，厘清了部门监管责任，明确了旅游监管层级任务，建立健全监管工作机制，规范了工作流程，不断提升综合监管的保障和能力，深入推进旅游综合监管工作。

二是形成部门合力。确定了旅游市场综合监管责任清单所涉及的18个部门，细化了各部门的旅游监管职责。与省高法联合下发《关于进一步发挥审判职能作用促进旅游业健康发展的通知》，神农架成立了旅游速裁法庭，恩施、十堰、武汉、随州等地在热点景区陆续设立旅游巡回法庭，综合监管效能正逐步得到放大；与工商部门联合开展12315进驻4A以上旅游景区，畅通旅游投诉渠道；与新闻出版部门合作，及时发布各类警示提示，引导游客安全出行、文明出行、理性消费。

三是建立完善文明旅游制度。制定了《文明旅行社细则》、《文明景区细则》。与省信用办联合开发了全省信用信息平台，制定了信息公示制度，基本完成了旅游企业数据入库工作，建立了旅游企业和从业人员的信用档案。注重加强对旅游从业人员，特别是直接与游客接触的导游、领队、景区讲解员、酒店接待及服务人员的教育培训，增强服务意识和文明素质。

以改革为动力　以创新为引领
加快旅游业提质升级

——湖南省旅游业改革创新工作推进情况

近年来，湖南省旅游系统全面贯彻落实国家旅游局“515”发展战略，牢固树立五大发展理念，坚持以改革为动力，以创新为引领，持续激发旅游产业发展的内生动力和市场活力，加快推进旅游产业提质升级。

一、聚焦旅游供给侧发力，逐步增强产品供给能力

我省从旅游供给侧入手，持续加大政策、资金等要素保障力度，着力把旅游业打造成投资重点、消费热点和开放亮点。一是政策激励保供给。省政府办公厅先后印发了《湖南省旅游业“十三五”发展规划纲要》《湖南省消费导向型旅游投资促进计划》和《关于支持湘潭（韶山）建设全国红色旅游融合发展示范区的若干意见》。省旅游局、省扶贫办联合印发了《关于实施乡村旅游精准扶贫工程的意见》。省旅游局联合省人大财经委、省人大法工委加强立法调研，加快推进《湖南省实施<旅游法>办法》立法工作。研究拟定了旅游业考核的有关指标，将旅游业发展作为专项考核，纳入市州和省直单位绩效评估指标体系。二是加大投入扩供给。坚持开门办旅游，鼓励和撬动各种社会资本投资旅游产业，将“真金白银”转化成实实在在的旅游项目，以大投入大项目带动大发展。今年我省完善了“十三五”规划重点旅游投资项目库，在深圳举办了湖南文化旅游投资项目招商推介会，签约旅游项目13个，签约金额217.58亿元。加大财政引导力度，投入6.3亿元支持旅游项目建设，安排资金1.15亿元打造旅游精品线路，同时安排旅游专项资金5.5亿元支持旅游发展，较上年增长175%。目前全省在建旅游项目449个，总投资6027.1亿元，同比增长43%。其中，长沙市规划建设重点旅游项目55个，总投资568.5亿元，已到位资金59.9亿元，其中列入国家、省旅游项目重点工程5个；郴州市16个重点旅游投资项目，总投资350亿元，已完成旅游投资53亿元，其他市州项目建设力度也在不断加大。三是提质升级优供给。以“旅游厕所革命”为突破口，加快景区提质升级，游客服务中心、旅游交通、标识标牌和信息服务平台等旅游公共服务体系进一步

完善。2015年全省计划建设旅游厕所1014座，开工建设813座（完工554座）；2016年计划建设旅游厕所1045座，已开工建设1395座，占计划的133.50%，目前已完工823座。湘西州完成投资6亿多元在建10条旅游干线公路，张家界市实施“1656”提质升级行动计划。邵阳市新宁县崀山景区成功创建国家5A级景区，凤凰古城、矮寨等景区加快创建5A步伐。四是文旅融合促供给。坚持创新推进红色文化与旅游业融合发展，湘潭（韶山）成功创建全国红色旅游融合发展示范区、全国红色旅游国际合作创建区；印发了《湖南红色旅游进校园、进社区、进景区活动实施方案》，争取全国红办支持在湘潭大学隆重举办“追寻红色印记·传承红色基因”红色旅游校园行系列活动，掀起了我省红色旅游活动新高潮。大力发展文化旅游产品，全省先后涌现出张家界、韶山、橘子洲、南岳、天门山、岳阳楼—君山岛、凤凰等为代表的一批文化旅游景区，以《中国出了个毛泽东》《天门狐仙·新刘海砍樵》《魅力湘西》《边城》等为代表的文化旅游演艺产品，成为文旅跨界融合的典范。

二、聚焦全域旅游发力，逐步创新旅游发展路径

我省认真贯彻落实“创新、协调、绿色、开放、共享”五大发展理念，把实施全域旅游发展战略作为推进旅游强省建设的综合抓手，积极探索具有湖南特色的旅游发展新路子，不断拓展旅游发展新空间。一是全域构建。出台了《湖南省全域旅游示范县创建工作方案》，印发了《国家全域旅游示范区认定标准》（试行）和《国家全域旅游示范区创建工作导则》。在新化举行了全省全域旅游示范区创建启动仪式，举办两期180人次全省全域旅游培训班，先后分两批次成功申报31个单位，列入国家全域旅游示范区创建名录。二是全域联动。主动融入和对接长江经济带发展战略、国家扶贫攻坚战略和“一带一路”发展战略，加强区域旅游合作，以打造长（沙）岳（阳）湖湘文化旅游走廊、张（家界）崀（山）桂（林）旅游走廊和郴广旅游走廊为重点突破，带动十二个旅游功能区规划建设整体推进，助推湖南形成区域经济协调互动发展新格局。大力推进旅游合作，加强与京广高铁、沪昆高铁、湘桂高铁沿线省区的合作，开发高铁沿线旅游市场。以泛珠三角区域合作为平台，落实湖南、福建两省省长会见提出的加强旅游合作指示，推动两省旅游局签订战略合作协议，共同做强“快乐湖南”和“清新福建”品牌。成立沪昆高铁湖南穿越之旅推广联盟、大湘东文化旅游经济带合作联盟，今年3月推动成立张吉怀旅游合作共同体、崀山生态文化旅游区合作联盟，实现区域优势互补，促进资源共享共赢。三是全域营销。研究制定了《湖南旅游市场营销五年行动计划》，推出“湖南如此多娇”宣传口号，打造“故事湖南、极致湖南、畅游湖南、乐购湖南、好呷湖南”等特色旅游系列品牌。发挥“媒体湘军”优势，整合湖南卫视、湖南经视等媒体推出《环行洞庭》《大湘东文化旅游经济带》《全域旅游发展》和《最美大湘西·十二条精品线路》系列专题报道，吹响了“全域旅

游”号角。邀请驻京知名文化企业、互联网企业、金融机构和省内重点旅行社的负责人和专家，共同组成跨界智力帮扶专家团赴怀化、邵阳实地调研，为张崀桂旅游走廊建设把脉支招、建言献策。邀请驻京知名青年编剧湘西采风，讲述大湘西故事，推广神秘湘西旅游品牌。大力策划国际帆船赛、雕塑文化艺术节、国际音乐节、乡村生态旅游节等各种文化旅游营销活动，迎合各层次游客需求，主打“眼球经济”，扩大品牌影响。

三、聚焦市场监管发力，逐步优化旅游发展环境

我省积极适应经济发展新常态和政府职能转变后的新形势，努力探索构建旅游市场综合监管新机制，全面提升监管能力，进一步优化旅游发展市场环境，为加快推进旅游强省建设提供保障。一是实施旅游市场监管责任清单。改变以往旅游部门“单打独斗”的碎片化监管方式，把治理旅游市场作为一项系统工程，积极争取省政府支持并印发《湖南省旅游市场秩序和旅游安全监管工作暂行办法》，在全国省级层面率先制定实施旅游市场秩序和旅游安全监管责任清单，明确了旅游、安监、发改、民族宗教、公安（消防）、交通运输、食品药品监管等11个部门对旅游市场秩序和旅游安全的监管职责。二是创新旅游市场监管方式。率先在长沙市开展旅游服务单位登记管理试点，对长沙市范围内为境内外旅游者提供旅游接待服务的11类旅游服务单位进行登记管理，今年7月长沙市公布第一批512家旅游服务单位名单，除饭店、景区、旅行社等传统旅游行业外，新增加登记其他旅游服务单位212家，进一步规范旅游市场秩序。湖南旅游监管网开通湖南省旅游企业信用信息查询平台，及时向游客发布全省旅行社、星级饭店、A级旅游景区的企业基本信息和诚信经营信息；设立“诚信榜”和“曝光台”栏目，宣传旅游行业诚信典型，曝光典型案例；对旅行社旅游合同进行网上监管，对旅行社团队行程和旅游接待各环节进行全过程监管。积极规范旅行社和个人违规开展散拼团旅游经营服务，拟定了《湖南省散拼团旅游经营服务管理规范》，将在年内印发实施。针对当前互联网条件下自驾游、自助游新业态旅游市场失范、安全事故频发的问题，正组织开展《新业态旅游现状及安全机制调研》，探索建立新业态旅游市场规范和安全管理机制。三是开展旅游市场综合整治。成立依法治理旅游市场秩序工作委员会，联合省发改委（物价）、省公安厅、省商务厅、省工商局、省质监局在全省开展规范旅游市场秩序“两打击一整治”专项行动，重拳治理规范旅游市场秩序。去年下半年以来全省共出动检查人员1989人次，检查旅游企业1167家，发现并限期整改各类问题634起（处），5家景区被摘牌，10家景区被警告和严重警告。以长沙市橘子洲5A级旅游景区被摘牌为教训，对全省27家4A和5A级景区主要负责人进行集体约谈，进一步传导压力、落实责任、强化举措，全面推进A级景区整改提升和动态监管。四是加强文明旅游宣传引导。开展文明旅游系列宣传引导活动，组织开展“3·15”国际消费者权益

日旅游维权宣传活动，联合省林业厅、省文明办共同主办“共享绿色森林·践行文明旅游”主题活动暨“为中国加分”文明旅游公益行动和万名文明游客征集活动湖南启动仪式。

四、聚焦旅游扶贫发力，逐步彰显旅游惠民成效

我省认真学习习近平总书记关于精准扶贫的系列重要讲话精神，坚决落实中央和省委、省政府对脱贫攻坚的决策部署，突出旅游惠民富民要求，切实把脱贫攻坚作为第一民生工程来抓，以脱贫攻坚统揽旅游工作全局。一是统筹协调推进。大力实施“旅游+扶贫”工作计划，出台了旅游扶贫工作实施意见，组织编制了《湖南省旅游产业扶贫规划（2016–2020年）》和《湖南省旅游局2016年度乡村旅游扶贫实施方案》，强化了旅游扶贫推进力度。省旅游局与省扶贫办共同召开全省旅游扶贫工作推进会，联合印发《关于实施乡村旅游精准扶贫工程的意见》，明确了乡村旅游精准扶贫的基本目标。积极争取国家旅游局支持，同意在张家界市、湘西州和怀化市（张吉怀精品生态文化旅游经济带）创建国家旅游精准扶贫创新示范区，并于2017年5月19日（中国旅游日）在我省举办国际旅游扶贫大会。二是打造精品线路。省旅游局与省委宣传部、省发改委、省扶贫办、国开行推进大湘西、大湘东13条生态文化旅游精品线路规划建设，以线路统筹覆盖51个贫困县531个旅游扶贫重点村，力争辐射带动我省1000个贫困村脱贫。目前，以精品线路带动脱贫已经初见成效。以湘西州为例，今年上半年完成投资6784万元打造乡村游精品线路，20个乡村旅游重点村发展迅速，十八洞、捞车河等村节假日每天接待游客达数千人次。三是突出智力帮扶。充分发挥旅游行业的独特优势，在旅游调研指导、人才培训、规划引导、宣传促销等方面下功夫，推荐20个旅游规划资质机构免费公益规划和业务指导，组织旅游扶贫重点村百名村官和千名旅游专干参加实地考察培训。组织开展张崀桂旅游走廊跨界智力帮扶公益行动和驻京知名青年编剧湘西采风活动，推动建立张吉怀旅游合作共同体。四是坚持营销先行。与湖南经视合作开展旅游扶贫地宣传促销，合办18期乡村旅游体验节目《哪儿有什么好玩的》，引导旅游协会组织会员企业开展百企百村结对帮扶。运用“美聚乡村”和“下乡客”乡村旅游电商平台，开展“千村电商扶贫”，目前有420个村实现上线营销推广，推出旅游商品302类。

五、聚焦体制改革发力，逐步释放旅游发展活力

我省始终坚持把旅游体制改革作为旅游发展的根本动力和活力源泉，大力推进旅游发展体制改革，切实提升旅游治理能力，激活旅游业这“一池春水”。一是推进领导体制改革。积极推进“局”改“委”工作，6月20日中央编办正式批复成立湖南省旅游发展委员会并调整为省政府组成部门。以此为契机，积极推动理顺省旅游局内设机构和

市县旅游管理体制。目前张家界市已经率先成立旅游发展委员会，其他市县正积极筹划“局”改“委”相关工作。二是推进综合管理模式改革。按照全域旅游发展要求，积极推进各市州创新构建“1+3”的旅游综合管理、综合执法管理模式。郴州市资兴市率先设立了旅游警察大队，张家界市成立了旅游发展委员会、设立了旅游工商分局，慈利县设立了旅游速裁法庭和旅游警察大队，武陵源区在设立旅游速裁法庭的基础上检察院成立了服务旅游发展工作室，开创了全国检察系统为旅游发展保驾护航的先河。衡阳市南岳区设立了旅游速裁法庭。郴州、平江和宁乡等市县正在筹建“1+3”旅游监管机构。张家界等地正在探索引入人民调解解决旅游投诉问题。三是推进投融资体制改革。探索建立旅游投融资平台，张家界旅游集团不断做大做强并成功上市，衡阳、怀化、湘西等市州县正在大力推进成立旅游投资集团。四是推进行业协会改革。6月24日湖南省旅游协会第四届第一次会员代表大会召开，完成省旅游协会换届工作，成为全省首家正式实施行业协会商会与行政机构脱钩方案后与政府主管部门实现“五分离、五规范”的省级旅游协会。五是推进旅游统计改革。省旅游局正在筹建湖南旅游大数据中心，以“十二五”统计调查数据为基础，组织编制完成了第一本《湖南旅游发展报告》。省旅游局和省统计局联合启动了旅游产业增加值核算工作。张家界市在全国率先开展旅游统计改革，完善统计和考核机制，正在筹建旅游统计研究院。

实施创新驱动发展
推进国家全域旅游示范区建设
——广东省旅游业改革创新工作推进情况

近两年以来，在国家旅游局和广东省委、省政府的正确领导下，全省旅游系统紧紧围绕旅游业“515战略”、创新驱动发展战略和粤东西北振兴发展战略，坚持“创新、协调、绿色、开放、共享”五大发展理念，扎实推进全域旅游和旅游供给侧改革，着力扩大旅游投资和消费，推动旅游业创新发展、提质增效，取得了一定的发展成果和比较丰富的实践经验。

一、主要工作成果

（一）出台了一系列旅游产业政策

1. 广东省人民政府关于促进旅游业改革发展的实施意见（粤府函【2015】351号）

2. 广东省人民政府办公厅关于印发广东省贯彻落实《全国旅游厕所建设管理三年行动计划》实施方案的通知（粤办函【2015】364号）

3. 广东省人民政府办公厅关于进一步加强旅游市场综合监管的通知（粤府办【2016】35号）

4. 广东省人民政府办公厅关于印发广东省进一步促进旅游投资和消费实施方案的通知（粤府办【2016】40号）

（二）积极创建“国家全域旅游示范区”，启动广东全域旅游示范市和示范县创建工作。

2015年8月，广东响应国家旅游局的号召，迅速启动了全域旅游示范工作，并成功申报深圳、珠海、中山等3个地级以上市以及江门市开平市、台山市、惠州市博罗县、龙门县等4个县（市、区），共7个单位为首批创建国家全域旅游示范区单位。省旅游局积极指导这7个单位开展创建工作，并组织创建单位负责人参加国家旅游局在浙江桐庐举办的国家全域旅游创建工作现场会暨创建工作培训班和在宁夏召开的全域旅游推进会暨全域旅游示范区验收标准研讨班。2016年6月，省旅游局组织由相关处室及市县旅游局组成的调研组，前往苏浙沪3省市先进地区学习考察全域旅游发展情况。同时，推荐广州市番禺区、惠州市、梅州市、韶关市、阳江市海陵岛试验区、清远市连南县、揭阳市揭西县等7个单位申报创建"国家全域旅游示范区"。并启动广东省全域旅游示范区创建工作，要求以市、县人民政府为创建主体，分别自愿申报创建"广东省全域旅游示范市（地级以上市）"和"广东省全域旅游示范县（市、区）"。另外，为配合创建工作，提升广东省"世界级旅游休闲目的地"品牌建设，拉动省内旅游休闲蓬勃发展，省旅游局计划联合广东广播电视台《纵横天下游》栏目，拍摄全域旅游专题片，对全省21个地级以上市旅游局长进行专题式深度采访，展示各市的旅游资源、旅游资讯以及特色产品等。

（三）注重体制改革，着力完善旅游综合管理制度

省旅游局坚持属地管理、权责对称原则，进一步深化旅游行政审批制度改革。落实简政放权和工商登记制度改革有关规定，按照行政审批标准化要求，细化优化工作流程，完善有关办事指引和监管办法，积极配合编制办等部门加快推进"一门式一网式"政务服务创新工作，打造高效、公开、透明的办事流程，便利旅游市场主体依法平等有序进入。积极推动旅游业扩大开放。

1. 认真贯彻落实CEPA及其补充协议、中国（广东）自贸试验区相关政策，推进在粤的港澳独资旅行社试点经营团队出境游业务。截至2016年9月，已指引2家香港独资旅行社按照规定提交试点经营出境游业务申请，经初审后转报国家旅游局，并加强与国家旅游局有关部门沟通协调，现广州南华旅行社已获国家旅游局批复。

2. 持续配合公安等部门做好外国人144小时便利措施旅游团接待社备案和监管工作，建立联络员制度，协助做好G20峰会期间通过144小时便利措施入境外国旅游团的跟踪管理。

3. 认真贯彻省委、省政府领导重要批示精神，推进落实公安部支持广东自贸区建设及创新驱动发展有关出入境政策措施，会同公安厅等相关单位，前提请省政府向国务院申请优化完善外国人过境免签政策。

（四）注重政策创新，着力争取旅游政策新突破

1.充分发挥地方改革创新的主动性和创造性。注重发挥基层改革智慧，遴选重点领域和典型地区作为旅游综合改革示范点建设。此前，广东已有7个旅游综合改革示范市（广州、汕头、梅州、惠州、中山、阳江、肇庆）、9个旅游综合改革示范县（区）（广州增城市、珠海横琴新区、佛山南海区、韶关乳源瑶族自治县、河源东源县、湛江徐闻县、清远佛冈县、揭阳揭西县、云浮新兴县）和1个国家旅游综合改革试点城市（广州市）。2015年，省政府增补潮州市、江门市为旅游综合改革示范市。各综合改革

示范市、县（区）高度重视旅游综合改革工作，在旅游业不同领域和层面陆续开展了多项有益探索，积累了大量的基层创新经验，产生了良好的示范效应。如广州在全国率先制订出台《诚信旅行社服务规范与测评》、《乡村旅游点服务质量标准》、《特色购物街（区）旅游服务规范》等地方标准。

2.**建立健全旅游发展激励机制**。梅州市和汕头市分别设立旅游发展专项资金和旅行社发展扶持专项资金。河源市东源县对新创建的国家5A级旅游景区和五星级旅游饭店奖励100万元、国家4A级旅游景区和四星级旅游饭店奖励50万元。韶关从2016年起，市财政每年安排3000万元以上旅游发展专项资金，县（市、区）设立不低于500万元旅游发展专项资金；市财政安排2亿元设立旅游交通公路建设引导资金；设立不低于20亿元的旅游产业发展基金，全方位支持旅游产业的发展。

（五）积极深化旅游供给侧结构性改革，推进旅游基础设施公共服务体系建设，加快厕所革命进程

省旅游局积极推动旅游行政审批事项网上办理，实现所有行政审批事项和社会事务服务事项进驻省网上办事大厅。行政审批事项上网办理率达到100%，且均已达到三级办理深度。广州市开通智慧旅游公共服务平台，形成“广州智游通”测试版手机客户端，并将逐步实现“广州一日游”旅游产品上线销售。在厕所革命方面，2015年，省政府成立了以省政府副秘书长为组长，18个相关厅局、中直驻粤单位为成员的全省旅游厕所建设管理协调小组。省旅游局根据国家旅游局《2016年旅游厕所建设管理工作要点》，制定下发了《广东省旅游局2016年旅游厕所建设管理工作计划》，推动各市落实三年行动方案，对2016年广东省旅游扶贫专项资金4000万元做出如下分配：扶持粤东西北地区旅游厕所新建项目160个、改扩建项目160个；每个新建项目补助资金15万元，改扩建项目10万元。目前，已与省财政厅联合发文，启动资金划拨工作。省内各地纷纷推出对旅游厕所的配套措施，推动旅游厕所的建设管理。广州市提出2016年旅游厕所要“四个到”，即“项目到点、资金到位、责任到人、督查到期”；“五个落实”，即“规划落实、土地落实、标准落实、管理落实、机制落实”；“四个创新”，即“风格创新、管理创新、节能创新、文化创新”。东莞市印发了《东莞市旅游产业发展专项资金管理暂行办法》，规定连续三年对旅游景区内、旅游交通线路、旅游步行街区、乡村旅游点、旅游餐饮娱乐购物点、旅游集散中心等新建旅游厕所，每个给予10万元补助；改扩建旅游厕所，每个给予5万元补助，还印发了《关于加强美丽幸福村居、“小山小湖”社区公园、旅游厕所、绿道升级改造等文明文化景观规划建设的通知》，提出把文明文化景观建设作为旅游厕所建设的必要组成部分，同步规划、同步设计、同步评审、同步实施、同步验收。同时，各地以标准化为手段，推动旅游厕所的建设管理。梅州制定了《梅州市旅游厕所建设标准（试行）》和《梅州市旅游厕所日常管理办法（试行）》，对全市旅游厕所建设管理工作进行指导和考核，推进全市旅游厕所建设管理的规范化和标准化。

（六）高度重视旅游扶贫，明确以旅游扶贫为抓手，推进旅游开发建设

1.积极争取扶贫资金，科学统筹，合理使用。汕头市科学编制滨海旅游和乡村旅游规划，科学统筹旅游扶贫项目，认真组织申报省旅游扶贫专项资金并严格筛选把关，避免资金过于分散和低水平重复建设，提高扶贫资金效益；同时市、区（县）两级财政和旅游主管部门切实对专项资金的拨付、使用管理情况进行监督检查，确保扶贫资金专款专用。梅州市出台了《梅州市人民政府关于贯彻落实<国务院办公厅关于进一步促进旅游投资和消费的若干意见>的实施意见》，2016年至2020年，市财政每年将安排3000万元、5年共计1.5亿元用于发展旅游业；同时，鼓励各县（市、区）配套出台促进旅游产业发展的相关扶持办法，大大激发了各乡镇推动旅游产业发展的热情。

2.立足市场需求，准确定位，精准扶贫，突出特色。让有限的扶贫资金真正发挥用处，农民真正实现增收富裕，旅游业得到切实推动发展，围绕市场需求精准定位、突出特色。

3.积极引导农民和企业参与旅游扶贫开发。梅州市积极探索“企业+基地+农户+产业+旅游”的新样板，以产业发展旅游，以旅游带动产业。近几年来，先后引进了广东山水漫画股份有限公司、梅州旭佳实业有限公司、广东天亿实业有限公司等企业投资开发五指石风景名胜区、丰顺汤南广东御逸温泉度假村、韩山生态旅游度假区等大型景区，吸引近百亿元社会资本投资旅游业发展，带动了当地农民就业，促进了当地经济发展。

（七）注重财政资金引导，大力构建旅游投融资机制

1.设立旅游发展专项资金。从2012年开始，省财政设立旅游产业园区建设专项资金，以竞争性分配方式，重点扶持滨海旅游和生态旅游产业园区建设。

2.搭建大型旅游企业融资平台。省旅游局与建设银行广东省分行签订战略合作框架协议，争取建设银行广东省分行为我省大型旅游企业提供150亿元综合授信以及其他相关金融服务；又与广发银行、兴业银行广州分行分别签订了战略合作框架协议，加强旅游产业发展的金融合作。

（八）进一步加强旅游市场综合监管，推动文明旅游宣传引导工作

根据国务院办公厅印发的《关于加强旅游市场综合监管的通知》（国办发〔2016〕5号），省旅游局专门制定了《关于加强旅游市场综合监管的实施意见》，又以广东省人民政府办公厅名义印发了《关于进一步加强旅游市场综合监管的通知》（粤府办〔2016〕35号），提出18项配套措施和改革举措。建立了督办机制，督促各地切实贯彻落实省政府文件、加强旅游市场综合监管，先后派出9个督查组，分赴广州、深圳、珠海、佛山、汕头、东莞、中山等地开展实地督促检查。在文明旅游方面，省旅游局联合

央广网、广东卫视、南方日报等多家媒体，对“为中国加分”文明旅游系列活动进行宣传报道；在汕头市举办了2016广东省“为中国加分”文明旅游主题宣传活动暨万名文明游客征集活动启动仪式；在广州日报、腾讯网、地铁、社区和写字楼电梯轿厢、中小学校园和省内景区联盟等平台投放文明旅游微电影、自驾车文明旅游公益宣传片等系列宣传品。另外，通过聘任广东文明旅游公益宣传大使、组织2016广东—新疆丝路文明自驾万里行活动、举办“魅力乡村文明游”“文明家庭亲子游”、旅游志愿者服务U站启动仪式等文明旅游主题宣传系列活动，全面深入推动文明旅游工作，营造文明旅游新风。

（九）拓展旅游营销平台，形成市场营销合力，创新旅游营销内容

省旅游局拓展和完善了广东驻外旅游合作推广中心、旅游市场推广联盟和重大节庆展会三大平台。增加设立了广东驻南太岛国、斯里兰卡、南非、以色列旅游合作推广中心；牵头加入了海上丝绸之路旅游推广联盟、青藏铁路沿线旅游推广联盟和北部湾（中国）旅游推广联盟等区域旅游合作组织；以广东旅博会、海博会和旅游文化节为重点，全省各地积极打造旅游节庆展会平台，提升营销效果。在“活力广东”旅游总体形象和“岭南文化、活力商都、黄金海岸、美食天堂”四大旅游品牌的统领下，境外、境内和省内三大旅游市场各营销主体间配合默契程度越来越高，营销合力逐步显现。并启动了八大专题专项旅游产品宣传制作和广东旅游纪录片拍摄等项目，开展全省旅游资源产品库的建设工作。

二、典型案例

（一）珠海贯彻落实“两个引领、两个创新”，全面推进旅游休闲示范城市建设

早在2012年，珠海在制定经济社会发展总体规划，确定“三高一特”产业发展体系时，已经把发展休闲旅游产业作为高端服务业的核心产业。2015年，珠海响应国家旅游局创建首批旅游休闲城市的号召，迅速行动，成立市创建旅游休闲示范城市工作联席会议机构，在省旅游局的指导下，针对旅游休闲整体环境、旅游休闲空间与产品、旅游休闲基础设施与服务、推动旅游休闲政策落实的措施和旅游休闲管理体系等方面全面提升、认真整改，于今年年初顺利通过国家“旅游休闲示范城市”终审评定工作。在创建旅游休闲示范城市进程中，逐步形成“两个引领、两个创新”的科学发展模式，“两个引领”指“模式引领、规划引领”，“两个创新”指“产品服务创新、政策管理创新”。

1.坚持“模式引领”。珠海抢抓横琴自贸试验区和港珠澳大桥建设带来的新机遇，

着力打造国际宜居城市，建设“港珠澳国际都会区世界级旅游目的地”；相继出台多部相关法规、政策和文件，着力提升生态发展水平和居民生活品质，突出珠海“山海相拥、陆岛相望、城田相映”的特色，增强旅游休闲特色，优化旅游全域环境；率先出台全国首部生态文明地方性法规——《珠海经济特区生态文明建设促进条例》，将创建旅游休闲示范城市与创建全国生态文明建设试点城市、生态市、生态园林城市、森林城市等工作统筹推进，不断加强城市基础设施建设，优化城市公共空间，提升公共服务和管理水平，进一步擦亮珠海的生态品牌，丰富珠海旅游特色产品，城市功能日益完善，城市旅游休闲度假特色明显。2016年1月，珠海市人民政府致函省旅游局，申请启动珠海市横琴新区创建“国际休闲旅游岛”相关工作。珠海市横琴新区是广东自贸区三大片区之一，区位优势明显，生态环境优越，旅游产业基础扎实，设施配套完善。横琴新区建设“国际休闲旅游岛”有利于推动“一国两制”实践上新的台阶，加快澳门世界旅游休闲中心建设，有利于澳门旅游业与内地的融合发展、特别是促进粤港澳旅游一体化，有利于发挥横琴自贸片区的创新示范效应，为全国提供可复制的经验。目前，省旅游局已向国家旅游局发文请示，等待批复。

2.坚持“规划引领”。珠海注重高端谋划，率先实现“五规合一”，以前瞻性的规划指导城市的建设与发展，总体规划、概念性空间规划、专项规划和产业规划等规划比较完备，为旅游产业发展提供有力的支撑。《珠海市城市总体规划（2001–2020）》专章对珠海旅游进行规划，明确旅游发展战略和目标，包括餐饮、住宿、交通、夜旅游、购物、娱乐、文化体系等内容，满足不同旅游休闲需求。珠海编制出台《珠海市旅游总体规划》《旅游产业发展布局规划整合》《珠海与港澳共建“港珠澳国际都会区世界旅游目的地”专题研究》《旅游产业发展专题研究》《幸福村居乡村旅游建设规范》《幸福村居乡村旅游建设专题研究》《珠海市公共厕所建设管理指南》和《珠海市旅游厕所建设管理三年工作计划》等系列规划和研究，形成丰富的理论成果，为珠海坚定发展休闲旅游度假模式提供了充分的规划指引和政策支持。

3.坚持“产品服务创新”。珠海的旅游休闲产品非常丰富。除了传统的旅游产品以外，近年来，节庆旅游产品、会展旅游产品异军突起。11月7日，第11届中国国际航空航天博览会在珠海圆满落幕。今年共有来自42个国家和地区的700余家展商参展，世界航空、航天、防务领域前500强企业悉数亮相；室内展览面积8.2万平方米，同比增长24.2%；室外展示面积超过35万平方米，参展飞机151架。据珠海市有关部门统计，仅公众日首日，航展就迎来了13万观众。从1996年到2016年，连续成功举办了十届的中国国际航展成为珠海最闪亮的城市名片。中国国际马戏节是珠海另一个著名的节庆旅游产品。长隆国际大马戏经过16年的发展，观看人数累计超过2500万人次，在国内外培养了大批马戏发烧友。除此之外，泛珠三角赛车节、中国帆船锦标赛、WTA女子网球超级精英赛等一个个响当当的节庆活动，推动珠海旅游会展行业不断发展，为酒店、景区带来源源不断的客流，成为珠海城市与旅游发展的最佳助推器。为了更好地促进节庆旅游、会展旅游的发展，珠海在旅游供给侧改革方面下了大功夫，在旅游公共服务平台、旅游交通枢纽建设、旅游信息化管理和旅游厕所建设等方面加大投入，公路、水路、高铁和航空的立体化旅游交通网络日渐便捷，主要景区景点配套服务设施日益完善，已形成拱北口岸、横琴口岸等几个较大的旅游集散中心。今年，珠海旅游推广中心在航展现场设置了旅游咨询中心，专门为观展游客提供珠海本地旅游服务；并在航展外围设置7个接驳停车场，实施小客车“P+R”停车换乘（P指专用停车场，R指接驳停车场），为参展商和观展游客提供贴心交通服务。

4.坚持“政策管理创新”。珠海旅游休闲政策体系日益健全，旅游管理水平得到提升，已建立起完整的促进旅游产业发展的政策体系，在法律法规制定、产业资金扶持、行业协会培育及市场监督管理等方面形成了多层次保障机制。自2010年起，珠海扶持旅游产业资金总额累计超过5000万元，带动了高达5亿多元的旅游投资，汇集数百个大中小各类旅游企业。在旅游行政管理体制改革方面，2015年，珠海市参照香港特区政府旅游管理体制，成立了市旅游发展中心，主要负责旅游项目招商、旅游宣传推广、旅游投诉处理、导游及相关旅游从业人员执业培训等任务。同时，珠海正式成立市政府层面旅游发展委员会，由市长担任旅游发展委员会主任，旅游委也成为珠海市重点保留的六个委员会之一。作为市级议事协调机构，旅游委将进一步强化对大旅游产业发展的统筹协调作用。

（二）大力推进游艇邮轮发展，拓展旅游投资新领域，培育旅游消费新热点

2012年时任省委书记汪洋同志提出“建设广东海上绿道，大力发展游艇产业”，广东游艇产业发展加快。相对于其他省份，广东拥有得天独厚的优势和基础。

1.产业基础好。中国游艇制造企业主要分布在三大区域，集中度最高的在珠三角地区，其中珠海平沙游艇工业区是目前中国规模最大、集聚度最高的游艇产业基地，目前已聚集24家游艇制造和配套企业。中船集团在广州南沙投资43亿元打造中国南方最大的造船基地，造艇技术成熟，发展游艇制造业具有得天独厚的优势和基础。《中国游艇产业发展综合报告2011》认为，广东游艇产业竞争力处于全国领先地位，广东五项指标排名全部位于前三位，其中游艇工业位居首位，经济条件、政府管理和自然环境排名第二，游艇服务排名第三。

2.自然条件优越。广东拥有国内最长的海岸线和丰富的内河航线，大陆海岸线总长3368千米，内河航道里程均在1万千米以上。相比较于海南省1580多公里的海岸线，广东在气候、水文环境相近的情况下，拥有更长的海岸线和更丰富的内河航道资源，且自然人文景观丰富，风貌和游艇经济发展匹配度高，像珠海、广州等游艇制造基地，都有可能成为游艇消费业兴盛的城市。

3.区位优势明显。广东毗邻游艇经济发达的港澳地区，发展游艇产业和游艇经济区

位优势十分明显。香港澳门共有10多家国际游艇会，注册游艇数量超过2万艘，目前香港游艇泊位已经远远不能满足需求，有些游艇会会员开始向周边地区转移寻找游艇锚泊位。2009年以来，国家和广东省接连出台关于推进广州南沙新区、深圳前海地区、珠海横琴岛等区域规划，加强与港澳服务业、高新技术产业、休闲旅游与健康服务等领域战略合作的不断深化，粤港澳合作发展游艇经济的前景十分广阔。

2016年4月省政府向交通运输部报送《广东省人民政府关于报送中国（广东）自由贸易试验区粤港澳游艇自由行实施方案的函》。澳门和中山市积极探索，将于11月开通澳门—中山点对点游艇自由行，迈出了粤港澳游艇自由行重要的一步。

另一方面，广东邮轮旅游也发展迅速，主要集中在广州、深圳两市。2015年11月6日“处女星”号邮轮南沙—香港试航，2016年1月3日，丽星邮轮有限公司“处女星”号邮轮正式以广州港南沙三期码头（南沙区万顷沙镇龙穴岛）为母港运营2条邮轮航线，包括3天2晚广州—香港和6天5晚广州—下龙湾—岘港—三亚航线。4月17日，云顶香港邮轮公司将广州至越南航线调整为广州至日本航线，开启以南沙港为母港出发的全新日本航线——“南沙—冲绳—宫古岛—南沙”的6天5晚线路。至此，以广州南沙港为母港的丽星邮轮公司，推出了中国香港、越南、日本3个目的地邮轮线路。2016年前7个月，广州已累计运营航线近70艘次，航线上座率约85.5%，累计接待出入境旅客达20.57万人次。预计全年靠泊邮轮102艘次，接待出入境旅客可望突破30万人次，跻身“中国重要国际邮轮港”行列。11月，“处女星号”将调整以深圳太子湾邮轮母港为始发港运营，云顶香港星梦邮轮旗下的豪华邮轮“云顶梦号”将从广州南沙盛大启航。意大利歌诗达邮轮已经发布11月将在南沙开启邮轮新航线。

2011年，深圳太子湾邮轮母港项目开工建设。今年4月，国家旅游局正式同意在深圳市南山蛇口工业区太子湾设立“中国邮轮旅游发展试验区”。10月，太子湾邮轮母港高速客轮开始运营。11月13日，太子湾邮轮母港将迎来第一艘邮轮的停靠，正式开始邮轮运营。

数据统计显示，2016年第一季度珠三角地区乘坐邮轮出游的游客超过1万人次，比去年增长了300%。根据《广东省人民政府办公厅关于印发广东省进一步促进旅游投资和消费实施方案的通知》（粤府办【2016】40号），在拓展旅游投资新领域方面的重点之一，就是加快邮轮旅游产业发展。

随着游艇、邮轮旅游成为新时尚，广东将加快相关基础设施建设，推动粤港共建国际性邮轮母港群，整合“一程多站”产品，同时在自贸区范围内探索粤港澳游艇“自由行”，携手港澳培养旅游消费新热点。

（三）深入实施旅游+互联网、旅游大数据创新战略，推进十三五旅游信息化工作

广东围绕《广东省“旅游+互联网”发展规划（2016-2020年）》、《广东省“旅游

+互联网”行动计划》，以旅游数据中心、“旅游+互联网”服务云和旅游大数据创新应用为抓手，重点推进“旅游+互联网”基础设施建设和旅游公共服务规模化、网络化、智能化、协同化发展，积极营造旅游与互联网相互开放、相互包容、融合发展的创业创新环境，培育新业态，发展新模式，构筑新动能，加速提升我省旅游业发展水平。

1.推动旅游数据中心建设。省旅游局正积极推动数据中心机构设置，设立数据中心的编制方案已经上报，并向省编办申请在促进中心加挂数据中心牌子。在方案中完善定位设计，强调数据工作的集中，将监测与应急指挥、统计分析、产业引导、宣传推广等职能中的数据支撑工作全部集中在数据中心，由省局促进中心一个部门统管，避免了职能分散、政出多门。同时加强队伍建设，建立了超过10人的专业队伍，集中力量加强数据中心的全省指导和建设。

2.打造大数据服务平台，全面支撑各类旅游基础信息服务。广东从2011年起建立广东省旅游基础数据库，并形成全省旅游信息长期采集机制。至2015年底，已经完成入库信息80万条，并开始向省旅游局及地市旅游局各类新媒体类、旅游服务热线提供旅游基础信息服务。2015年省局继续投入200多万经费，与华胜天成公司开展合作，将广东省旅游基础数据库升级打造为广东省旅游大数据服务平台。目前，该项目完善了广东旅游信息标准；完成数据库框架建设，包括旅游基础数据库、旅游业务数据库、新媒体数据库等3个一级库；初步建成旅游信息报送共享系统；建立了行政处罚投诉案件信息库、旅游扶贫项目信息库、扶贫资金信息库、旅游厕所信息库。

3.开展旅游大数据示范应用。广东省旅游促进中心与浪潮软件合作，编制并发布了《广东旅游大数据应用研究报告》；编制了2016年春节、五一两期广东旅游大数据报告；完成了大数据基础平台和大数据应用平台软件开发；正在实施8个应用系统开发建设，包括景区客流监测系统、旅游宣传促销大数据分析系统、旅游大数据统计应用系统、目的地旅游环境监测系统、乡村旅游大数据监测系统、假日客流统计分析及预测系统、广东客源地游客价值分析系统、酒店价格监测分析系统；已完成广东旅博会大数据营销策划方案，并在2016广东旅博会开展大数据示范营销活动。

4.建设广东省旅游监测中心。广东省旅游大数据服务中心项目将为监测平台提供大数据分析、旅游行业基础数据等数据展示支撑，通过对接国家旅游局、涉旅部门（省气象局、省环保厅、省交通厅、省口岸办、省运输厅、省公路局、省测绘局等）的数据，实时获取我省旅游客流情况、消费情况、投诉情况、旅游目的地适游情况、旅游交通、天气、自然灾害情况、产业投资情况、旅游突发事件信息等等，并进行可视化处理，实现广东省旅游运行情况的全面监测。同时搭建应急信息指挥及共享平台，实现与相关厅局部门信息互通，建立高效的旅游应急管理和指挥机制。监测中心项目前期投入300万元，目前正开展省级平台建设、大屏幕硬件部署，实现与各地4A级以上景区的视频对接。并与省经信委、省气象局等横向部门协商，开展数据对接共享工作。

5.筹建广东“旅游+互联网”服务云项目，融合发展全域旅游应用生态圈。2016年初，省旅游局与腾讯公司签署战略合作协议，举办项目启动仪式，共同推进广东“旅游+互联网”服务云建设。广东将形成连接政府、旅游企业、创客以及广大游客等旅游产业参与主体之间、旅游与互联网之间相互开放、相互包容、融合发展的全域旅游应用生态圈。未来随着示范应用建设的不断深入，广东将催生大批“旅游+互联网”创业创新示范项目，示范成果又将进一步丰富服务云的内容；“互联网+”将成为旅游企业改善游客服务的重要手段，游客的旅游体验将获得跨越式的提升，旅游产业与互联网产业将全面融合，并带动其他相关产业共同发展，推动形成全域旅游的全新发展格局。目前，省局和腾讯公司成立了联合工作小组，梳理、整合现有项目的数据和资源，形成了服务云“511工程”总体框架和平台基础架构（5个支撑平台、1批示范应用和1批创客创业示范项目）。现拟在原服务云平台的基础上扩展各类应用服务，启动广东“旅游＋互联网”服务云的应用服务项目及招标工作。

6.打造自媒体宣传平台，创新新媒体宣传和旅游信息公共服务。

（1）进一步加强新媒体宣传内容建设。升级改造“广东旅游”微信公众号，对微信后台进行二次开发，建立了微网站、微信集群、微信排名等功能，吸引了8万余名订阅者；加强微博矩阵互动宣传，聚集展示全省100余个旅游组织微博宣传信息，受众粉丝总数超过300万人。

（2）建立广东旅游新媒体联盟信息交流平台，筹备成立广东旅游新媒体联盟组织。致力打造一个涵盖地市旅游管理部门、专家学者、国内知名媒体、在线旅游企业、旅游意见领袖、旅游达人的新媒体宣传阵地，不断提升“广东旅游”品牌在新媒介应用、新媒体传播等方面的影响力。

（3）着力提升新媒体传播影响力。深入挖掘广东旅游文化内涵，贴近广东旅游时下热点，精心策划宣传主题，认真提炼特色内容，及时通过微信、微博等对外推送，深受游客和网友喜爱。在人民网的新媒体排行榜中，广东旅游曾凭借多篇阅读量10万+的稿件，多次跻身全国政务微信公众号总榜前十；2015年底，广东旅游微信号入选“2015广东最具传播力政务微信公众号”前十强。

7.打造旅游管理信息平台，全面渗透、改造旅游行政业务。

（1）全面实现办公自动化。省旅游局和70%以上的市旅游局实现了无纸化办公；全省旅游系统行政工作会议以及各区域、各市之间主要通过远程视频会议系统完成，提高了工作效率和管理水平，降低了行政成本。

（2）旅游行政审批、行政审核业务全部通过网上办事大厅完成。根据广东省政府的统一部署和要求，省局所有行政审批、行政审核业务都已经实现网上办理，并已经全部达到三级办理深度，实现全流程网上办理，办理进度可实现全流程网上跟踪、查询和全过程监督。

（3）成功上线广东省导游征信系统和移动执法客户端。目前已经完成第一期建设任务，共收录全省7万余条导游数据信息，实现了对导游的信息推送、执法检查、游客扫一扫识别真假导游的功能，目前已在全省推广使用;下一步将通过二期、三期建设，实现与旅游局政务网、广东导游继续教育系统无缝对接，并实现导游管理、教育培训、服务轨迹记录、服务质量监督、应急救援等功能。

8.**推动旅游产业和其他产业的融合发展，培育智慧旅游新业态。**

（1）大力支持银行、保险、航空、通讯、互联网等行业与旅游业融合发展。近年来省旅游局先后与移动、联通和电信三大通信运营商、广发银行、人寿保险、南方航空、腾讯、网易等著名企业签订战略合作协议，在旅游宣传、旅游基础环境和消费环境建设、旅游信息化建设及解决方案等方面展开合作，催生了一系列旅游融合发展的新产品，逐步形成新的旅游业态。

（2）以优游旅行网为核心，和三大运营商以及广发银行、人寿保险合作，打造国民旅游休闲自驾旅游、自助旅游服务平台。

（3）用“政府指导，市场运作，公众监督”模式，通过政府和社会资本合作（PPP）模式建立集全省文明旅游宣传教育、旅游安全警示、旅游宣传推介和旅游便民服务为一体的综合发布服务平台。目前已经在全省A级景区、星级饭店、旅行社门市、游客接待中心、机场、车站、码头、高速公路服务区、大型旅游购物点等旅游目的地和集散地铺设设备约1000台，预计到年底全省铺设5000台。

（4）支持腾讯、淘宝、携程、驴妈妈、乐途、易智睿、信游网、芒果网、马蜂窝等企业在广东开展旅游业务，催生了提供旅游同业交易、电子商务、订票、租车、线路策划、私人定制、旅游攻略等新兴企业的发展。

推进旅游供给侧改革
加快向“全域旅游”转变
——广西壮族自治区旅游业改革创新工作推进情况

近年来，我区旅游工作在自治区党委、政府的正确领导和国家旅游局的指导下，认真贯彻落实党的十八大、十八届二中、三中、四中、五中全会和全国旅游工作会议、全区旅游发展大会、旅游业“515战略”精神，抓住国家颁布《中华人民共和国旅游法》《国民旅游休闲纲要（2013—2020年）》，出台《国务院关于加快发展旅游业的意见》《国务院关于促进旅游业改革发展的若干意见》等重大机遇和重大举措，紧密围绕自治区党委、政府中心工作，狠抓工作落实，全区旅游业持续保持平稳快速发展态势，各项旅游经济指标均创历史新高，旅游产业规模进一步扩大和优化，旅游改革创新工作稳步推进，旅游综合实力大幅度提升。

一、深入开展广西特色旅游名县创建，积极推进国家全域旅游示范区建设

广西的全域旅游实践探索一直走在全国前列。1999年开始的桂林“两江四湖”工程，核心就是促进“两江四湖”在城市水系梳理、防洪排涝、环境整治、城市建设、文化建设、旅游基础设施建设等方面的功能扩展，是全域旅游发展的早期尝试。2013年7月的全区旅游发展大会上，广西提出了创建特色旅游名县的战略举措，明确要用5年时间创建20个特色旅游名县，助推旅游业转型升级发展，实现旅游强区建设。可以说，全域旅游是广西特色旅游名县创建转型升级的方向；特色旅游名县创建是长期实践中形成的全域旅游“广西模式”。在创建特色旅游名县过程中，广西多个地方摸索出发展全域旅游的新路子。

一是阳朔县的“生态建设、国际合作和统筹管理”模式。阳朔县多年坚持“旅游立县”的发展战略，扎实推进“美丽阳朔·生态乡村”，引进悦榕庄、希尔顿等国际知名品牌，推动农户由一产到三产的转变，完善综合管理机制，为游客创造良好旅游环境。

二是以特色旅游名县和全域旅游示范县创建为契机，创新旅游扶贫的“上林模式”。上林县在进行特色旅游名县创建的过程中始终坚持“全民共建共享”的原则，因地制宜地发挥本地特有旅游资源，探索出了扶建房、扶就业、扶创业、扶养老、共分享“四扶一共享”的“上林模式”。三是凭祥市积极推进“旅游+”战略。凭祥市深入挖掘和提炼凭祥深厚的文化底蕴，充分发挥“旅游+”功能，成功地推进了“旅游+文化”“旅游+农业”“旅游+红木产业”和“旅游+会展业”的深度融合，培育形成了军事探秘游、边关风情游、红木文化游、东盟跨境游特色旅游四大“名片”。

二、加大建设力度，旅游公共服务体系进一步完善

一是全力推进全区旅游公共服务基础设施建设。组织召开全区旅游公共服务设施建设工作会，不断加大资金投入和指导协调，强力推进全区旅游公共服务设施建设提升。近2年来，每年安排旅游发展专项资金上亿元用于扶持全区生态旅游停车场、游客集散中心、星级旅游厕所、旅游标识牌、旅游信息化等旅游公共服务设施建设，不断完善自助游、自驾游的服务配套。编制了《广西旅游交通发展规划（2014–2020）》，联合自治区交通运输厅出台了《广西公路旅游交通标志设置指导意见》，与各市县政府、旅游企业共同推进全区旅游交通标识系统建设。

二是积极推动以高铁车站为重点的旅游集散中心规划建设。编制了《广西高铁旅游公共服务系统规划（2014–2020）》，完善高铁站场交通换乘功能，加速高铁站与公共交通系统的对接，逐步实现我区高铁车站与市区中心、景区景点的交通无缝衔接。截至2015年年底，来宾高铁旅游集散中心、阳朔高铁旅游集散中心一期已建成并投入使用；防城港、梧州、钦州、桂平等五个集散中心正在建设，南宁东站、桂林兴安、北海等高铁集散中心已完成规划设计，正在开展前期准备工作，到2018年年底，全区将完成15个高铁集散中心建设，以高铁为枢纽的旅游集散体系正在逐步实现。

三是积极推进旅游信息化建设。继续推进全区旅游行业数据平台建设，加快与各市旅游系统数据的衔接。不断完善广西旅游应急指挥监控系统建设工作，2016年年底与全区14个市全部完成建设和系统对接，实现全覆盖。编制《广西壮族自治区智慧旅游企业建设指引》，进一步引导和规范我区旅游行业智慧旅游建设和应用。

三、创新建管模式，深入开展厕所革命

2015年广西完成新改建旅游厕所899座，圆满完成了年度建设任务。2016年将继续推进670座旅游厕所的新改建任务，到目前为止已完成新建旅游厕所393座，改建176座。广西将用三年时间完成2000座旅游厕所的建设任务，基本解决游客“如厕难”问题，进一步提升“遍行天下·心仪广西”旅游品牌新形象。

一是政府主导，大力狠抓厕所建设。自治区党委、政府一直高度重视旅游厕所的建设工作。2015年2月全国旅游厕所工作现场会在桂林召开后，自治区党委彭清华书记、自治区陈武主席都就开展旅游厕所建设做出专门批示。自治区人民政府制定了《广西旅游厕所建设管理三年行动计划》，提出2015—2017年全区计划建设2000座旅游厕所的任务目标。

二是部门协作，强力推进厕所建设。自治区建立了由住建厅牵头，旅游、商务、交通、铁路、机场、国土、农业、林业、水利等部门和单位配合的厕所建设工作联席会议制度。各部门和单位通力配合，积极筹集资金。按照“统一领导，部门齐抓，属地负责”的原则，通过绩效考评和督查指导，强力推进旅游厕所建设。同时，在政策和资金上给予各地倾斜和支持，鼓励社会力量积极共同参与旅游厕所建设。

三是合理布局，科学规划厕所建设。结合广西旅游发展实际，旅游厕所建设重点规划布局在四大国际旅游目的地、四大旅游集散地、六条特色精品旅游线路、广西特色旅游名县及创建县等重要区域，并重点选建在旅游景区、旅游线路沿线、交通集散点、旅游餐馆、旅游娱乐场所、休闲步行区等公众及游客密集区，做到点线结合，布局合理，尽量满足广大游客对旅游厕所服务的需求。

四是加大宣传，积极营造舆论氛围。自治区旅游发展委联合自治区党委宣传部，启动了“广西厕所革命在行动”主题采访活动。组织了中国旅游报、广西日报、广西人民广播电台、广西电视台等媒体，对全区14个市以及部分特色旅游名县创建县进行调研采访，宣传各地在旅游厕所建设中的典型做法和经验，在社会上营造旅游厕所建设的良好氛围。

五是共同参与，探索旅游厕所管理模式。旅游厕所管理是厕所革命成功的关键，“建而不管、建而不养”将会使旅游厕所功能大打折扣。广西在建设旅游厕所的同时，根据本地实际情况，也在积极探索、借鉴、创新旅游厕所管理模式。第一，积极引导，发挥优势企业作用。广西通过“以奖代补”等形式，充分发挥广西交通投资集团、广西旅游发展集团、中石油广西公司和中石化广西公司等中直和区直企业资源优势，在游客流量较大的公路沿线服务区、加油站建设旅游厕所并明确由业主负责管理，形成共促旅游发展的良好工作格局。第二，以商养厕，推动厕所管理市场化。长期以来我们顺应市场经济发展的要求，坚决走市场化的路子，通过旅游厕所商铺运营、厕所外立面广告招租、市政水电费减免、市政广场流动旅游店铺租金反哺等有效措施，为旅游厕所后期维护费用开源节流。例如，桂林市将中心广场厕所和相应的商业门面“捆绑”，公开向社会招标。中标者负责旅游厕所和门面的建设以及旅游厕所的长效管理，享有门面50年的经营权。同时，利用厕所墙面架设广告牌向社会招租，补贴厕所的维护和管理费用等方式，来平衡厕所日常管理的开支。第三，一票否决，强化厕所管理责任。广西将旅游厕所建设管理作为创建特色旅游名县、A级旅游景区、星级旅游饭店、星级农家乐、星级乡村旅游区等的重要指标，把各类创A评星等级申报评定与复核与厕所建设管理挂钩，实行“一票否决”，对旅游厕所不达标且不予整改的旅游企业，采取取消其下一年度使用旅游专项资金及奖励资金的资格，并给予降低等级或摘牌处理。第四，结合扶贫，落实乡村厕所管理责任。自治区旅游发展委与广西乡村办加强协作，重点对贫困村乡村旅游景点、农家乐厕所建设进行扶持，每年在贫困村建设200座以上乡村旅游厕所，并明确由村里负责管理。通过发展贫困村乡村旅游，帮助贫困村脱贫摘帽。第五，推行新技术材料应用，降低管理成本。积极引入“环保、实用、人性”旅游厕所设计理念，把现代科技融入厕所建设，通过生物除臭系统建设，利用泡沫代替冲厕用水，配备感应式显示屏，降低使用维护管理成本。如在第一届全国旅游厕所设计大赛中，由桂林市选送的芦笛景区洞口平台旅游厕所获得二等奖。再如南宁青秀山景区25座厕所，通过引入以上先进材料技术，极大地降低了后期管理成本，一年每座厕所节省养护成本2万多元。

四、多举并施，旅游扶贫工作有序推进并初见成效

结合我区旅游资源广泛分布于革命老区、大石山区、少数民族地区、贫困地区、滨海地区和边境地区的特点，大力推广巴马、龙胜、三江、金秀等县开展旅游扶贫工作的先进经验，以自然生态、特色农业、民族村寨、文化遗产、边境风光、滨海风情等资源为依托，打造一批乡村观光型、体验型、休闲型、风情型产品，带动贫困地区脱贫致富，促进农村经济可持续发展和社会稳定。创建了桂林龙胜龙脊梯田景区、大新德天瀑布景区、巴马水晶宫景区、大石围天坑群、凤山国家地质公园等14个国家4A级旅游景区和10多个国家3A级旅游景区，形成了广西少数民族风情游、“刘三姐”风情游、邓小平足迹之旅、中越边关探秘游、世界长寿之乡休闲养生游等五条精品旅游扶贫线路。近三年来，安排旅游发展专项资金近3亿元扶持重点乡村旅游区和旅游点的发展，其中2015年安排了1.75亿元支持上林、三江、巴马等25个贫困县的38个旅游项目的建设。“十二五”期间，引导和扶持一大批农户参与乡村旅游开发经营，创建了一批特色旅游名镇（村）、休闲农业与乡村旅游示范县和示范点、生态旅游示范区、星级乡村旅游区、农家乐、渔家乐、森林人家，通过发展乡村旅游增加贫困地区、村（屯）的创业和就业，提高贫困人口、贫困户的收入，实现脱贫致富。近五年，通过旅游脱贫累计达73.32万人，约占全区脱贫人数的13%。

五、加大投融资力度，搭建旅游投融资渠道

一是加大财政投资。全区各级财政对旅游投入快速增长，自治区本级旅游发展资金从2008年的3000万元增加到2015年的6亿元，7年增长了20倍，仅2013—2016年自治区财政就累计安排旅游发展资金22.2亿元。并从支持创新信贷产品和贷款担保方式、改进支付结算服务、推动旅游企业面向市场融资、加大对旅游项目建设的贷款贴息力度、扩大

旅游保险覆盖面等方面，不断强化旅游业的投融资政策保障。在自治区大幅提高旅游发展专项资金后，全区各市反应积极，根据本市情况提高或新设立专项旅游发展资金，扶持旅游业发展，自治区有关厅局也将项目资金向旅游项目建设倾斜，社会资金也迅速向旅游项目投资聚集。据统计，全区14个设区市（包括所辖县、市）配套旅游发展资金从2012年的1.7亿增加到2014年的8.2亿，增长了382.35%。自治区旅游发展专项资金2014、2015两年通过12350万元的贷款贴息就拉动了90多亿元的社会投资，撬动作用发挥显著。

二是拓展旅游项目投融资渠道。向国家旅游局和国家开发银行等9家银行筛选上报了31个有贷款需求的重点旅游项目，全部纳入《2016全国优选旅游项目名录》，为项目建设获得贷款支持提供了优越平台；积极协调广西旅游产业基金设立工作，进一步拓展旅游项目投融资渠道；召开了全区旅游招商项目工作会议，研究分析旅游招商工作，同时，筛选确定了172个总投资1116.3多亿元的旅游项目制作招商手册，为进一步做好旅游项目招商引资工作打下基础。

六、旅游发展机制不断健全，产业融合发展不断深化

长期以来，我区实行的是条块分割的旅游管理体制，政出多门、职能交叉、权责脱节，旅游部门侧重于行业管理，协调推进产业发展的职能较弱。面对逐渐形成的大旅游、大产业、大市场，“小马拉大车”，力不从心，针对这些问题：

一是完善旅游综合协调机制。为加强对旅游业发展进行综合协调，加强各部门间的沟通协调，加快推进我区旅游业跨越发展，参照国务院旅游工作部际联席会议制度，2014年11月3日经自治区人民政府同意正式建立广西壮族自治区旅游工作厅际联席会议制度，协调统筹全区旅游工作，对广西旅游工作进行指导，提出广西旅游业改革发展的方针政策，协调解决旅游业发展改革中的重大问题，研究旅游业改革发展中的重要工作，旅游综合协调机制进一步完善。

二是强化旅游管理机构建设，推进旅游综合改革。2014年，积极推动自治区旅游局升格成为自治区旅游发展委员会，由政府直属部门变为政府组成部门。2015年全区14个设区市组建旅游发展委员会，推进“局改委”，促使新组建的旅游发展委实现新增统筹协调旅游相关行业和部门的旅游管理职能，形成了对旅游业统一领导、统一规划、统一管理、统一协调的综合管理体制，形成上下一致、协调联动的旅游管理新体制。旅游综合改革进展顺利，积极推动自治区出台了《广西壮族自治区人民政府关于促进旅游业改革发展的实施意见》，全面推进旅游综合改革，桂林国际旅游胜地旅游产业用地改革试点等新政策不断出台；改革旅游统计调查方式，委托第三方对全区旅游开展抽样调查和游客满意度调查，进一步提升旅游统计的时效性、准确性和客观性。

三是建立旅游投诉统一受理机制。《旅游法》颁布后，我委将建立旅游投诉统一受

理机制列入本委工作计划。推动自治区人民政府于2014年9月26日出台《关于建立旅游投诉统一受理机制和开展旅游市场联合执法的实施办法》，创新建立了由公安、工商、交通、物价等部门共同协调的旅游市场联合执法机制，该机制的建立更好地维护旅游者和旅游经营者的合法权益，进一步规范了旅游市场，提高了旅游服务和监管水平，为促进全区旅游产业发展提供了有力保障。

四是建立旅游重大项目推进机制。按照广西区域发展战略布局，结合旅游产业发展重点，我区确定了100个旅游重大项目、20个特色旅游名县创建单位。自治区政府建立旅游重大项目协调推进工作机制，自治区领导带头联系推进旅游重大项目建设和特色旅游名县创建工作，并建立重点旅游工作跟踪服务制度，及时协调解决项目审批、建设用地、资金筹措等方面的实际困难，确保重大项目早开工、早投资、早见效。同时，建立重大项目储备和进出机制，形成储备一批、审批一批、建设一批的良性循环。

五是加强统筹协调，促进产业融合发展。积极推动建立自治区领导联系重大旅游项目机制，自治区四家班子领导推进重大旅游项目建设工作；建立重大旅游项目厅际协调制度，由自治区分管领导协调重大旅游项目建设中存在的问题；与自治区财政厅共同做好旅游产业发展资金筹措与安排工作；与国土资源厅协调做好重大旅游项目用地保障工作，旅游产业用地改革试点取得重大突破并在广西特色名县（创建县）进行推广；与住建厅联合开展特色旅游名镇、名村创建工作；与农业、林业、水利、文化、商务、体育、畜牧水产等部门加强合作，推进产业融合；与宣传、新闻出版广电等部门联合，加大广西旅游整体形象宣传力度；与自治区扶贫办共同探索旅游精准扶贫新路子。积极推进《自治区人民政府办公厅关于旅游与相关产业融合发展的实施意见》的贯彻落实，推动旅游与农业、林业、水利、工业、城镇化、信息技术、文化产业、商务会展、康疗养生、体育十大融合工程，以项目带动为抓手，整合资源，进一步推动旅游与第一、二、三产业融合的深度和广度，凸显“旅游+”综合联动效应，旅游业发展活力得到进一步激发。

七、强化旅游市场综合监管，旅游市场秩序明显改善

积极推进依法行政工作，坚持依法兴旅、依法治旅，进一步建立健全了广西旅游的政策法规。扎实做好《旅游法》的宣贯工作，《广西壮族自治区旅游条例》已由广西壮族自治区第十二届人民代表大会常务委员会第二十次会议于2016年7月21日修订通过，推动自治区人民政府出台《关于建立旅游投诉统一受理机制和开展旅游市场联合执法的实施办法》，创新建立了由公安、工商、交通、物价等部门共同协调的旅游市场联合执法机制，及时公正处理旅游投诉，保护旅游消费者和旅游经营者的合法权益，旅游市场秩序进一步优化。

组织召开全区旅游市场秩序专项整治工作推进会，制定出台了《全区依法整治旅

游市场秩序专项行动（2015—2017）实施方案》，自治区旅游发展委与自治区旅游工作厅际联席会议成员单位签订了《加强旅游联合执法促进广西旅游市场文明有序合作协议》，明确了旅游市场秩序整治工作的重点。制定出台了《广西旅游市场明查暗访制度》，不定期开展旅游市场明查暗访活动，有效遏制了"零负团费"等扰乱市场秩序的违规经营行为。2016年1~9月，累计开展旅游市场秩序执法检查19次，联合公安、工商、交通、物价等部门开展旅游市场联合执法、明查暗访和专项整治行动13次，对相关旅游企业下达整改意见表54份，提出整改意见40余条，查处涉嫌无旅游业务经营许可证经营旅游业务公司7家，涉嫌超范围经营出境旅游业务旅行社3家。

八、扎实开展文明旅游工作，旅游诚信建设进一步加强

为进一步加强旅游诚信建设和文明旅游工作，组织召开了全区出境旅游资质旅行社企业座谈会，明确了出境游是文明旅游工作的重点，要求组团社及领队把好"组团关""落地关""行程关"，开好行前说明会。组织开展了文明旅游"进景区""进校园""进社区"活动，印制并发放文明旅游宣传资料5万余份。大力弘扬"游客为本、服务至诚"的旅游行业核心价值观，制定并出台《广西壮族自治区旅游发展委员会关于加强旅游市场信用体系建设的实施意见》。委托第三方对全区14个市和特色旅游名县（创建县）进行游客满意度调查。率先在全国开展寻找"最美导游"活动，桂林导游协会会长刘萌刚同志被评为全国旅游系统唯一的"全国诚实守信道德模范"，同时还荣获"全国十大最美导游""中国好导游"和"中国旅游十大新闻人物"，成为全区乃至全国导游诚实守信、文明旅游的典范。刘萌刚同志受到国家领导人刘云山、自治区彭清华书记亲切接见，在我区南宁、桂林和湖南、江西等地举办多场事迹报告会。眭琴、黄杰进入全国最美导游百强，我委获得全国最美导游评选活动最佳组织奖。在全区启动旅游志愿服务活动，注册旅游志愿者2000人，聘用旅游服务质量社会监督员303人。

九、以桂林国际旅游胜地建设为契机，积极推进桂林国家旅游综合改革试验区建设

2012年11月1日，经国务院同意，国家发展改革委批复了《桂林国际旅游胜地建设发展规划纲要》。这是国家对桂林给予力度最大、范围最广的一次支持，标志着桂林发展上升为国家战略，在桂林经济社会发展进程中具有划时代的里程碑意义。

一是各项政策落地快见效好。桂林国际旅游胜地建设涉及经济社会发展各个方面，是一项为全国区域发展特别是旅游综合改革试验示范的战略任务，单靠桂林市的力量远远不够。2013年以来，加强与国家有关部门及自治区的对接。国家和自治区层面给予桂

林财税和投融资政策、产业政策、土地政策等9大类31项政策支持。2014年7月28日，51个国家公民72小时过境免签政策开始实施；2015年5月28日，东盟10国持普通护照人员的旅游团6天入境免签政策开始实施；2015年4月15日，桂林居民赴台湾个人旅游已正式开通;《桂林市旅游产业用地改革试点总体方案》《桂林漓江风景名胜区总体规划》、智慧城市试点等相继获国家层面批复和同意。

二是大项目带动大产业，大产业拉动大发展。近三年来，桂林市大力实施项目带动战略，全面推行项目建设“五个一”和“三清单一问责”机制，开辟重大项目并联审批“绿色通道”，加快项目落地及建设速度，成功引进万达、海航、华润等一批辐射面广、带动力强、引领产业走向的高端旅游项目加快实施。一批事关桂林长远发展和民生福祉的重大基础设施项目取得突破。两江国际机场T2航站楼开工建设；湘桂、贵广高铁相继建成运营；建设高速公路8条，基本形成“两环、六射、四联”的高速公路框架；法国地中海俱乐部、新加坡著名酒店品牌阳朔悦榕庄已建成投入使用;罗山湖水上乐园等一批休闲度假产品相继建成营业；2015年7月18日，作为自治区层面统筹推进重大项目和桂林重大旅游产业项目之一的玉圭园·环球名胜项目，其陆地主题乐园“凯旋王国主题乐园”正式开园；新加坡瑞盛阳朔国际旅游度假区、信和信桂林国际智慧健康旅游产业园等旅游综合性项目建设加快推进；2015年，自治区领导联系推进的10个重大旅游项目完成投资22.14亿元。

三是“旅游+”融合发展打造旅游新业态。桂林市十分重视“旅游+”融合发展模式，着力推动旅游高端化、精品化、差异化发展，一批消费层次丰富、产品体系完整的高端旅游项目也在加快建设推出：桂林市政府与海航集团按照政府引导、市场运作、合资共建的模式，共同出资成立桂林航空旅游集团有限公司并正式运营，打造“航空+旅游”、“旅游+金融”、“智慧旅游”三大经济发展引擎。法国地中海俱乐部桂林愚自乐园度假村2013年正式营业；广西展卓航空公司和桂林通航公司的高端旅游产品“空中游桂林”项目先后投入运营；2013年启动的正阳路东西巷历史文化街区于2016年五一正式开街，逍遥楼重建项目工程完工，成为最有特色的历史文化街区。2010年10月，成功争取桂林甑皮岩遗址、靖江王府·王陵进入全国首批23个考古遗址公园立项名单，桂林也成为国内唯一获得两个立项的城市。2014年6月，华南地区唯一的国家级考古遗址公园“桂林甑皮岩国家考古遗址公园”正式揭牌，为桂林国际旅游胜地建设增添了一张重量级文化名片。2015年11月19日，“全国大遗址保护与旅游融合高峰论坛暨国家考古遗址公园联盟第五届联席会”成功举行，“中国社会科学院考古研究所华南史前考古研究基地”落户桂林；2015年3月28日，美国“飞虎队”桂林遗址公园在临桂秧塘正式开园，中共中央政治局委员、国务院副总理刘延东出席并宣布开园。

四是旅游体制机制改革取得新突破。成立了桂林漓江风景名胜区工委、管委，作为市委、市政府的派出机构，由一名市委常委任工委书记；按照统一管理、统一经营、统筹各方利益的原则，着力理顺漓江管理体制，推进漓江旅游多元化、特色化、高端化发展，目前取得良好开端。设立了桂林市旅游发展委员会。按照国家旅游“515战略”创新旅游部门统筹职能，将原市旅游局的职能和市发展改革委的旅游规划职能划入市旅游发展委员会，增强了市旅游发展委的综合协调职能。市旅发委由原旅游局单一的行业主管部门转变为负责全市旅游发展综合协调、产业促进、公共服务、行业监管的综合协调部门。

十、积极探索，全力推进跨境旅游合作区和边境旅游试验区建设

广西是“一带一路”有机衔接的重要门户，以边境沿线自然山水为主要特色的中越跨境旅游长廊已逐步成型，两国跨境旅游合作“多点开花”。广西党委政府高度重视“两区”建设，自治区党委书记彭清华多次对中越德天-板约国际旅游合作区建设工作批示，要求加快推进。自治区主要领导主动出访越南，洽谈合作区建设事宜，中越双方签署了会议纪要。自治区成立了中越合作保护和开发德天（板约）瀑布旅游资源广西方协调委员会，自治区主席陈武担任主任。广西旅游发展委成立了边关风情旅游带工作推进办公室，统筹中越跨境旅游合作区、边境旅游试验区以及边关风情旅游带建设的协调、服务、督查、推进工作。

一是旅游产业规划不断完善。坚持规划先行原则，以规划指引旅游产业科学发展。为贯彻落实国家及广西对外开放、发展边境旅游的相关指示和政策，科学、合理有序地开发利用边关旅游资源，发挥边关地区在推进沿边开放开发的示范作用，促进边关地区和谐发展，自治区旅发委编制了《广西边关风情旅游带发展规划》，同时，沿边相关市为充分发挥各自旅游发展优势，组织编制了系列旅游发展规划，以指导边境旅游加快发展，如防城港市制订了《防城港市乡村旅游发展实施方案》《防城港市推进旅游产业融合发展五年行动计划》；百色市先后启动编制《百色沿边开发开放总体规划和产业发展总体规划》《百色靖西边境经济合作区总体规划和产业发展总体规划》《龙邦-茶岭跨境经济合作区规划》等，都把边境旅游合作作为重点内容进行规划。崇左市先后完成了《崇左市旅游产业发展总体规划》《广西大新德天瀑布核心景区旅游发展规划》《广西花山景区详细规划》以及“五个100公里”旅游线路等规划工作，为全市旅游业发展打下了良好基础。

二是区域旅游合作进一步深化。随着“4+2”北部湾旅游联盟、德天旅游联盟等区域旅游联盟的不断发展壮大，联盟内各景区抱团发展，整合营销，有效提升了在国内外市场的知名度和影响力。边境三个设区市在与越南对方相关省份的旅游合作也不断深入，防城港市与越南广宁省、芒街市旅游建立健全了联络交流机制，建立电话、网络等沟通热线，每年不定期进行会晤，增强双方旅游业的交流与合作，共同维持和发展中越边境旅游市场。崇左市与越南谅山、高平、河内等签订旅游合作协议，积极推进中越德天·板约跨国旅游合作区和中越友谊关—友谊国际旅游合作区的各项基础性工作。百色

市旅游主管部门与越方进行了多次交流，积极推进靖西孟麻—越南北坡红色旅游合作区项目和岳圩大兴至越南坡标跨国漂流合作项目的建设。

三是边境口岸基础设施不断改善。边境8个县（市）对辖区内口岸的旅游基础设施进行不同程度的改造和升级，以便进一步完善口岸功能。其中龙邦口岸根据其具体需求及发展状况，已完成向自治区人民政府申报升格为国际口岸工作。平孟口岸完成新联检大楼、国门广场、报关报检楼改造等项目建设，并于2015年9月通过国家级验收。凭祥口岸加快推动边境旅游异地办证试点工作，进一步完善服务设施，自2009年3月恢复中越边境旅游异地办证业务以来，已有累计近20万名的游客从凭祥口岸出境。该口岸在全国边境旅游异地办证试点工作中起到了典范和带头作用。

四是边境旅游市场环境进一步优化。按照教育、规范、监督并重，标本兼治、综合治理的原则，边境各市、县旅游主管部门联合工商、消防、交通、卫生、质监、安监等涉旅职能部门，不定期开展旅游市场综合治理，加大边境旅游市场监督管理力度。重点整治边境旅游市场欺行霸市、垄断市场、虚假广告、价格欺诈、非法经营、欺客宰客、强迫消费和"黑社""黑导""黑车"等问题。同时加强旅游行业文明、诚信经营体系建设；坚持开展文明旅游、安全旅游宣传，并取得了良好成效。我区边境旅游市场运行有序，有效营造了文明旅游的良好氛围。其中2015年防城港市共组织开展全市旅游市场秩序专项整治行动6次，出动执法人员80多人次，执法车辆29车次。查处5家违规经营的旅行社（服务网点），向相关涉旅企业发出口头和书面整改意见20余条，约谈旅行社主要负责人6人次。

五是中越德大・板约国际旅游合作区建设取得突破。自国家提出建设中越国际旅游合作区以来，中越双方国家领导人、地方政府之间就合作区建设进行了多轮磋商，达成了多项共识。2015年11月6日，中越两国正式签署了《中华人民共和国政府和越南社会主义共和国关于合作保护和开发德天（板约）瀑布旅游资源的协定》，并已于2016年6月16日正式生效。中越德天・板约瀑布国际旅游合作区的设立取得了重大突破。广西方面已完成《建设中越德天・板约瀑布国际旅游合作区方案前期研究》《中越德天・板约国际旅游合作区总体规划（中方）》《广西崇左市大新县德天瀑布旅游景区总体规划（2016–2025）》等，德天景区创5A级景区提升工作正在加快推进。7月底，自治区人民政府已下文成立中越合作保护和开发德天（板约）瀑布旅游资源广西方协调委员会，负责协调推进合作区建设。

下一步，广西将继续按照全国旅游工作会议和自治区经济工作会议的部署以及自治区加快旅游业跨越发展决定，围绕全区发展战略和中心工作，把推进旅游供给侧改革作为工作重心，以转变旅游发展方式、促进产业提质增效为主线，突出抓好重大项目建设、特色旅游名县创建、完善旅游基础设施和公共服务、促进产业融合发展、加大旅游市场秩序整治、打响旅游扶贫攻坚战，实现广西旅游从"景点旅游"向"全域旅游"的转变，加快推进广西旅游业跨越发展。

打造旅游改革创新试验区
建设海岛休闲度假旅游目的地

——海南省旅游业改革创新工作推进情况

自2009年海南国际旅游岛建设正式上升为国家战略以来，我省以打造我国旅游业改革创新试验区和世界一流的海岛休闲度假旅游目的地为目标，积极推进旅游管理体制改革，统筹协调各方力量，努力把旅游业培育成为国民经济的战略性支柱产业和人民群众更加满意的现代服务业。旅游业已经成为我省经济增长的重要动力，成为新常态下新的经济增长点。近两年来，海南省委、省政府在旅游产业发展中，坚持发挥政府主导作用，大力实施体制机制改革，统筹协调旅游产业发展，采取了一系列改革措施，以此推进全省旅游改革创新工作，具体做法如下：

一、改革旅游产业的组织领导体制

（一）统筹产业发展，成立省推动旅游产业发展工作联席会议领导小组

2015年7月，我省成立海南省推动旅游产业发展工作联席会议制度，统筹协调全省旅游工作。由分管旅游的副省长任总召集人，由省政府副秘书长和省旅游委主任任副总召集人，成员由33个省直部门的负责人参加。主要任务是：制定全省旅游产业发展的重大政策和措施，审定全省旅游产业发展的重大旅游规划和重要专项规划；协调推动全省重大旅游项目建设，谋划重点产业项目的生成及储备，并协同推动落实；统筹指导全省旅游市场监管；协调解决全省旅游产业改革、开放和发展中的重大问题；制定并实施旅游产业发展目标管理和考核评价制度等全省旅游产业发展的重大事项，同时全面领导统筹推进全域旅游示范省创建工作。

（二）统筹市场监管，成立省旅游市场综合整治领导小组

为强化对旅游市场的综合整治、规范和管理，净化旅游市场秩序，优化旅游市场环境，2013年，我省成立了由副省长担任组长、省旅游委牵头、15个部门组成的省旅游

市场综合整治领导小组。近两年来，又增加了省高院、省检察院、省民宗委、省国税局作为成员，目前省旅游市场综合整治工作领导小组成员单位已经达到19个，建立了“统一领导、部门联动、属地管理”的工作机制。领导小组下设办公室，办公室设在省旅游委，负责统筹开展重大节假日期间综合督导检查工作，建立对旅游市场出现的热点问题督办转办工作机制。

（三）统筹厕所革命，成立省旅游厕所与旅游标识标牌建设领导小组

为统筹推动全省旅游厕所建设与管理，2015年9月，我省成立了由副省长担任组长、省旅游委牵头、22个部门组成的省旅游厕所建设与管理提升工程领导小组。2016年7月为加强旅游标识标牌建设工作的领导，加快建设便捷化、功能化、网络化的海岛基础设施体系，省政府将海南省旅游厕所建设与管理提升工程领导小组调整为海南省旅游厕所与旅游标识标牌建设领导小组。领导小组下设办公室，办公室设在省旅游委，领导小组及其办公室认真研究全省旅游厕所建设与管理工作中的重大问题，协调省直各部门、各市县旅游厕所建设与管理中有关问题。

二、改革旅游规划体制

（一）实行“多规合一”试点改革，强化规划对产业发展的统筹引领

去年6月中央深改办确定在海南进行“多规合一”试点，这也是目前全国首个在全省范围内开展“多规合一”探索的省份。通过实施《海南省总体规划》，打破行政区划的藩篱，全省一盘棋，统一高效配置土地、林地、岸线、海域、水等重点资源。我省主动将旅游规划融入“多规合一”，借机完善旅游规划体系，如将《海南省旅游发展总体规划》《海南省旅游业发展“十三五”规划》《海南省旅游商品开发规划》等旅游发展规划和19个市县的《旅游发展总体规划》融入全省总规，把旅游规划与国土、城建、林业、生态、用海规划等无缝衔接，以科学的规划实现区域内旅游资源优化配置，引领旅游产业开发和建设。

（二）规划旅游六大园区，实施区内审批制度改革

为推动“十三五”期间海南旅游持续健康发展筑牢基础，我省确定了“一岛、两极、两区、六组团”的旅游发展空间布局，明确六大旅游园区、百个旅游风情小镇和千个美丽乡村的统筹布局。省政府将海口观澜湖、陵水清水湾、三亚海棠湾“国家海岸”、三亚邮轮母港、儋州海花岛、三沙海洋旅游区等六大省级旅游园区纳入省总规，依托产业园区简化行政审批制度改革，促进全省旅游园区优化投资环境和资源配置，推动产业集聚发展。

（三）整合资源，促进区域旅游协调发展

立足各市县特色优势，统筹规划和整合琼北、琼南旅游土地、岸线、景区资源，推进区域旅游交通基础设施、旅游公共服务和生态环保三个“一体化”，统一打造“海澄文”一体化综合经济圈和“大三亚”一体化旅游经济圈旅游品牌，在大三亚和东线六市县全力推行全域旅游目的地建设，辐射带动东、中、西部旅游发展的整体性和协调性。

三、改革旅游发展促进机制

（一）政府主导，推动旅游产业发展

省委、省政府高度重视和支持发展旅游产业，把旅游作为“十三五”乃至未来更长一个时期加快发展的十二个重点产业的首位。各级党委、政府对旅游的支持力度不断加大，深化旅游业改革发展，提升海南旅游产业发展质量与水平，促进旅游投资和消费，为旅游产业发展创造了良好环境。近两年来，省政府强化政策引导，相继出台了《海南省促进邮轮游艇产业加快发展政策措施》（琼府〔2015〕87号）《海南省提高旅游国际化水平和促进入境旅游发展实施方案》（琼府〔2016〕2号）《关于提升旅游产业发展质量和水平的若干意见》（琼府〔2016〕17号）等一系列政策文件；整合财税资源，设立了旅游、民航、邮轮、会展业等发展专项资金支持旅游产业发展；将邮轮产业发展、邮轮旅游做大的职责职能划归省旅游委。

（二）部门联动，促进旅游融合发展

一是省政府统筹旅游与相关部门协调合作，以旅游相关资源、行业和产业为基础，通过向旅游方面延伸、拓展、融合，营造了“部门联动、融合发展”的大旅游格局。大力开发滨海度假旅游、商务旅游、高尔夫旅游、温泉旅游、文化旅游、医疗旅游、户外运动旅游、餐饮美食、旅游购物、娱乐休闲等旅游产品，积极引导发展高铁旅游、自驾游、邮轮旅游、房车露营旅游、乡村旅游等旅游新业态，丰富区域旅游产品体系，构建旅游竞争新优势。二是在落实“旅游+”战略中，引导三亚、琼海、文昌、保亭等地拓展旅游自身发展空间，积极创建“国家全域旅游示范区”。特别是我省的琼海市坚持“政府主导、市场运作、社会参与”新机制，全域统筹规划，实施旅游化功能改造，借助潭门、博鳌等风情小镇，将周边的乡村、鱼塘、河道、槟榔园、椰子林等乡村元素和古朴的乡村文化串联起来，建设田园城市，打造全域型的旅游度假目的地。三是编制了《海南省“十三五”旅游扶贫规划纲要》和《海南省乡村旅游扶贫实施方案》；在扶贫部门建档立卡的基础上，筛选出138家旅游扶贫村，同时组织专家对45个重点旅游扶贫村旅游资源进行了摸底调查，为实施扶贫攻坚和制定旅游扶贫政策措施打下基础；加大

企业结对帮扶贫困村发展乡村旅游，第一批已安排11家企业结对帮扶旅游重点贫困村。截至2014年底，全省贫困人口由“十二五”初期的75.3万人减至54.6万人，旅游业带动脱贫人口4万多人，占总脱贫人口的20%。

（三）凝聚合力，推动全域旅游创新发展

一是全域旅游发展格局加快形成。组织编制《海南省全域旅游建设发展规划》，规划立足于做好全域旅游工作的顶层设计，统筹推进海南全域旅游、产业小镇、美丽乡村建设，明确旅游产业的主导地位，推进旅游产品体系建设，促进旅游与其他产业融合发展，优化旅游秩序和服务环境，建立旅游生态环境保护机制，形成我省全域旅游发展大格局，全面提升旅游业的服务质量和水平。制定并即将出台《海南省创建全域旅游示范区工作导则》和《海南省创建全域旅游示范区工作认定标准》，对全域旅游的概念内涵、指导思想、目标原则、实施步骤以及主要任务等方面做了具体细化安排，同时结合各市县的资源特色和旅游发展现状分别提出了我省各市县全域旅游的验收批次和验收标准。制定了《省旅游委推进“国家全域旅游示范区”创建工作实施方案》，成立省旅游委全域旅游示范区创建工作领导小组，指导各市县开展全域旅游示范区创建工作，各市县（除三沙外）都成立了全域旅游工作领导小组或协调机制，并制定了全域旅游示范区创建工作方案。二是旅游厕所工作取得新进展。编制印发了《2016年海南省厕所革命行动方案》，确定了建设、技术创新、管理和文明提升四大行动和创新驱动、标准推动、典型带动和奖补促动四大机制。加快推进旅游厕所建设与改造，2015年至今，全省共新建改造旅游厕所663座。其中新建472座，改建191座。加强旅游厕所日常管理，积极创建旅游厕所投诉评价平台，通过对我省新建、改建的约750座旅游厕所设立微信二维码，实现游客通过“扫一扫”功能，对厕所硬件设施的维护、管理，以及服务质量进行评价和建议，同时在海口、三亚推动建立旅游厕所开放联盟试点。三是重点旅游项目和旅游招商引资工作取得积极成效。建立了全省2016年重点旅游项目数据库和“十三五”重点项目储备库，1—9月全省81个旅游重点项目完成投资333.63亿元，占年度投资总额96.27%。积极做好旅游六大园区、省级23个重点旅游度假区招商项目包装策划和推介工作，先后在三亚、香港、北京、厦门举办了旅游产业专题招商活动，共签约58个旅游项目，签约金额1551亿元。促成省政府与中国旅游集团签署战略合作协议，并初步建立了观澜湖、海花岛、亚特兰蒂斯、长隆集团、华侨城、中国旅游集团、海航旅业集团、万达集团八大旅游企业招商名录库。下一步将加大服务和招商力度，与6大产业园区、8大重点企业、22个在重点旅游度假区的企业做好对接，重点推动长隆、航天主题公园项目落地。四是推进旅游基础设施公共服务体系建设。目前全省百个特色产业小镇规划已全部编制完成，全省已建成美丽乡村32个。全省正在新建旅游景区景点33个，改造提升A级景区景点13个。全省建设完成并投入使用旅游咨询中心50家。全省旅游重点公共场所WIFI网络覆盖率为95.3%。全省铁路、公路沿

线旅游化改造（景观带美化）已完成1个。全省在建旅游交通干线21条。正在组织编制《海南省旅游标识标牌规划纲要》和制定《海南省旅游标识标牌建设实施方案》。五是旅游统计改革取得积极进展。改革统计传统方式，填补旅游统计空白，与省统计局共同确定旅游业增加值核算由统计部门负责，旅游接待、旅游收入等其他常规统计由旅游部门负责，统计数据由两部门共同审核并采用。首次编制海南省旅游卫星账户，已形成《海南旅游卫星账户建设编制方案》，正在全面开展15项专项调查，争取年底前初步完成旅游卫星账户编制，核算全省“旅游业对当地GDP综合贡献率、旅游业对地方财政综合贡献率、旅游新增就业占当年新增就业比重”等指标。改革国内过夜游客花费调查方法和体系，更加科学测算旅游收入。在全省范围内试行旅游统计新方法，进一步规范和强化市县旅游统计工作，准确、科学、全覆盖统计全省旅游人次和旅游收入。

四、改革市场监管体制和机制

（一）贯彻落实《旅游法》，建立健全旅游法规和标准化体系

一是推进旅游地方性法规的立改废工作。在2014、2015年修订完成《海南省旅游条例》《海南经济特区导游人员管理规定》《海南经济特区旅行社管理规定》《海南经济特区道路旅游客运管理若干规定》4项旅游法规和制定出台《海南省旅游安全管理规定》的基础上，2016年对《海南省旅游景区管理规定》《海南经济特区旅游价格管理规定》进行修订，两项法规分别于2016年9月1日和10月1日起正式施行。目前已启动《海南经济特区旅馆业管理规定》修订工作。二是着力推进旅游要素供给和管理的标准化建设。印发实施《海南省旅游质量发展纲要（2016–2020年）》，制定了《海南省旅游标准体系》《海南省全面推进旅游标准化工作实施方案》；先后出台了《旅游温泉标识使用规范》《导游服务质量等级划分与评定》等8项地方标准和出境游、境内游等13个合同示范文本。

（二）加强旅游综合执法，做实省旅游联合执法办公室

一是健全工作机构。2007年经省政府批准成立了省联合执法办，2016年，我省根据国家加强旅游市场综合监管精神，将省旅游联合执法监管办公室更名为“海南省旅游综合执法监管办公室”，抽调成员单位的8名执法人员集中办公。二是开展综合检查。采取明查与暗访的方式开展日常检查与专项检查，近两年来共组织开展了9次假日旅游市场综合执法检查、8次旅游市场专项治理活动和20次旅游安全检查。三是查办重大案件。省旅游综合执法办加大跨部门、跨行业、跨地区和涉及“五黑”旅游案件的执法办案力度，2016年1—10月，全省旅游行政部门共受理各类旅游投诉899宗，已办结863宗，办结率96%，为游客理赔32.82万元；全省共立旅游行政案件27宗，办结案件25件，

办结率92.59%，罚没款共34.32万元。

（三）创新监管体制，设立旅游警察支队、工商旅游分局、旅游巡回法庭和游客中心

一是印发了《关于加快推进“1+3”旅游综合管理和综合执法模式工作的通知》，推广设立综合性旅游管理机构和旅游警察、旅游法庭、工商旅游分局等“1+3”模式。目前，我省已完成“1+3”创建的市县有三亚市和万宁市。下一步将加快推动海口、儋州、琼海、文昌、乐东、澄迈、定安、陵水、保亭、琼中等市县成立和完善与之相适应的旅游综合管理和综合执法“1+3”模式。二是2015年9月30日，三亚正式启用市民游客中心。中心自运行以来，始终秉持“游客为本、服务快捷、依法至诚、保障高效”的服务理念，按照“疏堵结合、打建结合”的要求，从投诉受理、执法监督，到审理调解，形成“一条龙”一站式旅游治理模式，打造全方位、综合性旅游管理和服务平台。

（四）深化导游管理体制改革，全力推进导游员工化和导游公司实体化改革

一是印发实施《海南省导游管理体制改革实施方案》；组织开展为期1个月的旅行社、导游服务公司导游签合同情况专项调查；开展导游归属登记，共依法清理注销三年期满未换导游证589名导游的导游证。二是指导海口、三亚推进导游管理体制改革，两地均印发了实施方案。海口开展导游人员调查摸底，重点摸查旅行社和导游服务公司与导游签订劳动合同和办理社会保险情况；三亚开展导游自由执业试点，首批97名导游通过线上平台接受预约，已确定21家线下试点机构，线下信息系统建设正在加快推进。四是着手清理118家僵尸旅行社和一批僵尸导游，换发电子导游证，全面实行导游员工化和导游公司实体化。

（五）健全旅游电子行程管理系统，完善旅行社、导游、星级饭店、A级旅游景区等准入退出机制

一是制定了《旅游电子行程单管理办法》，建立了覆盖吃、住、行、游、娱等旅游基本要素的标准数据库，明确了旅游各要素供给标准，将旅游团队约定的吃、住、行、游、购、娱等具体项目和内容纳入电子行程单系统，对旅游团队行程实施动态全程信息化监管。二是严格旅行社准入审批，同时对旅行社实行资质等级评定、日常检查和年度考核等制度；制定旅行社退出管理办法，对挂靠承包、“零负团费”经营、不履行旅游合同约定等违法违规的旅行社依法从重从快从严处罚，对违规经营的出境旅行社申报国家旅游局予以取消出境资质。三是坚决整治不合理低价游。依据《旅游法》《海南省旅游条例》等规定，旅行社今后不得以不合理的低价组织旅游活动，不得指定具体购物场所，不得安排另行付费旅游项目，决定不再将旅游购物场所纳入旅游电子行程服务

平台数据库，已经纳入的即时退出。四是制定旅游景区的等级准入和退出机制，坚决将违法违规景区依法清退出市场；印发实施《海南省A级旅游景区动态管理实施细则（暂行）》；今年分两批次对27家A级景区进行了质量等级复核检查，4家3A级旅游景区被取消资质，10家旅游景区被要求限期3个月或6个月整改。

（六）畅通投诉渠道，开展旅游舆情监测

一是畅通旅游投诉和举报渠道，在全省旅游系统内建立投诉统一受理平台，制订《海南旅游咨询与投诉一体化管理制度》，协调相关职能部门开展工作，统一集中受理旅游投诉，明确各个部门的职责，按照职责进行分办、转办、督办，推行旅游投诉“一站式”服务。推动12301旅游服务热线和12345政府服务热线并线运行，提升旅游服务的及时性、有效性和针对性。二是与新华社采编共同创办的《海南旅游信息周报》，每周向省领导、各市县领导通报海南旅游业最新动向，涉琼旅游舆情，海南旅游报道，以及国内和国际旅游动态。三是加强旅游舆情走势研判。成立舆情动态监控组，依托信息化技术，每日定时分析汇总微博、微信、网络、电视、报纸等媒体涉及海南旅游的报道舆情信息，每天在全省微信群印发《海南旅游舆情通报》，提前进行有针对性的应对和处理。

（七）完善市场监督机制，实行明查暗访、举报奖励和诚信公示机制

一是开展节假日明查暗访。在春节、国庆等节假日期间，以省旅游市场综合整治工作领导小组办公室名义，组织省旅游、工商、物价、公安、食药、渔业、交通、安监、民宗、国税、地税等部门组成的6个综合督查指导组，全员深入市县检查指导、督查督办、明察暗访当地旅游市场，及时发现问题，现场进行处理，依法从严查处。二是开展常规性明查暗访。建立健全“双随机一公开”机制，开发双随机抽查系统，随机抽查被检查企业和检查人员，对旅游市场开展常态化市场检查，每月定期公布处罚结果。针对投诉易发多发领域、舆情关注重点领域，组织312名社会监督员和执法人员不定期进行市场暗访，及时发现问题。三是建立了省级和三亚市的旅游市场违法违规行为举报奖励制度，出台了《旅游市场违法违规经营行动举报奖励办法》，在全国率先试行全民参与旅游治理。四是严厉打击旅游失信行为，在阳光海南网建立了旅游企业和从业人员信息公示平台，将旅游企业的基本信息、行政处罚等信息向社会公布，接受社会公众的监督。五是加快推进旅游要素诚信体系建设，初步完成旅游要素诚信平台开发，正在完善旅游诚信准入和退出办法，着手准入一批旅游优质商户和放心商户。

以新发展理念开创旅游发展的新境界

——重庆市旅游业改革创新工作推进情况

一、强力推进全域旅游试点示范

大力实施全域旅游发展战略，以国家全域旅游试点区县为引领、市级全域旅游创建单位为依托，推动全市旅游业由景点旅游向全域旅游转型发展。一是加快推进了渝中区、南川区、大足区、万盛经开区、巫山县、武隆县、石柱县、奉节县等国家全域旅游试点区县的试点示范，引导相关区县以创建为契机，探索创新旅游管理体制，推动旅游产业发展。万盛经开区在黑山谷景区成立了全市首个旅游工商所，深度融入、深度服务旅游业发展；南川区分别组建了旅游警察支队和旅游巡回法庭，全面强化旅游市场综合监管。二是启动实施了市级全域旅游示范区（县）、示范镇（乡）、示范村创建工作，得到了各区县党委、政府的积极响应，全市全域旅游发展氛围日渐浓厚，分别遴选确定市级全域旅游示范区（县）、示范镇（乡、街道）、示范村创建单位10个、50个、69个。

二、加快推进旅游基础设施公共服务体系建设

近年来，我市积极融入国家“一带一路”和长江经济带发展战略，借助全市高速公路网建设、长江黄金水道整治、内陆开放高地建设、扶贫攻坚等行动，投入大量资金，极大地改善了全市旅游基础设施条件。一是加快长江游轮母港以及长江、乌江沿线旅游码头建设。策划论证并加快推动了寸滩游轮母港建设；依托长江及乌江沿线城市区位优势和独特旅游资源，高规格、高起点规划建设和提档升级长江沿线涪陵、丰都、忠县、石柱、万州、奉节、巫山，以及酉阳龚滩、武隆芙蓉江、彭水下塘等10个旅游码头，有机衔接长江三峡与乌江百里画廊等高品质旅游景区。二是推进“城景通、景景通”工程建设。把“城景通、景景通”公路建设纳入全市交通规划建设，打通景区“断头路”和连接景区的“最后一公里”，形成旅游连线和环线交通网络体系，全面改善重庆旅游交通条件，目前已经实现了全市所有乡镇通油路、水泥路，行政村和撤并村全部实现公路通达。三是完善旅游航空服务体系。加快推进巫山、武隆旅游支线机场建设，同时

积极鼓励引导万州、黔江机场开通国内外重要客源地航线、加大宣传营销力度、实施包机奖励等。目前重庆江北机场已开通往返美国、意大利、韩国等国家120个客源地城市的140多条国内外航线，其中国际及地区航线58条，已对美国、德国、法国、俄罗斯、瑞士、澳大利亚等51个国家和地区游客实行72小时过境免签。四是完善旅游交通标志标牌体系。累计设置旅游交通标志牌1834块，进一步完善了全市旅游交通标志体系建设。五是加快推进智慧旅游服务体系建设。提请市政府出台了《重庆市智慧旅游建设实施方案》，建成磁器口、丰都名山等景区客流监控系统，加快推进了全市5A级景区与国家旅游局数据对接工作。成立了旅游数据中心，加快推进全市旅游监控指挥调度中心、智慧旅游示范景区以及旅游政务网站群、旅游资讯网站群等建设，指导和支持区县开展智慧旅游建设，进一步完善智慧旅游服务体系。

三、加快推进旅游厕所革命工程

按照国家旅游局统一部署，制定实施了《重庆市旅游厕所建设管理三年行动计划》，将旅游厕所建设年度目标任务纳入市委、市政府对区县年度综合考核内容，大力推进旅游厕所建设。2015年争取到位国家旅游发展资金1600万元，安排市级旅游发展专项资金1000余万元支持旅游厕所建设，全面完成全年1070座旅游厕所建设目标，综合考核列全国各省市第5位，永川区、江津区、涪陵区、巴南区、綦江区等5个区被评为全国旅游厕所建设先进区。今年来，我局继续加快推进旅游厕所革命工程，进一步推动旅游厕所建设向旅游交通沿线、乡村旅游点等区域拓展，全面改善全市旅游厕所环境。截至9月底全市已开工建设旅游厕所507座，其中：新建开工402座、改建开工105座，开工率达到88.63%；建成完工352座，完工率61.53%；在建155座，旅游厕所建设整体进展良好。

四、大力实施旅游扶贫

始终坚持把乡村旅游作为脱贫攻坚的重要抓手，大力实施乡村旅游“百千万”工程，打造一批特色景观旅游名镇名村，助推贫困群众精准脱贫。一是进一步加大政策支持力度。年初筹备召开了全市乡村旅游大会，提请市政府出台了《关于进一步加快乡村旅游发展的意见》，深入落实《关于进一步推进旅游精准扶贫的意见》，始终坚持将全市旅游发展资金70%安排用于乡村旅游扶贫的政策取向，强化对旅游扶贫的政策支持力度。二是抓典型示范带动。加强国家旅游扶贫试验区、全国休闲农业与乡村旅游示范县和示范点、全国美丽乡村、乡村旅游扶贫重点村、特色景观旅游名镇、名村和星级农家乐创建工作，已创建全国休闲农业与乡村旅游示范县8个、示范点23个，全国“美丽乡村”试点村36个，国家乡村旅游扶贫重点村612个；全国特色景观旅游名镇7个、名村2

个，星级农家乐866家。三是大力实施乡村旅游“百千万”和“巴渝人家”品牌体系建设工程，重点加大了乡村旅游产品项目建设和乡村旅游扶贫开发力度，推出了铜梁三色乡下时光和黄桷门奇彩梦园、巴南天坪山、南川大观园、城口亢谷等一大批以“巴渝人家”为龙头的乡村旅游片区和集群。四是重点推进市旅游局扶贫集团对口帮扶奉节县工作。2015年，市委、市政府调整组建了市旅游局扶贫集团，对口帮扶三峡库区国家级贫困县奉节县。2015年以来，我局充分发挥牵头单位示范带动作用，动员47个成员单位加大帮扶力度，开展“一对一”结对帮扶奉节县47个贫困村。2015年到位帮扶资金707.85万元，实施扶贫项目43个，引进项目资金2.69亿元，选派挂职干部2人，慰问贫困户587户，已帮扶奉节县8个贫困村实现整村脱贫。2016年已到位帮扶资金1085.9万元，引进项目资金3.3亿元，建成市旅游局扶贫集团爱心扶贫网站及贫困人口数据库，积极推进奉节县兴隆镇龙门村旅游村落与扶贫民宿示范点项目的规划建设。

四、实施旅游业投融资改革创新

充分发挥市场在旅游资源配置中的决定性作用，有效发挥市场和政府两个作用的连接点，充分释放民间投资活力。2015年全市旅游投资达到1019亿元，较上年同比增长37.8%。1–9月，全市完成旅游投资1009.14亿元，继续保持强劲增长态势。一是充分发挥旅游产业引导股权投资基金作用。改变以往财政直接投入的方式，以一部分财政资金资金撬动，发起设立旅游产业发展股权引导投资基金，广泛吸纳社会资本参与。目前已与国家开发银行旗下的中非信银、海航集团旗下的渝海盛航合作设立2支旅游专项基金，其中引导基金出资5亿元，资金放大5倍，总规模25亿元，筛选和储备了一批优质旅游项目。二是以中新（重庆）现代互联互通战略合作示范项目实施为契机，依托中新基金引进社会资本探索设立中新旅游专项子基金，实施全市旅游优质资源整合上市计划，创新精品景区经营管理模式，通过资产证券化放大经营效益。目前重庆旅游优质资源整合暨首批（巫山）战略合作项目已经签约。三是切实加大旅游项目招商引资。积极创新招商方式，主动承接国内外资本转移，成功引进万达集团、中铁集团、美国六旗集团等一批国内外大型企业，投资我市旅游业。万达集团投资500亿元打造重庆万达文旅城，美国六旗集团联合山水文园投资集团投资300亿元打造重庆山水主题小镇——六旗乐园，中铁集团投资200亿元打造铜梁安居古城旅游开发项目，对全市旅游业转型发展起到了示范引领作用。

五、推进旅游市场综合监管

近年来，我们以贯彻落实《旅游法》《国务院办公厅关于加强旅游市场综合监管的通知》等精神为契机，推进全市旅游市场综合监管。一是落实旅游市场综合监管责任。

由市旅游经济发展领导小组牵头负责统筹全市旅游市场综合监管的指导、协调、监督等工作，市政府设立市旅游投诉中心，健全旅游投诉转办、督办及反馈机制，进一步落实了区县属地责任、相关部门监管责任、旅游企业主体责任。二是修订出台《重庆市旅游条例》，进一步完善旅游市场综合监管法规体系，同时全面开展旅游从业人员普法宣传教育，切实提升从业人员素质。三是突出抓好旅游市场监管执法，严格落实市政府《关于进一步加强旅游市场综合监管的通知》，深刻吸取神龙峡景区摘牌教训，深入推进神龙峡景区整改提升工作，开展旅游市场秩序大排查大整治行动，针对“市内一日游”等问题多发线路、旅游产品和旅游目的地进行重点整治，着力优化旅游消费环境。四是创新综合监管方式。采取“双随机一公开”或者委托第三方等方式，对旅游市场开展随机抽查，综合运用行政处罚、信用惩戒等措施，加大对违法失信行为的惩处力度；坚持每季度公布各区县（自治县）旅游服务综合满意度分值及排名，鼓励先进，鞭策后进，促进各区县（自治县）旅游服务质量综合提升。五是完善旅游标准化体系。加快制定《重庆市地接导游服务规范》《重庆市自驾游露营地等级划分与评定》等系列旅游行业标准，努力提升全市旅游管理与服务标准化水平。

六、积极开展文明旅游宣传

近年来，我们通过多部门联动、多渠道宣传、全方位发动等措施，全力营造文明旅游氛围。一是发布文明旅游公益广告。聘请王源为重庆市文明旅游公益大使，并设计制作了广告语“重庆市文明旅游公益大使王源提醒您，依礼而行”的公益广告，并通过各类媒体和户外各种平台投放了公益广告，营造文明旅游氛围。二是创新开展文明旅游系列活动。与市委宣传部、市文明办等9个市级部门联合印发《重庆市“文明出游，人人有礼”活动方案》，开展文明旅游宣传系列活动：开展“为重庆加分”文明旅游引导活动，通过牢牢把握“入渝游”、“出渝游”两大关口，做好办证、组团、出境、交通、落地、行程等环节的教育引导；开展“十万礼帽进景区”文明旅游劝导活动，招募10万名由导游、游客、大学生、中小学生组成的文明旅游志愿者队伍，头戴“礼”字标识的志愿者帽子，利用重要节点在景区进行文明旅游劝导；开展“文明旅游随手拍”传导活动，搭建“文明旅游随手拍”的宣传平台，组织各级各类媒体深入做好文明旅游宣传引导；开展“做文明游客、当文明导游”倡导活动，通过树立一批先进典型，引导游客尊德守规，激发全社会文明旅游意识。三是创新开展“互联网+”文明旅游宣传行动。在线上开展“文明出游·人人有礼——国旗红遍微信圈·我为文明来代言”网络专题活动。活动期间号召广大青少年及全市市民把个人微信头像更换为国旗，在微信朋友圈、QQ群、微博等开展文明旅游宣传接力。同时，在江北区铁山坪市级旅游度假区启动了“我和国旗合个影，文明旅游伴我行”线下主题活动，开展了唱响“中国公民文明旅游公约”之歌、“文明旅游伴我行”环山骑行活动，并采用微博、微信对活动现场直播，同时邀请网络大V引导网友对文明旅游相关话题进行了讨论，通过线上线下结合扩大文明旅游宣传影响力。四是选树文明旅游典型。组织开展了“寻找重庆文明旅游典范”活动，经网络公众投票、实地考察、专家评审，树立了“重庆市文明旅游风景区”22个，“重庆市文明导游”40名、“重庆市文明游客”40名、“重庆市文明旅游志愿者标兵”40名等一批先进典型。同时精心组织、严格推荐了一批旅游行业全国文明旅游先进单位。

七、大力支持武隆县创建国家级旅游业改革创新先行区

一是创新旅游管理机制。成立了“武隆县旅游管理委员会”议事协调机构统筹协调全县旅游发展。围绕全域旅游示范区、喀斯特特色旅游目的地、旅游改革创新先行区的创建成立了创建工作领导小组，全面加强旅游业综合协调和综合治理。二是创新旅游用地保障机制。对配套基础设施、公共设施用地安排一定计划指标。支持森林资源丰富、交通便利、景观优美的区域发展森林旅游业，对符合规划的森林旅游项目，涉及新增建设用地的，予以保障，依法办理土地转用、征收手续。在确保建设用地不增加、耕地数量不减少且质量提高的前提下，可对村庄内零星、分散的集体建设用地进行布局调整，集中用于发展休闲农业和乡村旅游。支持农村集体组织协商回购农村闲置房屋，发展休闲养老、观光旅游；鼓励农村居民利用自有住宅及其他条件发展餐饮、住宿、购物、娱乐等乡村旅游。三是创新旅游发展资金机制。县财政每年安排5000万元的旅游产业发展资金，用于抓好旅游规划、旅游宣传营销、乡村旅游、旅游人才培训等工作，并每年按5%的比例增加投入。发挥基金撬动作用，大力开展招商引资，吸纳社会资金投入旅游产业；整合各级专项资金，优先用于旅游基础设施提升、生态文明建设、乡村旅游发展、旅游扶贫开发和遗产保护等工作，优先投入符合条件的旅游企业和项目。四是创新旅游人才引进机制。健全完善旅游人才引进培养办法，加快培育和聚集符合创新需求的高层次、复合型人才。对引进的博士或副高职称以上的高层次旅游人才，在县城提供人才公寓，在武隆服务满10年且贡献突出的，可终身享受住房待遇。对正高职称、博士后以上人才，按协议一次性补助安家费10万元；对副高职称、博士、高级技师等人才，按协议一次性补助安家费5万元。

跨区域联手协作发展全域旅游
——四川省旅游业改革创新工作推进情况

一、深化改革试点，不断推动我省旅游业改革创新发展

（一）全力推动旅游管理体制改革

经中央编办批复同意，2016年四川省旅游局更名为四川省旅游发展委员会，并列为省政府的组成部门。经省委编办批准，在四川省旅游信息中心加挂四川省旅游数据中心牌子，并新增2名事业编制，该中心正在加快构建适合四川旅游业发展特征的旅游统计指标体系，并在总指标体系下分项开展旅游统计综合分析研究工作。广元、阿坝、乐山、甘孜州、广安等市州相继成立市级旅游发展委员会；成都、资阳、攀枝花等市也在积极筹备推动旅游行政管理体制改革工作，进一步强化旅游综合管理协调职能。全省旅游管理体制正由事业管理型向产业综合管理型逐步转变。

（二）推动重点区域旅游率先突破

乐山、资阳两市获批成为首批国家级旅游业改革创新先行区，开启我省新一轮旅游综合改革试点。目前，两市在充分研究论证基础上，已制定改革创新先行区实施方案并加快推动实施。其中乐山市在全国旅游业改革创新先行区试点工作中初步形成的“1+3”模式已具有推广意义。“1”是指在全省率先将“旅游局”改建为“旅游和体育发展委员会”，由单一的旅游行业主管部门升格为综合经济管理部门，并强化产业统筹、部门协调、区域联合等职能。“3”包括组建乐山市公安局旅游警察支队负责对旅游景区和涉旅重点地区、路段进行治安整治管理；组建国内第二个、四川第一个旅游审判庭，由法官及工作人员6人组成，为游客和景区商家提供“两庭四站一中心”司法服务；组建乐山旅游数据中心。负责旅游统计、经济核算和市场分析工作，变行业统计为大旅游产业统计，为旅游发展提供更为有效的决策参考。

（三）指导成都市加快推进导游自由执业试点

经国家旅游局批准同意，成都市作为全国唯一副省级试点城市，于2016年5月开启导游自由执业试点工作。从目前推进情况看：

一是建立了以导游自由执业责任保险为主，旅游团队意外保险为辅的保险体系，较好地解决了导游自由执业的法律风险。按照国家旅游局旅发〔2016〕59号文件要求，将强制为自由执业导游购买50万元以上的执业责任保险，并推荐购买旅游意外保险。

二是健全了导游自由执业责任保险调处机制，由保险公司、行业协会、法律人士共同组成“成都导游自由执业责任保险调处中心”，专门处理导游执业责任保险事故的协调处理，充当第三方角色，公正、专业地协调各方不同利益、化解矛盾、解决问题。

三是发挥市“导游员调处奖惩委员会”职能，根据《成都市导游员奖惩规则》（试行），对导游执业行为进行奖惩。对于导游执业中不合法、不文明但又不属于行政处罚范围的行为进行处置，解决旅游纠纷和游客投诉的前端问题。

四是指导旅游者在预订导游服务时，与导游或导游提供企业签订详尽的书面服务合同，明确双方的权利义务，并约定违约责任，将文明旅游内容纳入旅游服务合同，减少旅游服务纠纷发生。同时引进第三方评价机制，由旅游者对导游服务做出评价，旅游者掌握对导游评价权，约束导游行为，形成导游优胜劣汰的新机制。

五是逐步完善包括旅游主管部门对于导游服务违规行为的约束制度、对导游违法违规行为的制裁机制、严重违法违规导游的退出机制、导游人员的保障机制、导游自由执业机构的运行机制等相关机制，加强对自由执业导游的监管力度。

二、坚持服务游客，不断完善旅游公共服务体系

（一）构建了“1+3”模式智慧旅游体系

积极顺应互联网时代旅游市场发展变化，加快应用现代信息技术，以满足游客需求为目标，以数据整合和应用提升为核心，率先推进智慧旅游发展，构建了省市县政府和企业联动的“1+3”模式智慧旅游体系，即基于一个数据中心的智慧管理、智慧服务和智慧营销三大体系，建成四川旅游运行监管及安全应急管理联动指挥平台、基于北斗兼容系统的户外应急救援平台和1+21+N的多语种旅游资讯平台。2014年四川智慧旅游体系荣获“2014中国智慧旅游创新项目TOP10”，国务院办公厅将“四川旅游工作专题建设”确定为政府内网信息资源共享利用试点内容。横向整合了交通、气象、环保、测绘、通讯运营商等相关涉旅数据，有效实现了旅游与各地、各涉旅企业及相关行业的数据共享与交换。旅游大数据的收集汇总及应用分析为旅游管理部门实时掌握旅游市场动态、研判事态、制定措施提供了全面、及时、准确的信息来源，为做到事前预测预警、事中引导分流、事后精准营销提供了有效的数据支撑。

（二）科学引导自驾游发展

坚持“政府引导，企业主体，市场运作”的建设模式，制定了《四川省自驾车旅游

营地发展规划》，推出我省自驾车营地建设1—6—4结构，即：1个环城自驾车旅游营地系统、6大自驾车营地环线和4条自驾车营地走廊。编制完成《四川省旅游营地建设和服务标准》，对四川省旅游自驾车营地建设和管理进行了规范，将大力促进全省自驾车营地健康发展，构建“中国西部自驾车旅游第一省”。建设“1+N”自驾游综合服务枢纽体系。加大自驾车营地项目的招商引资，积极鼓励建设连锁营地和自驾游成片连线整体开发。以中国（四川）国际旅游投资大会、文旅节、旅博会和自驾游博览会为契机，推出了一批四川自驾车房车露营产品体系建设项目，成功推动“四川快捷叁壹捌汽车旅馆投资管理有限公司”与“港中旅房车俱乐部（北京）有限公司”合作，两公司计划投资5亿元在未来5年建设50个自驾车房车营地，目前在建已建成营地11个。吸引了四川旅游发展集团、港中旅、中航工业集团、法国户拓比亚公司等企业投资四川自驾车营地开发建设。同时，省旅游发展委与国家开发银行、工商银行、农业银行、建设银行、民生银行、成都农商银行签订战略合作协议，为营地投资企业提供金融服务支撑。

（三）强力推动旅游厕所革命

认真贯彻落实国家旅游局开展的“旅游厕所革命”行动，会同交通、住建、农业等部门制定并推动实施《四川省旅游厕所建设管理三年行动计划（2015-2017）》，明确提出三年工作目标和主要措施。召开全省重点旅游项目推进暨旅游厕所建设管理现场会进行动员部署，省政府和各市州政府、相关厅局签订了目标责任书；全面实施旅游厕所“优化提升、技术革新和文化创意”三大工程。2015年安排9320万元用于91个景区、乡村旅游点、旅游线路沿线、自驾车营地和旅游厕所等配套建设，2016年省级旅游发展资金安排1500万元用于全省旅游厕所的补助；编制出台《四川省旅游厕所规范管理指南》，积极开展高寒地区旅游厕所革命试点。针对甘孜州海螺沟、稻城亚丁等旅游景区推广新型旅游厕所技术，解决高寒地区厕所防冻、保温、环保等需求；探索“以商建厕”模式，指导市州采取“政府建设+政府管理”“政府建设+企业管理”“企业建设+企业管理”三种模式推进厕所革命，积极推动中国光大集团与部分市州开展旅游厕所PPP模式合作，“十三五”时期在全省拟新改建PPP生态旅游厕所4074座；开展全省旅游厕所创新创意大赛，推出一批全省示范旅游厕所、评选一批具有四川特色文化和先进技术的旅游厕所设计作品，推动全省旅游厕所实现“建筑风貌景观化特色化、内部设施现代化生态化、管理服务规范化人性化”的发展目标；开展旅游厕所检查暗访工作。针对我省重点旅游线路厕所数量不足、厕所难找、如厕排队、厕所收费和厕所环境“脏乱差”等游客反映强烈的突出问题，针对九环线、318线、雅西攀线、川北线、川东线、川南线六条重点旅游线路，我委组织专家、旅游服务质量监督员和媒体记者组成6个暗访组赴各地开展旅游厕所建设管理暗访工作。通过暗访督促沿线市州强化旅游厕所建设和管理的主体责任意识，加快实施旅游厕所革命工程，全力保障广大游客权益。

三、注重理念创新，科学推进旅游扶贫

（一）创新理念，科学推进旅游扶贫工作

在推进脱贫攻坚工作中我们深刻认识到，脱贫是目标，扶贫是过程。各行业部门从自身职责出发，扶贫是主责；各级政府是脱贫的责任主体，简而言之就是“条条扶，块块脱”。旅游业是产业部门，要以“扶”来定位，通过旅游产业扶贫来助推区域脱贫。同时，脱贫攻坚任务涉及全社会、全行业，旅游业自身也涉及多个行业领域，因此旅游业扶贫必须坚持政府主导，发挥旅游部门统筹作用，凝聚各方力量，形成齐抓共推的整体合力。

（二）创新机制，积极构建旅游扶贫新格局

目前，我委已建立了全省旅游扶贫工作领导小组，内设了扶贫办；通过购买服务方式建立了“四大片区”旅游扶贫促进中心，开展片区旅游扶贫规划、培训、指导和评估等工作；联动省委组织部选派首批22名旅游类专业人才到重点贫困地区挂职分管旅游副市县长；联动省台办从去年开始实施1000名乡村旅游带头人赴台学习交流计划；联动省委宣传部开展旅游扶贫宣传发动。通过发挥旅游扶贫领导小组作用，加强内外协调，横向联络，形成了“部门协作、省地联动、多方参与”旅游扶贫工作机制。

（三）创新模式，因地制宜推动旅游扶贫

在我省创新提出实施旅游扶贫三种模式，即：

一是打造景区带动型，通过提升存量景区、打造增量景区，带动当地及周边居民开展民居食宿接待、景区务工、配套供应农牧产品和旅游商品销售等活动。如我省平武县白马王朗、仪陇县朱德故里、宣汉县巴山大峡谷、武胜县白坪-飞龙等景区，通过打造A级景区和旅游度假区，用全域旅游理念开展旅游扶贫，辐射带动周边贫困村发展和吸纳贫困户创业就业，助推脱贫攻坚成效显著，被评为全国“景区带村”旅游扶贫示范项目。

二是发展乡村旅游型，按照“风貌特色化、功能现代化、服务标准化”要求，依托城镇、公路沿线等，开办农家乐和经营乡村民宿等，以多种业态、多种方式为游客提供服务，增加经营收入。如我省巴中平昌县，在驷马水乡引导106户贫困户以闲置房屋、土地承包经营权、林权等出资入股组建乡村旅游合作社，大力发展乡村民宿、风情农家，2015年合作社实现收入8500余万元，带动贫困户就业350多人，人均增收3860元。

三是开发旅游商品型，按照“创意化的文化产品、文化化的实用产品、旅游化的土特产品”三个类型，积极推动贫困地区旅游商品开发，将当地土特产品运送到景区、农家乐等游客相对集中的区域，或者以“电商”方式销售旅游产品。如南充西充县，发挥大批优质水果基地、商品蔬菜基地优势，借力农村电商大力发展乡村旅游和旅游商品，

把原先单纯的果园变成景区，游客通过网上预定采果，去年接待游客190万人，旅游收入达17亿元。

（四）注重示范引领旅游扶贫

按照“先行先试，通过示范探索积累可推广经验”的思路，制定旅游扶贫示范区（村）和乡村民宿达标户标准，确立了“十三五”时期创建30个省级旅游扶贫示范区、1000个旅游扶贫示范村和10000个民宿旅游达标户目标。2016年全省已启动13个省级旅游扶贫示范区、241个旅游扶贫示范村和1206个民宿达标户创建工作。启动乡村旅游合作社示范社、示范县创建工作，推动落实省政府今年4月出台的《关于大力发展乡村旅游合作社的指导意见》，加快培育一批与农户利益联结紧密、助农增收效果明显的新型经营主体。开展“乡村旅游创客基地”创建活动，推出了邛崃明月村、广安武胜下坝记忆创客乐园等首批13家乡村旅游创客基地。认真做好凉山雷波县罗汉沟村等6个村的乡村旅游和旅游扶贫观测点工作，及时总结旅游扶贫先进经验和成功模式。

四、创新搭建平台，旅游投融资持续升温

（一）务实搭建招商平台

实施招商引资双千亿工程，务实搭建中国（四川）国际旅游投资大会等高端招商平台，成功推动成立了四川旅游产业投资基金和四川旅游线上线下投融资平台。近年来，我省在北京、香港、成都等地积极举办各类旅游投融资推介会、协调会，既强力介绍四川优选旅游招商项目，又定期追踪和协调解决我省重大旅游项目推进过程中存在的困难和问题，2015年、2016年分别成功举办了第一届、第二届中国（四川）国际旅游投资大会，吸引了中国光大集团董事长唐双宁、万达集团董事长王健林、新希望集团董事长刘永好以及欧洲投资委员会、法国地中海俱乐部、中青旅控股、首旅集团、华侨城集团、中核建集团、海航集团、昆吾九鼎投资、赛伯乐投资等一大批境内外知名实力投资企业代表聚集四川，共谋四川旅游投资合作大计，充分展示了四川旅游产业发展成果。会上，我省与投资商分别签约旅游项目20个、37个，签约金额分别达393亿元、792亿元。

（二）强化项目管理平台

以旅游项目创新管理为突破，委托专业机构策划包装了四川“8+30+100”优选旅游招商项目，重点推出了中国·大熊猫家园旅游体验项目群、318/317中国最美景观大道遗址公园项目群等8大跨区域重大旅游项目集群、这些跨区域重大旅游招商项目在全国都属于首创，具有示范引领作用，顺应了当前个人游、自驾游、大众旅游兴起的大趋势，整合了四川省内最具优势、最具特色的区域性旅游资源，突破了地域分割和行

政限制，将传统的“景区”单点式投资模式，转变为对综合旅游目的地统筹开发的系统化、全域式投资模式，成为我省乃至全国推动旅游产业升级、探索全域旅游转型的一次重大创新，还在全国率先推出了两个省级旅游基础设施和公共服务设施PPP招商项目。

五、藏区、彝区和重点市县的全域旅游发展较好

推动我省旅游资源富集地区树立全域旅游发展理念，加强基础设施建设，提升公共服务管理水平。务实推进“3+8”（“3”是乐山、阿坝、甘孜3个市州，“8”是都江堰、温江、邛崃、剑阁、青川、宝兴、石棉、北川8个区县）“国家全域旅游示范区”创建工作。加强区域合作，促进大香格里拉和大九寨等区域旅游发展。推进环亚丁和环红原机场旅游圈以及中国最美景观大道—国道318/317川藏世界旅游目的地建设（该项目规划已经完成）。加强规划和指导，联动云南，重点推动彝区旅游发展。今年我省藏区计划实施旅游项目95个，总投资将达364亿元。

六、强化统筹协调，旅游市场综合监管日趋成熟

（一）建立省级综合监管机制

推动省政府出台了《依法治旅规范市场工作方案（2014–2016）》（川府办发〔2014〕82号），按照“抓典型、严查处、重实效”原则和“止本清源、研究机理、建立机制、综合治理”原则，进一步明确落实工商、交通、公安、商务、质监等涉旅部门工作责任，着力建立健全综合治理机制。加强与公安、工商等13家部门协调联系，联合印发了《四川省旅游市场联合监督管理工作方案》，进一步完善了联席会议、工作通报、信息共享、案件协查协办制度，着力形成监管合力。积极贯彻落实国办发〔2016年〕5号文件精神。我委按照省政府的安排，起草了《四川省人民政府办公厅关于进一步加强旅游市场综合监管的实施意见（代拟稿）》报省政府审定。《代拟稿》明确了健全旅游综合监管领导协调制度、旅游综合监管协调会议制度、旅游综合监管“行政约谈”制度以及旅游综合监管执法检查制度，按照“政府主导、属地管理、部门联动、各司其职、齐抓共管”的原则，建立政府统一领导、部门分工负责的依法治旅规范市场长效机制，形成统筹协调、协作配合、各尽其责、履职到位的全省一盘棋的旅游市场综合监管格局。

（二）扎实推进“四个突破”深入开展

由地税部门牵头，联合国税、文化、商务、工商和旅游等部门，在我省5A级景区、部分4A级景区所在区域以及九环线、峨乐线等重点旅游线路的主要购物、演艺场所继

续推行使用网络（电子）发票，进一步扩大使用覆盖率；由交通运输部门牵头，联合公安、安监、旅游、工商等部门，持续深入开展旅游客运市场“打非治违”，完成全省旅游客运车辆统一标识的配置工作；由工商部门牵头，联合旅游、中国人民银行成都分行，进一步健全违法违规旅游经营者“黑名单”制度，及时录入企业信用信息公示系统和人民银行征信系统，依法定期公布，实行失信惩戒；由省政府新闻办牵头，联合旅游部门，进一步加大依法治旅规范市场宣传力度，树立一批行业先进典型，营造诚信经营、理性消费、文明旅游的良好氛围。

（三）大力拓展社会监督

积极拓展监督方式，选聘302名旅游服务质量社会监督员，面向社会公开招募60名旅游质量监督志愿者，组织媒体记者、社会监督员、志愿者开展暗访工作，进一步完善全社会共同参与的旅游服务质量监督机制。

（四）开展旅行社“精准指导”

主动转变监督方式，提升服务理念，将执法融入服务中，在服务中体现执法，变事后处置为事前防控，推进监管“关口”前移。印发《旅行社业务经营法律法规风险防控指导意见》，组织各市州支队选择2~3家市场占有额高、行业影响大、带动性强的重点骨干旅行社，采取送法到企业、服务进企业，针对其经营中存在的易发生质量纠纷、易“违法违规”的“风险点”，帮助研究制定防范措施及解决对策，强化企业的法律风险意识和法律效益观念，树立企业诚信守法的经营理念，形成以重点企业带动一般企业，以企业规范带动行业规范的示范带动效应。

七、多手段并举，文明旅游初见成效

（一）严格落实游客不文明行为记录管理

省旅游发展委高度重视，召开联席会议，明确由管理处牵头协会执行的游客不文明行为记录管理工作机制，制定了四川省游客不文明行为记录管理工作方案。下发《关于开展游客不文明行为记录管理工作的通知》，要求各市（州）旅游局、旅游协会，各专业协会要建立健全规章制度和工作机制，对当地发生游客不文明行为的现象及时填写“游客不文明行为记录名单”，建立游客不文明行为记录档案，在四川省旅游发展委员会官网建立曝光平台。开展不文明旅游行为“随手拍”活动。与多家媒体进行互动，搭建游客不文明行为咨询共享平台，推出文明旅游“提个醒儿”活动。

（二）建立红黑名单制度

在四川旅游政务网上建立了守信联合激励“红名单”与失信联合惩戒“黑名单”

及旅游诚信警示曝光制度，对游客满意度指数长期落后的城市或地区和违法违规旅游企业、从业人员发出建议书、告诫书，对诚信缺失的旅游企业进行警告并责令整改；并与四川省旅游执法总队、信息中心和新闻媒体加强信息共享，形成联动机制，对联盟成员进行及时、有效的动态管理。

推进文化旅游创新区建设 打造全域旅游升级版
——贵州省旅游业改革创新工作推进情况

近年来，全省严格贯彻习近平总书记关于贵州旅游发展的重要指示精神，全面落实陈敏尔书记“构建全域化格局，推动井喷式增长，全力打造山地旅游发展升级版”的战略部署，研究分析贵州旅游发展的形势和任务，以改革创新为重要抓手，连出组合拳、频出大动作，推出了一系列新理念、新要求、新部署、新举措，旅游业呈现出布局合理、结构优化、动力增强、带动显著的发展态势。

一、开启全域旅游发展新格局

省委省政府按照全景式规划、全季节体验、全社会参与、全产业发展、全方位服务、全区域管理“六全理念”，深入推进旅游业供给侧结构性改革，出台实施《省政府关于推进旅游业供给侧结构性改革的实施意见》，推动开展全省旅游资源大普查，组织编制贵州全域山地旅游总体规划，组建充实省旅游发展委员会新机构，建立健全旅游发展绩效考核新机制，强化了省旅游发展和改革领导小组统筹调度的新职能，我省旅游发展进入了新的发展阶段。全省上下乘势而上，扎实推动旅游业管理体制、绩效考核、监管服务改革创新，9个市州陆续成立旅游发展委员会，黔西南州、花溪区、仁怀市、黄果树景区设立“旅游警察”，荔波、赤水等主要景区挂牌设立12个旅游法庭，安顺、遵义等17个国家全域旅游示范区创建工作有序开展，花溪区彰显“大花园、大溪流”特色，推动湿地公园、孔学堂和青岩古镇一体化发展，安顺市整合黄果树、龙宫和大屯堡资源，构建了大黄果树旅游区，贵州作为典型在全国全域旅游推进会上作交流发言，全省开启全域旅游新模式。

二、谱写旅发大会的新篇章

贵州省旅游产业发展大会是举全省之力，聚全省之智，以点带面转型发展的重要平台和载体，2006年以来，我省已连续举办十一届，办会理念、办会机制创新突破，开启了新篇章。今年在遵义召开的十一届全省旅游产业发展大会成为“十三五”开局之年承上启下的一次重要会议，大会秉承高端办会、开放办会、创新办会的原则，在形式、内容和机制设计上不断创新，强化市场推介、项目观摩、工作推进“三大功能”，坚持工作部署和市场推介并举，服务提质和业态升级共推，品牌引领和产业联动统筹。旅发大会的效应正从出台一个文件、打造一处精品景区、推动一地旅游发展向平台驱动、项目拉动、综合带动加速转型，遵义以大会为契机谋划实施了一批总投资达905亿元的161个提升工程和建设项目，全域旅游目的地建设提速，成为多业态融合、多功能整合、多实体联合的典型案例。贵州成为全国唯一一个连续召开十一届旅发大会的省份，体现省委省政府久久为功、持续推动旅游发展的决心和力度。

三、明确全省旅游发展的新定位

2015年首届国际山地旅游大会召开以来，省委省政府进一步深化了对全省旅游发展的认识，将山地旅游、全域旅游作为落实习近平总书记对贵州工作的重要指示，实现转型发展、守住发展和生态两条底线，走出一条有别于东部、不同于西部其他省份的发展新路的具体抓手，把旅游业作为全省“五大新兴产业”和“三大长板”之一，以大交通带动大旅游，以大生态提升大旅游，以大数据助推大旅游，打造“山地公园省·多彩贵州风”品牌，加快建设国内一流、国际知名山地旅游目的地和山地旅游大省。陈敏尔书记提出要把山地旅游作为贵州旅游业的基本定位，把全域旅游、全民参与作为基本方针，把外拓市场、内优服务作为基本抓手等“7个基本”的发展思路，标志着我省旅游发展进入了新的发展阶段。

四、形成党政“一把手”抓旅游的新气象

今年以来，陈敏尔书记多次批示，要求全省各级领导干部特别是党政“一把手”懂旅游、爱旅游、抓旅游，对景区建设、旅游规划等重大问题要亲自谋划、亲自部署、亲自推动，协调解决工作中遇到的困难和问题。推动建立旅游发展绩效考核机制，把旅游发展绩效考核结果作为评价各市县党政领导班子和干部选拔任用的依据。重新调整了省长挂帅，省委副书记、宣传部长、分管省长任副组长，39家省直部门主要负责人和各市州主要领导为成员的旅发领导小组构架，形成了党委政府高位推动、“一把手”亲自上手和群策群力大抓旅游、特抓旅游的大格局。

五、营造满意在贵州新氛围

省委副书记、省长孙志刚主持召开全省旅游服务质量提升会议，建立领导包保、约谈、暗访、整改、督查长效机制，以干部的用心、精心、细心换取游客行之顺心、住之

安心、食之放心、娱之开心、购之称心、游之舒心。省领导率队暗访督查，重拳整顿旅游市场秩序，约谈有关市县负责人。省人大听取全省旅游发展情况，审议通过新修订的《贵州省旅游条例》，省政协主席王富玉率政协主席团视察旅游业发展，推动开展旅游供给侧结构性改革。省委宣传部牵头组织开展"文明在行动·满意在贵州"主题活动，开展旅游服务质量大排查、大整改、大培训活动，联合执法进一步加强，在荔波、赤水等主要景区挂牌设立12个旅游法庭。加快推进厕所革命，以旅发领导小组名义下发推进旅游厕所建设的意见，1–9月全省已完工旅游厕所763座，在建旅游厕所333座，开工率101.76%，实际完成投资4.5亿元，完成年度计划的90.02%。

六、建立大宣传推介新机制

树立大宣传、大营销、大推介的理念，省委领导先后召开全省旅游宣传工作专题会和全省旅游宣传推进会，省委宣传部将旅游整体形象宣传纳入全省外宣工作总体安排，形成了全方位、立体化、广覆盖、高精准的宣传营销体系。建立省领导出访推介的新机制，省委书记陈敏尔、省委副书记谌贻琴带队在韩国和杭州分别开启"山地公园省·多彩贵州风"全球和全国推广活动。全省各地组团在海内外20余个国家和地区、在全国31个省市70多个重点客源城市开展旅游文化推介活动和促销展会，借力世界旅游产业发展大会举办贵州旅游专场推介，借势G20峰会策划开展了贵州旅游事件营销，连续举办酒博会、书博会、茶博会、"屯堡文化汇"、端午龙舟赛等对外开放和文化旅游活动、会展、赛事、论坛1000余场次，有力彰显了"山地公园省"知名度、影响力和亲和力。依托立体交通格局增开高铁22对，新增杭州、广州、上海、天津、首尔、马来西亚等境内外重点客源地入黔旅游包机及直飞航线，提升了贵州旅游便利度，推动入黔入境游客保持了快速增长态势，显著优化了全省旅游客源结构。

七、组建省旅游发展委员会新机构

深化行政管理体制改革，省委省政府积极争取中央编办支持，贵州省旅游局于5月5日更名为贵州省旅游发展委员会，由省人民政府直属机构调整为政府组成部门，新机构强化和增加了统筹协调、促进融合发展、推进旅游公共服务体系规划建设职能职责，在行政编制十分紧张的情况下，新增行政编制20个，极大地充实了省旅发委人员编制。省旅发委与11家省直单位签订推动旅游井喷式增长合作备忘录，与12家大型企业建立战略合作关系。省发改委、省财政厅、省国土厅、省经信委、省交通厅、省体育局、省扶贫办等相关部门、单位在政策、项目、资金等方面向旅游倾斜。

八、开展旅游扶贫新实践

省委省政府把旅游扶贫作为产业扶贫的重要载体和脱贫攻坚的战略选择，推进“四在农家·美丽乡村”基础设施建设六项行动计划，把旅游扶贫纳入全省“扶贫云”平台，探索推行“资源变资产、资金变股金、农民变股东”的乡村旅游发展新模式。制定下发《贵州省旅游精准扶贫实施意见》，构建省、市、县三级联动的旅游扶贫机制，加快实施“百区千村万户”工程，打造全民参与的乡村旅游扶贫产业链和山地旅游扶贫示范带，1–9月，全省乡村旅游接待游客1.92亿人次，乡村旅游总收入837.81亿元，有力推动了农业增效、农民增收和农村发展，越来越多的群众分享了旅游发展红利。

在国家旅游局的鼎力支持和省委省政府的坚强领导下，全省旅游业呈现环境优化、增长强劲、高位运行的发展态势。1–9月全省接待国内外游客4.22亿人次，实现旅游总收入3970.65亿元，同比分别增长40.27%、42.56%。预计全年全省接待游客可达5.30亿人次以上，旅游总收入可达5000亿元以上，同比分别可增长41%、43%左右。下一步，我省将主动迎接全域旅游、大众旅游时代的来临，认真贯彻落实“515战略”，推动旅游业转型升级、提质增效、实现井喷式增长，把我省建设成为国内一流、国际知名的山地旅游目的地，努力成为我国旅游业的重要增长极。

坚持政府主导　推进全域旅游发展
——云南省旅游业改革创新工作推进情况

2015年以来，我省旅游产业在省委、省政府的坚强领导下，在国家旅游局的精心指导和大力帮助下，紧紧围绕“515战略”部署，坚持问题导向，积极探索、改革创新，深入推进旅游业转型升级、提质增效，旅游业现代化、信息化、国际化步伐不断加快，旅游产业对全省经济社会发展的综合带动作用日益突出。

一、坚持政府主导，为推动产业改革创新提供源动力

2016年4月，云南省委、省政府召开全省旅游产业发展推进会，印发了《云南省旅游产业转型升级三年（2016—2018）行动计划》，决定用3年时间，以全域旅游为方向，以优化结构、转型升级、提质增效为主线，以改革创新和融合发展为动力，以加快重大旅游项目建设为突破口，通过实施传统产品提升、新业态培育等8大系统工程，做大、做强、做精、做优旅游产业，推动全省旅游产业转型升级。计划到2018年，实现全省建成并投入运营的旅游休闲度假和专项旅游产品比重超过40%。实现接待海外游客达700万人次，接待国内游客超过5亿人次（含一日游游客）。游客人均消费由每人次998元增加到每人次1250元，旅游产业总收入超过6200亿元；旅游产业增加值占全省GDP的比重超过8%，综合增加值占比超过15%；旅游产业直接就业人数超过300万人，间接带动就业700万人，累计带动贫困人口脱贫60万人。

省长陈豪同志在会上强调，全力推进旅游产业提质增效、驶上转型升级快车道，充分发挥其对经济社会发展的综合带动效应，是云南省建设旅游强省的必然途径。要加快推进步伐，必须处理好三个问题：一是必须明确转什么。要找准痛点，坚持问题导向，在转观念、转方式、转模式上下功夫，强化规划龙头作用，坚持大思路、大手笔、大项目，激发社会资本活力，构建高效政务管理模式，完善旅游公共服务体系。二是必须明确往哪里转。要瞄准现代旅游发展高端化、国际化和特色化的方向，着力构建高端旅游产品体系，做优服务，推动国际旅游合作，大力打造跨境旅游品牌和蕴含独特民族文化的旅游文化精品。三是必须明确重点抓紧转。要实施好传统产品提升、新业态培育、旅游强县富民、市场主体培育、旅游对外开放、智慧旅游建设、旅游服务质量提升、城

乡环境整治8大工程，提升旅游企业实力和竞争力，加快旅游城镇和旅游产业聚集区建设，推进旅游+融合发展，做好养老养生、露营地自驾、探险探秘、商务会展等旅游新产品、新业态开发，坚持创新驱动，大力实施人才强旅战略，努力打造乡村旅游品牌，着力开拓旅游扶贫新空间。陈豪同志要求，各级各地要高度重视，切实加强领导，全力推进旅游强省建设。

二、全域旅游创建工作情况

2015年8月，国家旅游局下发了《关于开展“国家全域旅游示范区”创建工作的通知》（旅发〔2015〕182号），2016年1月，国家旅游局李金早局长在2016年全国旅游工作会议上对开展全域旅游工作作出安排部署。会后，我省认真学习贯彻全域旅游理念和发展模式，将全域旅游作为我省“十三五”时期旅游发展的重大战略调整，积极推动“国家全域旅游示范区”创建和全域工作，取得了初步成果。

1.抓统筹规划。一是编制全省旅游产业“十三五”发展规划、三年行动计划时，将发展全域旅游作为推动产业专项升级的重要途径和举措，把全域旅游富民工程作为规划和计划的重要工作加以推动。二是积极组织开展包括高铁旅游、露营地、养老养生等各类支撑性专项规划的编制，科学指导全域旅游创建。三是积极指导各创建单位开展全域旅游规划、实施意见、工作方案的编制工作，目前已有丽江、石林县等地完成和正在开展规划、实施意见的编制工作。

2.抓示范带动。一是按照国家旅游局相关标准和要求，积极指导各地开展“国家全域旅游示范区”创建工作，丽江市、版纳州、腾冲市、香格里拉市、大理市、建水县等6家成功申报为全国第一批创建单位。近期又组织大理州、剑川县、鹤庆县、石林县、弥勒市、罗平县、澄江县、新平县等8州市申报示范创建单位，争取列为全国第二批全域旅游示范区创建单位。二是启动省级全域旅游示范区创建申报工作。优选一批基础条件好，创建积极性高的县市，指导开展全域旅游创建工作。

3.抓标准建设。一是组织完成了《云南省全域旅游创建实施方案（征求意见稿）》编制工作，近期征求省级有关部门意见修改完善后，上报省政府审批实施。二是抓紧组织全省全域旅游创建标准、验收管理办法等编制工作。三是年内筹备召开全省全域旅游暨乡村旅游扶贫工作会，总结前段工作，安排部署下一阶段工作。

三、旅游基础设施公共服务体系建设情况

推进全省游客中心、旅游休息站、旅游厕所、自驾车游营地和旅游标识系统建设，加强全省旅游公共服务体系建设。一是与省发展改革委共同编制了《云南省“十三五”旅游基础设施专项建设规划（2016–2020年）》，以干线公路与重点旅游区连接线、旅

游环线、城镇游客（散客）服务中心和旅游厕所等旅游基础为重点，对全省“十三五”期间的旅游基础设施建设作出安排部署。二是整合社会力量，创新建设游客休息和加油加气混合站，加强与中石油、中石化合作，推进建设游客加油休息混合站。三是积极推动旅游大数据中心和面向南亚、东南亚的网络交易平台建设，初步编制完成了大数据中心机房建设的可研报告、数据标准，并开展了数据采集工作。结合大数据中心和交易平台建设，加快推进国际旅游大厦建设，初步完成了项目选址、设计方案工作，争取尽快开工建设。四是组建了云南途安旅游安全保障救援中心以及昆明、大理、丽江、西双版纳等四个救援工作站。五是加大旅游公共服务设施建设资金扶持，投入财政资金5000多万元，重点扶持旅游热点地区建设游客服务中心、游客休息站、旅游标识、自驾车营地等，调动了地方建设的积极性，使旅游公共服务设施的布局更加合理，服务能力不断增强，游客满意度不断提高。

四、厕所革命情况

旅游厕所是游客出行必备的生活设施，是旅游公共服务水平高低的直接体现，更是反映旅游业文明进步程度的重要标志。省委、省政府历来高度重视旅游厕所等旅游基础设施公共服务体系建设，强调要从旅游厕所革命入手全面推进全省旅游公共服务体系建设，从而促进产业发展和服务品质提升。

1.**高度重视，高位推动**。一是省政府将旅游厕所建设列入了全年10件惠民实事，由省政府督查室负责，采取多种形式的督查，确保2016年旅游厕所建设目标任务完成。二是在省委、省政府下发实施的《云南省旅游产业转型升级三年行动计划》（2016—2018年）中，把旅游厕所建设列为八大工程的“城乡环境整治工程”重点工作加以推动。三是将旅游厕所建设作为“十三五”旅游发展规划中旅游基础设施工程的重点任务和内容，同时纳入省发改委、省旅游发展委正在共同组织编制的《云南省旅游基础设施专项规划》中推动建设。

2.**坚持政策支撑，确保目标任务**。一是结合云南省实际，制定下发了厕所革命《实施意见》，确定了工作目标，出台了包括项目用地支持、税费减免支持、专项资金支持、绩效奖惩政策在内系列支撑性政策和切实有效的保障措施。截至2016年已投入8370万元的专项补助款。二是通过竞争性分配、绩效挂钩增减等方式进行补助，对整合的其他资金通过“以奖代补”形式对业主自建和部门统筹两类旅游厕所进行扶持。

3.**坚持统筹协调，推动工作落实**。建立完善了旅游厕所建设的组织协调机制，一是由省旅游产业发展领导小组负责统筹协调推进全省旅游厕所建设各项工作，在省旅发委设专项工作办公室。二是统筹协调交通、商务、住建、铁路等省级部门牵头，建立“横向责任、纵向落实”的统筹协调工作机制，共同推进旅游厕所建设管理。三是建立完善旅游厕所的目标考核责任、绩效增减挂钩、信息统计报送等管理制度。及时总结分析、及时安排部署，加快推进旅游厕所建设管理工作。

4.创新建管养机制。一是积极探索旅游厕所社会化、市场化管理新模式，提升市场化运作和经营管理水平，提升管理服务水平。推动旅游厕所管理长效化、常态化，提升旅游厕所建管市场化运作水平。二是强化政策支持。结合云南省实际，制定出台了包括项目用地支持、税费减免支持、专项资金支持、绩效奖惩政策在内系列支撑性政策和切实有效的保障措施。三是多渠道筹集资金。2016年安排省旅游发展资金5370万元，专项用于省确定的旅游扶贫乡镇、主要乡村旅游点，部分贫困地区旅游景区的旅游厕所建设补助。四是实行免费开放制度。从2016年7月1日起，全省各类旅游厕所全面向游客和社会公众免费开放，城市公厕向社会免费开放。五是购物点经营与旅游厕所脱钩制度。全省实行了购物点与旅游厕所分离，解决游客如厕不方便问题。

5.自检自查与督查相结合，及时整改，形成“比学赶帮”良好氛围。我省在旅游厕所建设、管理、养护等方面采取自检自查和督查相结合，宣传和通报相结合的方式，确保旅游厕所建设目标任务顺利实施。一是2016年5月上旬至6月中旬，全省组织开展了对旅游厕所建设项目的建设、管理、养护等情况上半年业主单位自查、州市核查的自检自查工作，进一步掌握了各项目的实际进展情况。二是由省旅游发展委牵头，抽调16个州市和省直相关部门等32人组成8个督查组分赴全省随机抽取200余个厕所，组织开展了为期一周的实地现场督查及暗访抽查。检查范围覆盖全省16个州市的主要旅游城市和城镇游客聚集公共区域、主要乡村旅游点、旅游小镇、主要旅游景区（点）、旅游交通沿线及高速公路休息站等旅游厕所。并在督查过程中对发现的问题现场提出整改意见和建议，及时组织召开当地州（市）的督查情况反馈会，将督查中发现的相关问题和处理意见直接反馈给当地政府和业主单位，及时改进完善。三是成立云南省旅游厕所建设信息联络小组，各州（市）、各部门指派专人负责，通过QQ、微信等平台及时将旅游厕所建设、管理、养护中好的经验、好的做法、存在的问题及时进行通报，在全省形成“比学赶帮”良好氛围。

五、旅游扶贫情况

多年来，我省通过持续加快发展旅游产业，带动区域整体脱贫取得了显著成效。以今年1—6月为例，全省共接待海外旅游者281.7万人次，同比增长2.8%；接待国内旅游者1.78亿人次，同比增长14.8%；实现旅游业总收入1865.7亿元，同比增长18.0%。旅游产业成为上半年全省增长最快的产业之一，有效发挥了旅游产业调结构、稳增长、促消费、扩内需的重要作用，有力支撑全省经济增长。经初步测算，旅游业对全省经济增长的贡献率达到22%以上，为带动全省区域性整体脱贫奠定了坚实的经济基础。

1.深化认识，强化领导，加强对乡村旅游扶贫富民工程的组织保障。深化旅游资源与贫困群众区域分布高度重合的旅游开发建设省情认识，明确发展乡村旅游是旅游扶贫富民的重要方式，旅游扶贫富民是乡村旅游的重要职能，发挥旅游产业带动力强、关联度高、产业链长、富民效果明显的优势，通过全域旅游开发带动区域整体脱贫。制定出台了《云南省旅游扶贫工作实施方案》和《云南省旅游发展委员会2016年度旅游扶贫工作计划》，将乡村旅游扶贫工作列为2016年省旅游发展委重点工作，加强对乡村旅游扶贫工作的领导，成立由委主要领导为组长，分管领导为副组长，相关处室负责人为成员的云南省旅游扶贫工作领导小组，明确责任处室和具体责任人员，切实加强对旅游扶贫工作的领导。充实乡村旅游扶贫工程工作人员，专门成立了旅游扶贫办公室，理顺了乡村旅游和旅游扶贫的关系，将原来分属不同处室管理职能的乡村旅游和旅游扶贫，调整到旅游扶贫办公室，并安排专人具体负责乡村旅游富民工程的协调、联络等日常推进工作。

2.坚持规划引领，科学规划谋划乡村旅游扶贫富民工作。为提高全省旅游扶贫富民工程的科学性、系统性和操作性，组织编制起草了《云南省旅游扶贫专项规划（2016—2020年）》和《关于进一步加快乡村旅游扶贫开发的指导意见》。在怒江傈僳族怒族自治州和迪庆藏族自治州等脱贫攻坚的重点区域，由省旅发委直接牵头编制旅游扶贫专项规划，以省政府的文件印发了《怒江州脱贫攻坚旅游建设发展规划（2016—2025年）》，并由省长亲自召开会议启动实施规划。目前已完成了《迪庆州旅游扶贫专项规划（2016—2020年）》和《纳帕海生态保护与旅游开发建设规划》编制起草工作，将于近期报批印发实施。在旅游规划编制和规划组织实施中，始终坚持"在保护中开发，在开发中保护"，认真组织开展规划环评，对旅游项目实行环评一票否决制，环评不通过不开工，落实环保措施"三同时"要求。

3.强化基础工作，夯实乡村旅游富民工程推进基础。组织对全省4277个建档立卡贫困村摸底调查，按照"资源有特色、发展有潜力、市场前景好、群众有意愿、扶贫带动大"的原则，确定了适宜发展乡村旅游扶贫的1667个建档立卡贫困村，组建了全省乡村旅游富民工程数据库，并积极争取将其纳入国家盘子，全省列入全国乡村旅游扶贫重点村名录1619个村。建立了《云南旅游产业统计调查制度》，做好旅游扶贫效果观测，认真组织怒江、大理、普洱、楚雄4州市5个国家乡村旅游扶贫工程观测点信息填报工作，为乡村旅游富民工程推进决策提供统计支撑。开展了《PPP模式旅游开发应用研究》，正在编制《云南省特色旅游城市创建标准》《云南省旅游强县创建标准》《云南省旅游名镇创建标准》《云南省旅游名村创建标准》《云南省旅游生态农庄创建标准》《云南省旅游度假区建设标准》和《云南省全域旅游示范区创建标准》，提高全域旅游和乡村旅游扶贫工程发展的制度、规范、标准化管理基础。抓好乡村旅游富民工程培训，继续开展旅游扶贫村官培训，组织贫困地区村官参加国家旅游局组织的2016年旅游扶贫村官培训，夯实乡村旅游富民工程的人才基础。

4.聚焦重点区域，推进全域旅游扶贫带动整体脱贫。以四个集中连片特困地区为重点，结合重点区域资源禀赋和发展条件，将怒江州作为全省旅游扶贫重点中的重点，推进全域旅游扶贫。怒江州长期受自然环境和地形地貌的制约，是全省贫困程度最深的州市之一，省委要求"抓紧谋划怒江旅游开发，实现大峡谷从大难题变成旅游大产业、大动力，让怒江群众更多地从旅游产业中脱贫致富。"省委、省政府对怒江发展战略做出了重大调整，将旅游产业作为全州脱贫攻坚的战略性主导产业，发挥怒江州旅游资源独特性、唯一性、世界级的优势，发挥旅游业产业链长、就业门槛低、市场容量大、劳动力密集、社区参与强、获取收益快等优势，大力开展全域旅游扶贫。2016年，安排5000万元旅游发展专项资金实施《怒江州脱贫攻坚旅游建设发展规划（2016—2025年）》，力争用10年左右时间，实施全域旅游扶贫"1113221工程"，形成"一城、一极、两园、五区、两带"旅游产业布局，把旅游业培育成为全州脱贫攻坚的主导产业、带动贫困群众脱贫致富的民生产业、拉动全州经济社会发展的战略性支柱产业。

5.**坚持精准方略，聚力推进云南全域旅游精准扶贫工程**。坚持全域旅游扶贫原则，把旅游扶贫作为带动贫困人口脱贫致富、推动贫困地区经济社会跨越发展作为战略性主导产业，坚持精准扶贫、精准脱贫，在全省"州县乡村户人"六级精准贫困对象中，选择实施精准旅游扶贫"113518"工程。省旅游发展专项资金向贫困地区倾斜，2016年旅游发展资金下拨了29615.4万元，安排在脱贫攻坚重点县的资金超过80%。安排了省级乡村旅游和民族特色旅游村寨等乡村旅游富民工程资金5000万元，同时整合统筹省级涉农部门资金，按照省旅游发展专项资金、整合各级各部门项目资金和社会资金1：5：4的比例筹集每村不低于500万的资金，全部资金投入超过5亿元，实施60个省级乡村旅游富民工程项目。与省发改委共同争取了2016年旅游业基础设施建设中央基建预算资金11550万元，其中乡村旅游富民工程56个村，每个村安排资金100万元，共争取国家乡村旅游富民工程专项资金5600万元。乡村旅游以建档立卡贫困户和贫困人口为重点，积极探索和采取多种贫困群众参与旅游脱贫致富的方式，探索实践了贫困农户和群众直接从事旅游经营、参与旅游接待服务、开发旅游文化商品、出售农副土特产品、资产入股参与旅游、发展旅游信息服务等多种方式参与旅游经营和服务，实现以旅游发展带动贫困群众脱贫致富奔小康的目标。

6.**坚持"大企业引领、大资金投入、大项目带动"区域整体脱贫**。推动省城投、建投、文投、世博集团等省属企业到四个集中连片特困地区等投资开发旅游资源，带动区域全域旅游和乡村旅游发展，促进区域整体脱贫。招商引资向脱贫攻坚重点区域倾斜，推动华侨城、港中旅、成都会展等与我省有合作意向的大型旅游企业全方位参与开发旅游资源丰富的贫困地区。据不完全统计，今年1—6月，全省旅游重大项目共完成投资210亿元，较好地保持了稳步增长的投资开发势头，四个集中连片特困地区旅游旅游重大项目投资占比超过50%，拉动了四个片区经济发展，带动区域整体脱贫。

六、旅游投融资情况

旅游投融资是旅游业实现扩大再生产的物质基础，也是旅游业持续发展的必要前提。投融资是政府“有形之手”与市场“无形之手”对握的重要结合点，也是地方政府执行国家财政政策与货币政策的重要结合点。推进旅游业金融创新，是旅游行业主管部门推动旅游业发展的重要手段。近年来，云南各级旅游主管部门大力深化旅游投融资体制改革，引导投资方向，优化投资结构，促进旅游产业与资本市场有机结合，提高政府和企业的资本运作能力，努力破解云南旅游业发展的资金瓶颈。

1.发起成立云南省旅游文化产业发展基金。基金计划规模50亿元人民币，首期不低于10亿元人民币，目前，合伙人已就云南省旅游文化产业发展基金发起人、基金规模、出资结构、管理及运作模式、退出及分配等核心内容达成一致意见，形成了《云南省旅游文化产业发展基金设立方案》，并已上报省政府审批，力争2016年内完成发起设立工作。云南省旅游文化产业发展基金将重点支持省委、省政府旅游文化发展战略和重大决策部署确定的旅游文化项目建设、纳入省级旅游文化发展规划及行动计划的旅游文化项目建设，助推旅游文化产业转型升级。此外，云南省红河州与浦发银行合作设立的红河州旅游发展基金已通过审贷会审批，计划基金规模达50亿元人民币。

2.鼓励各类国有商业银行和民营银行加大对旅游产业转型升级重点项目建设的信贷支持。按照即将出台的《云南省金融支持重点产业发展的实施意见》，全省银行业金融机构2016年至2025年对旅游文化产业新增信贷投放5000亿元。同时，结合产业、项目特点，合理确定贷款期限、利率水平、还款机制。

3.鼓励省内上市挂牌和综合实力强的大中型文化旅游企业跨地域、跨行业进行股权投资，大力开展并购和重组工作。目前，华侨城集团与云南省城市投资建设集团公司开展了实质性合作。双方成立新的合资公司，首期注册资本金10亿，主要用于投资新的旅游资源和项目，并作为与云南城投集团旗下旅游类公司合作的平台。同时，华侨城集团与云南世博集团、云南文投集团合作正在推进中。中国旅游集团、上海复星集团与云南省投资集团公司已协商达成一致意见，将共同注资云南省旅旅游投资公司。成都会展旅游集团与云南省城市建设投资集团已正式签署合作协议，推动企业尽快做大做强。并将昆明滇池国际会展中心及配套项目、国际旅游大厦项目建设作为双方合作重点推进的项目。

4.全省旅游产业大力推广PPP模式融资建设。近期，省旅发委会同省财政厅，正在研究制定《云南省旅游产业推广PPP模式的政策扶持方案》，通过财政奖补、贴息鼓励、前期工作补助等方式，促进PPP模式在云南全省旅游产业发展推广，并将《云南省旅游产业推广PPP模式的政策扶持方案》编入2017年省级财政预算。

七、旅游市场综合监管情况

近两年来，我省按照“问题导向、突出重点、疏堵结合、标本兼治”的工作方针，不断创新旅游市场监管机制和手段，不断探索综合管理体制改革。

1.**牢固树立全省旅游市场综合监管“一盘棋”和市场一体化思想，进一步完善旅游市场综合监管机制**。一是继续推动全省旅游行政管理部门完成“局改委”工作，发挥旅游委综合协调职能，从体制层面促进旅游行政管理从单一部门向多部门联动、跨行业综合管理转变。二是继续推动各地组建旅游市场综合监管指挥调度机构。要求各州市建立旅游市场监管综合调度指挥中心，并加强对指挥中心的领导，抽调人员集中办公，统一受理旅游投诉与举报，统筹本地区旅游市场综合监管工作。三是深入开展旅游警察、旅游法庭、工商旅游市场监管机构试点工作。在昆明市、大理州、丽江市、迪庆州、西双版纳州5个州市和腾冲市、瑞丽市2个县级市设立旅游警察支队、大队的基础上，各地按照边开展工作边充实完善的原则，不断充实人员编制，加强业务培训，提高旅游警察队伍的执法效能，丽江市按照1：1的标准配备旅游警察与辅警，解决了人手不足的问题，同时给予旅游警察队伍装备和经费的充分保障。按照省高院和省旅发委的工作部署，全省多地设立了旅游（巡回）法庭，深入景区开庭审理，就地用简易程序处理解决旅游纠纷，切实维护了游客的合法权益。今年10月，省编办下发《关于明确设置工商旅游市场监管机构审批程序的通知》（云编办〔2016〕194号），同意在以上5个州市工商局和2个县级市市场监管局内设置旅游市场监管机构，并由同级编办审批，此举将有效强化我省重点旅游市场的工商监管工作。

2.**不断创新旅游市场监管手段**。一是大力推动旅游标准化工作。我省在现有一批国家标准、行业标准的基础上，制定了《旅行社接待服务规范》和与之相配套的16项地方标准，初步形成涵盖旅游要素各领域的旅游标准体系。同时大力推进贯标工作，推动形成旅游标准化与旅游市场准入退出相结合的工作机制。二是积极引导旅游诚信经营和理性消费。2015年5月和2016年1月，我省两次制定发布主要旅游线路产品成本价，通过中央及省内主流媒体的广泛宣传，引导经营者诚信经营、游客理性消费。三是建立定期旅游投诉信息公示制度。我省下发了《关于对全省旅游投诉信息进行公示的通知》，每月对各州市以及各类旅游企业旅游投诉信息进行公示。四是探索建立旅游行业信用管理制度。2015年12月，省旅发委下发了《云南省旅行社及导游人员计分管理暂行办法》和《云南省旅游购物企业计分管理暂行办法》，对旅行社、旅游购物企业、导游人员的违法违规和不诚信经营行为，除了依法查处，依据两个《办法》进行扣分处理，规定在一定时段内扣分达到规定分值的，予以清理出旅游市场。五是积极推动旅游监管信息化。我省开展了省级旅游监管平台建设，并于今年4月在全省推广应用，初步实现了旅游标准的合同化、合同管理的电子化和管理过程的动态化的监管。六是推进无障碍旅游。按照云南旅游接待“一团一车一社一导”的要求，省旅发委联合省工商局、省运管局、省物价局下发通知，出台旅行社业务、导游服务、旅游车运营全省无障碍的16项举措。

3.**加强旅游市场监管队伍建设**。针对旅游市场综合监管范围广、战线长，当前职责分散、多层执法、多头执法的问题，一是完成综合行政执法体制改革系统设计，初步形成“纵向上减层次，横向上减队伍，推进空间内跨系统整合，执法力量下沉”的改革政策框架，确定了完善省、州市、县区三级旅游执法机构，推进旅游执法重心下移，建立“职能集中、管理规范、上下协调、运行有效”的旅游质监执法体系的目标。二是总结借鉴我省剑川县等地城市管理综合行政执法体制改革试点经验，逐步扩大县级市场监管综合行政执法改革，将分散在工商、质监、食药监等部门的市场监管职责和机构有机整合，全面推进县级市场监管领域综合执法，建立横向到边、纵向到底的完整体系，形成权责统一，权威高效的监管格局。有效解决多头执法，显著增强监管力量，弥补乡镇监管空白，形成旅游市场监管合力。

八、文明旅游推进情况

两年来，省旅发委深入开展了一系列文明旅游宣传教育活动，取得了较好成效，在全省范围内营造了文明、有序、健康的旅游氛围。一是云南省旅游发展委员会与云南省精神文明建设指导委员会办公室联合在大理古城南门举行了“为中国加分”文明旅游公益活动暨2016年云南省文明游客征集活动启动仪式。围绕2016中国旅游日“爱旅游、爱生活”和“旅游促进发展，旅游促进扶贫，旅游促进和平”的活动主题，动员旅游行业开展因地制宜、形式多样、特色鲜明的旅游宣传促销、利民惠民、文明旅游等公益活动，不断提升公民旅游意识，激发人民群众旅游热情，倡导文明旅游，充分发挥旅游业在扩大内需、繁荣经济，促进就业、扶贫脱困，和平使者、友谊桥梁等方面的积极作用。二是积极筹备开展“文明，让我们从旅游开始”暨文明出境旅游公益宣传活动，拟通过公益宣传的系列活动，倡导广大游客“做文明游客、为中国加分”，树立中国公民良好国际形象、不断提升公民旅游素质，激发人民群众旅游热情。三是下发了《云南省旅游发展委员会关于开展2016旅游行业全国文明旅游先进单位典型事迹征集宣传工作的通知》（云旅发〔2016〕84号），要求各州市按要求上报旅游行业文明旅游先进单位典型事迹，经核实筛选，最终我省上报5个文明旅游先进单位。

九、跨境旅游合作区和边境旅游试验区建设情况

“两区”建设，不仅是云南深化与周边国家和地区合作的重要平台，更将对云南旅游强省建设及全省经济社会又好又快发展具有极大促进作用，而且对我国内陆沿边地区乃至全国旅游业加快构建“以开放促发展，以开放促改革”的新格局，推动旅游产业转型升级也具有积极的示范意义。

今年10月，国家旅游局调研组一行赴云南德宏州瑞丽、西双版纳州就“两区”建设开展实地调研，并在西双版纳州召开跨境旅游合作区和边境旅游试验区南部片区座谈会，传达党中央、国务院关于加快沿边开发开放实施旅游特殊方式和特殊政策的精神，研究部署加快推进“两区”建设的相关工作。座谈会结束后，省旅发委组织召开专题会

议，传达学习跨境旅游合作区和边境旅游试验区南部片区座谈会议精神，研究部署下阶段的工作。会议指出，要认真贯彻落实此次南部片区座谈会的精神，把“两区”建设作为当前义不容辞的历史使命和重要政治责任，开拓进取，奋勇前行，履职尽责、主动作为。

1.**优化边境旅游管理**。积极配合国家修订《边境旅游暂行管理办法》，反映云南省诉求，放宽边境旅游管制，做好国家下放边境旅游管理权限的承接工作，研究制定有关配套政策。允许国内居民持有效证件办理边境旅游手续，按照与毗邻国家协商并批准的线路及口岸出入境。争取国务院尽快批准开通普洱、临沧两市8条边境旅游线路的全国异地办证，允许户籍所在地已经实行按需申领护照的国内居民参加边境旅游。开发边境旅游网上申请平台。允许边境旅游团队灵活选择出入境口岸。在游客出入境比较集中的口岸实施“一站式”通关模式，设置团队游客绿色通道，分期分批推进旅客自助查验通道、车辆自助通关系统以及智能验证台建设。优化自驾车出入境旅游审批程序，授予边境城市自驾车出入境旅游审批权限，积极推动签署双边出入境自驾车（八座以下）管理的有关协定，方便自驾车出入境。

2.**规划建设跨境旅游合作区**。按照“提高层次、打造平台、完善机制”的原则，争取国家批准设立西双版纳、瑞丽、河口、腾冲等跨境旅游合作区。制定跨境旅游合作区建设实施方案，与周边国家就区内旅游资源整体开发、旅游产品建设、旅游服务标准推广、旅游市场监管、旅游安全保障等方面深化合作，共同打造国内外知名旅游目的地。积极与对方国家签订合作协议，允许游客或车辆凭双方认可的证件灵活进入合作区游览。充分利用国家旅游宣传推广平台开展跨境旅游合作区宣传工作。积极与周边国家联合举办各层次的旅游推广和节庆活动。以人文和自然旅游资源富集地为重点，共同开展旅游线路考察，合作设计和打造精品国际旅游线路。

3.**加快创建边境旅游试验区**。抓紧研究编制云南省边境（跨境）旅游专项规划。依托边境城市，强化政策集成和制度创新，加快建设边境旅游试验区（以下简称试验区），在试验区实行“全域旅游”发展模式。在符合条件的试验区实施口岸签证政策，为到试验区的境外游客签发1年多次往返出入境证件。在有条件的边境口岸设立交通管理服务站点，便捷办理临时入境机动车牌证。鼓励发展特色旅游主题酒店和特色旅游餐饮，打造一批民族风情浓郁的少数民族特色村镇。对重大旅游项目可向国土资源部门申请办理先行用地手续。积极发展体育旅游、旅游演艺，允许外资参股由中方控股的演出经纪机构。

4.**加强旅游支撑能力建设**。加大投入力度，加强沿边重点地区旅游景区道路、标识标牌、应急救援等旅游基础设施和服务设施建设。积极开展与毗邻国家的旅游教育合作项目，开展旅游职业教育培训工作，继续开展越老缅旅游行政官员及旅游企业高管的旅游交流培训工作。大力提升沿边重点地区对外旅游职业培训层次和规模。加大对旅游职业教育培训资金投入，推动沿边重点地区旅游职业教育快速发展。

推进全域旅游创新　深化旅游体制改革
——陕西省旅游业改革创新工作推进情况

一、全域旅游创建工作

大力推进全域旅游创新工作，先后召开首批全国全域旅游示范区创建工作动员会、推进会，下发文件和实施方案，对创建工作提出了要求，全项工作进展顺利。

一是以改革创新，建立全域旅游发展的体制机制。“1+3”模式是全域旅游发展从顶层设计上的一项组织保障。从目前各创建单位的情况来看，韩城市已完全彻底的设立了相应的机构，临潼区、礼泉县、黄陵县、宜川县、岚皋县、商南县、柞水县等7个县成立了旅游领导体制、旅游警察、旅游工商和旅游法庭，在体制机制上迈出了重要一步，为全域旅游工作的整体推进提供了保证，打下了基础。

二是以规划引领，加快构建全域旅游发展格局。各创建县结合“十三五”旅游规划的编制和总体规划的修编，积极指导旅游与城乡建设、国土、环保、交通、文化、文物等多规合一，对全域旅游发展新空间进行全域布局和优化配置，在多规合一上进行了探索和实践。如：汉中市、宜川县已编制完成了全域旅游发展规划，其他县也都着手开展这一方面的工作。为旅游产业全域布局、旅游格局全域联动、旅游线路全域统筹，打下了基础。

三是以旅游+突破，积极培育旅游新产品、新业态。各地围绕旅游+发展主线，适应旅游市场新趋势、新亮点的要求，发挥产业特色优势，把产品融合发展作为全域旅游发展的重要路径抓紧抓实，着力在旅游+农业、文化、体育、休闲度假、扶贫开发、互联网上下功夫，构建大旅游、大市场、大产业，为旅游产品、旅游景观全域覆盖，旅游业态全面融合，打下了基础。

四是以项目建设为驱动，加快旅游供给侧结构性改革。各创建县突出市场主导作用，用特色资源、优质资源、特色项目、特殊政策引进战略投资者，加快旅游景区、旅游名镇、旅游综合体建设，培育了一批旅游产业基地、聚集区以及旅游知名品牌，不断提供和增加多样性、常态化，全季性旅游产品供应，为旅游产品全域构建打下了基础。如：韩城市、宝鸡市的大水川、关山牧场。

五是以基础设施建设为保障，提升旅游公共服务水平。各市县加快推进城乡基础设施和旅游公共服务设施一体化，旅游厕所、旅游景点、旅游标识、智慧旅游、旅游集散中心、停车场、自驾车营地等设施加快完善，在景区内外一体化，城乡建设一体化，游客与居民一体化建设上取得了成效。为旅游环境全域整合，旅游从业全民参与，旅游服务全域保障，打下了基础。

下一步，将围绕建设国内一流特色旅游目的地，以转型升级、提质增效为主线，以党政统筹，协调推进为主导，以深化改革、创新发展为动力，以整合资源、产业融合为关键，以提升环境、优化服务为基础，全方位开发生态旅游、休闲度假产品，着力培育消费热点、延长产业链、提升发展内涵，推动旅游产品特色化、旅游服务规范化、游客进出便利化、旅游环境优质化，全力打造县域品牌。

二、旅游综合管理体制改革

为充分发挥旅游业在保增长、扩内需、调结构等方面的积极作用，陕西自2013年5月启动将陕西省旅游局改设为陕西省旅游发展委员会（以下简称旅发委）相关工作，拟将旅发委列为省政府的组成部门，履行统筹协调全省旅游业发展职能。2014年12月17日上午，时任省长娄勤俭主持召开会议，确定：要统筹协调全省旅游业发展，关于将省旅游局名称变更为省旅游发展委员会的问题，请省编办按程序研究。为推动成立旅发委，省旅游局分别赴广西、山东、河北等省份进行了调研，并向省委、省政府及省编办进行了汇报。目前，关于成立陕西省旅游发展委员会的请示及陕西省旅游发展委员会“三定方案”已起草完毕，下一步按机构编制审批权，提请省编委、省政府研究。

三、旅游基础设施公共服务体系建设

一是推进全省旅游规划体系建设。全省省、市、县及景区三级旅游总体规划与旅游专项规划相结合的旅游规划体系建设逐步建立起来，有力地指导了全省旅游业的大发展。完成了《陕西省旅游业“十三五”发展规划》《汉江旅游发展规划》和《丝绸之路经济带（陕西段）旅游行动纲要》的编制评审工作。启动了《陕西省自驾车·房车营地建设标准》和《陕西省自驾车·房车营地建设2016–2020年行动计划》编制筹备工作。组织评审了《渭南市旅游发展规划》等地方旅游发展规划。一批正在开发建设的重点旅游景区也按照先规划，后建设的原则，编制了景区旅游建设规划。

二是坚持项目带动战略。认真贯彻落实省政府《关于实施项目带动战略促进文化产业发展的意见》和《关于促进旅游投资和消费的实施意见》，着力推动全省“十三五”重点旅游项目建设。上半年共开工建设旅游项目350余个，完成投资420多亿元，同比分别增长10.5%和23.6%。乐华城、兴元湖、司马迁祠、华夏文旅城、丝路风情城等重大项目进展顺利，乐华城·88℃温泉乐园、大水川、白鹿原、诸葛古镇、韩城晋公山滑雪场项目、宁陕秦岭四季滑雪馆、泾河新城智慧农业园等项目已建成运营。

三是推进自驾车、房车营地建设。推进自驾车、房车营地建设。为满足自驾车、房车营地快速发展需要，推动我省自驾车、房车营地建设形成规模，启动了全省自驾车、房车营地建设标准和计划制定工作，加紧全省自驾车、房车营地项目布局工作，确定了对自驾车、房车营地建设项目的支持方向和原则，推动扩大全省营地项目建设规模。组织标准编制单位和有关企业对北京龙湾国际露营公园、北京港中旅（密云南山）房车小镇、北京意大利农场、苏州太湖一号房车露营公园、苏州金龙汽车工业有限公司、澳大利亚帝盛房车科技有限公司、南京汤山温泉房车营地、南京巴布洛生态谷、成都快捷318汽车旅馆投资管理有限公司、陕西小蜗牛自驾车露营地、陕西华山自驾游露营地、白鹿原·白鹿仓房车与帐篷营地等进行了学习考察和外业调研工作。截至目前，全省在建自驾车、房车营地项目22个，拟建84个。

四、厕所革命

为认真贯彻习近平总书记就厕所革命做出的重要批示精神，按照“515”旅游发展战略、全国旅游工作会议及全国旅游厕所建设管理工作现场会统一安排部署，陕西以“厕所革命”为旅游业提档升级重要抓手，全力实施旅游厕所建设管理行动。

一是思想重视，组织严密。“旅游要发展，厕所要革命”，旅游厕所建设管理行动得到了我省省委、省政府的高度重视，省委书记、省长及主管副省长分别就“厕所革命”做出重要指示，并多次在旅游调研工作中将厕所建设作为重要内容进行考察了解，主管副省长王莉霞三次听取旅游“厕所革命”专题汇报，亲赴国家旅游局向李金早局长汇报“厕所革命”开展情况。我局将旅游厕所建设管理行动作为优化旅游环境，倡导文明旅游，完善公共服务设施的突破口，列为局长办公会、局务会常设议题和汇报内容。所辖12市（区）、西咸新区党委、政府主要领导均就“厕所革命”进行指示和发表讲话，8市（区）由政府组织召开了旅游厕所专题会议，5市（区）由旅游产业发展领导小组组织召开了旅游厕所专题会议，9市（区）以政府名义印发了实施方案，12市（区）、西咸新区全部成立了旅游厕所建设管理行动领导或协调小组。2016年3月份，在咸阳召开了2016年全省旅游“厕所革命”工作推进会，对2015年度全省旅游厕所建设管理工作进行总结，对2016年度工作进行部署。

二是明确责任，科学推进。一是做好开局工作。万事开头难，面对来自有些方面的疑虑，在全国旅游工作会议和全国旅游厕所建设管理工作现场会后，我局认真做好会议精神的学习传达和行动任务的动员部署工作，迅速召开全省旅游“厕所革命”现场动员会，向全行业发出旅游“厕所革命”动员令，提出“大美陕西，厕所先美”行动口号，按照“数量充足、干净无味、实用免费、管理有效”总体要求，全面布局旅游厕所建设管理行动。二是做好顶层设计工作。编制完成了《陕西省旅游公共服务体系规划》，建立全省旅游厕所建设体系。认真制定《全省旅游厕所建设管理行动实施方案》，科学统筹发改、财政、交通、卫生、住建等部门任务分工，全面坚持“政府主导，社会参与”推进方式，严格明确时间、内容、措施、机制、任务等方面要求，提出了“三年任务两年完成”，新建旅游厕所1500座，改造700座的计划目标。2015年计划完成新建旅游厕所900座，改造400座。三是做好层级推动工作。全省各市（区）按照任务分解，树立“全省一盘棋”和“扛红旗、争第一”的思想，纷纷创新工作方式，迅速掀起“厕所革命”的热浪，西安以“厕所革命”推动国际化大都市和国际旅游目的地建设，将厕所建成千年古都的文明缩影；铜川打造全域旅游从“厕所革命”开始，把厕所作为会客厅打理；渭南通过实施“五个一”工程，努力塑造“文明渭南”“山水华山”优秀旅游目的地形象；商洛与美丽乡村建设、新型城镇化建设、道路整治工程等相结合，有效发挥旅游厕所建设管理行动的带动作用，加快旅游公共服务设施建设进程；韩城以深化旅游厕所革命为主线，打造黄河旅游特区，实现韩城文化旅游产业优雅转身。2016年5月份，召开了第二次省旅游工作联席会议（扩大），专题研究全省旅游“厕所革命”工作，会上王莉霞副省长就厕所建设管理工作专门作出指示和要求。制作完成全省旅游厕所现状调查片，在联席会上揭短露丑，自曝问题。不定期采取多种方式，对西安、宝鸡、咸阳、渭南、汉中、韩城等地的厕所项目检查。

三是强化督导，建立奖惩。一是积极推动建立全省旅游厕所建设管理考核督导及奖惩体系。采取实时督查、月度巡查、季度考核、年度考评的等形式，不断加强旅游厕所建设管理工作。委托清华大学围绕交通、环境、服务、公厕等问题组织开展季度游客满意度调查工作，并适时向社会及游客公布，接受游客监督。成立由媒体参与的旅游“厕所革命”检查小组，完成了对陕南三市为期一周的第一轮检查工作，督导建设方按照方案和国标建好、改好、管好旅游厕所，并对正反两面典型进行媒体报道和曝光。在年度全省旅游工作会上，对旅游厕所建设管理先进市（区）、先进单位及先进工作者进行表彰。二是推动将旅游厕所建设管理工作纳入各类标准评定体系，文明单位考评体系、资金奖励补贴体系。将旅游厕所建设、管理情况作为星级酒店、A级景区、旅游度假区、特色旅游名镇、文明单位等各类创建、复核、评优的重要内容和考核指标，实行一票否决制。按照“以奖代补”方式，对按计划完成快、效果好的旅游厕所项目进行快补、多补，分别给予A、AA、AAA旅游厕所新建10万、20万、30万，改造5万、10万、15万的资金补助。为响应国家旅游局“百城万众厕所革命宣传大行动”，9月29日上午，厕所革命先进市西安、宝鸡、渭南、榆林、商洛同步联动举行了启动仪式。充分利用微信新媒体的广泛影响，在全省形成人人参与文明如厕的良好氛围，创新推出“文明如厕，从我做起”微信制作大赛活动，得到广大游客热情参与。

四是资金投入，政策支持。一是不断加大资金投入。按照补助原则和标准，2015年安排省级旅游专项资金4000万元，对194个旅游厕所建设项目给予重点支持。积极协调各方面及社会资金投入旅游厕所建设管理行动，全省全年累计完成投资约5亿元。完成2016年省级旅游专项资金预算工作，计划安排1170万元用于67个重点旅游厕所项目的建设工作。截至目前，全省开工建设旅游厕所1008座，其中新建827座，改建181座，完工627座。二是不断完善政策保障。推动创新市场化、社会化的建设、管理机制，建立政府主导，多部门、全社会参与，多形式、多渠道资源整合的建设、管理模式。围绕旅游厕所建设中涉及的财税、土地、交通等方面的问题，积极探索旅游厕所用地审批、配套设施建设、用电、用水、用气等方面的保障和优惠政策，积极和相关部门进行接洽协商，实现融合发展。按照三部委《关于支持旅游业发展用地政策的意见》，进一步规范厕所用地的规划手续和供应手续。探索“以商建厕、以商管厕、以商养厕”之路，认真解决“只建不管、管理不善、服务缺失”的老大难问题，不断扩展“厕所功能”，创新“一厕多用”市场机制，把厕所当宝贝，向厕所要效益。

五是技术革新，示范引领。陕西地处西部，多高原、山梁、山地的地理条件及缺水、冬季寒冷的自然条件对旅游厕所建设、管理工作带来一定影响。在旅游“厕所革命”实施过程中，我们始终坚持技术革新，按照“现代时尚、方便实用、节能节水、环保卫生”的要求，积极采用新技术、新材料，主要攻克“高山厕所”、“水冲厕所”两大难题。选取山岳型景区华山、太白山及高寒区榆林进行“生态厕所”、“沼气化粪”等新技术试点创新，在解决高原寒冷地区厕所防冻、缺水地区厕所冲洗等问题方面积攒了经验，迈出了步伐。截至目前，全省90%的高A级景区有效解决了“旱厕”问题。

五、旅游扶贫

充分发挥旅游业的带动作用，依托贫困地区得天独厚的旅游资源，带动贫困地区经济社会发展和贫困人口脱贫致富。“十二五”期间，通过发展旅游业，带动60万人实现脱贫；“十三五”期间，通过实施“乡村旅游扶贫工程”精准脱贫，将直接带动36万贫困人口脱贫致富。

一是创新提出“六个一批”发展思路，推动旅游扶贫深入开展。在认真总结“十二五”旅游扶贫经验做法和成效的基础上，按照“创新、协调、绿色、开放、共享”五大理念，围绕加强旅游资源、旅游设施和旅游服务建设，以全面满足游客“吃住行游购娱，商养学闲情奇”需求为着眼点，创新性地提出了“六个一批”旅游扶贫发展思路，即旅游示范县建设带动脱贫一批，旅游景区带动脱贫一批，文化旅游名镇建设带动脱贫一批，试点村发展乡村旅游直接脱贫一批，汉唐帝陵旅游带发展脱贫一批，旅游土特产生产销售脱贫一批。“六个一批”旅游扶贫发展思路的提出，为陕西旅游扶贫指明了方向，成为全省“十三五”旅游发展规划的闪亮之笔。

二是将旅游扶贫纳入法治建设轨道，从法制层面加强对旅游扶贫工作的引导。《陕西旅游条例》、《陕西省旅游业“十三五”发展规划》、陕西省人民政府办公厅《关于促进旅游投资和消费的实施意见》、《关于加快旅游供给侧结构性改革推动旅游业转型升级的意见》等文件，都对发展乡村旅游、推动旅游扶贫提出明确的要求。2016年4月28日，计划总投资22.6亿元大水川、灵宝峡景区全面建成运营，该项目以“旅游+休闲+生态+文化+度假+宗教+产业+扶贫”为理念，通过景区建设，不仅解决了宝鸡西部山区长期交通不便的问题，通过移民搬迁（60户）、安置就业（2000人）、支持周边群众开办农家乐（60户700人）以及组织农副产品销售（为120户提供销售点）等形式，带动周边10个村、辐射周边30个自然村通过发展旅游致富，累计带动超过1万人，从业人员月均收入达到3000元。

三是积极推进旅游项目建设，带动贫困地区发展产业。认真研究连片特困地区旅游产业发展窄口、短腿，梳理出具有一定带动性、示范性，能吸纳更多农民就业的一批旅游项目。“十二五”期间，累计安排乡村旅游项目200多个，累计投资达到3亿元，支持三大片区完善旅游设施道路、星级厕所、停车场、旅游标识等旅游基础服务建设，提升旅游发展的条件。积极支持贫困地区开展A级景区创建，目前，扶贫片区A级旅游景区达到81家，南郑黎坪、留坝紫柏山、延川梁家河等景区景点相继建成投入运营，不仅带动了周边区域经济发展，而且将都市文明以及环保、和谐、共享等理念带到贫困地区，收到了很好的社会效益。“十三五”期间，将秦巴山、吕梁山、六盘山片区309个乡村旅游建设项目纳入扶贫攻坚实施规划，总投资达到790.8亿元。为推动贫困地区项目建设，从2016年起，全省乡村旅游发展基金全部用于旅游扶贫。同时，积极与发改、扶贫等部门协调，今年已下拨资金5600万元用于贫困地区乡村旅游项目建设。

四是依托示范县建设整县推进，构建全域旅游发展格局。成功创建17个省级旅游示范县，全县旅游人均收入达到10000元以上。据统计，2015年全省17个旅游示范县共接待游客1.368亿人次，旅游收入434.2亿元，带动了一批贫困人口实现脱贫。汉中市留坝县以省级旅游示范县创建为契机，把生态文明建设与旅游产业发展有机结合起来，探索出了一条以旅游业牵引县域经济社会协调快速发展的新路子。“十二五”期间，该县累计接待游客666.5万人次，旅游总收入36.1亿元，以旅游为主的第三产业已经占到了GDP的半壁江山。2016年，全面启动13个全域旅游示范市（县）和第三批16个省级旅游示范市（县）创建工作，宁陕、西乡、太白、宜川等27个重点贫困县在列。今年以来，宁陕县围绕示范县创建，依托丰富的生态资源优势，坚持“旅游富民”发展思路，通过社区性开发、美丽乡村游、专业合作社等创新方式，大力实施旅游扶贫工程，让一批群众依托旅游走上了脱贫致富路。

五是围绕乡村旅游扶贫工程，推动旅游精准扶贫深入开展。按照“是建档立卡贫困村、具有发展乡村旅游的资源和基础条件以及当地政府重视乡村旅游发展”三个条件，将1178个建档立卡贫困村列为全省旅游扶贫重点村，使36万贫困人口成为“十三五”期间全省旅游精准扶贫的对象。在制定《陕西省“十三五”旅游扶贫工作实施方案》的基础上，全面启动《陕西省旅游扶贫五年行动计划（2016-2020）》编制工作，根据建档立卡贫困村的区位条件和资源禀赋，按照“六个一批”明确实施旅游扶贫的具体路径，并对各级的职责做进一步明确。相继完成了《汉唐帝陵周边乡村旅游规划》、31个旅游扶贫试点村旅游扶贫规划的编制工作，为旅游精准扶贫奠定了坚实的基础。按照国家旅游局安排部署，下一步，联合发改、住建、扶贫等11个部门，制定出台我省贯彻落实《乡村旅游扶贫工程行动方案》的具体措施，广泛动员涉旅企业和社会力量，抓好《关于实施旅游万企万村帮扶专项行动的通知》的贯彻落实，切实把旅游扶贫做精准。

六是全方位加大旅游扶贫宣传力量，为推进旅游扶贫营造良好的社会环境。将贫困地区旅游资源纳入丝路大会、春季大营销大会等大型旅游宣传促销活动中，积极组织片区旅游景区、旅游企业进行旅游促销宣传，提升旅游市场影响力，吸引更多的人到贫困地区投资兴业、旅游观光。利用陕西村游网、杨凌农高会等平台大力宣传，连续组织八届乡村旅游展，2015年以“旅游让农民更富裕”为主题的第八届乡村旅游展吸引游客30多万人，以“乡村、乡韵、乡愁”为主题的2016年第九届乡村旅游展正在筹备当中，届时将推出全省乡村旅游“十百千”品牌（十大乡村旅游带，乡村旅游线路、旅游商品等100个旅游产品和1000个精品农家乐），对于提升贫困地区乡村旅游的影响力将起到十分重要的作用。注重加强对旅游扶贫先进典型的宣传，在国家旅游局、国务院扶贫办召开的第二届旅游扶贫大会上，南宫山、云集文化旅游发展有限公司、宁陕漫沟天成渔业专业合作社等5类16个典型受到表彰，极大地鼓舞了社会各界的信心。石泉梦里水乡旅游有限责任公司结合两河镇童关村乡村旅游项目开发建设，与村委会签订帮扶脱贫协议，2016年实现32户71人全面脱贫，并带动周边4个村的200多户实现增收。

七是加强乡村旅游人才培养，为贫困地区插上了腾飞的翅膀。连续三年组织232名扶贫重点村村官参加国家旅游局举办的乡村旅游扶贫培训班。组织各市（区）旅游局、旅游示范县旅游局、重点旅游企业在南开大学举办了转变旅游业发展方式培训班、在青岛大学举办了全域旅游培训班。采取送教上门的方式，组织汉中、安康、商洛市、榆林等市重点县区、景区管理人员、导游员参加培训，并对片区内的省级星评员、饭店内审员进行专题培训，提升了旅游管理人员的业务素质和管理水平。每年安排专项培训资金150万元，与省扶贫办联合在安康、汉中、商洛三市举办乡村旅游扶贫系列培训活动，提高了秦巴山区旅游培训和精准扶贫的力度。鼓励和支持涉旅企事业单位开展扶贫培训工作。今年以来，陕西旅游学院通过与定边县结成帮扶对子，每年免费为定边县培训45名贫困生，并优先、重点向用人单位推荐。村游网在全省启动“互联网+乡村旅游”公益培训活动，累计培训达到5000人次。陕旅集团结合项目开展大力实施“山花工程”，积极对困难群众开展乡村旅游培训，同时帮助扶贫重点村发展农家乐或民居客栈，组织自驾游客下乡、为贫困户创业提供帮助等形式，拓展了旅游扶贫的模式。

六、旅游投融资

认真贯彻落实省委、省政府决策部署，大力实施项目带动战略，不断扩大旅游投资规模，着力推进旅游产品开发，旅游产业得到进一步发展壮大，社会资本已成为我省旅游业投资的主力军。

（一）积极拓展招商引资渠道

一是拓展金融类融资渠道。为了增强银行金融业投资我省旅游产业的信心，创新了银企、银政合作机制，与国开行、建行、农行等8家驻陕金融机构开展务实合作，完成了《关于支持旅游产业发展战略合作协议》的拟定，各方将共同致力于探索金融支持旅游产业发展的有效途径，逐步扩大旅游投资市场规模，积极推进金融旅游服务创新。创新全省旅游投融资体制改革，省政府注资5亿元发起成立陕西旅游产业投资基金，总规模50亿元，西安银行、交通银行、招商银行、光大银行、恒丰银行、韩亚银行分别给予投资授信。目前已完成对延安圣地河谷项目股权投资、陕西大美术集团文安驿项目股权融资、金延安南北街项目4.5亿元的基金投入。二是拓展政策性融资渠道。从2015年三季度开始，国家专项建设基金将旅游基础设施建设纳入其中，宝鸡市陈仓区大水川灵宝峡旅游开发建设项目、咸阳市礼泉县袁家村4A级景区基础设施建设项目等30个项目获得国开行、农发行11.29亿元基金支持。宝鸡大水川等26个旅游项目入选2016年度全国优选项目名录。延安圣地河谷旅游产业园区建设项目、韩城司马迁文化景区开发项目、汉中龙岗文化生态旅游园区建设项目、太白山国际旅游度假区综合开发项目入选《2015全国优选旅游项目名录》，被国家旅游局纳入国开行项目储备库，正在开展项目评审工作。我省省级旅游专项资金规模每年8500万元左右，2015年安排资金1.05亿元，重点对西安广仁寺综合楼旅游基础设施建设项目等63个项目给予资金补助。积极推广政府和社会资本合作PPP模式，宝鸡千湖国家湿地公园开发项目被作为我省PPP示范项目面向社会公开推介。三是增强企业融资渠道。进一步壮大市场主体，不断完善规范企业融资机制和资金进出通道，增强我省旅游企业的融资能力。与相关企业一起，重点策划、包装了一批旅游优选项目推向资本市场，获得市场青睐。新加坡悦榕集团投资28.1亿元开发建设西安临潼悦椿温泉酒店项目，项目建成并投入运营；苏商建设集团有限公司计划投资190亿元开发建设洛南县华山南区旅游项目，项目完成协议签署；山海经集团有限公司计划投资120亿元打造山海经文化城项目，项目完成协议签署；广州颐和集团、西部电影集团联合投资15.6亿元开发建设巴伐利亚欧陆风情小镇；北京鸿宇悦俊投资管理有限公司投资12亿元开发建设宁陕县十里长峡国际生态旅游休闲度假区项目；峰景国际投资有限公司投资6.8亿开发建设大唐西府书苑项目。我省旅游企业投资开发的丝绸之路风情城项目、乐华城项目、太白山综合改造项目、华山太华索道项目、文安驿文化园区等项目也受到一致好评，市场前景广阔。

（二）积极搭建招商引资平台

一是主动搭建招商引资平台。充分发挥中国西安丝绸之路国际旅游博览会专业性、国际性平台作用，为我省旅游业发展创造条件，寻求商机，连续两届在丝博会期间举办了陕西旅游项目推介会暨旅游项目签约仪式，邀请金融投资企业、知名文化旅游企业、驻陕商会、北上广等地投资商以及媒体参会。二是不断拓宽招商引资平台。为了能够抓住一切有利时机进行旅游宣传营销和招商引资，深入挖掘各类平台资源，为旅游所用。组织各市区旅游部门及大型旅游集团公司积极参加中国东西部合作与投资贸易洽谈会暨丝绸之路国际博览会，在第二十届西洽会暨丝绸之路国际博览会，共签约旅游项目191个，签约资金1798.34亿元，其中合同金额284.33亿元，同比分别增长50.4%、89%和46.2%。乐华影视基地项目、延安圣地河谷金延安板块项目在中国旅游业“515”大会成功签约，金额分别为150亿元、51.2亿元。第三届西安丝绸之路国际旅游博览会共签约项目38个，合同（协议）金额达310.3亿元人民币，主要涉及旅游基础和服务设施建设、旅游新业态等方面。其中，5亿元以上项目17个，同比增长41.7%，10亿元以上项目10个，同比增长11.1%，20亿元以上项目6个，同比增长50%。充分利用参加德国柏林国际旅游交易会、韩国国际旅游展、日本JATA国际旅游展、英国伦敦国际旅游交易会、陕粤港澳经济合作活动周、中国旅游产业博览会、北京旅博会、云南南亚博览会、广西东盟博览会、厦门投资洽谈会、西藏旅博会等境内外旅游宣传推广活动的时机，在充分展现“丝绸之路起点，兵马俑的故乡”和“山水人文·大美陕西”旅游形象的同时，极力推介我省旅游资源及重大旅游项目，邀请境内外客商来陕投旅兴业。三是不断整合资源策划项目。高度重视项目包装策划工作，以“投资大、质量高、效益好”为标准，推出资源优势明显、特色鲜明，富有吸引力的旅游项目。全省共收集、分析、汇总、包装了丝绸之路风情城、太白山国际旅游度假区、富平国际陶艺文化旅游产业园区综合开发项目等300余个合资合作项目，按照类型建立了“历史人文”“自然生态”“休闲度假”“红色旅游”“温泉养生”“乡村旅游”“旅游演艺”项目库，按照功能建立了“全省优选项目投资库”“一带一路旅游项目库”及“十三五重点旅游投资项目库”，按照大小建立了“10亿元”“百亿元”项目库，并编制了旅游项目招商手册，为招商引资做好准备工作。

（三）积极优化投资服务环境

始终把环境建设作为招商工作的重点，坚持用最优质的服务、最优良的作风、最优秀的形象为招商引资工作搭建广阔的平台。一是完善推进机制。全程跟踪签约项目落地工作，不断提高项目履约率、资金到位率。重点建立重大投资项目跟踪服务制，对投资总额达10亿元以上的合同签约项目实施市、县领导联系推进机制。截至目前，我省旅游项目履约率9成以上，资金到位率73.1%。二是优化投资环境。积极发挥统筹协调作用，推动项目签约地政府“一站式”服务，指导、协助企业办理有关手续。认真落实三部委《关于支持旅游业发展用地政策的意见》，进一步提高旅游业用地市场化配置和节约集约利用水平。统筹协调国土、交通、水务、电力等部门，加快推进项目道路、水电等基础设施建设，为签约项目顺利落地提供保障。三是加大政策扶持力度。对开工早、效益好的项目持续加大宣传招商力度，并给予更多财政支持，积极引导社会资本进入项目后续建设。

七、旅游市场综合监管

认真贯彻落实国务院办公厅《关于加强旅游市场综合监管的通知》，大力推动旅游市场综合监管。

一是推进旅游市场综合监管机制建设。年初，经省政府领导批准，将原陕西省整顿规范旅游市场秩序联席会议办公室更名为陕西省整顿旅游市场联合执法工作办公室，成员以原联席会议成员单位为主，在省旅游工作联席会议领导下负责全省旅游市场整顿工作，安排部署全省旅游市场的联合执法检查工作，指导各市区旅游市场整顿工作，通报整顿工作进展情况。认真组织成员单位学习国务院办公厅《关于加强旅游市场综合监管的通知》，就如何细化我省旅游市场综合监管责任清单向相关单位发文征求意见，《陕西省人民政府办公厅关于贯彻落实〈国务院办公厅关于加强旅游市场综合监管的通知〉的实施意见》已起草完毕并报省政府审核。督导各市（区）按要求组建“旅游警察、旅游工商分局、旅游巡回法庭”。今年以来，韩城市、西安市临潼区、安康市岚皋县、延安市宜川县等地相继成立了旅游警察、旅游巡回法庭、旅游工商分局等机构，在完善旅游体制机制创新上总结了有效的经验。同时，部分各市（区）还积极探索在重点旅游景区设立旅游巡回法庭或审判点，建立旅游市场执法机构与公安、法院等相关司法机关案情通报机制，及时查处侵害旅游者权益的违法犯罪行为。

二是坚持“双随机”与突出重点相结合开展执法检查。一是对旅行社市场检查重点突出。重点检查旅行社和旅游者之间签订合同规范性、是否存在以“不合理低价、零负团费”组织旅游经营活动、强迫或者变相强迫游客购物或参加自费项目等违法行为。今年，行政处罚违规旅行社3家，个人3人，处罚金额18.5万;约谈及责令整改旅行社27家，有效地规范了旅行社的经营行为。行政处罚工作被国家旅游局评为有突出成绩单位。二是对“一日游”市场检查常态化。通过与相关部门密切配合，形成对西安市火车站等游客集散地“一日游”的经营活动常态化的检查，遏制了导游人员强迫或者变相强迫旅游者购物、通过合同外加点收费等欺客宰客等违规现象的发生。三是对重点景区的暗访检查严肃认真。“不打招呼、不走过场、及时反馈、事后督查”，上半年重点暗访检查了西安、宝鸡、咸阳、安康、韩城等重点景区及周边环境，针对发现的问题，结合暗访情况，向当地政府和旅游行政部门发出整改通知。今年，下达暗访检查通报5份，都得到了当地政府和旅游行政部门的重视，有力地改善了当地的旅游市场环境。

三是持续做好旅游服务质量测评调查工作。在借鉴前三年经验的基础上，继续联合清华大学开展了以游客满意度为内容的旅游服务质量测评，并定期向社会公示，同时坚持将《陕西旅游服务质量测评报告》通报给各市区政府主管领导和各旅游局，引起了各市区的高度重视，各市区根据自身实际情况和报告中的提到问题有针对性地认真制定整改措施，对游客的建议在全域旅游建设和旅游市场综合治理过程中予以重视，为改善旅游环境秩序，提升旅游服务质量提供了重要依据。

四是加大宣传，营造良好的舆论氛围。积极联系省委宣传部和新闻媒体，加大对旅游市场综合整治工作的宣传力度，通过陕西卫视、主流报纸及网络平台及时报道旅游市场整治活动的开展情况，同时也向广大游客宣传普及《旅游法》。“五一”“十一”前参加了《秦风热线》栏目接受采访，回答并介绍了群众和广大游客关心的旅游市场情况，同时向社会公布投诉举报电话，自觉接受游客和社会的监督，为开展旅游市场综合整治工作营造良好的舆论氛围。11月根据国家旅游局《关于组织开展整治的通知》（旅发〔2016〕136号）的有关要求，组织召开了整治“不合理低价游”专项行动的新闻发布会、千名导游动员会，通过加大对整治不合理低价游行动的宣传力度，进一步整顿我省旅游市场秩序，规范旅游从业人员的执业行为，营造理性、健康的旅游市场环境。

八、文明旅游

根据国家旅游局《2016年文明旅游促进工作行动方案》要求，分四个季度开展四个主题活动。3月26日，在华清池以“文明礼让”为主题，举办了“做文明游客，为中国加分，为陕西点赞”2016文明旅游公益行动陕西站启动仪式，省文明办领导出席了活动。4月29日，在商洛市举办了“为中国加分–绿色旅游”主题活动启动仪式，杨忠武局长出席了启动仪式；8月9日，2016中国合阳洽川万人婚典暨为中国加分文明旅游公益活动在美丽的洽川旅游名胜区举行。志愿者代表宣读了“为中国加分”文明旅游“清洁环境”主题公益行动倡议书，合阳县委书记陈峰讲话并宣布2016中国合阳洽川万人婚典暨为中国加分文明旅游公益活动启动。安排部署了“大学生文明旅游背包行”公益宣传活动和开展旅游志愿者活动。

联合省总工会等单位开展争创“诚信服务最佳单位”、争当“诚信服务最佳明星活动”；牵头制定了“双创”标准。按照省文明办的工作部署和要求，牵头制定了《旅游行业文明单位评选办法及标准》。按照国家旅游局工作部署和要求，评选了2016旅游行业全国文明旅游先进单位。

按照国家局安排部署，开展了2016旅游行业全国文明旅游先进单位典型事迹征集宣传工作，上报了我省5家参评单位。

九、旅游业改革创新先行区

2015年12月，韩城市被确定为国家首批旅游业改革创新先行区。省委省政府高度重视，将韩城市旅游业改革创新先行区创建列入《省委全面深化改革领导小组2016年工作要点》。今年，在省旅游局的指导下，在韩城市委、市政府的高度重视和各部门的共同努力下，先行区创建各项改革试点顺利推进。

一是加强组织领导。成立了由市委书记任第一组长，市长任组长，四大班子领导任副组长，市政府秘书长、旅游委主任和42个市级部门、8镇办主要领导为成员的首批国家级旅游业改革创新先行区领导小组，加强先行区创建领导工作。将旅游发展指标明确列入全市年度目标考核体系当中并增加占比权重。坚持每季度进行现场考评，先后8次召开文化旅游产业发展联席会议和旅游委成员单位会议，安排部署任务，助推创建工作，增强了举市一致促推先行区创造的合力。

二是科学制定创建方案。研究制定《韩城市首批国家级旅游业改革创新先行区实施方案》，将集中突破八项改革、落地五项重点工作作为创建重点，提出了力争三年任务两年完成、实现“陕西树标杆，全国走前列”的工作目标，并以市委、高政府两办名义下发执行；组织召开全市创建国家全域旅游示范市动员大会和全市旅游工作推进大会，进一步统一各部门的思想，为各项任务的全面推进奠定了坚实的基础。

三是将旅游业列为优先发展的支柱产业。在全市“十三五”发展规划和十八次党代会报告中，明确将旅游业列为优先发展的支柱产业，以全域旅游为统领，以先行区为动力，全面建成千万游客世界级旅游目的地。积极落实优先保障旅游用地政策。对重点旅游项目用地开辟绿色通道，缩短预审时间；对旅游建设公益性用地采取划拨方式保障供应；完成全市土地利用调整规划并上报陕西省人民政府，正在争取旅游业用地保障的长效支持政策。

四是创新综合管理体制机制。整合市景区管委会、“史记韩城·风追司马”文化景区管委会等机构，将文物、交通、住建等10个部门列为成员单位，率先在全省成立旅游发展委员会，统筹推进旅游产业发展，工作合力进一步增强。今年4月新组建了旅游警察分局、旅游法庭、市场监管分局，旅游综合管理“1+3”模式全面建立，综合产业综合抓，促进旅游突破发展的新格局已经形成。建立了文化旅游发展联席会议制度，先后召开了20多次联席会议，定期听取旅游发展工作汇报，及时研究解决旅游产业发展的重大问题，有力保障全市旅游突破发展实现新常态。

五是创新旅游投融资机制。充分发挥财政资金的引导作用，设立1亿元旅游产业发展基金，用于支持文化旅游重大项目建设、旅游创新和旅游创业工作。坚持市场化运作、公司化运营，成立韩城市旅游投资开发公司，和乌镇、北奥、万达等大品牌、大企业广泛合作，推广运用PPP模式，引导金融机构加大融资，引领民营资本投入旅游，形成了政府主导、市场运作、多元投入的投融资机制，加快实施一批旅游重大建设项目。积极组建韩城文化旅游集团公司，突出大景区理念，坚持市场运作，搭建发展新平台，着力在景区建设融资和景区市场运营方面，探索新机制，创出新路径，实现大发展。

六是改革旅游中介组织发展机制。简化登记手续，取消前置审查程序，缩短筹备登记时间，5月份韩城旅游酒店行业协会登记成立，7月份韩城旅游行业协会组建成立。

七是积极扩大旅游开放力度。积极争取上级部门支持，设立渭南海关韩城办事处、口岸办、保税仓库的前期对接、实地考察已经完成，6月份召开韩城市设立海关办事处可行性分析意见讨论会，可行性分析报告已报送西安海关。

八是创新开展旅游宣传。实行市级领导包抓、财政保障经费、部门镇办包联的办法，在全国主要城市设立32个“韩城旅游招商服务处”，20多个服务处已挂牌成立、开展工作，实现了韩城旅游国内市场的全覆盖。

推进旅游体制改革　促进产业转型升级
——西藏自治区旅游业改革创新工作推进情况

一、体制机制改革进展情况

我委针对关键环节、重点领域着力推进旅游行政管理体制改革，努力克服现有体制中存在的弊端，适应经济新常态下旅游供给侧结构性改革需要，促进产业转型升级。

（一）厘清职责关系

厘清政府与市场的关系，发挥政府在宏观调控、政策激励等方面的引导作用，加强和完善旅游产业研究、教育培训等职能；明确各部门之间的权责，着力解决各部门在旅游发展中责权交叉、职能不清的问题；理顺自治区旅游行政主管部门同地区部门的权责关系，依法行政，简政放权，试点推行，以点带面，全面发挥地方各有关部门的机制作用，释放基层在制度、管理等方面的活力，实现上下联动，形成高效、有序的旅游行政管理体系。

（二）改革规范旅行社管理体制

研究制定并实施旅行社退出机制。按照《国务院关于取消和调整一批行政审批项目等事项的决定》，将旅行社经营许可审批项目由前置审批改为后置审批，在工商部门核准旅行社工商登记注册前，由公安部门严格进行背景审查，将旅行社后置审批权下放至设区市级旅游行政管理部门，并报自治区旅游行政管理部门备案，同时，抄报需掌握相关信息的自治区相关职能部门（如公安、安全等部门）。旅行社申请开展出境旅游业务的，由其注册地旅游行政管理部门负责初审，初审合格后由自治区旅游行政管理部门审批。按照《旅游法》，严格执行旅行社至少聘用3名或不低于旅行社员工总数20%的导游员的规定。

（三）规范旅游星级饭店（宾馆）监管机制

将国家安全机关纳入对有外资介入的星级饭店（宾馆）的评定工作当中，鼓励旅游星级饭店（宾馆）积极开展公共服务业标准化示范试点工作，将境外人员住宿登记管理系统的安装使用情况作为一项硬性指标纳入到星级饭店评定标准工作中。完善区、地两级旅游星级饭店（宾馆）协会组织架构、管理制度和职能，发挥旅游饭店协会在星级评定工作中的主导作用。各级旅游星级饭店（宾馆）协会，按照规定分级负责星级饭店（宾馆）的星级评定工作，并报自治区旅游行政管理部门备案。实行简政放权，将3星级及以下酒店和3A级以下景区评定权限全面下放到各地市。

（四）改革规范导游管理体制

推行导游薪酬由基本工资加带团补助为主的导游薪酬制度。研究制定并实施导游员退出、诚信公开制度，引导和督促用人单位和个人按照国家和自治区的相关规定参加各项社会保险，并按时足额缴纳各项社会保险费；严格执行导游3年不从业，导游资格证自动失效的规定，凡连续3年未参加导游年审的，视同三年未从业予以处理。取消导游员“上岗证”制度，强化景区讲解员持证上岗制度，建立导游员诚信记录及信用信息公示制度，依法公布导游员违法违规信息，加大对典型事件的曝光力度。严格贯彻旅游法，探索对获得导游资格的人员实行在旅游行业组织注册后，获得导游证的管理模式。

（五）加快旅游行业协会发展和改革步伐

建立健全各行业协会，赋予行业协会更多的自律职能，推动协会职能同行政管理的逐步脱钩。

（六）实行政企分开

按照“政企分开”原则，将原自治区旅游局直属并实行集团化管理的西藏旅游总公司等企业，按照现行有关规定，除自治区博达旅游汽车有限公司根据《西藏自治区道路运输体制改革方案》，由自治区无偿划转拉萨市政府外，其他企业全部移交自治区国有资产管理委员会。

（七）创新旅游资源开发管理

按照统一规划、属地管理、部门指导、企业自主经营原则，坚持谁投资、谁受益，稳步推进属于自然旅游资源和综合类旅游资源的景区所有权、管理权与经营权相分离，建立健全景区管理机构，形成统一管理、市场化开发、企业化经营的景区管理体制。出台自治区旅游资源开发管理办法，规范旅游景区（点）开发、经营行为，实行跨区域的旅游景区（点）由上一级人民政府统筹管理。逐步回拢国、省干道沿线等景区及景观设施开发经营权。降低或取消公益性景区门票，遏制经营性景区门票价格过快上涨。

二、在发展模式方面的探索

贯彻“五位一体”发展理念，贯彻国家旅游业515发展战略，结合世界旅游目的地建设阶段目标，坚持高端精品特色导向，坚持融合发展，突出富民宗旨和生态文明建设，面对市场，面向服务对象，不断推出新举措，走转型升级、提质增效发展之路。

（一）以“旅游+”为引领，推动跨产业融合发展

贯彻发展“旅游+”思路，推动旅游业发展与文化传承、生态保护、城镇化、新农村建设、手工业和农牧业现代化相结合。积极推动旅游与文化融合发展，加强西藏特色文化的保护传承；落实旅游与生态融合发展，实现西藏生态环境的永续开发；创新旅游与新农村建设、新型城镇化融合发展模式，提升城乡建设质量；引导旅游与民族手工业融合发展，实施西藏旅游商品品牌建设工程；探索旅游和现代农牧业融合发展，打造国家级高原特色农产品基地。鼓励发展特色餐饮、主题酒店、民俗旅游体验区、特色文化体验区。

（二）坚持旅游富民发展目标

制定促进乡村旅游发展的优惠产业、税收、金融、土地等政策，尽量降低各项经营费用标准，加强农牧民旅游培训工作，引导农牧民从事生态旅游项目开发。将乡村旅游纳入自治区、各地（市）整体旅游规划和管理，走差异化、特色化的发展道路。将西藏151个重点旅游扶贫村作为全国旅游扶贫工作重点，帮助编制乡村旅游详规并予以整村扶持。以全民共享旅游发展成果为目标，充分发挥旅游业的富民和带动作用，以旅游业发展促进精准扶贫、精准脱贫，大力发展乡村旅游，拓宽旅游就业范围，增加农牧民收入，改善城乡居民生活环境，全力推动我区与全国一道全面建成小康社会。

（三）坚持以生态文明建设为纲

统筹旅游开发和国家生态安全屏障建设，坚持科学规划、合理开发、有效保护、永续利用。以生态文明建设为导向，以定制旅游为开发经营管理模式，探索具有西藏特点的高端精品生态旅游发展途径，起草《墨脱定制旅游实施方案》，提出旅游产品及服务定制化、旅游产品价格市场化、旅游经营特许化、旅游资源开发主导化、行业监管定性定量化、营销推广定向化、安全体系定调化等建议措施。

（四）走转型升级提质增效发展之路

以“富民兴藏”为统领，围绕建设“重要的世界旅游目的地”的战略目标，以“高端、精品、特色”为导向，致力于转变西藏粗放式旅游发展模式，走转型升级提质增效发展之路。结合片区旅游资源、基础设施、政策背景等基本现状，分区域布局旅游空

间，走质量效益型的集约化发展之路，着力建设拉萨国际文化旅游城市、林芝世界生态旅游区、冈底斯国际旅游合作区和五地市重要节点，以重点城市建设带动西藏高端旅游发展。统筹考虑西藏旅游生产力布局，结合西藏新型旅游城镇化建设，以旅游城市综合提升、游客咨询服务中心、旅游交通换乘、旅游安全救援、城市文化氛围营造、特色休闲街区建设等为主要抓手，有序推进各个区域旅游建设。促进西藏旅游产品转型升级，加强国际合作，加快基础设施建设提高可达性，打造无障碍旅游区，推进旅游精准扶贫发展扩大就业，稳妥有序推进西藏对外开放，强化金融支持拓宽旅游投融资渠道，着力将西藏打造成以“高端、精品、特色”为核心，以突出西藏旅游资源地异质特征为导向，以高端、精品旅游服务产品为基础的重要的世界旅游目的地，进一步提升旅游人次、旅游总收入。计划到2020年，实现旅游公共服务设施、经营管理和服务水平与国际通行的旅游服务标准全面接轨，旅游业发展拉动全区人均收入达到全国平均水平，由旅游资源大区向旅游强区的跨越，初步建成重要的世界旅游目的地。到2025年，旅游业发展拉动全区经济社会发展作用明显，旅游公共服务设施、经营管理和服务水平进一步提升，世界影响力和竞争力进一步增强。推进旅游全产业链的创新发展，积极推动与周边地区、世界一流旅游目的地建立良好的旅游战略合作，力争旅游贡献率、当地居民人均接待人次及人均旅游收入、旅游标准化管理、旅游服务质量和旅游综合实力等指标达到国际一流水平，全面建成重要的世界旅游目的地和重要的中华民族特色文化保护地。

（五）实施旅游业主导战略

区党委、政府在关于西藏自治区“十三五”国民经济社会发展规划发展建议中，明确提出要将旅游业作为全区主导产业和强区富民的支柱性产业予以重点培育和扶持。在“十三五”期间，我区将在区党委、政府的领导下，在旅游发展协调委员会成员单位的共同努力下，全面推进旅游产业主导战略实施，以旅游规划为基础，统筹引领其他规划建设，以旅游业为主，带动其他产业发展，构建旅游业为主导的全区产业发展一统格局。

三、在创新方面的实践

主动迎合旅游业的发展需要和潮流趋势，破除阻碍旅游业发展的瓶颈难题，弥补发展中的突出短板，在创新中求突破，在创新中增活力，在创新中促发展。

（一）设立旅游企业专项引导基金

由自治区财政、商业银行联合区内外有实力的战略投资机构设立西藏旅游企业专项引导基金，面向国内资本市场公开募集资金，投资有较强竞争力的国有和民营旅游企业，拓宽旅游企业融资渠道。加强全区旅游项目库建设，参与旅游基础设施建设以及特色旅游资源开发。参照西藏商贸企业改制有关做法，充实国有旅游企业资金实力，解决好改制过程中涉及的土地、人员、债务等历史问题。制定职工提前退休优惠政策，减轻国有旅游改制企业负担。

（二）积极培育市场主体

支持中央旅游企业和各省大型旅游企业进藏开发旅游资源，并在藏设立分公司和参股控股西藏旅游企业。支持西藏在天猫、携程、途牛等10家大型网络交易平台开办西藏旅游旗舰店，提供西藏旅游形象宣传、西藏旅游咨询、西藏旅游产品和商品展示、销售等服务。政府在企业用地、财税方面给予一定的优惠政策。

（三）积极发展冬季旅游产品

打造“冬游西藏，享受阳光”主题产品，精心设计适宜冬季旅游的产品线路，提高游客对“冬游西藏”的认知度。实施价格捆绑优惠策略，推行奖励补贴激励政策，采取酒店+景区+大交通+旅行社整体包销的模式，进一步扩大冬春两季旅游市场份额，实现旺季前伸后延，着力推进四季旅游均衡发展。

（四）大力发展智慧旅游

采用国家投资形式，推进全区旅游信息化建设，推动“旅游+互联网”实际应用，构筑西藏旅游云系统，完善“12301”旅游咨询投诉服务平台、卫星定位系统，建立信息互通协作机制和全媒体信息传播机制，建设区、地（市）两级旅游应急指挥平台、景区承载量实时监测、评价、预警体系，构建旅游行业管理和公共服务智能管理平台。积极推进旅游景区运用信息化技术，建立门票网络预约销售系统，推广Wi-Fi在旅游景区、星级酒店的广泛覆盖。

（五）积极推进厕所革命

按照“数量充足、干净实用、管理有效”的要求，逐步消除孤厕、旱厕、冰厕，制定高原厕所兴建、维护标准。落实属地管理，探索以商养厕、公司化管理等运营模式。在城市街区、重点旅游景区、旅游环线、交通干道、乡村旅游点合理布点新建或改建标准化厕所2000座。

（六）推进高原湿地公园建设

参考国家各部委及国内其他省市制定的关于湿地建设、保护、管理、评估等方面的标准与规范，制定高原旅游湿地公园景区相关标准与规范；充分挖掘拉鲁高原湿地公园的各种特色，制定公园旅游景区未来五年发展规划和发展目标，确定品牌形象标识（LOGO），开发特色旅游项目等；结合发展规划和目标，依托专业营销策划公司，制定拉鲁湿地公园景区和拉鲁品牌的营销宣传计划，在国内、国际线上和线下媒体开展集中宣传报道，力争在国家旅游局授牌前使拉鲁品牌广为人知；制定拉鲁湿地公园景区开发保护的具体措施，在开展特色旅游项目的同时，确保拉鲁湿地原有生态系统不受影响。

（七）自治区政府将2016年确定为景区精品化、服务标准化建设年

我委对全区精品化景区项目进行了梳理，共分三个项目分别为：拉萨纳木措精品景区建设项目，昌都然乌湖景区精品化建设项目，林芝巴松措景区精品化建设项目。此三个项目的实施，将提升基础设施服务水平，提高游客满意度，大力推进我区旅游业的发展。

加快全域旅游创建　推进特色旅游联动发展

——甘肃省旅游业改革创新工作推进情况

近两年来，在国家旅游局的正确领导和大力支持下，我省深入贯彻落实旅游业“515战略”，进一步解放思想，创新发展理念，抢抓丝绸之路经济带和华夏文明传承创新区建设战略机遇，以旅游科学发展为主线，以改革创新为动力，制定出台了促进旅游业改革发展、促进旅游投资和消费、大景区总体规划等一系列创新政策措施，在全域旅游、区域联动发展、大景区建设、厕所革命、旅游精准扶贫、旅游市场综合监管、旅游创新先行区建设等方面积极采取了一系列创新举措，使全省旅游业活力不断激发、进入良性发展快车道。今年1—9月，全省共接待游客1.61亿人次，实现旅游综合收入1028亿元，分别较上年同期增长22.6%和24.8%，旅游经济形势总体良好。

一、加快全域旅游创建，推进特色旅游联动发展

我省把发展全域旅游作为推进全省旅游业转型升级的重要路径，在全力推进首批国家全域旅游示范区创建单位甘南州、敦煌市、肃南县、兰州市城关区、武山县等5个市县创建的基础上，鼓励各地先行先试，探索不同模式，又同步推出了2市7县（区）等一批省级全域旅游示范创建单位，作为争取创建国家全域旅游示范区的后备。一是在体制机制改革上，因地制宜推进旅游产业促进、旅游公共服务、旅游行业自律、旅游市场监管、旅游联合执法等管理体制和基础制度建设，不断深化旅游综合改革，形成推进全域旅游新机制。二是在发展模式上，大力推进“多规合一”改革试点，把整个区域作为大景区来规划建设，结合本地实际，编制规划，制定方案，明确责任，形成推进全域旅游发展合力。三是在资源优势挖掘上，围绕全域旅游发展，针对不同地域、不同情况，明确提出各具特色的旅游基地建设目标，推动省内区域旅游中心城市、特色旅游城市、特色旅游基地、旅游产业园区、新兴旅游产业集聚区以及旅游名城名镇名街的全面创建和联动发展。对条件相对成熟的创建单位优先申报创建国家全域旅游示范区，到2020年，全省计划有3个市（州）和20个旅游强县（区）创建成为国家全域旅游示范区。四是在区域联动发展上，推动甘肃各区域间旅游资源互补对接，实现特色布局、错位发展，在河西五市打造以敦煌文化为核心的精品丝路旅游区，在陇东南五市打造以始祖文化为核

心的“华夏祖脉旅游圈”及养生保健旅游区片区，在沿黄四市州打造以黄河文化为核心的沿黄四市州黄河风情旅游区。

二、加快综合管理体制改革，推动旅游资源整合

近年来，我省以深化大景区管理体制改革为综合管理体制改革工作重点，以理顺畅通旅游管理体制来进一步推进全省旅游资源的开发整合。一是推进旅游行政管理体制改革。在省委省政府关心支持下，甘肃省旅游局正式升格为甘肃省旅游发展委员会，并由省政府直属机构调整为省政府组成部门。省内部分市县也积极探索旅游行政管理体制改革，目前张掖市、甘南州、敦煌市正在筹备成立旅游委。二是改革景区管理体制。今年初，全省规划建设的18个大景区管理体制改革方案已经获得省政府审议通过。目前，省里已将涉及省直部门管理的林业资源分别整合下放到相关的5个大景区管委会管理；对省直部门管理未整合调整的文物等资源，明确由所在大景区管委会统筹管理；对市州管辖的资源，按照大景区规划建设需要进行整合调整，由大景区管委会统一管理。三是组建大景区管委会。明确管委会性质，履行大景区统一规划、依法保护，统筹资源、高效决策、统一标准、综合执法的工作职能，着力破解景区旅游资源多头管理、条块分割、开发不顺等问题，全面推动大景区资源整合、建立保护利用长效机制，推动了景区资源的高效开发利用。

三、加快基础设施建设，完善旅游公共服务体系

一是在景区交通建设工程上取得新突破。把旅游道路建设作为全省交通突破行动的重点，强化旅游配套设施建设，真正使广大游客“方便游、轻松游”。按照“5A级景区以高速公路连通、4A级景区以一级公路规划布线”的原则，加快城市及国道、省道至景区的连接道路建设，实施景区对外道路提等升级，统筹规划实施汽车露营地、旅游厕所，以及服务区、停车场、观景台和旅游交通引导标志标牌等交通安全与综合服务设施。截至2015年年底，嘉峪关、鸣沙山—月牙泉2个景区实现高速公路连通。2016年计划投资306亿元，实施景区连接道路1136公里，力争年内全省5A级景区全部实现高速公路连通，4A级景区一级一幅公路基本建成，基本解决景区可进入性问题。二是在自驾车房车露营地建设上取得新进展。今年6月初，省政府印发了《丝绸之路甘肃省交通房车露营地发展规划》，甘肃省公路航空旅游投资集团有限公司与国家开发银行甘肃省分行、中国铁建股份有限公司西北指挥部等共同发起的甘肃省自驾车房车露营地投资基金，基金总规模100亿元。今年上半年，康县长坝、永昌北海子、漳县遮阳山自驾车房车营地已投入使用。与此同时，由省交通厅、省电投、省民航机场公司和中国建筑股份有限公司共同出资发起设立总规模1000亿元的甘肃丝绸之路交通发展基金中，把自驾车房车露营地作为

投资项目之一，即将对完成可行性研究报告的7个房车露营地进行投资建设。

四、深化旅游厕所革命，优化改善旅游环境

自国家旅游局启动“厕所革命”以来，甘肃省高度重视，积极响应，迅速行动，在认真总结旅游厕所建设工作经验的基础上，结合全省旅游业改革发展的新常态，及时研究部署，狠抓任务落实，全面启动新一轮“旅游厕所革命”工作。一是及时印发《甘肃省旅游厕所建设管理实施方案（2015—2017年）》，并加大指导督促力度。在认真开展摸底调查基础上，明确各市州和和省直有关部门的建设任务和主体责任。在日常督促检查中，每半年通报一次旅游厕所建设进展情况，强化旅游厕所管理，使全省旅游厕所建设管理工作逐步向规范化、制度化、常态化的方向发展。计划到2017年年底，全省标准化旅游厕所达到5000座，实现“数量充足、干净无味、实用免费、管理有效”的目标。二是加大建设资金投资引导。去年以来，争取国家旅游发展基金补助我省旅游厕所建设1500万元，省旅游发展委员会安排旅游厕所建设补助资金600万元，对旅游厕所建设进度快、质量好、游客满意度高的各市州给予引导补助。截至目前，全省通过多种渠道累计投入旅游厕所建设资金达2.8亿元。三是因地制宜突出特色旅游厕所建设。将旅游厕所建设纳入景区和城市基础设施建设规划体系，在布局上突出特色化和实用性，在建筑风格和内部陈设上，注重绿色环保，最大限度地展现特色主题形象。同时积极组织推荐优秀旅游厕所设计方案、厕所生产企业参加全国性的展会，不但充分展示了旅游厕所优秀产品，也为因地制宜推进全省旅游厕所建设提供了有益的借鉴。2015年，甘肃省共完成旅游厕所新建、改建691座，实际完成投资1.96亿元。酒泉、天水、张掖三市荣获全国2015年“旅游厕所革命”先进市。2016年，甘肃省各市（州）计划新建、改建旅游厕所941座，计划总投资1.8亿元。截至目前，已完成新建、改建任务旅游厕所440座，实际投资1.58亿元，旅游厕所已成为甘肃各大景区一道靓丽风景。

五、推进乡村旅游发展，带动旅游精准扶贫

自2015年起连续与省扶贫办等单位联合开展旅游扶贫试点、乡村旅游富民工作推进旅游扶贫工作实施方案，确定旅游扶贫目标任务，优先扶持发展旅游资源丰富的贫困乡村，对有条件发展乡村旅游的偏远山区、集中连片特困区和藏区农（牧）村给予政策倾斜，引导贫困群众发展投资少、风险低、见效快的乡村旅游项目，以创业带就业，以发展促脱贫。同时，积极探索构建发展乡村旅游增收脱贫的机制模式，一方面是在旅游扶贫做到四个精准，即扶贫对象精准、脱贫目标精准、带动方式精准、扶贫措施精准，同时坚持因地制宜，积极探索形成景区依托、城镇依托、通道依托、产业依托、康养依托、新业态依托6种类型的旅游精准扶贫的产业布局体系。另一方面是探索构建旅游扶

贫四种模式，即“景区+村+农户”模式、“村+合作社（协会）+农户”模式、“村+公司（能人大户）+农户”模式、“村+电商+农户”模式，使贫困村实现变资源为资产、变资金为资本、变农民为股东，使贫困群众在旅游经营中能够拿薪金、收租金、分股金、得利益，从多金获得中增加收入，从而达到脱贫致富的目标。通过旅游脱贫新机制新模式的构建，2015年，全省乡村旅游收入63亿元，带动225万农民受益，贫困村乡村旅游从业人员占贫困村从业总人数的30%。

六、搭建旅游投融资平台，积极创新投融资机制

一是设立甘肃省旅游产业投资基金。从2015年起，我省连续三年由省财政每年出资1亿元，设立甘肃省旅游产业投资基金。以省级财政资金为引导，募集社会资金，放大基金效应，重点支持大景区开发、旅游基础设施、旅游配套服务设施建设和旅游商品开发。目前首期基金项目已启动实施，6亿元募集资金全部拨付到位，已投放项目5个，共投放基金1.2亿元，第二期基金相关工作已报省旅游产业基金管理委员会研究，即将执行。二是建立多元投融资机制。充分发挥省公路航空旅游投资集团有限公司的省级投融资作用，加大对旅游道路建设的投资力度；充分发挥省文化产业发展集团有限公司作用，加大对文化旅游融合发展的投入；市（州）政府依托大景区管理委员会，组建旅游开发公司，明晰权责分工，发挥好各自作用。三是强力推进旅游项目建设。2016年前三季度，全省旅游项目建设抢抓敦煌文博会重大项目建设机遇，进一步加大投融资和项目建设力度，使全省旅游项目投资得到了较快增长。截至2016年9月底，全省共建设旅游项目900个，总投资3343.96亿元，实际完成投资370.65亿元，较上年同期分别增长22.63%和61.36%。

七、加强综合监管机制建设，提升旅游市场环境满意度

面对近年来我省旅游客源增势迅猛，相关产业与旅游产业融合发展不断加快，各类市场主体大量进入旅游市场等态势，加强旅游市场综合监管，保障旅游者合法权益、提升旅游市场满意度的工作显得尤为迫切。一是建立旅游综合监管机制。今年初，根据旅游市场发展变化，省政府办公厅及时印发了《关于加强旅游综合监管的通知》，在省旅游产业发展领导小组之下，设省旅游市场综合监管办公室，将成员单位在对应国务院综合监管12个成员单位的基础上，结合实际，增加至18个部门。并对各成员部门、各级政府加强旅游综合监管做出了明确安排，提出了明确要求，以便有效开展执法工作督查和专项检查等综合监管工作。二是在重点旅游地区推动旅游执法改革。省内嘉峪关、威武、平凉、陇南、天水、甘南等重点旅游地区相应建立健全了旅游市场综合监管机制和综合执法平台。敦煌市初步建立起了以旅游综合指挥调度中心为执法平台，旅游执法大

队、旅游警察中队、工商旅游分局、旅游巡回法庭、旅游纠纷调解人民委员会等机构进驻中心的综合执法机制。张掖丹霞大景区、平凉崆峒山大景区、天水麦积山大景区、黄河三峡大景区按照要求，初步建立起了以游客服务中心为综合执法平台，旅游、工商、公安、交通等有关部门设立分支机构进驻大景区，统一指挥调度，统一受理旅游投诉举报，联合开展行政执法的综合执法机制。三是构建旅游安全体系。着力构建加强旅游安全工作的责任体系、制度体系、落实体系，探索建立责任分解、综合协调、监督检查、挂牌督办、约谈问责、目标考核、事故追责等七大机制，有效防范遏制涉旅重特大事故的发生，维护广大旅游者的合法权益，提升旅游综合满意度。

八、促进文明旅游，形成综合管理社会参与机制

一是建立文明旅游联席会议制度。根据文明旅游教育引导工作的实际，我省建立由41个部门为成员单位的文明旅游联席会议制度。各成员单位加强协作，横向联动，共享宣传资源，在旅游不文明行为记录采集、追责处罚等方面联手行动，形成了工作合力，在游客较为集中的各个场所，都形成了文明旅游教育引导载体，使游客时时处处感受到文明旅游的浓厚氛围。二是打造文明旅游品牌宣传活动。我省从2014年开始，将“5・19”中国旅游日主题确定为文明旅游宣传，连续3年在“5・19”中国旅游日期间，开展“文明旅游背包行”、文明旅游“双倡双劝”、文明旅游“随手拍”“提个醒”、文明旅游漫画展、“行万里路、做文明人”万人签字等活动，形成了强大的文明旅游声势，在全社会形成了弘扬文明旅游的新风。三是突出抓好重点人群文明旅游工作。即突出抓好旅行社团队游客的宣传教育引导，提升游客文明旅游素质；突出抓好导游领队文明旅游的教育培训，提高导游领队人员文明旅游业务技能；突出抓好重点区域文明旅游工作，打造文明旅游宣传环境；突出抓好重点环节的文明旅游工作，杜绝不文明行为的发生；突出抓好重点时段的文明旅游工作，形成良好的文明旅游氛围，使文明旅游成为每位游客的自觉行动。

九、推进先行区建设，带动全省范围的改革创新

敦煌市作为我省首个进入“国家级旅游业改革创新先行区”序列的城市，在当地党委、政府的领导下，严格按照《旅游业改革创新先行区工作方案》，结合甘肃省旅游产业发展领导小组批复的《敦煌市旅游综合改革试验区总体方案》，研究制定了敦煌市旅游业改革创新先行区具体实施方案。按照实施方案，敦煌市在抓好具体工作落实和部门间的工作协调同时，争取在规定任务中有建树，在商定任务中有突破，在自选任务中有创新，以建设敦煌国际文化旅游名城为目标，进一步突出敦煌市旅游产业的首要地位，改革旅游管理体制，创新旅游引导机制，完善旅游公共服务配套机制，强化旅游市

场监督管理，争取相关政策支持。计划通过3年建设，实现敦煌市旅游发展动力、创新能力、竞争活力和产业带动力明显增强，旅游新产品、新技术、新业态、新模式竞相涌现，旅游产业规模进一步扩大、旅游综合消费较快增长，旅游市场环境持续优化，游客满意度不断提升，全市形成多点支撑、多业融合的全域旅游发展格局。在旅游业改革创新先行区经验推广中，我省还积极鼓励各市（州）、县（区）多研究、多借鉴《旅游业改革创新先行区工作方案》，结合各自实际，在旅游体制机制、旅游目的地建设等方面大胆探索，积极创新，做到有条件的主动申报，争取进入国家级旅游业改革创新先行区行列。

十、强化市场开发战略，取得跨境旅游合作新成效

一是积极发挥丝绸之路旅游推广联盟秘书处的带动作用。率13个省区（市）成员单位50多人，赴哈萨克斯坦、土耳其、意大利3国开展“2015美丽—陆上丝绸之路”旅游推广活动，成为由丝绸之路联盟成员携手向西开放旅游推广的拓荒之旅，成果丰硕，创新性、专业性前所未有。二是深化“一带一路”旅游战略合作。以“一带一路”战略为契机，与意大利西西里、阿布鲁佐大区签署了关于加强旅游交流与合作的协议，在2015年美丽中华——绚丽甘肃丝路行暨甘台旅游交流合作活动中促成甘台两地旅游协会及旅行商签署旅游市场开拓及客源互等系列旅游交流合作协议，在2016年第六届敦煌行·丝绸之路国际旅游节举行中德旅行商丝路对话并签订旅游合作备忘录，系列国际交流合作加大了丝绸之路旅游产品在国际市场的宣传推广力度，成效显著。三是创新旅游营销代理中心机制。2015年起，为了使境外旅游推广工作更加接地气，我省在主要客源市场相继创办起5家甘肃旅游营销代理中心，从选择合作对象到协议内容约束，做到层层把关，明确责权利，既给予了对方工作压力，也能调动合作方的积极性。营销中心挂牌后，甘肃境外旅游推广在当地市场开始持续发声，从漫灌式、阶段性，变为精准、持续的营销，五大市场增长态势逐渐体现。

在今后的工作中，甘肃省旅游行业将认真贯彻党的十八大和十八届六中全会精神，全面落实甘肃省委省政府决策部署和全国旅游工作安排，牢固树立创新、协调、绿色、开放、共享的发展理念，适应经济发展新常态，以全域旅游为统揽，以转型升级、提质增效为主线，积极推进旅游业供给侧结构性改革，推动旅游与文化等相关产业融合，催生新业态、新模式，不断提高旅游产品、服务的供给质量和水平，着力培育旅游投资、消费热点，促进全省旅游发展再上新台阶。

以发展全域旅游推动旅游改革创新

——宁夏回族自治区旅游业改革创新工作推进情况

一、坚持全域旅游布局，推动宁夏整体发展

（一）全域旅游成为宁夏发展战略

全域旅游发展战略得到了中央领导的充分肯定和指示。近一年来，全域旅游已从国家旅游局李金早局长提出的新时期旅游发展的战略思想、国家旅游局的全国旅游发展战略部署，进而已经上升为国家旅游发展战略。今年7月，习近平总书记来宁视察时指出“发展全域旅游，路子是对的，要坚持走下去”，总书记的这一重要表述在全区上下和全国旅游行业引起强烈反响，这从战略和全局的高度，为宁夏发展全域旅游指路定策，极大地鼓舞了全区上下持续推进全域旅游发展的信心和决心，也为国家全域旅游定下了调子、树立了信心。7月28日，自治区党委、人民政府召开了高规格的自治区全域旅游发展推进大会，咸辉主席提出“要把宁夏作为一个大景区来看待、来规划，打造全景覆盖的新品牌”。9月10日，国家旅游局在我区中卫市召开全国全域旅游发展推进大会，将宣布宁夏为“全域旅游示范（省）区”，宁夏成为继海南之后的全国第二个全域旅游创建省区在中国形成了“南有海南，北有宁夏”的全域旅游发展新格局。自治区旅游发展委编制的《宁夏旅游发展“十三五”规划》提出，构建宁夏“一核、两带、三廊、七板块”的全域旅游空间新格局。在全域旅游发展战略的引领下，各地、各部门按照“全时、全景、全业、全民”要求，稳步推进全域旅游创建工作。

（二）全域旅游创建氛围浓郁

自治区党委办公厅、人民政府办公厅印发了《宁夏全域旅游发展三年行动方案（2016-2018年）》（宁党办〔2016〕65号），明确各市、县（区）党委、政府要建立健全主要领导负总责的全域旅游协调推进机制，要将全域旅游创建工作纳入效能目标考核，对各部门落实工作职责进行了分工、细化，相关部门对旅游业日益重视，主动与旅游部门携手合作，形成了共同推进全域旅游联动发展的良好局面。“国家全域旅游示范区”创建工作得到了全区各、市（区）党委政府的高度重视和积极响应，五市党政主要

领导深入调研，亲自部署，均成立了全域旅游工作领导小组，制定下发了全域旅游发展实施意见或创建工作方案，全域旅游战略已经融入各市经济社会发展的中心大局并占有重要地位。

（三）全域旅游发展分工具体

宁夏探索了一套从顶层到基层、相关力量全面联动的、全覆盖的三年行动分工。形成了明确的路线图、时间表和落地分工，实现“全面抓、全面管、全面建”。做到领导责任到位、组织部署到位、宣传培训到位、统筹协调到位。为全面推进宁夏全域旅游发展，《宁夏全域旅游发展三年行动方案》中规划提出了实施十大工程：一是核心产品培育提升工程；二是综合交通网络覆盖工程；三是旅游城镇优化提升工程；四是全域自驾车旅游体系提升工程；五是要素完善服务提升工程；六是新业态“旅游+”融合工程；七是乡村旅游精准扶贫工程；八是全域旅游整合营销工程；九是改革开放创新发展工程；十是旅游人才开发扶持工程。为真正推动落实，《宁夏全域旅游发展三年行动方案》中将这十大工程再具体细分为100项具体任务，并将这些具体任务分解落实到每个实施主体（部门、地方政府、旅游企业），并分为牵头单位和配合单位，做到件件落实。而且，将100项任务的具体推进，分解到2016、2017、2018年，明确年度工作目标，形成明确的时间表。

二、实施体制创新驱动，促进综合管理改革

顺应全域旅游发展大势，宁夏旅游管理部门体制改革迈开实质性步伐。今年7月28日，宁夏旅游发展委员会成立，8月初，固原市旅游发展委员会（副厅级）成立，紧接着泾源县召开全域旅游发展推进大会，宣布成立旅游综合执法大队、旅游警察大队、旅游速裁庭。9月，中卫市旅游发展委员会成立，同时促成中卫市旅游警察分局、人民法院旅游速裁庭、旅游行业综合法律服务中心、市场监督管理局旅游分局的设立，并成为全国第二届全域旅游推进会观摩的重点和亮点。李金早局长在此次大会上提出全域旅游发展“第一大突破，就是在中国管理体制改革上要有突破”“今天的中卫，对传统的旅游管理体制进行了综合改革，确保释放社会的、积极的、全方位的统筹发展信息，而不是就部门而言的、毫无张力的社会信息。”对宁夏旅游行业深化体制改革给予了充分肯定和高度评价。旅游管理体制机制的变化，拓展了综合协调、产业促进、公共服务、行业监管等职能，使旅游业在全区经济社会调结构、转方式上发挥更加重要的作用。大力推进了旅游企业经营体制创新，宁夏成立了宁夏旅游投资集团，固原成立了市旅游集团，而且将固原市几个最优质的旅游景区资源全部整合进入平台公司。通过政企分开、股份制改造和特许经营等途径，提高国有旅游企业市场化运营程度。改革旅游景区管理模式，打破旅游景区地域分割、条块分割和部门分割的现状，盘活景区经营管理体制机制。

三、完善公共服务体系，全面优化旅游服务

自治区政府办公厅发布了《关于全面提升旅游服务质量“十百千万”工程的若干意见》，提出一系列举措，全面带动全域旅游的发展。《全区旅游厕所三年行动计划》将旅游厕所纳入城乡建设规划统一布局，使旅游集散地、旅游景区、商业街区、旅游交通沿线、乡村旅游点的旅游厕所数量充分满足旅游者需求。编制全区旅游厕所智能App电子地图，为游客提供便利服务。2013年5月，自治区旅游局启动了旅游“厕所革命”建设工作，通过“以奖代补”的方式，实施旅游厕所标准化建设、标准化管理、标准化服务，取得了良好的效果，受到了社会各界和广大游客的赞誉。宁夏旅游“厕所革命”工作得到了国家旅游局的高度认可，组织相关媒体到宁夏进行采访报道。截至目前，全区新建、改建标准化旅游厕所600余座，自治区旅游专项资金补贴5000余万元，撬动社会资金近2亿元建设旅游厕所。今年9月，全国第二届全域旅游推进会在宁夏召开期间，自治区旅游发展委积极与中国光大集团对接，促成了光大集团与全国首批“国家全域旅游示范区”中卫市签订了旅游厕所建设合作协议，开启了社会资本参与旅游厕所建设的新模式。加快构建宁夏旅游公共信息数据库和智慧旅游数据支撑体系。以自治区电子政务云平台为基础，实现与国土、环保、气象、交通、消防、公安、民航和三大移动通信运营商等厅局和部门间的数据共享，大力推进智慧旅游工程。推进旅游产品和服务质量标准化建设，创建一批旅游标准化示范单位和旅游服务知名品牌，全面提升宁夏旅游服务质量。

四、注重行业管理创新，完善监督管理机制

（一）健全联席会议制度

2014年3月，自治区旅游产业发展委员会成立了自治区旅游市场联合治理工作联席会议制度。2015年年初，自治区旅游产业发展委员会对联席会议制度进行了修订，明确自治区政府副秘书长为联席会议召集人，要求自治区政府督查室对各成员单位履行职责情况进行督查，织就了旅游市场综合监管的“大网”。逐步将自治区旅游市场联合治理工作联席会议制度调整为自治区旅游市场综合监管联席会议制度，进一步明确各成员单位的职责，强力推进旅游市场综合监管工作。

（二）完善日常工作机制

在联席会议框架下，形成自治区分管领导随时过问全区旅游市场综合监管工作，各成员单位及时沟通信息、联合开展工作，共同研究旅游市场出现的新情况、新问题并采取措施的工作机制；形成在“五一”“十一”、开斋节、古尔邦节和大型旅游节会活动期间，各成员单位对重点旅游线路、旅游景区、旅游集散地、交通枢纽等游客集中场所

市场秩序开展联合例行检查的工作机制；形成根据公众反映强烈的突出问题，各成员单位随时对有关地区、有关经营单位、有关场所等开展突击检查的工作机制；形成自治区旅游产业发展委员会办公室对跨行业、跨地区的旅游投诉举报，下达协查转办通知，有关成员部门按要求协查协办的工作机制；形成自治区旅游产业发展委员会办公室对各地较大旅游违法违规案件、典型投诉举报案件开展跟踪督查督办的工作机制。

（三）推进执法体制改革

创新执法形式和管理机制，推动执法资源统筹利用、合理配置。积极推进旅游执法与司法相衔接，基本建立了旅游市场执法机构与公安机关案情通报机制，确保能够及时查处侵害旅游者权益的违法犯罪行为。积极借鉴海南等地的经验，主动引导旅游者通过司法、人民调解等途径解决纠纷。

五、落实扶贫攻坚目标，推进旅游精准扶贫

根据《中共中央国务院关于打赢脱贫攻坚战的决定》和《自治区党委、人民政府关于力争提前两年实现“两个确保”脱贫目标的意见》，自治区旅游局多措并举，扎实推进我区乡村旅游和旅游扶贫工作有序开展。签订《旅游精准扶贫目标责任书》，将任务分解到局机关各处室和五市旅游局，层层抓落实。通过调研摸底，确立了旅游资源有特色、开发旅游基础条件较好，预期旅游扶贫效益显著的9个扶贫开发重点县（区）的16个建档立卡的贫困村作为旅游扶贫重点村，加大了旅游扶贫开发支持力度。今年下半年开始，自治区旅游发展委、住建厅等五部门联合出台文件，计划利用一年的时间打造“十大特色产业融合村”，编制完成了《宁夏六盘山旅游扶贫发展规划（2015—2020年）》，协调规划设计单位与16个旅游扶贫重点村进行对口帮扶，完成了规划编制。今年直接投入旅游扶贫专项资金2800万元，用于16个旅游扶贫重点村旅游基础设施建设和泾源县胭脂峡-羊槽村“景村一体化”建设。

六、提升旅游投融资服务，旅游投资显著增强

（一）交通状况不断改善

去年以来，宁夏依托国道、省道的旅游交通干线网络体系，加快建设和完善高速公路网、城市之间以及主要旅游城市连接A级以上景区的旅游交通体系，提升内部道路等级，加快六盘山旅游扶贫试验区公路建设。开通银川、石嘴山、吴忠、固原、中卫五市通往主要旅游景区的旅游定时班车。我委与自治区交通厅、发改委主动对接，采取自下而上收集，层层认真筛选，加强旅游道路交通项目储备，积极指导企业申请国家专项建设基金。联合对葡萄长廊、黄河金岸等重要项目进行实地踏勘，将全区相关景区与城市

主干道连接线总投资10.63亿元、20项道路工程纳入自治区交通厅建设计划。今年9月，为了加强宁夏东部旅游环线建设，组织发改、财政、交通等部门进行共同调研，提出依托S202建设宁夏旅游“1号公路”。

（二）强化招商引资力度

通过指导和推进，水洞沟、黄河横城、沙坡头景区、三沙源国际旅游休闲度假区先后由区外有实力的投资商和国有企业投资控股，并逐步成为宁夏旅游景区的中坚力量。银川置信投资发展有限公司荣获“2015年度中国旅游投资百强企业”称号，去年以来全区35个旅游项目入选全国优选旅游项目名录。

（三）扶持特色旅游商品开发

实施宁夏特色旅游商品品牌建设工程，建立文化旅游商品研发中心、生产基地，按照全区“旅游服务质量提升‘十百千万’工程”要求，“十条旅游特色街区”和“十大旅游商品购物店”创建单位正在遴选之中。2015年，开展全区旅游商品现状实地调研，建立了宁夏特色旅游商品名录及特色旅游商品资料库。成功举办了“2015宁夏特色旅游商品评选活动”，在“中国特色旅游商品”评选活动，获得了3金5银的优异成绩。2016年，参加第十一届海峡旅游博览会和义乌第七届中国国际旅游商品博览会，选送的旅游商品先后荣获银、铜奖。

（四）全区旅游业投资逐年加大

2015年开工建设旅游项目128个，完成旅游投资93.76亿元，与上年同比增长23.29%，远高于我区社会固定资产投入增速10.3%。2016年上半年，全区旅游重大项目开工87个，完成旅游投资23.17亿元，与去年同比分别增长29%和32.7%。全区旅游投资和消费两旺，呈现新旧迭代，加快转型升级的良好发展态势，旅游业已成为促进经济增长的新动力和扩大内需的新增长点。

以目标引领　走创建新路　推进全域旅游发展
——新疆维吾尔自治区旅游业改革创新工作推进情况

一、旅游扶贫工作

截至目前，我局先后投入9750万元用于扶持农（牧）家乐、乡村旅游示范县镇村的基础设施改善和服务环境提升。累计发展“农（牧）家乐”近6000户，其中星级“农（牧）家乐”近1307户。先后成功创建全区国家级休闲农业与乡村旅游示范县5个，国家级休闲农业与乡村旅游示范点13个，中国乡村旅游模范村27个、中国乡村旅游模范户30个、中国乡村旅游金牌农家乐300个，中国乡村旅游致富带头人283人。据统计，“十二五”期间我区通过发展乡村旅游带动了10%以上贫困人口脱贫，旅游脱贫人数达17.6万人。

（一）科学扶贫，规划先行

2016年，我局制定了《自治区旅游局精准扶贫五年行动计划》（以下简称《计划》），《计划》明确了“十三五”期间旅游扶贫的指导思想、目标任务、实施步骤及保障措施等具体内容。并逐步对旅游扶贫村情况进行深入了解掌握，做到因地施策、对症下药、分步实施，精准扶贫。“十三五”期间，提出“计划帮扶旅游扶贫重点村600个，扶贫项目600个，新增农牧（渔）家乐1000个，树立旅游致富带头人1500人，评选旅游扶贫示范县（区）20个，力争通过发展旅游业带动30万人脱贫”的目标。围绕这一目标，推广“城郊依托型、景区依附型、交通枢纽型、合作社+农户型、综合开发型”五项模式，落实“摸清家底，建档立卡、创新抓手，明确标准、筛选重点，引领示范、集中财力，规划引导、主动对接，形成合力、着眼就业，加强培训、打造品牌，拓展市场”七项措施，力促乡村旅游提档升级，助力旅游脱贫攻坚。

（二）示范引领，精准扶贫

2016年，下发了《自治区旅游局关于加快推进2016年乡村旅游精准扶贫重点项目建设工作的通知》，研究制定了《新疆维吾尔自治区乡村旅游扶贫示范县评定标准》和《新疆维吾尔自治区旅游致富带头人申报标准》，对10个地方政府重视，有较好基础，品质高、创意好、特色鲜、预期见效快的乡村旅游扶贫项目进行科学规划和重点扶持，每个重点项目拨付扶持资金50万元，共计500万元。

积极与自治区访惠聚办公室对接、协商，完成了2016年访惠聚工作70个村3500万旅游项目的认领对接工作，并与自治区“访惠聚”活动办和自治区财政厅联合下发了《关于印发自治区2016年第十九批村级惠民生工程项目任务实施计划的通知》。10月，我局下发了《自治区旅游局关于对2016年村级惠民生项目进展情况进行督查的通知》（新旅办函〔2016〕126号），并编制了督查工作方案，主要采取随机抽查、实地查看、听取汇报、座谈讨论和查阅档案等方式，组织专人针对本单位2016年出资的3500万元支持70个惠民生项目进展情况组织开展了专项督查，并对和田、喀什等地州进行了重点督查。目前，全区已完工项目19个，在建项目48个，未开工项目3个。

（三）大力发展乡村旅游，全面启动“百镇千村”工程

为规范、引导我区乡村旅游的发展，我局计划出台《新疆维吾尔自治区乡村旅游促进管理办法》（以下简称《管理办法》）。2015年，我局已完成了自治区乡村旅游促进管理办法的前期调研工作，目前，正在加强与自治区法制办的沟通，力促《管理办法》尽快审议通过。

根据自治区党委会议安排和陈全国书记要求，为更好地推进我区易地扶贫搬迁、乡村旅游发展、特色村镇建设等工作的有序开展，我局研究提出自治区特色乡镇、村的基本标准及条件，9月份，编制下发了《自治区旅游局关于开展自治区特色乡（镇）、村基础情况调查摸底工作的通知》，累计完成281个特色乡镇、850个特色村的基础材料收集整理。完成了《新疆维吾尔自治区乡村旅游“百镇千村”工程建设活动实施方案（建议稿）》的编撰。10月12日至15日，我局组成2个学习考察调研组赴贵州省、西藏自治区进行学习考察，并形成了《贵州省及西藏自治区旅游扶贫工作考察调研报告》。根据调研情况，结合我区旅游扶贫需要，按照领导要求，编制了《新疆维吾尔自治区旅游产业促进脱贫攻坚实施意见》（初稿）和《南疆四地州旅游业促进脱贫攻坚行动方案》（初稿）。同时，按照国家旅游局《实施旅游万企万村帮扶专项行动的通知》要求，结合我区实际，我局启动了旅游万企万村帮扶专项行动，并编制了《自治区旅游局万企万村帮扶实施方案》。

二、跨境旅游合作区和边境旅游试验区建设工作

2016年1月，自治区旅游局出席了“一带一路与旅游合作”国际论坛，期间与哈萨克斯坦东哈州旅游部门负责人就加强区域间旅游合作达成了共识。4月7日，成功举办2016年丝绸之路跨境自驾旅游线路新闻发布会，正式推出“穿越天山廊道，探秘世界遗产”中哈吉跨境自驾游、“驾越帕米尔高原，走进云中之国”中塔跨境自驾游和“中俄

哈蒙”环阿尔泰山跨境游三条优质丝绸之路跨境旅游线路，填补国内与中亚各国跨境自驾产品的空白。8月5日，在乌鲁木齐市启动了中国公民赴哈萨克斯坦旅游首发团活动，首发团共组织游客300人，这标志着哈萨克斯坦成为中国组团出境旅游目的地，中哈两国旅游合作迈出了坚实的一步。

目前，按照《国家旅游局关于申报设立边境旅游实验区的通知》（旅发〔2016〕74号）和《关于加快推动跨境旅游合作区工作的通知》（旅发〔2016〕108号）要求，组织相关地州积极申报设立边境旅游试验区。相关地州申报边境旅游试验区热情高涨，上报边境旅游试验区实施方案6个。按照自治区政府和国家旅游局的要求，我局针对实施方案中相关政策需求征求了自治区发改委、交通厅、财政厅、外办、乌鲁木齐海关等11个单位的意见建议，在充分吸纳各单位的意见建议后，修改完善了实施方案。研究决定将各方面条件相对成熟的阿勒泰地区、塔城地区塔城市、克孜勒苏柯尔克孜自治州阿图什市、博尔塔拉蒙古自治州博乐-阿拉山口市、伊犁哈萨克自治州伊宁-霍尔果斯市5个边境旅游试验区实施方案上报国家旅游局。

三、全域旅游创建工作

根据国家旅游局关于创建“国家全域旅游示范区”的标准和要求，吐鲁番市、哈密地区巴里坤县、博州温泉县、昌吉州木垒县、伊犁州昭苏县、阿勒泰地区阿勒泰市、布尔津县成为首批国家全域旅游示范区创建单位。2016年7月，在昭苏县召开自治区全域旅游创建工作推进会，总结我区创建工作经验和做法，进一步推进我区全域旅游创建工作力度。2016年5月、9月，参加由国家旅游局在浙江、宁夏组织的全域旅游推进会，学习借鉴国内全域旅游创建经验做法。

按照国家旅游局要求，将博湖县、泽普县、裕民县、奇台县、阜康市、喀什市、吉木萨尔县、特克斯县、乌什县、塔什库尔干县等十个县市作为第二批国家全域旅游示范区创建单位上报国家旅游局。

四、旅游基础设施公共服务体系建设工作

不断加强重要旅游城市、特色旅游乡村的旅游集散中心、旅游服务中心、自驾车房车营地、旅游厕所、停车场、标识标牌、应急救援等旅游公共服务设施和基础设施建设，完善旅游目的地公共服务配套设施建设。引导各地在旅游集散中心、旅游咨询服务中心以及重点旅游景区、星级以上旅游饭店开通免费的无线网络。创新旅游公共服务设施运营管理，引入旅游大企业和先进管理服务模式，实现旅游公共服务设施与旅游产品的无缝对接。2014年，争取1650万元国家旅游发展基金，用于补助我区景区停车建设项目。2015年，新疆旅游投资有限公司投资的新疆旅游大厦（丝绸之路经济带旅游集散中

心）建设全面开工，预计2017年建成投入使用。2015年，国家旅游局安排1830万元用于补助我区旅游厕所建设项目。2016年，国家旅游局会同公安部、交通运输部、国土资源部、住房城乡建设部、国家公司总经理联合下发《关于加快推进2016年自驾车房车营地建设的通知》，我区在建的25个自驾车房车营地列入国家旅游局《2016年全国自驾车房车营地建设项目表》，有力地推动了我区自驾车房车营地建设。

五、旅游业改革创新先行区工作

2015年12月，克拉玛依市获批首批"国家级旅游业改革创新先行区"。克拉玛依市党委、政府对此高度重视，全市旅游业改革创新先行区工作启动大会于5月召开，成立了以市委书记、市长为组长，由4个区、25个单位（部门）一把手组成的领导小组，印发了《克拉玛依市关于推进旅游业改革创新先行区工作的实施意见》《关于推进克拉玛依市旅游业改革创新先行区工作的行动计划（2016–2018年）》，确定18项主要任务32项重点工作，向26家主要成员单位下发任务书，全面部署启动并有序推进先行区工作。主要从以下方面着手：

一是实施"旅游+城市"全域旅游。实施旅游供给侧结构性改革，推动旅游产业要素全面发展。构建快旅慢游、便捷安全的旅游立体交通网络和旅游通达系统，扶持发展民宿酒店、文化酒店、主题客栈，建设功能和特色集聚的餐饮主题区，依托克拉玛依河两岸风情带建设娱乐场所集聚区。实施智慧景区、智慧酒店标准，推进智慧旅游建设。强化人才培养力度，加大旅游市场监管，全面提质旅游产业。

二是构筑城市旅游支撑品牌。启动了世界魔鬼城创建国家5A级旅游景区工作，整合沥青矿、艾里克湖、白杨河峡谷、胡杨林等旅游资源，打造戈壁公园、摄影公园和乌尔禾摄影书画小镇，集成地质地貌综合旅游核心区；建设集石油地质、石油博览、体验互动等为一体的世界石油博览园，构筑石油工业旅游观光体验区；推进城市景区化进程，完善城市景观商业业态布局和旅游基础配套设施，建设城市休闲旅游精品区。

三是搭建旅游国际化平台。积极引入跨境电商企业，打造国际旅游免税商品线上线下交易平台；推动"新疆礼物"整合、研发，把新疆国际旅游商品博览会办成丝绸之路上最具影响力的旅游商品盛会；深化沪克旅游援疆合作，引入上海国际旅游企业及资本，深度开展旅游交流合作；依托克拉玛依市与中亚国家建立的友好城市，打通旅游合作通道，加强与中亚国家在客源互送、特色餐饮、商品研发交易等领域的协作。

六、旅游投融资工作

借助资本市场优势，加快新疆旅游企业改制上市，是推动新疆旅游产业发展壮大的有效途径，也是旅游市场主体发展壮大的必然趋势。为全面推动旅游产业改革创新，拓宽旅游投融资渠道，提高企业上市的积极性，推进资本市场更好地为我区旅游产业发展服务，我局制定了《新疆维吾尔自治区旅游挂牌上市企业奖励管理办法》（暂行）。目前，我区西域旅游、喀纳斯旅游、吐鲁番火焰山旅游股份公司成功在“新三板”挂牌，开启了新疆旅游产业在中国资本市场高速发展的新时代，也标志着新疆旅游产业借助资本市场快速发展，打造现代旅游企业，推进现代服务业方面进入了一个新阶段。通过对企业的引导和发动，由新疆俊发实业投资公司、新疆兆日实业公司、新疆国际大巴扎开发公司、新疆吉瑞祥投资集团、新疆大晨报股份公司与银科环企软件公司共同投资设立的新疆旅游联盟公司已正式成立，并着手对东天山车师古道旅游线路进行提升改造，我区旅游产业投融资集团建设工作迈出了重要一步。

七、旅游综合管理体制改革工作

为进一步深化旅游体制机制改革，贯彻自治区党委、自治区人民政府关于加快旅游产业发展的一系列重大决策和重要指示精神，加快推进新疆丝绸之路经济带旅游集散中心建设，实现我区旅游大区向旅游强区转变，我局积极筹备成立新疆维吾尔自治区旅游发展委员会的工作，目前，已经向自治区党委、人民政府上报了《关于恳请将新疆维吾尔自治区旅游局更名为新疆维吾尔自治区旅游发展委员会的请示》。

八、旅游市场综合监管工作

一是全面启动旅游服务质量年行动。在连续4年持续开展全区旅游服务质量年专项整治行动的基础上，推动自治区人民政府转发了《全区旅游服务质量年行动方案》，在全区范围内全面启动实施旅游服务质量年行动，统筹联动11部门落实旅游服务质量年各项工作部署。5月，自治区旅游局牵头召集11家单位组成4个督导组，对14个地州市和兵团部分师市开展旅游市场综合监管专项督查。召开2016自治区旅游服务质量年工作会议，安排部署全区旅游服务质量年和旅游市场综合治理工作，向全社会发布《旅游经营十不准》。实施“双随机一公开”制度和“失信惩戒”制度。上半年，旅游投诉举报总量143件，较去年同期下降27.4%，全区旅游市场秩序呈持续向好趋势。

二是实施兵地联合执法，打击违法行为。7月，联合兵团旅游局、市旅游局、昌吉旅游局、吐鲁番旅游局、阿勒泰旅游局、伊犁旅游局等单位，分四个组对天池、吐鲁番、那拉提、喀纳斯等热点景区开展为期一周的定点督查检查。

三是南北疆交叉检查，实施旅游市场监管的全覆盖。针对旺季旅游市场乱象多发问题，8月，组织跨地州的交叉检查，将安排4个检查组，对14个地州开展跨区交叉检查，并通报有关情况。“十一”前，还将联合公安、工商、质监、安全、交通、物价等相关部门开展专项督查，从社会反映最强烈、游客投诉最突出的问题抓起，依法查处扰乱旅游市场秩序的行为，对整治不力、监管不到位的实行问责。

四是聘请社会监督员明察暗访。不断加强我区旅游市场监管手段，提高对我区旅游市场的监管力度。

九、文明旅游工作

一是以自治区文明委为主导，联合相关厅局，开展文明旅游大宣传、大检查行动；二是以乌鲁木齐市创全国文明城市为契机，开展文明旅游宣传活动；三是成立“旅游志愿者”联盟，倡导文明旅游活动；四是多次召集旅行社召开座谈会就文明旅游提出了工作要求，并向旅行社及时发放国家旅游局制作的文明旅游手册；五是各级旅游行政管理部门、各旅游企业积极开展文明旅游和安全防范宣传引导工作，将安全出行、文明服务、文明旅游的相关要求落实到各项旅游活动中，增强公民文明旅游意识和自我安全防范意识。

十、厕所革命工作

（一）全区旅游厕所建设情况

2015年度全区新建、改建旅游厕所160座，已完工厕所160座，完工率100%。已完工的旅游厕所已全部达到A级厕所标准，厕位数达到申报数，厕所内管理制度、岗位职责完善，设施设备保养基本到位，卫生达到标准，免费提供洗手液，部分旅游厕所手纸提供不完全，未发生旅游厕所收费现象。2016年度全区已报国家局新建、改建旅游厕所187座，其中新建167座，改扩建20座厕所。截至6月30日已开工建设99座、开工率59%，已完工厕所61座、完工率32%。

（二）全区旅游厕所建设管理情况

一是落实责任、主动跟踪。根据在云南、吉林两省“旅游厕所革命”暗访组检查情况通报，按照国家旅游局要求，我局对全区厕所建设完工情况与管理服务迅速制定了检查整改实施方案，及时掌握跟踪厕所项目管理与进展情况，并督促各地州市抓紧落实，严格按照《旅游厕所建设管理指南》进行旅游厕所的建设，高标准、严要求开展旅游厕所新建、改建及管理服务工作。二是领导重视，组织有力。自开展厕所革命以来，局领导高度重视，制定工作目标，明确工作任务和工作步骤，并在厕所革命实施过程中提出具体要求，确保厕所革命工程在组织领导、配套资金、建设实施、监督等各个环节扎实推进。三是加强管理，确保服务质量。领导牵头，责任到人，做到定人、定标准、定责任、定奖罚。把旅游厕所与景区等级评定复核工作结合起来，将厕所建设融入景区建设、产品开发、大项目建设的具体环节中。突出强调对旅游厕所的检查，对厕所不达标、管理不到位，实行“一票否决”。

实施全域旅游发展　推动旅游业发展模式转变

——新疆生产建设兵团旅游业改革创新工作推进情况

一、全域旅游创建工作

兵团各级高度重视全域旅游创建工作，按照国家旅游局统一要求，遵照“全景式打造、全季节体验、全产业发展、全社会参与、全方位服务、全区域管理”思路，统筹推进，全力实施全域旅游发展战略。不断完善旅游服务设施、改善旅游服务环境、提高接待服务水平，建立政府主导、市场运作、公众参与机制，发挥旅游业在转方式、调结构、惠民生中的作用，实现旅游业与其他产业的深度融合，推动旅游产业向深度和广度空间拓展，促进旅游业转型升级、提质增效，推动旅游业由“景区旅游”向“全域旅游”发展模式转变。截至目前，新疆生产建设兵团第一师阿拉尔市十团已被列入创建全域旅游示范区首批创建名单。新疆生产建设兵团第一师16团、第六师101团、第七师126团、第八师石河子市、第九师161团、165团、第十师北屯市、185团8家单位被列入创建全域旅游示范区第二批创建名单。

列入创建名单的各单位都制定了创建工作计划和实施方案，纷纷采取有力措施，推进全域旅游创建工作。十师北屯市将旅游产业定位为战略性支柱产业，设立专项资金，纳入年度预算，由主要领导挂帅，分管副师长亲自抓，将创建全域旅游示范区作为师市重点工作，积极推进。一师16团成立了以团主要领导为组长、分管领导为副组长、各有关部门主要负责人为成员的旅游工作领导小组，研究解决16团全域旅游试点单位创建工作中的重大问题。九师161团加快完善旅游交通便捷服务体系，构建团场全域旅游集散体系，设立多层级旅游集散网络，同时对小白杨哨所、孙龙珍爱国主义教育基地、芍药谷景区、观光农业（鹿鸣苑、五谷花坊、玫瑰山）景区等重点景区旅游基础公共服务设施进行了相关完善工作。

近年来，185团抢抓国家“一带一路”战略开发大好机遇，按照兵团加快服务业发展和师市实施“四大功能区发展战略”目标要求，积极推进“边境旅游商贸合作区”建设。探索实践“312”发展模式，打造全民参与、全城融入的边境红色生态旅游，将旅游业作为转方式调结构的突破口，团党委确立从“北游南牧”发展格局到“五团一带一核两区”战略实施，“依游而种、依游而养、依游而建、依游加工、依游转型、依游提升”的发展思路，为185团打造军垦生态休闲旅游指明了发展方向，提供了保障，推进了产业联动，推动了团场经济快速可持续发展。团场相继获得“全国特色景观旅游名镇”“全国休闲农业与乡村旅游示范县”“国家生态旅游示范区”“国家4A级旅游景区”等荣誉称号。2015年全团共接待游客15.2万人次，带动第三产业收入6559万元。2016年年初至今，全团接待游客量达到20.15万人次，同比增长32.6%，带动第三产业收入8186万元，同比增长24.8%，旅游公司实现收入510余万元，同比增长134%。目前，185团白沙湖景区正在创建国家5A级景区，团场逐步走上由屯垦戍边向旅游戍边的发展道路。

二、旅游综合管理体制改革

兵团各级高度重视旅游业发展，采取了一系列举措特别是在管理体制方面开展一系列改革推动旅游业发展。在兵团层面成立了兵团旅游产业发展协调小组，组长为兵团领导，成员包括旅游发展相关部门，研究解决旅游发展中的重大问题。2015年出台了《新疆生产建设兵团贯彻<国务院关于促进旅游业改革发展的若干意见>的实施意见》，《新疆生产建设兵团贯彻<国务院关于进一步促进旅游投资与消费的意见>的实施意见》。同时，兵团旅游局加强与自治区旅游局沟通协调，签署了兵地旅游融合相关协议，建立合作洽谈机制，多方面开展合作交流。

根据《中共中央办公厅国务院办公厅关于印发<行业协会商会与行政机关脱钩总体方案>的通知》（中办发〔2015〕39号）（以下简称《脱钩方案》）要求，兵团起草了贯彻《脱钩方案》的实施意见（征求意见稿）及《兵团本级行业协会商会脱钩工作任务及分工方案》（以下简称分工方案），在实施意见中明确：“兵团在2015年年底启动兵师两级行业协会商会与行政机关脱钩试点工作，2016年下半年总结试点经验，2017年年底全面实现行业协会商会与行政机关“机构分离、职能分离、资产财务分离、人员管理分离、党建和外事等事项分离”。“并要求行政机关现职党政领导干部及工作人员不得在行业协会商会兼任职务，对已在行业协会商会中任职、兼职的公务员，按相关规定进行一次性清理。”在《分工方案》中安排兵团旅游局作为主管部门，在正式文件下发两个月之内就兵团旅游协会、兵团导游协会脱钩事宜出台配套方案。

2016年10月28日，召开兵团旅游协会“脱钩换届”大会，选举产生了新一届协会领导班子，实现了兵团旅游协会人财物与兵团旅游局完全脱离。

各师也采取有力措施，推动旅游产业发展。2016年5月，十三师召开兵团首家师级旅游产业发展推进会，科学分析了十三师旅游业发展面临的形势，部署实施全师旅游发展战，会后制定印发了《第十三师关于进一步促进旅游投资和消费的实施意见》《第十三师旅游产业发展资金使用管理办法》。八师也出台了本师关于进一步促进旅游投资和消费的实施意见。师层面的旅游发展公司逐步成立。十师成立了新疆额河旅游有限责任公司，注册资金1000万元，集旅游资源开发、项目投资管理、酒店、旅行社等为一体的综合性国有公司。十二师三坪农场、头屯河农场、西山农牧场都成立了专门的旅游公司，专业化规范化经营和发展本区域旅游产业。

三、旅游基础设施公共服务体系建设

近年来，兵团、师、团各级领导对旅游业发展的重视程度逐步提升，制定了相应的工作目标和政策措施，初步形成了兵团、师、团多层次推动旅游发展的格局，旅游基础设施和公共服务设施逐步完善，旅游投资力度不断加大，旅游发展呈现了良好局面。兵团从2013年起设立兵团旅游发展专项资金1000万元，并保持逐年增加态势，主要用于旅游基础设施和公共服务设施建设。2016年，兵团旅游局会同兵团交通局大力推进兵团汽车露营旅游发展，成立了工作领导小组，开展了《新疆（兵团）汽车露营旅游综合服务体系规划》编制工作，遴选了10个汽车露营地建设项目作为推进重点。兵团各师旅游发展专项基金纷纷设立，一师设立旅游文化专项1000万元，六师设立旅游专项800万元，八师设立2000万元旅游专项资金，十师设立2000万元旅游专项资金，十三师设立1000万元旅游专项资金用于旅游公共服务设施和基础服务设施建设。六师、十师完成了五家渠市、北屯市旅游集散中心和游客服务中心建设，八师启动了旅游集散中心建设前期工作。

四、厕所革命

（一）提高思想认识，加强组织领导

为贯彻落实习近平总书记关于“厕所革命”的重要批示精神、2015年和2016年全国旅游工作会议和全国旅游厕所建设管理工作会议要求，兵团主要领导高度重视旅游厕所建设管理工作，做出专门批示，分别于2015年5月5日和6月5日两次组织召开司令员专题会议，研究制定贯彻落实文件，出台资金补助计划和相关优惠政策，明确将“厕所革命”推进情况纳入年度绩效考核内容。兵团刘新齐司令员在会议上进一步强调了兵团开展“厕所革命”的重要意义，并在加强统筹协调、完善体制机制、强化政策扶持等方面提出了具体要求。司令员办公会议明确，在兵团旅游产业发展协调领导小组领导下，由兵团旅游局牵头，财务、发改、建设环保等部门配合，共同推进旅游厕所建设管理工作，各师（市）设立相应旅游厕所建设与管理领导机构，分管领导负责此项工作，并指定专人负责联络。

（二）强化资金支持和政策扶持

经兵团司令员办公会议审议通过并以兵团办公厅名义下发了《关于印发〈兵团

旅游厕所建设管理三年行动计划（2015-2017年）〉的通知》（新兵办发〔2015〕47号），从责任主体、规划布局、建设要求、后续管理、进度安排等五个方面对兵团旅游厕所建设管理工作做出了相关安排，并在组织领导、经费支持、建设标准、奖惩机制等四个方面提出了相应的保障措施。其中明确2015年新疆生产建设兵团共建设旅游厕所39座，其中新建37座、改建2座，2016年，兵团建设旅游厕所33座，其中新建30座、改建3座。旅游厕所建设被纳入兵团旅游公共服务设施年度建设重点，2015年从兵团旅游发展专项资金中列支750万元、2016年列支1140万元对旅游厕所建设项目予以补助，同时各师配套15万元建设资金。要求各级发改、财务（政）、市政、环卫、园林、交通、林业等相关部门在旅游厕所建设上给予大力支持，高效办理项目规划、用地审批手续，并在税费、用电、用水、用气等方面给予适当优惠。

（三）科学规划布局，坚持建设标准

按照科学规划、合理布局的原则，对重要旅游（节点）城市、景区、街区、游客集散地、乡村旅游点的现有旅游厕所分布和数量进行全面摸底、调查、核实，并对新建和改扩建旅游厕所的分布、数量、男女厕位比例、残疾人专用厕所等进行科学规划，做到布局合理、管用够用、质量优良，数量和蹲位与游客容量和增量相适应。坚持旅游厕所建设标准，印发了《旅游厕所建设管理指南》，要求旅游厕所全部为水冲式厕所或无水生态环保厕所，注重设施完备、功能实用、通风良好和清洁卫生，旅游厕所外观依据地方文化特色进行自主设计，与周边环境相协调。

（四）明确责任主体，加强监督检查

明确各师和业主单位是旅游厕所建设的责任主体，建立以目标责任为基础的考核制度和奖惩制度，为兵团“厕所革命”提供制度保障。2015年和2016年与各师旅游局签署了年度新疆生产建设兵团旅游厕所建设管理目标责任书，将旅游厕所建设任务分解到各师。年中多次进行现场检查和发文督办，同时结合兵团A级旅游景区和星级农家乐复核工作，重点对旅游厕所建设和管理情况进行核查。年度组织专家开展了全面验收考核工作，对保质保量甚至超额完成任务的相关师优先安排下一年度旅游厕所和其他旅游项目资金。

五、旅游扶贫

一是加强扶贫连队旅游基础设施建设。积极向国家相关部门申请资金用于贫困连队建设，2016年，兵团旅游局配合兵团发改委向国家发改委申请专项资金800万元，支持4个贫困连队旅游基础设施和公共服务设施建设。同时每年都从兵团旅游专项资金安排资

金用于旅游扶贫工作，如2015年安排300万元完成四、八、十师乡村旅游扶贫规划、宣传促销、厕所、路牌标识、服务人员培训等公共服务建设。各师、各团也纷纷拨付资金引导乡村旅游设施建设，例如九师161团为加强贫困连队基础设施建设项目和公共服务体系建设，拿出100万元资金，采取“以奖代补”的方式，鼓励有条件的职工兴办星级“农家乐”“牧家乐”“民宿”。

二是加强相关数据信息收集工作，摸清家底。指导第七师阿吾斯奇牧场和第十师185团1连开展全国乡村旅游扶贫观测工作，同时借鉴国家扶贫观测模式，组织对兵团贫困连队年度旅游脱贫等相关经营数据进行统计调查。开展兵团乡村旅游贫困户、贫困连队普查工作，将具备通过发展旅游实现脱贫致富的贫困户、贫困连队信息纳入国家信息普查网络。

三是以旅游扶贫重点村、试点村为突破点，推动旅游扶贫工作。兵团297个连队入选国家发展改革委、国务院扶贫办、国家旅游局等7个部门联合发布的乡村旅游扶贫重点村名单，兵团10个连队入选国务院扶贫办、国家旅游局联合发布的旅游扶贫试点村名单。配合开展国家公益旅游规划扶贫行动计划，组织国内知名旅游规划单位为10家兵团旅游扶贫试点村免费编制规划，新疆生产建设兵团第四师69团6连旅游扶贫规划、新疆生产建设兵团第一师5团6连旅游扶贫规划、新疆生产建设兵团第九师165团4连旅游扶贫规划被评为“旅游扶贫公益规划示范成果”。

四是结合兵团“中国屯垦旅游”主题品牌和“军垦文化”深刻内涵，积极创建各项乡村旅游和旅游扶贫品牌。2015年在国家旅游局发布的中国乡村旅游“千千万万”品牌中，兵团获得“中国乡村旅游模范村”称号18家、“中国乡村旅游模范户”20家、“金牌”农家乐14家、“中国乡旅游致富带头人”200人。2016年在第二届全国乡村旅游与旅游扶贫推进大会上，新疆生产建设兵团5个旅游扶贫企业和能人获得相关示范称号。其中，新疆生产建设兵团第十师181团克木齐乡村旅游创客基地获第二批“中国乡村旅游创客示范基地”；新疆生产建设兵团第十师185团白沙湖景区、新疆生产建设兵团第九师165团巴依木扎景区被评为“旅游扶贫景区带村示范项目”；新疆生产建设兵团第十师185团3连苏氏农家乐经营户苏兴旺被评为“能人带户旅游扶贫示范项目”；新疆生产建设兵团第七师阿吾斯奇文化旅游管理有限公司被评为“公司+农户旅游扶贫示范项目”。

六、旅游投融资

2015年和2016年，国家旅游局联合国家开发银行、兴业银行等9家银行发布《全国优选旅游项目名录》，兵团20余个项目入选，旅游发展基金贷款贴息资金将优先支持获得贷款的优选项目，相关银行也将积极支持优选旅游项目建设。

为加强银旅合作，2016年8月，新疆生产建设兵团旅游局和中国农业银行股份有限公司新疆生产建设兵团分行在乌鲁木齐正式签署战略合作协议。协议明确，双方建立定期联系和沟通的协调机制，双方将建立高层会晤或联席会议机制，交流旅游行业政策、发展规划和金融政策信息，研究融资模式创新、重点项目推进等问题，协调和推动合作协议的顺利执行。

在国家资金不断加大对兵团旅游投入的引导带动下，民营企业和社会资本进入旅游业投资扩张迅速，已成为兵团旅游投资重要的组成部分，涌现出一批规模较大的旅游项目。上亿元项目有：六师恒大旅游综合体、马术俱乐部，八师新疆张裕巴保男爵酒庄、中华万福城，十师旅游综合体、玉石购物街，十二师三坪农场花卉产业园等。全兵团旅游项目呈现单体规模大、覆盖面广、业态新、辐射带动效应明显等特征。

随着城乡居民的周末游、休闲游、家庭游日益增多，团场职工认识到了发展旅游在就业增收方面的重要作用，也实实在在感受到发展旅游带来的收益，主动投资建设农家乐等乡村旅游产品。例如，十师181团职工投入1000万元建设了规模较大、接待功能齐全的乡村旅游点，188团西海风情园24户渔民平均投资30万元，改扩建旅游接待设施。八师150团今年新增10余家农家乐，原有农家乐纷纷投入资金进行改扩建，每家农家乐都投入10余万元修建旅游厕所。十二师104团在牧民定居点建设过程中，充分考虑了旅游设施与功能，每家每户都可以对外接待游客。

七、旅游市场综合监管

（一）大力实施市场整顿

我局按照国家旅游局《依法治理旅游市场秩序三年行动方案》总体部署，兵团旅游局结合兵团实际每年制定了《兵团旅游局依法治理旅游市场秩序行动方案》，将虚假广告、非法经营、签订合同不规范、强迫购物和消费，导游违规行为等违法行为作为治理重点，集中查处了一批不正当竞争和侵害消费者合法权益的违法违规案件。两年内联合自治区旅游局、兵团公安局等部门对阿勒泰、塔城、第四师、第五师、八师等重点地区的旅游市场进行了专项检查。2016年5月12—16日在与自治区旅游局开展的联合检查中，共出动检查人员70余人次，检查旅行社45家，开出行政处罚书15份，处罚10家旅行社，处罚3名导游。并参与兵团质量效益考核小组对部分师的旅游质量进行了考核评估。

（二）从严抓好安全生产

深入落实各项安全规定，严格要求各旅游企业落实安全责任，结合日常管理检查工作督促落实改进不足。多次召集出境旅游组团社就专项安全问题进行强调要求，落实安全事件报告、应急预案等管理制度。在旅游星级饭店年度复核工作中，将食品安全作为重点检查评价内容，从严要求旅游星级饭店落实各项食品安全制度和食品留样机制。

（三）有效开展社会监督

结合国家旅游局切实发挥社会监督力量维护旅游市场秩序的工作要求，2015年我局组织实施选聘了305名监督员加入了全国万名旅游服务质量社会监督员队伍，通过社会监督促进旅游市场规范。2015年下半年又招募了首批51名旅游服务质量监督志愿者，进一步全面、客观、及时地反映、监督旅游经营者、旅游从业人员的行为，营造规范有序的旅游市场环境，提升旅游服务质量。

（四）认真完成专项活动

按照兵团有关部署和要求，组织动员旅游企业积极参与开展了兵团质量效益年、贯彻落实国务院质量发展纲要活动及服务业促进年等专项活动，扎实推进各项活动开展，促进了行业整体服务质量的提升改进。

八、文明旅游

（一）严格落实文明旅游责任

我局结合日常工作认真督导旅游企业规范经营，切实履行文明旅游宣传引导等义务责任，加强对导游、领队的管理和培训，落实一岗双责等规范要求，加大对违规旅游企业和导游、领队的处罚力度。按照国家旅游局统一要求重点开展了出境市场文明旅游专项检查，通过企业自查、内部整改、现场督导检查和意见抽样反馈等过程，对兵团有出境组团资质的22家旅行社开展了专项检查，有效提高了对文明旅游的重视和相关工作的质量。

（二）积极开展旅游志愿服务

2015年9月，我局组织开展了首批中国旅游志愿者招募工作，在5个师率先成立了旅游志愿者队伍，进行了专门的业务培训，并于“5·19”中国旅游日、“五一”、“十一”黄金周等重大节庆活动期间统一着装、统一标识在各大景区亮相，为广大游客提供咨询、引导、讲解等服务，便利游客的同时也促进了景区服务质量的提升。2016年10月，我局将第六师五家渠市志愿者服务队推荐为2016年旅游志愿服务“先锋组织”。

（三）推选树立文明模范典型

两年来兵团旅游局按照国家旅游局统一部署，深入开展了全国文明旅游先进单位选送活动，严格按照文明旅游工作有效开展、文明服务成果明显、文明素质整体较高等标准，共选拔推荐了表现突出的九家单位作为行业代表参加全国评选。此外，我局还认真组织实施了“2015中国好游客、中国好导游”的推选征集工作，深入充分挖掘导游和游客中的典型文明事迹和代表，及时完成推荐上报，切实树立模范榜样在行业推广。

责任编辑：张文广　王　丛
责任印制：冯冬青
封面设计：何　杰

图书在版编目（CIP）数据

先行先试　率先突破 ：全国旅游业改革创新典型做法和工作推进情况汇编 / 国家旅游局编. -- 北京 ：中国旅游出版社，2017.2

ISBN 978-7-5032-5775-9

Ⅰ. ①先… Ⅱ. ①国… Ⅲ. ①旅游业－经济体制改革－研究－中国 Ⅳ. ①F592.3

中国版本图书馆CIP数据核字（2017）第027038号

书　　名：先行先试　率先突破：
全国旅游业改革创新典型做法和工作推进情况汇编

作　　者：国家旅游局
出版发行：中国旅游出版社
（北京建国门内大街甲9号　邮编：100005）
http://www.cttp.net.cn　E-mail:cttp@cnta.gov.cn
营销中心电话：010-85166503
排　　版：北京旅教文化传播有限公司
经　　销：全国各地新华书店
印　　刷：北京工商事务印刷有限公司
版　　次：2017年2月第1版　2017年2月第1次印刷
开　　本：787毫米×1092毫米　1/16
印　　张：30
字　　数：640千
定　　价：98.00元
I S B N　978-7-5032-5775-9